diccionaris de l'Enciclopèdia

JANA

BCN 2005

CATALÀ-CASTELLÀ
CASTELLANO-CATALÁN

MINI

ENCICLOPÈDIA CATALANA
BARCELONA

Diccionaris d'Enciclopèdia Catalana
Direcció: Marc Sagristà i Artigas

Redacció: Marta Guspí Saiz
Revisió: Marcel Farran Morenilla

Disseny de la coberta: Veus Públiques

Primera edició: febrer del 2000
Quarta impressió: setembre del 2003

Impressió: Romanyà/Valls, Verdaguer, 1. Capellades

ISBN: 84-412-0223-0
Dipòsit Legal: B. 32.224-2003

Índex / Índice

Instruccions per a l'ús del diccionari

La titlla (~) substitueix l'encapçalament de l'article, tant en els exemples com en les locucions: **alhora** [əlɔ́ɾə] *av* al mismo tiempo, a un mismo tiempo, a la vez. *Van cridar tots ~*, gritaron todos al mismo tiempo (= *Van cridar tots alhora*); **cluc** [klúk] *aj m* (*ull*) cerrado. *A ~s clucs*, con los ojos cerrados (= *A ulls clucs*); **fals -a** [fáls] *aj* falso -sa; **en** ~ en falso (= **en fals**); **vint** [bín] *aj m* veinte; **~-i-u** veintiuno (= **vint-i-u**).

El gènere i el nombre dels substantius equivalents és indicat únicament quan difereix del corresponent en l'altra llengua; per exemple: **gaiato** [gəjátu] *m* cayado, cachava *f* (on el primer equivalent és masculí com el mot de l'entrada, mentre que el segon és femení); **indiferència** [indifəɾέnsiə] *f* indiferencia, desapego *m* (on es dóna la situació inversa); **pandero** [pəndέru] *m* pandero; *fm* (*anques*) pandero,

Instrucciones para el manejo del diccionario

La tilde (~) sustituye al encabezamiento del artículo, tanto en los ejemplos como en las locuciones: **abandono** *m* abandó; **en el** ~ a l'abandó (= **en el abandono**); **balido** *m* bel; **dar ~s** belar *vi* (= **dar balidos**); **ello** *pr* allò; **de** ~ en *pr*. *No hablemos más de ~*, no en parlem més (= *No hablemos más de ello*); **malabarismos** *mpl* jocs malabars; *fg* equilibris. *Hemos de hacer ~s con el sueldo*, hem de fer equilibris amb el sou (= *Hemos de hacer malabarismos con el sueldo*).

El género y el número de los sustantivos equivalentes se indica únicamente cuando difiere del correspondiente en la otra lengua; por ejemplo: **naipe** *m jcs* naip, carta *f* (donde el segundo equivalente es del género masculino, mientras que el primero es masculino com el de la entrada); **osamenta** *f* ossada, esquelet *m* (donde se da la situación inversa); **palmera** *f bot* palmera; (*pastelillo*) ulleres *pl* (donde el equivalente de la segunda acepción tiene número plural, frente al singular de la entrada); **gris** *aj m* gris -a; *mpl* (*cualidad de gris*) grisor *fsg* (donde el equivalente de la segunda acepción varía tanto en número como en género respecto a la entrada). Análogamente con las categorías verbs: **jubilar** [ʒuβilá] *vtp* jubilar(se); *vi* alegrarse *vp* (on l'equivalent de la segona accepció és un verb pronominal, mentre que el català és un verb intransitiu). trasero, posaderas *fpl* (on el tercer equivalent és femení plural, mentre que els dos primers són masculins singulars com el mot de l'entrada); **tovalles** [tuβáʎəs] *fpl* mantel *msg* (on l'únic equivalent varia tant en nombre com en gènere respecte de l'entrada). Anàlogament, pel que fa a les categories sintàctiques dels sintácticas de los verbos: **enjuagar** *vtp* esbandir(-se); *vp* (*la boca*) glopejar *vi* (donde el equivalente de la segunda acepción es un verbo intransitivo, en contraste con el verbo pronominal castellano).

Abreviatures / Abreviaturas

ab ús absolut / construcción absoluta
aer aeronàutica / aeronáutica
agr agricultura / agricultura
aj adjectiu / adjetivo
ana anatomia / anatomía
ar article / artículo
arq arquitectura, construcció / arquitectura, construcción
art belles arts / bellas artes
ast astronomia, astrologia / astronomía, astrología
aut automobilisme / automovilismo
av adverbi / adverbio
bio biologia / biología
bot botànica / botánica
cin cinema / cine
cnj conjunció / conjunción
com comerç / comercio
dr dret / derecho
dsp despectiu, pejoratiu / despectivo, peyorativo
ecn economia / economía
ele electricitat / electricidad
esp esports / deportes
f femení / femenino
fg figurat / figurado
fís física / física
fls filosofia / filosofía
fm familiar / familiar
fot fotografia / fotografía
fpl femení plural / femenino plural
frr ferrocarrils / ferrocarriles
fsg femení singular / femenino singular
gst gastronomia / gastronomía
geo geografia, geologia / geografía, geología
grf arts gràfiques / artes gráficas
grm gramàtica / gramática
hst història / historia
ifm informàtica / informática
inj interjecció / interjección
iv invariable / invariable
jcs jocs / juegos
lit literatura / literatura
lng lingüística / lingüística
m masculí / masculino
mar marina / marina
mat matemàtica / matemáticas
med medicina / medicina
mit mitologia / mitología
mf masculí i femení / masculino y femenino
mil milícia / milicia
min mineralogia / mineralogía
mpl masculí plural / masculino plural
msg masculí singular / masculino singular
mús música / música

pl plural / plural
pol política / política
pop popular / popular
pp participi / participio
pr pronom / pronombre
prp preposició / preposición
qm química / química
rlg religió / religión
sg singular / singular
tcn tecnologia / tecnología
tea teatre / teatro
txt tèxtil / tejidos
uc una cosa / algo
up una persona / alguien
vi verb intransitiu / verbo intransitivo
vip verb intransitiu i pronominal / verbo intransitivo y pronominal
vp verb pronominal / verbo pronominal
vt verb transitiu / verbo transitivo
vti verb transitiu i intransitiu / verbo transitivo e intransitivo
vtip verb transitiu, intransitiu i pronominal / verbo transitivo, intransitivo y pronominal
vtp verb transitiu i pronominal / verbo transitivo y pronominal
vlg vulgarisme / vulgarismo
zoo zoologia / zoología

Pronunciación figurada del catalán

[á] como en padre, p. ej. pare [párə]
[ə] como en inglés father, p. ej. pare [párə]
[ɛ́] como en inglés bet, p. ej. be [bɛ́]
[é] como en bien, p. ej. bé [bé]
[i] como en misa, p. ej. missa [mísə]
[ó] como en brote, p. ej. brot [bɾót]
[ɔ́] como en inglés pot, p. ej. pot [pɔ́t]
[u] como en muro, p. ej. mur [múr]
[j] como en rey, p. ej. rei [rej]
[β] como en joven, p. ej. jove [ʒóβə]
[ð] como en medio, p. ej. medi [mɛ́ði]
[ɣ] como en agosto, p. ej. agost [əɣóst]
[ʃ] como en inglés ship, p. ej. xip [ʃíp]
[ʒ] como en inglés treasure, p. ej. truja [tɾúʒə]
[ʎ] como en caballo, p. ej. cavall [kəβáʎ]
[ɾ] como en cuero, p. ej. cuiro [kújɾu]
[r] como en jarra, p. ej. gerra [ʒɛ́rə]
[ŋ] como en inglés, p. ej. anglès [əŋglɛ́s]
[ɲ] como en caña, p. ej. canya [káɲə]
[ˊ] acento principal, p. ej. ferro [fɛ́ru]
[ˋ] acento secundario, p. ej. ferrocarril [fɛ̀rukəríl]

CATALÀ-CASTELLÀ

A

a [á] *f* [*pl: as*] (*lletra*) a
a [ə] *prp* (*locatiu*) en. *Soparé ~ casa*, cenaré en casa; (*direcció*) a. *Anar de València ~ Alacant*, ir de Valencia a Alicante; (*temps*) a. *Dinar ~ les dues*, comer a las dos; por. *Demà ~ la tarda*, mañana por la tarde; (*proporció, preu*) a. *~ dues mil pessetes el volum*, a dos mil pesetas el tomo; (*complement indirecte*) a. *Fer almoina ~ls pobres*, dar limosna a los pobres; (*pendent d'una acció*) por. *Feina ~ fer*, trabajo por hacer; [*seguit d'infinitiu*] en. *Es complauen ~ convidar-vos...*, se complacen en invitarlos
àbac [áβək] *m* ábaco
abadia [əβəðíə] *f* abadía
abaixar [əβəʃá] *vt* bajar; *vp* (*inclinar-se*) agacharse
abandó [əβəndó] *m* abandono
abandonar [əβənduná] *vt* abandonar
abans [əβáns] *av* antes. *Tres hores ~*, tres horas antes; ~ **de** antes de; [*seguit d'un verb*] ~ **que** antes de que; ~ **que (de) res** antes que (de) nada, ante todo
abans-d'ahir [əβànzdəí] *av* anteayer, antes de ayer; ~ **l'altre** hace tres días
abaratir [əβərətí] *vt* abaratar
abarrotar [əβərutá] *vt* abarrotar
abast [əβást] *m* alcance; **a l'~ (de la mà)** al alcance, a mano, a tiro; **donar ~** (*fornir*) abastecer, proveer; **donar l'~** (*abastar*) dar abasto. *Érem molts, però no donàvem l'~*, éramos muchos, pero no dábamos abasto
abastament [əβəstəmén] *m* abastecimientos *pl*
abastar [əβəstá] *vi* (*per grandària, potència*) alcanzar, llegar. *No ~ a entendre uc*, no alcanzar a entender uc; *vt* alcanzar. *~ llibres d'un prestatge*, alcanzar libros de un estante
abat adessa [əβát] *mf* abad -desa

abatiment [əβətimén] *m* abatimiento
abatre [əβátrə] *vt* (*tirar a terra*) abatir, derribar. ~ *un edifici*, abatir un edificio; (*ajeure*) abatir, tumbar. ~ *el respatller d'un seient*, abatir el respaldo de un asiento; *vp* (*un ocell, un avió*) abatirse, lanzarse
abdomen [əbdɔ́mən] *m* abdomen
abdominal [əbduminál] *aj* abdominal
abecedari [əβəsəðári] *m* abecedario, alfabeto
abella [əβέλə] *f* abeja
abellot [əβəλɔ́t] *m* abejorro
abeurador [əβəwrəðó] *m* abrebadero
abeurar [əβəwrá] *vt* abrevar
abisme [əβízmə] *m* abismo
abjurar [əbʒurá] *vt* abjurar
ablanir [əβləní] *vt* ablandar, reblandecer
abnegació [əmnəγəsió] *f* abnegación
abocador [əβukəðó] *m* vertedero, basurero
abocar [əβuká] *vt* (*tirar*) echar, verter. ~ *residus als afluents*, echar residuos a los afluentes; (*vi, licors*) escanciar; *vp* (*inclinar-se*) asomarse. ~ *a la finestra*, asomarse a la ventana; *fg* (*lliurar-se*) entregarse. *Quan una cosa li agrada, s'hi aboca de ple*, cuando algo le gusta, se entrega de lleno
abolir [əβulí] *vt* abolir
abominable [əβuminábblə] *aj* abominable
abonament [əβunəmén] *m* abono; abonamiento
abonar [əβuná] *vt* abonar; *vp* (*subscriure's*) abonarse
abonyegar [əβuɲəγá] *vt* abollar
abordar [əβurdá] *vt* (*envestir*) acometer, atacar; *mar* abordar; *fg* (*un assumpte, una conversa*) abordar
aborigen [əβuríʒən] *aj mf* aborigen
abraçada [əβrəsáðə] *f* abrazo *m*. *Fer una* ~, dar un abrazo
abraçar [əβrəsá] *vt* (*amb els braços*) abrazar; (*acceptar*) abrazar. *Va* ~ *la religió musulmana*, abrazó la religión musulmana; (*incloure*) abarcar
abrandar [əβrəndá] *vt* (*el foc*) atizar, avivar; *fg* inflamar, encender
abraonar-se [əβrəunársə] *vp* abalanzarse
abrasar [əβrəzá] *vt* abrasar
abrasiu -iva [əβrəzíw] *aj m* abrasivo -va
abreujar [əβrəwʒá] *vt* abreviar
abreviatura [əβrəβiətúrə] *f* abreviatura
abric [əβrík] *m* (*peça de vestir*) abrigo; (*lloc arrecerat*) abrigo, abrigaño; **a l'~ de** al abrigo de, al calor de
abrigar [əβriγá] *vtp* abrigar(se)
abril [əβríl] *m* abril
abrillantar [əβriλəntá] *vt* abrillantar, bruñir, dar brillo
abrivar [əβriβá] *vt* arrojar, lanzar; *fg* enardecer. *Abrivà els cavalls*, enardeció los caballos
abscés [əpsés] *m* [*pl: -essos*] absceso
absència [əpsέnsiə] *f* ausencia

absent [əpsén] *aj* ausente
absenta [əpséntə] *f* absenta
absentisme [əpsəntízmə] *m* absentismo
absis [ápsis] *m* ábside *m/f*
absoldre [əpsɔ́ldɾə] *vt* absolver
absolució [əpsulùsió] *f* absolución
absolut -a [əpsulút] *aj* absoluto -ta; **en** ~ en absoluto
absorbent [əpsurbén] *aj* absorbente
absorbir [əpsurbí] *vt* absorber
absorció [əpsursió] *f* absorción
abstemi -èmia [əpstɛ́mi] *aj mf* abstemio -mia
abstinència [əpstinɛ́nsiə] *f* abstinencia
abstracte -a [əpstɾáktə] *aj* abstracto -ta
abstreure [əpstɾɛ́wɾə] *vtp* abstraer(se)
absurd -a [əpsúrt] *aj* absurdo -da, disparatado -da; *m* (*cosa absurda*) absurdo
abundància [əβundánsiə] *f* abundancia; **en** ~ en abundancia
abundant [əβundán] *aj* abundante
abundar [əβundán] *vi* abundar
abundós -osa [əβundós] *aj* abundoso -sa, abundante
abús [əβús] *m* abuso
abusiu -iva [əβuzíw] *aj* abusivo -va
acabament [əkəβəmén] *m* término, final
acabar [əkəβá] *vt* (*enllestir*) acabar, terminar; (*exhaurir*) acabar, agotar; *vi* (*arribar a la seva fi*) acabar, acabarse *vp*. *La vida ha acabat per a ell*, la vida ha acabado para él; *vp* acabarse, terminarse. *No s'ha acabat el berenar*, no se ha terminado la merienda; ~ **de** acabar de. *Acaba de sortir*, acaba de salir
acàcia [əkásiə] *f* acacia
acadèmia [əkəðɛ́miə] *f* academia
acampar [əkəmpá] *vi* acampar
acaparar [əkəpəɾá] *vt* acaparar
acariciar [əkəɾisiá] *vt* acariciar
acatar [əkətá] *vt* acatar
accedir [əksəðí] *vi* acceder
accelerador -a [əksələɾəðó] *aj m* acelerador -ra
accelerar [əksələɾá] *vt* acelerar
accent [əksén] *m* acento
accentuar [əksəntuá] *vt* acentuar
acceptar [əksəptá] *vt* aceptar
accés [əksés] *m* acceso
accessori -òria [əksəsɔ́ɾi] *aj m* accesorio -ria
accident [əksiðén] *m* accidente
accidentat -ada [əksiðəntát] *aj* accidentado -da
acció [əksió] *f* acción; **en** ~ en acción
accionar [əksiuná] *vt* accionar
accionista [əksiunístə] *mf* accionista
acer [əsér] *m* acero
ací [əsí] *av* aquí, acá; (*temps*) aquí; **d'**~ **d'allà** de un lado a otro, de aquí para allí; **d'**~ **i d'allà** de acá y de acullá
àcid -a [ásit] *aj m* ácido -da
aclamar [əkləmá] *vt* aclamar, aplaudir
aclaparar [əkləpəɾá] *vt* agobiar, abrumar
aclariment [əkləɾimén] *m* aclaración *f*

aclarir [əklərí] *vt* aclarar; *vp* (*el cel*) aclararse, despejar *vi*
aclimatar [əklimətá] *vtp* aclimatar(se)
aclucar [əkluká] *vt* (*els ulls*) cerrar
acne [áŋnə] *f* acné
acoblar [əkubblá] *vt* acoplar, ensamblar; *vp* acoplarse
acollidor -a [əkuʎiðó] *aj* acogedor -ra
acolliment [əkuʎimén] *m* acogida *f*, acogimiento
acollir [əkuʎí] *vt* acoger; *vp* (*emparar-se*) acogerse
acolorir [əkulurí] *vt* colorear
acomiadament [əkumiəðəmén] *m* (*adéu*) despedida *f*, adiós; (*d'un treball*) despido
acomiadar [əkumiəðá] *vt* despedir
acomodador -a [əkumuðəðó] *mf* acomodador -ra
acomodar [əkumuðá] *vt* acomodar; (*adaptar*) acomodar, acondicionar
acompanyant [əkumpəɲán] *aj mf* acompañante
acompanyar [əkumpəɲá] *vt* acompañar
acomplexar [əkumpləksá] *vt* acomplejar
acomplir [əkumplí] *vt* (*portar a cap*) realizar; *vp* (*complir-se*) cumplirse
aconseguir [əkunsəɣí] *vt* conseguir, lograr
aconsellar [əkunsəʎá] *vt* aconsejar
acontentar [əkuntəntá] *vt* contentar
acord [əkɔ́rt] *m* acuerdo; **d'~!** de acuerdo, vale *fam*; **de comú ~** de común acuerdo
acordar [əkurdá] *vt* acordar
acordió [əkurdió] *m* acordeón
acorralar [əkurəlá] *vt* acorralar
acostar [əkustá] *vtp* acercar(se), aproximar(se); avecinar(se). *S'acosten tempestes*, se avecinan tormentas
acostumar [əkustumá] *vi* (*tenir un costum*) acostumbrar, soler. *Acostumen a venir tard*, suelen venir tarde; *vp* (*habituar-se*) acostumbrarse
acovardir [əkuβərdí] *vtp* acobardar(se)
acròbata [əkrɔ́βətə] *mf* acróbata
acta [áktə] *f* acta
acte [áktə] *m* acto; **a l'~** (*de seguida*) en el acto, al punto; **en ~ de servei** en acto de servicio
actitud [əktitút] *f* actitud
actiu -iva [əktíw] *aj m* activo -va
activar [əktiβá] *vt* activar
activitat [əktiβitát] *f* actividad; *pl* (*ocupacions*) actividades; **en ~** en actividad
actor -triu [əktó] *mf* actor -triz
actuació [əktuəsió] *f* actuación
actual [əktuál] *aj* actual
actualitat [əktuəlitát] *f* actualidad
actualment [əktuəlmén] *av* actualmente, en la actualidad
actuar [əktuá] *vi* actuar
acudir [əkuðí] *vi* acudir; *vp* ocurrirse. *No se li va ~ que l'esperàvem a la sortida*, no se le ocurrió que le esperábamos a la salida

acudit [əkuðít] *m* (*dita aguda*) ocurrencia *f*, salida *f*; (*historieta còmica*) chiste
acumular [əkumulá] *vt* acumular
acupuntura [əkupuntúɾə] *f* acupuntura
acusar [əkuzá] *vt* acusar; (*palesar*) acusar, revelar, delatar. *Un jersei que acusa les formes*, un jersei que acusa las formas
acusat -ada [əkuzát] *aj mf* acusado -da
adaptació [əðəptəsió] *f* adaptación
adaptar [əðəptá] *vt* adaptar
addició [əddisió] *f* suma, adición
addicte -a [əddíktə] *aj* adicto -ta
additiu -iva [əddití w] *aj m* aditivo -va
adepte -a [əðéptə] *aj mf* adepto -ta
adequar [əðəkwá] *vt* adecuar, adaptar
adéu [əðéw] *m* (*comiat*) adiós; *inj* ¡adiós!
adéu-siau [əðèwsiáw] *inj* ¡adiós!
adherència [əðəɾέnsiə] *f* adherencia
adhesiu -iva [əðəzíw] *aj* adhesivo -va; *m* adhesivo, pegatina *f*
àdhuc [áðuk] *av* incluso, aun, hasta
adient [əðién] *aj* adecuado -da, apropiado -da
adinerat -ada [əðinəɾát] *aj* adinerado -da
adjacent [ədʒəsén] *aj* adyacente
adjectiu -iva [ədʒəktíw] *aj m* adjetivo -va
adjudicar [ədʒuðiká] *vt* adjudicar
admetre [ədmέtɾə] *vt* admitir
administració [ədministɾəsió] *f* administración
administrar [ədministɾá] *vt* administrar
administratiu -iva [ədministɾətíw] *aj mf* administrativo -va
admiració [ədmiɾəsió] *f* admiración
admirar [ədmiɾá] *vt* admirar; *vp* admirarse. *~-se de tot*, admirarse de todo
admissió [ədmisió] *f* admisión
adob [əðóp] *m gst* adobo; *agr* abono; (*reparació*) arreglo
adobar [əðuβá] *vt* (*reparar*) arreglar, componer; (*pells*) adobar, curtir; *agr* abonar
adolescència [əðuləsέnsiə] *f* adolescencia
adolorit -ida [əðuluɾít] *aj* dolorido -da
adonar-se [əðunársə] *vp* darse cuenta, percatarse
adoptar [əðuptá] *vt* adoptar
adorable [əðuɾábblə] *aj* adorable
adoració [əðuɾəsió] *f* adoración
adorar [əðuɾá] *vt* adorar
adormir [əðurmí] *vt* (*fer dormir*) dormir; *vp* (*un membre*) dormirse, entumecerse; (*restar inactiu*) dormirse. *No t'adormis que farem tard*, no te duermas que llegaremos tarde
adorn [əðórn] *m* adorno, aderezo
adornar [əðurná] *vt* adornar, aderezar
adossar [əðusá] *vt* adosar
adquirir [ətkiɾí] *vt* (*en propietat*) adquirir; (*aconseguir*) conseguir, alcanzar

adreça [əðrésə] *f* dirección, señas *pl*
adreçar [əðrəsá] *vt* (*la paraula*) dirigir; (*posar dret*) enderezar; *vp* (*a up*) dirigirse
adular [əðulá] *vt* adular
adult -a [əðúl] *aj mf* adulto -ta
adúlter -a [əðúltər] *aj mf* adúltero -ra
adulterar [əðultərá] *vt* adulterar
adulteri [əðultέɾi] *m* adulterio
adust -a [əðúst] *aj* adusto -ta
adventici -ícia [ədbəntísi] *aj* adventicio -cia
adverbi [ədbέrbi] *m* adverbio
adversari -ària [ədbərsáɾi] *mf* adversario -ria
advertiment [ədbərtimén] *m* advertencia *f*
advertir [ədbərtí] *vt* (*avisar*) advertir, avisar; (*parar esment*) advertir
advocat -ada [ədbukát] *mf* abogado -da
aeri aèria [əέɾi] *aj* aéreo -a; *m* (*telecabina*) teleférico, funicular
aerodinàmic -a [əèɾuðinámik] *aj f* aerodinámico -ca
aeròdrom [əeɾɔ́ðɾum] *m* aeródromo
aeroplà [əèɾuplá] *m* aeroplano, avión
aeroport [əèɾupɔ́rt] *m* aeropuerto
afable [əfábblə] *aj* afable, agradable, amable
afait [əfájt] *m* afeite
afaitar [əfəjtá] *vt* afeitar
afalagar [əfələɣá] *vt* halagar
afamat -ada [əfəmát] *aj* hambriento -ta
afany [əfáɲ] *m* afán
afanyar-se [əfəɲársə] *vp* apresurarse, darse prisa
afartar-se [əfərtársə] *vp* (*de menjar*) hartarse, atiborrarse; (*tenir-ne prou*) hartarse. *Es va afartar de dormir*, se hartó de dormir
afavorir [əfəβuɾí] *vt* favorecer
afeblir [əfəbblí] *vtp* debilitar(-se)
afecció [əfəksió] *f* (*afecte, inclinació*) afición, afección; *med* afección
afectar [əfəktá] *vt* afectar; *vp* (*impressionar-se*) afectarse
afecte [əféktə] *m* afecto, cariño
afectuós -osa [əfəktuós] *aj* afectuoso -sa, cariñoso -sa
afegir [əfəʒí] *vt* añadir, agregar
afer [əfér] *m* (*qüestió*) asunto; (*ocupació*) quehacer; **~s estrangers** asuntos exteriores (extranjeros)
aficionat -ada [əfisiunát] *aj mf* aficionado -da
afilar [əfilá] *vt* afilar
afillar [əfiʎá] *vt* ahijar
afinar [əfiná] *vt* afinar
afirmació [əfirməsió] *f* afirmación, aseveración
afirmar [əfirmá] *vt* afirmar
afirmatiu -iva [əfirmətíw] *aj* afirmativo -va
aflicció [əfliksió] *f* aflicción
afligir [əfliʒí] *vt* afligir, apenar; (*una malaltia*) aquejar
aflorar [əfluɾá] *vi* aflorar
afluència [əfluέnsiə] *f* afluencia
afluent [əfluén] *m* afluente
afluixar [əfluʃá] *vt* aflojar; *fg* soltar; *vi* aflojar, ceder. ~ *la tos*, aflojar la tos; ~ **la bossa** aflojar la pasta

afogar [əfuɣá] *vt* quemar, prender fuego
afonia [əfuníə] *f* afonía
afores [əfɔ́ɾəs] *mpl* afueras *f*, alrededores
afortunat -ada [əfurtunát] *aj* afortunado -da
africà -ana [əfɾiká] *aj* africano -na
afrodisíac -a [əfɾuðiziək] *aj m* afrodisiaco -ca, afrodisíaco -ca
afront [əfɾón] *m* afrenta *f*
afrontar [əfɾuntá] *vt* afrontar, hacer frente a
afusellar [əfuzəʎá] *vt* fusilar
agafar [əɣəfá] *vt* (*subjectar*) coger, agarrar; (*atrapar*) coger, pillar; (*contreure*) coger, pillar; (*sorprendre*) coger, pillar; *vi* (*sobrevenir*) venir. *Li van ~ ganes de riure*, le vinieron ganas de reír; *vp* cogerse, agarrarse; (*enganxar-se*) pegarse
agència [əʒɛ́nsiə] *f* agencia
agenda [əʒéndə] *f* agenda
agenollar-se [əʒənuʎársə] *vp* arrodillarse
agent [əʒén] *m* agente. *~ químic*, agente químico; *mf* (*persona*) agente. *~ comercial, d'assegurances, de canvi i borsa*, agente comercial, de seguros, de cambio y bolsa; *~ de policia* (*de l'autoritat*), agente de policía, agente
àgil [áʒil] *aj* ágil
agitar [əʒitá] *vt* agitar
aglà [əɣlá] *m/f* bellota
aglomeració [əɣluməɾəsió] *f* aglomeración
aglomerar [əɣluməɾá] *vtp* aglomerar(se)
aglutinar [əɣlutiná] *vtp* aglutinar(se)
agonia [əɣuníə] *f* agonía
agosarat -ada [əɣuzəɾát] *aj* osado -da, atrevido -da
agost [əɣóst] *m* agosto; **fer el seu ~**, hacer su agosto
agradable [əɣɾəðábblə] *aj* agradable
agradar [əɣɾəðá] *vi* gustar, agradar
agrair [əɣɾəí] *vt* agradecer
agranar [əɣɾəná] *vt* (*els animals*) cebar; (*escombrar*) barrer
agrari -ària [əɣɾáɾi] *aj* agrario -ria
agre -a [áɣɾə] *aj* agrio -gria
agredolç -a [àɣɾəðóls] *aj* agridulce
agregar [əɣɾəɣá] *vt* agregar
agressiu -iva [əɣɾəsíw] *aj* agresivo -va
agressivitat [əɣɾəsiβitát] *f* agresividad
agreujar [əɣɾəwʒá] *vt* (*fer més greu*) agravar; (*ofendre*) agraviar
agrícola [əɣɾíkulə] *aj* agrícola
agricultor -a [əɣɾikultó] *mf* agricultor -ra
agricultura [əɣɾikultúɾə] *f* agricultura
agrupament [əɣɾupəmén] *m* agrupamiento, agrupación *f*
agrupar [əɣɾupá] *vt* agrupar
aguaitar [əɣwəjtá] *vt* acechar
aguantar [əɣwəntá] *vt* (*suportar*) aguantar; *vi* aguantar, resistir; *vp* (*no caure*) tenerse, sostenerse. *No m'aguanto dret*, no me tengo derecho; (*contenir-se, reprimir-se*) aguantarse

àguila [áɣilə] *f* águila
agulla [əɣúʎə] *f* aguja; (*per a subjectar*) alfiler *m*; (*busca*) aguja, manecilla; ~ **de cap** alfiler; ~ **de pit** broche; ~ **d'estendre** pinza de la ropa
agut -uda [əɣút] *aj m* agudo -da
ah [á] *inj* ¡ah!
ahir [əí] *av* ayer; *m* (*el dia d'ahir*) el día de ayer
ai [áj] *inj* ¡ay!; *m* (*dolor físic, moral*) ay; **anar amb l'~ al cor** tener el alma en un hilo
aigua [ájɣwə] *f* agua; (*riu, riera, torrent, mar, etc*) aguas *pl*; *pl* (*de les pedres precioses, de certes teles, fustes, etc*) aguas; ~ **dolça** agua dulce; ~ **mineral** agua mineral; **estar amb l'~ fins al coll** estar con el agua al cuello; **fer aigües** (*flaquejar*) hacer agua; **trencar aigües** (*una partera*) romper aguas; **treure'n l'~ clara** sacar algo en claro (en limpio)
aigualir [əjɣwəlí] *vt* aguar
aigualit -da [əjɣwəlít] *aj* aguado -da; (*síndria, meló*) aguanoso -sa
aiguamoll [àjɣwəmɔ́ʎ] *m* ciénaga *f*, pantanal, marjal
aiguaneu [àjɣwənéw] *f* aguanieve, agua nieve
aiguardent [àjɣwərdén] *m* aguardiente
aiguarràs [àjɣwərás] *m* aguarrás
aiguat [əjɣwát] *m* aguacero, chubasco, chaparrón
aigüera [əjɣwérə] *f* fregadero *m*
aïllant [əiʎán] *aj m* aislante
aïllar [əiʎá] *vt* aislar
aire [ájɾə] *m* aire; (*posat*) aire, aspecto; ~ **condicionat** aire acondicionado; **a mig ~ de** a media altura de; **a l'~ lliure** al aire libre
airejar [əjɾəʒá] *vt* (*ventilar*) airear; *vp* airearse, tomar el aire
aixada [əʃáðə] *f* azada
aixafar [əʃəfá] *vt* aplastar, chafar *fm*, espachurrar; *fg* abatir, chafar *fm*
aixecament [əʃəkəmén] *m* alzamiento, sublevación *f*, levantamiento
aixecar [əʃəká] *vt* levantar, alzar; (*promoure*) levantar; *vp* levantarse, elevarse
aixella [əʃéʎə] *f* axila, sobaco *m fm*
aixeta [əʃétə] *f* grifo *m*
així [əʃí] *av* así; ~ **així** así así; ~ **i així** así y asá; ~ **com** ~ así como así; ~ **que** así que, tan pronto como; ~ **doncs** así pues, y así
això [əʃɔ́] *pr* esto, eso; ~ **mateix** eso mismo, eso es; **per** ~ por eso (ello), eso es por lo que
aixopluc [əʃuplúk] *m* cobijo
aixoplugar [əʃupluɣá] *vtp* cobijar(se)
ajeure [əʒewɾə] *vt* acostar, encamar; *vp* acostarse, echarse, tenderse
ajornar [əʒurná] *vt* aplazar
ajuda [əʒúðə] *f* ayuda
ajudant [əʒuðán] *aj mf* ayudante
ajudar [əʒuðá] *vt* ayudar, auxiliar
ajuntament [əʒuntəmén] *m* ayuntamiento
ajuntar [əʒuntá] *vt* juntar

ajupir [əʒupí] *vt* agachar, bajar. ~ *el cap*, agachar la cabeza; *vp* agacharse, acocharse
ajustar [əʒustá] *vt* ajustar; (*la porta, la finestra*) entornar
ajut [əʒút] *m* ayuda *f*
ala [álə] *f* ala; **estar tocat de l'~** faltar un tornillo a up, no estar en sus cabales
alabar [ələβá] *vt* alabar
alarit [ələɾít] *m* alarido
alarma [əlármə] *f* alarma
alarmar [ələrmá] *vtp* alarmar(se)
alba [álβə] *f* alba, aurora, amanecer *m*; **a trenc d'~** al rayar el alba, al amanecer
albada [əlβáðə] *f* alborada, alba
albanès -esa [əlβənɛ́s] *aj m* albanés -esa
albercoc [əlβərkɔ́k] *m* albaricoque
alberg [əlβɛ́rk] *m* albergue
albergar [əlβərgá] *vt* albergar, cobijar, aposentar
albergínia [əlβərʒíniə] *f* berenjena
albí -ina [əlβí] *aj mf* albino -na
albirar [əlβiɾá] *vt* vislumbrar, divisar, atisbar
albufera [əlβuférə] *f* albufera
àlbum [álβum] *m* álbum
alçada [əlsáðə] *f* altura; (*alçària personal*) estatura; **de l'~ d'un campanar** de padre y muy señor mío
alcalde -essa [əlkáldə] *mf* alcalde -esa
alçaprem [àlsəpɾέm] *m* palanca *f*
alçar [əlsá] *vt* alzar, erguir; *vp* (*revoltar-se*) alzarse, sublevarse; (*llevar-se*) levantarse
alçària [əlsáɾiə] *f* altura
alcohol [əlkuɔ́l] *m* alcohol
alcohòlic -a [əlkuɔ́lik] *aj mf* alcohólico -ca
alcova [əlkɔ́βə] *f* alcoba
aldarull [əldəɾúʎ] *m* alboroto, jaleo
alè [əlɛ́] *m* aliento, respiración *f*; **perdre l'~** perder el aliento; **prendre ~** cobrar (tomar) aliento
aleatori -òria [əleətɔ́ɾi] *aj* aleatorio -ria
alegrar [ələγɾá] *vtp* alegrar(se)
alegre [əléγɾə] *aj* alegre
alegria [ələγɾíə] *f* alegría, contento *m*, regocijo *m*
alemany -a [ələmáɲ] *aj mf* alemán -ana
alenar [ələná] *vi* alentar
alentir [ələntí] *vt* moderar, retardar
alerta [əlɛ́rtə] *f* alerta; *inj* ¡alerta!, ¡ojo!; **anar (estar) ~** andar con cuidado, estar alerta
aleshores [ələzɔ́ɾəs] *av* entonces; **d'~ ençà** desde entonces
aleta [əlɛ́tə] *f* aleta
aletejar [ələtəʒá] *vi* aletear
alfabet [əlfəβɛ́t] *m* alfabeto, abecedario
alfabètic -a [əlfəβɛ́tik] *aj* alfabético -ca
alfabetitzar [əlfəβətidzá] *vt* alfabetizar
alfàbrega [əlfáβɾəγə] *f* albahaca
alfals [əlfáls] *m* alfalfa *f*
alfil [əlfíl] *m* alfil
alforja [əlfɔ́rʒə] *f* alforja
alga [álγə] *f* alga
algerià -ana [əʎʒəɾiá] *aj mf* argelino -na

algú [əlɣú] *pr* alguien *iv*, alguno -na. *Digues a ~ que vingui*, dile a alguien que venga; **~ o altre** alguno que otro
algun -a [əlɣún] *aj* alguno [*apocopado* algún] -na; (*una mica de*) algo de. *Tinc ~s diners*, tengo algo de dinero; **~a cosa** algo. *Sé ~a cosa però no en parlaré*, sé algo pero no hablaré
alhora [əlɔ́ɾə] *av* al mismo tiempo, a un mismo tiempo, a la vez. *Van cridar tots ~*, gritaron todos al mismo tiempo
aliança [əliánsə] *f* (*unió*) alianza; (*anell de casament*) alianza, anillo *m* de boda
aliar [əliá] *vt* (*per un pacte*) aliar; (*fer un aliatge*) alear; *vp* aliarse
aliatge [əliádʒə] *m* aleación *f*
alicates [əlikátəs] *fpl* alicates *m*
aliè -ena [əliɛ́] *aj* ajeno -na
àliga [áliɣə] *f* águila
aligot [əliɣɔ́t] *m zoo* ratonero; (*persona alta i desmarxada*) espingarda *f*
aliment [əlimén] *m* alimento
alimentació [əlimantəsió] *f* alimentación
alimentar [əlimantá] *vtp* alimentar(se)
alimentari -ària [əlimantáɾi] *aj* (*relatiu als aliments*) alimentario -ria, alimenticio -cia; (*que alimenta*) alimenticio -cia
alinear [əlineá] *vtp* alinear(se)
all [áʎ] *m* ajo; (*gra d'all*) diente de ajo
allà [əʎá] *av* allí, allá; **~ a** allá por. *~ a l'any mil*, allá por el año mil
allargar [əʎərgá] *vt* alargar; (*donar*) alargar, tender; *vi* alcanzar; (*donar de sí*) cundir
allau [əʎáw] *f* alud *m*, avalancha
al·legar [əlləɣá] *vt* alegar
al·lèrgia [əllɛ́ɾʒiə] *f* alergia
alletar [əʎətá] *vt* amamantar
alleugerir [əʎəwʒəɾí] *vt* (*treure pes*) aligerar, aliviar; (*un dolor*) aliviar
alleujar [əʎəwʒá] *vt* aliviar, calmar
allí [əʎí] *av* allí
alliberador -a [əʎiβəɾəðó] *aj mf* liberador -ra; libertador -ra
alliberar [əʎiβəɾá] *vtp* liberar(-se), libertar(-se); (*de perills, molèsties, etc*) liberar(-se), librar(-se)
al·licient [əllisién] *m* aliciente
allioli [àʎiɔ́li] *m gst* alioli
allitar-se [əʎitársə] *vp* encamarse, guardar cama
allò [əʎɔ́] *pr* aquello, ello; **~ que** lo que. *~ que em vas dir*, lo que me dijiste; **d'~** de lo. *És d'~ més interessant*, es de lo más interesante; **d'~ més** (*en gran quantitat*) en cantidad, a montones. *Pomes? N'hi havia d'~ més*, manzanas? Había en cantidad; **d'~ més** (*molt*) de lo lindo, a más no poder. *Ens vam divertir d'~ més*, nos divertimos de lo lindo
allotjament [əʎudʒəmén] *m* alojamiento
allotjar [əʎudʒá] *vtp* alojar(se)
allunyar [əʎuɲá] *vtp* alejar(se)
al·luvió [əlluβió] *m* aluviones *pl*

almenys [əlmɛ́ɲs] *av* (*si més no*) al menos, a lo menos, como mínimo; (*pel cap baix*) al menos, lo menos
almirall [əlmiɾáʎ] *m* almirante
almívar [əlmíβər] *m* almíbar
almogàver [əlmuɣáβər] *m* almogávar
alosa [əlózə] *f* alondra
alpinisme [əlpinízmə] *m* alpinismo
alpinista [əlpinístə] *mf* alpinista
alqueria [əlkəɾíə] *f* alquería
alt -a [ál] *aj* alto -ta; *mús* (*agut*) alto -ta, agudo -a; *m* (*dimensió*) alto, altura. *Fa dos metres d'alt*, hace dos metros de alto; *av* alto. *Volar* ~, volar alto; **~s i baixos** altos y bajos, altibajos
alta [áltə] *f dr med* alta; **donar l'~** (*a un convalescent*) dar de (el) alta
altar [əltá] *m* altar
altaveu [əltəβɛ́w] *m* altavoz
alterar [əltəɾá] *vt* alterar; *vp* (*agitar-se*) alterarse
alternativa [əltərnətíβə] *f* alternativa
altesa [əltɛ́zə] *f* alteza; **vostra ~** su (vuestra) alteza
altiplà [àltiplá] *m* altiplano, meseta *f*
altitud [əltitút] *f* altitud
altiu -iva [əltíw] *aj* altivo -va, altanero -ra
alto [áltu] *inj* ¡alto!, ¡alto ahí!; **cridar l'~** dar el alto
altre -a [áltɾə] *aj pr* (*encara un més*) otro -tra; (*restant*) otro -tra, demás; *pr* otro -tra; [*partitiu*] **d'~s** otros -tras; **els ~s** los demás, los otros; **entre d'~s** entre otros; **~ tant** otro tanto
altri [áltɾi] *pr* otro -tra, otros -tras. *Les prengueren per* ~, las tomaron por otras; **d'~** ajeno -na. *Treballar per compte* d'~, trabajar por cuenta ajena
altura [əltúɾə] *f* altura; **a l'~ de** a la altura de
alumini [əlumíni] *m* aluminio
alumne -a [əlúmnə] *mf* alumno -na
alvèol [əlβɛ́ul] *m* alvéolo, alveolo
alvocat [əlβukát] *m* aguacate
alzina [əlzínə] *f* encina
alzinar [əlziná] *m* encinar
alzinar [əlziná] *vt* erguir, levantar; *vp* (*el cos*) erguirse; (*un cavall*) encabritarse
amabilitat [əməβilitát] *f* amabilidad
amable [əmábblə] *aj* amable
amagar [əməɣá] *vt* esconder
amagatall [əməɣətáʎ] *m* escondrijo, escondite
amainar [əməjná] *vt* amainar
amanida [əməníðə] *f* ensalada
amanir [əmənı́] *vt* aliñar, aderezar
amansir [əmənsí] *vt* amansar, domesticar; apaciguar, calmar
amanyagar [əməɲəɣá] *vt* (*amansir*) amansar, ablandar; (*acariciar*) acariciar, mimar
amar [əmá] *vt* amar, querer
amarar [əməɾá] *vt* empapar, calar; *aer* amarar, amerizar
amarg -a [əmárk] *aj* amargo -ga
amargant [əmərgán] *aj* amargo -ga
amargar [əmərgá] *vt* amargar; **~ la vida** (*a up*) amargarle a up la

vida, hacerle a up la vida imposible
amarrar [əmərá] *vt* amarrar
amateur [əmətér] *aj mf* aficionado -da; *mf* amateur
amb [əm] *prp* con. *Ésser a casa ~ un amic*, estar en casa con un amigo; *Pegar ~ un bastó*, pegar con un bastón; *Ho aconseguiràs ~ el seu ajut*, lo conseguirás con su ayuda; *Un pis ~ tres habitacions*, un piso con tres habitaciones
ambaixada [əmbəʃáðə] *f* embajada
ambaixador -a [əmbəʃəðó] *mf* embajador -ra
ambdós -dues [əmdós] *aj pr pl* ambos -bas
ambició [əmbisió] *f* ambición
ambiciós -osa [əmbisiós] *aj* ambicioso -sa
ambient [əmbién] *aj* (*fluid*) ambiente; *m* (*aire*) ambiente, atmósfera; **medi** ~ medio ambiente
àmbit [ámbit] *m* ámbito
ambulància [əmbulánsiə] *f* ambulancia
ambulant [əmbulán] *aj* ambulante
ambulatori -òria [əmbulətɔ́ɾi] *aj m* ambulatorio -ria
amè -ena [əmɛ́] *aj* ameno -na
amenaçador -a [əmənəsəðó] *aj* amenazador -ra
amenaçar [əmənəsá] *vt* amenazar
amerar [əmərá] *vt* amarar, amerizar
americà -ana [əməɾiká] *aj mf* americano -na
americana [əməɾikánə] *f* (*peça de vestir*) americana
ametlla [əmmɛ́λλə] *f* almendra
ametller [əmməλλé] *m* almendro
ametlló [əmməλλó] *m* (*fruit*) almendruco
amfibi -íbia [əmfíβi] *aj m* anfibio -bia
amfitrió -ona [əmfitɾió] *mf* anfitrión
àmfora [ámfuɾə] *f* ánfora
amic -iga [əmík] *aj mf* amigo -ga
amidar [əmiðá] *vt* medir
amígdala [əmígdələ] *f* amígdala
amistat [əmistát] *f* amistad; *pl* amistades
amistós -osa [əmistós] *aj* amistoso -sa
amnèsia [əmnɛ́ziə] *f* amnesia
amnistia [əmnistíə] *f* amnistía
amo [ámu] *m* (*propietari*) amo, dueño; (*patró*) amo, patrón
amoïnar [əmuiná] *vt* (*inquietar*) inquietar, preocupar. *Aquest soroll m'amoïna*, este ruido me preocupa; (*molestar*) molestar, importunar
amollar [əmuλá] *vt* aflojar, soltar
amor [əmór] *m* amor, cariño; ~ **propi** amor propio; **fer l'**~ hacer el amor
amorf -a [əmɔ́rf] *aj* amorfo -fa
amorós -osa [əmuɾós] *aj* amoroso -sa, cariñoso -sa
amorosir [əmuɾuzí] *vt* suavizar
amortidor [əmurtiðó] *aj m* amortiguador -ra
ampit [əmpít] *m* alféizar
amplada [əmpláðə] *f* anchura, ancho *m*
ample -a [ámplə] *aj* ancho -cha; *m* (*amplada*) ancho, anchura *f*;

venir (anar) ample (*uc a up*) venir ancho (grande) uc a up
ampli àmplia [ámpli] *aj* amplio -plia
ampliació [əmpliəsió] *f* ampliación
ampliar [əmpliá] *vt* ampliar
amplificador [əmplifikəðó] *m* amplificador
amplitud [əmplitút] *f* amplitud
ampolla [əmpóʎə] *f* botella; **ésser bufar i fer ampolles** ser coser y cantar
amputar [əmputá] *vt* amputar
amulet [əmulɛ́t] *m* amuleto
amunt [əmún] *av* arriba; (*cap amunt*) hacia arriba; **de... en ~** de... para arriba. *Aquests llibres costen de cinc-centes pessetes en ~*, estos libros cuestan de quinientas pesetas para arriba
amuntegar [əmuntəɣá] *vt* amontonar
anacrònic -a [ənəkrɔ́nik] *aj* anacrónico -ca
anada [ənáðə] *f* ida. *Billet d'~ i tornada*, billete de ida y vuelta
analfabet -a [ənəlfəβɛ́t] *aj mf* analfabeto -ta
analgèsic -a [ənəʎʒɛ́zik] *aj m* analgésico -ca
anàlisi [ənálizi] *f* análisis *m*
analitzar [ənəlidzá] *vt* analizar
anar [əná] *vi* ir; (*funcionar*) ir, andar; (*indicar el preu*) estar. *A quant van els pèsols?*, ¿a cuánto están los guisantes?; (*anar vestit*) ir; [*seguit de gerundi*] (*continuïtat d'una acció*) ir. *~ fent*, ir tirando; (*escaure*) ir, sentar; (*correspondre un indret determinat*) ir. *Les fitxes van al calaix de dalt*, las fichas van en el cajón de arriba; **~ a (per)** ir a; **~ de poc que** estar a punto de; **com més va més (menys)** cada vez más (menos); **fer ~** mover; **vaja!** ¡vaya!, ¡anda!
anarquisme [ənərkízmə] *m* anarquismo
anatomia [ənətumíə] *f* anatomía
anca [áŋkə] *f* [*generalment en pl*] anca
ancià -ana [ənsiá] *aj mf* anciano -na
àncora [áŋkurə] *f* ancla; **llevar l'~** levar anclas
andalús -usa [əndəlús] *aj mf* andaluz -za
andana [əndánə] *f* andén *m*
andorrà -ana [əndurá] *aj mf* andorrano -na
andròmina [əndrɔ́minə] *f* trasto *m*, cachivache *m*
ànec ànega [ánək] *mf* pato -a
anècdota [ənɛ́gdutə] *f* anécdota
anell [ənéʎ] *m* anillo; (*del dit*) anillo, sortija *f*; **venir com l'~ al dit** venir como anillo al dedo
anella [ənéʎə] *f* anilla; *pl esp* anillas
anèmia [ənɛ́miə] *f* anemia
anemòmetre [ənəmɔ́mətrə] *m* anemómetro
anestèsia [ənəstɛ́ziə] *f* anestesia
àngel [áɲʒəl] *m* ángel; **~ de la guarda** ángel custodio (de la guarda)
angines [əɲʒínəs] *fpl* anginas
angle [áŋglə] *m* ángulo
anglès -esa [əŋglɛ́s] *aj m* inglés -esa
angoixa [əŋgóʃə] *f* angustia

anguila [əŋgílə] *f* anguila
angula [əŋgúlə] *f* angula
angular [əŋgulár] *aj* angular
angúnia [əŋgúniə] *f* angustia, congoja; **fer** ~ dar angustia
anhel [ənɛ́l] *m* anhelo
anihilar [əniilá] *vt* aniquilar
ànim [ánim] *m* ánimo, brío; *inj* ¡ánimo!
ànima [ánimə] *f* alma; **amb tota l'**~ con (toda) el alma; **arribar a l'**~ llegar al alma; **caure l'**~ **als peus** caer el alma a los pies; **ni un** ~ ni un alma
animador -a [ənimәðó] *aj mf* animador -ra
animal [ənimál] *aj m* animal; *fg* (*persona rude*) animal, bruto -ta
animalada [ənimәláðə] *f* animalada
animar [ənimá] *vt* animar
anís [ənís] *m* [*pl:* -*issos*] anís
anit [ənít] *av* anoche
anivellar [əniβəʎá] *vt* nivelar
aniversari [əniβərsári] *m* aniversario; (*natalici*) cumpleaños
anomenada [ənumənáðə] *f* renombre *m*, nombre *m*. *De molta* ~, de mucho renombre
anomenar [ənuməná] *vt* (*donar nom*) llamar; *vp* (*dir-se*) llamarse
anònim -a [ənɔ́nim] *aj* anónimo -ma
anorac [ənurák] *m* anorak
anorèxia [ənurɛ́ksiə] *f* anorexia
anormal [ənurmál] *aj mf* anormal
anotar [ənutá] *vt* anotar
anquilosar [əŋkiluzá] *vt* anquilosar
ans [áns] *cnj* (*abans*) antes; *cnj* (*sinó que*) antes bien
ansa [ánsə] *f* asa, agarradero *m*
ànsia [ánsiə] *f* ansia, angustia; **donar-se** ~ (*afanyar-se*) apresurarse, darse prisa
ansietat [ənsiətát] *f* ansiedad
antany [əntáɲ] *av* antaño
antàrtic -a [əntártik] *aj* antàrtico -ca
antecessor -a [əntəsəsó] *mf* antecesor -ra
antena [əntɛ́nə] *f* antena
antepenúltim -a [àntəpənúltim] *aj mf* antepenúltimo -ma
anterior [əntərió] *aj* anterior
anteriorment [əntəriòrmén] *av* anteriormente
antibiòtic -a [àntiβiɔ́tik] *aj m* antibiótico -ca
antic -iga [əntík] *aj* antiguo -gua
anticonceptiu -iva [àntikunsəptíw] *aj* anticonceptivo -va
antifaç [àntifás] *m* antifaz
antigament [əntiɣəmén] *av* antiguamente
antiguitat [əntiɣitát] *f* antigüedad; *pl* (*objectes*) antigüedades
antipatia [əntipətíə] *f* antipatía
antipàtic -a [əntipátik] *aj* antipático -ca
antiquari -ària [əntikwári] *mf* anticuario -ria
antònim [əntɔ́nim] *m* antónimo
anual [ənuál] *aj* anual
anular [ənulár] *aj* anular
anul·lar [ənullá] *vt* anular
anunci [ənúnsi] *m* anuncio
anunciar [ənunsiá] *vt* anunciar
anus [ánus] *m* ano

anxova [əɲʃɔ́βə] *f zoo* boquerón; *gst* anchoa
any [áɲ] *m* año; ~ **de traspàs** año bisiesto; **de l'~ de la picor** del año de la nana; **fer ~s** (*complir*) cumplir años, ser el cumpleaños de; **per molts ~s!** ¡feliz cumpleaños!
anyell [əɲéʎ] *m* cordero
aorta [əɔ́rtə] *f* aorta
apa [ápə] *inj* ¡ala!, ¡anda!
apadrinar [əpəðɾiná] *vt* apadrinar
apagar [əpəɣá] *vt* apagar. ~ *la set*, apagar la sed
apaivagar [əpəjβəɣá] *vt* apaciguar, calmar
apallissar [əpəʎisá] *vt* zurrar, apalear
apanyar [əpəɲá] *vt* (*adobar*) apañar, arreglar; *vp* (*espavilar-se*) apañarse, arreglarse
aparador [əpəɾəðó] *m* escaparate
aparcament [əpərkəmén] *m* aparcamiento
aparcar [əpərká] *vt* aparcar
aparèixer [əpəɾɛ́ʃə] *vi* aparecer; *vp* (*un fantasma, un esperit*) aparecerse
aparell [əpəɾéʎ] *m tcn bio pol* aparato; *mar arq* aparejo
aparellar [əpəɾəʎá] *vt* (*preparar*), aparear; *vtp* (*acoblar*) emparejar(se)
aparença [əpəɾénsə] *f* apariencia; *Jutjar per les aparences*, juzgar por las apariencias
aparent [əpəɾén] *aj* aparente
aparentar [əpəɾəntá] *vt* aparentar
aparició [əpəɾisió] *f* aparición
apartament [əpərtəmén] *m* apartamento
apartar [əpərtá] *vt* apartar; *vp* (*allunyar-se*) apartarse
apassionar [əpəsiuná] *vt* apasionar
àpat [ápət] *m* comida *f*
apatia [əpətíə] *f* apatía
apatxe [əpátʃə] *mf* apache
apedaçar [əpəðəsá] *vt* remendar, apedazar
apedregar [əpəðɾəɣá] *vt* apedrear
apendicitis [əpəndisítis] *f* apendicitis
apèndix [əpɛ́ndiks] *m* [*pl: -xs*] apéndice
aperitiu -iva [əpəɾitíw] *aj m* aperitivo -va
apetitós -osa [əpətitós] *aj* apetitoso -sa
api [ápi] *m* apio
apilar [əpilá] *vt* apilar
apilotar [əpilutá] *vt* apilar, amontonar; *vp fg* apelotonarse, apiñarse
apinyar [əpiɲá] *vt* (*atapeir*) apiñar; *vp fg* (*gent*) apiñarse
aplanar [əpləná] *vt* allanar
aplaudiment [əpləwðimén] *m* aplauso
aplaudir [əpləwðí] *vti* aplaudir
aplec [əplɛ́k] *m* (*coses aplegades*) pila *f*; (*trobada a l'aire lliure*) encuentro
aplegar [əpləɣá] *vt* (*gent*) reunir, congregar; (*dades*) reunir, recoger
aplicació [əplikəsió] *f* aplicación
aplicar [əpliká] *vt* aplicar
aplom [əplóm] *m* aplomo

apoderar [əpuðərá] *vt* apoderar; *vp* apoderarse, tomar *vt*
apolític -a [əpulítik] *aj* apolítico -ca
aportar [əpurtá] *vt* aportar
aposta [əpɔ́stə] *f* apuesta
apostar [əpustá] *vt* apostar; (*posar a l'aguait*) apostar; *vp* (*posar-se a l'aguait*) apostarse
apòstrof [əpɔ́strufə] *m* (*signe gràfic*) apóstrofo
apòstrofe [əpɔ́strufə] *vt* (*interpel·lació*) apóstrofe *m/f*
apotecari -ària [əputəkári] *mf* boticario -ria
apreciar [əprəsiá] *vt* apreciar
aprendre [əpɛ́ndrə] *vt* aprender
aprenent -a [əprənén] *mf* aprendiz -za
aprenentatge [əprənəntádʒə] *m* aprendizaje
apressar [əprəsá] *vt* apresurar, apremiar; *vp* apresurarse
aprimar [əprimá] *vtp* adelgazar(se)
aprofitament [əprufitəmén] *m* aprovechamiento
aprofitar [əprufitá] *vi* aprovechar. *Aquell dinar no va ~ a ningú*, aquella comida no aprovechó a nadie. *Pots ~ les restes de menjar per al gos*, puedes aprovechar los restos de comida para el perro; *vp* (*treure profit*) aprovecharse
aprofitat -ada [əprufitát] *aj fg* aprovechado -da
aprofundir [əprufundí] *vt* ahondar, profundizar; *fg* (*estudiar, analitzar*) profundizar *vi*
apropar [əprupá] *vt* acercar, aproximar
apropiar [əprupiá] *vt* apropiar; *vp* apropiarse, apoderarse
apropiat -ada [əprupiát] *aj* apropiado -da, adecuado -da
aprovació [əpruβəsió] *f* aprobación
aprovar [əpruβá] *vt* aprobar
aprovat -ada [əpruβát] *aj m* aprobado -da
aproximació [əpruksiməsió] *f* aproximación
aproximadament [əpruksimàðəmén] *av* aproximadamente
aproximar [əpruksimá] *vtp* aproximar(se), acercar(se)
apte -a [áptə] *aj* apto -ta
aptitud [əptitút] *f* aptitud
apujar [əpuʒá] *vt* (*un preu, un sou*) aumentar, subir; (*la llum, el so*) subir
apunt [əpún] *m* (*dibuix*) apunt; (*notes*) *pl* apuntes
apuntalar [əpuntəlá] *vt* apuntalar
apuntar [əpuntá] *vt* (*prendre nota*) apuntar, anotar; (*encanonar*) apuntar; (*insinuar*) apuntar. *Va ~ la necessitat d'apujar les quotes*, apuntó la necesidad de subir las cuotas; *vp* apuntarse
apunyalar [əpuɲəlá] *vt* apuñalar
aquarel·la [əkwərɛ́llə] *f* acuarela
aquari [əkwári] *m* acuario; [*en majúscula*] *ast* Acuario
aquàtic -a [əkwátik] *aj* acuático -ca
aqüeducte [əkwəðúktə] *m* acueducto
aqueix -a [əkɛ́ʃ] *aj* ese -sa
aquell -a [əkɛ́ʎ] *aj* aquel -lla; *pr* aquél -lla

aquest -a [əkɛ́t] *aj* este -ta; *pr* éste -ta, ése -a
aquí [əkí] *av* (*ací*) aquí; (*en aqueix lloc*) ahí
ara [árə] *av* ahora; *cnj* (*no obstant això*) ahora, sin embargo; **ara... ara...** ahora... ahora..., a ratos... y a ratos...; ~ **bé** ahora bien; ~ **com** ~ por ahora, de momento; **i ~!** (*sorpresa*) ¡cómo!; (*negació*) ¡ni hablar!; **per** ~ por ahora, de momento
ara [árə] *f* ara, altar *m*
àrab [árəp] *aj m* árabe
arada [əráðə] *f* arado *m*
aranja [əráɲʒə] *f* pomelo *m*
aranya [əráɲə] *f* araña
arbitrar [ərbitrá] *vt* arbitrar
àrbitre -a [árbitrə] *mf* árbitro -tra
arbre [áβrə] *m* árbol; *mar* árbol, mástil; ~ **de Nadal** árbol de Navidad; ~ **genealògic** árbol genealógico
arbreda [ərbrɛ́ðə] *f* arboleda
arbust [ərbúst] *m* arbusto
arc [árk] *m* arco; ~ **de Sant Martí** (~ **iris**) arco iris; ~ **de ferradura** *arq* arco de herradura; ~ **de mig punt** *arq* arco de medio punto; ~ **voltaic** *ele* arco voltaico
ardent [ərdén] *aj* ardiente
àrea [áreə] *f* área
arena [ərɛ́nə] *f* arena; (*d'una plaça de toros*) ruedo; **arenes movedisses** arenas movedizas
areng [ərɛ́ŋ] *m zoo* arenque
arengada [ərəŋgáðə] *f gst* sardina de cuba (en salazón); *imp* arenque *m* salado
arenós -osa [ərənós] *aj* arenoso -sa
aresta [ərɛ́stə] *f geom* arista; (*estella*) astilla
argelaga [ərʒəláɣə] *f bot* aliaga
argent [ərʒén] *m* plata *f*; ~ **viu** mercurio
argentí -ina [ərʒəntí] *aj mf* argentino -na; (*color*) argentino -na, plateado -da
argila [ərʒílə] *f* arcilla
argument [ərgumén] *m* argumento; (*d'una obra*) argumento, asunto, tema
àrid -a [árit] *aj* árido -da
aristocràcia [əristukrásiə] *f* aristocracia
aristòcrata [əristɔ́krətə] *mf* aristócrata
aritmètica [əridmɛ́tikə] *f* aritmética
arlequí [ərləkí] *m* arlequín
arma [ármə] *f* arma; *pl fg* (*milícia*) armas; ~ **blanca** arma blanca; ~ **de doble tall** arma de doble filo; ~ **de foc** arma de fuego; **passar per les armes** pasar por las armas
armadura [ərməðúrə] *f* armadura; *tcn* armadura, armazón *f/m*
armar [ərmá] *vt* (*proveir d'armes*) armar; (*ajuntar peces*) armar, montar; *fg* armar. ~ *un sarau*, armar un jaleo
armari [ərmári] *m* armario; ~ **de paret** armario empotrado; ~ **rober** armario ropero
armilla [ərmíʎə] *f* chaleco *m*
armistici [ərmistísi] *m* armisticio
aroma [ərómə] *f* aroma *m*
arpa [árpə] *f mus* arpa; (*mà amb urpes*) zarpa, garra

arquebisbe [ərkəβízbə] *m* arzobispo
arquitecte [ərkitέktə] *mf* arquitecto -ta
arquitectura [ərkitəktúrə] *f* arquitectura
arrabassar [ərəβəsá] *vt agr* artigar; (*arrencar de soca-rel*) arrancar de cuajo; (*prendre violentament*) arrancar, arrebatar
arracada [ərəkáðə] *f* pendiente *m*
arraconar [ərəkuná] *vt* arrinconar
arrambar [ərəmbá] *vt* arrimar; ~ (*uc*) arramblar con uc, hincar el diente en uc
arran [ərán] *av* de raíz, al ras. *Segar* ~, segar de raíz; ~ **de** a ras de; ~ **de** (*conseqüència*) a raíz de
arranjar [ərəɲʒá] *vt* arreglar; (*endreçar*) ordenar. ~ *els papers*, ordenar los papeles; (*preparar*) preparar. ~ *el sopar*, preparar la cena; *mús* adaptar, hacer un arreglo; *vp* = **arreglar-se**
arrapada [əráp] *f* arañazo *m*
arrapar [ərəpá] *vt* (*arrabassar*) arrebatar; (*esgarrapar*) arañar; *vp* (*aferrar-se*) agarrarse
arrasar [ərəzá] *vt* arrasar, asolar
arraulir [ərəwlí] *vt* (*abatre*) doblar; *vp* acurrucarse, encogerse. *~se de fred*, acurrucarse de frío
arrebossar [ərəβusá] *vt gst* (*amb farina, ou*) rebozar; (*amb pa*) empanar; *arq* revocar
arrecerar [ərəsərá] *vt* resguardar, cobijar
arreglar [ərəgglá] *vt* arreglar, regular; (*reparar*) = **adobar**; *vp* arreglárselas, apañarse. *No sé com m'~é sense ell*, no sé cómo me las arreglaré sin él
arrel [ərέl] *f agr mat* raíz
arrelar [ərəlá] *vi* (*criar arrels*) arraigar, enraizar; *fg* (*una idea, un sentiment*) arraigar; *vp* arraigarse
arremangar [ərəməŋgá] *vt* = **arromangar**
arrencar [ərəŋká] *vt* arrancar; [*seguit d'infinitiu*] ~ **a** (*començar una acció*) arrancar a, echar a, echarse a
arrenglerar [ərəŋglərá] *vt* alinear, poner en fila
arreplegar [ərəpləɣá] *vt* (*coses disperses*) recoger; (*una malaltia*) coger, agarrar, pillar; (*enxampar*) atrapar, coger
arrere [ərérə] *av* atrás
arrestar [ərəstá] *vt dr mil* arrestar
arreu [ərέw] *av* por todos lados, por todas partes; *m* (*eina agrícola*) apero; *mpl* (*conjunt d'arreus*) arreos, aparejos; ~ **de** en cualquier parte de; **a tot** (**pertot**) ~ en todas partes, por todos lados
arri [ári] *inj* (*a una bèstia*) ¡arri!
arribar [əriβá] *vi* llegar; (*tenir extensió, potència suficients*) llegar, alcanzar; ~ **a** (*atènyer*) llegar a, alcanzar; ~ **i moldre** llegar y besar el santo
arriscar [əriská] *vt* arriesgar
arrissar [ərisá] *vt* rizar
arrodonir [əruðuní] *vt* redondear
arrogància [əruɣánsiə] *f* arrogancia, altanería
arromangar [əruməŋgá] *vt* arremangar
arronsar [ərunsá] *vtp* encoger(se). *Va ~ les espatlles*, encogió los

hombros; **~-se d'espatlles** encogerse de hombros
arròs [ərɔ́s] *m* [*pl: -ossos*] arroz
arrossegar [ərusəγá] *vt* arrastrar, llevar a rastras; *vi* (*una cortina, un vestit*) arrastrar; *vp* arrastrarse, ir a rastras
arruga [ərúγə] *f* arruga
arrugar [əruγá] *vt* arrugar
arruïnar [əruiná] *vtp* arruinar(se)
arsenal [ərsənál] *m* arsenal
art [árt] *m/f* arte; *m* (*de pescar*) arte; **belles ~s** *art* bellas artes; **males ~s** malas artes; **no tenir-hi ~ ni part** no ser (tener) arte ni parte, no entrar ni salir
artefacte [ərtəfáktə] *m* artefacto
artèria [ərtέɾiə] *f* arteria
artesà -ana [ərtəzá] *aj mf* artesano -na
artesanal [ərtəzənál] *aj* artesanal
artesania [ərtəzəníə] *f* artesanía
article [ərtíklə] *m* artículo
articulació [ərtikuləsió] *f* articulación
artificial [ərtifisiál] *aj* artificial
artista [ərtístə] *mf* artista
artístic -a [ərtístik] *aj* artístico -ca
arxipèlag [àrʃipέlək] *m* archipiélago
arxiu [ərʃíw] *m* archivo
as [ás] *m jcs* as; *fg* (*persona que excel·leix*) as, hacha
ascendir [əsəndí] *vi* (*pujar*) ascender, subir; *vt* (*promoure*) ascender
ascensor [əsənsó] *m* ascensor
ase [ázə] *m zoo* asno, burro; *aj mf* (*estúpid*) asno, burro -ra
asfalt [əsfál] *m* asfalto
asfaltar [əsfəltá] *vt* asfaltar
asfixiar [əsfiksiá] *vt* asfixiar
asiàtic -a [əziátik] *aj mf* asiático -ca
asma [ázmə] *f* asma
aspecte [əspéktə] *m* aspecto; **des d'aquest ~** bajo este aspecto
aspiració [əspiɾəsió] *f* aspiración
aspiradora [əspiɾəðóɾə] *f* aspiradora, aspirador *m*
aspirar [əspiɾá] *vt* aspirar
aspirina [əspiɾínə] *f* aspirina
aspre -a [ásprə] *aj* áspero -ra
assabentar [əsəβəntá] *vt* enterar, informar. *Estar assabentat*, estar enterado; *vp* enterarse
assaborir [əsəβuɾí] *vt* saborear
assaig [əsátʃ] *m* ensayo
assajar [əsəʒá] *vt* ensayar
assalariat -ada [əsələɾiát] *aj mf* asalariado -da
assalt [əsál] *m* asalto
assaltar [əsəltá] *vt* asaltar
assassí -ina [əsəsí] *aj mf* asesino -na
assassinar [əsəsiná] *vt* asesinar
assecador [əsəkəðó] *m* (*eixugacabells*) secador
assecar [əsəká] *vt* secar
assegurança [əsəγuɾánsə] *f* seguro *m*
assegurar [əsəγuɾá] *vt* asegurar
assemblea [əsəmbléə] *f* asamblea
assenyalar [əsəɲəlá] *vt* señalar
assequible [əsəkíbblə] *aj* asequible
asseure [əsέwɾə] *vtp* sentar(se)
assignatura [əsiŋnətúɾə] *f* asignatura

assistència [əsisténsiə] *f* asistencia; (*mèdica*) asistencia, auxilio *m*
assistent [əsistén] *aj mf* asistente
assistir [əsistí] *vi* (*ésser present*) asistir; *vt* (*ajudar*) asistir
associació [əsusiəsió] *f* asociación
associar [əsusiá] *vtp* asociar(se)
assolir [əsulí] *vt* alcanzar
assumir [əsumí] *vt* asumir
assumpte [əsúmtə] *m* asunto; (*afer*) asunto, negocio
astigmatisme [əstigmətízmə] *m* astigmatismo
astorar [əsturá] *vt* asustar, sobresaltar
astre [ástrə] *m* astro
astrologia [əstruluʒíə] *f* astrología
astronauta [àstrunáwtə] *mf* astronauta
astrònom -a [əstrɔ́num] *mf* astrónomo -ma
astronomia [əstrunumíə] *f* astronomía
astronòmic -a [əstrunɔ́mik] *aj* astronómico -ca
astúcia [əstúsiə] *f* astucia
astut -a [əstút] *aj* astuto -ta
atabalar [ətəβəlá] *vt* marear, aturdir. *No m'atabalis*, no me marees; *vp* atolondrarse, aturdirse. *S'atabala per qualsevol cosa*, se atolondra por qualquier cosa
atac [əták] *m* ataque. *Un ~ de tos, d'ira*, un ataque de tos, de ira
atacar [ətəká] *vt* atacar
atansar [ətənsá] *vt* acercar, arrimar; *vp* (*acostar-se*) acercarse, aproximarse
atapeir [ətəpəí] *vt* (*comprimir*) apretar, atestar; *vp* (*la gent*) apretarse, estrecharse
ateisme [ətəízmə] *m* ateísmo
atemptat [ətəmtát] *m* atentado
atenció [ətənsió] *f* atención; (*gentilesa*) atención, cortesía
atendre [əténdrə] *vi* (*fer atenció*) atender; *vt* (*tenir en compte*) atender. *~ les recomanacions dels més grans*, atender las recomendaciones de los mayores; (*despatxar*) atender. *Us atenen?*, ¿le atienden?
atent -a [ətén] *aj* atento -ta
atentament [ətèntəmén] *av* atentamente; (*en una carta*) *~* **vostre** le saludo atentamente
aterrar [ətərá] *vt* (*abatre*) derribar, abatir; *vi aer* aterrizar
aterratge [ətərádʒə] *m* aterrizaje
aterrir [ətərí] *vt* aterrar, aterrorizar
ateu -ea [ətéw] *aj mf* ateo -a
àtic [átik] *m* ático
atipar [ətipá] *vt* hartar, atiborrar; *fg* (*enfastidir*) hartar
atlàntic -a [əllántik] *aj* atlántico -ca
atles [álləs] *m* atlas
atleta [əllɛ́tə] *mf* atleta
atletisme [əllətízmə] *m* atletismo
atmosfera [ədmusférə] *f* atmósfera
atmosfèric -a [ədmusfɛ́rik] *aj* atmosférico -ca
àtom [átum] *m* átomo
atòmic -a [ətɔ́mik] *aj* atómico -ca
àton -a [átun] *aj* átono -na
atordir [əturdí] *vt* aturdir

atorgar [əturgá] *vt* otorgar, conceder
atracament [ətrəkəmén] *m* atraco
atracar [ətrəká] *vt* (*assaltar*) atracar; *mar* atracar; *vp* (*de menjar*) atracarse, atiborrarse
atracció [ətrəksió] *f* atracción
atractiu -iva [ətrəktíw] *aj m* atractivo -va
atrafegat -ada [ətrəfəɣát] *aj* atareado -da, ajetreado -da
atrapar [ətrəpá] *vt* atrapar, coger, alcanzar; *fg* sorprender, pillar, coger
atraure [ətráwrə] *vt* = **atreure**
atreure [ətrɛ́wrə] *vt* atraer
atreviment [ətrəβimén] *m* atrevimiento
atrevir-se [ətrəβírsə] *vp* atreverse
atribuir [ətriβuí] *vt* atribuir
atribut [ətriβút] *m* atributo
atroç [ətrɔ́s] *aj* atroz
atrocitat [ətrusitát] *f* atrocidad
atropellar [ətrupəʎá] *vt* atropellar
atrotinat -ada [ətrutinát] *aj* estropeado -da
atur [ətúr] *m* paro
aturar [əturá] *vtp* detener(se), parar(se)
atzar [ədzár] *m* azar; **a l'~** al azar; **per ~** por azar
au [áw] *f* ave
au [áw] *inj* ¡ea!, ¡venga! ~, *tothom a dinar!*, ¡Ea, todos a comer!
auca [áwkə] *f* aleluyas *pl* ilustradas
audaç [əwðás] *aj* audaz
audició [əwðisió] *f* audición
auditiu -iva [əwðitíw] *aj* auditivo -va
augment [əwgmén] *m* aumento
augmentar [əwgməntá] *vt* aumentar
aula [áwlə] *f* aula
auricular [əwrikulár] *aj ana* auricular; *m* (*telèfon*) auricular
australià -ana [əwstrəliá] *aj mf* australiano -na
austríac -a [əwstríək] *aj mf* austriaco -ca
autèntic -a [əwtɛ́ntik] *aj* auténtico -ca
auto [áwtu] *m* auto; ~ **de línia** coche de línea; **~s de xoc** autochoques
autobús [àwtuβús] *m* autobús
autocar [àwtukár] *m* autocar
autoescola [àwtuskɔ́lə] *f* autoescuela
autoestop [àwtustɔ́p] *m* autostop
autogovern [àwtuɣuβɛ́rn] *m* autogobierno
automàtic -a [əwtumátik] *aj* automático -ca
automòbil [àwtumɔ́βil] *aj m* automóvil
automobilisme [àwtumuβilízmə] *m* automovilismo
automobilista [àwtumuβilístə] *mf* automovilista
autònom -a [əwtɔ́num] *aj* autónomo -ma
autonomia [əwtunumíə] *f* autonomía
autonòmic -a [əwtunɔ́mik] *aj* autonómico -ca
autopista [àwtupístə] *f* autopista
autor -a [əwtó] *mf* autor -ra
autoretrat [àwturətrát] *m* autorretrato

autoritari -ària [əwturitári] *aj* autoritario -ria
autoritat [əwturitát] *f* autoridad
autoritzar [əwturidzá] *vt* autorizar
autoservei [àwtusərbéj] *m* autoservicio
autovia [àwtuβíə] *m* autovía
auxili [əwksíli] *m* auxilio, ayuda *f*; *inj* ¡auxilio!, ¡socorro!
auxiliar [əwksiliá] *vt* auxiliar
auxiliar [əwksiliár] *aj mf* auxiliar
avall [əβáʎ] *av* (*direcció*) abajo; (*cap avall*) hacia abajo; **de... en ~** (*de menys de*) de... para abajo; **més ~** (*en un escrit*) más abajo
avaluació [əβəluəsió] *f* evaluación
avaluar [əβəluá] *vt* evaluar
avançar [əβənsá] *vt* avanzar, adelantar. ~ *les peces del tauler*, adelantar las piezas del tablero; (*passar al davant*) adelantar; (*diners*) adelantar, anticipar; (*rellotge*) avançar; *fg* (*avantatjar*) adelantar, aventajar; *vi* (*progressar*) adelantar, avanzar
avant [əβán] *av* adelante
avantatge [əβəntádʒə] *m* ventaja *f*
avantatjar [əβəntədʒá] *vt* aventajar
avantatjós -osa [əβəntədʒós] *aj* ventajoso -sa
avantbraç [əβàmbrás] *m* antebrazo
avantguarda [əβəŋgwárdə] *f* vanguardia
avantpassat -ada [əβàmpəsát] *mf* antepasado -da
avar -a [əβár] *aj mf* avaro -ra
avaria [əβəríə] *f* avería
avellana [əβəʎánə] *f* avellana
avellaner [əβəʎəné] *m* avellano
avena [əβénə] *f* avena
avenç [əβéns] *m* adelanto, progreso
avenir [əβəní] *m* porvenir
avenir [əβəní] *vt* (*reconciliar*) avenir, poner de acuerdo; *vp* (*deixar de discrepar*) avenirse; (*entendre's bé*) congeniar *vi*; (*conformar-se*) avenirse, conformarse; **no saber-se'n ~** no salir de su asombro
aventura [əβəntúrə] *f* aventura
aventurar [əβənturá] *vt* aventurar, arriesgar
aventurer -a [əβənturé] *aj mf* aventurero -ra
averany [əβəráɲ] *m* augurio, agüero; **de mal ~** de mal agüero
avergonyir [əβərguɲí] *vtp* avergonzar(se)
avesar [əβəzá] *vtp* acostumbrar(se), habituar(se)
avet [əβét] *m* abeto
avi àvia [áβi] *mf* abuelo -la
aviació [əβiəsió] *f* aviación
aviador [əβiəðó] *mf* aviador -ra
aviat [əβiát] *av* pronto, temprano; (*d'aquí a poc temps*) pronto, próximamente; **com més ~ millor** cuanto antes mejor, lo antes posible; **fins ~** hasta pronto; **més ~** más bien
avícola [əβíkulə] *aj* avícola
àvid -a [áβit] *aj* ávido -da
avinença [əβinénsə] *f* avenencia
avinent [əβinén] *aj* (*up*) afable, accesible; (*no apartat*) accesible; **fer ~** recordar

avinguda [əβiŋgúðə] *f* avenida
avió [əβió] *m* avión
avioneta [əβiunɛ́tə] *f* avioneta
aviram [əβirám] *m* averío, aves *fpl* de corral
avís [əβís] *m* aviso
avisar [əβizá] *vt* avisar, advertir
avorriment [əβurimén] *m* (*tedi*) aburrimiento, hastío; (*avorrició*) aborrecimiento
avorrir [əβurí] *vt* (*agafar aversió*) aborrecer; (*causar tedi*) aburrir
avorrit -ida [əβurít] *aj* aburrido -da
avortament [əβurtəmén] *m* aborto
avortar [əβurtá] *vi* abortar
avui [əβúj] *av* hoy; ~ **(en) dia** hoy día, hoy en día; **d'~ en vuit** de aquí a ocho días

B

babau -a [bəβáw] *aj mf* bobo -ba
bacallà [bəkəʎá] *m* bacalao; **tallar el ~** cortar el bacalao
bacó -ona [bəkó] *mf* (*porc*) cerdo -da; (*brut, groller*) cerdo -da, guarro -rra
bacteri [bəktɛ́ri] *m* bacteria *f*
badada [bəðáðə] *f* descuido *m*, distracción
badall [bəðáʎ] *m* bostezo
badallar [bəðəʎá] *vi* bostezar
badar [bəðá] *vt* (*obrir al llarg*) abrir, partir; *vi* (*mirar encuriosit*) curiosear. *L'he trobat badant pel mercat*, le encontré curioseando por el mercado; (*distreure's*) distraerse *vp*; descuidarse *vp*. *Si bades gens et prenen la cartera*, si te descuidas un poco te roban la cartera; (*encantar-se*) estar en Babia
badia [bəðíə] *f* bahía
badoc -a [bəðɔ́k] *aj mf* (*distret*) distraído -da, descuidado -da; (*tafaner*) mirón -ona, curioso -sa; (*babau*) bobo -ba
baf [báf] *m* (*vapor*) vaho; (*atmosfera viciada*) tufo; (*alè*) vaho, aliento
bafarada [bəfəráðə] *f* vaharada
bagul [bəɣúl] *m* (*maleta gran*) baúl; (*caixa de morts*) caja *f*, ataúd
baieta [bəjɛ́tə] *f* bayeta
baioneta [bəjunɛ́tə] *f* bayoneta
baix -a [báʃ] *aj* bajo -ja; *fg* (*de poca categoria*) bajo -ja; *fg* (*groller, vil*) bajo -ja, rastrero -ra; *aj m mús* bajo -ja; *mpl* (*part baixa*) bajos; *av* (*a poca altura*) bajo; (*en veu baixa*) bajo; (*a la part baixa*) abajo
baixa [báʃə] *f* baja, bajón *m*; **anar de ~** ir en disminución; **donar-se de ~** darse de baja
baixada [bəʃáðə] *f* bajada
baixador [bəʃəðó] *m* apeadero
baixamar [bàʃəmár] *f* (*marea baixa*) bajamar
baixar [bəʃá] *vi* bajar, descender. *La temperatura baixa*, la temperatura baja; (*en un baixador*) apearse; *vt* bajar. *~ les cadires al jardí*, bajar las sillas al jardín
bajanada [bəʒənáðə] *f* bobada, tontería
bajoca [bəʒɔ́kə] *f* judía, alubia
bala [bálə] *f* (*fardell*) bala; (*projectil*) bala; *jcs* canica

baladrejar [bələðɾəʒá] *vi* vociferar, vocear
baladrer -a [bələðɾé] *aj* vocinglero -ra
balanç [bəláns] *m* balance
balança [bəlánsə] *f* [*sovint en pl*] (*aparell*) balanza; [*en majúscula*] *ast* Libra
balancejar [bələnsəʒá] *vt* balancear
balancí [bələnsí] *m* balancín, mecedora *f*
balandrejar [bələndɾəʒá] *vi* balancearse *vp*
balb -a [bálp] *aj* entumecido -da, agarrotado -da
balbucejar [bəlβusəʒá] *vti* balbucir, balbucear
balcó [bəlkó] *m* balcón
balda [báldə] *f* pestillo *m*, pasador *m*
baldar [bəldá] *vt* baldar; *fg* moler; **deixar baldat** dejar baldado, hacer papilla; **estar baldat** estar molido
baldaquí [bəldəkí] *m* baldaquín, baldaquino
baldufa [bəldúfə] *f* (*joguina*) peonza; *fg* (*tap de bassa*) tapón *m*, enano -na
balear [bəleár] *aj mf* balear
balena [bəlɛ́nə] *f zoo* ballena
ball [báʎ] *m* baile; ~ **de disfresses** baile de disfraces
ballar [bəʎá] *vti* bailar. *Aquesta dent balla*, este diente baila
ballarí -ina [bəʎəɾí] *mf* bailarín -ina
ballesta [bəʎéstə] *f* ballesta
balma [bálmə] *f* gruta, cueva
balneari -ària [bəlneáɾi] *aj m* balneario -ria
baló [bəló] *m* balón, pelota *f*
baluard [bəluárt] *m* baluarte
balustrada [bəlustɾáðə] *f* balaustrada
bambú [bəmbú] *m* [*pl: -ús*] bambú
ban [bán] *m* (*edicte*) bando
banal [bənál] *aj* banal
banc [báŋ] *m* banco; ~ **dels acusats** banquillo
banca [báŋkə] *f ecn jcs* banca
bancal [bəŋkál] *m* bancal
bancarrota [bəŋkərɔ́tə] *f* bancarrota
banda [bándə] *f* (*cinta, condecoració*) banda; (*costat*) lado *m*, parte, banda; (*indret*) lado *m*; (*grup de gent*) banda, hatajo *m*; *mús* banda; **a** ~ (*a part*) aparte; **a** ~ **i** ~ a ambos lados, a una y otra parte; **d'altra** ~ además, por otra parte, por otro lado; **deixar de** ~ dar de lado, dejar a un lado; **d'una** ~ por un lado, por una parte; **en alguna** ~ en alguna parte; **per la meva** ~ por mi parte
bandera [bəndéɾə] *f* bandera
bandit [bəndít] *m* bandido
bàndol [bándul] *m* bando
bandoler [bəndulé] *m* bandolero, bandido
bandolera [bənduléɾə] *f* bandolera
banjo [báɲʒu] *m* banjo
banquer -a [bəŋké] *mf* banquero -ra
banquet [bəŋkɛ́t] *m* banquete
banús [bənús] *m* [*pl: -ussos*] ébano
bany [báɲ] *m* baño; ~ **maria** baño de maría, baño maría

banya [báɲə] *f ana* cuerno *m*, asta; **posar banyes** (*a up*) poner los cuernos a up; **trencar-se les banyes** hacer lo imposible, no ahorrar esfuerzos
banyador [bəɲəðó] *m* bañador
banyar [bəɲá] *vtp* bañar(se)
banyera [bəɲérə] *f* bañera
banyut -uda [bəɲút] *aj* (*amb banyes*) cornudo -da; *aj m fg* (*marit enganyat*) cornudo
baralla [bəɾáʎə] *f* pelea; (*de cartes*) baraja
barallar-se [bəɾəʎársə] *vp* pelearse, reñir *vi*
barana [bəɾánə] *f* barandilla, baranda
barat [bəɾát] *aj* barato -ta
baratar [bəɾətá] *vt* cambiar, trocar
barba [bárbə] *f* barba; (*mentó*) barbilla, barba; **per** ~ por barba
barbacoa [bərbəkóə] *f* barbacoa
barbaritat [bərbəritát] *f* barbaridad
barber -a [bərbé] *mf* barbero -ra
barberia [bərbəɾíə] *f* barbería
barbotejar [bərbutəʒá] *vi* barbotear, mascullar *vt*
barbut -uda [bərbút] *aj* barbudo -da
barca [bárkə] *f* barca
bardissa [bərdísə] *f* zarzal *m*
barnilla [bərníʎə] *f* varilla
barnús [bərnús] *m* albornoz
baró [bəɾó] *m* (*noble*) barón; (*home madur*) varón; **sant** ~ santo varón
baròmetre [bəɾɔ́mətɾə] *m* barómetro
barquer -a [bərké] *mf* barquero -ra
barra [bárə] *f* barra; *ana* mandíbula; *fg* (*penques*) cara dura, frescura; **quina ~!** ¡qué cara!; **tenir ~ per a** tener cara para; **tenir bona** ~ (*creure-s'ho tot*) tener buenas creederas; **tenir bona** ~ (*menjar molt*) tener [un] buen saque, tener buenas tragaderas
barraca [bərákə] *f* barraca; (*de pastors*) cabaña; (*construcció suburbial*) chabola
barral [bərál] *m* (*càntir*) botijo de madera
barranc [bəráŋ] *m* barranco
barrar [bərá] *vt* (*una porta, una finestra*) atrancar; (*un pas, un camí*) cerrar, cortar; (*un xec, un taló*) cruzar
barreja [bəréʒə] *f* mezcla
barrejar [bərəʒá] *vt* mezclar
barrera [bəréɾə] *f* barrera
barret [bərét] *m* sombrero; ~ **de copa** sombrero de copa; ~ **de copa alta** chistera; ~ **fort** sombrero hongo, bombín; **treure's el** ~ quitarse el sombrero
barretina [bərətínə] *f* barretina, gorro *m* catalán
barri [bári] *m* barrio; ~ **antic** casco antiguo; **anar-se'n a l'altre** ~ irse al otro barrio
barricada [bərikáðə] *f* barricada
barril [bəríl] *m* barril
barrina [bərínə] *f* (*eina*) barrena; *min* barreno *m*
barrinar [bəriná] *vt* (*fer forats*) barrenar; *fg* (*discórrer*) rumiar, cavilar
barroc -a [bərɔ́k] *aj m* barroco -ca

barroer -a [bəruéi] *aj mf* chapucero -ra; (*groller*) chapucero -ra, tosco -ca
barrot [bərɔ́t] *m* barrote
barrut -uda [bərút] *aj* tragón, comilón; caradura
basalt [bəzál] *m* basalto
basar [bəzá] *vtp* basar(se), apoyar(se)
basar [bəzár] *m* bazar
basarda [bəzárdə] *f* miedo *m*, temor *m*
basc -a [básk] *aj m f* vasco -ca; *m* (*llengua*) vasco, eusquera
bàscula [báskulə] *f* báscula
base [bázə] *f* base
bàsic -a [bázik] *aj* básico -ca
basílica [bəzílikə] *f* basílica
bàsquet [báskət] *m esp* baloncesto; (*punt*) canasta *f*
bassa [básə] *f* (*llacuna*) balsa; (*dipòsit per a regar*) balsa, alberca; (*en un jardí*) estanque; **com una ~ d'oli** como una balsa de aceite
bassal [bəsál] *m* charco
bast -a [bást] *aj* basto -ta; *m* (*albarda curta*) baste
bastant [bəstán] *aj* bastante. *Tenir ~s amics*, tener bastantes amigos; *av* bastante. *Una feina ~ ben feta*, un trabajo bastante bien hecho
bastar [bəstá] *vi* bastar
bastard -a [bəstárt] *aj mf* bastardo -da
bastida [bəstíðə] *f* andamio *m*
bastidor [bəstiðó] *m* bastidor; **entre ~s** entre bastidores
bastir [bəstí] *vt* construir, edificar; (*muntar*) montar, armar
bastó [bəstó] *m* (*pal*) bastón; (*barreta de pa*) colín; *mpl jcs* (*de les cartes*) bastos
bastonada [bəstunáðə] *f* bastonazo *m*, palo *m*, garrotazo *m*
bata [bátə] *f* bata
batall [bətáʎ] *m* badajo
batalla [bətáʎə] *f* batalla; **de ~** de batalla
batec [bətɛ́k] *m* (*del cor*) latido; (*de les ales*) aleteo; *mpl* (*cops*) golpes
bategar [bətəɣá] *vi* latir, palpitar
bateig [bətɛ́tʃ] *m* bautizo
batejar [bətəʒá] *vt* bautizar
bateria [bətəríə] *f* batería; **aparcar en ~** aparcar en batería; **~ de cuina** batería de cocina
batibull [bətiβúʎ] *m* embrollo, confusión *f*
batlle [báʎʎə] *m* alcalde
batre [bátrə] *vt* (*donar cops*) batir; *agr* (*trillar*) trillar; (*agitar, remenar*) batir; (*vèncer*) batir; (*un bosc*) batir; *vi* (*bategar*) latir; *vp* (*combatre*) batirse
batussa [bətúsə] *f* pelea, riña, pelotera
batut -uda [bətút] *aj m* batido -da
batuta [bətútə] *f* batuta
batzegada [bədzəɣáðə] *f* sacudida; **a batzegades** a golpes, a trompicones
bava [báβə] *f* baba; **caure-li la ~** (*a up*) caérsele a uno la baba; **tenir mala ~** tener malas pulgas
be [bé] *f* [*pl: bes*] (*lletra*) be. *Amb ~ alta o amb ~ baixa?*, ¿con be o con uve?
be [bɛ́] *m* cordero

bé [bé]; *av* (*satisfactòriament*) bien; (*bastant*) bien; *inj* ¡bien!, ¡bueno!, ¡vale!; *m* (*cosa bona*) bien; (*benestar*) bien, bienestar; (*moral*) bien; *mpl* (*riquesa, patrimoni*) bienes; **a fi de** ~ por bien; **anar** ~ ir bien; **~... ~... (o ~... o ~...)** bien... bien..., bien... o bien..., bien sea... o bien...; ~ **de Déu** ... que es una bendición, que es una hermosura; **~... però...** bien... pero..., ya... pero...; **de** ~ de bien; **en** ~ **de** a beneficio de; **ben** ~ al menos. *Fa ben ~ un any d'allò*, al menos hace un año de aquello; del todo. *No sé ben ~ com va passar*, no sé del todo cómo ocurrió; **estar-li** ~ (*a up*) estarle bien, tenerlo bien merecido; **ja està ~!** ¡ya está bien!, ¡hay que ver!; **per** ~ **que** si bien; **qui et vol** ~ **et farà plorar** quien bien te quiere te hará llorar
bebè [bəβɛ́] *m* [*pl: -ès*] bebé
bec [bék] *m* pico
beca [bɛ́kə] *f* beca
becaina [bəkájnə] *f* cabezada; **fer una** ~ dar una cabezada
bedoll [bəðóʎ] *m* abedul
beguda [bəɣúðə] *f* bebida
begut -uda [bəɣút] *aj* bebido -da
beina [bɛ́jnə] *f* vaina
beix [béʃ] *aj m* beige
beixamel [bəʃəmɛ́l] *f* bechamel
bel [bɛ́l] *m* balido
belar [bəlá] *vi* balar, dar balidos
belga [bɛ́lɣə] *aj mf* belga
bell -a [béʎ] *aj* bello -lla
bellesa [bəʎɛ́zə] *f* belleza
bèl·lic [bɛ́llik] *aj* bélico -ca
bellugar [bəʎuɣá] *vt* mover. *No pot ~ la cama*, no puede mover la pierna; *vi* moverse, menearse. *El peix encara belluga*, el pescado todavía se mueve; *vp* moverse. *La canalla sempre es belluga*, la chiquillería siempre anda moviéndose; **belluga't!** ¡muévete!
bena [bɛ́nə] *f* venda
benedicció [bənəðiksió] *f* bendición
benefactor -a [bənəfəktó] *mf* benefactor -ra, bienhechor -ra
benefici [bənəfísi] *m* beneficio; **en** ~ **de** en beneficio de
beneficiós -osa [bənəfisiós] *aj* beneficioso -sa
beneir [bənəí] *vt* bendecir
beneit -a [bənɛ́jt] *aj* (*beneït*) bendito -ta; *aj mf* (*babau*) bobo -ba, tonto -ta
benestant [bènəstán] *aj* acomodado -da
benestar [bènəstá] *m* bienestar
benèvol -a [bənɛ́βul] *aj* benévolo -la
benigne -a [bəníŋnə] *aj* benigno -na
benjamí -ina [bəɲʒəmí] *mf* benjamín -ina
benvingut -uda [bèmbiŋgút] *aj* bienvenido -da; *f* bienvenida
benvolgut -uda [bèmbulɣút] *aj* querido -da, apreciado -da
benzina [bənzínə] *f* gasolina
berbena [bərbɛ́nə] *f* verbena
berenar [bərəná] *m* merienda *f*
berenar [bərəná] *vi* merendar
bergant -a [bərgán] *mf* bergante *m*, granuja *m*, tunante -a

bergantí [bərgəntí] *m* bergantín
bermudes [bərmúðəs] *fpl* bermudas
berruga [bərúɣə] *f* verruga
bes [bés] *m* beso
besada [bəzáðə] *f* beso *m*
besar [bəzá] *vt* besar
besavi -àvia [bəzáβi] *mf* bisabuelo -la
bescoll [bəskɔ́ʎ] *m* cogote, nuca *f*
besnét -a [bəznét] *mf* biznieto -ta, bisnieto -ta
bessó [bəsó] *aj mf* gemelo -la, mellizo -za; [*en majúscula*] *m pl ast* Géminis
bèstia [bɛ́stiə] *f* bestia; *fg* (*persona rude, nècia*) bestia *m/f*, animal *m*, bruto -ta; **ésser un mala ~** ser un mal bicho
bestiar [bəstiá] *m* ganado
bestiesa [bəstiɛ́zə] *f* burrada, disparate *m*
bestiola [bəstiɔ́lə] *f* bicho *m*, animalito *m*
besuc [bəzúk] *m* besugo
betum [bətúm] *m* betún
beure [bɛ́wɾə] *m* bebida *f*
beure [bɛ́wɾə] *vt* beber; *fg* (*consumir*) gastar, consumir, tragar. *El meu cotxe beu molta benzina*, mi coche traga mucha gasolina; **~ a raig (a galet)** beber a chorro; **~'s el seny**, beberse el juicio; **donar ~** dar de beber
bianual [biənuál] *aj* bianual
biberó [biβəɾó] *m* biberón
biblioteca [biβliutɛ́kə] *f* biblioteca
bibliotecari -ària [biβliutəkáɾi] *mf* bibliotecario -ria
bíceps [bísəps] *m* bíceps
bicicleta [bisiklɛ́tə] *f* bicicleta
bidet [biðɛ́t] *m* bidé
bidó [biðó] *m* bidón
bifurcació [bifurkəsió] *f* bifurcación
biga [bíɣə] *f* viga
bigàmia [biɣámiə] *f* bigamia
bigarrat -ada [biɣərát] *aj* abigarrado -da
bigoti [biɣɔ́ti] *m* bigote
bilingüe [bilíŋgwə] *aj* bilingüe
bilingüisme [biliŋgwízmə] *m* bilingüismo
bilió [bilió] *m* billón
bilis [bílis] *f* bilis
billar [biʎár] *m* billar
bimensual [bimənsuál] *aj* bimensual
biografia [biuɣɾəfíə] *f* biografía
biòleg -òloga [biɔ́lək] *mf* biólogo -ga
biologia [biuluʒíə] *f* biología
biosfera [biusféɾə] *f* biosfera
biquini [bikíni] *m* biquini, bikini; (*sandvitx*) mixto
bis [bís] *m* bis
bisbat [bizbát] *m* obispado
bisbe [bízbə] *m* obispo
bisó [bizó] *m* bisonte
bistec [bistɛ́k] *m* bistec, bisté
bisturí [bisturí] *m* [*pl: -ís, -ins*] bisturí
bitlla [bíʎʎə] *f* bolo *m*. *Joc de bitlles*, juego de bolos
bitllet [biʎʎɛ́t] *m* billete
bitxo [bítʃu] *m* guindilla *f*
bivac [biβák] *m* vivac
bixest [biʃést] *aj* bisiesto
bla blana [blá] *aj* blando -da, mullido -da

blanc [bláŋ] *aj m* (*color*) blanco -ca; *aj* (*clar*) blanco -ca. *Vi* ~, vino blanco; (*cabells*) cano -na; *mf* (*de raça blanca*) blanco -ca; *m* (*de tir*) blanco; (*espai no escrit*) blanco; ~ **de l'ou** clara del huevo; **en** ~ (*sense marcar*) en blanco; (*sense recordar-se de res*) en blanco; **fer** ~ dar en el blanco
blancor [bləŋkó] *f* blancura
blanquejar [bləŋkəʒá] *vti* blanquear
blanquinós -osa [bləŋkinós] *aj* blanquecino -na, blanquinoso -sa
blasfemar [bləsfəmá] *vi* blasfemar
blasfèmia [bləsfέmiə] *f* blasfemia
blasó [bləzó] *m* blasón
blat [blát] *m* trigo; ~ **de moro** maíz
blau [bláw] *aj m* azul; *med fm* cardenal, moratón
blavor [bləβó] *f* azul *m*. *La* ~ *dels seus ulls*, el azul de sus ojos
blavós -osa [bləβós] *aj* azulado -da
ble [blέ] *m* (*de ciri, llum d'oli, etc*) mecha *f*; (*de cabells*) mechón
bleda [blέðə] *f* acelga; *aj mf fg* (*aturat*) bobalicón -ona, pánfilo -la, tontaina; ~ **assolellada** pava, pánfila
bleda-rave [blέðərávə] *f* remolacha
blindat -ada [blindát] *aj* blindado -da
bloc [blɔ́k] *m* bloque; **en** ~ en bloque
blocar [bluká] *vt* bloquear; *vp* (*un mecanisme*) bloquearse
blocatge [blukádzə] *m* bloqueo
bo bona [bɔ́] *aj* bueno -na; *mf* bueno -na. *Els ~s i els dolents*, los buenos y los malos; *m ecn* bono; **a les ~nes** por las buenas; **aquesta sí que és ~na!** ¡esta sí que es buena!; **~na nit** buenas noches; **~na tarda** buenas tardes; **~n dia** buenos días; **de ~ de ~** de verdad; **del ~ i millor** canela fina, la flor y la nata; **encara ~!** ¡menos mal!; **estar** ~ estar bueno; **fer** ~ hacer bueno, hacer buen tiempo; **fer-la ~na** hacer una buena; **tant de ~!** ¡ojalá!
boa [bɔ́ə] *f* boa
bobina [buβínə] *f* bobina
boca [bókə] *f* boca; **anar-se'n de la** ~ irse de la boca; ~ **a** ~ boca a boca; **córrer de ~ en ~** andar de boca en boca; **de ~ per avall** boca abajo; **de ~ per amunt** boca arriba; **deixar mala** ~ dejar mal sabor de boca; **no badar** (**no obrir**) ~ no abrir la boca; **sense badar** ~ sin chistar, sin rechistar
bocabadat -ada [bòkəβəðát] *aj* boquiabierto -ta; con la boca abierta
bocamoll -a [bòkəmɔ́ʎ] *aj mf* (*indiscret*) bocazas; (*xerraire*) charlatán -ana
bocaterrós -osa [bòkətərós] *aj* boca abajo. *Dormir de bocaterrosa*, dormir boca abajo
bocí [busí] *m* pedazo, trozo
boda [bóðə] *f* boda
bodega [buðέγə] *f* bodega
bòfega [bɔ́fəγə] *f* ampolla; vejiga
bogeria [buʒərίə] *f* locura; **amb** ~ con locura

bohemi -èmia [buɛ́mi] *aj f* bohemio -mia
boia [bɔ́jə] *f* boya
boicot [bujkɔ́t] *m* boicot
boig boja [bɔ́tʃ] *aj mf* loco -ca; **estar ~ per** (*uc*) estar loco (chiflado) por uc
boina [bɔ́jnə] *f* boina
boira [bɔ́jɾə] *f* niebla; **anar a escampar la ~** ir a tomar el aire
boirós -osa [bujɾós] *aj* nebuloso -sa
boix [bóʃ] *m* boj; **~ grèvol** acebo
bol [bɔ́l] *m* bol, tazón, cuenco
bola [bɔ́lə] *f* bola
bolcar [bulká] *vt* volcar. *El vent va ~ dos arbres*, el viento volcó dos árboles; *vi* (*un vehicle*) volcar; *vp* volcarse
bolet [bulɛ́t] *m bot* seta *f*, hongo; *fm* (*bufetada*) bofetada *f*, cachete; **estar tocat del ~** estar como un cencerro, estar mal de la cabeza
bòlid [bɔ́lit] *m* bólido
bolígraf [bulíɣɾəf] *m* bolígrafo
bòlit [bɔ́lit] *m* **anar de ~** ir de cabeza
bolquer [bulké] *m* pañal
bolxevic [bulʃəβík] *aj mf* bolchevique
bomba [bómbə] *f* bomba
bombardejar [bumbərdəʒá] *vt* bombardear
bombarder [bumbərdé] *m mil* bombardero, avión de bombardeo
bomber [bumbé] *m* bombero -ra
bombeta [bumbɛ́tə] *f* bombilla
bombo [bómbu] *m* bombo; **fer ~ de** dar mucho bombo a
bombó [bumbó] *m* bombón
bombolla [bumbóʎə] *f* burbuja, ampolla, pompa
bombollejar [bumbuʎəʒá] *vi* burbujear
bombona [bumbónə] *f* bombona
bon [bɔ́n] *aj* buen; **un ~ home**, un buen hombre
bonança [bunánsə] *f mar* bonanza; buen tiempo
bondat [bundát] *f* bondad; **fer ~** portarse bien, ser bueno
bonhomia [bunumíə] *f* (*condició*) bondad, hombría de bien; (*simplicitat, amabilitat*) amabilidad, afabilidad
bonic -a [buník] *aj* bonito -ta, lindo -da, hermoso -sa; (*persona*) hermoso -sa, lindo -da, guapo -pa; **per a fer ~** de adorno
bonificació [bunifikəsió] *f* bonificación
bonsai [bunsáj] *m* bonsái
bony [bóɲ] *m* bulto; (*al cap*) chichón; (*objecte de metall*) abolladura *f*
bonyegut -uda [buɲəɣút] *aj* lleno -na de bultos
bord -a [bórt] *aj* (*un arbre*) estéril; *aj mf* (*bastard*) borde; **a ~** *mar* a bordo
borda [bórdə] *f mar* borda; (*cabana*) choza, cabaña
bordar [burdá] *vi* ladrar
boreal [buɾeál] *aj* boreal
borinot [buɾinɔ́t] *m zoo* abejorro; moscardón; *fg* (*persona molesta*) moscardón, moscón
borni bòrnia [bɔ́rni] *aj mf* tuerto -ta
borralló [burəʎó] *m* copo
borrasca [buráskə] *f* borrasca

borratxera [burətʃérə] *f* borrachera
borratxo -a [burátʃu] *aj mf* borracho -cha; (*pastís*) bizcocho borracho
borrós -osa [burós] *aj* borroso -sa
borsa [bórsə] *f com* bolsa; ~ **d'estudi** beca de estudios
bosc [bɔ́sk] *m* bosque
boscúria [buskúriə] *f* bosque *m* espeso
bossa [bósə] *f* bolsa; **afluixar la** ~ aflojar la pasta; ~ **de mà** bolso de mano
bot [bót] *m* (*de vi*) odre; (*salt*) bote, salto, brinco; *mar* bote, balsa *f*; **fer un** ~ pegar un brinco; **ploure a ~s i barrals** llover a cántaros
bota [bɔ́tə] *f* (*calçat*) bota
bóta [bótə] *f* (*de fusta*) bota, cuba, barril *m*; (*botella*) bota
botànic -a [butánik] *aj mf* botánico -ca; *f* botánica
botar [butá] *vi* (*botre*) botar, saltar; *vt* prender. ~ **foc**, prender fuego
botella [butéʎə] *f* (*botell*) pellejo; (*ampolla*) botella
boterut -uda [butərút] *aj* (*que fa bot*) abombado -da, abultado -da; (*gras i baix*) regordete -ta
botí [butí] *m* botín
botifarra [butifárə] *m* (*embotit*) butifarra; *inj* ¡que te den morcilla!; **fer** ~ dar un corte de mangas
botiga [butíɣə] *f* tienda
botiguer -a [butiɣé] *mf* tendero -ra
botija [butíʒə] *f* botija
botó [butó] *m* botón; **anar de vint-i-un** ~ ir de tiros largos, ir de punta en blanco; **botons de puny** gemelos
botre [bótrə] *vi* = **botar**
botxí [butʃí] *m* verdugo
bou [bɔ́w] *m* (*brau*) toro; (*bou castrat*) buey; **agafar el** ~ **per les banyes** coger el toro por los cuernos; **no veure un** ~ **a tres passes** no ver tres en un burro
bover -a [buβé] *mf* (*pastor*) boyero -ra; **cargol** ~ caracol sapenco
boví -ina [buβí] *aj* vacuno -na, bovino -na
boxa [bóksə] *f* boxeo *m*
boxador -a [buksəʒəðó] *mf* boxeador -ra
boxar [buksá] *vi* boxear
braç [brás] *m* brazo; **amb els ~os oberts** con los brazos abiertos; ~ **de gitano** brazo de gitano; **de ~os plegats** con los brazos cruzados; **portar en ~os** llevar en brazos
braça [brásə] *f* braza
braçalet [brəsəlɛ́t] *m* brazalete
braga [bráɣə] *f* braga; *pl* (*de dona*) bragas
bragueta [brəɣɛ́tə] *f* bragueta
bram [brám] *m* bramido; (*d'ase*) rebuzno; *fg* (*de la mar*) bramido, rugido
bramar [brəmá] *vi* (*l'ase*) rebuznar; *fg* (*cridar*) bramar, berrear
bramul [brəmúl] *m* (*del bou*) mugido; (*del vedell*) berrido; *fg* (*de la mar*) bramido
bramular [brəmulá] *vi* (*el bou*) mugir; (*el vedell*) berrear; *fg* (*la mar*) bramar

branca [bráŋkə] *f* rama
brancatge [brəŋkádʒə] *m* ramaje
brandar [brəndá] *vt* (*una espasa*) blandir; (*una campana*) voltear; (*balancejar*) mover, menear. *El gos branda la cua*, el perro menea la cola; *vi* (*oscil·lar*) oscilar, balancearse *up*
brànquia [bráŋkiə] *f* branquia
branquilló [brəŋkiʎó] *m* ramilla *f*
brasa [brázə] *f* brasa, ascua; **a la** ~ a la brasa
braser [brəzé] *m* brasero
brasiler -a [brəzilé] *aj mf* brasileño -ña
brau -ava [bráw] *aj* (*valent*) bravo -va; (*un animal*) bravo -va, fiero -ra; *m* toro
bravata [brəβátə] *f* bravata
bravo [bráβo] *inj m* ¡bravo!; *m* (*aplaudiment*) bravo
brega [brέɣə] *f* riña, pelea, bronca
bressol [brəsɔ́l] *m* cuna *f*
bressolar [brəsulá] *vt* mecer, acunar
brètol [brέtul] *m* canalla, granuja
bretxa [brétʃə] *f* brecha
breu [bréw] *aj* breve; **en** ~ en breve; **ésser** ~ ser breve
breument [brèwmén] *av* brevemente
bri [brí] *m* (*de la verdura, la carn, etc*) hebra *f*, filamento; (*d'herba*) brizna *f*; *fg* (*una mica*) pizca *f*, migaja *f*
bricolatge [brikuládzə] *m* bricolaje
brida [bríðə] *f* brida; **anar a tota** ~ ir a toda brida (a rienda suelta)
brigada [briɣáðə] *f* brigada
brillant [briʎán] *aj m* brillante
brillantina [briʎəntínə] *f* brillantina
brillar [briʎá] *vi* brillar
brindar [brindá] *vt* brindar
brindis [bríndis] *m* brindis
brioix [briɔ́ʃ] *m* brioche, suizo
brisa [brízə] *f* brisa
britànic -a [británik] *aj mf* británico -ca
broc [brɔ́k] *m* (*d'un gerro*) pito; (*d'un càntir*) pitorro; **pel** ~ **gros** a boca de jarro
brodar [bruðá] *vt* bordar
brogit [bruʒít] *m* fragor
brollador [bruʎəðó] *m* manantial; (*d'un jardí*) surtidor, fuente *f*
brollar [bruʎá] *vi* (*rajar*) manar; (*les plantes*) brotar; *fg* (*sorgir*) brotar, surgir
broma [brómə] *f* (*boira*) niebla, bruma; (*facècia*) broma, burla; **de** ~ en broma; **fer** ~ andarse con bromas; **prendre-s'ho de** ~ tomar a broma (a risa)
bromera [bruméɾə] *f* (*escuma*) espuma; (*de la boca*) espuma, espumarajo *m*
bromista [brumístə] *aj mf* bromista, dicharachero -ra, guasón *m*
bronqui [brɔ́ŋki] *m* bronquio
bronquitis [bruŋkítis] *f* bronquitis
bronze [brónzə] *m* bronce
bronzejar [brunzəʒá] *vt* broncear
bròquil [brɔ́kil] *m* bróculi
brossa [brɔ́sə] *f* (*deixalles*) basura, desperdicios *mpl*; *bot* broza, maleza; (*partícula*) mota, brizna.

M'ha entrat una ~ a l'ull, me ha entrado una mota en el ojo
brot [brót] *m* brote; **no fer ~** no dar golpe
brotar [brutá] *vi* brotar, echar brotes
brotxa [brɔ́tʃə] *f* brocha
brou [brɔ́w] *m* caldo
bru bruna [brú] *aj* pardo -da; (*persona*) moreno -na
bruc [brúk] *m* brezo
bruixa [brúʃə] *f* bruja, hechicera
bruixeria [bruʃəríə] *f* brujería, hechicería
brúixola [brúʃulə] *f* brújula
bruixot [bruʃɔ́t] *m* brujo, hechicero
brunyir [bruɲí] *vt* bruñir, pulimentar
brunzir [brunzí] *vi* zumbar
brunzit [brunzít] *m* zumbido
brusa [brúzə] *f* blusa; (*brusa llarga*) blusón *m*
brusc -a [brúsk] *aj* brusco -ca
brut -a [brút] *aj* (*mancat de netedat*) sucio -cia; (*sense deducció*) bruto -ta, en bruto
brutal [brutál] *aj* brutal
brutícia [brutísiə] *f* suciedad
buc [búk] *m* hueco, cavidad; (*d'una casa*) casco; (*d'una escala*) caja *f*; (*d'un armari*) armazón; (*del vaixell*) casco
bucal [bukál] *aj* bucal
bucòlic -a [bukɔ́lik] *aj* bucólico -ca
budell [buðéʎ] *m* intestino; *mpl* tripas *f*
budisme [buðízmə] *m* budisme
budista [buðístə] *aj mf* budista
buf -a [búf] *aj mús* bufo -fa; *m* (*d'aire*) soplo; *f* (*bufetada*) bofetada, bofetón *m*, cachete *m*; *inj* ¡atiza!, ¡sopla!
bufada [bufáðə] *f* soplo *m*, soplido *m*
búfal [búfəl] *m* búfalo
bufanda [bufándə] *f* bufanda
bufar [bufá] *vi* soplar; *vp* (*la roba*) ahuecarse; (*un revestiment*) ahuecarse; **estar que bufa** estar que bufa (que muerde)
bufet [bufέt] *m* (*moble*) aparador; (*despatx*) bufete
bufeta [bufέtə] *f* vejiga, vesícula
bufetada [bufətáðə] *f* bofetada, bofetón *m*
bufó [bufó] *aj* cuco -ca, mono -na; *m* bufón
bugada [buɣáðə] *f* colada. *Fer la ~*, hacer la colada
bugia [buʒíə] *f* bujía
buidar [bujðá] *vt* vaciar
buirac [bujrák] *m* carcaj; (*coixí de sastre*) acerico
buit buida [bújt] *aj* vacío -a; *m* (*espai no ocupat*) hueco. *No vam trobar cap ~ a l'estadi*, no encontramos ningún hueco en el estadio; *fg* vacío. *La seva mort va deixar un gran ~*, su muerte dejó un gran vacío
bulb [búlp] *m* bulbo
buldog [buldɔ́k] *m* buldog
búlgar -a [búlɣər] *aj mf* búlgaro -ra; *m* (*llengua*) búlgaro
bull [búʎ] *m* hervor; **faltar-li un ~** (*a up*) faltarle un tornillo; **arrencar el ~** romper a hervir
bullent [buʎén] *aj* hirviente

bullir [buʎí] *vi* hervir, bullir; (*coure*) cocer, hervir; *vt* hervir
bum [búm] *inj* bum, pum
bunyol [buɲɔ́l] *m* buñuelo; *fg* (*cosa mal feta*) buñuelo, churro
burgès -esa [burʒɛ́s] *aj mf* burgués -esa
burgesia [burʒəzíə] *f* burguesía
burilla [buríʎə] *f* (*punta de cigarret*) colilla; *vlg* (*tap de nas*) albondiguilla
burlar-se [burlársə] *vp* burlarse
burleta [burlɛ́tə] *aj* burlón -ona
burocràcia [burukrásiə] *f* burocracia
burro [búru] *m* burro, borrico, asno; (*escalfallits*) calentador [de la cama]; *fg* (*estúpid*) burro, borrico, asno
burxar [burʃá] *vt* (*punxar*) pinchar; (*remenar interiorment*) hurgar; *fg* (*incitar, irritar*) pinchar
bus [bús] *m* [*pl: -ussos*] buzo
busca [búskə] *f* (*d'herba, de palla*) brizna; (*d'un rellotge*) manecilla, aguja
buscall [buskáʎ] *m* leño, madero
buscar [buská] *vt* buscar
bústia [bústiə] *f* buzón *m*
butà [butá] *m* butano
butaca [butákə] *f* butaca, sillón *m*
butlleta [buʎʎɛ́tə] *f* (*de subscripció*) boletín, boleto
butlletí [buʎʎətí] *m* boletín
butllofa [buʎʎɔ́fə] *f* ampolla
butxaca [butʃákə] *f* bolsillo *m*; **de ~** de bolsillo; **ficar-se a la ~** (*up*) meterse a up en el bolsillo, tener a up en el bote; **gratar-se la ~** rascarse el bolsillo; **omplir-se les butxaques** llenarse los bolsillos; **tenir la ~ foradada** tener un agujero en el bolsillo

C

cabal [kəβál] *m* (*de fluid*) caudal; *mpl* (*capital*) caudales; **fer ~** hacer caso
cabalós -osa [kəβəlós] *aj* (*fluid*) caudaloso -sa
cabana [kəβánə] *f* cabaña, choza
cabanya [kəβáɲə] *f* cabaña, choza; (*per a guardar màquines, etc*) cobertizo; (*conjunt de bestiar*) cabaña
cabaret [kəβərɛ́t] *m* cabaré
cabàs [kəβás] *m* capazo, capacho; **a cabassos** a montones
cabdell [kəbdéʎ] *m* ovillo; (*de col*) repollo; cogollo
cabdill [kəbdíʎ] *m* caudillo
cabeça [kəβɛ́sə] *f* (*bulb*) cabeza. *Una ~ d'alls*, una cabeza de ajos
cabell [kəβɛ́ʎ] *m* cabello, pelo; *mpl* (*cabellera*) cabello *sg*, pelo *sg*; **~ d'àngel** (*confitura*) cabello de ángel; **estirar-se els ~s** *fg* tirarse de los pelos; **fer posar els ~s de punta** *fg* poner los pelos de punta
cabellera [kəβəʎérə] *f* (*mata de cabells*) cabellera; (*cabells llargs*) melena; (*crinera*) crin
caber [kəβɛ́] *vi* = **cabre**
cabina [kəβínə] *f* cabina; (*en un vaixell*) camarote *m*
cabirol [kəβirɔ́l] *m zoo* corzo
cable [kábblə] *m* cable

cabotatge [kəβutádʒə] *m mar* cabotaje
cabra [káβɾə] *f* cabra; (*crustaci*) centollo *m*; **estar com una** ~ *fg* estar como una cabra (regadera)
cabre [káβɾə] *vi* caber
cabrejar [kəβɾəʒá] *vi* (*el mar*) cabrillear
cabriola [kəβɾiɔ́lə] *f* cabriola, pirueta
cabrit [kəβɾít] *m* cabrito, chivo
cabró [kəβɾó] *m* cabrón, macho cabrío; *fg vlg* cabrón
cabuda [kəβúðə] *f* cabida, capacidad
cabussar [kəbusá] *vt* chapuzar, zambullir; *fg* hundir
cabussó [kəbusó] *m* chapuzón, zambullida
caca [kákə] *f* caca
caça [kásə] *f* caza; *m mil* caza; **anar a la** ~ andar (ir) a la caza; ~ **major** caza mayor; ~ **menor** caza menor
caçador -a [kəsəðó] *aj mf* cazador -ra; *f* (*peça de vestir*) cazadora
caçapapallones [kásəpəpəʎónəs] *m* cazamariposas
caçar [kəsá] *vt* cazar
cacatua [kəkətúə] *f* cacatúa
cacau [kəkáw] *m* cacao
cacauet [kəkəwɛ́t] *m* cacahuete, maní
cacera [kəséɾə] *f* (*acció de caçar*) caza; (*partida de caça*) cacería
cacofonia [kəkufuníə] *f* cacofonía
cactus [káktus] *m* cacto, cactus
cada [káðə] *aj* [*atributiu*] cada. ~ *mes*, cada mes; ~ *quatre mesos*, cada cuatro meses
cadascú [kàðəskú] *pr* cada uno, cada cual
cadascun -a [kàðəskún] *aj* [*atributiu*] cada uno -a
cadàver [kəðáβər] *m* cadáver. *Aixecament del* ~, levantamiento del cadáver
cadell [kəðéʎ] *m* (*de gos, de llop*) cachorro
cadena [kəðɛ́nə] *f* cadena
cadència [kəðɛ́nsiə] *f* cadencia
cadernera [kəðərnéɾə] *f zoo* jilguero *m*
cadira [kəðíɾə] *f* silla; ~ **de braços** sillón; **n'hi ha per a llogar-hi cadires** *fg* eso es cosa de alquilar balcones
caduc -a [kəðúk] *aj* caduco -ca
caducar [kəðuká] *vi* caducar
cafè [kəfɛ́] *m* café; (*establiment*) café
cafeïna [kəfəínə] *f* cafeína
cafetera [kəfətéɾə] *f* cafetera
cafeteria [kəfətəríə] *f* cafetería
cagadubtes [kàɣəðúptəs] *mf fm* indeciso -sa
cagalló [kəɣəʎó] *m* (*de cabres, ovelles*) cagarruta *f*; *vlg* (*por*) canguelo
caganiu [kàɣəníw] *mf* (*fill petit*) benjamín -ina
cagar [kəɣá] *vi vlg* cagar; **~-la** (*ficar la pota*) cagarla; **~-se a les calces** cagarse [de miedo]
cagarro [kəɣáru] *m vlg* mojón
caiac [kəják] *m* (*embarcació*) kayac
caiguda [kəjɣúðə] *f* caída
caiman [kəjmán] *m* caimán
caire [kájɾə] *m* (*aresta*) canto; (*d'un edifici*) esquina, ángulo; *fg* cariz, aspecto. *La discussió va prendre un altre* ~, la discusión tomó otro cariz

caixa [káʃə] *f* caja; (*moble*) arca; (*buc*) caja. *La ~ del rellotge*, la caja del reloj; (*taüt*) caja
cal [kál] *prp* [*contracció*] casa de. *Sóc a ~ mestre*, estoy en casa del maestro. *He d'anar a ~ metge*, he de ir al médico
cala [kálə] *f* (*entrada del mar*) cala, ensenada; *med* cala
calabós [kələβós] *m* [*pl: -ossos*] calabozo
calaix [kəláʃ] *m* cajón; (*diners*) beneficio. *Fer nou mil pessetes de ~*, hacer nueve mil pesetas de beneficio
calaixera [kələʃérə] *f* cómoda
calamar [kələmár] *m zoo* = **calamars**
calamars [kələmárs] *m* [*pl: inv o -arsos*] *zoo* calamar
calamarsa [kələmársə] *f* granizo *m* [pequeño]
calamarsada [kələmərsáðə] *f* granizada
calamitat [kələmitát] *f* calamidad
calar [kəlá] *vt mar* (*arriar*) calar; (*xopar*) calar; (*foc*) prender; *fg* (*clissar*) calar; *vp* (*un motor*) calarse
calavera [kələβérə] *f* calavera; *m fg* calavera
calb -a [kálp] *aj* calvo -va; *f* calva
calç [káls] *f* cal
calça [kálsə] *f* [*generalment en pl*] (*pantalons*) calzones *m*; *pl* (*peça de roba femenina*) bragas, braga *sg*
calçada [kəlsáðə] *f* calzada
calçador [kəlsəðó] *m* calzador
calcar [kəlká] *vt* calcar
calçar [kəlsá] *vt* calzar
calcari -ària [kəlkári] *aj* calcáreo -a, calizo -za
calçat [kəlsát] *m* calzado
calci [kálsi] *m* calcio
calcomania [kəlkumənía] *f* calcomanía
calçotets [kəlsutéts] *mpl* calzoncillos
càlcul [kálkul] *m* cálculo; (*pedra al ronyó*) cálculo
calculadora [kalkuləðórə] *f* calculadora
calcular [kəlkulá] *vt* calcular
caldera [kəldérə] *f* caldera
caldo [káldu] *m* = **brou**
caldre [káldrə] *vi* [*seguit d'infinitiu*] haber que, ser necesario. *~ menjar per a viure*, es necesario comer para vivir; [*seguit de nom*] necesitar(se), hacer falta. *Calen molts diners per a viatjar*, se necesita mucho dinero para viajar; *~* **dir que** cabe decir que; **com ~** como Dios manda, como es debido
calé [kəlé] *m fm* = **calés**
calefacció [kələfəksió] *f* calefacción
calendari [kələndári] *m* calendario
calent -a [kəlén] *aj* caliente; (*excitat sexualment*) caliente, cachondo -da
caler [kəlɛ́] *vi* = **caldre**
cales [kəlés] *mpl fm* (*diners*) pasta *fsg*, cuartos, guita *fsg*
calfred [kəlfrét] *m* escalofrío
càlid -a [kálit] *aj* cálido -da
calidoscopi [kəliðuskɔ́pi] *m* calidoscopio, caleidoscopio
calitja [kəlídʒə] *f* calina, calima

caliu [kəlíw] *m* (*de brases*) rescoldo; (*escalf*) calor
callar [kəʎá] *vi* callar(se)
cal·ligrafia [kəlliɣɾəfíə] *f* caligrafía
calma [kálmə] *f* calma
calmar [kəlmá] *vt* calmar
calor [kəló] *f* calor *m*
calorós -osa [kəluɾós] *aj* caluroso -sa
calúmnia [kəlúmniə] *f* calumnia
calvari [kəlβáɾi] *m* calvario
calze [kálzə] *m* cáliz
cama [kámə] *f* pierna; **~ ací ~ allà** a horcajadas; **cames ajudeu-me** a todo correr
camacurt -a [kàməkúrt] *aj* paticorto -ta, pernicorto -ta
camaleó [kəməleó] *m zoo* camaleón
camallarg -a [kàməʎárk] *aj* zancudo -da
camamilla [kəməmíʎə] *f bot* manzanilla, camomila
camarada [kəməɾáðə] *mf* camarada, compañero -ra
camarlenc [kəmərlɛ́ŋ] *m* camarlengo
cambra [kámbɾə] *f* (*habitació*) cuarto *m*, habitación; (*de rei*) cámara; *cin fot* = **càmera**; *pol* cámara; **~ de bany** cuarto de baño; **~ fosca** *fot* cuarto oscuro
cambrer -a [kəmbɾé] *mf* camarero -ra
camell [kəméʎ] *m* camello
càmera [kámərə] *f cin fot* cámara
camerino [kəməɾínu] *m* camerino
camí [kəmí] *m* camino; *fg* camino, derrotero; **a mig ~** a medio camino, a la mitad del camino; **de ~** de camino; **fer ~** andar, caminar; **pel ~ de** *fg* camino de; **posar-se en ~** ponerse en camino
caminada [kəmináðə] *f* caminata
caminar [kəminá] *vi* andar, caminar
camió [kəmió] *m* camión
camioner -a [kəmiuné] *mf* camionero -ra
camioneta [kəmiunɛ́tə] *f* camioneta
camisa [kəmízə] *f* camisa; **aixecar la ~** (*a up*) *fg* tomarle a up el pelo; **~ de dormir** camisón, camisa de dormir
camiseta [kəmizɛ́tə] *f* camiseta
camp [kám] *m* (*de conreu*) campo; (*indret fora de la ciutat*) campo, monte; *esp* campo, cancha *f*; **~ obert** descampado; **~s a través** campo a través; **fotre** (**fúmer**) **el ~** *fg vlg* largarse, poner pies en polvorosa
campament [kəmpəmén] *m* campamento
campana [kəmpánə] *f* campana; **fer ~** *fg* hacer novillos
campanar [kəmpəná] *m* campanario
campaneta [kəmpənɛ́tə] *f* (*picarol*) campanilla; *ana* campanilla
campanya [kəmpáɲə] *f* (*camp*) campiña; (*acció per a un fi*) campaña
camperol -a [kəmpəɾɔ́l] *aj* campestre, campesino -na; *mf* campesino -na, labrador -ra
càmping [kámpiŋ] *m* camping

campió -ona [kəmpió] *mf* campeón -ona
campionat [kəmpiunát] *m* campeonato
camuflar [kəmuflá] *vt* camuflar
can [kán] *prp* [*contracció*] casa de. *A ~ Pere*, en casa de Pedro; (*bar, restaurant*) casa. ~ *Pep*, casa Pepe; ~ **seixanta** (*lloc desordenat*) la casa de Tócame Roque
canadenc -a [kənəðéŋ] *aj mf* canadiense
canal [kənál] *m* (*via*) canal; (*de televisió*) canal; *f* (*d'una teulada, una vall*) canal *m*
canalla [kənáʎə] *f* niños *mpl*, chiquillería; *m* canalla
canari [kənári] *aj mf* canario -ria; *m zoo* canario
cancel·lar [kənsəllá] *vt* cancelar
canceller [kənsəʎé] *m* canciller
càncer [kánsər] *m* cáncer; [*en majúscula*] *ast* Cáncer
cançó [kənsó] *f* canción; *fpl* monsergas, cuentos *m*; ~ **de bressol** canción de cuna, nana
cançoner -a [kənsuné] *aj* cachazudo -da, remolón -ona; *m mús lit* cancionero
candela [kəndélə] *f* (*espelma*) candela; (*de glaç*) carámbano *m*; *fm* (*moc que penja*) vela
candi [kándi] *aj m* cande
càndid -a [kándit] *aj* cándido -da
candidat -a [kəndiðát] *mf* candidato -ta
canell [kənéʎ] *m ana* muñeca *f*
canella [kənéʎə] *f* (*d'una font*) caño; *ana* canilla, caña
canelobre [kənəlɔ́βrə] *m* candelabro
canelons [kənəló] *mpl* canalones
cànem [kánəm] *m* cáñamo
cangur [kəŋgúr] *m zoo* canguro; *mf* (*mainadera per hores*) canguro
caní -ina [kəní] *aj* canino -na
caníbal [kəníβəl] *aj mf* caníbal
canó [kənó] *m* (*tub*) tubo, cañón; *mil* cañón; (*tros de canya*) canuto
canoa [kənóə] *f* canoa
canonada [kənunáðə] *f* (*tret de canó*) cañonazo *m*; (*d'aigua, etc*) cañería, tubería
canós -osa [kənós] *aj* canoso -sa, cano -na
cansalada [kənsəláðə] *f* tocino *m*; **suar la ~** *fm* sudar la gota gorda
cansaladeria [kənsələðəríə] *f* tocinería
cansament [kənsəmén] *m* cansancio
cansar [kənsá] *vt* cansar
cant [kán] *m mús lit* canto; *mús* (*flamenc*) cante
cantant [kəntán] *mf* cantante
cantar [kəntá] *vi* cantar; *fg* (*desdir uc*) desentonar; *fg* (*fer pudor*) cantar, apestar; *vt* cantar; *fg* (*confessar*) cantar
cantautor -a [kəntəwtó] *mf* cantautor -ra
cantell [kəntéʎ] *m* canto
càntic [kántik] *m* canto, cántico
cantimplora [kəntimplɔ́rə] *f* cantimplora
cantina [kəntínə] *f* cantina
càntir [kánti] *m* botijo
cantó [kəntó] *m* (*banda, costat*) lado; (*territori*) cantón
cantonada [kəntunáðə] *f* esquina
canvi [kámbi] *m* cambio; (*diners tornats*) cambio, vuelta *f*; (*moneda*

fraccionària) cambio, suelto; (*preu de cotització*) cambio; **en ~** en cambio; **en ~ de** a cambio de
canviar [kəmbiá] *vt* cambiar; (*bescanviar*) cambiar, canjear; *vp* (*de roba*) cambiarse, mudarse
canya [káɲə] *f* caña
canyella [kəɲéʎə] *f ana* espinilla, canilla; *bot* canela
caos [káos] *m* caos
cap [káp] *m ana* cabeza *f*; (*extrem*) cabo; (*intel·ligència*) cabeza *f*, pesquis *fm*; (*part principal d'un lloc*) cabecera *f*; *geo* cabo; *mf* (*persona*) jefe -fa, cabecilla; **~ d'any** día de año nuevo; **~ de setmana** fin de semana; **~ d'estat** jefe de Estado; **de ~ a ~** (**de ~ a peus**) de cabo a rabo; **de ~ per avall** (*un objecte*) boca abajo; (*en desordre*) patas arriba; **pel ~ alt** como mucho; **pel ~ baix** por lo menos; **per ~** (*repartiment*) por cabeza
cap [káp] *aj pr* [*interrogació*] alguno -na, algún -una. *Hi ha cap poma, al cistell?*, ¿hay alguna manzana en el cesto?; [*negació*] ninguno -na, ningún -una. *No hi ha ~ poma al cistell*, no hay ninguna manzana en el cesto; [*suposició*] alguno -na, algún -una; *prp* [*direcció*] hacia, para. *~ aquí*, hacia aquí. *~ aquest costat*, hacia este lado. *~ a València*, hacia Valencia
capa [kápə] *f* capa
capaç [kəpás] *aj* capaz
capacitat [kəpəsitát] *f* capacidad
capbussar [kəbbusá] *vt* = **cabussar**
capbussó [kəbbusó] *m* = **cabussó**
capçalera [kəpsəlérə] *f* (*del llit*) cabecera. *Metge de ~*, médico de cabezera; (*d'un escrit*) encabezamiento *m*, cabecera; (*imprès al paper*) membrete *m*
capdamunt, al [kàbdəmún] *av prp* arriba, arriba del todo; **estarne fins al ~** *fg* estar hasta la coronilla
capdavall, al [kàbdəβáʎ] *av prp* abajo, abajo del todo; (*al cap i a la fi*) al fin y al cabo, después de todo
capdavant, al [kàbdəβán] *av prp* a la cabeza, al frente
capell [kəpéʎ] *m* sombrero
capella [kəpéʎə] *f* capilla; **~ ardent** capilla ardiente
capellà [kəpəʎá] *m* cura, sacerdote; *fm* (*esquitx de saliva*) perdigón
capficar-se [kəpfikársə] *vp* preocuparse, romperse la cabeza; (*concentrar-se*) ensimismarse, abstraerse
capgirar [kàbʒirá] *vt* volver, invertir; (*pertorbar l'ordre*) desordenar, revolver
capgirell [kàbʒiréʎ] *m* voltereta *f*, vuelco
capgròs [kàbgrɔ́s] *m* [*pl: -ossos*] renacuajo
capità -ana [kəpitá] *mf* capitán -ana
capital [kəpitál] *aj* capital; *f* (*ciutat principal*) capital; *m ecn* (*riquesa*) capital
capitalista [kəpitəlístə] *aj mf* capitalista

capitell [kəpitéʎ] *m* capitel
capítol [kəpítul] *m* capítulo
capitost [kəpitɔ́st] *m* capitoste
capitulació [kəpituləsió] *f* capitulación
capitular [kəpitulár] *aj* capitular
capitular [kəpitulá] *vt* capitular
capó [kəpó] *m* capón
capoll [kəpóʎ] *m bot* capullo, botón; *zoo* capullo
capot [kəpɔ́t] *m* (*abric*) capote; *aut* capó
caprici [kəprísi] *m* = **capritx**
capritx [kəprítʃ] *m* capricho
capritxós -osa [kəpritʃós] *aj* caprichoso -sa
capsa [kápsə] *f* caja
capsigrany [kəpsiγráɲ] *m* bobo (tonto) de capirote, cabeza de chorlito
càpsula [kápsulə] *f* cápsula
captaire [kəptájɾə] *mf* mendigo -ga, pordiosero -ra
captar [kəptá] *vi* (*demanar almoina*) mendigar; *vt* (*ones*) captar; *vp* (*atreure's*) captar(se), granjearse
captiu -iva [kəptíw] *aj mf* cautivo -va
captivar [kəptiβá] *vt* cautivar, arrebatar
capturar [kəpturá] *vt* capturar, apresar
caputxa [kəpútʃə] *f* capucha, capuchón *m*
capvespre [kàbbésprə] *m* atardecer, anochecer
caqui [káki] *aj m* (*color*) caqui; *m* (*fruit*) caqui, palo santo
car [kár] *cnj* porque, pues, puesto que
car -a [kár] *aj* caro -ra
cara [kárə] *f* cara; **a ~ o creu** a cara o cruz; **clavar per la ~** (*retreure*) echar en cara; **plantar ~** hacer frente
carabassa [kəɾəβásə] *f* = **carbassa**
caràcter [kəɾáktər] *m* carácter
característic -a [kəɾəktəɾístik] *aj f* característico -ca
caracteritzar [kəɾəktəɾidzá] *vt* caracterizar
caragol [kəɾəγɔ́l] *m* = **cargol**
carai [kəɾáj] *inj* ¡caray!, ¡caramba!
caramel [kəɾəmɛ́l] *m* caramelo
carassa [kəɾásə] *f* (*cara grossa*) caraza; (*ganyota*) mueca; (*d'una teulada*) gárgola
caravana [kəɾəβánə] *f* caravana
carbassa [kərbásə] *f bot* calabaza; *aj m* (*color*) calabaza; **donar ~** (*en un examen; al pretendent*) dar calabazas
carbassó [kərbəsó] *m* calabacín
carbó [kərbó] *m* carbón
carboner -a [kərbuné] *aj mf* carbonero -ra
carboni [kərbɔ́ni] *m qm* carbono
carburador [kərbuɾəðó] *m* carburador
carburant [kərbuɾán] *m* carburante
carburar [kərbuɾá] *vt qm* carburar; *vi fg* (*rutllar*) carburar
carca [kárkə] *aj mf* carca, reaccionario -ria
carcanada [kərkənáðə] *f* osamenta; (*dels ocells*) caparazón *m*
carcassa [kərkásə] *f* = **carcanada**; (*part interna d'uc*) armazón [o *m*]

card [kárt] *m* cardo
cardar [kərdá] *vt* (*llana, cotó, etc*) cardar; *vi vlg* joder, follar
cardenal [kərdənál] *m* cardenal
cardíac -a [kərdíək] *aj mf* cardiaco -ca, cardíaco -ca
cardinal [kərdinál] *aj* cardinal
cardiòleg -òloga [kərdiɔ́lək] *mf* cardiólogo -ga
carena [kərɛ́nə] *f mar* carena; *geo* (*de muntanya*) línea de cresta
carència [kərɛ́nsiə] *f* carencia
careta [kərɛ́tə] *f* careta
cargol [kərgɔ́l] *m zoo* caracol; (*de mar*) caracol, caracola *f*; *tcn* tornillo
cargolar [kərgulá] *vt* liar, arrollar; (*un cargol*) atornillar, enroscar; (*els cabells*) ensortijar, rizar; *vp fm* (*de riure*) desternillarse, mondarse
caricatura [kərikətúrə] *f* caricatura
carícia [kərísiə] *f* caricia
càries [káriəs] *f* caries
carilló [kəriʎó] *m* carillón
caritat [kəritát] *f* caridad
carmanyola [kərməɲɔ́lə] *f* fiambrera
carmesí -ina [kərməzí] *aj* carmesí *iv*
carn [kárn] *f* carne; **~ d'olla** cocido, olla; **en ~ i ossos** en persona; **ésser ~ i ungla** ser uña y carne; **no ésser ni ~ ni peix** no ser ni chicha ni limonada
carnaval [kərnəβál] *m* carnaval
carnestoltes [kərnəstɔ́ltəs] *m* carnaval
carnet [kərnɛ́t] *m* carné
carnisser -a [kərnisé] *aj mf* carnicero -ra
carnisseria [kərnisəríə] *f* carnicería
carnívor -a [kərníβur] *aj m* carnívoro -ra
carnós -osa [kərnós] *aj* carnoso -sa
carpa [kárpə] *f zoo* carpa
carpeta [kərpɛ́tə] *f* carpeta
carraca [kərákə] *f dsp* carraca, carromato *m*
carrasca [kəráskə] *f bot* encina [de hoja redonda]
càrrec [kárək] *m* cargo; (*ocupació, funció*) cargo, puesto; **a ~ de** a cargo de, a expensas de; **fer-se ~ de** (*ocupar-se de*) hacerse cargo de; **fer-se (el) ~** (*tenir consciència*) hacerse cargo
càrrega [kárəγə] *f* carga
carregar [kərəγá] *vt* (*per a transportar*) cargar; (*prendre sobre sí*) cargar con, coger; (*en un aparell*) cargar; *fg fm* (*molestar*) cargar; *vi mil* (*contra l'enemic*) cargar; **~-se-la** pagar el pato
carrer [kəré] *m* calle *f*
carrera [kərérə] *f* carrera
carreró [kərəró] *m* (*carrer estret*) calleja *f*, callejuela *f*, callejón; *esp* calle *f*
carreta [kərɛ́tə] *f* carreta
carretada [kərətáðə] *f* carretada
carreter -a [kərəté] *mf* carretero -ra
carretera [kərətérə] *f* carretera
carretó [kərətó] *m* carretón; (*d'una sola roda*) carretilla *f*
carril [kəríl] *m frr aut* carril
carro [káru] *m* carro; (*d'una màquina d'escriure, etc*) carro; **para el ~!** ¡para el carro!, ¡alto ahí!

carronya [kəróɲə] *f* carroña
carrossa [kərɔ́sə] *f* carroza; *fg* (*persona vella, carronya*) carcamal *m*
carrosseria [kərusəɾíə] *f* carrocería
carruatge [kəruádʒə] *m* carruaje
carrusel [kəruzέl] *m* carrusel
carta [kártə] *f* carta; *jcs* carta, naipe *m*
cartabó [kərtəβó] *m* cartabón
cartell [kərtéʎ] *m* cartel
carter -a [kərté] *mf* cartero -ra
cartera [kərtéɾə] *f* cartera, billetera, billetero *m*
cartílag [kərtílək] *m* cartílago
cartilla [kərtíʎə] *f* cartilla
cartó [kərtó] *m* cartón
cartolina [kərtulínə] *f* cartulina
cartró [kərtɾó] *m* = **cartó**
cartutx [kərtútʃ] *m* cartucho
cartutxera [kərtutʃéɾə] *f* cartuchera
carxofa [kərʃɔ́fə] *f* alcachofa
cas [kás] *m* caso; **estar al ~** (*parar esment*) estar atento; (*estar al corrent*) estar al corriente (enterado); **fer al ~** venir al caso; **fer ~** hacer caso; **si de ~** (**si per ~**) si acaso, por si acaso, por si las moscas *fm*
casa [kázə] *f* casa; (*família, llinatge*) casa. *La ~ d'Àustria*, la Casa de Austria; **a ~ (de)** en casa de. *Són a ~ l'àvia*, están en casa de la abuela; **d'estar per ~** (*de baixa qualitat*) de andar por casa; (*mediocre*) de poca monta
casal [kəzál] *m* casona *f*, casón; casa *f*, centro [de recreo]
casalot [kəzəlɔ́t] *m* caserón
casament [kəzəmén] *m* casamiento, boda *f*
casar [kəzá] *vt* casar; *vi* (*coincidir*) casar. *Aquests mitjons no casen*, estos calcetines no casan; *vp* casar(se)
casc [kásk] *m* casco; (*envàs*) casco; *mpl* (*auriculars*) cascos
cascada [kəskáðə] *f* cascada, catarata
cascavell [kəskəβéʎ] *m* cascabel
casella [kəzéʎə] *f* casilla. *Les caselles d'un tauler d'escacs*, las casillas de un tablero de ajedrez; (*caseta*) caseta, casilla
caserna [kəzέrnə] *f* cuartel *m*, cuartelillo *m*
casino [kəzínu] *m* casino
casolà -ana [kəzulá] *aj* (*cuina, etc*) casero -ra; (*que s'està molt a casa*) casero -ra, hogareño -ña
casori [kəzɔ́ɾi] *m* casorio
caspa [káspə] *f* caspa
casserola [kəsəɾɔ́lə] *f* cazo *m*
casset [kəsέt] *f* casete *m*/*f*; *m* (*magnetòfon*) casete
cassó [kəsó] *m* cazo, cacito
cassola [kəsɔ́lə] *f* (*de terrissa*) cazuela; (*de metall*) cacerola
cast -a [kást] *aj* casto -ta
casta [kástə] *f* casta
castany -a [kəstáɲ] *aj m* castaño -ña
castanya [kəstáɲə] *f* castaña; *fg* (*cop al cap*) castaña, castañazo *m*, tortazo *m*; **treure les castanyes del foc** (*a up*) sacarle a up las castañas del fuego
castanyer [kəstəɲé] *m bot* castaño

castanyoles [kəstəɲɔ́lə] *fpl* castañuelas
castell [kəstéʎ] *m* castillo; ~ **de focs** castillo de fuegos artificiales
castellà -ana [kəstəʎá] *aj mf* castellano -na; *m* (*llengua*) español, castellano
càstig [kástik] *m* castigo
castigar [kəstiɣá] *vt* castigar
castor [kəstó] *m* castor
casualitat [kəzuəlitát] *f* casualidad
cataclisme [kətəklízmə] *m* cataclismo
catacumba [kətəkúmbə] *f* [*generalment en pl*] catacumba
català -ana [kətəlá] *aj mf* catalán -ana; *m* (*llengua*) catalán
catàleg [kətálək] *m* catálogo
cataplasma [kətəplázmə] *m* cataplasma *f*
catarro [kətáru] *m med* (*d'una mucosa*) catarro; (*malaltia infantil*) tos *f* ferina
catàstrofe [kətástɾufə] *f* catástrofe
catecisme [kətəsízmə] *m* catecismo
càtedra [kátəðɾə] *f* cátedra
catedral [kətəðɾál] *f* catedral
categoria [kətəɣuɾíə] *f* categoría
catifa [kətífə] *f* alfombra
catòlic -a [kətɔ́lik] *aj mf* católico -ca
catorze [kətórzə] *aj m* catorce
cau [káw] *m* cubil, guarida *f*, madriguera *f*; *fg* (*habitació mesquina*) cuchitril, cuartucho; **a ~ d'orella** (*parlar, xiuxiuejar*) al oído
caure [káwɾə] *vi* caer(se); (*trobar-se en un lloc*) caer; (*escaure's en tal temps*) caer; (*afectar*) caer, sentar; *fg* (*sucumbir*) caer; ~ **en** (~**-hi**) (*comprendre, endevinar*) caer (en la cuenta), atinar
causa [káwzə] *f* causa; *fg* (*ideal*) causa; **a ~ de** a causa de, debido a
causar [kəwzá] *vt* causar
càustic -a [káwstik] *aj* cáustico -ca
cauteritzar [kəwtəɾidzá] *vt* cauterizar
cautxú [kəwtʃú] *m* [*pl: -ús*] caucho
cava [káβə] *f* bodega; *m* (*xampany*) cava
cavalcar [kəβəlká] *vi* cabalgar; *vt* montar
cavall [kəβáʎ] *m* caballo; **a ~** a caballo
cavalla [kəβáʎə] *f* (*verat*) caballa
cavaller [kəβəʎé] *m* caballero
cavalleresc -a [kəβəʎəɾɛ́sk] *aj* caballeresco -ca
cavallet [kəβəʎɛ́t] *m* (*suport*) caballete; *pl jcs* (*atracció infantil*) tiovivo *sg*, caballitos
cavar [kəβá] *vt* cavar; (*una peça*) ahuecar, vaciar
caverna [kəβɛ́ɾnə] *f* caverna
caviar [kəβiáɾ] *m* caviar
cavil·lar [kəβillá] *vt* cavilar
cavitat [kəβitát] *f* cavidad
ce [sé] *f* [*pl: ces*] (*lletra*) ce; ~ **trencada** cedilla, zedilla
ceba [sɛ́βə] *f bot* cebolla; *fg* (*dèria*) chifladura, chaladura, vena
cec cega [sék] *aj mf* ciego -ga; *aj* (*obstruït*) ciego -a; *m ana* ciego; **a cegues** a ciegas

cedir [səðí] *vt* ceder; *vi* (*cessar de resistir*) ceder; (*minvar d'intensitat*) ceder, aflojar
cedre [séðrə] *m* cedro
ceguesa [səγézə] *f* ceguera, ceguedad
cel [sél] *m* cielo; *rlg* cielo, gloria *f*, lo alto
celebració [sələβrəsió] *f* celebración
celebrar [sələβrá] *vt* celebrar
cèlebre [séləβrə] *aj* célebre
celeritat [sələritát] *f* celeridad
cella [séλə] *f* ceja; **arrufar les celles** fruncir el ceño; **ficar-se entre ~ i ~** (*uc*) tener uc entre ceja y ceja
cel·la [séllə] *f* celda
celler [səλé] *m* bodega *f*
cel·lofana [səllufánə] *f* celofán *m*
cèl·lula [séllulə] *f* célula
cel·lulitis [səllulítis] *f* celulitis
cel·lulosa [səllulózə] *f* celulosa
celobert [sèluβért] *m* patio de luces
celta [séltə] *aj mf* celta
cementiri [səməntíri] *m* cementerio, camposanto
cendra [séndrə] *f* ceniza; *pl* (*restes mortals*) cenizas
cendrer [səndré] *m* cenicero
censura [sənsúrə] *f* censura
cent [sén] *aj* cien; *m* (*nombre*) ciento, cien; *mpl* (*centenars*) cientos; **per ~** por ciento
centella [səntéλə] *f* centella
centena [sənténə] *f* centena
centenar [səntəná] *m* centenar
centenari -ària [səntənári] *aj m* centenario -ria
centèsim -a [səntézim] *aj mf* centésimo -ma
centigram [səntiγrám] *m* centigramo
centilitre [səntilítrə] *m* centilitro
cèntim [séntim] *m* (*moneda*) céntimo; *pl* (*diners*) dinero *sg*, cuartos
centímetre [səntímətrə] *m* (*unitat de mesura*) centímetro; (*cinta mètrica*) cinta *f* métrica
centpeus [sèmpéws] *m zoo* ciempiés
central [səntrál] *aj f* central. ~ *elèctrica*, central eléctrica
centraleta [səntrəlétə] *f* centralita
centre [séntrə] *m* centro
cèntric -a [séntrik] *aj* céntrico -ca
centrífug -a [səntrífuk] *aj* centrífugo -ga
centrifugar [səntrifuγá] *vt* centrifugar
centrípet -a [səntrípət] *aj* centrípeto -ta
cenyir [səɲí] *vt* (*voltar*) ceñir; *vp* (*atenir-se*) ceñirse
cep [sép] *m* (*soca de la vinya*) cepa *f*; (*vinya*) cepa *f*, vid *f*; (*estri de tortura, parany*) cepo
cepat -ada [səpát] *aj* fornido -da, robusto -ta
ceptre [séptrə] *m* cetro
cera [sérə] *f* cera
ceràmica [sərámikə] *f* cerámica
cercar [sərká] *vt* buscar
cercle [sérklə] *m* círculo
cèrcol [sérkul] *m* cerco, aro
cereal [səreál] *m* cereal
cerebel [sərəβél] *m* cerebelo
cerilla [səríλə] *f* cerilla, fósforo *m*
cerimònia [sərimɔ́niə] *f* ceremonia

cert -a [sέrt] *aj* cierto -ta; [*determinatiu*] cierto -ta. *No parla amb ~es persones*, no habla con ciertas personas; **del ~** de cierto, con seguridad
certificat -ada [sərtifikát] *aj m* certificado -da
cervell [sərbéλ] *m ana* cerebro, seso; *gst* seso; **tenir un ~ de pardal** ser duro de mollera
cervesa [sərbέzə] *f* cerveza
cérvol [sérbul] *m* ciervo, venado
cessar [səsá] *vt* (*posar fi a uc*) concluir, terminar; *vi* (*no continuar*) cesar; (*en un càrrec*) cesar
cetaci [sətási] *m zoo* cetáceo
cianur [siənúr] *m* cianuro
cicatriu [sikətɾíw] *f* cicatriz
cicle [síklə] *m* ciclo
ciclista [siklístə] *aj mf* ciclista
cicló [sikló] *m* ciclón
ciclomotor [sìklumutór] *m* ciclomotor
cicuta [sikútə] *f* cicuta
ciència [siέnsiə] *f* ciencia
ciència-ficció [siὲnsiəfiksió] *f* ciencia-ficción
científic -a [siəntífik] *aj mf* científico -ca
cigala [siγálə] *f* (*insecte*) cigarra; (*crustaci*) cigala; *vlg* (*penis*) polla, carajo *m*
cigar [siγár] *m* puro, cigarro puro
cigarret [siγərέt] *m* cigarrillo
cigne [síŋnə] *m zoo* cisne
cigonya [siγóɲə] *f zoo* cigüeña
cigró [siγɾó] *m* garbanzo
cilindre [silíndɾə] *m* cilindro
cilíndric -a [silíndɾik] *aj* cilíndrico -ca
cim [sím] *m* cima *f*, cumbre *f*
ciment [simén] *m* cemento
cinc [síŋ] *aj m* cinco; **no tenir-ne ni ~** no tener ni cinco, estar en blanca
cinc-cents -centes [siŋséns] *aj m* quinientos -tas
cine [sínə] *m fm* = **cinema**
cinema [sinέmə] *m* cine
cingle [síŋglə] *m* risco
cínic -a [sínik] *aj* cínico -ca
cinquanta [siŋkwántə] *aj mf* cincuenta
cinquè -ena [siŋkέ] *aj mf* (*ordinal*) quinto -ta; *aj m* (*partitiu*) quinto -ta
cinta [síntə] *f* cinta
cintura [sintúɾə] *f* cintura, talle *m*
cinturó [sintuɾó] *m* cinturón, cinto
circ [sírk] *m* circo
circuit [sirkújt] *m* circuito
circulació [sirkuləsió] *f* circulación
circular [sirkulár] *aj f* circular
circular [sirkulá] *vi* circular
circumferència [sirkumfəɾέnsiə] *f* circunferencia
circumstància [sirkumstánsiə] *f* circunstancia
cirera [siɾéɾə] *f* cereza; **~ d'arboç** *bot* madroño; **remenar les cireres** *fg* (*manar*) dirigir el cotarro, cortar el bacalao
cirerer [siɾəɾé] *m* cerezo
ciri [síɾi] *m* cirio
cirrosi [sirɔ́zi] *f* cirrosis
cirurgià -ana [siɾuɾʒiá] *mf* cirujano -na
cisalla [sizáλə] *f* cizalla, cizallas *pl*
cisell [sizéλ] *m* cincel
cistell [sistéλ] *m* cesta *f*, cesto

cistella [sistéʎə] *f* = **cistell**; *esp* (*bàsquet*) canasta, cesta
cisterna [sistέrnə] *f* cisterna
cistitis [sistítis] *f* cistitis
cita [sítə] *f* cita
citar [sitá] *vt* (*avisar*) citar, emplazar; (*un passatge d'un autor*) citar
cítric -a [sítrik] *aj m* cítrico -ca
ciutadà -ana [siwtəðá] *mf* ciudadano -na
ciutadella [siwtəðéʎə] *f* ciudadela
ciutat [siwtát] *f* ciudad
civada [siβáðə] *f bot agr* avena
civet [siβέt] *m gst* encebollado
civil [siβíl] *aj* civil
civilització [siβilidzəsió] *f* civilización
civisme [siβízmə] *m* civismo
clamar [kləmá] *vt* (*demanar a crits*) clamar (por); *vi* (*llançar clams*) clamar
clamor [kləmó] *m/f* clamor *m*
clan [klán] *m* clan
clandestí -ina [kləndəstí] *aj* clandestino -na
clap [kláp] *m* rodal; (*clariana*) claro
clapar [kləpá] *vt* manchar, formar manchas; *vi fm* dormir
clar -a [klá] *aj* claro -ra; *m* (*d'una pintura, escrit, etc*) claro; *av* claro; **cantar ~** *fm* cantarlas claras, hablar claro; **~ i català** *fm* al pan pan y al vino vino; **és ~!** ¡claro!, ¡claro está!; **fer-se ~** hacerse de día, amanecer
clara [klárə] *f* clara
claraboia [klərəβɔ́jə] *f* claraboya, tragaluz *m*
clarejar [klərəʒá] *vi* (*fer-se de dia*) clarear; *vi* (*un color, un bosc*) ser claro
clariana [kləriánə] *f* claro *m*
clarinet [klərinέt] *m* clarinete
clarividència [kləriβiðέnsiə] *f* clarividencia
claror [kləró] *f* (*resplendor*) claridad; (*il·luminació*) luz; **fer ~** dar luz, lucir
classe [klásə] *f* clase; **fer ~** dar clase
clàssic -a [klásik] *aj m* clásico -ca
classificació [kləsifikəsió] *f* clasificación
classificar [kləsifiká] *vt* clasificar
clatell [klətéʎ] *m* cogote, nuca *f*, pescuezo
clau [kláw] *f* llave; (*solució*) clave
clau [kláw] *m* clavo; *vlg* (*acte sexual*) polvo. *Fer un ~*, echar un polvo; **ésser un ~** *fg* estar com un fideo; **un ~ en treu un altre** *fg* un clavo saca otro clavo
claudicar [kləwðiká] *vi* claudicar
clauer [kləwé] *m* llavero
claustre [kláwstrə] *m* claustro
claustrofòbia [kləwstrufɔ́βiə] *f* claustrofobia
clàusula [kláwzulə] *f* cláusula
clausura [kləwzúrə] *f* clausura, cierre; (*en un convent*) clausura; *fg* clausura, encierro *m*
clavar [kləβá] *vt* clavar, prender; (*introduir uc amb punta*) clavar, hincar; (*un cop*) arrear, dar, soltar; (*l'atenció, la mirada*) clavar
claveguera [kləβəγérə] *f* alcantarilla, cloaca
clavegueram [kləβəγərám] *m* alcantarillado

clavell [kləβéʎ] *m* clavel
clavellina [kləβəʎínə] *f* clavellina
clavícula [kləβíkulə] *f* clavícula
clavilla [kləβíʎə] *f* clavija
clàxon [kláksun] *m* claxon, bocina *f*
cleda [kléðə] *f* redil *m*, cercado *m*
clemàstecs [kləmástəks] *mpl* llares
clemència [kləménsiə] *f* clemencia
clement [kləmén] *aj* clemente
clenxa [kléɲʃə] *f* raya
clepsa [klépsə] *f fm* coronilla
cleptomania [kləptumənía] *f* cleptomanía
clergue [klérgə] *m* clérigo
client -a [klién] *mf* cliente -ta
clima [klímə] *m* clima
climatització [klimətidzəsió] *f* climatización
clínica [klínikə] *f* clínica
clip [klíp] *m* clip
clissar [klisá] *vt fm* guipar
clivella [kliβéʎə] *f* (*en una paret, al terra, etc*) grieta, raja, resquebrajadura, rendija; (*de pell, llavis*) grieta
clixé [kliʃé] *m grf fot* cliché; *fg* (*estereotip*) cliché
cloenda [kluéndə] *f* (*d'una dissertació, conversa*) conclusión
clofolla [klufóʎə] *f* cáscara
cloïssa [kluísə] *f* almeja
clorofil·la [klurufillə] *f* clorofila
clos -a [klɔ́s] *aj* cerrado -da, cercado -da; *m* (*cleda*) redil
closca [klɔ́skə] *f* (*dels mol·luscs*) caparazón *m*, concha; (*de l'ou*) cáscara, cascarón *m*; (*part superior del crani*) mollera; **ésser dur de ~** *fg* ser duro de mollera
clot [klɔ́t] *m* (*cavitat*) hoyo; (*a la carretera*) bache; (*de la cara*) hoyuelo
cloure [klɔ́wɾə] *vt* cerrar. *Clou bé l'ampolla*, cierra bien la botella; (*un acte*) cerrar, clausurar
club [klúp] *m* club
cluc [klúk] *aj m* (*ull*) cerrado. *A ulls ~s*, con los ojos cerrados
coartada [kuərtáðə] *f* coartada
cobai [kuβáj] *m* (*conill d'Índies*) cobaya
cobert -a [kuβért] *aj* cubierto -ta; (*cel*) cubierto, nublado; *m* (*lloc cobert*) cobertizo, tinglado; (*a taula*) cubierto; **a ~** a cubierto
cobertor [kuβərtó] *m* colcha *f*, cobertor
cobla [kóbblə] *f lit* copla; *mús* cobla
cobrador -a [kuβɾəðó] *mf* cobrador -ra
cobrament [kuβɾəmén] *m* cobro; **de ~ a destinació** (*una trucada telefònica*) a cobro revertido
cobrar [kuβɾá] *vt* cobrar; *fm* cobrar. *Si no calles ~às!*, ¡si no callas vas a cobrar!; (*adquirir*) cobrar. *~ fama*, cobrar fama; (*recobrar*) cobrar, recobrar
cobrellit [kɔ̀βɾəʎít] *m* colcha *f*, cubrecama *f*
cobretaula [kɔ̀βɾətáwlə] *m* tapete
cobrir [kuβɾí] *vtp* cubrir(se)
coca [kókə] *f gst* torta, bizcocho *m*; *bot* coca
cocaïna [kukəínə] *f* cocaína
cocció [kuksió] *f* cocción
coco [kóku] *m* coco
cocodril [kukuðɾíl] *m zoo* cocodrilo

còctel [kɔ́ktəl] *m* cóctel
codi [kɔ́ði] *m* código
còdol [kɔ́ðul] *m* canto rodado, guijarro
codony [kuðóɲ] *m* membrillo
coeficient [kuəfisién] *m* coeficiente
coet [kuɛ́t] *m* cohete
coetani -ània [kuətáni] *aj* coetáneo -a
còfia [kɔ́fiə] *f* cofia
cofoi -a [kufój] *aj* satisfecho -cha, ufano -na
cofre [kɔ́frə] *m* cofre
cognom [kuŋnóm] *m* apellido
cogombre [kuɣómbrə] *m* pepino
cohabitar [kuəβitá] *vi* cohabitar
coherència [kuərɛ́nsiə] *f* coherencia
cohesió [kuəzió] *f* cohesión
coincidir [kuinsiðí] *vi* coincidir
coïssor [kuisó] *f* escozor *m*
coit [kɔ́jt] *m* coito
coix -a [kóʃ] *aj* cojo -ja
coixejar [kuʃəʒá] *vi* cojear
coixí [kuʃí] *m* (*per a dormir*) almohada *f*; (*per a seure, etc*) cojín
coixinera [kuʃinérə] *f* almohada
col [kɔ́l] *f* col; ~ **de cabdell** repollo
cola [kɔ́lə] *f* cola
colador [kuləðó] *m* colador
colar [kulá] *vt* (*filtrar*) colar; *vp* colarse
còlera [kɔ́lərə] *m méd* cólera; *f* (*ira*) cólera
colesterol [kuləstərɔ́l] *m* colesterol
colgar [kulɣá] *vt* (*sota terra*) enterrar; *vp* (*ajeure's*) acostarse, echarse
colibrí [kuliβrí] *m* [*pl: -ís*] colibrí
còlic -a [kɔ́lik] *aj* (*relatiu al còlon*) cólico -ca; *m med* cólico
coliflor [kɔliflɔ́] *f* coliflor
coll [kɔ́ʎ] *m* (*del cos*) cuello; (*d'un vestit, una botella*) cuello; (*en una serralada*) collado; *jcs* (*en la baralla*) palo; **a** ~ a (en) hombros; **tenir ~ avall** *fg* (*veure uc segura*) dar (tener) uc por segura
colla [kɔ́ʎə] *f* (*d'amics, de lladres*) panda, pandilla, hatajo *m*; (*conjunt*) colección, buen número *m*, montón *m*; **l'últim de la** ~ *fg* el último mono
col·laborar [kulləβurá] *vi* colaborar
collada [kuʎáðə] *f* (*cop donat al coll*) pescozón *m*; (*en una serralada*) collado *m*
collar [kuʎá] *m* collar
collar [kuʎá] *vt* (*cargols, etc*) atornillar, apretar; *fg* (*subjectar, sotmetre*) apretar, apretar las clavijas (los tornillos)
collaret [kuʎərɛ́t] *m* collar
col·lecció [kulləksió] *f* colección
col·lectiu -iva [kulləktíw] *aj m* colectivo -va
col·lega [kullɛ́ɣə] *mf* colega
col·legi [kullɛ́ʒi] *m* colegio
collir [kuʎí] *vt* (*arrencar*) coger. ~ *una rosa*, coger una rosa; (*la collita*) recoger. ~ *les olives*, recoger la aceituna; (*uc que ha caigut*) recoger, coger. ~ *els papers de terra*, recoger los papeles del suelo
col·liri [kullíri] *m* colirio
col·lisió [kullizió] *f* colisión
collita [kuʎítə] *f* cosecha

colló [kuʎó] *m* [*generalment en pl*] *vlg* cojón; (*imbècil*) memo, gilipollas; **collons!** *vlg* ¡cojones!; **passar-li pels collons** *vlg* salirle de los cojones; **tenir collons** *vlg* (*tenir coratge*) tener cojones

col·locació [kullukəsió] *f* colocación; (*càrrec, professió*) empleo *m*, colocación

col·locar [kulluká] *vt* colocar; (*en un càrrec, en una feina*) colocar, emplear

collonut -uda [kuʎunút] *aj* cojonudo -da, pistonudo -da

col·loqui [kullɔ́ki] *m* coloquio

col·loquial [kullukiál] *aj* coloquial

colom [kulóm] *m* paloma *f*; ~ **missatger** paloma mensajera

còlon [kɔ́lon] *m* cólon

colònia [kulɔ́niə] *f* colonia; ~ **de vacances** colonia de vacaciones

color [kuló] *m* color; **haver-ne vistes de tots ~s** estar curado de espantos; **tornar-se de tots ~s** ponerse de todos los colores; **veure'n de tots ~s** pasarlas canutas

coloraines [kuluɾájnə] *fpl* colorines *m*

coloret [kuluɾɛ́t] *m* colorete

colós [kulós] *m* [*pl: -ossos*] coloso

colossal [kulusál] *aj* colosal, garrafal

colpejar [kulpəʒá] *vt* golpear

colpir [kulpí] *vt* golpear; *fg* (*fer impressió*) impresionar, afectar

coltell [kultéʎ] *m* cuchillo

columna [kulúmnə] *f* columna; ~ **vertebral** columna vertebral

colze [kólzə] *m* codo; **xerrar pels ~s** hablar por los codos

com [kɔ́m] *av* (*de quina manera*) cómo; [*exclamatiu*] cómo; como; **~!** *inj* (*sorpresa, indignació*) ¡cómo!; *m* cómo; ~ **a** (*en qualitat de*) como; ~ **ara** (~ **és ara**) tales como, como por ejemplo; ~ **en (n')..., de...** lo... que..., cómo... de. *No saps ~ n'estava, de content*, no sabes lo contento que estaba; ~ **que** como

coma [kómə] *f* coma

comanda [kumándə] *f* pedido *m*

comandament [kuməndəmén] *m* mando; ~ **a distància** mando a distancia

comandant [kumən dán] *m* comandante

comando [kumándu] *m* comando

comarca [kumárkə] *f* comarca

comare [kumáɾə] *f* comadre

combat [kumbát] *m* combate

combatre [kumbátɾə] *vti* combatir

combinació [kumbinəsió] *f* combinación; (*peça de vestir*) combinación, enagua

combinar [kumbiná] *vt* combinar

comboi [kumbɔ́j] *m* convoy

combregar [kumbɾəɣá] *vi* comulgar

combustible [kumbustíbblə] *aj m* combustible

combustió [kumbustió] *f* combustión

comèdia [kumɛ́ðiə] *f* comedia; **fer** ~ hacer la comedia

comediant -a [kuməðián] *mf* (*actor*) comediante -ta; *aj mf* (*que fingeix*) comediante -ta, cuentista

començament [kumənsəmén] *m* comienzo

començar [kumənsá] *vti* empezar, comenzar; ~ **a** (**de**) (*fer uc cosa*) comenzar a, empezar a, echar(se) a

comensal [kumənsál] *mf* comensal

comentar [kuməntá] *vt* comentar

comentari [kuməntári] *m* comentario

comerç [kumέrs] *m* comercio

comercial [kumərsiál] *aj* comercial

comerciant [kumərsián] *mf* comerciante

comestible [kuməstíbblə] *aj* comestible; *mpl* (*queviures*) comestibles

cometa [kumέtə] *m ast* cometa; *fpl* comillas

cometre [kumέtrə] *vt* cometer

comiat [kumiát] *m* (*adéu*) despedida *f*; (*d'una feina*) despido; **donar** ~ (*d'una feina, un pis*) despedir; **prendre** ~ despedirse

còmic [kɔ́mik] *aj mf* cómico -ca; *m* tebeo, cómic

comissari [kumisári] *mf* comisario -ria

comissaria [kumisəríə] *f* comisaría

comissió [kumisió] *f* comisión; **a** ~ a comisión

comitè [kumitέ] *m* [*pl:* -*ès*] comité

comitiva [kumitíβə] *f* comitiva

commemorar [kummərmurá] *vt* conmemorar

commiseració [kummizərəsió] *f* conmiseración

commoure [kummɔ́wrə] *vt* (*sotragar*) conmocionar; (*emocionar*) conmover

còmode -a [kɔ́muðə] *aj* cómodo -da, confortable

comoditat [kumuðitát] *f* comodidad

compacte -a [kumpáktə] *aj* compacto -ta

compadir [kumpəðí] *vt* compadecer; **~-se de** compadecerse de

company -a [kumpáɲ] *mf* compañero -ra

companyia [kumpəɲíə] *f* compañía

companyonia [kumpəɲuníə] *f* compañerismo *m*, camaradería

comparació [kumpərəsió] *f* comparación

comparança [kumpəránsə] *f* comparación

comparar [kumpərá] *vt* comparar

compare [kumpárə] *m* compadre

comparèixer [kumpərέʃə] *vi* (*presentar-se*) aparecer, comparecer; (*presentar-se inopinadament*) presentarse

compartiment [kumpərtimén] *m* compartimiento, compartimento

compartir [kumpərtí] *vt* compartir

compàs [kumpás] *m* [*pl:* -*assos*] compás

compassió [kumpəsió] *f* compasión

compatible [kumpətíbblə] *aj* compatible

compatriota [kumpətriɔ́tə] *mf* compatriota

compensar [kumpənsá] *vt* compensar

competència [kumpətέnsiə] *f* competencia

competent [kumpətén] *aj* competente
competició [kumpətisió] *f* competición
competir [kumpətí] *vi* competir
complaure [kumpláwɾə] *vt* complacer; *vp* complacerse
complement [kumpləmén] *m* complemento
complementar [kumpləməntá] *vt* complementar
complementari -ària [kumpləməntáɾi] *aj* complementario -ria
complet -a [kumplέt] *aj* completo -ta; **per** ~ por completo
completar [kumplətá] *vt* completar
complex -a [kumplέks] *aj m* complejo -ja; *m med* complejo
complicar [kumpliká] *vt* complicar
complidor -a [kumpliðó] *aj* cumplidor -ra
compliment [kumplimén] *m* (*acció de complir*) cumplimiento; (*expressió cerimoniosa*) cumplido
complir [kumplí] *vt* cumplir; *vi* cumplir; (*un termini*) cumplir, vencer; *vp* (*una previsió, una profecia*) cumplirse
complot [kumplɔ́t] *m* complot
compondre [kumpɔ́ndɾə] *vt* componer; **~-s'ho** (**~-se-les**) componérselas; *vp* (*mudar-se*) componerse, arreglarse
component [kumpunén] *aj m* componente
comporta [kumpɔ́rtə] *f* compuerta
comportament [kumpurtəmén] *m* comportamiento
comportar [kumpurtá] *vt* (*implicar*) comportar, conllevar, entrañar; *vp* (*captenir-se*) comportarse
composició [kumpuzisió] *f* composición
compositor -a [kumpuzitó] *mf* compositor -ra
compost -a [kumpɔ́st] *aj* (*no simple*) compuesto -ta; *m agr qm* compuesto
compota [kumpɔ́tə] *f* compota
compra [kómpɾə] *f* compra
comprador -a [kumpɾəðó] *mf* comprador -ra
comprar [kumpɾá] *vt* comprar; *fg* (*subornar*) comprar; **anar a** ~ ir de compras
comprendre [kumpέndɾə] *vt* (*contenir*) comprender, abarcar; (*copsar, entendre*) comprender
comprensible [kumpɾənsíbblə] *aj* comprensible
comprensió [kumpɾənsió] *f* comprensión
compresa [kumpɾέzə] *f* compresa
comprimir [kumpɾimí] *vt* comprimir
comprometre [kumpɾumέtɾə] *vt* (*posar en situació crítica*) comprometer; *vp* (*lligar-se amb una promesa*) comprometerse
compromís [kumpɾumís] *m* compromiso; (*situació crítica*) compromiso, apuro, aprieto
comprovar [kumpɾuβá] *vt* comprobar
comptabilitat [kumtəβilitát] *f* contabilidad
comptable [kumtábblə] *aj* (*calculable*) contable; *mf* contable

comptador -a [kumtəðó] *aj mf* contador -ra; (*aparell*) contador
comptagotes [kòmtəγótəs] *m* cuentagotas
comptar [kumtá] *vt* contar; *vi* contar; **comptat i debatut** en resumidas cuentas; ~ **amb** (*confiar*) contar con
compte [kómtə] *m* (*atenció, cura*) cuidado, atención *f.* ~, *que cauràs!*, ¡cuidado, que vas a caerte!; (*factura*) cuenta *f*; *ecn* cuenta *f*; **a** ~ a cuenta; **en ~s de** en lugar de, en vez de; **sortir a** ~ (*ésser avantatjós*) traer cuenta; **tenir en** ~ tener en cuenta; **treballar pel seu** ~ trabajar por su cuenta (por cuenta propia); **un ~ corrent** una cuenta corriente
comtat [kumtát] *m* condado
comte -essa [kómtə] *mf* conde -desa
comú -una [kumú] *aj* (*compartit*) común; (*corrent*) común, corriente; *m* (*la gran majoria*) comú. *El ~ de la gent*, el común de las gentes; *f* (*lavabo*) retrete *m*, lavabo *m*; **en** ~ en común
comunicació [kumunikəsió] *f* comunicación; *pl* (*carreteres, telèfons, etc*) comunicaciones
comunicar [kumuniká] *vt* comunicar; *vi* comunicar; (*el telèfon*) comunicar
comunió [kumunió] *f* comunión
comunisme [kumunízmə] *m* comunismo
comunista [kumunístə] *aj mf* comunista
comunitat [kumunitát] *f* comunidad
con [kón] *m* cono
conat [kunát] *m* conato
conca [kóŋkə] *f* (*recipient*) barreño *m*; (*d'un curs d'aigua*) cuenca; *geo* (*depressió*) cuenca
còncau -ava [kɔ́ŋkəw] *aj* cóncavo -va
concebre [kunsɛ́βɾə] *vt* concebir
concedir [kunsəðí] *vt* conceder
concentrar [kunsəntɾá] *vt* concentrar; *vp* (*fixar l'atenció*) concentrarse
concèntric -a [kunsɛ́ntɾik] *aj* concéntrico -ca
concepte [kunséptə] *m* concepto; **en ~ de** en concepto de; **tenir un bon** ~ (*d'up*) tener en buen concepto a up
concernir [kunsəɾní] *vt* concernir a, atañer a; **pel que concerneix** en lo que concierne a
concert [kunsɛ́ɾt] *m* concierto
concertar [kunsəɾtá] *vt* concertar
concloure [kuŋklɔ́wɾə] *vt* concluir
conclusió [kuŋkluzió] *f* conclusión; **en** ~ en conclusión
concordança [kuŋkurdánsə] *f* concordancia
concordar [kuŋkurdá] *vi* concordar
concòrdia [kuŋkɔ́ɾdiə] *f* concordia
concret -a [kuŋkɾét] *aj* concreto -ta
concubina [kuŋkuβínə] *f* concubina
concurrència [kuŋkuɾɛ́nsiə] *f* concurrencia
concurs [kuŋkúɾs] *m* concurso
condecoració [kundəkuɾəsió] *f* condecoración

condeixeble -a [kundəʃébblə] *mf* condiscípulo -la
condemnar [kundəmná] *vt* condenar
condensar [kundənsá] *vt* condensar
condició [kundisió] *f* condición; **a (amb la) ~ que** a (con la) condición de que
condiment [kundimén] *m* condimento
conducta [kundúktə] *f* conducta
conducte [kundúktə] *m* conducto
conductor -a [kunduktó] *aj mf* conductor -ra; *f aut* camión de mudanzas
conduir [kunduí] *vt* conducir; *vti* (*un vehicle*) conducir; *vp* (*comportar-se*) conducirse
coneixement [kunəʃəmén] *m* (*seny*) conocimiento, juicio; (*sentits*) conocimiento; [*sovint en pl*] (*saber, ciència*) conocimiento
coneixença [kunəʃɛ́nsə] *f* (*relació, tracte*) trato *m*, relación; amistad, conocido -da. *Ampliar el cercle de coneixences*, ampliar el círculo de amistades
conèixer [kunɛ́ʃə] *vt* conocer; *vp* conocerse; **fer (donar a) ~** dar a conocer; **fer-se ~** darse a conocer
confecció [kumfəksió] *f* confección
confeccionar [kumfəksiuná] *vt* confeccionar
conferència [kumfərɛ́nsiə] *f* conferencia; **fer una ~** (*impartir*) dar una conferencia
confessar [kumfəsá] *vtp* confesar(se)
confeti [kumfɛ́ti] *m* confeti
confiança [kumfiánsə] *f* confianza
confiar [kumfiá] *vt* (*encomanar*) confiar; *vi* (*refiar-se de*) confiar
confidència [kumfiðɛ́nsiə] *f* confidencia
confirmar [kumfirmá] *vt* confirmar
confit [kumfít] *m* (*dolç*) confite; (*d'ametlla*) peladilla
confitar [kumfitá] *vt* confitar; *fg* (*guardar avariciosament*) aprovechar. *Queda't els teus diners i ja te'ls pots ~!*, quédate con tu dinero: ¡que te aproveche!
confitura [kumfitúrə] *f* confitura
conflicte [kumflíktə] *m* conflicto
confondre [kumfóndrə] *vt* confundir
conformar [kumfurmá] *vt* (*ajustar*) conformar; *vp* (*resignar-se*) conformarse
conforme [kumfórmə] *aj* (*d'acord*) conforme; **~ a** (*conformement*) conforme a, según
confort [kumfɔ́rt] *m* comodidad *f*
confortable [kumfurtábblə] *aj* confortable
confús -usa [kumfús] *aj* confuso -sa
confusió [kumfuzió] *f* confusión
congelador [kuɲʒələðó] *m* congelador
congelar [kuɲʒəlá] *vt* congelar
conglomerat [kuŋglumərát] *m* conglomerado
congost [kuŋgóst] *m* desfiladero
congregar [kuŋgrəɣá] *vt* congregar
congrés [kuŋgrés] *m* [*pl: -essos*] congreso
cònic -a [kɔ́nik] *aj* cónico -ca

conill -a [kuníʎ] *aj fm* desnudo -da; *mf zoo* conejo -a; ~ **d'Índies** (*cobai*) conejillo de Indias
conjugació [kuɲʒuγəsió] *f* conjugación
conjunció [kuɲʒunsió] *f* conjunción
conjunt -a [kuɲʒún] *aj* conjunto -ta; *m* conjunto; **en** ~ en conjunto
connectar [kunnəktá] *vt* conectar
connexió [kunnəksió] *f* conexión
conquerir [kuŋkərí] *vt* conquistar
conquesta [kuŋkéstə] *f* conquista
conquistar [kuŋkistá] *vt* = **conquerir**
conrear [kunreá] *vt agr* cultivar, labrar; *fg* (*millorar, fomentar*) cultivar
conreu [kunrέw] *m* cultivo, labor *f*, labranza *f*; *fg* cultivo
consciència [kunsiέnsiə] *f* conciencia
conscient [kunsién] *aj* consciente
consecutiu -iva [kunsəkutíw] *aj* consecutivo -va
consell [kunsέʎ] *m* consejo; (*municipal*) concejo
conseller -a [kunsəʎé] *mf* (*membre d'un consell*) consejero -a
conselleria [kunsəʎəríə] *f* consejería
consentir [kunsəntí] *vi* consentir
conseqüència [kunsəkwέnsiə] *f* consecuencia; **a (com a)** ~ **de** a (como) consecuencia de; **en** ~ en consecuencia
conserge [kunsέrʒə] *mf* conserje
conserva [kunsérbə] *f* conserva
conservar [kunsərbá] *vt* conservar; *vp* (*la salut*) conservarse
considerable [kunsiðərábblə] *aj* considerable
considerar [kunsiðərá] *vt* considerar
consigna [kunsíŋnə] *f* consigna
consirós -osa [kunsirós] *aj* pensativo -va, meditabundo -da
consistent [kunsistén] *aj* consistente
consistir [kunsistí] *vi* consistir. *Consisteix en això*, consiste en esto; (*estar*) radicar, residir. *En això consisteix la seva sort*, en eso radica su suerte
consol [kunsɔ́l] *m* consuelo
cònsol [kɔ́nsul] *m* cónsul
consolar [kunsulá] *vt* consolar
consonant [kunsunán] *aj* (*rima*) consonante; *f* (*lletra*) consonante
conspiració [kunspirəsió] *f* conspiración
constant [kunstán] *aj* constante; *f mat* constante
constar [kunstá] *vi* constar
constel·lació [kunstəlləsió] *f* constelación
constipar [kunstipá] *vtp* constipar(se), resfriar(se)
constipat [kunstipát] *m* constipado, catarro
constitució [kunstitusió] *f* constitución
constituir [kunstituí] *vt* constituir
construcció [kunstruksió] *f* construcción
construir [kunstruí] *vt* construir
consulta [kunsúltə] *f* consulta
consultar [kunsultá] *vt* consultar

consum [kunsúm] *m* consumo
consumició [kunsumisió] *f* consumición
consumidor -a [kunsumiðó] *aj mf* consumidor -ra
consumir [kunsumí] *vt* consumir
contacte [kuntáktə] *m* contacto
contagiós -osa [kuntəʒiós] *aj* contagioso -sa
contaminació [kuntəminəsió] *f* contaminación; (*contagi*) contaminación, contagio
contaminar [kuntəminá] *vt* contaminar; *med* contaminar, contagiar
contar [kuntá] *vt* contar
conte [kóntə] *m* cuento
contemplar [kuntəmplá] *vt* contemplar
contenidor [kuntəniðó] *m* contenedor
contenir [kuntəní] *vt* contener
content -a [kuntén] *aj* contento -ta; **fer ~** (*up*) dar gusto a up, contentar
contesta [kuntéstə] *f* respuesta, contestación
contestar [kuntəstá] *vt* contestar; *vi* (*replicar*) contestar, replicar
context [kuntékst] *m* contexto
continent [kuntinén] *m* continente
contingut [kuntiŋgút] *m* contenido
continu -ínua [kuntínu] *aj* continuo -a
continuació [kuntinuəsió] *f* continuación; **a ~** a continuación, acto seguido
continuar [kuntinuá] *vt* continuar; *vi* (*durar*) continuar. *La febre continua*, la fiebre continua
contorn [kuntórn] *m* contorno
contorsió [kuntursió] *f* contorsión
contra [kɔ́ntɾə] *prp* contra; **en ~** en contra; **els pros i els contres** los pros y los contras
contrabaix [kɔ̀ntɾəβáʃ] *m* contrabajo
contraban [kɔ̀ntɾəβán] *m* contrabando
contrabandista [kɔ̀ntɾəβəndístə] *mf* contrabandista
contracció [kuntɾəksió] *f* contracción
contraceptiu -iva [kɔ̀ntɾəsəptíw] *aj m* contraconceptivo -va
contractar [kuntɾəktá] *vt* contratar
contrada [kuntɾáðə] *f* (*voltants*) cercanías *pl*; *geo* comarca, región
contradir [kuntɾəðí] *vt* contradecir
contrari -ària [kuntɾáɾi] *aj mf* contrario -ria; **al ~** al contrario; **en cas ~** de lo contrario, de otro modo
contrarietat [kuntɾəɾiətát] *f* contrariedad
contrasenya [kɔ̀ntɾəsɛ́ɲə] *f* contraseña
contrast [kuntɾást] *m* contraste
contrastar [kuntɾəstá] *vti* contrastar
contratemps [kɔ̀ntɾətéms] *m* contratiempo, contrariedad *f*, percance
contreure [kuntɾɛ́wɾə] *vt* contraer
contribució [kuntɾiβusió] *f* contribución

contribuir [kuntriβuí] *vi* contribuir
contrincant [kuntriŋkán] *mf* contrincante
control [kuntrɔ́l] *m* control
controlar [kuntrulá] *vt* controlar
controvèrsia [kuntruβɛ́rsiə] *f* controversia
contusió [kuntuzió] *f* contusión
convalescent [kumbələsén] *aj mf* convaleciente
convèncer [kumbɛ́nsə] *vt* convencer
convenient [kumbənién] *aj* conveniente
convenir [kumbəní] *vti* convenir
convent [kumbén] *m* convento
conversa [kumbɛ́rsə] *f* conversación
conversar [kumbərsá] *vi* conversar
convertir [kumbərtí] *vtp* convertir(se)
convex -a [kumbɛ́ks] *aj* convexo -xa
convidar [kumbiðá] *vt* invitar, convidar
conviure [kumbíwrə] *vi* convivir
convocar [kumbuká] *vt* convocar
convulsió [kumbulsió] *f* convulsión
cony [kóɲ] *m vlg* (*vulva*) coño; *inj* ¡coño!
conya [kóɲə] *f vlg* coña, guasa, cachondeo *m*; **de ~** (*molt bo*) de rechupete; (*de broma*) de cachondeo
conyac [kuɲák] *m* coñac
cooperar [kuupərá] *vi* cooperar
cooperativa [kuupərətíβə] *f* cooperativa
coordenada [kuurdənáðə] *f* coordenada
coordinar [kuurdiná] *vt* coordinar
cop [kɔ́p] *m* golpe; (*vegada*) vez *f*; **a ~ de** a fuerza de; **~ de cap** cabezazo; **~ de colze** codazo; **~ de peu** patada, puntapié; **~ de porta** portazo; **~ de puny** puñetazo; **~ d'estat** golpe de Estado; **~ d'ull** vistazo; **donar un ~ de mà** (*ajudar*) echar una mano
copa [kópə] *f* copa; **anar a fer la ~** irse de copas
copejar [kupəʒá] *vt* golpear, aporrear
còpia [kɔ́piə] *f* copia; **a ~ de** a base de, a fuerza de
copiar [kupiá] *vt* copiar
copsar [kupsá] *vt* (*agafar al vol*) coger (atrapar) al vuelo; *fg* (*entendre*) captar
cor [kɔ́r] *m* corazón; *mús* coro; **a ~ què vols, ~ què desitges** a pedir de boca; **de tot ~** con toda el alma; **fer el ~ fort** hacer de tripas corazón; **veure's amb ~ de** sentirse con ánimos (con fuerzas) para
coral [kurál] *aj* (*del cor*) cordial; *aj m mús* coral; *f mús* coral; *m zoo* = **corall**
corall [kuráʎ] *m zoo* coral
coratge [kurádʒə] *m* valentía *f*, coraje, valor
corb -a [kórp] *aj f* curvo -va; *m zoo* cuervo
corbar [kurbá] *vt* curvar
corbata [kurbátə] *f* corbata; **~ de llacet** pajarita

corc [kórk] *m zoo* (*de la fusta*) carcoma *f*; (*de la fruita, dels llegums*) gorgojo; *fg* (*persona gastadora*) carcoma *f*

corcar [kurká] *vt* carcomer; *vp* carcomerse; (*una dent*) picarse

corcó [kurkó] *m zoo* (*de la fusta*) carcoma *f*; (*de la fruita, verdura*) gorgojo; *fg* (*rosec*) carcoma *f*; *fg dsp* (*persona insistent*) pelma, pelmazo -za *mf*, machacón -ona *mf*; (*persona treballadora*) hormiguita *f*

corda [kɔ́rdə] *f* cuerda; *jcs* comba; **instruments de ~** cuerda

cordar [kurdá] *vt* (*un vestit*) abrochar, abotonar; (*les sabates*) atar, acordonar

cordialitat [kurdiəlitát] *f* cordialidad

cordill [kurdíʎ] *m* cordel

cordó [kurdó] *m* cordón

coreografia [kuɾeuɣɾəfíə] *f* coreografía

corfa [kɔ́rfə] *f* corteza; (*d'una ferida*) costra

corn [kórn] *m* cuerno

córner [kórnər] *m* córner

corneta [kurnɛ́tə] *f mús* corneta; *mf* corneta

còrnia [kɔ́rniə] *f* córnea

cornisa [kurnízə] *f* cornisa

cornut -uda [kurnút] *aj* (*amb banyes*) cornudo -da; *aj m* (*marit enganyat*) cornudo; **ésser ~ i pagar el beure** *fg* tras cornudo apaleado

corona [kuɾónə] *f* corona

coronel -a [kuɾunɛ́l] *mf mil* coronel -la

coroneta [kuɾunɛ́tə] *f* (*del cap o crani*) coronilla; (*clap sense cabells*) calva

corporal [kurpuɾál] *aj* corporal

corprendre [kɔ̀rpɛ́ndɾə] *vt* cautivar *fg*, conquistar *fg*

corpulent -a [kurpulén] *aj* corpulento -ta

corral [kurál] *m* corral

correcció [kurəksió] *f* corrección

correcte -a [kurɛ́ktə] *aj* (*sense errors*) correcto -ta

corredissa [kurəðísə] *f* (*correguda curta*) carrerilla; *f pl* (*d'una munió que fuig*) carreras. *A la manifestació hi va haver corredisses*, en la manifestación hubo muchas carreras

corredor -a [kurəðó] *aj mf* corredor -ra; *m* (*passadís*) corredor

corregir [kurəʒí] *vt* corregir

correguda [kurəɣúðə] *f* corrida, carrera; (*incursió*) correría

corrent [kurén] *aj* corriente; *m* corriente *f*; **al ~** al corriente

corrents [kuréns] *av* corriendo, deprisa, deprisa y corriendo

córrer [kórə] *vi* correr; (*ésser en algun lloc*) andar. *Aquest llibre corria per casa*, este libro andaba por casa; *vt* correr; (*recórrer, travessar*) correr, patear *fm*. *He corregut tot Europa*, he corrido toda Europa; *fg* (*circular*) correr por. *La notícia ha corregut tot Vic*, la noticia ha corrido por todo Vic; (*les cortines*) correr

correspondència [kurəspundɛ́nsiə] *f* (*relació*) correspondencia; (*carteig*) correspondencia

correspondre [kurəspɔ́ndɾə] *vi* corresponder
corresponent [kurəspunén] *mf* correspondiente
corretja [kurɛ́dʒə] *f* correa
correu [kurɛ́w] *m* correo; *mpl* (*oficina de correus*) correos
corriol [kuriɔ́l] *m* sendero, senda *f*
corriola [kuriɔ́lə] *f* polea, garrucha
corró [kuró] *m* rodillo, cilindro
corrompre [kurómpɾə] *vt* corromper
corrua [kurúə] *f* hilera, fila
corrupció [kurupsió] *f* corrupción
corrupte -a [kurúptə] *aj* corrupto -ta
corsari [kursáɾi] *m* corsario
corsecar [kursəká] *vtp* resecar(se), secar(se); *fig* consumir(se)
cort [kórt] *f* (*per al bestiar*) corral, establo *m*; (*de porcs*) pocilga; (*residència reial*) corte; (*acompanyament*) corte; **fer la ~** *fg* hacer la corte
cortès -esa [kurtɛ́s] *aj* cortés
cortina [kurtínə] *f* cortina
cos [kɔ́s] *m* [*pl: -ossos*] cuerpo; **fer (anar) de ~** (*defecar*) hacer del cuerpo
cosa [kɔ́zə] *f* cosa; (*assumpte*) cosa, asunto *m*; **això és ~ feta** esto está hecho; **alguna ~** algo
cosí -ina [kuzí] *mf* primo -ma; **~ germà** primo hermano (carnal); **~ prim (segon)** primo segundo
cosir [kuzí] *vt* coser; **~ a** (*trets, punyalades*) coser a, acribillar a
cosmètic -a [kuzmɛ́tik] *aj m* cosmético -ca
cossi [kɔ́si] *m* barreño, tina *f*
cost [kɔ́st] *m* coste, costo
costa [kɔ́stə] *f* (*litoral*) costa; (*pendent*) cuesta; **a ~ de** a costa de, a expensas de
costaner -a [kustəné] *aj* costero -ra
costar [kustá] *vi* costar
costat [kustát] *m* (*banda*) lado, costado; *ana* costado; **al ~ de** al lado de, junto a; **fer ~** apoyar, respaldar
costella [kustéʎə] *f ana* costilla; *gst* (*carn*) chuleta
costerut -uda [kustəɾút] *aj* empinado -da, escarpado -da
costós -osa [kustós] *aj* costoso -sa
costum [kustúm] *m* costumbre *f*; **de ~** de costumbre
costura [kustúɾə] *f* costura; (*art*) corte y confección
cot -a [kót] *aj* gacho -cha, bajo -ja
cotitzar [kutidzá] *vt* cotizar; *vi* (*pagar una quota*) cotizar
cotó [kutó] *m* algodón; **~ fluix** algodón
cotorra [kutórə] *f* cotorra
cotxe [kótʃə] *m* coche; **~ de competició (de cursa)** coche de carreras
cotxet [kutʃɛ́t] *m* (*per als nens*) cochecito [de niño]
coure [k ówɾə] *m* cobre
coure [kɔ́wɾə] *vt* cocer; *vi fg* escocer
cova [kɔ́βə] *f* cueva
covar [kuβá] *vti* (*incubar*) empollar; (*una malaltia*) incubar; *vp* (*l'arròs, la sopa*) pasarse, amazacotarse
covard -a [kuβárt] *aj mf* cobarde

cove [kɔ́βə] *m* cesto
crac [kɾák] *m* (*fallida d'una empresa*) crac; (*home de poca vàlua*) parapoco
cranc [kɾáŋ] *m* cangrejo
crani [kɾáni] *m* cráneo
cràpula [kɾápulə] *f* (*disbauxa*) crápula; *m* (*persona disbauxada*) crápula
cràter [kɾátər] *m* cráter
creació [kɾeəsió] *f* creación
crear [kɾeá] *vt* crear
crèdit [kɾέðit] *m* crédito
creença [kɾəέnsə] *f* [*generalment en pl*] creencia
creient [kɾəjén] *aj mf rlg* creyente; *fm* (*obedient*) obediente
creixement [kɾəʃəmén] *m* crecimiento
creixença [kɾəʃέnsə] *f* crecimiento *m*
creixent [kɾəʃén] *aj* creciente; *m* (*augment d'un corrent*) creciente, crecida *f*
créixer [kɾéʃə] *vi* crecer; (*de grau, de nombre*) crecer, aumentar
crema [kɾémə] *f* crema; *gst* crema, natillas *pl*; (*acció de cremar*) quema
cremada [kɾəmáðə] *f* (*acció i efecte*) quema; *med* quemadura
cremallera [kɾəməʎéɾə] *f* cremallera; *m frr* cremallera
cremar [kɾəmá] *vi* (*una cosa*) arder; (*ésser molt calent*) quemar; *vt* quemar; *vp* (*fer-se una cremada*) quemarse
crepitar [kɾəpitá] *vi* crepitar
crepuscle [kɾəpúsklə] *m* crepúsculo
crescuda [kɾəskúðə] *f* crecimiento *m*
cresta [kɾέstə] *f* (*de gall, de gallina*) cresta; *gst* empanadilla; *fís geo* cresta; **picar la ~** (*renyar*) dar en la cresta
cretí -ina [kɾətí] *aj mf* cretino -na
creu [kɾέw] *f* cruz
creuar [kɾəwá] *vt* cruzar, atravesar
creuer [kɾəwé] *m mar arq* crucero
creure [kɾέwɾə] *vt* (*up, uc*) creer; *fm* (*obeir*) obedecer; (*imaginar-se, pensar*) creer; *vi* (*tenir com a bo*) creer; **creu-t'ho!** *fm* ¡que te crees tú eso!, ¡que te lo has creído!, ¡tu tía!
cria [kɾíə] *f* cría
criar [kɾiá] *vt* criar; *vi* (*parir les bèsties*) criar
criat -ada [kɾiát] *mf* criado -da
criatura [kɾiətúɾə] *f* (*ésser creat*) criatura; (*infant*) crío -a, criatura *f*, chiquillo -lla *mf*
crida [kɾíðə] *f* (*acció de cridar*) llamada; (*pregó, petició*) llamamiento *m*
cridaner -a [kɾiðəné] *aj* (*cridaire*) gritón -ona, chillón -ona; (*color*) chillón -ona, llamativo -va
cridar [kɾiðá] *vi* gritar, chillar; *vt* (*fer venir*) llamar. *~ el metge*, llamar al médico; (*el nom d'up en veu alta*) llamar, nombrar
cridòria [kɾiðɔ́ɾiə] *f* vocerío *m*, griterío *m*, algarabía
crim [kɾím] *m* crimen
criminal [kɾiminál] *aj mf* criminal
crinera [kɾinéɾə] *f* crin; (*del lleó*) melena
cripta [kɾíptə] *f arq rlg ana* cripta
crisi [kɾízi] *f* crisis
cristall [kɾistáʎ] *m* cristal

cristal·lí -ina [kristəllí] *aj m* cristalino -na
cristià -ana [kristiá] *aj mf* cristiano -na
cristianisme [kristiənízmə] *m* cristianismo
crit [krít] *m* grito
criteri [kritéri] *m* criterio
crític -a [krítik] *aj f* (*de la crisi*) crítico -ca; *mf* crítico -ca; *f* crítica
criticar [kritiká] *vt* criticar
crol [krɔ́l] *m esp* (*estil*) crol
cromo [krómu] *m* cromo
crònica [krɔ́nikə] *f* crónica
cronòmetre [krunɔ́mətrə] *m* cronómetro
croqueta [krukétə] *f* croqueta
croquis [krɔ́kis] *m* croquis, bosquejo
crossa [krɔ́sə] *f* (*per als coixos, etc*) muleta; (*bastó*) cayado *m*; (*de bisbe*) báculo *m*, cayado *m*
crosta [krɔ́stə] *f* (*de pa, formatge, etc*) costra, corteza; *med* costra, postilla
crostó [krustó] *m* (*de pa*) canto [de pan], corrusco
cru crua [krú] *aj* crudo -da
crucial [krusiál] *aj* crucial
crucifix [krusifíks] *m* crucifijo
cruel [kruél] *aj* cruel
cruïlla [kruíʎə] *f* cruce *m*, encrucijada
cruixir [kruʃí] *vi* crujir
crupier [krupié] *mf* crupier
crustaci [krustási] *m* crustáceo
cua [kúə] *f ana* cola, rabo *m*; (*filera*) cola; (*de cabells*) coleta, cola; **fer** ~ hacer cola; **girar** ~ (*anar-se'n*) dar media vuelta
cub [kúp] *m mat* cubo
cubell [kuβéʎ] *m* (*recipient*) cubo
cubeta [kuβétə] *f* cubeta
cúbic -a [kúβik] *aj* cúbico -ca
cuc [kúk] *m zoo* gusano, lombriz *f*; ~ **de terra** lombriz de tierra; ~ **solitari** (*tènia*) solitaria; **matar el** ~ (*menjar*) matar el gusanillo
cuca [kúkə] *f zoo* bicho *m*; ~ **de llum** luciérnaga, gusano de luz; **morta la ~, mort el verí** *fg* muerto el perro se acabó la rabia
cucurutxo [kukurútʃu] *m* cucurucho
cucut [kukút] *m zoo* cuco
cuidar [kujðá] *vt* cuidar; **~-se de** cuidarse de
cuina [kújnə] *f* cocina
cuinar [kujná] *vt* cocinar, guisar
cuiner -a [kujné] *mf* cocinero -ra; ~ **en cap** jefe de cocina
cuir [kújr] *m* cuero
cuirassa [kujrásə] *f* coraza
cuiro [kújru] *m* = **cuir**
cuitar [kujtá] *vi* darse prisa, apresurarse, aligerar; *vt* (*instar*) instar, incitar
cuixa [kúʃə] *f* muslo *m*
cuixot [kuʃɔ́t] *m* (*dels pantalons*) pernera; *gst* pernil
cul [kúl] *m* culo; **anar de** ~ *fg fm* ir (andar) de cabeza; **ésser el** ~ **d'en Jaumet** *fg fm* ser un culo de mal asiento
culata [kulátə] *f* culata
culler [kuʎé] *m* cucharón, cazo
cullera [kuʎérə] *f* cuchara
cullerada [kuʎəráðə] *f* cucharada; **ficar** ~ meter baza
cullereta [kuʎərétə] *f* cucharilla; *zoo* renacuajo *m*

cullerot [kuʎərɔ́t] *m* cucharón, cazo
culminació [kuʎərɔ́t] *f* culminación
culpa [kúlpə] *f* culpa; **donar la ~** echar la culpa
culpable [kulpábblə] *aj mf* culpable
culte -a [kúltə] *aj* (*dotat de cultura*) culto -ta; *m rlg* culto
cultiu [kultíw] *m* cultivo
cultivar [kultiβá] *vt* cultivar
cultura [kultúɾə] *f* cultura
cultural [kulturál] *aj* cultural
cuneta [kunɛ́tə] *f* cuneta
cunyat -ada [kuɲát] *mf* cuñado -da
cup [kúp] *m* lagar
cúpula [kúpulə] *f* cúpula
cura [kúɾə] *f* (*atenció*) cuidado *m*, atención, esmero *m*; (*tractament*) cura; **a ~ de** al cuidado de; **~ intensiva** *med* cuidados intensivos; **tenir ~ de** cuidar
curandero -a [kuɾəndéɾu] *mf* curandero -ra
curar [kuɾá] *vtp* curar(se)
curiós -osa [kuɾiós] *aj* curioso -sa; (*net, polit*) curioso -a, limpio -pia
curiositat [kuɾiuzitát] *f* curiosidad
curs [kúrs] *m* curso; **en ~** en curso
cursa [kúrsə] *f esp* carrera
cursi [kúrsi] *aj fm* cursi
curt -a [kúrt] *aj* corto -ta; **fer ~** quedarse corto
curtcircuit [kùrtsirkújt] *m* cortocircuito
curull -a [kuɾúʎ] *aj* rebosante, colmado -da; *m* colmo; (*d'un gelat*) copete
curvatura [kurbətúɾə] *f* curvatura
cutis [kútis] *m* cutis

D

dacsa [dáksə] *f* maíz *m*
dada [dáðə] *f* dato *m*
daga [dáɣə] *f* daga
daina [dájnə] *f* gamo *m*
daixò [dəʃɔ́] *aj mf fm* (*objecte*) eso, cosa. *Dóna'm el ~ de rentar*, dame el eso de lavar; (*persona*) ese, fulano ese, tío ese. *He trobat en ~*, encontré al tío ese; **~ i dallò** eso y lo otro, eso y aquello.
dàlia [dáliə] *f* dalia
dalla [dáʎə] *f* guadaña
dallar [dəʎá] *vt* guadañar
dallò [dəʎɔ́] *aj mf fm* = **daixò**
dalt [dál] *av* arriba; **~ (de)** encima de, sobre; **de ~ a baix** de arriba abajo
daltabaix [dəltəβáʃ] *av* desde lo alto. *Va caure ~ de l'escala*, cayó desde lo alto de la escalera; *m* (*catàstrofe*) desastre, cataclismo; (*escàndol*) escándalo, alboroto
dama [dámə] *f* dama; **joc de dames** *jcs* damas, juego de damas
damunt [dəmún] *prp* sobre, encima de; *av* encima, sobre; (*a més a més*) encima, además; *m* (*part superior d'una cosa*) parte de encima (de arriba); **per ~** por encima; **per ~ de tot** por encima de todo
dandi [dándi] *m* dandi
danès -esa [dənɛ́s] *aj m* danés -esa

dansa [dánsə] *f* (*ball*) baile *m*; (*art*) danza; **posar en** ~ poner en danza
dansaire [dənsájɾə] *mf* danzante, danzador -ra
dansar [dənsá] *vi* danzar, bailar
dany [dáɲ] *m* daño; **~s i perjudicis** daños i perjuicios
dar [dá] *vt* [*defectiu*] = **donar**
dard [dárt] *m* dardo
darrer -a [dəré] *aj* último -ma, zaguero -ra, postrero -ra
darrere [dəréɾə] *av prp* detrás, detrás de, tras; (*en cerca de*) tras; (*després de*) detrás de, tras; *m* (*part posterior*) atrás, trasero -ra *aj*; (*part posterior*) trasera *f*; *fg fm* (*cul*) trasero
darreria [dərəɾíə] *f* fin *m*; **a la ~ de** (*la vida*) en las últimas, en las postrimerías
data [dátə] *f* fecha; **amb** ~ con fecha de
dàtil [dátil] *m* dátil
dau [dáw] *m jcs* dado; (*trosset de formatge, etc*) taco
daurar [dəwɾá] *vt* dorar
davall [dəβáʎ] *av* (*sota*) debajo; (*en un escrit*) más abajo; *prp* bajo, debajo de
davallada [dəβəʎáðə] *f* descenso *m*, bajada; (*disminució brusca*) bajón *m*
davallar [dəβəʎá] *vti* bajar, descender
davant [dəβán] *av prp* delante, enfrente, en frente; (*en presència*) ante, delante; ~ **de** ante, en vista de; ~ **per** ~ **(de)** enfrente (de); *m* delantera *f*
davantal [dəβəntál] *m* delantal; (*del cotxe*) salpicadero
davanter -a [dəβənté] *aj mf* delantero -ra
de [dé] *f* [*pl: des*] (*lletra*) de
de [də] *prp* [d' *davant de vocal precedida de* h *o no*] de; [*seguit d'un adj*] de tan, de... que está; [*agent de passiva*] por. *Era conegut ~ tothom*; era conocido por todos; [*introductor de l'infinitiu subjecte o objecte directe*] [no se traduce] *Prova ~ fer-ho*, intenta hacerlo
deambular [deəmbulá] *vi* deambular
debades [dəβáðəs] *av* en balde, en vano
debanar [dəβəná] *vt* devanar
debat [dəβát] *m* debate
debatre [dəβátɾə] *vt* debatir; *vp* (*estar entre*) debatirse
dèbil [dɛ́βil] *aj* débil
debilitar [dəβilitá] *vt* debilitar
debò, de [dəβɔ́] *av* (*realment*) de veras, realmente, de verdad; (*seriosament*) en serio, de veras
dècada [dɛ́kəðə] *f* década
decadència [dəkəðɛ́nsiə] *f* decadencia
decantar [dəkəntá] *vt* (*cap a un costat*) apartar, ladear; (*un líquid*) decantar; inclinar; *vp fg* (*tendir*) inclinarse
decapitar [dəkəpitá] *vt* decapitar
decaure [dəkáwɾə] *vi* decaer
decebre [dəsɛ́βɾə] *vt* decepcionar
decent [dəsén] *aj* decente
decepció [dəsəpsió] *f* decepción
decidir [dəsiðí] *vt* decidir; *dr* decidir, fallar

decidit -ida [dəsiðít] *aj* decidido -da
dècim -a [dέsim] *aj mf* décimo -ma; *m* (*loteria*) décimo; **tenir dècimes** (*febre*) tener décimas
decimal [dəsimál] *aj m* decimal
decisió [dəsizió] *f* decisión
decisiu -iva [dəsizíw] *aj* decisivo -va
declamar [dəkləmá] *vti* declamar
declarar [dəklərá] *vt* declarar; *vi dr* declarar; *vp* (*a la persona estimada*) declararse
decoració [dəkuɾəsió] *f art* decoración; *tea* decorado
decorar [dəkuɾá] *vt* decorar
decorat [dəkuɾát] *m cin tea* decorado
decreixent [dəkɾəʃén] *aj* decreciente
decréixer [dəkɾéʃə] *vi* decrecer
decrèpit -a [dəkɾέpit] *aj* decrépito -ta
decret [dəkɾét] *m* decreto; ~ **llei** *dr* decreto ley
dedicar [dəðiká] *vt* (*una obra*) dedicar; (*diners, esforços, temps*) dedicar, emplear; *vp* (*consagrar-se*) dedicarse
deduir [dəðuí] *vt* deducir
deessa [dəέsə] *f* diosa
defallir [dəfəʎí] *vi* desfallecer
defecte [dəféktə] *m* defecto
defensa [dəfέnsə] *f* defensa; **en ~ de** en defensa de
defensar [dəfənsá] *vt* defender
defensor -a [dəfənsó] *aj mf* defensor -ra
deficient [dəfisién] *aj* deficiente; ~ **mental** *mf* deficiente mental
definició [dəfinisió] *f* definición
definir [dəfiní] *vt* definir; *vp* definirse
definitiu -iva [dəfinitíw] *aj* definitivo -va; **en definitiva** en definitiva
defora [dəfɔ́ɾə] *av* fuera; *prp* fuera de, a las afueras de; *m* exterior
deformar [dəfurmá] *vt* deformar
defraudar [dəfɾəwðá] *vt* defraudar
defugir [dəfuʒí] *vt* rehuir, soslayar
defunció [dəfunsió] *f* defunción, fallecimiento *m*
degà -ana [dəɣá] *mf* decano -na
degeneració [dəʒənəɾəsió] *f* degeneración
deglució [dəɣlusió] *f* deglución
degollar [dəɣuʎá] *vt* degollar
degotall [dəɣutáʎ] *m* (*líquid que degota*) goteo; (*lloc*) estalactita *f*
degotar [dəɣutá] *vi* gotear
degustació [dəɣustəsió] *f* degustación
deixalla [dəʃáʎə] *f* [*generalment en pl*] (*cosa inservible*) desperdicio m; desecho m; (*d'un menjar*) sobra; resto m.
deixar [dəʃá] *vt* dejar; (*abandonar up*) dejar, abandonar; (*una professió, una carrera*) colgar, dejar, abandonar; (*prestar*) dejar; [*seguit d'infinitiu*] (*no impedir*) dejar; *vp* (*abandonar-se, descuidar-se*) dejarse; ~ **anar** soltar; [*seguit d'infinitiu*] ~ **de** (*cessar*) dejar de; **~-se de** dejarse de
deixat [dəʃát] *aj mf* dejado -da, abandonado -da, descuidado -a
deixeble -a [dəʃέbblə] *mf* discípulo -la

deixondir [dəʃundí] *vtp* espabilar(se), despabilar(se)
dejú -una [dəʒú] *aj* en ayunas; **en** ~ en ayunas
dejunar [dəʒuná] *vi* ayunar
dejuni [dəʒúni] *m* ayuno
del [dəl] *prp* [*contracció*] del
delatar [dələtá] *vt* delatar
delegar [dələɣá] *vt* delegar
delegat -ada [dələɣát] *aj mf* delegado -da
deler [dəlέ] *m* (*passió*) ardor, pasión *f*; (*avidesa*) afán, avidez *f*; (*tenacitat*) ahínco, empeño
delfí [dəlfí] *m hst* delfín
deliberadament [dəliβəràðəmén] *av* deliberadamente
delicat -ada [dəlikát] *aj* delicado -a
delícia [dəlísiə] *f* delicia
deliciós -osa [dəlisiós] *aj* delicioso -sa
delicte [dəlíktə] *m* delito; **cos del** ~ cuerpo del delito
delimitar [dəlimitá] *vt* delimitar
delinqüent [dəliŋkwén] *mf* delincuente
deliri [dəlíri] *m* delirio
delit [dəlít] *m* (*viu plaer*) deleite, goce; (*ànim, vitalitat*) ánimo, vitalidad *f*
delta [dέltə] *m geo* delta; *f* (*nom de lletra*) delta
demà [dəmá] *av* mañana; *m* (*futur*) mañana; ~ **passat** pasado mañana; ~ **passat l'altre** dentro de tres días
demacrat -ada [dəməkrát] *aj* demacrado -da
demanar [dəməná] *vti* pedir; (*preguntar*) preguntar; *fg* (*necessitar*) requerir, pedir; *vi* llamar. *Qui demana?*, ¿quién llama?
dement [dəmén] *aj mf* demente
democràcia [dəmukrásiə] *f* democracia
democràtic -a [dəmukrátik] *aj* democrático -ca
demoníac -a [dəmuníək] *aj* demoniaco -ca, demoníaco -ca
demostrar [dəmustrá] *vt* demostrar
demostratiu -iva [dəmustrətíw] *aj* demostrativo -va
dempeus [dəmpέws] *av* de pie, en pie
denominador -a [dənuminəðó] *aj mf* denominador -ra; *m mat* denominador
denominar [dənuminá] *vt* denominar
dens -a [dέns] *aj* denso -sa
densitat [dənsitát] *f* densidad
dent [dén] *f* diente *m*; **petar de ~s** (*up*) (*de por, fred*) castañearle los dientes a up; (*de ràbia, irritació*) rechinarle los dientes a up
dentada [dəntáðə] *f* dentellada
dentadura [dəntəðúrə] *f* dentadura; ~ **postissa** dentadura postiza
dentat -ada [dəntát] *aj* dentado -da; *m* dentado
dentició [dəntisió] *f* dentición
dentifrici -ícia [dəntifrísi] *aj m* dentífrico -ca
dentista [dəntístə] *mf* dentista
denunciar [dənunsiá] *vt* denunciar

dependència [dəpəndέnsiə] *f* dependencia
dependent [dəpəndén] *aj* dependiente
dependent -a [dəpəndén] *mf* dependiente -ta
dependre [dəpέndrə] *vi* depender; (**això**) **depèn** (eso) depende, según
depilar [dəpilá] *vt* depilar
deplorar [dəplurá] *vt* deplorar
depravat -ada [dəprəβát] *aj mf* depravado -da
depredador -a [dəprəðəðó] *aj mf* depredador -ra
depressió [dəprəsió] *f* depresión
depurar [dəpurá] *vt* depurar
dèria [dέriə] *f* vena, manía; [*amb infinitiu*] **venir** (**agafar**) **la ~ de** dar (coger) por. *Ara li ha vingut la ~ de fer gimnàstica*, ahora le ha dado por hacer gimnasia
derivar [dəriβá] *vi* derivar, provenir, proceder; *mar* ir a la deriva; *vt* derivar
derivat [dəriβát] *m* derivado
dermatòleg -òloga [dərmətɔ́lək] *mf* dermatólogo -ga
derrapar [dərəpá] *vi* derrapar
derrota [dərɔ́tə] *f* derrota
des [dés] *prp* ~ **de** desde; *cnj* ~ **que** (*d'ençà que*) desde que
desacatar [dəzəkətá] *vt* desacatar
desacord [dəzəkɔ́rt] *m* desacuerdo
desacreditar [dəzəkrəðitá] *vt* desacreditar
desafiar [dəzəfiá] *vt* desafiar
desafinar [dəzəfiná] *vt mús* desentonar, desafinar en; *ab* desafinar
desagradable [dəzəɣrəðábblə] *aj* desagradable
desagraït -ïda [dəzəɣrəít] *aj* desagradecido -da
desallotjar [dəzəʎudʒá] *vti* desalojar
desanimar [dəzənimá] *vt* desanimar
desaparèixer [dəzəpərέʃə] *vi* desaparecer
desaparició [dəzəpərisió] *f* desaparición
desapercebut -uda [dəzəpərsəβút] *aj* desapercibido -da
desaprovar [dəzəpruβá] *vt* desaprobar
desar [dəzá] *vt* guardar; *vp fm* retirarse
desarmar [dəzərmá] *vt* desarmar
desarticular [dəzərtikulá] *vt* desarticular
desastre [dəzástrə] *m* desastre
desastrós -osa [dəzəstrós] *aj* desastroso -sa
desavantatge [dəzəβəntádʒə] *m* desventaja *f*
desbandada [dəzbəndáðə] *f* desbandada; **fugir a la ~** huir a la desbandada
desbordar [dəzburdá] *vti* desbordar
descabdellar [dəskəbdəʎá] *vt* (*un cabdell*) desovillar; (*exposar detalladament*) exponer detalladamente
descafeïnat -ada [dəskəfəinát] *aj* descafeinado -da
descalç -a [dəskáls] *aj* descalzo -za
descans [dəskáns] *m* descanso; (*alleujament*) alivio, descanso

descansar [dəskənsá] *vi* descansar; (*recolzar*) descansar, apoyarse *vp*; *vt* (*un membre, una eina, etc*) dejar descansar
descanviar [dəskəmbiá] *vt* cambiar
descapotable [dəskəputábblə] *aj* descapotable
descarat -ada [dəskərát] *aj mf* descarado -da; **a la descarada** con descaro
descargolar [dəskərgulá] *vt* (*un cargol*) desatornillar, destornillar; (*allò que està cargolat*) desenroscar, desenrollar
descàrrega [dəskárəγə] *f* descarga
descarregar [dəskərəγá] *vt* descargar
descarrilar [dəskərilá] *vi* descarrilar
descavalcar [dəskəβəlká] *vi* (*baixar del cavall*) descabalgar, apearse *vp*; *vt* (*fer baixar del cavall*) desmontar
descendir [dəsəndí] *vi* descender
descens [dəsɛ́ns] *m* descenso
descloure [dəsklɔ́wrə] *vt* abrir
descobriment [dəskuβrimén] *m* descubrimiento
descobrir [dəskuβrí] *vt* descubrir; *vp* (*treure's el capell*) descubrirse
descodificar [dəskuðifiká] *vt* descodificar
descollar [dəskuʎá] *vt* desenroscar
descompondre [dəskumpɔ́ndrə] *vt* (*un mecanisme*) descomponer; *vp* (*corrompre's*) descomponerse; *fg* (*un rostre*) descomponerse, desencajarse
descomposició [dəskumpuzisió] *f* descomposición
descomptar [dəskumtá] *vt* descontar; **per descomptat** por descontado, desde luego
descompte [dəskómtə] *m* descuento
desconcertar [dəskunsərtá] *vt* desconcertar
desconèixer [dəskunɛ́ʃə] *vt* desconocer
desconfiar [dəskumfiá] *vi* desconfiar
descongelar [dəskuɲʒəlá] *vt* descongelar
desconnectar [dəskunnəktá] *vt* desconectar
descordar [dəskurdá] *vt* desabrochar; (*les sabates*) desatar, desabrochar; *vp fg* (*perdre la contenció*) desatarse
descosit -ida [dəskuzít] *aj m* descosido -da; **parlar pels ~s** hablar por los codos
descripció [dəskripsió] *f* descripción
descriure [dəskríwrə] *vt* describir
descuit [dəskújt] *m* olvido
desdejuni [dəzdəʒúni] *m* desayuno
desdir [dəzdí] *vi* (*no ser adient*) desdecir; *vp* (*canviar d'idea*) desdecirse; **a ~** (*en gran quantitat*) en abundancia
desè -ena [dəzɛ́] *aj m f* décimo -ma
desembarcar [dəzəmbərká] *vti* desembarcar
desembocadura [dəzəmbukəðúrə] *f* desembocadura

desembocar [dəzəmbuká] *vi* desembocar
desembolicar [dəzəmbuliká] *vt* (*un paquet*) desenvolver, desliar; (*desembullar*) desembrollar, desenmarañar
desembre [dəzémbrə] *m* diciembre
desembussar [dəzəmbusá] *vt* desatascar, desatrancar
desemmascarar [dəzəmməskərá] *vt* desenmascarar
desemparar [dəzəmpərá] *vt* desamparar, abandonar
desencantar [dəzəŋkəntá] *vt* desencantar
desendollar [dəzənduʎá] *vt* desenchufar
desendreçar [dəzəndrəsá] *vt* desaliñar, desasear, desarreglar
desenfrenat -ada [dəzəmfrənát] *aj* (*desbocat*) desbocado -da; *fig* desenfrenado -da; desatado -da
desenganxar [dəzəŋgəɲʃá] *vt* desenganchar, soltar; despegar
desenllaç [dəzəɲʎás] *m* desenlace
desenrotllar [dəzənruʎʎá] *vt* desenrollar; (*desenvolupar*) desarrollar
desentendre's [dəzənténdrəs] *vp* desentenderse; **fer el desentès** (*no donar-se per al·ludit*) hacerse el desentendido, no darse por enterado, escaquearse
desenterrar [dəzəntərá] *vt* desenterrar
desenvolupament [dəzəmbulupəmén] *m* desarrollo
desenvolupar [dəzəmbulupá] *vtp* desarrollar(se)
desequilibri [dəzəkilíβri] *m* desequilibrio
desert -a [dəzɛ́rt] *aj m* desierto -ta
desesperar [dəzəspərá] *vi* desesperar; *vt* (*causar desesperació*) desesperar; *vp* desesperarse
desfalc [dəsfálk] *m* desfalco
desfer [dəsfé] *vt* deshacer; (*un mecanisme*) desmontar, desarmar; (*un nus, un lligam*) deshacer; (*fondre*) deshacer, derretir; *vp* deshacerse; **~-se de** (*desempallegar-se*) deshacerse de, librarse de; **~-se en** deshacerse en
desfermar [dəsfərmá] *vt* (*un animal*) desatar, soltar
desferra [dəsfɛ́rə] *f* (*despulles*) despojo *m*; (*d'una cosa destruïda*) despojo *m*, resto *m*, desecho *m*
desfeta [dəsfétə] *f* derrota
desfilar [dəsfilá] *vi* desfilar; *vt txt* deshilar
desfogar-se [dəsfuɣársə] *vp* desahogarse
desgastar [dəzgəstá] *vt* desgastar
desgavell [dəzgəβéʎ] *m* desbarajuste, desconcierto
desglaç [dəzglás] *m* deshielo
desgràcia [dəzgrásiə] *f* desgracia, desdicha; **per** ~ por desgracia
desgraciat -ada [dəzgrəsiát] *aj* desgraciado -da, desdichado -a
desgrat [dəzgrát] *m* desagrado; **a** ~ a disgusto, de mala gana, a regañadientes; **a ~ de** (*malgrat*) a pesar de, a despecho de, pese a
desguàs [dəzgwás] *m* desagüe
deshabitat -ada [dəzəβitát] *aj* deshabitado -da

desheretar [dəzərətá] *vt* desheredar
deshonest -a [dəzunést] *aj* deshonesto -ta
deshonrar [dəzunrá] *vt* deshonrar
deshora [dəzórə] *f* (*hora inoportuna*) deshora; **a** ~ a deshora
desig [dəzítʃ] *m* deseo; (*d'una dona prenyada*) antojo; (*taca a la pell*) antojo
designar [dəziŋná] *vt* designar
desigual [dəziɣwál] *aj* desigual
desil·lusionar [dəzilluziuná] *vt* desilusionar
desinfectar [dəzimfəktá] *vt* desinfectar
desinflar [dəzimflá] *vt* (*una part del cos*) deshinchar; (*un objecte*) desinflar, deshinchar; *vp* deshincharse, desinflarse
desintegrar [dəzintəɣrá] *vt* desintegrar
desinterès [dəzintərέs] *m* [*pl: -essos*] desinterés, desapego
desistir [dəzistí] *vi* desistir, cejar
desitjar [dəzidʒá] *vt* desear
desitjós -osa [dəzidʒós] *aj* deseoso -sa
deslligar [dəzʎiɣá] *vt* desatar; (*desfer un lligam*) desligar; *fg* (*deslliurar*) desligar, liberar; *vp* desatarse; *fg* desligarse
deslliurar [dəzʎiwrá] *vt* (*infantar*) dar a luz, alumbrar; (*alliberar*) liberar, librar
desllorigar [dəzʎuriɣá] *vt* descoyuntar, dislocar
desmai [dəzmáj] *m med* desmayo; *bot* sauce llorón
desmaiar [dəzməjá] *vi* (*perdre el coratge*) desmayar, decaer, desanimarse *vp*; *vp med* desmayarse
desmenjat -ada [dəzməɲʒát] *aj* desganado -da; **fer el** ~ fingir desinterés
desmentir [dəzməntí] *vt* desmentir
desmesurat -ada [dəzməzurát] *aj* desmesurado -da, desmedido -da
desmoralitzar [dəzmurəlidzá] *vtp* desmoralizar(se)
desmuntar [dəzmuntá] *vt* (*separar les peces*) desmontar, desarmar; *fg* (*confondre*) dejar perplejo, confundir, desconcertar; *vi* (*descavalcar*) desmontar, apearse *vp*
desnaturalitzat -ada [dəznəturəlidzát] *aj* desnaturalizado -da
desnerit -ida [dəznərít] *aj* esmirriado -da, canijo -ja
desnivell [dəzniβéʎ] *m* desnivel
desobeir [dəzuβəí] *vt* desobedecer
desocupat -ada [dəzukupát] *aj* (*desenfeinat*) desocupado -da, ocioso -sa; (*buit*) desocupado -da, vacío -a; *aj mf* (*sense feina*) parado -da, desocupado -da
desodorant [dəzuðurán] *aj m* desodorante
desolat -ada [dəzulát] *aj* (*lloc*) desierto -ta, deshabitado -da; (*persona*) afligido -da
desordenar [dəzurdəná] *vt* desordenar

desordre [dəzórdɾə] *m* desorden; *fg* (*pertorbació social*) desorden, alboroto
desori [dəzɔ́ɾi] *m* embrollo, desorden
desorientar [dəzuɾiəntá] *vt* desorientar
desossar [dəzusá] *vt* deshuesar
desparar [dəspəɾá] *vt* desmontar; (*taula*) quitar
despatx [dəspátʃ] *m* despacho
despatxar [dəspətʃá] *vt* (*enllestir*) despachar; (*vendre*) despachar, vender; (*atendre*) atender, despachar; (*una comunicació*) despachar; (*donar comiat a up*) despachar, despedir
despectiu -iva [dəspəktíw] *aj* despectivo -va
despenjar [dəspəɲʒá] *vt* descolgar; *vp fg* (*tenir un acudit*) descolgarse, saltar *vi*
despentinar [dəspəntiná] *vtp* despeinar(se)
despert -a [dəspɛ́ɾt] *aj* despierto -ta
despertador [dəspəɾtəðó] *m* (*rellotge*) despertador
despertar [dəspəɾtá] *vt* despertar
despesa [dəspɛ́zə] *f* gasto *m*
despistar [dəspistá] *vtp* despistar(se)
despistat -ada [dəspistát] *aj* despistado -da
despit [dəspít] *m* despecho; **a ~ de** (*malgrat*) a despecho de, a pesar de
desplaçar [dəspləsá] *vtp* desplazar(se)
desplegar [dəspləɣá] *vt* desplegar
desplomar [dəsplumá] *vtp* desplomar(se)
despoblat [dəspubblát] *aj* despoblado -da, deshabitado -da; *m* despoblado
desposseir [dəspusəí] *vt* desposeer
dèspota [dɛ́sputə] *mf* déspota
desprendre [dəspɛ́ndɾə] *vt* desprender, soltar; (*deduir*) deducir; *vp* desprenderse, soltarse; (*desempellegar-se*) desprendrese, librarse; (*deduir-se*) desprenderse
despreocupat -ada [dəspɾəukupát] *aj* despreocupado -da
després [dəspɾés] *av* después, luego; (*més enllà*) después, a continuación; **~ de** después de, tras
desprès -esa [dəspɾɛ́s] *aj* desprendido -da, generoso -sa
desproporcionat -ada [dəspɾupuɾsiunát] *aj* desproporcionado -da
desproveït -ïda [dəspɾuβəít] *aj* desprovisto -ta, carente
despullar [dəspuʎá] *vtp* desnudar(se); (*desposseir*) despojar(se)
dessagnar [dəsəŋná] *vtp* desangrar(se)
dessalar [dəsəlá] *vt* desalar
dessota [dəsótə] *av* debajo
destacar [dəstəká] *vt* destacar; *vi* (*sobresortir*) destacar; *vp* destacarse
destapar [dəstəpá] *vt* destapar; (*una ampolla*) descorchar, destapar; *vp fg* (*manifestar-se up tal com és*) destaparse
destenyir [dəstəɲí] *vtp* desteñir(se)

desterrar [dəstərá] *vt* desterrar
destí [dəstí] *m* destino
destinació [dəstinəsió] *f* (*lloc*) destino *m*; **amb ~ a** con destino a
destinar [dəstiná] *vt* destinar
destituir [dəstituí] *vt* destituir
destorb [dəstórp] *m* estorbo
destorbar [dəsturbá] *vt* estorbar
destral [dəstrál] *f* hacha
destraler -a [dəstrəlé] *mf fg* chapucero -ra
destre -a [déstrə] *aj* (*dret*) diestro -tra, derecho -cha; (*hàbil*) diestro -tra
destrempar [dəstrəmpá] *vt* (*un instrument musical, l'acer*) destemplar; *vp* destemplarse
destresa [dəstrɛ́zə] *f* destreza
destriar [dəstriá] *vt* (*coses barrejades*) separar; (*discernir*) discernir, distinguir
destrossar [dəstrusá] *vt* destrozar
destrucció [dəstruksió] *f* destrucción
destruir [dəstruí] *vt* destruir
desvagat -ada [dəzbəγát] *aj* desocupado -da, ocioso -sa
desvariejar [dəzbəriəʒá] *vi* desvariar
desventura [dəzbəntúrə] *f* desventura
desvergonyit -ida [dəzbərguɲít] *aj mf* desvergonzado -da
desvetllar [dəzbəλλá] *vt* desvelar, despertar; *fg* (*suscitar*) despertar
desviar [dəzbiá] *vtp* desviar(se)
desxifrar [dəʃifrá] *vt* descifrar
detall [dətáλ] *m* detalle; **al ~** *com* al por menor, al detalle
detallar [dətəλá] *vt* detallar
detectar [dətəktá] *vt* detectar
detectiu -iva [dətəktíw] *mf* detective
detenció [dətənsió] *f* detención; (*possessió il·legal*) detentación
deteniment [dətənimén] *m* detenimiento
detenir [dətəní] *vt* (*aturar*) detener; *dr* (*arrestar*) detener; (*mantenir*) retener, conservar; (*el poder*) detentar
detergent [dətərʒén] *aj m* detergente
deteriorar [dətəriurá] *vt* deteriorar
determinació [dətərminəsió] *f* determinación
determinant [dətərminán] *aj m* determinante
determinar [dətərminá] *vt* determinar
determinat -ada [dətərminát] *aj m* determinado -da
determinatiu -iva [dətərminətíw] *aj m* determinativo -va
detestar [dətəstá] *vt* detestar
detonació [dətunəsió] *f* detonación
deturar [dəturá] *vt* parar
deu [dɛ́w] *aj m* diez; **les ~** (*hora*) las diez
deu [dɛ́w] *f* fuente, manantial *m*
déu [déw] *m* dios; [*en majúscula*] *rlg* Dios; **~ me'n guard** Dios me libre; **~ meu!** ¡Dios!, ¡Dios mío!; **~ n'hi do!** (*força*) bastante; (*admiració*) ¡hay que ver!, ¡casi nada! [irónicamente]; **~ vos guard!** ¡buenos días!, ¡buenas tardes!; **tot ~** *fg vlg* todo dios

deure [dέwɾə] *m* (*obligació moral*) deber; *mpl* deberes
deure [dέwɾə] *vt* (*diners, etc*) deber; (*ésser probable*) deber de. *Deuen ser les deu*, deben de ser las diez
deute [dέwtə] *m* deuda *f*, adeudo
devaluació [dəβəluəsió] *f* devaluación
devastar [dəβəstá] *vt* devastar
devers [dəβέrs] *prp* hacia
devoció [dəβusió] *f* devoción
devolució [dəβulusió] *f* devolución
devorar [dəβuɾá] *vt* devorar
devot -a [dəβɔ́t] *aj mf* devoto -ta
dia [díə] *m* día; **aixecar-se el ~** aclararse (despejarse) el día; **al ~** al día; **bon ~!** ¡buenos días!; **~ feiner** día laborable; **~ per altre** un día sí y otro no
diable [diábblə] *m* diablo
diada [diáðə] *f* día *m* señalado; (*festivitat*) día *m*. *La ~ de Sant Jordi*, el día de Sant Jordi; (*esportiva, cultural*) jornada
diadema [diəðέmə] *f* diadema
diafragma [diəfrágmə] *m* diafragma
diagonal [diəɣunál] *aj f* diagonal; **en ~** en diagonal
diagrama [diəɣɾámə] *m* diagrama
dialecte [diəléktə] *m* dialecto
diàleg [diálək] *m* diálogo
dialogar [diəluɣá] *vti* dialogar
diamant [diəmán] *m* diamante
diàmetre [diámətɾə] *m* diámetro
diana [diánə] *f* diana
diantre [diántɾə] *inj* ¡diantre!, ¡demonios!
diapositiva [diəpuzitíβə] *f* diapositiva
diari -ària [diáɾi] *aj* diario -ria; *m* diario, periódico; *lit* diario
diarrea [diəréə] *f* diarrea
dibuix [diβúʃ] *m* dibujo; **~os animats** dibujos animados
dibuixant [diβuʃán] *mf* dibujante
dibuixar [diβuʃá] *vt* dibujar
dic [dík] *m* dique
dicció [diksió] *f* dicción
diccionari [diksiunáɾi] *m* diccionario
dictador -a [diktəðó] *mf* dictador -ra
dictadura [diktəðúɾə] *f* dictadura
dictar [diktá] *vt* dictar
dictat [diktát] *m* dictado
dida [díðə] *f* nodriza, ama, ama de cría; **engegar a ~** mandar a freír espárragos
didal [diðál] *m* dedal
dièresi [diέɾəzi] *f* diéresis
dieta [diέtə] *f* (*en l'alimentació*) dieta, régimen *m*; (*honoraris*) dieta
diferència [difəɾέnsiə] *f* diferencia
diferenciar [difəɾənsiá] *vt* diferenciar
diferent [difəɾén] *aj* (*no igual*) diferente, distinto -ta; *pl* (*uns quants*) diferentes, distintos -tas, diversos -sas. *M'ho han dit ~s persones*, me lo han dicho diferentes personas
diferir [difəɾí] *vt* (*ajornar*) diferir; *vi* (*no ésser igual*) diferir
diferit -ida [difəɾít] *aj* diferido -a; **en ~** en diferido
difícil [difísil] *aj* difícil
dificultar [difikultá] *vt* dificultar
dificultat [difikultát] *f* dificultad
difondre [difɔ́ndɾə] *vt* difundir

diftong [diftɔ́ŋ] *m* diptongo
difunt -a [difún] *aj mf* difunto -ta
difusió [difuzió] *f* difusión
digerir [diʒəɾí] *vt* digerir
digestió [diʒəstió] *f* digestión
digestiu -iva [diʒəstíw] *aj* digestivo -va
dignatari -ària [diŋnətáɾi] *mf* dignatario -ria
digne -a [díŋnə] *aj* digno -na
dignitat [diŋnitát] *f* dignidad
dijous [diʒɔ́ws] *m* jueves
dilatar [dilətá] *vt* dilatar
diligència [diliʒɛ́nsiə] *f* diligencia
diligent [diliʒén] *aj* diligente
dilluns [diʎúns] *m* lunes
dilucidar [dilusiðá] *vt* dilucidar
diluir [diluí] *vt* diluir
diluvi [dilúβi] *m* diluvio
dimarts [dimárs] *m* martes
dimecres [dimékɾəs] *m* miércoles
dimensió [dimənsió] *f* dimensión; *pl fg* (*abast*) dimensiones
diminut -a [diminút] *aj* diminuto -ta
diminutiu -iva [diminutíw] *aj* diminutivo -va
dimitir [dimití] *vt* dimitir. *Ha dimitit el càrrec de secretari*, ha dimitido el cargo de secretario; *ab* dimitir
dimoni [dimɔ́ni] *m* demonio; **ésser el ~ en persona** ser el mismísimo demonio
dinàmic -a [dinámik] *aj f* dinámico -ca
dinamita [dinəmítə] *f* dinamita
dinamo [dinámu] *f* dinamo, dínamo
dinar [diná] *m* (*àpat del migdia*) comida *f*, almuerzo; (*moneda*) dinar
dinar [diná] *vi* comer, almorzar
dinastia [dinəstíə] *f* dinastía
diner [diné] *m* [*generalment en pl*] dinero
dinou [dinɔ́w] *aj m* diecinueve
dins [díns] *av* dentro, adentro; *prp* dentro de
dintre [díntɾə] *av prp* = **dins**
dinyar-la [diɲarlə] *vp fm* diñarla
diòptria [diɔ́ptɾiə] *f* dioptría
diploma [diplómə] *m* diploma
diplomàcia [diplumásiə] *f* diplomacia
diplomàtic -a [diplumátik] *aj f* diplomático -ca
dipòsit [dipɔ́zit] *m* depósito; **~ de cadàvers** depósito de cadáveres
dipositar [dipuzitá] *vt* depositar; *vp* (*sediments*) depositarse
diputació [diputəsió] *f* diputación
diputat -ada [diputát] *mf* diputado -da
dir [dí] *vt* decir; *vi* (*anomenar*) llamar. *Li deien pel seu nom*, le llamaban por su nombre; (*harmonitzar*) ir. *Aquesta camisa no hi diu amb aquesta faldilla*, esta camisa no va con esta falda; *vp* (*anomenar-se*) llamarse; (*de cognom*) apellidarse; **com aquell qui diu** como quien dice; **dit i fet** dicho y hecho; **és a ~** es decir; **més ben dit** mejor dicho; **no cal ~ que** huelga decir que; **vols ~?** ¿estás seguro?
dir [dí] *m* decir; **és un ~** es un decir
direcció [diɾəksió] *f* dirección
directe -a [diɾɛ́ktə] *aj* directo -ta; **en ~** en directo
director -a [diɾəktó] *aj mf* director -ra

dirigent [diɾiʒén] *aj mf* dirigente
dirigible [diɾiʒíbblə] *m* dirigible
dirigir [diɾiʒí] *vt* dirigir; *vp* dirigirse
disbarat [dizbəɾát] *m* disparate
disbauxa [dizbáwʃə] *f* desenfreno *m*, desmadre *m*
disc [dísk] *m* disco
discernir [disərní] *vt* discernir
disciplina [disiplínə] *f* disciplina
discontinu -ínua [diskuntínu] *aj* discontinuo -nua
discòrdia [diskɔ́rdiə] *f* discordia
discoteca [diskutɛ́kə] *f* discoteca
discrepar [diskɾəpá] *vi* discrepar
discret -a [diskɾét] *aj* discreto -ta
disculpar [diskulpá] *vt* disculpar
discurs [diskúrs] *m* discurso
discussió [diskusió] *f* discusión
discutir [diskutí] *vti* discutir
disfressa [disfɾésə] *f* disfraz *m*
disfressar [disfɾəsá] *vtp* disfrazar(se)
disgust [dizgúst] *m* disgusto
disgustar [dizgustá] *vtp* disgustar(se)
disjunt -a [diʒún] *aj* disyunto -ta
dislèxia [dizlɛ́ksiə] *f* dislexia
dislocar [dizluká] *vt* dislocar
disminuir [dizminuí] *vti* disminuir
disminuït -ïda [dizminuít] *aj mf* disminuido -a
disparar [dispəɾá] *vt* disparar; *vp* dispararse; **sortir disparat** salir disparado (pitando)
dispendi [dispɛ́ndi] *m* dispendio
dispensar [dispənsá] *vt* dispensar
dispensari [dispənsáɾi] *m* dispensario
dispers -a [dispɛ́rs] *aj* disperso -sa
dispersar [dispərsá] *vt* dispersar
dispesa [dispɛ́zə] *f* pensión, casa de huéspedes
disponible [dispuníbblə] *aj* disponible
disposar [dispuzá] *vti* (*preparar*) disponer; *vi* (*tenir*) disponer; *vp* disponerse
disposició [dispuzisió] *f* disposición; **a la ~ de** a la disposición de; **en ~ de** en disposición de
dispositiu [dispuzitíw] *m* dispositivo
disputar [disputá] *vt* disputar
disquet [diskɛ́t] *m* disquete
dissabte [disáptə] *m* sábado; **fer ~** hacer sábado
dissecar [disəká] *vt* disecar
disseny [disɛ́ɲ] *m* diseño
dissenyar [disəɲá] *vt* diseñar
disset [disɛ́t] *aj m* diecisiete
dissimular [disimulá] *vt* disimular
dissipar [disipá] *vt* disipar
dissoldre [disɔ́ldɾə] *vt* disolver
dissolució [disulusió] *f* disolución
dissolut -a [disulút] *aj mf* disoluto -ta
dissort [disɔ́rt] *f* desdicha, desgracia
dissortat -ada [disurtát] *aj* desafortunado -da, desdichado -da
dissuadir [disuəðí] *vt* disuadir
distància [distánsiə] *f* distancia; **a ~** a distancia; **guardar (mantenir) les distàncies** guardar (mantener) las distancias
distinció [distinsió] *f* distinción
distingir [distiɲʒí] *vtp* distinguir(se)
distint -a [distín] *aj* distinto -ta

distintiu -iva [distintíw] *aj m* distintivo -va
distracció [distrəksió] *f* distracción, despiste *m*; (*activitat, espectacle*) distracción
distraure [distráwrə] *vt* = **distreure**
distret -a [distrét] *aj* distraído -da
distreure [distrέwrə] *vt* distraer; *ab* distraer. *El cinema distreu molt*, el cine distrae mucho; *vp* (*oblidar-se*) olvidarse; (*l'atenció*) distraerse
distribució [distriβusió] *f* distribución
distribuir [distriβuí] *vt* distribuir
disturbi [distúrbi] *m* disturbio
dit [dít] *m* dedo; ~ **anular** dedo anular; ~ **del mig (del cor)** dedo corazón (del medio); ~ **gros** dedo gordo; ~ **índex** dedo índice; ~ **petit** dedo meñique; **llepar-se'n els ~s** chuparse los dedos; **no tenir dos ~s de front** no tener dos dedos de frente; **picar-se (agafar-se) els ~s** *fg* pillarse (cogerse) los dedos
dita [dítə] *f* dicho *m*
diumenge [diwméɲʒə] *m* domingo
diürn -a [diúrn] *aj* diurno -na
divagar [diβəɣá] *vi* divagar
divendres [diβέndrəs] *m* viernes
divers -a [diβέrs] *aj* (*multiforme*) diverso -sa; *pl* (*distints*) diversos -sas; (*uns quants*) varios -ias
diversificar [diβərsifiká] *vt* diversificar
diversió [diβərsió] *f* diversión
diversitat [diβərsitát] *f* diversidad
divertir [diβərtí] *vtp* divertir(se)
divertit -ida [diβərtít] *aj* divertido -da
diví -ina [diβí] *aj* divino -na
dividend [diβiðén] *m* dividendo
dividir [diβiðí] *vt* dividir
divisió [diβizió] *f* división
divisor [diβizó] *m* divisor
divorci [diβɔ́rsi] *m* divorcio
divorciar [diβursiá] *vtp* divorciar(se)
divuit [diβújt] *aj m* dieciocho
divulgar [diβulɣá] *vt* divulgar
do [dó] *m* [*pl: dos*] *mús* do; **fer el ~ de pit** dar el do de pecho
do [dɔ́] *m* don; ~ **de gents** don de gentes
doblar [dubblá] *vti* doblar. ~ *una quantitat*, doblar una cantidad. ~ *el cap de Creus*, doblar el cabo de Creus; *cin* (*fer un doblatge*) doblar; *vp* doblarse, duplicarse
doblatge [dubbládʒə] *m cin* doblaje
doble [dóbblə] *aj* doble; *m* (*quantitat*) doble; (*persona semblant a un altre*) doble; *av* doble
doblegar [dubbləɣá] *vt* doblar; *vp* (*sotmetre's*) plegarse
dòcil [dɔ́sil] *aj* dócil
docte -a [dɔ́ktə] *aj* docto -ta
doctor -a [duktó] *mf* doctor -ra; (*metge*) doctor -ra
doctrina [duktrínə] *f* doctrina
document [dukumén] *m* documento
documentació [dukuməntəsió] *f* documentación
documental [dukuməntál] *aj m* documental
dofí [dufí] *m zoo* delfín
dogma [dógmə] *m* dogma

dogmàtic -a [dugmátik] *aj mf* dogmático -ca
dol [dɔ́l] *m* (*aflicció*) aflicción *f*, pesar; (*demostració de pena*) luto, duelo; (*vestit, actitud*) luto; (*seguici fúnebre*) duelo; **de ~** de luto
dòlar [dɔ́lər] *m* dólar
dolç -a [dóls] *aj* dulce; *m gst* (*aliment ensucrat*) dulce; *mpl gst* (*pastes dolces*) dulces
dolçor [dulsó] *f* dulzura, dulzor *m*
doldre [dɔ́ldɾə] *vi* (*saber greu*) doler; *vp* (*lamentar-se*) dolerse
dolent -a [dulén] *aj mf* (*que no és bo*) malo -la; (*entremaliat*) malo -la, revoltoso -sa; (*inclinat al mal*) malo -la
doll [dóʎ] *m* (*gerra*) tinaja *f*, tina *f*; (*raig*) chorro; **a ~** (**a ~s**) a chorros, a raudales
dolmen [dɔ́lmən] *m* dolmen
dolor [duló] *m* dolor
dolorós -osa [duluɾós] *aj* doloroso -sa
domador -a [duməðó] *mf* domador -ra
domar [dumá] *vt* domar
domèstic -a [duméstik] *aj* doméstico -ca; *mf* (*criat*) doméstico -ca
domesticar [dumәstiká] *vt* domesticar
domicili [dumisíli] *m* domicilio; **a ~** a domicilio
dominar [duminá] *vti* dominar
domini [dumíni] *m* dominio
dòmino [dɔ́minu] *m* dominó
dona [dɔ́nə] *f* mujer
donació [dunəsió] *f dr* donación
donar [duná] *vt* [*2a. i 3a. pers pr ind: dónes, dóna; 2a. pers imper: dóna*] (*fer donació de*) dar, donar; (*alegria, disgust*) dar; (*posar a l'abast*) dar, alcanzar; (*etzibar, pegar*) dar; *vp* (*esdevenir-se*) darse; (*dedicar-se*) darse; (*retre's*) rendirse; (*fer-se més gran*) darse, dar de sí; **tant se me'n dóna!** ¡tanto me da!, ¡me da igual (lo mismo)!
donatiu [dunətíw] *m* donativo
doncs [dɔ́ŋs] *cnj* pues, luego, por lo tanto
donzella [dunzéʎə] *f* doncella
dopar [dupá] *vt* dopar
dormilega [durmiléɣə] *aj mf* dormilón -ona
dormir [durmí] *vi* dormir; (*romandre inactiu*) dormirse *vp*
dormitar [durmitá] *vi* dormitar
dormitori [durmitɔ́ɾi] *m* dormitorio
dors [dɔ́rs] *m* dorso
dorsal [dursál] *aj* dorsal; *m* dorsal
dos dues [dós] *aj m* dos; **tocar el ~** largarse
dos-cents -centes [dòséns] *aj mf* doscientos -tas
dosi [dɔ́zi] *f* dosis
dosificació [duzifikəsió] *f* dosificación
dossier [dusié] *m* dossier
dot [dɔ́t] *m* (*de la muller*) dote *m/f*; *pl* (*talent*) dotes *f*
dotze [dódzə] *aj m* doce
dotzena [dudzénə] *f* docena
drac [dɾák] *m* dragón
dragó [dɾəɣó] *m zoo* salamanquesa *f*; (*drac*) dragón
drama [dɾámə] *m* drama
dramàtic -a [dɾəmátik] *aj* dramático -ca

dramaturg -a [drəmətúrk] *mf* dramaturgo -ga
drap [dráp] *m* (*tros de tela*) paño, trapo; (*de cuina*) paño, trapo; **a tot** ~ a todo trapo; **deixar (posar) com un ~ brut** (*up*) dejar (poner) a up como un trapo, poner verde a up
drapaire [drəpájrə] *mf* trapero -ra
drassana [drəsánə] *f mar* astillero *m*, atarazana
dreçar [drəsá] *vt* (*posar dret*) enderezar, erguir; (*posar recte*) enderezar; (*construir*) erigir; *vp* (*posar-se en posició vertical*) enderezarse, erguirse
drecera [drəsérə] *f* atajo *m*; **fer ~** atajar, tomar un atajo
drenar [drəná] *vt* drenar
dret -a [drέt] *aj m* (*recte*) derecho -cha, recto -ta; (*a peu dret*) en pie, de pie; (*dreçat, aixecat*) erguido -da, tieso -sa, derecho -cha; (*del costat dret*) derecho -cha; *m* (*lleis, carrera i ciència*) derecho; **tirar pel ~** echar (tomar) por el atajo
driblar [dribblá] *vt ab esp* driblar, regatear
dringar [driŋgá] *vi* tintinear
droga [drɔ́ɣə] *f* droga
drogueria [druɣəríə] *f* droguería
dromedari [druməðári] *m* dromedario
druida [drújdə] *m* druida
duana [duánə] *f* aduana
dubitatiu -iva [duβitətíw] *aj* dubitativo -va
dubtar [duptá] *vti* dudar
dubte [dúptə] *m* duda *f*; **sens ~** sin duda, sin lugar a dudas, desde luego
duc [dúk] *m* duque; *zoo* búho real
duel [duέl] *m* duelo
dulcificar [dulsifiká] *vt* dulcificar
duna [dúnə] *f* duna
duo [dúo] *m* dúo
duodè [duuðέ] *m* duodeno
dúplex [dúpləks] *aj m* dúplex
duplicat -ada [duplikát] *aj* duplicado -da
duquessa [dukέsə] *f* duquesa
dur -a [dú] *aj* duro -ra
dur [dú] *vt* = **portar**
durada [duráðə] *f* duración
durant [durán] *prp* durante
durar [durá] *vi* durar
duresa [durέzə] *f* dureza
duro [dúru] *m* duro
dutxa [dútʃə] *f* ducha
dutxar [dutʃá] *vtp* duchar(se)

E

e [έ] *f* [*pl:* es] (*lletra*) e
ebenista [əβənístə] *mf* ebanista
ebri èbria [έβri] *aj* ebrio -bria
ebullició [əβuʎisió] *f* ebullición
eclipsi [əklípsi] *m* eclipse
eco [έku] *m* eco
ecòleg -òloga *mf* ecólogo -ga
ecologia [əkuluʒíə] *f* ecología
ecologista [əkuluʒístə] *aj mf* ecologista
economia [əkunumíə] *f* economía
econòmic -a [əkunɔ́mik] *aj* económico -ca
ecosistema [ὲkusistémə] *m* ecosistema
èczema [έkzəmə] *m* eccema, eczema

edat [əðát] *f* edad; ~ **mitjana** *hst* edad media; **tercera** ~ tercera edad
edició [əðisió] *f* edición
edificar [əðifiká] *vt* edificar
edifici [əðifísi] *m* edificio
editar [əðitá] *vt* editar
editorial [əðituɾiál] *aj* editorial; *m* (*article de fons*) editorial; *f* (*casa editorial*) editorial
edredó [əðɾəðó] *m* edredón
educació [əðukəsió] *f* educación
educar [əðuká] *vt* educar
educat -ada [əðukát] *aj* educado -da; **ben** (**mal**) ~ bien (mal) educado
edulcorant [əðulkuɾán] *aj m* edulcorante
efa [éfə] *f* (*lletra*) efe
efecte [əféktə] *m* efecto; *pl* efectos. *~s personals*, efectos personales; **a l'~ de** a fin de, con objeto de; **em fa l'~ que** tengo (me da) la impresión de que; **tenir** ~ tener lugar (efecto)
efectiu -iva [əfəktíw] *aj* efectivo -va; *m* (*diners*) efectivo. *Pagar en ~*, pagar en efectivo, en metálico; *pl mil* efectivos
efectivament [əfəktìβəmén] *av* efectivamente
efectuar [əfəktuá] *vt* efectuar
efervescent [əfərbəsén] *aj* efervescente
eficaç [əfikás] *aj* eficaz
eficàcia [əfikásiə] *f* eficacia
eficiència [əfisiɛ́nsiə] *f* eficiencia
eficient [əfisién] *aj* eficiente
efígie [əfíʒiə] *f* efigie
efímer -a [əfímər] *aj* efímero -ra
egipci -ípcia [əʒípsi] *aj* egipcio -cia, egipciaco -ca; *mf* egipcio -cia
egocèntric -a [əγusɛ́ntɾik] *aj mf* egocéntrico -ca
egoista [əγuístə] *aj mf* egoísta
egua [éγwə] *f* yegua
eh [ɛ́] *inj* [*interrogativa*] ¿qué?, ¿eh?; (*petició d'assentiment*) ¿no?, ¿verdad?; (*advertència*) ¿eh?
eh [é] *inj* [*exclamativa*] = **ei**
ei [éj] *inj* ¡eh!; (*salutació*) ¡hola!; (*objecció*) ¡ojo!, ¡cuidado!
eina [ɛ́jnə] *f* herramienta, útil *m*; **eines** (*de pagès*) aperos *mpl*
eivissenc -a [əjβisɛ́ŋ] *aj mf* ibizenco -ca
eix [éʃ] *m* eje
eix -a [éʃ] *aj pr* ese esa
eixalar [əʃəlá] *vt* (*un ocell*) alicortar
eixam [əʃám] *m* enjambre
eixamplar [əʃəmplá] *vt* ensanchar
eixarcolar [əʃərkulá] *vi agr* escardar
eixelebrat -ada [əʃələβɾát] *aj mf* atolondrado -da, alocado -da, tarambana
eixerit -ida [əʃəɾít] *aj* vivo -va, avispado -da, vivaracho -cha
eixida [əʃíðə] *f* salida; *arq* patio *m*
eixir [əʃí] *vi* = **sortir**
eixordador -a [əʃurdəðó] *aj* ensordecedor -ra
eixordar [əʃurdá] *vt* ensordecer, taladrar
eixugacabells [əʃùγəkəβɛ́ʎs] *m iv* secador
eixugamans [əʃuγəmans] *m iv* paño de manos, toalla *f*

eixugaparabrises [əʃùɣəpàɾəβɾízəs] *m iv* limpiaparabrisas
eixugar [əʃuɣá] *vt* (*assecar*) secar, enjugar; (*netejar*) limpiar, quitar; *fg* (*un deute*) enjugar; *vp* (*assecar-se*) secarse; (*la suor, les llàgrimes*) enjugarse, secarse; (*netejarse*) limpiarse. *Eixuga't els llavis amb el tovalló*, límpiate los labios con la servilleta
eixut -a [əʃút] *aj* (*sense humitat*) seco -ca; *fg* (*prim*) enjuto -ta, seco -ca; *fg* (*esquerp, sorrut*) seco -ca, adusto -ta
ejaculació [əʒəkuləsió] *f* eyaculación
ela [élə] *f* (*nom de lletra*) ele; **doble** ~ elle
elaboració [ələβuɾəsió] *f* elaboración
elaborar [ələβuɾá] *vt* elaborar
elàstic -a [əlástik] *aj* elástico -ca; *mpl* (*dels pantalons, etc*) tirantes
elecció [ələksió] *f* elección; *pl* (*comicis*) elecciones
elector -a [ələktó] *mf* elector -ra
electorat [ələkturát] *m* electorado
elèctric -a [əléktrik] *aj* eléctrico -ca
electricista [ələktrisístə] *mf* electricista
electricitat [ələktrisitát] *f* electricidad
electrocutar [ələktrukutá] *vt* electrocutar
electrodomèstic -a [əlὲktruðuméstik] *aj m* electrodoméstico -a
electroimant [əlὲktrujmán] *m* electroimán
electromagnètic -a [əlὲktrumənnétik] *aj* electromagnético -ca
electrònic -a [ələktrɔ́nik] *aj f* electrónico -ca
elefant [ələfán] *m* elefante
elegant [ələɣán] *aj* elegante
elegir [ələʒí] *vt* elegir
element [ələmén] *m* elemento
elemental [ələməntál] *aj* elemental
elevació [ələβəsió] *f* elevación
elevar [ələβá] *vtp* elevar(se)
elidir [əliðí] *vt* elidir
eliminar [əliminá] *vt* eliminar
elitisme [əlitízmə] *m* elitismo
ell -a [éʎ] *pr* [*pl: ells elles*] él ella
el·lipse [əllípsi] *f* elipse
el·líptic [əllíptik] *aj* elíptico -ca
elogi [əlɔ́ʒi] *m* elogio
eloqüent [əlukwén] *aj* elocuente
ema [émə] *f* (*nom de lletra*) eme
emanar [əməná] *vi* emanar
embadalir [əmbəðəlí] *vtp* embelesar(se), embobar(se)
embadocar [əmbəðuká] *vtp* embobar(se)
embafar [əmbəfá] *vt* (*una menja o beguda*) empalagar; *fg* (*enutjar*) empalagar, hartar, cansar
embalar [əmbəlá] *vt* (*un objecte*) embalar; *vp* (*accelerar-se*) embalarse
embalatge [əmbəládʒə] *m* embalaje
embaràs [əmbəɾás] *m* [*pl: -assos*] embarazo
embarbussament [əmbərbusəmén] *m* tartajeo; travalenguas

embarcació [əmbərkəsió] *f mar* embarcación
embarcar [əmbərká] *vtip mar* embarcar(se); *vp fg* (*en un plet, un negoci*) embarcarse
embassament [əmbəsəmén] *m* embalse
embassar [əmbəsá] *vt* embalsar
embat [əmbát] *m* embate
embellir [əmbəʎí] *vt* embellecer
embenar [əmbəná] *vt* vendar
emblanquinar [əmbləŋkiná] *vt* enjalbegar, blanquear, encalar; (*pintar de blanc*) blanquear
emblema [əmblɛ́mə] *m* emblema
emblemàtic -a [əmbləmátik] *aj* emblemático -ca
embocadura [əmbukəðúɾə] *f* (*d'un port*) embocadura; (*d'un riu*) desembocadura; (*d'un carrer*) bocacalle; (*d'un instrument*) embocadura, boquilla
emboirar [əmbujɾá] *vt* (*omplir de boira*) anieblar; *fg* (*torbar l'enteniment*) ofuscar
embolcallar [əmbulkəʎá] *vt* (*cobrir*) envolver; (*bolcar*) envolver [en pañales]
embòlia [əmbɔ́liə] *f med* embolia
embolic [əmbulík] *m* lío, embrollo, enredo; **fer-se un** ~ hacerse un lío; **ficar-se en un** ~ meterse en un lío
embolicar [əmbuliká] *vt* (*embolcar*) envolver; (*involucrar*) enredar, liar, envolver; *fg* (*complicar*) enredar, liar, enmarañar; *vp* (*embullar-se*) enredarse, liarse, enzarzarse
emborratxar [əmburətʃá] *vtp* emborrachar(se)
emboscada [əmbuskáðə] *f* emboscada
embotellar [əmbutəʎá] *vt* embotellar
embotit [əmbutít] *m gst* embutido
embragatge [əmbɾəɣádʒə] *m* embrague
embranzida [əmbɾənzíðə] *f* impulso *m*; **agafar** ~ tomar carrerilla
embriac -aga [əmbɾiák] *aj* borracho -cha, ebrio -bria
embriagar [əmbɾiəɣá] *vt* embriagar
embrió [əmbɾió] *m* embrión
embrollar [əmbɾuʎá] *vtp* embrollar, enmarañar
embruixar [əmbɾuʃá] *vt* embrujar, hechizar
embrutar [əmbɾutá] *vt* ensuciar
embull [əmbúʎ] *m* enredo, maraña *f*, tinglado
embús [əmbús] *m* [*pl: -ussos*] atasco
embussar [əmbusá] *vt* (*un conducte*) atascar, atrancar; (*el trànsit*) embotellar
embut [əmbút] *m* embudo; *pl fg* (*circumloquis*) rodeos, tapujos
embutxacar [əmbutʃəká] *vt* embolsar; *vp* (*diners*) embolsarse
emergència [əmərʒɛ́nsiə] *f* emergencia
emergir [əmərʒí] *vi* emerger
emetre [əmɛ́tɾə] *vt* emitir
emigració [əmiɣɾəsió] *f* emigración
emigrant [əmiɣɾán] *aj mf* emigrante
emigrar [əmiɣɾá] *vi* emigrar

eminència [əminέnsiə] *f* eminencia
eminent [əminén] *aj* eminente
emir [əmír] *m* emir
emissor -a [əmisoɾ] *aj* emisor -ra; *m* (*aparell*) emisor; *f* (ràdio) emisora
emmagatzemar [əmməɣədzəmá] *vt* almacenar
emmalaltir [əmmələltí] *vip* enfermar(se)
emmarcar [əmmərká] *vt* enmarcar
emmascarar [əmməskəɾá] *vt* (*ensutjar*) tiznar; (*dissimular*) enmascarar
emmenar [əmməná] *vt fg* (*portar a una conseqüència*) llevar, conducir. *La guerra ens ~à al desastre*, la guerra nos llevará al desastre; *vp* llevarse
emmetzinar [əmmədziná] *vt* envenenar
emmirallar [əmmiɾəʎá] *vt* reflejar; *vp* mirarse en el espejo
emmordassar [əmmurdəsá] *vt* amordazar
emmotllar [əmmuʎʎá] *vt* amoldar, moldear; *vp fg* (*adaptar-se*) amoldarse
emoció [əmusió] *f* emoción
emocionar [əmusiuná] *vt* emocionar
emotiu -iva [əmutíw] *aj* emotivo -va
empaitar [əmpəjtá] *vt* perseguir; *fg* perseguir, acosar. *M'empaita nit i dia perquè li doni la plaça*, me persigue día y noche para que le dé la plaza
empantanegar [əmpəntənəɣá] *vtp* empantanar(se), atascar(se)
empaperar [əmpəpəɾá] *vt* empapelar
empaquetar [əmpəkətá] *vt* empaquetar
emparar [əmpəɾá] *vt* (*protegir*) amparar; (*agafar*) sujetar, sostener
emparaular [əmpəɾəwlá] *vt* apalabrar
emparedar [əmpəɾəðá] *vt* emparedar
emparentar [əmpəɾəntá] *vip* emparentar
empastifar [əmpəstifá] *vt* embadurnar
empatar [əmpətá] *vi* empatar
empatxar [əmpətʃá] *vtp* empachar(se)
empedrar [əmpəðɾá] *vt* empedrar
empedrat -ada [əmpəðɾát] *aj m* empedrado -da
empedreït -ïda [əmpəðɾəít] *aj* empedernido -da
empelt [əmpέl] *m agr med* injerto
empenta [əmpέntə] *f* empujón *m*, empellón *m*; *fg* empuje *m*, brío *m*. *Un home d'~*, un hombre de empuje; **a empentes i rodolons** a trancas y barrancas, a trompicones
empènyer [əmpέɲə] *vt* empujar
empenyorar [əmpəɲuɾá] *vt* empeñar, dar en prenda
emperador [əmpəɾəðó] *m* emperador; *zoo* (*peix espasa*) emperador
emperadriu [əmpəɾəðɾíw] *f* emperatriz
emperò [əmpəɾɔ́] *av cnj* pero
empestar [əmpəstá] *vt* apestar. *Aquestes escombraries empesten tot el carrer*, estas basuras apestan

toda la calle; *ab Fa una pudor que empesta*, huele que apesta
empipador -a [əmpipəðó] *aj* enojoso -sa, molesto -ta, fastidioso -sa
empipar [əmpipá] *vt* (*enutjar*) enfadar; (*destorbar, fastiguejar*) molestar, incordiar
empíric -a [əmpírik] *aj* empírico -ca
empitjorar [əmpidʒurá] *vt* empeorar; *vip* empeorar(se)
emplaçament [əmpləsəmén] *m* emplazamiento
emplastre [əmplástrə] *m* emplasto; (*guisat*) emplasto, mazacote
empleat -ada [əmpleát] *mf* empleado -da
emplenar [əmplənа́] *vt* llenar; (*un imprès*) rellenar
empobrir [əmpuβrí] *vt* empobrecer
empolainar [əmpuləjná] *vtp* emperejilar(se), emperifollar(se), acicalar(se)
empolsar [əmpulsá] *vt* empolvar
emprar [əmprá] *vt* usar, utilizar, emplear
empremta [əmprémtə] *f* huella
emprendre [əmpéndrə] *vt* emprender; (*escometre up*) abordar
emprenedor -a [əmprənəðó] *aj* emprendedor -ra
emprenyador -a [əmprəɲəðó] *aj* fastidioso -sa, molesto -ta; *mf* plomo *m*; pesado -da
emprenyar [əmprəɲá] *vt* (*molestar*) jorobar, chinchar, mosquear; *vp* (*enutjar-se*) mosquearse; cabrearse
empresa [əmprέzə] *f* empresa
empresari -ària [əmprəzári] *mf* empresario -ria
empresonar [əmprəzuná] *vt* (*ficar a la presó*) encarcelar; (*tancar*) encerrar; (*immobilitzar*) aprisionar
emprovar [əmpruβá] *vt* (*un vestit*) probar
empunyadura [əmpuɲəðúrə] *f* empuñadura
empunyar [əmpuɲá] *vt* empuñar
emulsió [əmulsió] *f* emulsión
en [ən] *pr* [*se traduce por el pr personal equivalente o no se traduce*] *Sempre ~ parla*, siempre habla de ella. *~ vull més*, quiero más; *prp* en; [*davant infinitiu*] al; **d'avui ~ vuit**, dentro de ocho días
en na [ən] *ar* [*no se traduce*] *~ Pere i ~ Joan*, Pedro y Juan; [*en majúscula*] (*senyor*) don, señor. *~ Rafael*, don Rafael
ena [énə] *f* (*nom de lletra*) ene; **~ palatal** eñe
enamorar [ənəmurá] *vtp* enamorar(se)
enarborar [ənərburá] *vt* (*hissar*) enarbolar, arbolar; *fg* (*excitar*) enardecer, inflamar
ençà [ənsá] *av* acá, a esta parte; (*temps*) acá, desde. *No l'he vist de dijous ~*, no lo he visto desde el jueves; **d'~ de** desde. *D'~ d'aquell dia*, desde aquel día; **d'~ que** desde que. *D'~ que és fora*, desde que está fuera
encabir [əŋkəβí] *vt* meter
encadenar [əŋkəðəná] *vt* encadenar

encaixar [əŋkəʃá] *vti* encajar
encalçar [əŋkəlsá] *vt* perseguir, acosar
encallar [əŋkəʎá] *vt* atascar; *vi* (*una embarcació*) encallar; *vp* (*un vehicle*) atascarse
encaminar [əŋkəminá] *vt* (*un projecte, up, etc*) encaminar; *vp* encaminarse
encanonar [əŋkənuná] *vt* (*amb una arma*) encañonar, apuntar
encant [əŋkán] *m* (*encís*) encanto, hechizo; *pl* (*botiga*) mercado *sg* viejo, baratillo *sg*
encantament [əŋkəntəmén] *m* encantamiento
encantar [əŋkəntá] *vt* encantar; *vp* (*embadocar-se*) embobarse, embelesarse, atontarse
encantat -ada [əŋkəntát] *aj* encantado -da; (*afer, negoci*) atascado -da; *aj mf* (*per un encanteri*) hechizado -da
encanteri [əŋkəntɛ́ɾi] *m* encantamiento, hechizo
encaparrar [əŋkəpərá] *vt* dar dolor de cabeza, marear; *vp* (*capficar-se*) preocuparse, romperse la cabeza
encapçalar [əŋkəpsəlá] *vt* (*un escrit, imprès, etc*) encabezar
encapritxar-se [əŋkəpɾitʃársə] *vp* encapricharse, encariñarse
encara [əŋkáɾə] *av* (*temporal*) aún, todavía. *La nena ~ no parla*, la niña no habla todavía; (*malgrat això*) aún, todavía. *Són pobres i ~ em fan regals*, son pobres y todavía me hacen regalos; **~ bo** (**sort**, **gràcies**) *cnj* menos mal; **~ que** aunque, a pesar de que
encarar [əŋkəɾá] *vt* (*una arma*) encarar, enfilar; (*acarar*) encarar, carear; (*en confecció*) encarar
encarcarat -ada [əŋkərkəɾát] *aj* rígido -da, tieso -sa
encarir [əŋkəɾí] *vt* encarecer
encàrrec [əŋkárək] *m* encargo, recado
encarregar [əŋkərəɣá] *vt* encargar; *vp* (*ocupar-se de*) encargarse
encartonar [əŋkərtuná] *vt* encartonar; *vp* (*uc*) acartonarse
encastar [əŋkəstá] *vt* (*a una paret, al terra*) empotrar; (*pedres precioses*) engastar; (*adherir*) pegar, adherir
encauar [əŋkəwá] *vt* encovar, ocultar en un escondrijo (en una madriguera)
encegar [ənsəɣá] *vt* cegar; *vp* (*ofuscar-se*) cegarse
encenall [ənsənáʎ] *m* (*de fusta*) viruta *f*; (*per encendre el foc*) fajina *fsg*
encendre [ənséndɾə] *vt* encender, dar
encenedor [ənsənəðó] *m* encendedor, mechero
encens [ənsɛ́ns] *m* incienso
encerar [ənsəɾá] *vt* encerar
encerclar [ənsərklá] *vt* rodear, cercar
encertar [ənsərtá] *vt* (*endevinar*) acertar; (*tocar*) acertar, dar en, alcanzar; (*fer bé en*) acertar; (*trobar*) acertar con, dar con, atinar con
encetar [ənsətá] *vt* (*començar*) empezar; (*la pell*) rozar, llagar; *vp* (*la pell*) llagarse, escocerse

enciam [ənsiám] *m* lechuga *f*
enciclopèdia [ənsiklupέðiə] *f* enciclopedia
encís [ənsís] *m* atractivo, encanto, hechizo
encisar [ənsizá] *vt* cautivar, embelesar
enclaustrar [əŋkləwstrá] *vt* enclaustrar
encolar [əŋkulá] *vt* encolar
encolomar [əŋkulumá] *vt* endosar, cargar con
encomanar [əŋkumənə́] *vt* encomendar, encargar; *med* (*contagiar*) contagiar, pegar *fm*; *vp* (*emparar-se en*) encomendarse
encongir [əŋkuɲʒí] *vtp* encoger(se)
encontrar [əŋkuntrá] *vt* (*sortir al pas*) encontrar; *vp* encontrarse, chocar *vi*
encontre [əŋkɔ́ntrə] *m* encuentro; **sortir (anar) a l'~** salir (ir) al encuentro
encoratjar [əŋkurədʒá] *vt* alentar, animar
encorbar [əŋkurbá] *vt* encorvar, combar, curvar
encreuament [əŋkrəwəmén] *m* cruzamiento; (*de camins*) cruce, encrucijada *f*
encreuar [əŋkrəwá] *vtp* cruzar(se)
encunyar [əŋkuɲá] *vt* acuñar
encuriosir [əŋkuriuzí] *vt* despertar la curiosidad, interesar
endarrere [əndərérə] *av* (*direcció*) atrás, hacia atrás. *Fes-te ~*, échate (hacia) atrás; (*lluny en el temps*) atrás. *Un any ~*, un año atrás
endarrerir [əndərərí] *vt* atrasar, retrasar; *vp* rezagarse, retrasarse
endavant [əndəβán] *av* adelante; **d'ara (en) ~** (de ahora) en adelante, en lo sucesivo; **per ~** por anticipado
endegar [əndəɣá] *vt* (*arranjar, endreçar*) arreglar, ordenar; (*compondre*) componer; (*encaminar*) encauzar, encaminar
endemés [əndəmés] *av* además
enderroc [əndərɔ́k] *m* (*acció*) derribo; (*materials*) escombros *pl*, escombro
enderrocar [əndəruká] *vt* derribar, demoler, derrocar
endevinador -a [əndəβinəðó] *mf* adivinador -ra
endevinalla [əndəβináʎə] *f* adivinanza, acertijo *m*
endevinar [əndəβiná] *vt* adivinar
endins [əndíns] *av* adentro; **mar ~** mar adentro
endinsar [əndinzá] *vt* introducir, meter adentro; *vp* (*internar-se*) adentrarse
endintre [əndíntrə] *av* = **endins**
endiumenjar-se [əndiwmənʒársə] *vp* acicalarse, endomingarse
endívia [əndíβiə] *f* endibia
endolcir [əndulsí] *vt* endulzar, dulcificar
endoll [əndóʎ] *m ele* enchufe
endollar [ənduʎá] *vt ele* enchufar
endossar [əndusá] *vt* (*una capa*) poner; *ecn* endosar; *fg* (*encolomar*) endosar, cargar con. *Sempre m'endossa les feines més ingrates*, siempre me endosa las tareas más ingratas

endrapar [əndrəpá] *vt fm* (*menjar*) zamparse, embuchar
endreçar [əndrəsá] *vt* arreglar, ordenar, asear; *lit* (*una obra*) dedicar
endurir [əndurí] *vtp* endurecer(se)
endur-se [əndúrsə] *vp* llevarse
enemic -iga [ənəmík] *aj mf* enemigo -ga
energètic -a [ənərʒɛ́tik] *aj f* energético -ca
energia [ənərʒíə] *f* energía
enèrgic -a [ənɛ́rʒik] *aj* enérgico -ca
energumen -úmena [ənərgúmən] *mf* energúmeno -na
enervant [ənərbán] *aj* enervante
enfadar [əmfəðá] *vtp* enfadar(se)
enfangar [əmfəŋgá] *vtp* enfangar(se), embarrar(se)
enfarfollar-se [əmfərfuʎársə] *vp* (*entrebancar-se* parlant) farfullar *vi*, tartajear *vi*; (*empatollar-se*) decir *vi*, hablar *vi* [sin ton ni son]
enfarinar [əmfəriná] *vt* enharinar; *fm* (*la cara*) empolvar
enfeinat -ada [əmfəjnát] *aj* ocupado -da
enfiladís -issa [əmfiləðís] *aj* trepador -ra; *f* enredadera
enfilar [əmfilá] *vt* (*una agulla*) enhebrar; (*perles, pedres, etc*) ensartar, enfilar, enhebrar; (*lligar fent fila*) atar; *vi fg* (*un camí, etc*) enfilar; *vp* (*pujar*) subirse, encaramarse; (*una planta*) trepar *vi*
enfitar [əmfitá] *vt med* (*empatxar*) empachar
enfocar [əmfuká] *vt* enfocar
enfollir [əmfuʎí] *vt* enloquecer
enfonsar [əmfunzá] *vt* (*un objecte, el terreny*) hundir; (*fer caure*) hundir, derribar, echar abajo; (*una persona, un negoci*) hundir, desmoronar; *vp* (*esfondrar-se*) hundirse, desmoronarse
enfora [əmfɔ́rə] *av* afuera
enfortir [əmfurtí] *vt* fortalecer
enfosquir [əmfuskí] *vtp* oscurecer(se); *vi* (*vesprejar*) oscurecer, anochecer
enfront [əmfrón] *m* fachada *f*; *prp* ~ **de** enfrente de, frente a
enfrontar [əmfruntá] *vtp* enfrentar(se)
enfundar [əmfundá] *vtp* enfundar(se)
enfurismar [ənfurizmá] *vtp* enfurecer(se)
enfurrunyar-se [əmfuruɲársə] *vp* enfurruñarse
engabiar [əŋgəβiá] *vt* enjaular
engalanar [əŋgələná] *vtp* engalanar(se)
engalipar [əŋgəlipá] *vt* embaucar, engatusar, timar
enganxar [əŋgəɲʃá] *vt* enganchar; (*unir amb cola*) pegar; (*agafar*) coger, pillar; *vp* (*fixar-se*) pegarse
enganxós -osa [əŋgəɲʃós] *aj* pegajoso -sa; (*una música*) pegadizo -za
engany [əŋgáɲ] *m* engaño
enganyar [əŋgəɲá] *vt* engañar
enganyifa [əŋgəɲífə] *f* engañifa
engarjolar [əŋgərʒulá] *vt* (*ficar a la presó*) enchironar, encarcelar
engegar [əɲʒəγá] *vt* (*un motor, una màquina*) poner en marcha,

accionar; (*un tret*) pegar, disparar; (*llançar*) lanzar, echar, tirar; (*expulsar*) echar, despedir; **~-ho tot a rodar** echarlo todo a rodar, arrojar (echarlo) todo por la borda

engelosir [əɲʒəluzí] *vt* dar celos, encelar; *vp* ponerse celoso, encelarse

engendrar [əɲʒəndrá] *vt* engendrar

enginy [əɲʒíɲ] *m* ingenio

enginyar [əɲʒiɲá] *vt* ingeniar; **~-s'ho (~-se-les)** ingeniárselas

enginyer -a [əɲʒiɲé] *mf* ingeniero -ra

engiponar [əɲʒipuná] *vt* apañar, componer, arreglar

englobar [əŋgluβá] *vt* englobar

engolir [əŋgulí] *vt* engullir, tragar

engonal [əŋgunál] *aj ana* inguinal; *m* ingle *f*

engranatge [əŋgɾənádʒə] *m* engranaje

engrandir [əŋgɾəndí] *vt* agrandar, engrandecer

engrapar [əŋgɾəpá] *vt* (*agafar fort*) agarrar; *tcn* (*unir*) grapar

engreixar [əŋgɾəʃá] *vtp* engordar(se)

engrescar [əŋgɾəská] *vtp* animar(se), entusiasmar(se)

engronsar [əŋgɾunsá] *vt* columpiar, mecer

engruna [əŋgɾúnə] *f* (*trosset petit*) pizca, chispa, miga; (*de pa*) miga, migaja; **ni una ~ de** ni pizca de

enguany [əŋgwáɲ] *av* este año

enguixar [əŋgiʃá] *vt arq* enyesar, revocar; *med* escayolar, enyesar

enhorabona [ənɔɾəβɔ́nə] *f* (*felicitació*) enhorabuena; *inj* ¡enhorabuena!, ¡mi más cordial enhorabuena!

enigma [ənígmə] *m* enigma

enjogassat -ada [əɲʒuɣəsát] *aj* juguetón -ona, retozón -ona

enjoiar [əɲʒujá] *vt* enjoyar

enlairar [ənləjɾá] *vt* elevar, levantar; (*exalçar*) enaltecer, ensalzar; *vp* (*un avió*) despegar *vi*; *fg* (*a una posició superior*) subir *vi*, elevarse

enlaire [ənlájɾə] *av* [*indicant posició*] *av* alto. *L'avió volava molt ~*, el avión volaba muy alto; [*indicant direcció*] arriba. *Mans ~*, manos arriba

enllà [əɲʎá] *av* hacia allá, para allá; **més ~ de** más de. *No eren més ~ de les dotze*, no eran más de la doce

enllaç [əɲʎás] *m* enlace

enllaçar [əɲʎəsá] *vt* enlazar

enllaunar [əɲʎəwná] *vt* (*recobrir amb llauna*) chapar; (*envasar amb llauna*) enlatar

enllestir [əɲʎəstí] *vt* acabar, terminar

enlletgir [əɲʎədʒí] *vt* afear; *fg* envilecer, degradar

enllitar-se [əɲʎitársə] *vp* encamarse, guardar cama

enlloc [əɲʎɔ́k] *av* en ninguna parte, en ningún sitio. *No el troben ~*, no lo encuentran en ningua parte; [*en frases interrogatives i condicionals*] alguna parte, algún sitio. *Has vist les meves claus ~*, ¿has visto mis llaves en alguna parte?

enlluernar [əɲʎuərná] *vt* deslumbrar
enllumenat [əɲʎumənát] *m* alumbrado
enllustrar [əɲʎustɾá] *vt* abrillantar, dar (sacar) brillo; *vp* (*fer-se fosc*) anochecer *vi*, hacerse de noche
enmig de [əmmítʃ] *prp* en medio de
ennegrir [ənnəɣɾí] *vt* ennegrecer
ennuegar [ənnuəɣá] *vt* atragantar; (*una emoció*) embargar; *vp* atragantarse
ennuvolar-se [ənnuβulársə] *vp* nublarse
enorme [ənórmə] *aj* enorme
enquadernar [əŋkwəðərná] *vt* encuadernar
enquesta [əŋkéstə] *f* encuesta
enrabiar [ənrəβiá] *vtp* enrabiar(se); **fer** ~ (*up*) hacer rabiar a up
enrajolar [ənrəʒulá] *vt* (*terres*) enladrillar, embaldosar; (*parets*) alicatar
enrampar [ənrəmpá] *vt* agarrotar; *ele* dar calambre
enraonar [ənrəuná] *vi* hablar, charlar
enrarir [ənrəɾí] *vt* enrarecer
enravenar [ənrəβəná] *vt* (*posar rígid*) atiesar; (*embalbir*) entumecer, aterir
enredar [ənrəðá] *vt* (*enxarxar*) enredar; (*involucrar*) enredar, complicar; *fg* (*enganyar*) engañar, tomar el pelo
enregistrar [ənrəʒistrá] *vt* (*registrar*) registrar; (*en un disc, una cinta, etc*) grabar, registrar
enreixat -ada [ənrəʃát] *aj m* enrejado -da
enrenou [ənrənɔ́w] *m* agitación *f*, bullicio, revuelo
enrere [ənrérə] *av* = **endarrere**
enretirar [ənrətiɾá] *vt* (*tirar endarrere*) retirar; (*deixar de banda*) retirar, apartar, echar (correr) a un lado; *vp* (*fer-se cap a*) retirarse, apartarse, echarse a un lado
enrevessat -ada [ənrəβəsát] *aj* enrevesado -da
enrinxolar-se [ənriɲʃulá] *vp* rizarse
enriquir [ənrikí] *vt* enriquecer
enrogir [ənruʒí] *vt* (*fer tornar roig*) enrojecer; *vp* (*enrojolar-se*) ruborizarse, sonrojarse
enrolar [ənrulá] *vt mar* enrolar
enroscar [ənruská] *vt* enroscar
enrotllar [ənruʎʎá] *vtp* enrollar(se); (*encerclar*) rodear
enrunar [ənruná] *vt* derruir, derribar, derrumbar; *vp* derrumbarse, venirse abajo
ens [ɛ́ns] *m iv* ente
ens [əns] *pr* nos. ~ *parla*, nos habla
ensabonar [ənsəβuná] *vt* enjabonar, jabonar; *fg* dar jabón, dar coba
ensacar [ənsəká] *vt* (*posar en sacs*) ensacar
ensagnar [ənsəŋná] *vt* ensangrentar
ensalada [ənsəláðə] *f gst* ensalada; ~ **russa** ensalada (ensaladilla) rusa
ensarronar [ənsəruná] *vt* (*posar en sarrons*) enzurronar; *fg* (*enganyar*) pegarla, engañar

[como a un chino], embaucar, dar camelo
ensems [ənsέms] *av* (*juntament, plegats*) juntamente, conjuntamente, juntos -tas. *Ho van fer* ~, lo hicieron conjuntamente; (*alhora*) a la vez, a la par. *Van aixecar el dit tots* ~, levantaron el dedo todos a la vez
ensenya [ənsέɲə] *f* enseña
ensenyament [ənsəɲəmén] *m* enseñanza
ensenyar [ənsəɲá] *vt* enseñar
ensinistrar [ənsinistrá] *vt* adiestrar
ensonyar [ənsuɲá] *vtp* adormecer(se), amodorrar(se), adormilar(se)
ensopegar [ənsupəγá] *vi* tropezar; *vt* (*trobar, encertar*) hallar, dar con, atinar con; (*encertar*) acertar; *vp* (*escaure's*) caer. *Nadal s'ensopega en dilluns*, Navidad cae en lunes
ensopir [ənsupí] *vt* amodorrar, adormecer, aletargar
ensordir [ənsurdí] *vt* ensordecer
ensorrar [ənsurá] *vt* (*a la sorra*) enterrar, hundir en la arena; (*enfonsar*) hundir, derrumbar, derribar; *fg* (*moralment, econòmicament*) hundir; *vp* (*enfonsar-se*) hundirse, derrumbarse, venirse abajo
ensucrar [ənsukrá] *vt* azucarar
ensumar [ənsumá] *vi* oler; *vt* (*sentir l'olor*) oler, olfatear, aspirar; *fg* (*sospitar*) oler, olfatear
ensurt [ənsúrt] *m* susto, sobresalto
entabanar [əntəβəná] *vt* engatusar, embaucar, camelar
entaforar [əntəfurá] *vt* (*amagar, ficar*) esconder, meter; *vp* (*amagar-se*) esconderse, ocultarse; *fg* meterse. *On us heu entarforat?*, ¿dónde os habéis metido?
entatxonar [əntətʃuná] *vt* embutir; *vp* apiñarse, aglomerarse
entaular [əntəwlá] *vt* (*una discussió, un combat, etc*) entablar; *vp* (*per menjar*) sentarse a la mesa
entelar [əntəlá] *vt* empañar
entendre [ənténdrə] *vt* entender; *vi* (*saber*) entender, ser entendido; *vp* (*entendre's bé*) entenderse; (*tenir relacions amoroses*) entenderse; **~-s'hi** aclararse con
entendrir [əntəndrí] *vt* ablandar, enternecer
entenedor -a [əntənəðó] *aj* comprensible; *mf* entendedor -ora, entendido -da
enteniment [əntənimén] *m* (*facultat de comprendre*) entendimiento; (*seny*) entendimiento, juicio, seso; **beure's l'~** perder el juicio
entenimentat -ada [əntənimәntát] *aj* sensato -ta, juicioso -sa
enter -a [əntér] *aj* (*sencer*) entero -ra; *m mat* entero
enterbolir [əntərbulí] *vt* enturbiar
enterrament [əntərəmén] *m* entierro
enterramorts [əntὲrəmɔ́rts] *mf* sepulturero -ra
enterrar [əntərá] *vt* enterrar

entès -esa [əntɛ́s] *aj mf* (*expert*) entendido -da, ducho-cha *fm*; **entesos** *inj* de acuerdo, vale *fm*
entestar-se [əntəstársə] *vp* (*obstinar-se*) empeñarse, emperrarse
entitat [əntitát] *f* entidad
entonació [əntunəsió] *f* entonación
entonar [əntuná] *vt* entonar; *vp* (*envanir-se*) entonarse
entorn [əntórn] *m* (*contorn*) contorno; *pl* (*voltants*) cercanías *f*, alrededores; *m fg* entorno. *L'~ familiar*, el entorno familiar; **a l'~** alrededor, en torno; **~ de** alrededor de, en torno a. *S'estaven ~ del llit*, se estaban alrededor de la cama
entortolligar [ənturtuʎiɣá] *vt* enroscar, enrollar; *vp fg* (*la llengua*) trabarse
entossudir-se [əntusuðírsə] *vp* empeñarse, emperrarse
entrada [əntráðə] *f* entrada
entranya [əntráɲə] *f ana* entraña; *pl fg* (*sentiments*) entrañas
entrar [əntrá] *vi* entrar. *Va ~ per la finestra*, entró por la ventana. *Aquest anell no m'entra*, este anillo no me entra; *fg Les matemàtiques no m'entren*, las matemáticas no me entran; *vt* meter, entrar. *Com heu entrat l'armari?*, ¿cómo habéis entrado el armario
entre [éntrə] *prp* entre
entrebancar [əntrəβəŋká] *vt* dificultar, estorbar, entorpecer; *vp* (*topar*) tropezar, chocar; *fg* (*embarbollar-se*) trabucarse, aturullarse
entrecot [əntrəkɔ́t] *m* entrecot
entrecuix [əntrəkúʃ] *m* entrepierna
entregar [əntrəɣá] *vtp* = **lliurar**
entrellaçar [èntrəʎəsá] *vt* entrelazar
entrellat [əntrəʎát] *m* (*raó oculta*) intríngulis; **treure'n l'~** dar con el quid de la cuestión
entremaliat -ada [əntrəməliát] *aj mf* travieso -sa, revoltoso -sa, pícaro -ra
entremès [əntrəmɛ́s] *m gst* entremés, aperitivo; *mús tea* entremés
entremig [èntrəmítʃ] *av* en medio; *m* intermedio, intervalo
entrenador -a [əntrənəðó] *mf* entrenador -ra
entrenar [əntrəná] *vtp* entrenar
entreobrir [èntrəuβrí] *vt* entreabrir
entrepà [èntrəpá] *m* bocadillo
entresòl [əntrəsɔ́l] *m* entresuelo
entretant [èntrətán] *av* entre tanto, mientras, mientras tanto
entreteniment [əntrətənimén] *m* entretenimiento
entretenir [əntrətəní] *vt* entretener; *vp* (*distreure's*) entretenerse
entreveure [èntrəβɛ́wrə] *vt* entrever, vislumbrar, divisar
entrevista [əntrəβístə] *f* entrevista
entristir [əntristí] *vtp* entristecer(se)
entusiasmar [əntuziəzmá] *vtp* entusiasmar(se)

enuig [ənútʃ] *m* (*irritació*) enojo, enfado; (*molèstia*) molestia *f*
enumeració [ənumərəsió] *f* enumeración
enumerar [ənumərá] *vt* enumerar
enunciat [ənunsiát] *m* enunciado
envà [əmbá] *m* tabique
envair [əmbəí] *vt* invadir
envàs [əmbás] *m* envase, casco
envasar [əmbəzá] *vt* envasar
enveja [əmbέʒə] *f* envidia; **fer ~** dar envidia
envejar [əmbəʒá] *vt* envidiar
envelat [əmbəlát] *m* entoldado; (*de circ*) carpa *f*
envellir [əmbəʎí] *vi* envejecer
envergadura [əmbərgəðúɾə] *f* envergadura
enverinar [əmbəɾiná] *vt* envenenar; *vp* (*una ferida, una discussió*) envenenarse
envernissar [əmbərnisá] *vt* barnizar
envers [əmbέrs] *prp* (*cap a*) hacia. *Fugiren ~ Barcelona*, huyeron hacia Barcelona; para con. *Amable ~ els seus avis*, amable para con sus abuelos
envestida [əmbəstíðə] *f* embestida, acometida
envestir [əmbəstí] *vt* embestir; (*uc àrdua*) acometer, emprender
enviar [əmbiá] *vt* (*trametre*) enviar, mandar; *vp* (*engolir-se*) tragarse, engullir *fm*
envoltar [əmbultá] *vt* rodear, circundar; *vp fg* rodearse
enxampar [əɲʃəmpá] *vt* atrapar, pillar, coger
enyor [əɲór] *m* = **enyorament**
enyorament [əɲurəmén] *m* añoranza *f*
enyorança [əɲuɾánsə] *f* = **enyorament**
enyorar [əɲuɾá] *vt* añorar, echar de menos, extrañar; *vp* sentir añoranza. *S'enyora molt*, siente mucha añoranza
enze [έnzə] *m* (*de caça*) señuelo; *fg dsp* (*persona aturada*) papanatas, bobalicón
ep [έp] *inj* ¡eh!; (*objecció*) ¡ojo!, ¡alto!, ¡cuidado!
epidèmia [əpiðέmiə] *f* epidemia
epifania [əpifəníə] *f* epifanía
epíleg [əpílək] *m* epílogo
epilèpsia [əpilέpsiə] *f* epilepsia
episcopat [əpiskupát] *m* episcopado
episodi [əpizɔ́ði] *m* episodio
epítet [əpítət] *m* epíteto
època [έpukə] *f* época
equador [əkwəðór] *m mat geo* ecuador
equatorial [əkwətuɾiál] *aj* ecuatorial
eqüestre [əkwέstɾə] *aj* ecuestre
equilibrar [əkiliβɾá] *vt* equilibrar
equilibri [əkilíβɾi] *m* equilibrio
equilibrista [əkiliβɾístə] *mf* equilibrista
equip [əkíp] *m* equipo
equipament [əkipəmén] *m* equipamiento; **~ urbà** equipo urbano
equipar [əkipá] *vt* equipar
equipatge [əkipádʒə] *m* equipaje
equitació [əkitəsió] *f* equitación
equitatiu -iva [əkitətíw] *aj* equitativo -va
equivalència [əkiβəlέnsiə] *f* equivalencia

equivalent [əkiβəlén] *aj m* equivalente
equivaler [əkiβəlɛ́] *vi* equivaler
equívoc -a [əkíβuk] *aj m* equívoco -ca
equivocació [əkiβukəsió] *f* equivocación
equivocar [əkiβuká] *vtp* equivocar(se)
era [éɾə] *f* (*període*) era; *agr* era
erecte -a [əɾɛ́ktə] *aj* erecto -ta
eriçó [əɾisó] *m zoo* erizo; ~ **de mar** erizo de mar
erm -a [ɛ́rm] *aj* (*inhabitat*) yermo -ma, despoblado -da, desierto -ta; (*sense vegetació*) yermo -ma, àrido -da, baldío -a; *m agr* (*terreny improductiu*) yermo, erial, páramo
ermita [əɾmítə] *f* ermita
erosió [əɾuzió] *f* erosión
erosionar [əɾuziuná] *vt* erosionar
erotisme [əɾutízmə] *m* erotismo
erra [ɛ́ɾə] *f* (*nom de lletra*) erre
errada [əɾáðə] *f* error *m*
errar [əɾá] *vi* (*anar a l'atzar*) errar; (*moralment*) pecar; *vt* (*equivocar*) errar. ~ *la vocació*, errar la vocación; *vp* equivocarse; **anar errat** ir (andar) errado (descaminado)
errata [əɾátə] *f* errata. *Fe d'errates*, fe de erratas
error [əɾóɾ] *m* error
eructe [əɾúktə] *m* eructo
erudit -a [əɾuðít] *aj mf* erudito -ta
eruga [əɾúγə] *f* oruga
erupció [əɾupsió] *f* erupción
esbalair [əzbələí] *vt* pasmar, dejar atónito (estupefacto); *vp* pasmarse, quedarse atónito (estupefacto)
esbandir [əzbəndí] *vt* (*roba, plats, etc*) enjuagar, aclarar; *vp fg* (*desempallegar-se*) desembarazarse
esbargir [əzbərʒí] *vtp* distraer(se)
esbarjo [əzbárʒu] *m* recreo
esbarriar [əzbəriá] *vt* (*extraviar*) extraviar; *vtp* (*escampar*) desparramar(se), esparcir(se)
esbart [əzbárt] *m* (*d'ocells*) bandada *f*; (*d'animals*) manada *f*; (*grup de dansaires*) grupo de coros y danzas
esbarzer [əzbərzé] *m* zarza *f*
esbatanar [əzbətəná] *vt* abrir de par en par
esberlar [əzbərlá] *vt* rajar, hender, abrir, partir; *vp* (*una fruita*) abrirse, rajarse
esbirro [əzbíru] *m* esbirro
esbocinar [əzbusiná] *vt* partir, trocear, desmenuzar; *vp* hacerse trizas, destrozarse
esbojarrat -ada [əzbuʒərát] *aj* alocado -da, alborotado -da
esborrador -a [əzburəðó] *aj m* borrador -ra
esborrany [əzburáɲ] *m* (*d'un escrit*) borrador, bosquejo; (*d'un dibuix*) bosquejo, esbozo
esborrar [əzburá] *vt* borrar; (*ratllar*) tachar
esborronar [əzburuná] *vt* horripilar, espeluznar; *vp* horripilarse
esbotzar [əzbudzá] *vt* reventar
esbravar-se [əzbɾəβársə] *vp* (*una beguda*) desbravarse; *fg* desahogarse, desfogarse

esbrinar [əzbriná] *vt* averiguar
esbroncar [əzbruŋká] *vt* (*mostrar desaprovació*) abuchear; (*renyar*) reñir, reprender
esbufegar [əzbufəγá] *vi* resoplar, jadear, bufar
escabellar [əskəβəʎá] *vtp* despeinar(se), desmelenar(se)
escabrós -osa [əskəβrós] *aj* escabroso -sa
escacs [əskáks] *mpl* ajedrez *sg*
escadusser -a [əskəðusé] *aj* (*que sobra*) sobrante, suelto -ta; *fg* (*esporàdic*) esporádico -ca
escafandre [əskəfándrə] *m* escafandra *f*
escaient [əskəjén] *aj* (*que escau bé*) que sienta bien, que favorece; (*oportú*) adecuado -da, apropiado -da
escaiola [əskəjɔ́lə] *f bot* alpiste *m*; *arq* (*guix*) escayola
escaire [əskájrə] *m* escuadra *f*
escala [əskálə] *f arq* escalera; (*de corda, de mà*) escala; (*d'un mapa*) escala; (*lloc de parada*) escala; *mús* escala; *pl* (*esglaons*) peldaños *m*; ~ **de cargol** escalera de caracol; ~ **mecànica** escalera mecánica
escalada [əskəláðə] *f* escalada
escalador -a [əskələðó] *adj mf* escalador -ra
escalar [əskəlá] *vt* escalar
escaldar [əskəldá] *vt* escaldar; *med* (*encetar*) rozar, irritar
escalfador -a [əskəlfəðó] *aj m* calentador -ra
escalfar [əskəlfá] *vt* calentar
escalfor [əskəlfó] *f* calor *m*
escalinata [əskəlinátə] *f* escalinata
escaló [əskəló] *m* escalón, peldaño
escalonar [əskəluná] *vt* escalonar
escalopa [əskəlópə] *f* escalope *m*
escalpel [əskəlpέl] *m* escalpelo
escama [əskámə] *f* escama
escamarlà [əskəmərlá] *m zoo* cigala *f*
escamot [əskəmɔ́t] *m* pelotón
escamotejar [əskəmutəʒá] *vt* escamotear
escampar [əskəmpá] *vt* (*separar en diferents direccions*) diseminar, desperdigar; derramar, desparramar. *No escampis les escombraries*, no desparrames la basura; esparcir. *Escampa el sucre damunt la coca*, esparce el azúcar sobre la torta; extender. *Escampa bé la mantega*, extiende bien la mantequilla; *vi* (*el temps plujós*) aclarar, aclararse *vp*, despejarse *vp*; *vp* dispersarse, diseminarse, extenderse, esparcirse
escandalitzar [əskəndəlidzá] *vt* escandalizar
escandinau -ava [əskəndináw] *aj mf* escandinavo -va
escàndol [əskándul] *m* escándalo; (*xivarri*) escándalo, escandalera *f*
escanyar [əskəɲá] *vt* estrangular, ahogar, asfixiar; *fg* (*esprémer*) estrujar, apretar; *vp* ahogar-se, asfixiarse; (*ennuegarse*) atragantarse
escanyolit -ida [əskəɲulít] *aj* desmirriado -da, canijo -ja
escapar [əskəpá] *vip* escapar(se)
escapçar [əskəpsá] *vt* descabezar, despuntar; *jcs* (*les cartes*) cortar
escapolir-se [əskəpulírsə] *vp* huir *vi*, escabullirse, zafarse

escarabat [əskərəβát] *m* escarabajo; ~ **de cuina** cucaracha
escarafalls [əskərəfáʎs] *mpl* aspavientos; **fer** ~ hacer ascos a, hacer aspavientos de
escaramussa [əskərəmúsə] *f* escaramuza
escarlata [əskərlátə] *aj m* escarlata
escarmentar [əskərməntá] *vti* escarmentar
escarnir [əskərní] *vt* escarnecer; *fm* (*imitar en to de burla*) imitar
escarola [əskərɔ́lə] *f bot agr* escarola
escarpat -ada [əskərpát] *aj* escarpado -da
escarpí [əskərpí] *m* escarpín
escarransit -ida [əskərənsít] *aj* (*escanyolit*) esmirriado -da, enclenque; *aj mf* (*mesquí*) mezquino -na, agarrado -da
escarràs [əskərás] *m* [*pl: -assos*] (*estellicó*) astillita *f*; (*penjoll de fruita*) racimo; (*persona*) burro (bestia *f*) de carga
escarxofa [əskrʃɔ́fə] *f* alcachofa
escàs -assa [əskás] *aj* escaso -sa
escassejar [əskəsəʒá] *vt* escasear
escassetat [əskəsətát] *f* escasez
escata [əskátə] *f* escama
escatainar [əskətəjná] *vi* (*les gallines*) cacarear
escatar [əskətá] *vt* (*treure l'escata*) escamar; (*una superfície*) raspar, lijar
escatimar [əskətimá] *vt* escatimar
escatològic -a [əskətulɔ́ʒik] *aj* escatológico -ca
escaure [əskáwrə] *vi* (*fer per a*) ir bien con, ir (con); (*un vestit, un adorn*) sentar bien (mal); *vp* (*una data*) caer *vi*; **si s'escau** si se tercia
escena [əsɛ́nə] *f* escena
escenari [əsənári] *m* escenario
esclafar [əskləfá] *vt* aplastar, chafar
esclafir [əskləfí] *vi* restallar, chascar; ~ **a** (**de**) **riure** (**plorar**) echarse a reír (llorar); *vt* hacer chascar (restallar); (*el riure, el plor*) echarse (romper) a [con infinitivo]. *Tots vam* ~ *el riure*, todos nos echamos a reír
esclat [əsklát] *m* (*d'una bomba*) explosión *m*, estallido; (*d'entusiasme*) estallido; (*brillantor*) brillo, resplandor
esclatar [əsklətá] *vi* estallar
esclau -ava [əskláw] *mf* esclavo -va
escletxa [əsklétʃə] *f* (*entre dues coses no ben closes*) rendija, resquicio *m*; (*forat llarg i estret*) grieta
esclop [əsklɔ́p] *m* zueco
escó [əskó] *m* escaño
escocès -esa [əskusɛ́s] *aj m* escocés -esa
escodrinyar [əskuðriɲá] *vt* escudriñar
escola [əskɔ́lə] *f* escuela
escolà [əskulá] *m rlg* monaguillo; ~ **de cant** (**de cor**) infante (niño) de coro
escolar [əskulár] *aj mf* escolar
escolaritat [əskuləritát] *f* escolaridad
escollir [əskuʎí] *vt* escoger, elegir; **per** ~ a escoger

escolta [əskɔ́ltə] *aj mf* explorador -ra, scout, boy scout; *f* (*acció d'escoltar*) escucha
escoltar [əskultá] *vt* escuchar; (*fer cas*) escuchar, oír; **escolta!** *inj* ¡oye!
escombra [əskómbrə] *f* escoba
escombrar [əskumbrá] *vt* barrer
escombraries [əskumbrəríəs] *fpl* basura *sg*; **galleda de les ~** cubo de la basura
escombriaire [əskumbriájrə] *mf* basurero -ra
escometre [əskumétrə] *vt* acometer
escon [əskón] *m* = **escó**
escopeta [əskupétə] *f* escopeta
escopinada [əskupináðə] *f* escupitajo *m*
escopir [əskupí] *vti* escupir
escorça [əskɔ́rsə] *f bot* corteza; **~ terrestre** *geo* corteza terrestre
escorcollar [əskurkuʎá] *vt* (*butxaques, calaixos*) registrar; (*up*) registrar, cachear
escòria [əskɔ́riə] *f* escoria
escorpí [əskurpí] *m* escorpión, alacrán
escórrer [əskórə] *vt* escurrir. *Escorre bé l'ampolla de l'oli*, escurre bien la botella del aceite. *Has escorregut tota la roba?*, ¿has escurrido toda la ropa?; *vp* escurrirse. *Deixa que els plats s'escorrin*, deja que los platos se escurran; (*relliscar*) escurrirse, resbalarse
escorrialles [əskuriáʎəs] *fpl* escurriduras
escorta [əskórtə] *f* escolta
escorxador [əskurʃəðó] *m* (*d'animals*) matarife; *m* (*lloc per a escorxar bestiar*) matadero
escorxar [əskurʃá] *vt* (*escorçar*) descortezar; (*llevar la pell*) desollar, despellejar
escot [əskɔ́t] *m* escote
escotilla [əskutíʎə] *f* escotilla
escridassar [əskriðəsá] *vt* (*renyar fent crits*) abroncar, regañar, reñir; (*up en públic*) abuchear, abroncar; *vp* (*barallar-se a crits*) reñir *vi*, regañar *vi*, pelearse; (*esgargamellar-se*) desgañitarse
escriptor -a [əskriptó] *mf* escritor -ra
escriptori [əskriptɔ́ri] *m* escritorio
escriptura [əskriptúrə] *f* escritura
escrit [əskrít] *m* escrito
escriure [əskríwrə] *vt* escribir
escrúpol [əskrúpul] *m* [*generalment en pl*] escrúpulo
escrupolós -osa [əskrupulós] *aj* escrupuloso -sa
escrutar [əskrutá] *vt* escrutar
escrutini [əskrutíni] *m* escrutinio
escudella [əskuðéʎə] *f* (*recipient*) escudilla; *gst* escudella catalana; **fer ~** *fg* asquear, fastidiar, dar asco
escuder -a [əskuðé] *mf* escudero -ra
escull [əskúʎ] *m* escollo, arrecife; *fg* escollo
escullera [əskuʎérə] *f* rompeolas *m*
esculpir [əskulpí] *vt* esculpir
escultor -a [əskultó] *mf* escultor -ra
escultura [əskultúrə] *f* escultura

escultural [əskulturál] *aj* escultural
escuma [əskúmə] *f* espuma
escumadora [əskuməðórə] *f* espumadera
escumejar [əskuməʒá] *vi* espumar
escumós -osa [əskumós] *aj* espumoso -sa
escuradents [əskùrəðéns] *m* palillo, mondadientes
escurar [əskurá] *vt* (*un receptacle, un conducte*) limpiar; (*un plat, una cassola*) rebañar; (*la xemeneia*) deshollinar; **estar escurat** (*sense diners*) *fg fm* estar limpio (pelado)
escura-xemeneies [əskùrəʃəmənɛ́jəs] *mf* deshollinador -ra
escurçar [əskursá] *vt* acortar
escurçó [əskursó] *m zoo* víbora *f*
escut [əskút] *m* escudo
esdevenidor -a [əzdəβəniðó] *aj* venidero -ra, futuro -ra; *m* porvenir, futuro
esdeveniment [əzdəβənimén] *m* acontecimiento, suceso, evento
esdevenir [əzdəβəní] *vi* convertirse *vp*; llegar a; hacerse *vp*; (*tornar-se*) volverse; (*succeir*) ocurrir, suceder, pasar; *vp* (*tenir lloc*) suceder, acontecer, pasar, acaecer; *m* devenir
esdevenir [əzdəβəní] *m* devenir
esfera [əsférə] *f* esfera; **les altes esferes** *fg* las altas esferas
esfereïdor -a [əsfərəiðó] *aj* aterrador -ra
esfereir [əsfərəí] *vt* aterrar, aterrorizar
esfèric -a [əsfɛ́rik] *aj* esférico -ca
esfilagarsar [əsfiləɣərsá] *vt* deshilachar
esfondrar [əsfundrá] *vt* hundir; (*un edifici*) hundir, derribar
esforç [əsfɔ́rs] *m* esfuerzo
esforçar-se [əsfursársə] *vp* esforzarse, apretar
esfullar [əsfuʎá] *vt* deshojar
esgargamellar-se [əzɣəɣəməʎársə] *vp* desgañitarse
esgarip [əzgəríp] *m* chillido, alarido
esgarrapada [əzgərəpáðə] *f* arañazo *m*, rasguño *m*; **amb una ~** en un santiamén, en un periquete
esgarrapar [əzgərəpá] *vt* arañar, rasguñar; (*la terra*) escarbar; *fg* (*treure profit*) arañar
esgarrifança [əzgərifánsə] *f* escalofrío *m*
esgarrifar [əzgərifá] *vtp* estremecer(se)
esgarrifós -osa [əzgərifós] *aj* espeluznante, estremecedor -ra, escalofriante
esgarrinxada [əzgəriɲʃáðə] *f* arañazo *m*, rasguño *m*
esgarrinxar [əzgəriɲʃá] *vt* arañar
esglai [əzgláj] *m* espanto, susto, horror
esglaiar [əzgləjá] *vt* asustar, espantar, horrorizar
esglaó [əzgləó] *m* escalón, peldaño
esglaonar [əzgləuná] *vtp* escalonar(se)
església [əzglézіə] *f* iglesia
esgotar [əzgutá] *vt* agotar
esgrima [əzgrímə] *f* esgrima
esgrimir [əzgrimí] *vt* (*arma*) esgrimir, blandir; *fg* esgrimir

esguard [əzgwárt] *m* mirada *f*
esgüell [əzgwéʎ] *m* (*del porc, el conill, la rata*) chillido
esguerrar [əzgərá] *vt* (*mutilar*) lisiar; (*fer malbé*) estropear, echar a perder
esguerrat -ada [əzgərát] *aj* (*mutilat*) mutilado -da, lisiado -da; (*òrgan*) deforme, contrahecho -cha; (*fet malbé*) estropeado -da, malogrado -da, echado -da a perder; *mf* (*persona*) lisiado -da, mutilado -da
eslip [əzlíp] *m* eslip
esllomar [əzʎumá] *vtp* deslomar(se)
eslògan [əzlɔ́ɣən] *m* eslogan
esma [ɛ́zmə] *f* ánimo *m*; **d'**~ rutinariamente, maquinalmente
esmalt [əzmál] *m* esmalte
esmaperdut -uda [ɛ̀zməpərdút] *aj* desconcertado -da, desorientado -a
esmena [əzmɛ́nə] *f* enmienda
esmenar [əzməná] *vt* enmendar
esment [əzmén] *m* (*coneixement*) conocimiento, noticia *f*. *No tenia ~ que li havien donat el premi*, no tenía conocimiento de que le habían dado el premio; (*menció*) mención *f*. *Digne d'~*, digno de mención; (*atenció*) esmero, atención *f*; **fer** ~ hacer mención, mencionar; **parar** ~ darse cuenta, percatarse
esmentar [əzməntá] *vt* mencionar, citar
esmerçar [əzmərsá] *vt* (*diners*) invertir, emplear, gastar; *fg* (*dedicar*) dedicar, emplear
esmicolar [əzmikulá] *vtp* desmenuzar(se), deshacer(se), hacer(se) añicos
esmolar [əzmulá] *vt* afilar; (*gastar amb fregadís*) desgastar, gastar; *fg* (*la intel·ligència, etc*) aguzar, avivar; *vp* (*la roba*) desgastarse, gastarse
esmòquing [əzmɔ́kiŋ] *m* esmoquin
esmorteir [əzmurtəí] *vt* amortiguar
esmorzar [əzmurzá] *m* desayuno
esmorzar [əzmurzá] *vi* desayunar, tomar el desayuno
esmunyir [əzmuɲí] *vt* (*fer passar lliscant*) deslizar; *vp* (*lliscar*) escurrirse, resbalarse
esnob [əznɔ́p] *aj mf* esnob
esòfag [əzɔ́fək] *m* esófago
esotèric -a [əzutɛ́rik] *aj* esotérico -ca
espacial [əspəsiál] *aj* espacial
espadat -ada [əspəðát] *aj* escarpado -da, abrupto -ta; *m geo* acantilado
espagueti [əspəɣɛ́ti] *m* [*pl inv o -is*] espagueti
espai [əspáj] *m* espacio
espaiós -osa [əspəjós] *aj* espacioso -sa
espant [əspán] *m* (*por forta i sobtada*) espanto, pavor; (*ensurt*) susto
espantall [əspəntáʎ] *m* espantajo, espantapájaros; (*molt lleig*) espantajo, adefesio
espantamosques [əspàntəmóskəs] *m* espantamoscas
espantaocells [əspàntuséʎs] *m* espantapájaros

espantar [əspəntá] *vt* (*causar espant*) asustar, espantar; (*fer fugir*) espantar, ahuyentar
espantós -osa [əspəntós] *aj* espantoso -sa
espanyol -a [əspəɲɔ́l] *aj mf* español -la; *m* (*idioma*) español, castellano
espaordir [əspəurdí] *vt* aterrorizar, despavorir
esparadrap [əspəɾəðɾáp] *m* esparadrapo
espardenya [əspərdɛ́ɲə] *f* alpargata
espargir [əspərʒí] *vt* (*dispersar*) esparcir, desparramar; (*separar*) dispersar, desperdigar; (*la boira, els núvols*) disipar; *vp* dispersarse, esparcirse, desperdigarse
esparracar [əspərəká] *vt* (*roba*) rasgar, romper, hacer jirones
espàrrec [əspárək] *m* espárrago
esparver [əspərbé] *m zoo* (*Accipites sp*) gavilán; (*Circus sp*) aguilucho
esparverar [əspərbəɾá] *vtp* aterrar(se), aterrorizar(se)
espasa [əspázə] *f* espada; *pl* (*coll en les cartes*) espadas
espasme [əspázmə] *m* espasmo
espatlla [əspáʎʎə] *f ana* hombro *m*; *gst* paletilla; **a les espatlles** a hombros; **arronsar-se d'espatlles** encogerse de hombros; **posar l'**~ arrimar el hombro
espatllar [əspəʎʎá] *vtp* estropear(se)
espàtula [əspátulə] *f* espátula
espavilar [əspəβilá] *vt* (*avivar l'enginy*) despabilar, espabilar, avivar; *vp* despabilarse, espabilarse; (*afanyar-se*) despabilarse, darse prisa, apresurarse
espavilat -ada [əspəβilát] *aj* despabilado -da, espabilado -da, avispado -da
espècia [əspɛ́siə] *f* especia
especial [əspəsiál] *aj* especial
especialista [əspəsiəlístə] *mf* especialista
especialitzar [əspəsiəlidzá] *vt* especializar
espècie [əspɛ́siə] *f* especie; (*mena*) especie, clase, tipo *m*; **en** ~ en especie
específic -a [əspəsífik] *aj* específico -ca; *m med* específico
especificar [əspəsifiká] *vt* especificar
espècimen [əspɛ́simən] *m* espécimen
espectacle [əspəktáklə] *m* espectáculo
espectacular [əspəktəkulár] *aj* espectacular
espectador -a [əspəktəðó] *mf* espectador -ra
espectre [əspéktɾə] *m* espectro
especular [əspəkulá] *vi* especular
espellar [əspəʎá] *vt* despellejar, desollar
espellifat -ada [əspəʎifát] *aj* andrajoso -sa, desastrado -da, harapiento -ta
espelma [əspɛ́lmə] *f* vela; **aguantar l'**~ ir de carabina
espera [əspéɾə] *f* espera
esperança [əspəɾánsə] *f* esperanza

esperanto [əspəɾántu] *m* esperanto
esperar [əspəɾá] *vt* (*creure, desitjar*) esperar. *Espero que vindrà*, espero que vendrá. *Espero que ho aconsegueixis*, espero que lo consigas; *ab* esperar, aguardar. *Esperem una mica més*, esperemos un poco más; *vi* (*confiar*) esperar, confiar. *Ell espera en tu*, él espera en ti; *vp* esperar(se). *Espera't un moment*, espera (espérate) un momento
esperit [əspəɾít] *m* espíritu; *fg* (*ànima, cor*) ánimo, espíritu
esperitat -ada [əspəɾitát] *aj* endemoniado -da, poseído -da; **com un** ~ como alma que lleva el diablo
esperma [əspɛ́rmə] *f* esperma *m/f*
espermatozoide [əspərmətuzɔ́jðə] *m* espermatozoide, espermatozoo
esperó [əspəɾó] *m* espuela *f*; *fg* (*estímul*) acicate, espuela *f*, aguijón
esperonar [əspəɾuná] *vt* (*el cavall*) espolear; *fg* (*incitar, picar*) espolear, aguijonear
espès -essa [əspɛ́s] *aj* espeso -sa; *fg* (*obtús*) obtuso -sa, parado -da, torpe; (*atapeït*) espeso -sa, tupido -da
espessir [əspəsí] *vt* espesar
espetec [əspətɛ́k] *m* (*soroll sec*) chasquido; (*fort i sec*) estallido
espetegar [əspətəɣá] *vi* (*la llengua, una tralla*) chascar, chasquear; (*un tro, un petard*) estallar
espia [əspíə] *mf* espía
espiadimonis [əspìəðimɔ́nis] *m* *zoo* libélula
espiar [əspiá] *vt* (*observar*) espiar, acechar; (*l'ocasió*) esperar, aguardar; *fm* (*delatar*) chivar, soplar
espieta [əspiɛ́tə] *mf fm* (*delator*) chivato -ta, soplón -ona, acusica
espiga [əspíɣə] *f* espiga
espigó [əspiɣó] *m* espigón
espígol [əspíɣul] *m* espliego
espill [əspíʎ] *m* espejo
espina [əspínə] *f bot* espina; (*d'un peix*) raspa, espina; **fer mala** ~ dar mala espina, oler a chamusquina
espinacs [əspinák] *mpl* espinacas *f*
espinada [əspináðə] *f* espinazo *m*
espinal [əspinál] *aj* espinal
espinguet [əspiŋgɛ́t] *m* (*so agut*) estridor, estridencia *f*; (*crit agut*) chillido; (*persona*) chillón -ona, gritón -ona; (*veu d'espinguet*) voz *f* de pito
espinós -osa [əspinós] *aj* espinoso -sa, peliagudo -da
espira [əspíɾə] *f* (*guspira*) chispa; *arq geom* espira
espiral [əspiɾál] *aj f* espiral
espiritual [əspiɾituál] *aj* espiritual; ~ **negre** espiritual negro
esplai [əspláj] *m* esparcimiento, recreo, distracción; **centre d'**~ centro recreativo
esplaiar [əspləjá] *vtp* explayar(se)
esplanada [əsplənáðə] *f* explanada
esplèndid -a [əsplɛ́ndit] *aj* espléndido -da

esplendor [əspləndó] *f* esplendor *m*
esplet [əsplét] *m* cosecha *f*
espolsar [əspulsá] *vt* (*netejar de pols*) desempolvar; (*picar*) sacudir; *vp fg* (*uc o up molesta*) sacudirse, quitarse de encima
esponerós -osa [əspunərós] *aj* (*ufanós, abundant*) copioso -sa, abundante; (*plantes*) lozano -na
esponja [əspɔ́ɲʒə] *f* esponja
esponjós -osa [əspuɲʒós] *aj* esponjoso -sa
espontani -ània [əspuntáni] *aj* espontáneo -a
espora [əspórə] *f* espora
esporgar [əspurgá] *vt* podar
esport [əspɔ́rt] *m* deporte
esportista [əspurtístə] *aj mf* deportista
esportiu -iva [əspurtíw] *aj* deportivo -va
esporuguir [əspuruɣí] *vtp* amedrentar(se), atemorizar(se)
espòs -osa [əspɔ́s] *mf* esposo -sa
espremedora [əsprəməðórə] *f* exprimidor *m*
esprémer [əsprémə] *vt* exprimir, estrujar
esprint [əsprín] *m* esprint
espuma [əspúmə] *f* = **escuma**
espurna [əspúrnə] *f* chispa, centella; (*petita porció*) pizca
esquadra [əskwáðrə] *f mar mil* escuadra
esquadró [əskwəðró] *m* escuadrón
esquarterar [əskwərtərá] *vt* (*tallar en quarters*) cuartear; (*fer trossos*) descuartizar
esqueix [əskéʃ] *m* esqueje
esqueixar [əskəʃá] *vt* (*esquinçar*) desgarrar, rasgar; (*una branca*) arrancar
esquela [əskélə] *f* esquela
esquelet [əskəlét] *m* esqueleto
esquelètic -a [əskəlétik] *aj* esquelético -ca
esquella [əskéʎə] *f* esquila, cencerro *m*
esquema [əskémə] *m* esquema
esquena [əskénə] *f* espalda; **girar (donar) l'~** (*a up*) volver (dar) la espalda a alguien
esquenadret -a [əskɛ̀nəðrét] *aj* (*gandul*) holgazán -ana; gandul -la; vago -ga
esquer [əské] *m* cebo, carnaza *f*
esquerda [əskérdə] *f* grieta, resquebrajadura, raja
esquerdar [əskərdá] *vt* resquebrajar, agrietar, rajar; (*estellar*) astillar, hacer astillas
esquerp -a [əskérp] *aj* arisco -ca, huraño -ña
esquerrà -ana [əskərá] *aj mf* zurdo -da
esquerre -a [əskérə] *aj* izquierdo -da; *f* izquierda
esquí [əskí] *m* [*pl: -ís*] esquí
esquiador -a [əskiəðó] *mf* esquiador -ra
esquiar [əskiá] *vi* esquiar
esquifit -ida [əskifít] *aj* pequeño -ña; estrecho -cha; desmirriado -da, esmirriado -da
esquilar [əskilá] *vt* esquilar, trasquilar
esquimal [əskimál] *aj mf* esquimal
esquinçar [əskinsá] *vtp* desgarrar(se), rasgar(se), hacer(se) jirones

esquirol [əskirɔ́l] *m zoo* ardilla *f*; *mf fm* (*obrer insolidari*) esquirol
esquitx [əskítʃ] *m* (*petita quantitat d'aigua*) salpicadura *f*; (*petita quantitat d'uc*) pizca *f*, chispa *f*; (*cosa o persona petita*) insignificancia *f*
esquitxar [əskitʃá] *vt* salpicar; (*diners*) soltar, aflojar; *fg* (*tacar*) manchar
esquiu -iva [əskíw] *aj* esquivo -va, arisco -ca
esquivar [əskiβá] *vt* esquivar; (*defugir*) esquivar, evitar
esquizofrènia [əskizufrέniə] *f* esquizofrenia
essa [ésə] *f* (*nom de lletra*) ese
essencial [əsənsiál] *aj* esencial
ésser [ésə] *m* ser
ésser [ésə] *vi* ser. *Déu és*, dios es; [*copulatiu*] ser. *En Joan és metge*, Juan es médico; (*caure, esdevenir-se*) ser. *Els exàmens seran el dia dos*, los exámenes serán el día dos; (*trobar-se*) estar. *Demà serem a Conca*, mañana estaremos en Cuenca; (*qualitat irreversible*) estar. *En Pere és mort*, Pedro está muerto; (*qualitat transitòria en éssers inanimats*) estar. *La porta és oberta*, la puerta está abierta; **sigui com vulgui** sea como sea (como quiera); **som-hi?** ¿vamos?
est [ést] *m* este
estable [əstábblə] *aj* (*fermament establert*) estable
estable [əstábblə] *m* (*per al bestiar*) establo; (*de cavalleries i bèsties de càrrega*) cuadra *f*; (*lloc molt brut*) cuadra *f*, pocilga *f*
establiment [əstəbblimén] *m* establecimiento
establir [əstəbblí] *vt* establecer; *vp* (*fixar la residència*) establecerse; (*posar un negoci*) establecerse
estabornir [əstəβurní] *vt* aturdir, atontar, dejar inconsciente, dejar fuera de combate *fm*,
estaca [əstákə] *f* estaca
estacar [əstəká] *vt* estacar
estació [əstəsió] *f* estación
estacionament [əstəsiunəmén] *m* estacionamiento
estacionari -ària [əstəsiunári] *aj* estacionario -ria
estada [əstáðə] *f* estancia
estadi [əstáði] *m* estadio
estadístic -a [əstəðístik] *aj f* estadístico -ca
estafa [əstáfə] *f* estafa, timo *m fm*
estafar [əstəfá] *vt* estafar, timar *fm*
estalvi -àlvia [əstálβi] *aj* salvo -va. *Van tornar sans i ~s*, volvieron sanos i salvos; *m* (*acció d'estalviar*) ahorro; *pl* salvamanteles *iv*
estalviar [əstəlβiá] *vt* ahorrar
estampa [əstámpə] *f* estampa
estampar [əstəmpá] *vt* estampar
estanc [əstáŋ] *aj m* estanco -ca
estancat -ada [əstəŋkát] *aj* estancado -da
estàndard [əstándər] *aj m* estándar
estany [əstáɲ] *m* (*en un jardí*) estanque; *geo* lago; (*metall*) estaño
estar [əstá] *vi* (*qualitat transitòria*) estar. ~ *trist*, estar triste; (*haver*

acabat) terminar, acabar. *Ja estic*, ya he terminado; *vip* (*viure en un lloc*) estar. *Ara estic a Reus*, ahora estoy en Reus; (*indicant posició*) estar. ~ *assegut a taula*, estar sentado en la mesa; (*romandre en un estat*) estarse. *Estigueu quiets*, estaos quietos; ~ **per** estar sin. *El llit està per fer*, la cama está sin hacer; (*up o uc*) atender. *Ara estic per vostè*, ahora le atiendo; ~**-se de** privarse de, abstenerse de

estarrufar [əstərufá] *vt* erizar; *vp fg* (*envanir-se*) ahuecarse, hincharse, ponerse hueco

estat [əstát] *m* estado; (*administració*) Estat; **estar en** ~ estar en estado

estatge [əstádʒə] *m* (*habitació*) vivienda *f*, morada *f*, alojamiento

estàtua [əstátuə] *f* estatua

estatura [əstətúɾə] *f* estatura

estatut [əstətút] *m* estatuto

estavellar [əstəβəʎá] *vtp* estrellar(se), estampar(se)

estel [əstɛ́l] *m* estrella *f*; *jcs* cometa *f*

estella [əstéʎə] *f* astilla

estenalles [əstənáʎəs] *fpl* tenazas

estendre [əsténdɾə] *vt* (*desplegar*) extender, tender; (*la roba*) tender; (*una acta, una factura, un xec*) extender; *vp* extenderse; (*el pànic*) cundir

estenedor [əstənəðó] *m* tendedero

estepa [əstɛ́pə] *f* estepa

estèril [əstɛ́ɾil] *aj* estéril

esternudar [əstərnuðá] *vi* estornudar

esternut [əstərnút] *m* estornudo

estès -esa [əstɛ́s] *aj* extendido -da; (*la roba*) tendido -da; (*ajagut*) tendido -da, tumbado -da; (*difós*) extendido -da, generalizado -da; *f* tenderete *m*

estiba [əstíβə] *f mar* estiba

estigma [əstígmə] *m* estigma

estil [əstíl] *m* estilo; (*punxó*) estilo, estilete; **a l'~ de** a (al) estilo de; **per l'~** por el estilo

estima [əstímə] *f* estima, aprecio *m*

estimació [əstiməsió] *f* (*valoració comercial*) estimación; (*estima*) estimación, aprecio *m*

estimar [əstimá] *vt* (*valorar*) estimar, valorar; (*creure, considerar*) estimar, juzgar; *fg* (*amar*) querer, amar; ~**-se més** preferir

estimbar [əstimbá] *vt* (*d'una gran altura*) despeñar; (*de certa altura*) tirar, echar; *vp* despeñarse, precipitarse; (*donant voltes*) rodar *vi*

estímul [əstímul] *m* estímulo

estirar [əstiɾá] *vt* estirar; (*tibar*) estirar; (*cap a si, arrossegar*) tirar de; **a tot** ~ como máximo, a lo sumo, todo lo más; **estira i arronsa** tira y afloja; *vp* (*ajeure's*) tumbarse, acostarse, echarse; (*els cabells, les barbes*) tirarse de

estiregassar [əstiɾəɣəsá] *vt* estirar (tirar de) [violentamente]

estisores [əstizóɾəs] *fpl fm* = **tisores**

estiu [əstíw] *m* verano

estiuejant [əstiwəʒán] *mf* veraneante

estiuejar [əstiwəʒá] *vi* veranear

estofat [əstufát] *m* estofado
estoic -a [əstɔ́jk] *aj mf* estoico -ca
estoig [əstótʃ] *m* estuche
estol [əstɔ́l] *m mar* escuadra *f*; (*colla*) pandilla *f*, panda *f*
estómac [əstómək] *m* estómago
estomacal [əstuməkál] *aj m* estomacal
estomacar [əstuməká] *vt* dar una paliza, zurrar, vapulear
estona [əstónə] *f* rato *m*; **a estones** a ratos; **passar l'~** pasar el rato
estora [əstórə] *f* estera
estossegar [əstusəɣá] *vi* toser
estossinar [əstusiná] *vt* derribar [a golpes]
estovalles [əstuβáλəs] *fpl* mantel *msg*
estovar [əstuβá] *vt* (*fer tornar tou*) ablandar, reblandecer; *fg* (*entendrir*) ablandar, conmover; *fm* (*apallissar*) dar una paliza, zurrar
estrada [əstráðə] *f* estrado *m*
estrafer [əstrəfé] *vt* (*imitar*) imitar; (*dissimular*) disfrazar, disimular
estrafolari -ària [əstrəfulári] *aj* estrafalario -ria
estragó [əstrəɣó] *m* estragón
estrall [əstráλ] *m* estrago; **fer ~s** hacer estragos
estrambòtic -a [əstrəmbɔ́tik] *aj* estrambótico -ca
estranger -a [əstrəɲʒé] *aj mf* extranjero -ra; *m* extranjero
estrangular [əstrəŋgulá] *vt* estrangular
estrany -a [əstráɲ] *aj* extraño -ña; (*aliè*) extraño -ña, ajeno -na; **fer ~** resultar extraño
estranyar [əstrəɲá] *vtp* extrañar(se)
estrat [əstrát] *m* estrato
estratagema [əstrətəʒɛ́mə] *m* estratagema *f*, artimaña *f*
estratègia [əstrətɛ́ʒiə] *f* estrategia
estrebada [əstrəβáðə] *f* tirón *m*, estirón *m*
estrella [əstréλə] *f* estrella
estrenar [əstrəná] *vt* estrenar
estrènyer [əstrɛ́ɲə] *vt* (*fer més estret*) estrechar; (*fer pressió*) apretar, estar (venir) estrecho; (*amb els braços, les mans*) estrechar; (*les dents, els llavis*) apretar; *vp* (*comprimir-se*) estrecharse, apretarse
estrep [əstrép] *m* estribo; **perdre els ~s** perder los estribos
estrèpit [əstrɛ́pit] *m* estrépito, estruendo
estrès [əstrɛ́s] *m* estrés
estret -a [əstrɛ́t] *aj* estrecho -cha; *m geo* estrecho; *f* (*de mans*) apretón *m*
estretor [əstrətó] *f* estrechez, estrechura; (*escassetat de mitjans*) estrechez
estri [ɛ́stri] *m* (*eina manual*) utensilio, útil; (*de cuina*) utensilio, cacharro
estribord *m mar* estribor
estrident [əstriðén] *aj* estridente
estrip [əstríp] *m* desgarrón
estripar [əstripá] *vt* (*la tripa*) destripar, despanzurrar *fm*; (*esquinçar*) rasgar, desgarrar, hacer jirones
estrofa [əstrɔ́fə] *f* estrofa

estroncar [əstruŋká] *vt* (*un riu, una font*) secar; (*un líquid*) cortar; (*una hemorràgia*) restañar; *fg* (*interrompre*) cortar, interrumpir
estruç [əstrús] *m zoo* avestruz
estructura [əstruktúrə] *f* estructura
estructurar [əstrukturá] *vt* estructurar
estuari [əstuári] *m* estuario
estudi [əstúði] *m* estudio; *pl* estudios; **fugir d'~** salirse por la tangente
estudiant -a [əstuðián] *mf* estudiante
estudiar [əstuðiá] *vt* estudiar
estufa [əstúfə] *f* estufa
estupefacte -a [əstupəfáktə] *aj* estupefacto -ta
estupend -a [əstupén] *aj* estupendo -da
estúpid -a [əstúpit] *aj mf* estúpido -da
estupor [əstupór] *m/f* estupor *m*
esvair [əzbəí] *vt* (*l'enemic*) desbaratar, deshacer; (*dissipar*) disipar, extinguir; *fg* (*dissipar*) desvanecer, disipar; *vp* disiparse, extinguirse; (*perdre el coneixement*) desvanecerse
esvalotar [əzbəlutá] *vti* alborotar
esvalotat -ada [əzbəlutát] *aj mf* alborotado -da
esvelt -a [əzbél] *aj* esbelto -ta
esventar [əzbəntá] *vt* (*escampar al vent*) aventar. *~en les seves cendres*, aventaron sus cenizas; *fg* (*esbombar*) difundir, extender; *vp* (*dessecar-se*) resecarse
esverar [əzbərá] *vt* alarmar, conturbar
esverat -ada [əzbərát] *aj* alarmado -da, conturbado -da; *mf* (*eixelebrat*) alocado -da, atolondrado -da, tarambana
esvoranc [əzburáŋ] *m* agujero, hueco, boquete
etapa [ətápə] *f* etapa
etcètera [ətsétərə] *av* etcétera
èter [étər] *m* éter
etern -a [ətérn] *aj* eterno -na
ètic -a [étik] *aj f* ético -ca
etimologia [ətimuluʒíə] *f* etimología
etiqueta [ətikétə] *f* etiqueta
ètnia [édniə] *f* etnia
etzibar [ədziβá] *vt* (*pegar*) dar, pegar; (*llançar*) tirar, lanzar, arrojar; *fg* (*deixar anar*) soltar, espetar
eucaliptus [əwkəlíptus] *m* eucalipto
eucaristia [əwkəristíə] *f rlg* eucaristía
eufòria [əwfɔ́riə] *f* euforia
euga [éwɣə] *f* yegua
europeu -ea [əwrupéw] *aj mf* europeo -a
èuscar -a [éwskər] *aj m* éuscaro -ra
evacuar [əβəkuá] *vt* evacuar
evadir [əβəðí] *vt* (*defugir*) evadir, eludir, evitar; *vp* evadirse
evangeli [əβəɲʒéli] *m* evangelio
evaporació [əβəpurəsió] *f* evaporación
evaporar [əβəpurá] *vt* evaporar
evident [əβiðén] *aj* evidente
evitar [əβitá] *vt* evitar
evocar [əβuká] *vt* evocar
evolució [əβulusió] *f* evolució
evolucionar [əβulusiuná] *vi* evolucionar

exacerbar [əgzəsərbá] *vt* exacerbar
exacte -a [əgzáktə] *aj* exacto -ta
exactitud [əgzəktitút] *f* exactitud
exagerar [əgzəʒərá] *vt* exagerar
exagerat -ada [əgzəʒərát] *aj mf* exagerado -da
exaltat -ada [əgzəltát] *aj mf* exaltado -da
examen [əgzámən] *m* examen
examinar [əgzəminá] *vtp* examinar(se)
exasperar [əgzəspərá] *vtp* exasperar(se)
excavació [əkskəβəsió] *f* excavación
excavadora [əkskəβəðórə] *f* excavadora
excavar [əkskəβá] *vt* excavar
excel·lent [əksellén] *aj* excelente; *m* (*qualificació escolar*) sobresaliente
excepció [əksəpsió] *f* excepción; **a ~ de** a (hecha) excepción de
excepcional [əksəpsiunál] *aj* excepcional
excepte [əkséptə] *prp* excepto
excés [əksés] *m* exceso
excessiu -iva [əksəsíw] *aj* excesivo -va
excitar [əksitá] *vt* excitar
exclamació [əkskləməsió] *f* exclamación
exclamar [əkskləmá] *vt* exclamar; *vp* quejarse, protestar
excloure [əksklɔ́wɾə] *vt* excluir
exclusiu -iva [əkskluzíw] *aj f* exclusivo -va
excreció [əkskɾəsió] *f* excreción
excrement [əkskɾəmén] *m* excremento, heces *fpl*
excursió [əkskursió] *f* excursión
excursionista [əkskursiunístə] *mf* excursionista
excusa [əkskúzə] *f* excusa
excusar [əkskuzá] *vtp* excusar(se)
executar [əgzəkutá] *vt* ejecutar
exemplar [əgzəmplár] *aj m* ejemplar
exemple [əgzémplə] *m* ejemplo; **per ~** por ejemplo
exercici [əgzərsísi] *m* ejercicio
exercir [əgzərsí] *vt* (*una influència, una força, etc*) ejercer; (*un càrrec, una professió*) ejercer, desempeñar
exèrcit [əgzɛ́rsit] *m* ejército
exercitar [əgzərsitá] *vt* ejercitar
exhalar [əgzəlá] *vt* exhalar
exhaurir [əgzəwɾí] *vtp* agotar(se)
exhibicionista [əgziβisiunístə] *aj mf* exhibicionista
exhibir [əgziβí] *vtp* exhibir(se)
exhortar [əgzurtá] *vt* exhortar
exigent [əgziʒén] *aj* exigente
exigir [əgziʒí] *vt* exigir
exili [əgzíli] *m* exilio
existència [əgzistɛ́nsiə] *f* existencia; *pl com* existencias
existir [əgzistí] *vi* existir
èxit [ɛ́gzit] *m* éxito
exòtic -a [əgzɔ́tik] *aj* exótico -ca
expandir [əkspəndí] *vtp* (*causar una expansió*) expandir(se); (*difondre*) expandir(se), difundir(se), propagar(se)
expansió [əkspənsió] *f* expansión
expectació [əkspəktəsió] *f* expectación
expedició [əkspəðisió] *f* expedición
expedir [əkspəðí] *vt* expedir

experiència [əkspəriɛ́nsiə] *f* experiencia; (*experiment*) experimento *m*
experiment [əkspərimén] *m* experimento
experimentar [əkspərimәntá] *vt* (*verificar, provar*) experimentar; *vi* (*fer experiments*) experimentar
expert -a [əkspɛ́rt] *aj mf* experto -ta
expiar [əkspiá] *vt* expiar
expirar [əkspirá] *vti* (*expel·lir l'aire*) espirar; *vi* (*cessar, morir*) expirar
explicació [əksplikəsió] *f* explicación
explicar [əkspliká] *vtp* explicar(se)
explícit -a [əksplísit] *aj* explícito -ta
explorar [əksplurá] *vt* explorar
explosió [əkspluzió] *f* explosión
explosiu -iva [əkspluzíw] *aj m* explosivo -va
explotació [əksplutəsió] *f* explotación
explotar [əksplutá] *vt* explotar; *vi* (*esclatar*) explotar
exponent [əkspunén] *m* exponente
exportar [əkspurtá] *vt* exportar
exposar [əkspuzá] *vt* exponer; *vp* (*arriscar-se*) exponerse, arriesgarse
exposició [əkspuzisió] *f* exposición
expressament [əksprèsəmén] *av* expresamente, adrede, aposta; (*d'una manera expressa*) expresamente, explícitamente
expressar [əksprəsá] *vt* expresar
expressió [əksprəsió] *f* expresión
expulsar [əkspulsá] *vt* expulsar
exquisit -ida [əkskizít] *aj* exquisito -ta
extens -a [əkstɛ́ns] *aj* extenso -sa
extensió [əkstənsió] *f* extensión
extensiu -iva [əkstənsíw] *aj* extensivo -va
exterior [əkstərió́r] *aj m* exterior
extern -a [əkstɛ́rn] *aj mf* externo -na
extinció [əkstinsió] *f* extinción
extingir [əkstiɲʒí] *vt* (*apagar*) extinguir; *vp* (*morir-se*) extinguirse
extintor -a [əkstintó] *aj m* extintor -ra
extirpar [əkstirpá] *vt* extirpar
extra [ɛ́kstrə] *aj m* extra
extracció [əkstrəksió] *f* extracción
extraordinari -ària [əkstrəurdinári] *aj m* extraordinario -ria
extraterrestre [ɛ̀kstrətərɛ́strə] *aj mf* extraterrestre
extravagant [əkstrəβəɣán] *aj mf* extravagante
extraviar [əkstrəβiá] *vtp* extraviar(se)
extrem -a [əkstrém] *aj m* extremo -ma; **en ~** en (con) extremo
extremeny -a [əkstrəmɛ́ɲ] *aj mf* extremeño -ña
extremitat [əkstrəmitát] *f* extremidad
extreure [əkstrɛ́wrə] *vt* extraer

F

fa [*fá*] *m* [*pl: fas*] *mús* fa
fàbrica [fáβrikə] *f* fábrica
fabricar [fəβriká] *vt* fabricar

fabulós -osa [fəβulós] *aj* fabuloso -sa
façana [fəsánə] *f* fachada
facècia [fəsέsiə] *f* (*acudit graciós*) chiste *m*; (*dita o feta graciosa*) gracia, ocurrencia, broma
faceta [fəsέtə] *f* faceta
facial [fəsiál] *aj* facial
fàcil [fásil] *aj* fácil
facilitar [fəsilitá] *vt* facilitar
facilitat [fəsilitát] *f* facilidad
facinerós -osa [fəsinərós] *aj mf* facineroso -sa, forajido -da
factible [fəktíbblə] *aj* factible
factor [fəktó] *m* factor
factoria [fəkturíə] *f* factoría
factura [fəktúrə] *f* (*manera d'estar feta uc*) factura, hechura; *com* factura
facultat [fəkultát] *f* facultad; *pl* (*aptitud*) facultades
facultatiu -iva [fəkultətíw] *aj* (*opcional*) facultativo -va; *mf* (*metge*) facultativo -va
fada [fáðə] *f* hada
fadrí -ina [fəðrí] *mf* (*persona jove i soltera*) mozo -za; (*persona soltera*) soltero -ra
fageda [fəʒέðə] *f* hayal *m*
faig [fátʃ] *m* haya *f*
faisà [fəjzá] *m zoo* faisán
faisó [fəjzó] *f* manera, modo *m*
faixa [fáʃə] *f* faja
falange [fəláɲʒə] *f* falange
falç [fáls] *f* hoz
falca [fálkə] *f* cuña, calzo *m*; (*mot que allarga la frase*) muletilla; (*d'un vers*) ripio *m*
falcó [fəlkó] *m zoo* halcón
falda [fáldə] *f* (*peça de roba*) falda; (*d'up*) regazo *m*, falda. *Estava asseguda amb el nen a la ~*, estaba sentada con el niño en su regazo; *geo* falda
faldilla [fəldíλə] *f* [*generalment en pl*] falda
falguera [fəlɣérə] *f bot* helecho *m*
falla [fáλə] *f* (*manca*) falta, carencia; *geo* falla; (*a València*) falla
fallada [fəλáðə] *f* fallo *m*. *Ha estat una ~ del director*, ha sido un fallo del director
fallar [fəλá] *vt* (*no encertar*) fallar; *vi* (*no funcionar*) fallar
fal·lera [fəllérə] *f* debilidad. *Té una ~ pels cotxes antics*, tiene debilidad por los cohes antiguos; (*afecció*) afición, manía
fals -a [fáls] *aj* falso -sa; **en ~** en falso
falsari -ària [fəlsári] *mf* falsario -ria
falsificació [fəlsifikəsió] *f* falsificación
falta [fáltə] *f* falta; (*absència*) falta, ausencia, carencia; **a ~ de** a falta de; **fer ~** hacer falta; **sens ~** sin falta
faltar [fəltá] *vi* faltar; **trobar a ~** echar en falta, echar de menos. *Trobo a ~ la seva companyia*, echo de menos su compañía
fam [fám] *f* hambre
fama [fámə] *f* fama
família [fəmíliə] *f* familia
familiar [fəmiliár] *aj m* familiar
famós -osa [fəmós] *aj* famoso -sa, afamado -da
fan [fán] *mf* fan, forofo -fa
fanal [fənál] *m* farola *f*, farol; (*d'un cotxe*) faro

fanàtic -a [fənátik] *aj mf* fanático -ca, forofo -fa
fanfarró -ona [fəmfəró] *aj mf* fanfarrón -ona, chulo -la
fang [fáŋ] *m* fango, barro, lodo; (*per a fer ceràmica*) barro
fantasia [fəntəzíə] *f* fantasía
fantasma [fəntázmə] *m* fantasma
fantasmagòric -a [fəntəzməɣɔ́ɾik] *aj* fantasmagórico -ca
fantàstic -a [fəntástik] *aj* fantástico -ca
fantotxe [fəntɔ́tʃə] *m* fantoche
faquir [fəkír] *m* faquir
far [fár] *m* faro
faraó [fəɾəó] *m* faraón
farbalà [fərbəlá] *m* faralá
farcell [fərséʎ] *m* hato, lío, fardo
farcir [fərsí] *vt* (*de carn*) rellenar; *fg* (*atapeir*) atiborrar, abarrotar
farga [fárgə] *f* forja, fragua
farigola [fəɾiɣólə] *f bot* tomillo *m*
farina [fəɾínə] *f* harina; ~ **de galeta** pan rallado
farinetes [fəɾinɛ́təs] *fpl* (*menja popular*) gachas; (*per als infants*) papilla *sg*
faringe [fəɾíɲʒə] *f* faringe
faringitis [fəɾiɲʒítis] *f* faringitis
faristol [fəɾistɔ́l] *m* atril; (*d'església*) facistol
farmacèutic -a [fərməsɛ́wtik] *aj mf* farmacéutico -ca
farmàcia [fərmásiə] *f* farmacia
farmaciola [fərməsiɔ́lə] *f* botiquín *m*
farratge [fərádʒə] *m* forraje, heno
farsa [fársə] *f* farsa
fart -a [fárt] *aj* (*de menjar*) harto -ta, lleno -na; (*fastiguejat, cansat*) harto -ta; *m* atracón; *fg* (*excés*) hartón. *Fer-se un ~ de riure*, darse un hartón de reír; *fg* montón. *Un ~ d'exemples*, un montón de ejemplos
fascicle [fəsíklə] *m* fascículo
fascinar [fəsiná] *vt* fascinar
fase [fázə] *f* fase
fast [fást] *m* fasto
fàstic [fástik] *m* asco, hastío; **dir ~s de** poner como un trapo a, despotricar de; **fer ~** dar asco
fastigós -osa [fəstiɣós] *aj mf* asqueroso -sa
fastuós -osa [fəstuós] *aj* fastuoso -sa
fat [fát] *m* (*destí*) hado, sino
fat -fada [fát] *aj* (*un menjar*) soso -sa, insulso -sa; (*estòlid*) bobo -ba, estúpido -da
fatiga [fətíɣə] *f* fatiga
fatigar [fətiɣá] *vt* fatigar
fatxa [fátʃə] *f fm* (*aspecte*) facha
fatxada [fətʃáðə] *f* = **façana**
fatxenda [fətʃɛ́ndə] *f fm* (*presumpció*) fachenda; *aj mf fm* fachenda, fachendoso -sa, farolero -ra
faula [fáwlə] *f* fábula
fauna [fáwnə] *f* fauna
fava [fáβə] *f bot* haba; (*mastegot*) bofetón *m*, bofetada, galleta; *aj mf* (*fleuma*) pánfilo -la, pavo -va
favor [fəβór] *m* favor; **a (en) ~ de** a (en) favor de; **fer el ~** hacer el favor, tener la amabilidad; **fer un ~** hacer un favor
favorable [fəβuɾábblə] *aj* favorable
favorit -a [fəβuɾít] *aj mf* favorito -ta

favoritisme [fəβuritízmə] *m* favoritismo
fax [fáks] *m* [*pl: faxs*] fax
fe [fé] *f* fe; **donar** ~ dar fe
feble [fébblə] *aj* débil
febrada [fəβɾáðə] *f* calenturón, acceso *m* de fiebre
febre [féβɾə] *f* fiebre, calentura *fm*
febrer [fəβɾé] *m* febrero
fècula [fékulə] *f* fécula
fecund -a [fəkún] *aj* fecundo -da
fecundació [fəkundəsió] *f* fecundación
fecundar [fəkundá] *vt* fecundar
feina [féjnə] *f* (*treball per a guanyar-se la vida*) trabajo *m*; (*tasca*) trabajo *m*, tarea. *Si avancem la ~, sortirem abans*, si avanzamos la tarea, saldremos antes; (*cosa que s'ha de fer*) faena, trabajo. *No puc entretenir-me perquè tinc molta ~*; no puedo entretenerme porque tengo mucha faena; (*incumbència*) asunto; *agr* labor. *Les feines del camp*, las labores del campo; **amb prou feines** apenas, a duras penas; **anar per** ~ no perder el tiempo
feinada [fəjnáðə] *f* montón *m* de trabajo. *Tinc una ~!*, ¡tengo un montón de trabajo!; *Quina ~!*, ¡qué cantidad de trabajo!
feinejar [fəjnəʒá] *vi* trastear, trajinar
feiner -a [fəjné] *aj* trabajador -ra, hacendoso -sa, laborioso -sa; **dia** ~ día laborable
feix [féʃ] *m* (*de tiges, bastons*) haz; *fg* fajo; *fg* (*gran quantitat*) montón, porrada *f fm*
feixa [féʃə] *f agr* terraza
feixisme [fəʃízmə] *m* fascismo
feixuc -uga [fəʃúk] *aj* (*que pesa*) pesado -da; (*mancat d'agilitat*) torpe, pesado -da; *fg* (*aclaparador*) abrumador -ra, agobiante; (*insistent, molest*) pesado -da, molesto ta, fastidioso -sa
fel [fél] *m* hiel *f*; ~ **sobreeixit** *med* ictericia
felí -ina [fəlí] *aj m* felino -na
feliç [fəlís] *aj* feliz, dichoso -sa; (*que ha reeixit*) feliz; (*despreocupat*) feliz, tranquilo -la
felicitació [fəlisitəsió] *f* felicitación
felicitar [fəlisitá] *vt* felicitar; *vp* (*alegrar-se*) felicitarse
felicitat [fəlisitát] *f* felicidad, dicha; (**moltes**) **~s!** ¡(muchas) felicidades!
feltre [féltɾə] *m* fieltro
fem [fém] *m* [*generalment en pl*] estiércol
femella [fəméʎə] *f* hembra; *tcn* tuerca, hembra
femení -ina [fəməní] *aj m* femenino -na
femer [fəmé] *m* estercolero, muladar
feminisme [fəminízmə] *m* feminismo
feminitat [fəminitát] *f* feminidad
femta [fémtə] *f* excremento *m*
fèmur [fémur] *m* fémur
fenc [féŋ] *m* heno
fenomen [fənɔ́mən] *m* fenómeno
fenomenal [fənumənál] *aj* fenomenal

fer [fé] *vt* hacer; (*plaer*) dar; (*vergonya, fàstic*) dar; (*anys*) cumplir, hacer; (*classe*) dar; (*suposar*) hacer; *tv cin* dar, echar, poner; (*pressuposar l'edat*) echar, poner; (*mesurar*) medir, tener; *vi* (*temps*) hacer; *vp* (*esdevenir*) hacerse; (*una professió*) meterse a; (*acostumar-se*) hacerse a; (*tractar-se*) hablarse, llevarse bien; ~ **de** hacer de. ~ *de mare*, hacer de madre; **fet i fet** al fin y al cabo, a la postre; **què se n'ha fet de...?** (*d'up*) ¿qué es de?; **pel que fa a** en cuanto a; **si fa no fa** (poco) más o menos; **tant li fa!** ¡tanto da!
fer -a [fér] *aj* fiero -ra
fera [férə] *f* fiera; **posar-se fet una** ~ ponerse hecho una fiera (un basilisco), saltar
feredat [fərəðát] *f* pavor *m*, terror *m*, horror *m*; **fer** ~ *f* dar (causar) horror
feréstec -ega [fəréstək] *aj* (*animal*) salvaje, fiero -ra; *fg* (*adust*) huraño -ña, adusto -ta; (*que fa feredat*) terrible, aterrador -ra
fèretre [fέrətrə] *m* féretro
ferida [fəríðə] *f* herida
ferir [fərí] *vt* herir; *vp med* sufrir un ataque de apoplejía
ferit -ida [fərít] *aj mf* herido -da
ferm -a [fέrm] *aj* firme; (*persona*) majo -ja; *av* (*fermament*) firme
fermar [fərmá] *vt* atar, sujetar
fermentació [fərməntəsió] *f* fermentación
fermentar [fərməntá] *vi* fermentar
feroç [fərɔ́s] *aj* feroz
ferotge [fərɔ́dʒə] *aj* feroz
ferradura [fərəðúrə] *f* herradura
ferralla [fəráʎə] *f* chatarra
ferramenta [fəraménta] *f* herraje *m*
ferrat -ada [fərát] *aj* herrado -da; (*ou*) frito -ta
ferreny -a [fərέɲ] *aj* robusto -ta, fuerte; *fg* (*posat*) adusto -ta, severo -ra
ferrer -a [fəré] *mf* herrero -ra
ferreria [fərəríə] *f* ferrería
ferreteria [fərətəríə] *f* ferretería
ferri fèrria [fέri] *aj* férreo -a
ferri [fέri] *m mar* ferry
ferro [fέru] *m* hierro; ~ **colat** hierro colado (fundido); **tocar** ~ *fg* tocar madera
ferrocarril [fὲrukəríl] *m* ferrocarril
ferroviari -ària [fəruβiári] *aj mf* ferroviario -ria
fèrtil [fέrtil] *aj* fértil
fertilitzar [fərtilidzá] *vt* fertilizar
ferum [fərúm] *f* (*dels animals*) hedor *m*, rastro *m*; (*d'una substància passada*) tufo *m*, hedor *m*
fervor [fərbór] *m/f* fervor *m*
fesol [fəzɔ́l] *m* judía *f*, alubia *f*
fesomia [fəzumíə] *f* fisonomía
festa [féstə] *f* fiesta; *pl* (*vacances de Nadal, de Pasqua*) fiestas; [*sovint en pl*] (*carantoines*) fiestas, caricias
festejar [fəstəʒá] *vt vt* (*celebrar*) festejar; (*una noia*) cortejar, pretender; *ab* tener novio (novia). *El meu fill ja festeja*, mi hijo ya tiene novia; (*dues persones*) ser

novios; *vi* salir. *El meu germà festeja amb una amiga meva,* mi hermano sale con una amiga mía
festí [fəstí] *m* festín
festiu -iva [fəstíw] *aj* festivo -va
festival [fəstiβál] *m* festival
festivitat [fəstiβitát] *f* festividad
festuc [fəstúk] *m* pistacho
fet [fét] *m* (*acció*) hecho; (*esdeveniment*) hecho, acontecimiento; **de** ~ de hecho; **jugar a ~ i amagar** *jcs* escondite
feta [fétə] *f* hazaña, proeza
fetge [fédʒə] *m* hígado; **treure el ~ per la boca** no poder con su alma
fètid -a [fɛ́tit] *aj* fétido -da
fetitxe [fətítʃə] *m* fetiche
fetus [fɛ́tus] *m* feto
fi [fí] *f* (*punt darrer d'una cosa*) fin *m*, final *m*; **a la (per)** ~ al fin, por fin; **a la ~ de** a fines de; **en** ~ en fin; *m* (*finalitat*) fin; **a ~ que** a fin de que
fi fina [fí] *aj* fino -na
fiança [fiánsə] *f* fianza
fiar [fiá] *vt* fiar, confiar; *ab* fiar. *En aquesta botiga no fien,* en esta tienda no fían; *vp* (*tenir confiança en*) fiarse
fibló [fibbló] *m* aguijón
fibra [fíβrə] *f* fibra
ficar [fiká] *vt* (*uc en una altra, up en un lloc*) meter. *~ la clau al pany,* meter la llave en la cerradura. *El volen ~ en un internat,* quieren meter-lo en un internado; (*entaforar*) dejar, poner. *No sé on he ficat el rellotge,* no sé dónde he dejado el reloj; *vp* (*en algun lloc*) meterse; **~-s'hi** meterse, entrometerse
ficció [fiksió] *f* ficción
fictici -ícia [fiktísi] *aj* ficticio -cia
fidel [fiðɛ́l] *aj* fiel; *mf rlg* fiel
fideu [fiðɛ́w] *m* fideo; **ésser un ~** ser un fideo
figa [fíɣə] *f* (*fruit*) higo *m*; *mf dsp* (*fleuma*) guiñapo *m*, blandengue; *f vlg* coño *m*; **això són figues d'un altre paner** eso es harina de otro costal; **fer ~** *fg* flaquear; **~ de moro** *bot* higo chumbo; **~ seca** higo seco
figaflor [fiɣəflɔ́] *f bot* breva; *mf fg* (*bleda*) pavo -va
figuera [fiɣérə] *f* higuera
figura [fiɣúrə] *f* figura
figurar [fiɣurá] *vt* (*representar*) figurar; (*fingir*) figurar, simular; *vi* (*aparèixer*) figurar, constar (*tenir autoritat*) figurar; *vp* (*afigurar-se*) figurarse
figuratiu -iva [fiɣurətíw] *aj* figurativo -va
fil [fíl] *m* hilo; (*tall d'una eina*) filo, corte; (*de lli*) lino; *fg* (*doll molt prim*) hilo. *Amb un ~ de veu,* con un hilo de voz; **~ per randa** punto por punto, de pe a pa; **posar ~ a l'agulla** poner manos a la obra; **sense ~s** *tcn* (telèfon) inalámbrico -ca
fila [fílə] *f* (*sèrie*) fila, hilera; (*aspecte*) pinta, facha, cara; **en ~ índia** en fila india
filagarsa [filəɣársə] *f* hilacha, hilacho *m*
filament [filəmén] *m* filamento
filar [filá] *vt txt* hilar; *fg fm* (*endevinar els propòsits*) calar,

guipar; *vi* (*discórrer*) discurrir, carburar; ~ **prim** *fg* hilar muy fino
filera [filéɾə] *f* fila, hilera
filet [filɛ́t] *m* (*fil, raig petit*) hilito, hilillo; *art grf* filete; (*de carn o de peix*) filete; (*de bou, vedella*) solomillo
filferro [filféru] *m* alambre
fill -a [fíʎ] *mf* hijo -ja
fillol -a [fiʎɔ́l] *mf* ahijado -da
film [film] *m cin* filme
filmar [filmá] *vt* filmar
filó [filó] *m* filón
filosofia [filuzufíə] *f* filosofía
filtrar [filtɾá] *vt* filtrar
filtre [fíltɾə] *m* filtro
final [finál] *aj* final; *m* final. *Arribar fins al ~*, llegar hasta el final; **al ~ de** a finales de; *f esp* final
finalitat [finəlitát] *f* finalidad, objeto *m*, fin *m*
finalment [finàlmén] *av* (*a la fi*) al fin, por fin; (*en fi, per fi*) finalmente, por fin
finançar [finənsá] *vt* financiar
financer -a [finənsé] *aj mf* financiero -ra
finca [fíŋkə] *f* finca
finestra [finéstɾə] *f* ventana
finestral [finəstɾál] *m* ventanal
finestreta [finəstɾɛ́tə] *f* ventanilla
finestró [finəstɾó] *m* contraventana *f*, postigo
fingir [fiɲʒí] *vt* fingir
finir [finí] *vt* (*portar a fi*) terminar, acabar, finalizar; *vi* (*tenir fi*) acabarse *vp*, terminar(se) *vip*
finlandès -esa [finləndɛ́s] *aj mf* finlandés -esa
fins [fíns] *prp* hasta. *Anirem ~ allà*, iremos hasta allí; ~ **a** hasta. *Compta ~ a deu*, cuenta hasta diez; ~ **i tot** hasta, incluso. *~ i tot vam ballar*, hasta bailamos
fiord [fiɔ́rt] *m* fiordo
fira [fíɾə] *f* feria
fireta [fiɾɛ́tə] *f jcs* cacharritos *mpl*
firma [fírmə] *f* firma
firmament [firməmén] *m* firmamento
firmar [firmá] *vt* firmar
físic -a [fízik] *aj mf* físico -ca; *m* (*cos*) físico
fissura [fisúɾə] *f* fisura
fit -a [fít] *aj* (*ulls, mirada*) fijo -ja; **(de) ~ a ~** de hito en hito, fijamente; *f* (*senyal*) hito *m*, mojón *m*
fitxa [fítʃə] *f* ficha
fitxar [fitʃá] *vti* fichar
fitxer [fitʃé] *m* fichero
fix -a [fíks] *aj* fijo -ja
fixar [fiksá] *vt* fijar. *~ un rètol a la paret*, fijar un cartel en la pared. *~ la mirada*, fijar la mirada; (*establir*) fijar. *~ els preus, la residència*, fijar los precios, la residencia; *vp* fijarse. *El guix s'ha fixat a la paret*, el yeso se ha fijado a la pared. *Es fixa en tots els detalls*, se fija en todos los detalles.
flabiol [fləβiɔ́l] *m* flautín [de la cobla catalana], flabiol
flac -a [flák] *aj* (*magre*) flaco -ca, delgado -da; (*sense forces*) flojo -ja, débil; *f* (*debilitat, inclinació*) flaco *m*, punto *m* flaco (débil); *fg* flaqueza, debilidad
flagrant [fləɣɾán] *aj* flagrante

flairar [fləjɾá] *vti* oler
flaire [flájɾə] *f* olor *m*
flam [flám] *m gst* flan
flama [flámə] *f* llama
flamarada [fləməɾáðə] *f* llamarada; *fg* agua de borrajas
flamenc -a [fləmɛ́ŋ] *aj mf* (*de Flandes*) flamenco -ca; *aj m mús* flamenco -ca; *m zoo* flamenco
flanc [fláŋ] *m* flanco
flascó [fləskó] *m* frasco
flassada [fləsáðə] *f* manta
flauta [fláwtə] *f* flauta
fleca [flɛ́kə] *f* panadería
flegmó [fləgmó] *m med* flemón
fletxa [flétʃə] *f* flecha
fleuma [flɛ́wmə] *aj mf* pánfilo -la, bobalicón -ona, pavo -va *mf*
flexible [fləksíbblə] *aj* flexible
flexió [fləksió] *f* flexión
floc [flɔ́k] *m* (*de cabells*) mechón, mecha *f*; (*de neu*) copo
flonjo -a [flɔ́ɲʒu] *aj* esponjoso -sa, fluix -a
flor [flɔ́] *f bot* flor; (*esplendor*) flor; *fg* (*elogi*) flor, piropo; **a ~ de llavis** en los labios; **en ~** *fg* en flor
flora [flɔ́ɾə] *f* flora
florir [fluɾí] *vi* florecer; *vp* (*cobrir-se de floridura*) enmohecerse
florista [fluɾístə] *mf* florista
flota [flótə] *f* flota
flotador [flutəðó] *m* flotador
flotar [flutá] *vi* flotar
fluctuar [fluktuá] *vi* fluctuar
fluid -a [flújt] *aj m* fluido -da
fluïdesa [fluiðɛ́zə] *f* fluidez
fluir [fluí] *vi* fluir
fluix -a [flúʃ] *aj* flojo -ja; [*usat adverbialment*] flojo, bajo. *Parlar ~*, hablar bajo; *m* flujo
fluor [fluóɾ] *m qm* flúor
fluorescent [fluoɾəsén] *aj m* fluorescente
fluvial [fluβiál] *aj* fluvial
flux [flúks] *m* flujo
fòbia [fɔ́βiə] *f* fobia
foc [fɔ́k] *m* fuego; (*foguera*) hoguera *f*; (*llar*) fuego, hogar, lumbre *f*; **~ d'encenalls** *fg* agua de borrajas; **~s artificials** fuegos artificiales; **treure ~ pels queixals** *fg* echar fuego por los ojos, estar uno que muerde (que arde)
foca [fókə] *f zoo* foca
focus [fókus] *m* (*llum*) foco; *fg* cuna; *med* foco
fofo -a [fófu] *aj* fofo -fa
fogó [fuγó] *m* fogón
foguera [fuγéɾə] *f* hoguera, fogata
foli [fɔ́li] *m* folio
folklore [fulklɔ́ɾə] *m* folclore
foll -a [fóʎ] *aj mf* loco -ca
follar [fuʎá] *vt* (*trepitjar el raïm*) pisar; *vi vlg* (*cardar*) follar, joder
follet [fuʎɛ́t] *m* duende
follia [fuʎíə] *f* locura
folrar [fulrá] *vt* forrar; *vp fg* (*enriquir-se*) forrarse
folre [fólrə] *m* forro
fomentar [fuməntá] *vt* fomentar
fona [fónə] *f* (*arma*) honda
fonament [funəmén] *m* [*generalment en pl*] *arq* cimiento, fundamento; *fg* (*base*) fundamento
fonamental [funəməntál] *aj* fundamental
fonda [fóndə] *f* fonda, mesón *m*

fondalada [fundəláðə] *f* hondonada, hoya
fondària [fundáɾiə] *f* profundidad
fondejar [fundəʒá] *vti mar* fondear, anclar
fondo -a [fóndu] *aj* hondo -da
fondre [fóndɾə] *vt* fundir, derretir; *vp* (*una bombeta*) fundirse; *fg* (*desaparèixer*) esfumarse; (*delir-se*) chiflarse, derretirse
fonedís -issa [funəðís] *aj* fundible, fusible; **fer-se ~** desaparecer (del mapa), escabullirse
foneria [funəɾíə] *f* fundición
fonètic -a [funɛ́tik] *aj f* fonético -ca
fong [fun] *m* hongo
fonoll [funóʎ] *m bot* hinojo
fons [fóns] *m* fondo; **a ~** a fondo; **baixos ~** bajos fondos; **tocar el ~** *fg* tocar fondo
font [fɔ́n] *f* fuente; **de bona ~** de buena fuente, de buena tinta
fora [fɔ́ɾə] *av* fuera, afuera; **estar ~ de si** *fg* estar fuera de sí (de quicio); **fer ~** echar, ahuyentar; **~ de** (*llevat de*) fuera de, salvo
foradar [fuɾəðá] *vt* agujerear
foragitar [fuɾəʒitá] *vt* (*fer fora*) expulsar, echar; (*expulsar*) ahuyentar, arrojar
foraster -a [fuɾəsté] *aj mf* forastero -ra
forat [fuɾát] *m* agujero; *ana tcn* orificio
forca [fórkə] *f agr* (*eina*) horca; *dr* (*instrument de suplici*) horca; **engegar (enviar) a la quinta ~** *fg fm* mandar a hacer gárgaras, a freír espárragos, a freír monas, al infierno
força [fɔ́rsə] *f* fuerza; *aj iv* (*bastant*) bastante. *Té ~ propietats*, tiene bastantes propiedades; (*molt*) mucho -cha. *Té ~ ganes d'anar-hi*, tiene muchas ganas de ir; *av* (*bastant*) bastante. *Ens coneixem ~*, nos conocemos bastante; (*molt*) muy, mucho. *Treballa ~ bé*, trabaja muy bien. *M'agrada ~*, me gusta mucho; **a ~ de** a fuerza de; **si us plau per ~** por las buenas o por las malas
forçar [fursá] *vt* forzar; (*la vista*) esforzar
forçut -uda [fursút] *aj* forzudo -da
forense [fuɾɛ́nsə] *aj mf* forense
forestal [fuɾəstál] *aj* forestal
forja [fɔ́rʒə] *f* fragua, forja
forjar [furʒá] *vt* fraguar, forjar
forma [fórmə] *f* forma; *pl* (*maneres polides*) formas, modales *m*, modos *m*; **estar en ~** estar en forma
formació [furməsió] *f* formación
formal [furmál] *aj* formal
formar [furmá] *vtp* formar
format [furmát] *m* formato
formatge [furmádʒə] *m* queso
formidable [furmiðábblə] *aj* formidable
formiga [furmíɣə] *f zoo* hormiga
formigó [furmiɣó] *m arq* hormigón; (*sensació molesta*) hormigueo
formigueig [furmiɣɛ́tʃ] *m* hormigueo
formiguer [furmiɣé] *m* hormiguero; *fg* (*multitud*) hormiguero, hervidero

formol [furmɔ́l] *m* formol
formós -osa [furmós] *aj* hermoso -sa, bello -lla
fórmula [fórmulə] *f* fórmula
formular [furmulá] *vt* formular
formulari -ària [furmulári] *aj m* formulario
forn [fórn] *m* horno; ~ **de pa** panadería *f*
forner -a [furné] *mf* panadero -ra
fornir [furní] *vt* abastecer, proveer, pertrechar
forquilla [furkíʎə] *f* (*per a menjar*) tenedor *m*; (*d'una bicicleta*) horquilla
forrellat [furəʎát] *m* cerrojo, pestillo
fort -a [fɔ́rt] *aj* fuerte; *av* fuerte; *m mar mil* fuerte; (*aptitud*) fuerte, lo mío (lo tuyo). *El teu ~ són les matemàtiques*, lo tuyo son las matemáticas
fortalesa [furtəlɛ́zə] *f* fortaleza
fortificació [furtifikəsió] *f* fortificación
fortificar [furtifiká] *vt* fortificar
fortor [furtó] *f* hedor *m*, pestilencia, peste
fortuna [furtúnə] *f* fortuna
fosc -a [fósk] *aj* oscuro -ra; **a les fosques** a oscuras; **fer-se ~** oscurecer, anochecer; *f* oscuridad
foscor [fuskó] *f* oscuridad
fosforescent [fusfurəsén] *aj* fosforescente
fossa [fósə] *f* fosa, hoyo *m*, foso *m*; ~ **comuna** fosa común
fossar [fusá] *m* cementerio, camposanto
fossat [fusát] *m* foso
fòssil [fɔ́sil] *aj m* fósil
fotesa [futɛ́zə] *f* bagatela, nadería
fotimer [futimé] *m* porrada *f*, bestialidad *f*
foto [fótu] *f* foto
fotocòpia [futukɔ́piə] *f* fotocopia
fotocopiar [futukupiá] *vt* fotocopiar
fotogènic -a [futuʒɛ́nik] *aj* fotogénico -ca
fotògraf -a [futɔ́ɣrəf] *mf* fotógrafo -fa
fotografia [futuɣrəfíə] *f* fotografía
fotografiar [futuɣrəfiá] *vt* fotografiar
fotogràfic -a [futuɣráfik] *aj* fotográfico -ca
fotosíntesi [fòtusíntəzi] *f* fotosíntesis
fotre [fótrə] *vt vlg* = **fer**; (*prendre, robar*) afanar, birlar; (*molestar, perjudicar*) joder, fastidiar; (*llençar*) echar, tirar; *vi* dar. *Tant me fot que plogui!*, ¡me da igual que llueva!; (*copular*) joder; *vp* (*burlar-se*) pitorrearse, cachondearse, guasearse; (*menjar-se*) zamparse, tragarse; **que es faci ~!** ¡que se fastidie!
fotut -uda [futút] *aj vlg* (*malalt, deprimit*) fastidiado -da, jodido -da; (*trencat, espatllat*) jodido -da; (*dolent*) condenado -da, maldito -ta. *Aquest ~ ximplet!*, ¡ese condenado estúpido!
fracàs [frəkás] *m* [*pl: -assos*] fracaso
fracassar [frəkəsá] *vi* fracasar
fracció [frəksió] *f* fracción

fractura [frəktúrə] *f* fractura, rotura
fragata [frəɣátə] *f* fragata
fràgil [fráʒil] *aj* frágil
fragment [frəgmén] *m* fragmento
franc -a [fráŋ] *aj* franco -ca; *m* (*unitat monetària*) franco; **de** ~ gratis
francès -esa [frənsɛ́s] *aj mf* francés -esa
franel·la [frənɛ́llə] *f* franela
franja [fráɲʒə] *f* franja
franqueig [frəŋkɛ́tʃ] *m* franqueo
franquesa [frəŋkɛ́zə] *f* franqueza
frare [frárə] *m rlg* fraile; (*escalfallits*) calentador [de cama]
frase [frázə] *f grm* frase, oración; ~ **feta** frase hecha
fratern -a [frətɛ́rn] *aj* fraterno -na
fre [frɛ́] *m* freno; *ana* frenillo; *fg* (*contenció*) freno
frec [frɛ́k] *m* frotación, frotamiento *m*; *med* roce; (~) **a** ~ muy cerca, casi rozando
fred -a [frɛ́t] *aj* frío -a; **pelar-se de** ~ helarse de frío; **una de ~a i una de calenta** una de cal y otra de arena
fredor [frəðó] *f* frialdad
frega [frɛ́ɣə] *f med* friega; *f* (*del terra, de plats*) fregado *m*
fregadís [frəɣəðís] *m* [*pl: -issos*] roce, rozamiento
fregall [frəɣáʎ] *m* estropajo
fregar [frəɣá] *vt* frotar, fregar, restregar; (*tocar superficialment*) rozar
fregir [frəʒí] *vt* freír
frenar [frəná] *vt* frenar
frenètic -a [frənɛ́tik] *aj* frenético -ca
freqüència [frəkwɛ́nsiə] *f* frecuencia; **amb** ~ con frecuencia
freqüent [frəkwén] *aj* frecuente
fresc -a [frɛ́sk] *aj* fresco -ca; *f* (*temps fresc*) fresco *m*; *m art* (*pintura*) fresco
fressa [frɛ́sə] *f* ruido *m*
fricció [friksió] *f* fricción; (*discussió*) fricción, roce *m*
frígid -a [fríʒit] *aj* frígido -da
frigorífic -a [friɣurífik] *aj m* frigorífico -ca
frisar [frizá] *vi* impacientarse; ~ **per** arder en deseos, suspirar por, rabiar por
frívol -a [fríβul] *aj* frívolo -la
fronda [fróndə] *f* fronda
frondós -osa [frundós] *aj* frondoso -sa
front [frón] *m ana* frente *f*; *mil met* frente; **de** ~ de frente
frontissa [fruntísə] *f* bisagra
frontó [fruntó] *m arq esp* frontón
fructuós -osa [fruktuós] *aj* fructuoso -sa
frugal [fruɣál] *aj* frugal
fruir [fruí] *vi* disfrutar, gozar
fruit [frújt] *m* fruto
fruita [frújtə] *f* fruta; ~ **seca** frutos secos
fruiter -a [frujté] *aj* frutal; *m* (*arbre*) frutero; *mf* frutero -ra; *f* frutera
fuel [fuɛ́l] *m* fuel
fuet [fuɛ́t] *m* (*xurriaques*) látigo, fusta *f*; *gst* longaniza *f* [larga y delgada], fuet
fuetejar [fuətəʒá] *vt* azotar, fustigar
fuga [fúɣə] *f* = **fugida**; *mús* fuga
fugaç [fuɣás] *aj* fugaz

fugida [fuʒíðə] *f* fuga, huida
fugir [fuʒí] *vi* huir; (*escapar-se*) huir, fugarse *vp*; *fg* (*evitar*) huir, rehuir; **fuig!** (*protesta*) ¡anda!, ¡quita!
fugisser -a [fuʒisé] *aj* huidizo -za, fugaz
fugitiu -iva [fuʒitíw] *aj mf* fugitivo -va
fuita [fújtə] *f tcn* fuga, escape *m*
fulgurar [fulɣurá] *vi* fulgurar
full [fúʎ] *m* hoja *f*; ~ **volant** octavilla
fulla [fúʎə] *f bot* hoja; (*tall d'una eina*) hoja, cuchilla; (*de porta, finestra*) hoja; **a qui no li agradi que s'hi posi fulles** *dsp vlg* a quien le pique que se rasque
fullam [fuʎám] *m* hojarasca *f*; (*fullatge*) follaje
fullaraca [fuʎərákə] *f* hojarasca
fullatge [fuʎádʒə] *m* follaje
fum [fúm] *m* humo; *pl fg* humos
fumador -a [fuməðó] *mf* fumador -ra
fumar [fumá] *vt* ahumar; *ab* (*un cigar, etc*) fumar, fumarse *vp*
fumat -ada [fumát] *aj* ahumado -da
fumejar [fuməʒá] *vi* humear, echar humo
fúmer [fúmə] *vtip* [*eufemisme*] = **fotre**
fumigar [fumiyá] *vt agr* fumigar
funàmbul -a [funámbul] *mf* funámbulo -la
funció [funsió] *f* función
funcionament [funsiunəmén] *m* funcionamiento
funcionar [funsiuná] *vi* funcionar
funcionari -ària [funsiunári] *mf* funcionario -ria
funda [fúndə] *f* funda
fundar [fundá] *vt* fundar; *vp* (*basar-se en*) fundarse
fúnebre [fúnəβrə] *aj* fúnebre
funeral [funərál] *m* [*generalment en pl*] funeral, exequias *fpl*
funest -a [funést] *aj* funesto -ta, aciago -ga
funicular [funikulár] *aj m* funicular
fura [fúrə] *f* hurón *m*; *fg fm* (*persona molt perspicaç*) lince *m*
furgar [furgá] *vt* (*remoure*) hurgar, escarbar; (*buscar interiorment*), hurgar. *No et furguis el nas!*, ¡no te hurgues la nariz!; *fg* (*tafanejar*) hurgar, husmear, fisgar, fisgonear
furgó [furgó] *m* furgón
furgoneta [furgunétə] *f* furgoneta
fúria [fúriə] *f* furia, saña
furiós -osa [furiós] *aj* furioso -sa
furor [furór] *m* furor; **fer** ~ hacer furor
furt [fúrt] *m* hurto
furtar [furtá] *vt* hurtar
fus [fús] *m* huso; ~ **horari** huso horario
fusell [fuzéʎ] *m* fusil
fusible [fuzíbblə] *aj m* fusible
fusió [fuzió] *f* fusión
fusta [fústə] *f* (*matèria llenyosa*) madera; (*tros de fusta*) madero *m*; **ésser de bona** ~ estar fuerte como un roble (como un toro); **tenir** ~ **de** tener madera de
fuster -a [fusté] *mf* carpintero -ra
fusteria [fustəríə] *f* carpintería

futbol [fubbɔ́l] *m* fútbol
futbolista [fubbulístə] *mf* futbolista
futur -a [futúr] *aj m* futuro -ra

G

gàbia [gáβiə] *f* jaula; *mar* gavia
gabinet [gəβinét] *m* gabinete
gafa [gáfə] *f* gafa
gafet [gəfét] *m* corchete
gai [gáj] *aj mf* (*homosexual*) homosexual, gay
gai -a [gáj] *aj* alegre, festivo -va
gaiato [gəjátu] *m* cayado, cachava *f*
gaire [gájɾə] *aj* [*en frases negatives, interrogatives o condicionals*] mucho -cha. *No tinc ~s amics*, no tengo muchos amigos; *av* mucho, muy. *Heu menjat ~?*, ¿habéis comido mucho?; **no** ~ no mucho
gairebé [gàjɾəβé] *av* casi
gaita [gájtə] *f* gaita; **anar (venir) amb gaites** *fm* ir (venir) con gaitas
gal gal·la [gál] *aj mf* galo -la
gala [gálə] *f* gala; **anar de** ~ ir de gala, ir de punta en blanco; **fer ~ de** hacer gala de, alardear
galà -ana [gəlá] *aj* hermoso -sa, lindo -da
galant [gəlán] *aj* galante; *m* galán
galàpet [gəlápət] *m* sapo
galàxia [gəláksiə] *f* galaxia
galera [gəléɾə] *f* galera
galeria [gələɾíə] *f* galería
galet [gəlét] *m* (*broc petit*) pico, pitorro; [*generalment en pl*] (*pasta de sopa*) codo, codillo; **beure a** ~ beber a chorro (del pitorro)
galeta [gəlétə] *f gst* galleta; *fg* (*bufetada*) galleta, cachete *m*
galimaties [gəlimətíəs] *m* galimatías
galió [gəlió] *m* galeón
galipàndria [gəlipándɾiə] *f* catarro *m*; resfriado *m*
gall [gáʎ] *m* gallo; ~ **dindi** pavo
gallard -a [gəʎárt] *aj* (*ben plantat*) gallardo -da; *fg* (*valent*) gallardo -da; valiente
gallec -ega [gəʎék] *aj mf* gallego -ga
galleda [gəʎéðə] *f* cubo *m*
gallejar [gəʎəʒá] *vi* (*fer el gall, el valent*) gallear, pavonearse; (*alçar la veu*) gallear, alzar el gallo
gallet [gəʎét] *m* (*d'una arma*) gatillo
gallina [gəʎínə] *f* gallina
galliner [gəʎiné] *m* gallinero
galop [gəlɔ́p] *m* galope
galopar [gəlupá] *vi* galopar
galta [gáltə] *f* mejilla; **tenir galtes (ésser un galtes)** ser un caradura
galzeran [gəlzəɾán] *m bot* brusco
gamarús [gəməɾús] *m* [*pl: -ussos*] *zoo* cárabo; *fm* zopenco, bobo
gamba [gámbə] *f zoo* gamba
gambada [gəmbáðə] *f* zancada
gamma [gámmə] *f* (*lletra grega*) gamma; (*de colors*) gama; *fg* (*ventall*) gama
gana [gánə] *f* (*de menjar*) apetito *m*, hambre, gana, ganas *pl;* [*generalment en pl*] (*desig*) ganas, gana *sg*; **donar la** ~ dar la (real)

gana; **fer venir** ~ abrir (despertar) el apetito
gandul -a [gəndúl] *aj mf* gandul -la, vago -ga, holgazán -ana
ganduleria [gəndulərίə] *f* gandulería, holgazanería
ganga [gáŋgə] *f* ganga, chollo *m*; **gangues de l'ofici** gajes del oficio
gangli [gáŋgli] *m* ganglio
gangrena [gəŋgrέnə] *f* gangrena
gàngster [gáŋstər] *m* gángster
ganivet [gəniβέt] *m* cuchillo
ganiveta [gəniβέtə] *f* (*ganivet gros*) cuchilla; (*del pa*) cuchillo *m*
gansoner -a [gənsuné] *aj* ganso -sa; remolón -ona
ganxet [gəɲʃέt] *m* ganchillo
ganxo [gáɲʃu] *m* gancho
ganya [gáɲə] *f* agalla
ganyot [gəɲɔ́t] *m* gañote, gaznate
ganyota [gəɲɔ́tə] *f* mueca, gesto *m*, mohín *m*
garantia [gərəntίə] *f* garantía
garantir [gərəntí] *vt* garantizar
garatge [gərádʒə] *m* garaje
garba [gárbə] *f* gavilla
garbell [gərbéʎ] *m* criba *f*
garbellar [gərbəʎá] *vt* cribar, acribar
garbí [gərbí] *m* (*vent del sud-oest*) ábrego, garbino
garbuix [gərbúʃ] *m* embrollo, lío, maraña *f*
gardènia [gərdέniə] *f bot* gardenia
garfi [gárfi] *m* garfio
garfir [gərfí] *vt* gafar, agarrar [con las uñas]
gargall [gərgáʎ] *m* gargajo
gargamella [gərgəméʎə] *f* (*gola*) gaznate *m*, gañote *m*
gargot [gərgɔ́t] *m* garabato, monigote
garita [gərítə] *f* garita
garjola [gərʒɔ́lə] *f fm* chirona
garlanda [gərlándə] *f* guirnalda
garlar [gərlá] *vi* charlar, charlotear
garrafa [gəráfə] *f* garrafa
garranyic [gərəɲík] *m* chirrido, rechinamiento
garratibat -ada [gàrətiβát] *aj* patitieso -sa, tieso -sa
garrell -a [gəréʎ] *aj* estevado -da
garrepa [gərέpə] *aj mf* tacaño -ña, agarrado -da, roñica
garrí -ina [gərí] *mf* lechón -ona, cochinillo *m*
garriga [gəríɣə] *f* garriga
garrofa [gərɔ́fə] *f* algarroba; **guanyar-se les garrofes** *fm* ganarse la vida (el pan)
garrot [gərɔ́t] *m* garrote
garrotada [gərutáðə] *f* garrotazo *m*, trancazo *m*
garsa [gársə] *f zoo* urraca
gas [gás] *m* gas; *pl* (*als budells*) gases; **a tot** ~ a todo gas
gasa [gázə] *f* gasa
gascó -ona [gəskó] *aj mf* gascón -ona
gasela [gəzέlə] *f zoo* gacela
gasiu -iva [gəzíw] *aj mf* tacaño -ña, agarrado -da
gasoli [gəzɔ́li] *m* gasóleo, gas-oil
gasolina [gəzulínə] *f* gasolina
gasolinera [gəzulinérə] *f* gasolinera
gasós -osa [gəzós] *aj* gaseoso -sa; *f* (*refresc*) gaseosa
gastar [gəstá] *vt* gastar

gàstric -a [gástɾik] *aj* gástrico -ca
gastritis [gəstɾítis] *f* gastritis
gastronomia [gəstɾunumíə] *f* gastronomía
gat -a [gát] *aj fm* (*borratxo*) ciego -ga, entonado -da; *mf zoo* gato -ta; *m tcn* gato; **donar ~ per llebre** dar gato por liebre; **~a maula** mosquita (mosca) muerta; **~ mesquer** *zoo* jineta *f*; **haver-hi ~ amagat** haber gato encerrado
gatejar [gətəʒá] *vi* gatear, andar a gatas
gatosa [gətózə] *f bot* aulaga morisca, abolaga
gatzara [gədzáɾə] *f* algazara, bulla, jaleo
gaudir [gəwðí] *vi* gozar, disfrutar
gavardina [gəβərdínə] *f* gabardina
gavatx -a [gəβátʃ] *aj mf dsp* gabacho -cha
gavina [gəβínə] *f zoo* gaviota
ge [ʒé] *f* [*pl: ges*] (*lletra*) ge
gebre [ʒéβɾə] *m* escarcha *f*
gec [ʒɛ́k] *m* chaqueta *f*, americana *f*
gegant -a [ʒəɣán] *aj* gigante; *mf* gigante -a
gegantí -ina [ʒəɣəntí] *aj* gigantesco -ca
gel [ʒɛ́l] *m* (*glaç*) hielo; *qm* gel; **trencar el ~** *fg* romper el hielo
gelada [ʒəláðə] *f* helada
gelar [ʒəlá] *vti* helar
gelat -ada [ʒəlát] *aj m* helado -da
gelatina [ʒələtínə] *f* gelatina
gelea [ʒəlɛ́ə] *f* jalea
gelera [ʒəléɾə] *f geo* (*massa de glaç*) helero *m*, nevero *m*; (*glacera*) glaciar *m*
gèlid -a [ʒɛ́lit] *aj* gélido -da
gelós -osa [ʒəlós] *aj* celoso -sa
gelosia [ʒəluzíə] *f* celos *mpl*; (*d'una finestra*) celosía, rejilla
gema [ʒémə] *f* (*rovell d'ou*) yema; (*dolç*) yema. **~** *de coco*, yema de coco; (*flamet*) tocino *m* de cielo
gemec [ʒəmék] *m* gemido, quejido
gemegar [ʒəməɣá] *vi* gemir
gemma [ʒɛ́mmə] *f bot* yema, gema; *min* (*pedra preciosa*) gema
gendarme [ʒəndármə] *m* gendarme
gendre [ʒɛ́ndɾə] *m* yerno, hijo político
gener [ʒəné] *m* enero
generació [ʒənəɾəsió] *f* generación
generador -a [ʒənəɾəðó] *aj m* generador -ra
general [ʒənəɾál] *aj* general; *m mil* general; **en ~** en general
generalitat [ʒənəɾəlitát] *f* generalidad
generalment [ʒənəɾàlmén] *av* generalmente
generar [ʒənəɾá] *vt* generar
gènere [ʒɛ́nəɾə] *m* gènero; **~ de punt** género de punto
genèric -a [ʒənɛ́ɾik] *aj* genérico -ca
generós -osa [ʒənəɾós] *aj* generoso -sa
gènesi [ʒɛ́nəzi] *f* génesis
genet -a [ʒənɛ́t] *mf* jinete; *f* (*manera de muntar*) jineta; *zoo* jineta
geni [ʒɛ́ni] *m* genio; **tenir mal ~** tener mal genio (mal carácter)
genital [ʒənitál] *aj* genital; *mpl ana* genitales

geniüt -üda [ʒəniút] *aj* de (que tiene) mal genio
geniva [ʒəníβə] *f* encía
genocidi [ʒənusíði] *m* genocidio
genoll [ʒənóʎ] *m* rodilla *f*; **de ~s** de rodillas
genollera [ʒənuʎérə] *f* rodillera
gens [ʒéns] *av* [*en frases afirmatives, interrogatives o condicionals*] *av* un poco, algo. *Tens ~ de farina?*, ¿tienes algo de harina?; [*en frases negatives davant adj o després de verb*] nada. *No és ~ eixerit*, no es nada despierto. *No m'importa ~*, no me importa nada; **~ de** nada de, ni gota de; **~ ni mica** nada de nada, lo más mínimo
gent [ʒén] *f* gente; **~ de bé** gente de bien (de pro)
gentada [ʒəntáðə] *f* gentío *m*, muchedumbre
gentil [ʒəntíl] *aj m* gentil
genuí -ïna [ʒənuí] *aj* [*pl: -ïns*] genuino -na, auténtico -ca
geografia [ʒeuɣrəfíə] *f* geografía
geogràfic -a [ʒeuɣráfik] *aj* geográfico -ca
geologia [ʒeuluʒíə] *f* geología
geometria [ʒeumətríə] *f* geometría
geomètric -a [ʒeumɛ́trik] *aj* geométrico -ca
gep [ʒép] *m* corcova *f*, joroba *f*, giba *f*
gepa [ʒépə] *f* = **gep**
geperut -uda [ʒəpərút] *aj mf* jorobado -da
gerani [ʒəráni] *m* geranio
gerd [ʒɛ́rt] *m* frambuesa *f*
gerent [ʒərén] *mf* gerente
geriatria [ʒəriətríə] *f* geriatría
germà -ana [ʒərmá] *mf* hermano -na
germanastre -a [ʒərmənástrə] *mf* hermanastro -tra
germandat [ʒərməndát] *f* hermandad; *rlg* hermandad, cofradía
germànic -a [ʒərmánik] *aj mf* germánico -ca, germano -na
germanor [ʒərmənó] *f* fraternidad
germen [ʒɛ́rmən] *m* germen
germinar [ʒərminá] *vi* germinar
gerra [ʒérə] *f* (*atuell*) jarra; (*gran*) tinaja, tina
gerro [ʒɛ́ru] *m* jarro, jarra *f*; (*objecte d'adorn*) jarrón
gerundi [ʒərúndi] *m* gerundio
gespa [ʒéspə] *f bot* césped *m*
gessamí [ʒəsəmí] *m bot* jazmín
gest [ʒést] *m* (*moviment corporal*) gesto, ademán; *fg* (*acte*) gesto
gesta [ʒéstə] *f* gesta, hazaña
gestació [ʒəstəsió] *f* gestación
gesticular [ʒəstikulá] *vi* gesticular
gestió [ʒəstió] *f* gestión
gestor -a [ʒəstó] *aj mf* gestor -ra
gibrell [ʒiβréʎ] *m* barreño
gibrelleta [ʒiβrəʎɛ́tə] *f* orinal *m*
gimcana [ʒimkánə] *f* gincana
gimnàs [ʒimnás] *m* gimnasio
gimnàstic -a [ʒimnástik] *aj* gimnástico -ca; *f* gimnasia
ginebra [ʒinéβrə] *f* ginebra
ginebre [ʒinéβrə] *m bot* enebro, junípero
ginecologia [ʒinəkuluʒíə] *f* ginecología
ginesta [ʒinéstə] *f bot* retama

gingebre [ʒiɲʒéβɾə] *m bot* jengibre
gínjol [ʒíɲʒul] *m bot* azufaifa *f*; **eixerit com (més eixerit que) un** ~ muy vivo, muy despierto
gir [ʒír] *m* giro; ~ **postal** giro postal
gira [ʒíɾə] *f* embozo *m*
girafa [ʒíɾə] *f zoo* jirafa
giragonsa [ʒiɾəγónsə] *f* ese, curva
girar [ʒiɾá] *vi* girar; (*canviar de direcció*) girar, torcer, volver, doblar; *vt* (*moure sobre si mateix*) girar, volver; (*els fulls d'un llibre*) volver, pasar; *ecn* (*ordres de pagament*) girar; *vp* volverse; (*vent*) levantarse
giravolt [ʒiɾəβɔ́l] *m* voltereta *f*
giravoltar [ʒiɾəβultá] *vi* voltear
gírgola [ʒírgulə] *f* seta [del género 'pleuroto']
gitano -a [ʒitánu] *aj m f* gitano -na
gitar [ʒitá] *vt* lanzar, arrojar; (*vomitar*) vomitar, devolver
gla [glá] *f* bellota
glaç [glás] *m* hielo; **trencar el** ~ romper el hielo
glaçada [gləsáðə] *f* helada
glaçar [gləsá] *vti* helar
glacial [gləsiál] *aj* glacial. *Un fred* ~, un frio glacial; *geol* glaciar
glaçó [gləsó] *m* cubito
gladiador [gləðiəðó] *m* gladiador
gladiol [gləðiɔ́l] *m bot* estoque
glàndula [glándulə] *f* glándula
glicerina [glisəɾínə] *f* glicerina
global [gluβál] *aj* global
glòbul [glɔ́βul] *m* glóbulo
globus [glɔ́βus] *m* globo
glop [glóp] *m* trago, sorbo
glopada [glupáðə] *f* bocanada; *fg* (*de gent*) oleada
glopejar [glupəʒá] *vt* (*per a rentar-se la boca*) enjuagar; (*per assaborir un líquid*) paladear
glòria [glɔ́ɾiə] *f* gloria
glúcid [glúsit] *m* glúcido
glucosa [glukózə] *f qm* glucosa
goig [gɔ́tʃ] *m* gozo, alegría *f*, júbilo; *pl lit* (*cant, full*) gozos; **fer** ~ dar gozo (gloria)
gol [gɔ́l] *m esp* gol
gola [gólə] *f* garganta; (*obertura, entrada*) boca; *rlg* (*pecat capital*) gula; **ficar-se a la ~ del llop** meterse en la boca del lobo
golafre [guláfɾə] *aj mf* tragón -ona, glotón -ona
golf [gólf] *m geo* golfo
golf [gɔ́lf] *m esp* golf
golfes [gólfəs] *fpl* desván *msg*, buhardilla *sg*
golut -uda [gulút] *aj mf* = **golafre**
goma [gómə] *f* goma; (*adhesiu*) goma, pegamento *m*; ~ **d'esborrar** goma (de borrar)
góndola [góndulə] *f* góndola
gorga [górgə] *f* (*remolí*) remolino *m*; (*en un corrent d'aigua*) poza; pozo *m* [en un río].
goril·la [gór] *m* gorila
gorja [górʒə] *f* (*gola*) garganta; *geo* (*pas estret*) garganta, cañón *m*
gorra [górə] *f* (*amb visera*) gorra; (*sense visera*) gorro *m*; **de** ~ de gorra
gos gossa [gós] *mf* perro -rra
gosar [guzá] *vi* osar, atreverse

got [gɔ́t] *m* vaso
got goda [gɔ́t] *aj mf hst* godo -da
gota [gótə] *f* gota; ~ **a** ~ *med* gota a gota; *av* (*gens*) ni gota, nada, ni pizca
gotellada [gutəʎáðə] *f* chaparrón *m*, chubasco *m*, aguacero *m*
gotera [gutérə] *f* (*degotall*) goteo *m*; (*degoter*) gotera
gòtic -a [gɔ́tik] *aj m* gótico -ca
govern [guβέrn] *m* gobierno
governador -a [guβərnəðó] *aj mf* gobernador -ra
governar [guβərná] *vt* gobernar
gra [grá] *m bot med* grano; **anar al** ~ ir al grano, no andarse por las ramas; **fer-ne un** ~ **massa** pasarse de rosca (de la raya); ~ **d'all** diente de ajo
gràcia [grásiə] *f* (*el que diverteix o plau*) gracia; (*atractiu*) gracia, encanto; (*desimboltura*) gracia, salero; *fpl* (*agraïment*) gracias; *inj* ¡gracias!, ¡muchas gracias!; **fer** ~ hacer gracia; **gràcies a** gracias a
graciós -osa [grəsiós] *aj* gracioso -sa
grada [gráðə] *f* (*esglaó*) grada; (*graderia*) grada, graderío *m*
graduar [grəðuá] *vt* graduar; *vp* (*a la universitat*) graduarse
graella [grəéʎə] *f* [*sovint en pl*] parrilla
grafia [grəfíə] *f* grafía
gràfic -a [gráfik] *aj* gráfico -ca; *m* gráfica *f*, gráfico
grafit [grəfít] *m* grafito
gralla [gráʎə] *f zoo* grajilla; *mús* chirimía
gram [grám] *m* gramo
gramàtica [grəmátikə] *f* gramática
gran [grán] *aj* grande, gran; *aj mf* (*d'edat*) mayor
grana [gránə] *f bot* (*llavor*) grana; *aj m* (*color*) grana
granada [grənáðə] *f agr* grana, granazón; *mil* granada. ~ *de mà*, granada de mano
grandària [grəndáriə] *f* tamaño *m*
grandiós -osa [grəndiós] *aj* grandioso -sa
graner -a [grəné] *m agr* (local) granero; *f* (*escombra*) escoba
granger -a [grəɲʒé] *mf* granjero -ra
granit [grənít] *m* granito
granja [gráɲʒə] *f* granja
granota [grənɔ́tə] *f zoo* rana; (*vestit de feina*) mono *m*
graó [grəó] *m* escalón, peldaño
grapa [grápə] *f* garra; (*proveïda d'ungles*) zarpa; *tcn* (*per a subjectar papers*) grapa; **de quatre grapes** a gatas, a cuatro patas; **tenir** ~ tener garra
grapat [grəpát] *m* puñado; *fg* (*nombre considerable*) montón
gras -assa [grás] *aj* graso -sa; (*obès*) gordo -da, grueso -sa; *m* gordo, grasa *f*. *El ~ del pernil*, el gordo del jamón
grat -a [grát] *aj* (*agradable*) grato -ta; *m* (*gust*) agrado; **de** (**bon**) ~ de (buen) grado; **de mal** ~ de mal grado, a regañadientes
gratacel [grətəsέl] *m* rascacielos
gratar [grətá] *vtp* rascar; *vt* (*la terra*) escarbar

gratificació [gɾətifikəsió] *f* gratificación
gratinar [gɾətiná] *vt* gratinar
gratis [gɾátis] *av* gratis
gratitud [gɾətitút] *f* gratitud
gratuït -a [gɾətuít] *aj* gratuito -ta
grau [gɾáw] *m* grado
grava [gɾáβə] *f* grava, cascajo *m*
gravar [gɾəβá] *vt* (*un dibuix, una figura*) grabar; *fg* (*enregistrar*) grabar. *Això, grava-ho al teu esperit*, esto, grábalo en tu espíritu; (*amb un impost*) gravar
gravetat [gɾəβətát] *f* gravedad
grec grega [gɾék] *aj m* griego -ga
gregal [gɾəɣál] *m* (*vent del nord-est*) gregal
greix [gɾéʃ] *m* grasa *f*
greixós -osa [gɾəʃós] *aj* (*de la natura del greix*) graso -sa; (*cobert, tacat de greix*) grasiento -ta, mugriento -ta
gremi [gɾɛ́mi] *m* gremio
grenya [gɾɛ́ɲə] *f* greña
gres [gɾɛ́s] *m* (*ceràmica*) gres; (*pedra*) asperón
gresca [gɾɛ́skə] *f* (*gatzara*) gresca, jaleo *m*, jolgorio *m*, jarana; (*baralla*) gresca, riña, bronca
greu [gɾéw] *aj* grave; *aj m mús* grave; **saber** ~ saber mal, sentirlo
greuge [gɾéwʒə] *m* agravio, entuerto
grèvol [gɾɛ́βul] *m bot* acebo
grill [gɾíʎ] *m* (*de taronja, llimona*) gajo; *zoo* grillo
grimpar [gɾimpá] *vi* trepar
grinyol [gɾiɲɔ́l] *m* chirrido, rechinamiento; (*d'animal*) gañido, aullido
grinyolar [gɾiɲulá] *vi* chirriar, rechinar; (*animal*) aullar, gañir
grip [gɾíp] *f/m* gripe *f*, trancazo *m fm*
gripau [gɾipáw] *m zoo* sapo
gris -a [gɾís] *aj m* gris
grisor [gɾizó] *f* (*qualitat de gris*) grises *mpl*, tonos *m* (tonalidades) grises; *fg* mediocridad
groc [gɾɔ́k] *aj m* amarillo -lla
grogor [gɾuɣó] *f* amarillez
grogós -osa [gɾuɣós] *aj* = **groguenc**
groguenc -a [gɾuɣɛ́ŋ] *aj* amarillento -ta
groller -a [gɾuʎé] *aj* basto -ta, burdo -da, tosco -ca; (*paraules, gests*) soez, grosero -ra; *aj mf* (*bast, grosser*) grosero -ra, zafio -fia
gronxador [gɾuɲʃəðó] *m* columpio
gronxar [gɾuɲʃá] *vt* columpiar, balancear; (*un infant*) mecer
gropa [gɾópə] *f* grupa
gros -ossa [gɾɔ́s] *aj* grande; *fg* gordo -da. *L'ha feta grossa*, la ha armado gorda; *m* (*part principal d'un tot*) grueso; *f* (*de la rifa*) gordo *m*
grosella [gɾuzɛ́ʎə] *f* grosella
grosser -a [gɾusé] *aj mf* grosero -ra, basto -ta, burdo -da
grotesc -a [gɾutɛ́sk] *aj m* grotesco -ca
grua [gɾúə] *f* grúa; *zoo* grulla
gruar [gɾuá] *vi* consumirse *vp*, sufrir; *vt* ganarse a pulso; ansiar, anelar
gruix [gɾúʃ] *m* grueso, grosor, espesor

gruixut -uda [gɾuʃút] *aj* grueso -sa, gordo -da; *fg* (*veu*) grave
grum [gɾúm] *m* (*grumoll*) grumo; (*noi*) botones
grumet [gɾumɛ́t] *m mar* grumete
grumoll [gɾumóʎ] *m* grumo
gruny [gɾúɲ] *m* gruñido
grunyir [gɾuɲí] *vi* gruñir
grup [gɾúp] *m* grupo
gruta [gɾútə] *f* gruta
guaita [gwájtə] *mf* centinela, vigía
guaitar [gwəjtá] *vt* (*vigilar*) vigilar; (*mirar*) mirar
gual [gwál] *m* vado; (*en una carretera*) badén
guant [gwán] *m* guante
guany [gwáɲ] *m* ganancia *f*
guanyador -a [gwəɲəðó] *aj mf* ganador -ra
guanyar [gwəɲá] *vt* ganar; *vi* (*millorar*) ganar; **~-hi** ganar; *vp* (*fer-se seu*) ganarse, granjearse; (*merèixer*) ganarse
guarda [gwárdə] *mf* (*guàrdia*) guarda; *f grf* (*d'un llibre*) guarda
guardabarrera [gwàrdəβəréɾə] *mf* guardabarrera
guardabosc [gwàrdəβɔ́sk] *mf* guardabosque
guardacostes [gwàrdəkɔ́stəs] *mf* guardacostas
guardaespatlles [gwàrdəspáʎʎəs] *mf* guardaespaldas
guardar [gwərdá] *vt* guardar; *vp* (*evitar*) guardarse. *Guardeu-vos dels vostres enemics*, guardaos de vuestros enemigos
guarderia [gwərdəɾíə] *f* guardería
guàrdia [gwárdiə] *mf* guardia; *f* guardia; **de** ~ de guardia; **posar-se en** ~ ponerse en guardia
guardià -ana [gwardiá] *mf* guardián -na
guardiola [gwərdiɔ́lə] *f* hucha
guardó [gwərdó] *m* galardón
guaret [gwəɾɛ́t] *m* barbecho
guarir [gwəɾí] *vti* curar, sanar
guarnició [gwərnisió] *f* guarnición
guarnir [gwərní] *vtp* guarnecer, adornar, engalanar; *fg* (*vestir estrafolàriament*) emperejilar, emperifollar
guatlla [gwáʎʎə] *f zoo* codorniz
guenyo -a [gɛ́ɲu] *aj* bizco -ca
guepard [gəpárt] *m zoo* guepardo
guerra [gɛ́rə] *f* guerra
guerrer -a [gəré] *aj mf* guerrero -ra; *f* (*jaqueta*) guerrera
guerxo -a [gɛ́rʃu] *aj med* (*estràbic*) bizco -ca; (*desviat, tort*) torcido -da
guia [gíə] *f* guía; (*de telèfons*) listín *m*; *mf* guía
guiar [giá] *vt* guiar
guilla [gíʎə] *f zoo* = **guineu**
guinda [gíndə] *f bot mar* guinda
guineu [ginɛ́w] *f zoo* zorra, zorro *m*
guió [gió] *m* guión
guionet [giunɛ́t] *m grm* guión
guipar [gipá] *vt fm* guipar; **~-hi** guipar
guirigall [giɾiɣáʎ] *m* guirigay, follón
guisar [gizá] *vti* guisar
guitarra [gitárə] *f* guitarra
guitza [gídzə] *f* coz; **fer la** ~ dar la lata, hacer la pascua (la puñeta), chinchar

guix [gíʃ] *m min arq* yeso; (*per a escriure*) tiza *f*; *med* escayola *f*, yeso
guixar [giʃá] *vt* (*marcar un traç*) rayar; *vt* garabatear
guspira [guspírə] *f* chispa, centella
gust [gúst] *m* (*sabor*) sabor, gusto; (*sentit estètic*) gusto; (*plaer, satisfacció*) gusto, ganas *f pl*. *Menja amb un ~!*, ¡come con unas ganas!; **molt de** (**tant de**) ~ mucho gusto, tanto gusto; **tenir ~ de** saber a; **venir de ~** venir en gana, apetecer
gustós -osa [gustós] *aj* (*saborós*) gustoso -sa, sabroso -sa; [*adverbialment*] gustoso -sa, con mucho gusto. *Ho faré ~*, lo haré gustoso

H

hàbil [áβil] *aj* hábil; **dia ~** día hábil
habilitar [əβilitá] *vt* habilitar, acondicionar; *dr* habilitar, capacitar
habilitat [əβilitát] *f* habilidad
hàbit [áβit] *m* (*de religiós*) hábito; (*habitud*) hábito, costumbre *f*
habitació [əβitəsió] *f* habitación
habitacle [əβitáklə] *m* habitáculo
habitant [əβitán] *mf* habitante
habitar [əβitá] *vti* habitar
hàbitat [áβitət] *m* hábitat
habitatge [əβitádʒə] *m* vivienda *f*
habitual [əβituál] *aj* habitual
habitud [əβitút] *f* hábito *m*, costumbre
hac [ák] *f* (*lletra*) hache
haca [ákə] *f* jaca, haca
haixix [əʃíʃ] *m* hachís
hala [álə] *inj* (*per encoratjar*) ¡hala!, ¡hale!
ham [ám] *m* anzuelo; **picar l'~** tragar (morder) el anzuelo
hamaca [əmákə] *f* hamaca
hamburguesa [əmákə] *f* hamburguesa
hàmster [ámstər] *m* hámster
handbol [ənbɔ́l] *m* balonmano
hangar [əŋgár] *m* hangar
harmonia [ərmuníə] *f* armonía
haver [əβέ] *m ecn* haber, haberes *pl*
haver [əβέ] *vi* haber; (**en**) **havent** [*seguit de pp*] después de [seguido de inf]. *En havent dinat*, después de comer; **~ de** (*obligació*) tener que, deber, haber de. *Haig de marxar*, tengo que irme; **~-hi** (*existir, ésser, donar-se*) haber. *Hi ha un problema*, hay un problema; **~-n'hi prou** bastar, ser suficiente. *N'hi haurà prou amb un quilo*, con un quilo bastará; **n'hi ha que** los hay que; **no ~-n'hi ha per a tant** no es para tanto
hebreu -ea [əβréw] *aj mf* hebreo -a; *m* (*llengua*) hebreo
hegemonia [əʒəmuníə] *f* hegemonía
hèlice [έlisə] *f* = **hèlix**
helicòpter [əlikɔ́ptər] *m* helicóptero
hèlix [έliks] *f* hélice
hematoma [əmətómə] *m* hematoma
hemisferi [əmisfέri] *m* hemisferio

hemorràgia [əmurázjiə] *f* hemorragia
herba [érbə] *f* hierba, yerba
herbaci -àcia [ərbási] *aj bot* herbáceo -a
herbari [ərbári] *m bot* (*col·lecció*) herbario
herbei [ərbέj] *m* césped
herbicida [ərbisíðə] *aj m* herbicida
herbívor -a [ərbíβur] *aj m* herbívoro -ra
herbolari -ària [ərbulári] *mf* herbolario -ria
hereditari -ària [ərəðitári] *aj* hereditario -ria
herència [ərέnsiə] *f* herencia
heretar [ərətá] *vt ab* heredar
heretgia [ərədʒíə] *f* herejía
hereu -eva [ərέw] *aj mf* heredero -ra
hermètic -a [ərmέtik] *aj* hermético -ca
hèrnia [έrniə] *f* hernia
heroi -oïna [ərɔ́j] *mf* héroe heroína
heroïna [əruínə] *f gm* heroína
heterogeni -ènia [ətəruʒέni] *aj* heterogéneo -a
heterosexual [ètərusəksuál] *aj mf* heterosexual
heura [έwrə] *f bot* hiedra, yedra
híbrid -a [íβrit] *aj m* híbrido -da
hidràulic -a [iðráwlik] *aj f* hidráulico -ca
hidrogen [iðrɔ́ʒən] *m* hidrógeno
hidrografia [iðruɣrəfíə] *f* hidrografía
hiena [jέnə] *f zoo* hiena
higiene [iʒiέnə] *f* higiene
himne [ímnə] *m* himno
hipnotitzar [imnutidzá] *vt* hipnotizar
hipòcrita [ipɔ́kritə] *aj mf* hipócrita
hipòdrom [ipɔ́ðrum] *m* hipódromo
hipopòtam [ipupɔ́təm] *m* hipopótamo
hipoteca [iputέkə] *f* hipoteca
hipòtesi [ipɔ́təzi] *f* hipótesis
hisenda [izέndə] *f* (*finca*) hacienda, heredad; (*patrimoni*) hacienda, patrimonio; ~ **pública** hacienda pública
hispànic -a [ispánik] *aj* hispánico -ca
hispanoamericà -ana [ispànumərikà] *aj mf* hispanoamericano -na
hissar [isá] *vtp* izar(se)
histèria [istέriə] *f* histeria
història [istɔ́riə] *f* historia; [*generalment en pl*] *fg* (*ficcions, pretexts*) historia, cuento *m*; **passar a la** ~ pasar a la historia
historiador -a [isturiəðó] *mf* historiador -ra
històric -a [istɔ́rik] *aj* histórico -ca
historieta [isturiέtə] *f* historieta; ~ **il·lustrada** historieta ilustrada
hivern [iβέrn] *m* invierno
hivernacle [iβərnáklə] *m* invernadero
hivernal [iβərnál] *aj* invernal
hola [ɔ́lə] *inj* (*salutació*) ¡hola!
holandès -esa [uləndέs] *aj m* holandés -esa
hom [ɔ́m] *pr* se. ~ *diu que*, se dice que; **un** ~ uno -na. *Són casos en què un ~ no sap què fer*, son casos en los que uno no sabe qué hacer

home [ɔ́mə] *m* hombre; (*en serveis, lavabos, botigues*) caballero. *Sabates d'~*, zapatos de caballero; *inj* ¡hombre!
homenatge [umənádʒə] *m* homenaje. *Prestar* (*rendir*) *~*, rendir homenaje
homicida [umisíðə] *aj mf* homicida
homogeni -ènia [umuʒɛ́ni] *aj* homogéneo -a
homòleg -òloga [umɔ́lək] *aj* homólogo -ga
homònim -a [umɔ́nim] *aj* homónimo -ma; *mf* tocayo -ya, homónimo -ma
homosexual [ɔ̀musəksuál] *aj mf* homosexual
honest -a [unést] *aj* honesto -ta
hongarès -esa [uŋgərɛ́s] *aj mf* húngaro -ra; *m* (*llengua*) húngaro
honor [unór] *m* honor; **en ~ a** en honor a, en aras de; **fer els ~s** hacer los honores; **tenir l'~ de** tener el honor de
honorari -ària [unurári] *aj* honorario -ria; *mpl* honorarios
honrat -ada [unrát] *aj* honrado -da
hoquei [ukɛ́j] *m esp* hockey
hora [ɔ́rə] *f* hora; **a altes hores de la nit** (**de la matinada**) a altas horas de la noche (de la madrugada); **a hores d'ara** a estas alturas, a estas horas; **a primera ~** a primera hora; **a última** (**darrera**) **~** a última hora; **d'~** temprano, pronto; **fora d'~** a destiempo, a deshora
horari -ària [urári] *aj m* horario -ria
horitzó [uridzó] *m* horizonte
horitzontal [uridzuntál] *aj f* horizontal
horòscop [urɔ́skup] *m* horóscopo
horrible [urríbblə] *aj* horrible, horrendo -da
horror [urór] *m* horror. *Feia ~ de veure'l*, daba horror verlo
hort [ɔ́rt] *m* huerto; **baixar** (**venir**) **de l'~** estar en la luna (en la higuera)
horta [ɔ́rtə] *f* huerta
hortalissa [urtəlísə] *f* hortaliza
hortènsia [urtɛ́nsiə] *f* hortensia
hortolà -ana [urtulá] *mf* hortelano -na
hospital [uspitál] *m* hospital
hospitalitat [uspitəlitát] *f* hospitalidad
hostal [ustál] *m* hostal, hostería
hostaler -a [ustəlé] *mf* hostelero -ra, posadero -ra
hoste -essa [ɔ́stə] *mf* huésped -da; *f* (*avions*) azafata
hòstia [ɔ́stiə] *f rlg* hostia; *fg vlg* (*cop, mastegot*) hostia
hostil [ustíl] *aj* hostil
hotel [utɛ́l] *m* hotel
hoteleria [utələríə] *f* hostelería
humà -ana [umá] *aj* humano -na; *mpl* (*éssers humans*) humanos
humanitat [umənitát] *f* humanidad; *pl* (*conjunt d'estudis*) humanidades
húmer [úmər] *m* húmero
humil [umíl] *aj* humilde
humiliar [umiliá] *vt* humillar
humit -ida [umít] *aj* húmedo -da
humitat [umitát] *f* humedad
humitejar [umitəʒá] *vt* humedecer

humor [umór] *m* humor. *Aquest matí està de bon ~*, esta mañana está de buen humor. *No estic d'~ per a sortir*, no estoy de humor para salir; **sentit de l'~** sentido del humor
humus [úmus] *m* humus
huracà [urəká] *m* huracán, ciclón

I

i [í] *f* [*pl: is*] (*lletra*) i; ~ **grega** (*lletra*) i griega
i [i] *cnj* y, e. *Treballa dia ~ nit*, trabaja noche y día
iai -a [jáj] *mf* abuelo -la, yayo -ya
iber -a [iβér] *aj mf* ibero -ra, íbero -ra
ibèric -a [iβɛ́rik] *aj* ibérico -ca
iceberg [isəβɛ́rk] *m* iceberg
ics [íks] *f* (*lletra*) equis
idea [iðéə] *f* idea; **no tenir la més petita ~** no tener ni la más remota idea, no tener ni idea
ideal [iðeál] *aj m* ideal
idealitzar [iðəlidzá] *vt* idealizar
idear [iðeá] *vt* idear
idèntic -a [iðɛ́ntik] *aj* idéntico -ca
identificar [iðəntifiká] *vtp* identificar(se)
identitat [iðəntitát] *f* identidad
ideologia [iðeuluʒíə] *f* ideología
idil·li [iðílli] *m* idilio
idioma [iðiómə] *m* idioma
idiosincràsia [iðiusiŋkráziə] *f* idiosincrasia
idiota [iðiɔ́tə] *aj mf* idiota
ídol [íðul] *m* ídolo
idoni -ònia [iðɔ́ni] *aj* idóneo -a
ignomínia [iŋnumíniə] *f* ignominia
ignorant [iŋnuɾán] *aj mf* ignorante
ignorar [iŋnuɾá] *vt* ignorar
igual [iɣwál] *aj* igual. *El fill és ~ que el pare*, el hijo es igual que el padre; *m* igual. *És el seu ~*, es su igual; *av* igual. *Pensem ~*, pensamos igual; **a l'~ de** al igual que; **ésser ~** dar lo mismo, dar igual
igualar [iɣwəlá] *vt* igualar
igualment [iɣwàlmén] *av* (*així mateix*) igualmente; *inj* ¡igualmente!
igualtat [iɣwəltát] *f* igualdad
illa [íʎə] *f geo* isla; (*de cases*) manzana
il·legal [illəɣál] *aj* ilegal
il·lès -esa [illɛ́s] *aj* ileso -sa
il·limitat [illimitát] *aj* ilimitado -da
il·lògic -a [illɔ́ʒik] *aj* ilógico -ca
illot [iʎɔ́t] *m* islote
il·luminació [il·luminəsió] *f* iluminación
il·luminar [illuminá] *vt* iluminar
il·lusió [illuzió] *f* ilusión; **fer-se il·lusions** forjarse (hacerse) ilusiones
il·lusionista [illuziunístə] *mf* ilusionista
il·lustrador -a [illustɾəðó] *mf* ilustrador -ra
il·lustrar [illustɾá] *vt* ilustrar; *vp* (*instruir-se*) ilustrarse
il·lustre [illústɾə] *aj* ilustre
imaginació [iməʒinəsió] *f* imaginación

imaginar [iməʒiná] *vt* imaginar; *vp* (*suposar*) imaginar *vi*, imaginarse
imaginari -ària [iməʒinári] *aj* imaginario -ria
imant [imán] *m* imán
imatge [imádʒə] *f* imagen; **a ~ i semblança seva** a su imagen y semejanza
imbècil [imbəsíl] *aj* imbécil
imitar [imitá] *vt* imitar
immediat -a [imməðiát] *aj* inmediato -ta
immediatament [imməðiàtəmén] *av* immediatamente
immens -a [imméns] *aj* inmenso -sa
immersió [immərsió] *f* inmersión
immigració [immiɣrəsió] *f* inmigración
immigrant [immiɣrán] *aj mf* inmigrante
immigrar [immiɣrá] *vi* inmigrar
imminent [imminén] *aj* inminente
immòbil [immɔ́βil] *aj* inmóvil
immobilitzar [immuβilidzá] *vt* inmovilizar
immortal [immurtál] *aj* inmortal
immune [immúnə] *aj* inmune
impaciència [impəsiénsiə] *f* impaciencia
impacient [impəsién] *aj* impaciente
impacte [impáktə] *m* impacto
impecable [impəkábblə] *aj* impecable
impedir [impəðí] *vt* impedir
impedit -ida [impəðí] *aj mf* impedido -da
imperar [impərá] *vi* imperar
imperatiu -iva [impərətíw] *aj m* imperativo -va
imperdible [impərdíbblə] *aj* imperdible; *f* (*agulla*) imperdible *m*
imperfecte -a [impərféktə] *aj* imperfecto -ta
imperfet [impərfét] *m* imperfecto
imperi [impéri] *m* imperio
imperial [impəriál] *aj* imperial
impermeable [impərmeábblə] *aj* impermeable; *m* (*peça de roba*) impermeable, chubasquero
impertinent [impərtinén] *aj mf* impertinente
ímpetu [ímpətu] *m* ímpetu
implantar [impləntá] *vt* implantar
implicar [impliká] *vt* (*comportar*) implicar, suponer, significar
implorar [implurá] *vt* implorar
import [impɔ́rt] *m* importe
importància [impurtánsiə] *f* importancia
important [impurtán] *aj* importante
importar [impurtá] *vt ecn* (*mercaderies*) importar; *vi* (*ésser d'importància*) importar. *L'únic que importa*, lo único que importa
imposar [impuzá] *vt* imponer; *vp* (*prevaler*) imponerse
impossible [impusíbblə] *aj m* imposible; **fer l'~** hacer lo imposible
impost [impɔ́st] *m* impuesto
impostor -a [impustó] *mf* impostor -ra
impregnar [imprəŋná] *vt* impregnar
impremta [imprémtə] *f* imprenta
imprès -esa [imprés] *aj m* impreso -sa

imprescindible [imprəsindíbblə] *aj* imprescindible
impressió [imprəsió] *f* impresión; **fer** ~ causar impresión
impressionant [imprəsiunán] *aj* impresionante
impressionar [imprəsiuná] *vt* impresionar
impressionisme [imprəsiunízmə] *m* impresionismo
imprevist -a [imprəβíst] *aj m* imprevisto -ta
imprimir [imprimí] *vt* imprimir
improvisar [impruβizá] *vt* improvisar
imprudent [impruðén] *aj mf* imprudente
impuls [impúls] *m* impulso
impulsar [impulsá] *vt* impulsar
impuresa [impuréźə] *f* impureza
inacabable [inəkəβábblə] *aj* inacabable
inaugurar [inəwɣurá] *vt* inaugurar
incandescent [iŋkəndəsén] *aj* incandescente
incansable [iŋkənsábblə] *aj* incansable
incapaç [iŋkəpás] *aj* incapaz
incendi [inséndi] *m* incendio
incendiar [insəndiá] *vt* incendiar
incert -a [insért] *aj* incierto -ta
incident [insiðén] *aj m* incidente
incinerar [insinərá] *vt* incinerar
incisiu -iva [insizíw] *aj f* incisivo -va; *f* (*dent incisiva*) incisivo *m*
incitar [insitá] *vt* incitar
inclinació [iŋklinəsió] *f* inclinación
inclinar [iŋkliná] *vtp* inclinar(se)
incloure [iŋklɔ́wrə] *vt* incluir
incoherent [iŋkuərén] *aj* incoherente
incomplet -a [iŋkumplét] *aj* incompleto -ta
inconvenient [iŋkumbənién] *aj m* inconveniente
incorporar [iŋkurpurá] *vt* incorporar; *vp* (*aixecar de mig cos*) incorporarse
incrèdul -a [iŋkréðul] *aj mf* incrédulo -la
increïble [iŋkrəíbblə] *aj* increíble
increment [iŋkrəmén] *m* incremento, aumento
incrementar [iŋkrəməntá] *vt* incrementar, aumentar
incursió [iŋkursió] *f* incursión
indecís -isa [indəsís] *aj mf* indeciso -sa
indefens -a [indəféns] *aj* indefenso -sa
indefinit -ida [indəfinít] *aj* indefinido -da
indemnització [indəmnidzəsió] *f* indemnización
independència [indəpəndénsiə] *f* independencia
independent [indəpəndén] *aj* independiente
indeterminat -ada [indətərminát] *aj* indeterminado -da
índex [índəks] *m* índice
indi índia [índi] *aj mf* (*de l'Índia*) hindú; (*d'Amèrica*) indio -dia, amerindio -dia; *m* (*colorant*) índigo, añil
indicació [indikəsió] *f* indicación
indicador -a [indikəðó] *aj mf* indicador -ra
indicar [indiká] *vt* indicar

indicatiu -iva [indikətíw] *aj* indicativo -va
indici [indísi] *m* indicio
indiferència [indifərɛ́nsiə] *f* indiferencia, desapego *m*
indiferent [indifərén] *aj* indiferente
indígena [indíʒənə] *aj mf* indígena
indignar [indiŋná] *vtp* indignar(se)
indigne -a [indíŋnə] *aj* indigno -na
indirecte -a [indirɛ́ktə] *aj f* indirecto -ta
indispensable [indispənsábblə] *aj* indispensable
individu -ídua [indiβíðu] *aj mf* individuo -dua
individual [indiβiðuál] *aj* individual
indret [indrɛ́t] *m* (*lloc determinat*) lugar, sitio; (*en el camp*) paraje, lugar
indultar [indultá] *vt* indultar
indumentària [indumantáriə] *f* indumentaria
indústria [indústriə] *f* industria
industrial [industriál] *aj mf* industrial
inepte -a [inɛ́ptə] *aj* inepto -ta
inert -a [inɛ́rt] *aj* inerte
inesperat -ada [inəspərát] *aj* inesperado -da
inexistent [inəgzistén] *aj* inexistente
infàmia [imfámiə] *f* infamia
infància [imfánsiə] *f* infancia, niñez
infant [imfán] *m* (*nen*) niño -ña; *mil* infante; ~ **de mamella (de pit**) niño de pecho (de teta)
infanteria [imfəntəríə] *f* infantería
infantesa [imfəntɛ́zə] *f* infancia, niñez
infantil [imfəntíl] *aj* infantil
infecció [imfəksió] *f* infección
infectar [imfəktá] *vt* infectar
inferior [imfərió r] *aj mf* inferior
infermer -a [imfərmé] *mf* enfermero -ra
infern [imfɛ́rn] *m* infierno; (*d'una americana*) bolsillo interior
ínfim -a [ímfim] *aj* ínfimo -ma
infinit -a [imfinít] *aj m* infinito -ta
infinitat [imfinitát] *f* infinidad, sinfín *m*
infinitiu [imfinitíw] *m grm* infinitivo
inflamable [imfləmábblə] *aj* inflamable
inflar [imflá] *vtp* hinchar(se), inflar(se)
inflexible [imfləksíbblə] *aj* inflexible
influència [imfluɛ́nsiə] *f* influencia; *fpl* (*padrí*) influencias, enchufe *msg*
influir [imfluí] *vi* influir. *Ha influït molt sobre el seu germà*, ha influido mucho sobre su hermano; *vt* influenciar, influir. *No diré res per no ~-lo*; no diré nada para no influenciarlo
informació [imfurməsió] *f* información; ~ **meteorològica** parte meteorológico
informar [imfurmá] *vt* informar
informàtic [imfurmátik] *aj f* informático -ca
informatiu -iva [imfurmətíw] *aj* informativo -va

informe [imfórmə] *aj* (*sense forma*) informe; *m* (*informació*) informe; ~ **mèdic** parte médico
infracció [imfrəksió] *f* infracción
infractor -a [imfrəktó] *aj mf* infractor -ra
infraestructura [imfrəstruktúrə] *f* infraestructura
infusió [imfuzió] *f* infusión
ingenu -ènua [iɲʒɛ́nu] *aj mf* ingenuo -nua
ingerir [iɲʒərí] *vt* ingerir; *vp* (*introduir-se indegudament*) injerirse, inmiscuirse
ingrat -a [iŋgrát] *aj mf* ingrato -ta
ingredient [iŋgrəðién] *m* ingrediente
ingrés [iŋgrés] *m* [*pl: -essos*] ingreso
ingressar [iŋgrəsá] *vi* ingressar. (*entar*) *Va ~ al cos de bombers*, ingresó en el cuerpo de bomberos; *vt* (*hospitalitzar*) *Van ~ el seu avi*, ingresaron a su abuelo; (*diners*) *Ingressa deu mil pessetes al compte*, ingresa diez mil pesetas en la cuenta; (*guanyar*) *Cada mes ingressa dues-centes mil pessetes*, cada mes ingresa doscientas mil pesetas
inhalar [inəlá] *vt* inhalar
inici [inísi] *m* inicio
inicial [inisiál] *aj f* inicial
iniciar [inisiá] *vt* iniciar
injecció [iɲʒəksió] *f* inyección
injectar [iɲʒəktá] *vt* inyectar
injust -a [iɲʒúst] *aj* injusto -ta
injustícia [iɲʒustísiə] *f* injusticia
innocència [innusɛ́nsiə] *f* inocencia
innocent [innusén] *aj mf* inocente
innombrable [innumbrábblə] *aj* innumerable
innovació [innuβəsió] *f* innovación
inofensiu -iva [inufənsíw] *aj* inofensivo -va
inorgànic -a [inurgánik] *aj* inorgánico -ca
inoxidable [inuksiðábblə] *aj* inoxidable
inquiet -a [iŋkiét] *aj* inquieto -ta
inquietud [iŋkiətút] *f* inquietud
inquilí -ina [iŋkilí] *mf* inquilino -na
inscripció [inskripsió] *f* inscripción
inscriure [inskríwrə] *vt* inscribir
insecte [inséktə] *m* insecto
insecticida [insəktisíðə] *aj m* insecticida
insectívor -a [insəktíβur] *aj m* insectívoro -ra
insegur -a [insəɣú] *aj* inseguro -ra
insígnia [insíŋniə] *f* insignia
insinuar [insinuá] *vt* insinuar; *vp fg* (*veure's de lluny*) insinuarse
insípid -a [insípit] *aj* insípido -da; (*fat*) soso -sa, desaborido -da
insistència [insistɛ́nsiə] *f* insistencia
insistir [insistí] *vi* insistir, hacer hincapié en
insolació [insuləsió] *f* insolación
insolent [insulén] *aj mf* insolente
insòlit -a [insɔ́lit] *aj* insólito -ta
insomni [insɔ́mni] *m* insomnio
inspeccionar [inspəksiuná] *vt* inspeccionar
inspector -a [inspəktó] *aj mf* inspector -ra

inspiració [inspirəsió] *f* inspiración
inspirar [inspirá] *vti* (*aspirar aire*) inspirar; *vt* (*desvetllar un sentiment*) *La seva generositat inspira simpatia*, su generosidad inspira simpatía; *vp* (*deixar-se influir*) inspirarse
instal·lació [instəlləsió] *f* instalación
instal·lar [instəllá] *vt* instalar
instància [instánsiə] *f* instancia; **a instàncies de** a instancia de
instant [instán] *m* instante; **a l'~** al instante, al momento
instantani -ània [instəntáni] *aj* instantáneo -a; *f* (*fotografia*) instantánea
instint [instín] *m* instinto
institució [institusió] *f* institución
institut [institút] *m* instituto
instrucció [instruksió] *f* instrucción; *fpl* (*normes, ordres*) instrucciones
instrument [instrumén] *m* instrumento
insuficient [insufisién] *aj* insuficiente
insular [insulár] *aj* insular
insuls -a [insúls] *aj* insulso -sa
insult [insúl] *m* insulto
insultar [insultá] *vt* insultar
insuportable [insupurtábblə] *aj* insoportable
integral [intəγrál] *aj* integral. *Pa ~*, pan integral; *f mat* integral
integrar [intəγrá] *vtp* integrar(se)
íntegre -a [íntəγrə] *aj* (*complet*) íntegro -gra, entero -ra, completo -ta; (*honrat*) íntegro -gra, honrado -da
intel·lectual [intəlləktuál] *aj mf* intelectual
intel·ligència [intəlliʒénsiə] *f* inteligencia
intel·ligent [intəlliʒén] *aj* inteligente
intempèrie [intəmpériə] *f* intemperie; **a la ~** a la intemperie
intenció [intənsió] *f* intención; **amb ~ de** con intención de, con ánimo de
intens -a [inténs] *aj* intenso -sa
intensitat [intənsitát] *f* intensidad
intensiu -iva [intənsíw] *aj* intensivo -va
intent [intén] *m* intento, tentativa *f*
intentar [intəntá] *vt* intentar
intercalar [intərkəlár] *aj* intercalar
intercalar [intərkəlá] *vt* intercalar
intercanvi [intərkámbi] *m* intercambio
intercanviar [intərkəmbiá] *vt* intercambiar
interceptar [intərsəptá] *vt* interceptar
interès [intərés] *m* [*pl: -essos*] interés; **tenir ~ a** tener interés en. *Tinc ~ a enllestir la feina aviat*, tengo interés en acabar el trabajo pronto
interessar [intərəsá] *vt* (*fer participar*) interesar. *Va voler ~ els seus alumnes en aquell projecte*, quiso interesar a sus alumnos en aquel proyecto; (*afectar*) afectar, atañer, concernir. *És una cosa que interessa la seva reputació*, es algo que afecta a su reputación; *vi*

(*suscitar interès*) interesar. *Aquesta feina li interessa força,* este trabajo le interesa bastante; *vp* interesarse. *Vaig ~-me en aquell assumpte,* me interesé en aquel asunto
interior [intəɾiór] *aj m* interior
interlocutor -a [intərlukutó] *aj mf* interlocutor -ra
intermedi -èdia [intərmɛ́ði] *aj m* intermedio -dia
intermediari -ària [intərməðiáɾi] *aj mf* intermediario -ria
interminable [intərminábblə] *aj* interminable
intermitent [intərmitén] *aj m* intermitente
intern -a [intɛ́rn] *aj mf* interno -na
internacional [intərnəsiunál] *aj* internacional
internar [intərná] *vt* (*en un centre*) internar; *vp* (*endinsar-se*) internarse
intèrpret [intɛ́rpɾət] *mf* intérprete
interpretar [intərpɾətá] *vt* interpretar
interrogació [intəruɣəsió] *f* interrogación; **signe d'~** signo de interrogación, interrogante
interrogant [intəruɣán] *aj m* interrogante
interrogar [intəruɣá] *vt* interrogar
interrogatori [intəruɣətɔ́ɾi] *m* interrogatorio
interrompre [intərómpɾə] *vt* interrumpir
interrupció [intərupsió] *f* interrupción
interruptor [intəruptó] *m* interruptor
intersecció [intərsəksió] *f* intersección
interval [intərbál] *m* intervalo
intervenir [intərbəní] *vi* (*prendre part*) intervenir; *vt med dr* intervenir
intestí -ina [intəstí] *aj m* intestino -na; ~ **gros** intestino grueso; ~ **prim** intestino delgado
intestinal [intəstinál] *aj* intestinal
íntim -a [íntim] *aj* íntimo -ma
intolerable [intuləɾábblə] *aj* intolerable
intoxicació [intuksikəsió] *f* intoxicación
intrèpid -a [intɾɛ́pit] *aj* intrépido -da
intriga [intɾíɣə] *f* intriga
introduir [intɾuðuí] *vtp* introducir(se)
intrús -usa [intɾús] *aj mf* intruso -sa
intuir [intuí] *vt* intuir
inundació [inundəsió] *f* inundación
inundar [inundá] *vt* inundar
inútil [inútil] *aj mf* inútil
invàlid -a [imbálit] *aj mf* inválido -da
invariable [imbəɾiábblə] *aj* invariable
invasió [imbəzió] *f* invasión
invenció [imbənsió] *f* invención
invent [imbén] *m* invento
inventar [imbəntá] *vt* inventar
inventor -a [imbəntó] *aj mf* inventor -ra
invers -a [imbérs] *aj* inverso -sa
inversió [imbərsió] *f* inversión

invertebrat -ada [imbərtəβɾát] *aj m* invertebrado -a
invertir [imbərtí] *vt* (*capgirar*) invertir. *Va ~ el sentit de la circulació*, invirtió el sentido de la circulación; (*diners*) *~ els diners en la compra de pisos*, invertir el dinero en la compra de pisos; *fg* (*temps*) invertir. *Va ~ molt de temps a fer-ho*, invirtió mucho tiempo en hacerlo
investigació [imbəstiɣəsió] *f* investigación
investigar [imbəstiɣá] *vt* investigar
invisible [imbizíbblə] *aj* invisible
invitar [imbitá] *vt* invitar
involuntari -ària [imbuluntáɾi] *aj* involuntario -ria
invulnerable [imbulnəɾábblə] *aj* invulnerable
iode [jɔ́ðə] *m* yodo
ioga [jɔ́ɣə] *m fls* yoga
iogui [jɔ́ɣi] *aj mf fls* yogui
iogurt [juɣúrt] *m* yogur
iot [jɔ́t] *m* yate
ira [íɾə] *f* ira, coraje *m*
iris [íɾis] *m ana bot* iris; (*arc de Sant Martí*) arco iris
irlandès -esa [irləndés] *aj mf* irlandés -esa
ironia [iɾuníə] *f* ironía
irradiar [irəðiá] *vt fis* irradiar; *fg ~ felicitat*, irradiar felicidad
irreal [ireál] *aj* irreal
irregular [irəɣulár] *aj* irregular
irrespirable [irəspiɾábblə] *aj* irrespirable
irritació [iritəsió] *f* irritación
irritar [iritá] *vt* irritar
irrompre [irómpɾə] *vi* irrumpir
isard -a [izárt] *aj* (*esquerp*) arisco -ca, huraño -ña; (*salvatge*) escabroso -sa; abrupto -ta; *m zoo* gamuza *f*, rebeco
islàmic -a [izlámik] *aj* islámico -ca
islandès -esa [izləndɛ́s] *aj mf* islandés -esa
istme [ízmə] *m* istmo
italià -ana [itəliá] *aj mf* italiano -na
itinerari -ària [itinəɾáɾi] *aj m* itinerario
iugoslau -ava [juɣuzláw] *aj mf* yugoslavo -va
ixent [iʃén] *aj* saliente; **el sol** ~ el sol naciente

J

jaç [ʒás] *m* lecho, yacija *f*. *Em vaig fer un ~ de palla*, me hice un lecho de paja; (*llit*) cama *f*, lecho; (*cau d'animals*) madriguera
jaciment [ʒəsimén] *m* yacimiento
jacint [ʒəsín] *m bot* jacinto
jade [ʒáðə] *m* jade
jaguar [ʒəɣwár] *m zoo* jaguar
japonès -esa [ʒəpunɛ́s] *aj mf* japonés -esa; *m* (*llengua*) japonés
jaqueta [ʒəkɛ́tə] *f* chaqueta
jardí [ʒərdí] *m* jardín
jardiner -a [ʒərdiné] *aj mf* jardinero -ra
jaure [ʒáwɾə] *vi* (*un mort*) yacer; = **jeure**
javelina [ʒəβəlínə] *f* jabalina
jeroglífic -a [ʒəɾuɣlífik] *aj m* jeroglífico -ca
jersei [ʒərsɛ́j] *m* jersey
jesuïta [ʒəzuítə] *aj m* jesuita

jeure [ʒɛ́wɾə] *vi* estar echado (tumbado), yacer; (*per dormir*) echarse *vp*; tumbarse *vp*; ~ **amb** (*up*) dormir (acostarse) con up
joc [ʒɔ́k] *m* juego; **fer** ~ (*combinar*) hacer juego; ~ **de cartes** baraja, juego de cartas; ~ **de coberts** cubertería; ~ **de taula** mantelería; **posar en joc** *esp* (*la pilota*) poner en juego
jóc joca [ʒók] *aj* (*ajocat*) acostado -da; *m* (*aviram*) aseladero; (*ocells*) nido
joglar [ʒugglá] *m* juglar
joguina [ʒuγínə] *f* juguete *m*
joia [ʒɔ́jə] *f* (*gran alegria*) gozo *m*, júbilo *m*; (*joiell*) joya, alhaja; **ésser una** ~ ser una joya (un encanto)
joier -a [ʒujé] *mf* joyero -ra
joieria [ʒujəɾíə] *f* joyería
joiós -osa [ʒujós] *aj* alegre, jubiloso -sa, gozoso -sa
joliu -a [ʒulíw] *aj* bonito -ta, lindo -da
jonc [ʒóŋ] *m* junco
jorn [ʒórn] *m* día
jornada [ʒurnáðə] *f* jornada; **mitja** ~ media jornada; ~ **intensiva** jornada intensiva
jornal [ʒurnál] *m* jornal
jornaler -a [ʒurnəlé] *mf* jornalero -ra
jota [ʒɔ́tə] *f* (*lletra*) jota; (*ball*) jota
jou [ʒów] *m* yugo; (*entre dues muntanyes*) paso, collado
jove [ʒóβə] *aj* joven; *f* (*nora*) nuera
jovent [ʒuβén] *m* juventud *f*, jóvenes *pl*
joventut [ʒuβəntút] *f* juentud; (*jovent*) juventud, jóvenes *mpl*
jubilar [ʒuβilár] *aj* (*relatiu al jubileu*) jubilar
jubilar [ʒuβilá] *vtp* jubilar(se); *vi* alegrarse *vp*
jubilat -ada [ʒuβilát] *aj mf* jubilado -da
judicar [ʒuðiká] *vt dr* = **jutjar**
judici [ʒuðísi] *m* juicio; ~ **final** *rlg* juicio final
judo [ʒúðo] *m* judo, yudo
jueu -eva [ʒuéw] *aj mf* judío -a
jugada [ʒuγáðə] *f jcs esp* jugada; (*mala jugada*) jugada, jugarreta; **mala** ~ *fg* mala jugada (pasada), faena, trastada
jugador -a [ʒuγəðó] *aj mf* jugador -ra
juganer -a [ʒuγəné] *aj* juguetón -ona
jugar [ʒuγá] *vti* jugar; *vt* (*béns, diners*) jugar, apostar; *vp fg* (*arriscar*) jugarse
juguesca [ʒuγɛ́skə] *f* apuesta
jugular [ʒuγulár] *aj f ana* yugular
jugular [ʒuγulá] *vt* (*escanyar*) estrangular, ahogar; *fg* (*una revolta, una iniciativa*) yugular
juliol [ʒuliɔ́l] *m* julio
julivert [ʒuliβɛ́rt] *m* perejil
jungla [ʒúŋglə] *f* jungla
junt -a [ʒún] *aj* junto -ta; *av* (*juntament*) junto; *m/f arq* (*juntura*) junta *f*; *f* (*assemblea, reunió*) junta
juntura [ʒuntúɾə] *f* juntura
juny [ʒúɲ] *m* junio
jura [ʒúɾə] *f* jura
jurament [ʒuɾəmén] *m* juramento

jurar [ʒurá] *vt* jurar; ~ **en fals** jurar en falso
jurat [ʒurát] *m* jurado
jurídic -a [ʒuríðik] *aj* jurídico -ca
just -a [ʒúst] *aj av* justo -ta. *Una societat ~a*, una sociedad justa; (*exacte*) *Dues mil pessetes ~es*, dos mil pesetas justas; (*estret*) *El teu vestit em va ~*, tu vestido me va justo; *av* (*justament*) justo. *Vaig arribar ~ a l'hora*, llegué justo a la hora; **tot ~** *av* apenas
justícia [ʒustísiə] *f* justicia
justificar [ʒustifiká] *vt* justificar
jutge -essa [ʒúdʒə] *mf* juez, juez -za
jutjar [ʒudʒá] *vt dr* juzgar; (*emetre una opinió*) juzgar, considerar, creer
jutjat [ʒudʒát] *m dr* juzgado
juvenil [ʒuβənil] *aj* juvenil

K

kàiser [kájzər] *m* káiser
karate [kəráte] *m* kárate
kiwi [kíwi] *m bot zoo* kiwi
kurd -a [kúrt] *aj m* curdo -da, kurdo -da
kuwaitià -ana [kuβəjtiá] *aj mf* kuwaití

L

laberint [ləβərín] *m* laberinto
labor [ləβór] *f* labor
laborable [ləβurábblə] *aj* laborable
laboral [ləβurál] *aj* laboral. *Accident ~*, accidente laboral
laboratori [ləβurətɔ́ri] *m* laboratorio
laca [lákə] *f* laca
lactant [ləktán] *aj mf* lactante
lacti làctia [lákti] *aj* lácteo -a
làctic -a [láktik] *aj* láctico -ca
laic -a [lájk] *aj mf* laico -ca
lament [ləmén] *m* lamento
lamentar [ləməntá] *vt* lamentar; *vp* (*plànyer-se*) lamentarse
làmina [láminə] *f* lámina
lampista [ləmpístə] *mf* (*electricista*) lampista; (*llauner*) fontanero -ra, lampista
làpida [lápiðə] *f* lápida
laringe [lərínʒə] *f* laringe
larva [lárbə] *f* larva
latent [lətén] *aj* latente
lateral [lətərál] *aj* lateral
latitud [lətitút] *f* latitud
lava [láβə] *f* lava
lavabo [ləβáβu] *m* lavabo, aseo
lavanda [ləβándə] *f* lavanda
lax -a [láks] *aj* laxo -xa
laxant [ləksán] *aj m* laxante
lector -a [ləktó] *aj mf* lector -ra
lectura [ləktúrə] *f* lectura
legal [ləγál] *aj* legal
legió [ləʒió] *f* legión
legislació [ləʒizləsió] *f* legislación
legislar [ləʒizlá] *vi* legislar
legislatiu -iva [ləʒizlətíw] *aj* legislativo -va
legítim -a [ləʒítim] *aj* legítimo -ma
lent [lén] *f* lente *m/f*; ~ **de contacte** lentilla, lente de contacto
lent -a [lén] *aj aj* lento -ta; *fg* (*a comprendre*) lento -ta, tardo -da

lentitud [ləntitút] *f* lentitud
lesió [ləzió] *f* lesión
lesionar [ləziuná] *vt* lesionar
letal [lətál] *aj* letal
letargia [lətərʒíə] *f* letargo *m*
lèxic -a [lɛ́ksik] *aj m* léxico -ca
liana [liánə] *f* liana
libèl·lula [liβɛ́llulə] *f zoo* libélula
liberal [liβərál] *aj mf* liberal
lícit -a [lísit] *aj* lícito -ta
licor [likór] *m* licor
líder [líðər] *mf* líder
lignit [liŋnít] *m* lignito
lila [lilə] *aj m* (*color*) lila; *f bot* = **lilà**
lilà [lilá] *m* [*pl:* -*às*] *bot* lila *f*
límit [límit] *m* límite
limitar [limitá] *vt* (*restringir*) limitar; *vi* (*confinar*) limitar; *vp* (*cenyir-se*) limitarse. *Va ~-se a seguir les meves ordres*, se limitó a seguir mis órdenes
lineal [lineál] *aj* lineal
línia [líniə] *f* línea
linx [líŋs] *m zoo* lince
líquid -a [líkit] *aj m* líquido -da
liquidar [likiðá] *vt* (*a preu de saldo*) liquidar; (*pagar*) liquidar, pagar; *fg* liquidar
lira [lírə] *f mús ecn* lira
liró [liró] *m zoo* lirón
literal [litərál] *aj* literal
literari -ària [litərári] *aj* literario -ria
literatura [litərətúrə] *f* literatura
litigi [litíʒi] *m* litigio
litoral [liturál] *aj m* litoral
litre [lítrə] *m* litro
lívid -a [líβit] *aj* lívido -da
llac [λák] *m* lago
llaç [λás] *m* lazo; *fg* (*lligam*) lazo, vínculo; ~ **escorredor** nudo (lazo) corredor
llacuna [λəkúnə] *f* laguna
lladrar [λəðrá] *vi* ladrar
lladre [λáðrə] *mf* ladrón -ona; *m ele* ladrón
lladruc [λəðrúk] *m* ladrido
llagost [λəγóst] *m* (*insecte*) = **llagosta**
llagosta [λəγóstə] *f* (*insecte*) saltamontes *m*, langosta; (*crustaci*) langosta
llagostí [λəγustí] *m zoo* langostino
llàgrima [λáγrimə] *f* lágrima
llamàntol [λəmántul] *m zoo* bogavante
llamborda [λəmbórdə] *f* adoquín *m*
llambregar [λəmbrəγá] *vt* ojear, echar un vistazo a
llaminadura [λəminəðúrə] *f* golosina, chuchería
llaminer -a [λəminé] *aj mf* goloso -sa
llamp [λám] *m* rayo; **com un ~** como un rayo, como una centella; **mal ~ et mati (t'encengui)** ¡que te parta un rayo!
llampant [λəmpán] *aj* (*lluent*) flamante; (*de color molt viu*) llamativo -va, chillón -ona
llampec [λəmpék] *m* relámpago
llampegar [λəmpəγá] *vi* relampaguear
llana [λánə] *f* lana
llança [λánsə] *f* lanza
llançament [λənsəmén] *m* lanzamiento
llançar [λənsá] *vt* (*tirar*) lanzar, arrojar, tirar, echar; (*projectar*)

lanzar, despedir; *fg* (*emetre*) lanzar, despedir; *vp* (*tirar-se*) tirarse, lanzarse; (*abraonar-se*) lanzarse, abalanzarse
llanda [λándə] *f* llanta
llangardaix [λəŋgərdáʃ] *m zoo* lagarto
llanta [λántə] *f* = **llanda**
llanterna [λəntέrnə] *f* linterna
llàntia [λántiə] *f* (*llum d'olí*) lámpara; (*taca*) lamparón *m*, lámpara; ~ **votiva** lámpara votiva
llanxa [λáɲʃə] *f* lancha
llapis [λápis] *m* lápiz
llar [λár] *f* (*casa*) hogar *m*; (*de foc*) chimenea, hogar *m*; ~ **d'infants** jardín de infancia
llard [λárt] *m* manteca *f* [de cerdo]
llarg -a [λárk] *aj* largo -ga; *fg* (*astut, llest*) largo -ga; *m* (*llargada*) largo; *av* (*llargament*) largo; **a la ~a** a la larga; **al ~ de** a lo largo de; **anar per ~** ir para largo
llargada [λərgáðə] *f* longitud, largura
llargària [λərgáɾiə] *f* longitud, largura
llargarut -uda [λərgəɾút] *aj* larguirucho -cha
llast [λást] *m mar aer* lastre
llàstima [λástimə] *f* lástima, pena; **ésser ~** ser (una) lástima, ser una pena
llatí -ina [λətí] *aj mf* latino -na; *m* (*llengua*) latín
llauna [λáwnə] *f* (material) hojalata, lata; (*envàs*) lata; (*tabarra*) lata, gaita, tostón *m*
llauner -a [λəwné] *mf* (*de llauna*) hojalatero; (*lampista*) fontanero -ra, lampista
llaurador -a [λəwɾəðó] *aj* labrador -ra; *mf* labrador -ra, labriego -ga, campesino -na
llaurar [λəwɾá] *vt* labrar, arar; ~ **dret** (**tort**) portarse bien (mal)
llaüt [λəút] *m mús* laúd; *mar* laúd, falucho
llautó [λəwtó] *m* latón; **veure's el ~** (*a up*) vérsele el plumero
llavi [λáβi] *m* labio; **mossegar-se els ~s** morderse los labios (la lengua)
llavor [λəβó] *f bot agr* semilla; (*de fruit*) pepita; *fg* (*germen*) semilla, germen *m*
llavors [λəβɔ́s] *av* (*en aquell moment*) entonces, en esto; (*en aquest cas*) entonces, así pues, en este caso
llebeig [λəβέtʃ] *m* (*vent*) = **garbí**
llebre [λéβɾə] *f zoo* liebre
llefiscós -osa [λəfiskós] *aj* viscoso -sa, pringoso -sa
lleganya [λəγáɲə] *f* legaña
llegar [λəγá] *vt* legar
llegenda [λəʒéndə] *f* leyenda
llegir [λəʒí] *vt* leer
llegua [λéγwə] *f* legua
llegum [λəγúm] *m* legumbre *f*
llei [λéj] *f* ley; **a dreta ~** en buena ley, en justicia
lleial [λəjál] *aj* leal
lleig lletja [λétʃ] *aj* feo -a
lleixa [λéʃə] *f* (*relleix*) anaquel *m*, repisa; (*en un cingle*) rellano *m*
lleixiu [λəʃíw] *m* lejía *f*
llenca [λέŋkə] *f* lonja, loncha; (*de terra*) faja
llençar [λənsá] *vt* = **llançar**; (*desfer-se*) tirar, echar. *Ho va ~ a*

les escombraries, lo tiró a la basura
llenceria [λənsəɾíə] *f* lencería
llençol [λənsɔ́l] *m* sábana *f*
llenegar [λənəγá] *vi* resbalar, escurrirse *vp*
llengota [λəŋgɔ́tə] *f* mueca [con la lengua]
llengua [λéŋgwə] *f* lengua; **anar-se'n de la** ~ irse de la lengua; **empassar-se (menjar-se) la** ~ comerse la lengua el gato; **estirar la** ~ tirar de la lengua; **mossegar-se la** ~ morderse la lengua
llenguado [λəŋgwáðu] *m* lenguado
llenguatge [λəŋgwádʒə] *m* lenguaje
llengüeta [λəŋgwɛ́tə] *f* lengüeta
llentia [λəntíə] *f bot* lenteja
llentiscle [λəntísklə] *m bot* lentisco
llenya [λéɲə] *f* leña; *fg* (*pallissa*) leña, palos *mpl*; **tirar ~ al foc** echar leña al fuego
llenyataire [λəɲətájɾə] *mf* leñador -ra
llenyós -osa [λəɲós] *aj* leñoso -sa
lleó [λəó] *m zoo* león; ~ **marí** león marino
lleona [λeónə] *f zoo* leona
lleopard [λəupárt] *m zoo* leopardo
llepafils [λèpəfíls] *aj mf* remilgado -da, tiquismiquis
llepar [λəpá] *vt* lamer, chupar
llépol -a [λépul] *aj mf* goloso -sa
llepolia [λəpulíə] *f* golosina, chuchería
llesca [λɛ́skə] *f* rebanada, raja; **fer la** ~ hacer la pascua (la puñeta), dar la lata
llessamí [λəsəmí] *m bot* jazmín
llest -a [λést] *aj* (*astut*) listo -ta, largo -ga, vivo -va; (*a punt*) listo -ta
llet [λét] *f* leche; **estar de mala** ~ *fg vlg* estar de mala leche
lleter -a [λəté] *aj mf* lechero -ra; *f* (*recipient*) lechera
lleteria [λətəɾíə] *f* lechería
lletra [λɛ́trə] *f* (*signe*) letra; (*carta*) carta; *ecn* (*lletra de canvi*) letra; *mús* (*d'una cançó*) letra; *fpl* (*humanitats*) letras; **al peu de la** ~ al pie de la letra, a rajatabla
lletrat -ada [λətɾát] *aj* letrado -da; *mf dr* letrado -da, abogado -da
lletuga [λətúγə] *f* lechuga
lleu [λéw] *aj* (*lleuger*) leve, liviano -na; *fg* (*no greu*) leve
lleuger -a [λəwʒé] *aj* ligero -ra, liviano -na; **a la ~a** a la ligera
lleure [λɛ́wɾə] *m* tiempo libre, ocio
lleure [λɛ́wɾə] *vi* tener tiempo, ser posible. *Quan em lleurà, vindrè*, cuando tenga tiempo, vendré; estar permitido. *A vós no us és llagut de fer això*, a usted no le está permitido hacer esto
llevadís -issa [λəβəðís] *aj* levadizo -za
llevadora [λəβəðóɾə] *f* comadrona
llevant [λəβán] *m* levante
llevar [λəβá] *vt* quitar, sacar; *ab mar* (*l'àncora*) levar; *vp* (*del llit*) levantarse

llevat [λəβát] *m* levadura *f*; *prp* excepto, salvo. *T'ho dóna tot llevat això*, te lo da todo excepto eso
llevataps [λèβətáps] *m iv* sacacorchos
llevataques [λèβətákəs] *aj m iv* quitamanchas
lli [λí] *m* lino
llibertat [λiβərtát] *f* libertad; *pl* (*familiaritats*) libertades; **prendre's la ~ de** tomarse la libertad de; **prendre's moltes ~s** tomarse muchas libertades
llibre [λíβɾə] *m* libro; **~ de família** libro de familia; **~ de text** libro de texto
llibreria [λiβɾəɾíə] *f* librería
llibreta [λiβɾέtə] *f* libreta; **~ d'estalvis** libreta (cartilla) de ahorros
llibreter -a [λiβɾəté] *mf* librero -ra
llicència [λisέnsiə] *f* licencia
lliçó [λisó] *f* lección
llicorella [λikuɾéλə] *f* pizarra
lligacama [λiɣəkámə] *f* liga
lligam [λiɣám] *m* lazo, vínculo atadura *f*
lligament [λiɣəmén] *m* ligadura *f*, atadura *f*; *ana* ligamento
lligar [λiɣá] *vt* (subjectar) atar, ligar, liar; (*unir*) ligar; *gst* (*una salsa*) ligar; *vi* (*concordar*) casar, pegar, concordar
llim [λím] *m* limo
llima [λímə] *f* (*eina*) lima; (*fruit*) limón *m*; **ésser una ~** ser una lima
llimac [λimák] *m zoo* babosa *f*
llimar [λimá] *vt* limar
llimó [λimó] *m* = **llimona**
llimona [λimónə] *f* limón *m*; **~ dolça** lima
llimonada [λimunáðə] *f* limonada
llinatge [λinádʒə] *m* linaje, alcurnia *f*
llindar [λindá] *m* umbral
lliri [λíɾi] *m* lirio
llis -a [λís] *aj* liso -sa
lliscar [λiská] *vi* deslizarse *vp*; (*de les mans, esmunyir*) resbalarse *vp*, escurrirse *vp*; **fer ~** deslizar
llista [λístə] *f* lista; (*llenca de fusta*) listón *m*; *txt* (*ratlla*) lista
llistó [λistó] *m* listón
llit [λít] *m* cama *f*, lecho; (*d'un mar, d'un llac*) lecho; (*d'un riu*) cauce; **anar al ~** (*amb up*) acostarse (con alguien); **anar-se'n al ~** irse a la cama; **fer ~** (*un malalt*) guardar cama
llitera [λitéɾə] *f med* camilla; (*llit doble*) litera
lliura [λíwɾə] *f* libra
lliurament [λiwɾəmén] *m* entrega *f*
lliurar [λiwɾá] *vt* entregar; *vp* (*donar-se, abocar-se*) entregarse; **~ batalla** librar batalla
lliure [λíwɾə] *aj* libre
lloança [λuánsə] *f* alabanza
lloar [λuá] *vt* loar, alabar
lloba [λóβə] *f* loba
llobarro [λuβáru] *m* lubina *f*, róbalo
llòbrec -ega [λɔ́βɾək] *aj* lóbrego -ga, tenebroso -sa
lloc [λɔ́k] *m* lugar, sitio; (*espai*) sitio; (*paratge*) lugar; **donar ~ a** dar lugar a; **en ~ de** en lugar de, en vez de; **en ~ segur** a buen recaudo; **fer ~** hacer sitio; **fora**

de ~ fuera de lugar; **tenir** ~ tener lugar
lloca [λɔ́kə] *f* clueca; *fg* (*mare molt protectora*) madraza
llogar [λuɣá] *vt* arrendar; (*prendre a lloguer*) alquilar; (*persones*) contratar; **per** ~ se alquila, de alquiler
llogater -a [λuɣəté] *mf* inquilino -na
lloguer [λuɣé] *m* alquiler
llom [λóm] *m* lomo
llombrígol [λumbríɣul] *m* ombligo
llonganissa [λuŋgənísə] *f* longaniza, salchichón *m*
llonguet [λuŋgɛ́t] *m* panecillo [alargado]
llop lloba [λóp] *mf* lobo -ba; ~ **de mar** (*mariner*) lobo de mar; ~ **marí** *zoo* lobo marino
llorer [λuɾé] *m* laurel; **adormir-se sobre els ~s** dormirse en los laureles
lloro [λɔ́ɾu] *m* loro; *fg* (*persona molt lletja*) loro, adefesio; *fg fm* (*persona molt xerraire*) loro
llosa [λɔ́zə] *f* losa
llot [λɔ́t] *m* lodo, cieno
llotja [λɔ́dʒə] *f tea* palco *m*; (*mercat*) lonja
lluç [λús] *m* merluza *f*
llucar [λuká] *vt bot* brotar, retoñar; *vt fg* calar. *Vaig ~ de seguida que era un mentider*, calé enseguida que era un mentiroso
llúdria [λúðɾiə] *f zoo* nutria
lluent [λuén] *aj* brillante, reluciente
lluentor [λuəntó] *f* brillo *m*, resplandor *m*
lluerna [λuɛ́rnə] *f arq* lumbrera, lucerna, tragaluz *m*; *zoo* luciérnaga, lucerna
lluir [λui] *vi* (*brillar*) lucir, relucir; *fg* lucir. *Aquest moble no llueix, posat aquí*, este mueble no luce, puesto aquí; *vt fg* lucir. *Sempre que pot llueix les seves joies*, siempre que puede luce sus joyas; *vp fg* lucirse. *En els exàmens s'ha pogut lluir*, en los exámenes se ha podido lucir; (*irònicament*) *Quin fracàs, m'he ben lluït!*, ¡qué fracaso, me he lucido!
lluïssor [λuisó] *f* brillo *m*
lluita [λújtə] *f* lucha
lluitar [λujtá] *vi* luchar
llum [λúm] *f* (*agent físic*) luz; *m* (*aparell*) luz *f*, lámpara *f*; *mpl aut* faros; **a plena** ~ a plena luz, a la luz del día; **donar a** ~ dar a luz; **estar com un** ~ estar como una regadera; ~ **de peu** lámpara de pie; ~ **d'oli** candil
llumí [λumí] *m* cerilla *f*, fósforo
lluminària [λuminárіə] *f* [*generalment en pl*] luminaria
lluminós -osa [λuminós] *aj* luminoso -sa
lluna [λúnə] *f* luna; (*estat d'ànim*) *No saps mai com et respondrà: té llunes*, nunca sabes cómo te responderá: tiene lunas; (*vidre d'un mirall*) *Armari de ~*, armario de luna; (*en un teixit*) lunar. *Un vestit de llunes*, un vestido de lunares; **demanar la ~ en un cove** *fg fm* pedir peras al olmo, pedir la luna; **estar de bona (mala)** ~ *fg fm* estar de buena (mala) luna; **estar a la ~ de**

València *fg fm* estar en la luna; ~ **de mel** luna de miel; ~ **plena** luna llena
lluny [λúɲ] *av* lejos; **al** ~ a lo lejos; ~ **de** lejos de
llunyà -ana [λuɲá] *aj* lejano -na
llur [λúr] *aj* (*d'ells, d'elles*) su, suyo -ya; *pr* suyo -ya
llustrós -osa [λustrós] *aj* lustroso -sa, brillante
local [lukál] *aj m* local
localitat [lukəlitát] *f* localidad
localitzar [lukəlidzá] *vt* localizar
loció [lusió] *f* loción
locomoció [lukumusió] *f* locomoción
locomotor -motriu [lukumutór] *aj* locomotor -triz
locomotora [lukumutórə] *f frr* locomotora
locució [lukusió] *f* locución
locutor -a [lukutó] *mf* locutor -ra
lògic -a [lɔ́ʒik] *aj* lógico -ca
lona [lónə] *f* lona
longitud [luɲʒitút] *f* longitud
loquaç [lukwás] *aj* locuaz
lot [lɔ́t] *m* lote
loteria [lutəríə] *f* lotería
lubrificant [luβrifikán] *aj m* lubricante, lubrificante
lúcid -a [lúsit] *aj* lúcido -da
lúdic -a [lúðik] *aj* lúdico -ca
lúgubre [lúɣuβrə] *aj* lúgubre
lunar [lunár] *aj* lunar
lupa [lúpə] *f* lupa
lustre [lústrə] *m* lustro
luxe [lúksə] *m* lujo; **permetre's el ~ de** permitirse el lujo de
luxós -osa [luksós] *aj* lujoso -sa

M

mà [má] *f* [*pl: mans*] mano; **a** ~ (*manualment*) a mano; (*a l'abast*) a mano; **de** ~ de mano. *Bossa de* ~, bolso de mano; **donar (estrènyer, encaixar) la** ~ dar (estrechar) la mano; **fer mans i mànigues** hacer lo imposible, no ahorrar esfuerzos; **mans enlaire!** ¡manos arriba!; **per sota** ~ bajo mano; **picar de mans** batir (dar) palmas; **portar (tenir) entre mans** traerse entre manos; **tenir ~ esquerra** tener mano izquierda
maça [másə] *f* maza; (*mà de morter*) mano de mortero (de almirez)
macabre -a [məkáβrə] *aj* macabro -bra
macarró [məkəró] *m* [*generalment en pl*] *gst* macarrón; *fm* (*proxeneta*) macarra, chulo
macedònia [məsəðɔ́niə] *f gst* macedonia
macerar [məsərá] *vt* macerar
maco -a [máku] *aj fm* (*bell, bonic*) bonito -ta, hermoso -sa, majo -ja *fm*; (*persona*) guapo -pa, hermoso -sa, majo -ja *fm*; (*persona simpàtica*) majo -ja. *Quina noia més maca*, qué chica más maja
madeixa [məðéʃə] *f* madeja
madrastra [məðrástrə] *f* madrastra
maduixa [məðúʃə] *f* fresa
maduixot [məðuʃɔ́t] *m* fresón
madur -a [məðú] *aj* maduro -ra, en sazón
madurar [məðurá] *vti* madurar

màfia [máfiə] *f* mafia
mag -a [mák] *mf* mago -ga; **els reis ~s** los reyes magos
magatzem [məɣədzέm] *m* almacén; **grans ~s** grandes almacenes
magdalena [məgdəlέnə] *f* magdalena
magí [məʒí] *m fm* magín, mollera *f*, cabeza *f*
màgia [máʒiə] *f* magia
màgic -a [máʒik] *aj* mágico -ca; *mf* (*il·lusionista*) mago -ga
magisteri [məʒistέɾi] *m* magisterio
magistral [məʒistɾál] *aj* magistral
magistrat -ada [məʒistɾát] *mf* magistrado -da
magma [mágmə] *m* magma
magnat [məŋnát] *m* magnate
magne -a [máŋnə] *aj* magno -na
magnètic -a [məŋnέtik] *aj* magnético -ca
magnetisme [məŋnətízmə] *m* magnetismo
magnetòfon [məŋnətɔ́fun] *m* magnetofón, magnetófono
magnífic -a [məŋnífik] *aj* magnífico -ca
magnitud [məŋnitút] *f* magnitud
magnòlia [məŋnɔ́liə] *f bot* magnolia
magrana [məɣɾánə] *f bot* granada
magre -a [máɣɾə] *aj* (*prim*) delgado -da, flaco -ca; (*sense greix*) magro -gra. *Carn ~*, carne magra; **passar-la (ballar-la) magra** estar en apuros (en la penuria)
mahometà -ana [məumətá] *aj mf* mahometano -na
mai [máj] *av* nunca, jamás; *~ vaig al cine*, nunca voy al cine; [*en frases interrogatives i condicionals*] nunca, alguna vez. *Has vist ~ res igual?*, ¿has visto nunca cosa igual?; [*seguit de subjuntiu*] **~ que** si alguna vez. *~ que et pregunti res...*, si alguna vez te pregunta algo...
maia [májə] *aj mf* maya
maig [mátʃ] *m* mayo
mainada [məjnáðə] *f* niños *mpl*, chiquillería
maionesa [məjunέzə] *aj f* mahonesa, mayonesa
majestat [məʒəstát] *f* majestad
majestuós -osa [məʒəstuós] *aj* majestuoso -sa
major [məʒó] *aj* mayor; *mpl* (*avantpassats*) mayores, antepasados; *m mil* major; *f mar* vela mayor; **~ d'edat** mayor de edad
majordom -a [məʒurdɔ́m] *mf* mayordomo -ma
majoria [məʒuɾíə] *f* mayoría; **~ d'edat** mayoría de edad
majorista [məʒuɾístə] *mf* mayorista
majúscul [məʒúskul] *aj* mayúsculo -la, enorme, monumental; *aj f grf* mayúscula
mal -a [mál] *aj* [*davant el substantiu*] malo -la, mal. *És un ~ home*, es un hombre malo (un mal hombre); *m* mal. *Ningú no li vol ~*, nadie le desea ningún mal. *Induir al ~*, inducir al mal; (*dolor*) dolor, daño; (*ferida*) daño; *av* (*no gens bé*) mal. *Una cosa ~ feta*, una cosa mal hecha; **de ~** [*seguit

d'infinitiu] malo de. *Una feina de ~ fer*, un trabajo malo de hacer; **fer** ~ doler, hacer daño; **prendre** ~ hacerse daño, lastimarse
malagradós -osa [màləɣɾəðós] *aj* adusto -ta, hosco -ca, áspero -ra
malagraït -ïda [màləɣɾəít] *aj mf* desagradecido -da
malaguanyat -ada [màləɣwəɲát] *aj* (*no aprofitat*) malogrado -da. *Els ~s anys de joventut*, los malogrados años de juventud; (*perdut prematurament*) malogrado -da. *Demà enterraran el ~ actor*, mañana enterrarán al malogrado actor; [*en expressions al principi de la frase*] malogrado -da, lástima de, qué pena de. ~ *xicot*, lástima de chico
malalt -a [məlál] *aj mf* enfermo -ma, malo -la
malaltia [məlәltíə] *f* enfermedad
malaltís -issa [məlәltís] *aj* enfermizo -za
malament [màləmén] *av* mal
malària [məláɾiə] *f* malaria
malastruc -uga [màləstɾúk] *aj* (*malaurat*) desventurado -da, desgraciado -da; (*que porta desgràcia*) infausto -ta, funesto -ta, gafe
malastrugança [màləstɾuɣánsə] *f* desgracia, infortunio *m*
malaurat -ada [màləwɾát] *aj* desventurado -da, desgraciado -da, desdichado -da
malbaratar [màlβəɾətá] *vt* malbaratar, derrochar, despilfarrar
malbé, fer [màlβé] *vtp* (*espatllar*) estropear(se); (*inutilitzar*) echar(se) a perder
malcarat -ada [màlkəɾát] *aj* hosco -ca, ceñudo -da, huraño -ña
malcriat -ada [màlkɾiát] *aj* malcriado -da, maleducado -da
maldar [məldá] *vi* afanarse, esforzarse
maldat [məldát] *f* maldad
maldecap [màldəkáp] *m* [*sovint en pl*] quebradero de cabeza
maleir [məlәí] *vt* maldecir
maleït -ïda [məlәít] *aj* maldito -ta; ~ **siga!** ¡maldita sea!
malenconia [mələŋkuníə] *f* melancolía
malentès [màləntɛ́s] *m* malentendido
malesa [məlɛ́zə] *f* travesura
malestar [mələstá] *m* malestar
maleta [məlɛ́tə] *f* maleta
maleter -a [mələté] *mf* (*camàlic*) maletero -ra; *m aut* maletero
maletí [mələtí] *m* maletín
malfactor -a [màlfəktó] *aj mf* malhechor -ra
malforjat -ada [màlfuɾʒát] *aj* desaliñado -da, desastrado -da
malgastar [màlɣəstá] *vt* malgastar, derrochar, despilfarrar
malgirbat -ada [màlʒiɾbát] *aj* = **malforjat**
malgrat [məlɣɾát] *prp* a pesar de, pese a. ~ *la seva oposició, ho farem*, a pesar de su oposición, lo haremos; ~ **que** a pesar de que, pese a que
malhumorat -ada [màlumuɾát] *aj* malhumorado -da
malícia [məlísiə] *f* malicia; **fer** ~ (*uc*) saber mal, dar rabia
malifeta [màlifétə] *f* fechoría

maligne -a [məlíŋnə] *aj* maligno -na
mall [máʎ] *m* mazo; (*de picapedrer*) marra; (*de forjador*) macho
malla [máʎə] *f* malla
mallerenga [məʎəɾέŋgə] *f zoo* carbonero *m*
mallorquí -ina [məʎurkí] *aj m* mallorquín -ina
mallot [məʎɔ́t] *m* (*vestit ajustat*) malla *f*; (*d'un esportista*) camiseta *f*; (*vestit de bany*) bañador
malmetre [màlmέtɾə] *vt* estropear, echar a perder, deteriorar
malnom [màlnóm] *m* mote, apodo
malparlar [màlpərlá] *vi* hablar mal, despotricar
malparlat -ada [màlpərlát] *aj* malhablado -da
malpensat -ada [màlpənsát] *aj* malpensado -da
malsà -ana [màlsá] *aj* malsano -na
malson [màlsɔ́n] *m* pesadilla *f*
malt [mál] *m* malta *f*
maltractar [màltɾəktá] *vt* maltratar
maluc [məlúk] *m* cadera *f*
malura [məlúɾə] *f med* mal *m* [epidémico], enfermedad [epidémica]; (*de les plantes*) enfermedad, mal *m*
malva [málβə] *f bot* malva; **fer malves** *fm* criar malvas
malvat -ada [məlβát] *aj* malvado -da, desalmado -da
malvestat [màlβəstát] *f* maldad
malviure [màlβíwɾə] *m* mal vivir. *Una dona de ~*, una mujer de mal vivir
malviure [màlβíwɾə] *vi* malvivir
mama [mámə] *f ana* = **mamella**; *fm* (*mare*) mama
mamà [məmá] *f* (*mare*) mamá
mamar [məmá] *vt* mamar; *ab* mamar, tomar el pecho; *ab fm* (*beure a morro*) amorrarse; *fm* (*una beguda alcohòlica*) beber, trincar
mamella [məméʎə] *f ana* mama, teta *fm*, pecho *m*; (*de vaca*) ubre
mamífer [məmífər] *m* mamífero
mampara [məmpáɾə] *f* mampara, biombo *m*
manament [mənəmén] *m* mandamiento
manar [məná] *vt* mandar; **què mana?** ¿mande?
manat [mənát] *m* manojo
manc -a [máŋ] *aj mf* manco -ca
mancar [məŋká] *vi* [*amb la prp* de] (*no tenir*) carecer; faltar. *Manca dels diners necessaris*, carece del dinero necesario; faltar. *Manquen tres minuts per les dues*, faltan tres minutos para las dos. *Li manca un braç*, le falta un brazo; [*amb la prp* a] (*no complir*) faltar a. *Va ~ a la seva paraula*, faltó a su palabra; *vt* fallar, errar. *Ha mancat el tir*, ha fallado el tiro
mandarina [məndəɾínə] *f* mandarina
mandíbula [məndíβulə] *f* mandíbula
mandioca [məndiɔ́kə] *f* mandioca
mandonguilla [mənduŋgíʎə] *f* albóndiga
mandra [mándɾə] *f* pereza; *aj mf* (*mandrós*) perezoso -sa; **fer el ~** hacer el vago, holgazanear

mandrejar [məndɾəʒá] *vi* gandulear, hacer el holgazán
mandrós -osa [məndɾós] *aj mf* perezoso -sa
manduca [məndúkə] *f fm* manduca, pitanza
mànec [mánək] *m* (*d'un utensili*) mango; (*d'una porta, finestra*) manija *f*, manilla *f*
mànega [mánəɣə] *f* (*màniga*) manga; (*tromba marina*) manga; (*per a llançar líquids*) manguera, manga; *mar* manga
manegar [mənəɣá] *vt* (*emmanegar*) enastar, enmangar; (*les peces d'un mecanisme*) ajustar, acoplar; *fg* (*un afer embolicat*) arreglar, apañar; *vp* arreglarse, apañarse. *No sé pas com t'ho manegues*, no sé cómo te las arreglas
maneig [mənɛ́tʃ] *m* manejo
manejar [mənəʒá] *vt* (*un instrument, un estri*) manejar; (*fer bellugar*) menear; *fg* manejar. *Sap ~ molt bé la llengua*, sabe manejar muy bien la lengua; (*dirigir*) manejar. *Maneja com vol els seus germans*, maneja como quiere a sus hermanos; *vi* (*moure les mans*) manotear, gesticular [con las manos]; *vp* (*espavilar-se*) manejarse, apañárselas, arreglárselas; (*moure's*) menearse
manera [mənéɾə] *f* manera, forma, modo *m*; *pl* (*comportament correcte*) maneras, modos *m*, modales *m*; **de cap ~ (de les maneres)** de ninguna manera, de ningún modo
manescal [mənəskál] *m* (*veterinari*) albéitar
maneta [mənɛ́tə] *f* (*manovella*) manivela; (*d'un rellotge*) manecilla, aguja; (*d'una porta*) manija; **fer manetes** hacer manitas; **tenir manetes** ser un manitas
mania [mənía] *f* manía; **no tenir manies** no tener reparos
maniàtic -a [məniátik] *aj mf* maniático -ca
manicomi [mənikɔ́mi] *m* manicomio
manicura [mənikúɾə] *f* manicura
manifestació [mənifəstəsió] *f* manifestación
manifestar [mənifəstá] *vt* (*posar de manifest*) manifestar, mostrar; (*fer saber*) manifestar, hacer saber
màniga [mániɣə] *f* manga
manilla [məníʎə] *f pl* (*dels presos*) esposas; *sg* (*braçalet*) manilla, pulsera, brazalete *m*; *jcs* (*botifarra*) malilla
manillar [məniʎá] *m* manillar
maniobra [məniɔ́βɾə] *f* maniobra; *pl frr mar mil* maniobres
maniobrar [məniuβɾá] *vti* maniobrar
manipular [mənipulá] *vt* manipular
maniquí [məniki] *mf* maniquí
manllevar [məɲʎəβá] *vt* pedir prestado. *Li va ~ mil pessetes*, le pidió prestadas mil pesetas; apropiarse *vp*
manobre -a [mənɔ́βɾə] *mf* peón, peón de albañil
mans -a [máns] *aj* manso -sa

mansió [mənsió] *f* mansión
manta [mántə] *f* (*de llit*) manta; *zoo* manta; **a** ~ a manta
mantega [məntɛ́ɣə] *f* mantequilla
mantell [məntéʎ] *m* manto
mantellina [məntəʎínə] *f* mantilla
manteniment [məntənimén] *m* manteniment; (*per a viure*) mantenimiento, sustento
mantenir [məntəní] *vt* (*en un cert estat*) mantener; (*afirmar amb persistència*) mantener, sostener; (*sostenir*) mantener, sustentar
manual [mənuál] *aj m* manual
manuscrit -a [mənuskrít] *aj m* manuscrito -ta
manxa [máɲʃə] *f* fuelle *m*; (*per a inflar pneumàtics*) bomba
manya [máɲə] *f* maña
manyà -ana [məɲá] *mf* cerrajero -ra
manyac -aga [məɲák] *aj* (*dòcil, mansuet*) manso -sa, dócil; (*no esquerp*) cariñoso -sa, tierno -na; (*de maneres, caràcter*) apacible, plácido -da; *mf* (*terme afectuós*) corazón; *f* (*carícia*) caricia, mimo *m*, carantoña
manyopla [məɲɔ́plə] *f* manopla
maó [məó] *m* ladrillo
mapa [mápə] *m* mapa
mapamundi [màpəmúndi] *m* mapamundi
maqueta [məkɛ́tə] *f* maqueta
maquillar [məkiʎá] *vt* maquillar
màquina [mákinə] *f* máquina; **a tota** ~ a toda máquina, a todo gas; ~ **escurabutxaques** máquina tragaperras
maquinar [məkiná] *vt* maquinar
maquinària [məkinárіə] *f* maquinaria
maquineta [məkinɛ́tə] *f* (*de fer punta*) sacapuntas
maquinista [məkinístə] *mf* maquinista
mar [már] *f/m* mar; **alta** ~ alta mar; **la** ~ **de** *fg fm* la mar de
maragda [məɾágdə] *f* esmeralda
marató [məɾətó] *f* maratón
marbre [márbɾə] *m* mármol
marc [márk] *m* marco
març [márs] *m* marzo
marca [márkə] *f* marca; **de** ~ de marca
marcador [mərkəðó] *m esp* marcador, tanteador
marcar [mərká] *vt* marcar. *Les busques marquen les hores*, las agujas marcan las horas. ~ *un número de telèfon*, marcar un número de teléfono
marcir [mərsí] *vtp* marchitar(se), mustiar(se), ajar(se)
marduix [mərdúʃ] *m bot* mejorana *f*
mare [máɾə] *f* madre; (*d'un curs d'aigua*) cauce *m*; **sortir de** ~ (*un riu*) salirse de madre; *fg* perder los estribos, subirse por las paredes; **la** ~ **de Déu** la Virgen; **la** ~ **dels ous** *fg fm* la madre del cordero
marea [məɾéə] *f* marea; ~ **alta** marea alta; ~ **baixa** marea baja
maregassa [məɾəɣásə] *f* mar gruesa
mareig [məɾɛ́tʃ] *m* mareo
marejar [məɾəʒá] *vt* marear
marejol [məɾəʒɔ́l] *m* marejadilla

maresme [mərέzmə] *m* marisma; (*zona propera al mar*) marina
màrfega [márfəγə] *f* jergón *m*
marfil [mərfíl] *m* marfil
margarida [mərgəɾíðə] *f bot* margarita
margarina [mərgəɾínə] *f* margarina
marge [márʒə] *m* (*d'un terreny*) margen *m/f*; *grf* (*espai en blanc*) margen; **al** ~ al margen
marginal [mərʒinál] *aj* marginal
marginar [mərʒiná] *vt* marginar
marí -ina [məɾí] *aj m* marino -na
marialluïsa [məɾiəλuízə] *f bot* luisa, hierba luisa
marieta [məɾiέtə] *f zoo* mariquita; *m fg dsp* mariquita, marica
marihuana [məɾiwánə] *f* marihuana
marina [məɾínə] *f* marina
mariner -a [məɾiné] *aj mf* marinero -ra; **a la ~a** *gst* a la marinera
marisc [məɾísk] *m* marisco
marit [məɾít] *m* marido
marítim -a [məɾítim] *aj* marítimo -ma
marmota [mərmɔ́tə] *f zoo* marmota
maror [məɾó] *f mar* = **maregassa**; *fg* (*discòrdia, agitació*) mar *m* de fondo, marejada
marquès -esa [mərkέs] *mf* marqués -esa
marquesina [mərkəzínə] *f* marquesina
marrà -ana [mərá] *aj mf* (*infant tossut*) terco -ca, testarudo -da; (*que fa marraneries*) berreón -ona; *fg* (*porc, brut*) marrano -na, cerdo -da; *m zoo* carnero; (*verro*) verraco
marrameu [məramέw] *m* (*crit del gat*) marramao, marramiáu
marrec [mərέk] *m* chaval, niño, mocoso
marró [məró] *aj m* marrón
marroquí -ina [məɾukí] *aj mf* marroquí
mart [márt] *m zoo* marta *f*
martell [mərtéλ] *m* martillo
màrtir [mártir] *mf* mártir
marxa [márʃə] *f* marcha; **fer ~ enrere** dar marcha atrás; **posar en ~** poner en marcha
marxar [mərʃá] *vi* marchar
mas [más] *m* casa *f* de labor (de labranza), cortijo, caserío
màscara [máskəɾə] *f* máscara
mascle -a [másklə] *aj* viril; *m bio tcn* macho
mascota [məskɔ́tə] *f* mascota
masculí -ina [məskulí] *aj* masculino -na
masegar [məzəγá] *vt* machucar, magullar, ajar
masia [məzíə] *f* casa de labor (de labranza), cortijo *m*
masmorra [məzmórə] *f* mazmorra
masover -a [məzuβé] *mf* colono *m*, casero -ra
massa [másə] *f* masa; *av* demasiado, en demasía. *Menges ~*, comes demasiado; *aj iv* demasiado -da. *Té ~ ambicions*, tiene demasiadas ambiciones
massatge [məsádʒə] *m* masaje
massís -issa [məsís] *aj m* macizo -za

mastegar [məstəɣá] *vt* masticar, mascar
mastegot [məstəɣɔ́t] *m* cachete, sopapo, tortazo
masticació [məstikəsió] *f* masticación
masturbar [məsturbá] *vtp* masturbar(se)
mat [mát] *aj* mate; *m jcs* (*en els escacs*) mate. *Escac i ~*, jaque mate
mata [mátə] *f bot* mata; ~ **de cabell** mata de pelo
matalàs [mətəlás] *m* [*pl: -assos*] colchón
matança [mətánsə] *f* matanza
matar [mətá] *vt* matar
mata-segells [màtəsəʒéʎs] *m iv* matasellos
mateix -a [mətéʃ] *aj* [*usat davant el nom*] mismo -ma. *Tenim els ~os gustos*, tenemos los mismos gustos; [*ús emfàtic*] propio -pia, mismo -ma [puede posponerse al nombre]. *L'autobús para al seu ~ carrer*, el autobús para en su propia calle
matemàtic -a [mətəmátik] *aj mf* matemático -ca; *f pl* matemáticas
matèria [mətɛ́ɾiə] *f* materia; **primeres matèries** materias primas
material [mətəriál] *aj m* material
matern -a [mətɛ́rn] *aj* materno -na
matí [mətí] *m* mañana *f*; **de (al)** ~ por la mañana; **de bon** ~ muy de mañana
matinada [mətináðə] *f* madrugada
matiner -a [mətiné] *aj* madrugador -ra
matís [mətís] *m* matiz
mató [mətó] *m* requesón
matoll [mətóʎ] *m* matorral, matojo
matrícula [mətɾíkulə] *f* matrícula
matricular [mətɾikulá] *vt* matricular
matrimoni [mətɾimɔ́ni] *m* matrimonio
matriu [mətɾíw] *aj f* matriz
matusser -a [mətusé] *aj mf* chapucero -ra
matutí -ina [mətutí] *aj* matutino -na
matxet [mətʃɛ́t] *m* machete
mausoleu [məwzulɛ́w] *m* mausoleo
maxil·lar [məksillár] *aj m* maxilar
màxim -a [máksim] *aj* máximo -ma; *m* màxim; *f* (*temperatura*) màxima; **com a** ~ como máximo, a lo más, como mucho
meandre [meándɾə] *m* meandro
mecànic -a [məkánik] *aj f tcn* mecánico -ca; *mf* (*treballador*) mecánico -ca
mecanisme [məkənízmə] *m* mecanismo
mecanitzar [məkənidzá] *vt* mecanizar
mecanografiar [məkənuɣɾəfiá] *vt* mecanografiar
medalla [məðáʎə] *f* medalla
medalló [məðəʎó] *m* medallón
medecina [məðəsínə] *f fm* medicina
medi [mɛ́ði] *m* medio; ~ **ambient** medio ambiente
mediatriu [məðiətɾíw] *f* mediatriz
mèdic -a [mɛ́ðik] *aj* médico -ca; *aj m hst* mèdic -ca

medicament [məðikəmén] *m* medicamento
medicina [məðisínə] *f* (*ciència*) medicina; *med* medicina, medicament
medicinal [məðisinál] *aj* medicinal
medieval [məðiəβál] *aj* medieval
mediocre [məðiɔ́krə] *aj* mediocre
meditar [məðitá] *vt* meditar
mediterrani -ània [məðitəráni] *aj* mediterráneo -a
medul·la [məðúllə] *f* médula
medusa [məðúzə] *f zoo* medusa
megàfon [məɣáfun] *m* megáfono
megafonia [məɣáfun] *f* megafonía
meitat [məjtát] *f* mitad; **a la ~ de** en mitad de, a medio; **a ~ de preu** a mitad de precio; **tallar per la ~** partir por la mitad
mel [mɛ́l] *f* miel
melangia [mələɲʒíə] *f* melancolía
melangiós -osa [mələɲʒiós] *aj* melancólico -ca
melic [məlík] *m* ombligo
melindro [məlíndru] *m gst* melindre; *pl fg* melindres, dengues, remilgos
melindrós -osa [məlindrós] *aj* melindroso -sa
melmelada [məlməláðə] *f* mermelada
meló [məló] *m* melón
melodia [məluðíə] *f* melodía
melodrama [məluðrámə] *m* melodrama
melós -osa [məlós] *aj* meloso -sa
melsa [mɛ́lsə] *f* bazo *m*
membrana [məmbránə] *f* membrana
membre [mémbrə] *m* miembro
memòria [məmɔ́riə] *f* (*facultat*) memoria; (*record*) memoria, recuerdo; (*informe*) memoria; *pl hst lit* memorias; **de ~** de memoria, de carrerilla *fm*; **fer ~** hacer memoria
memoritzar [məmuridzá] *vt* memorizar
mena [mɛ́nə] *f* tipo *m*, clase, especie; **de ~** por naturaleza; **de tota ~** de todas clases, de todos los tipos
menar [məná] *vt* (*conduir*) conducir, llevar; (*dirigir*) dirigir
menció [mənsió] *f* mención; **fer ~ de** hacer mención de
menester [mənəsté] *m* menester, necesidad; **fer ~** ser útil (de utilidad). *Si no et faig ~, me'n vaig,* si no te soy útil, me voy; **haver de ~** haber menester, haber menester de. *Hauré de ~ molts llibres,* habré menester de muchos libros
menja [méɲʒə] *f* manjar *m*
menjador -a [məɲʒəðó] *aj mf* comedor -ra, de buen comer *aj*; *m* (*sala*) comedor; *f* (*d'animals*) comedero *m*, artesa, pesebre *m*
menjar [məɲʒá] *m* comida *f*; **donar ~** dar de comer
menjar [məɲʒá] *vt* comer; (*consumir*) consumir, gastar; *vp* comerse. *S'ha menjat un pollastre sencer,* se ha comido un pollo entero; *fg* (*consumir*) comer. *La gelosia se'l menja,* los celos se lo comen
menor [mənór] *aj mf* menor; **~ d'edat** menor de edad

menorquí -ina [mənurkí] *aj mf* menorquín -ina
menovell [mənuβéʎ] *m* meñique
menstruació [mənstɾuəsió] *f* menstruación
mensual [mənsuál] *aj* mensual
ment [mén] *f* mente
menta [méntə] *f* menta
mental [məntál] *aj* mental
mentalitat [məntəlitát] *f* mentalidad
mentida [məntíðə] *f* mentira, embuste *m*
mentider -a [məntiðé] *aj mf* mentiroso -sa, embustero -ra, trolero -ra
mentir [məntí] *vi* mentir
mentó [məntó] *m* mentón
mentre [méntɾə] *cnj* mientras; ~ **que** mientras que
mentrestant [mèntɾəstán] *av* mientras, entretanto, mientras tanto
menú [mənú] *m* [*pl: -ús*] menú
menut -uda [mənút] *aj* menudo -da, pequeño -ña; *mf* (*noiet*) chiquillo -lla; *mpl* (*entranyes*) menudos; **a la menuda** al por menor
menys [méɲs] *av* menos; *prp* (*llevat de*) menos. *Hi són tots ~ la Clara*, están todos menos Clara; **anar** (**venir**) **a** ~ ir (venir) a menos; **el** ~ (*el mínim*) lo mínimo, lo menos. *El ~ que pots fer*, lo mínimo que puedes hacer
menysprear [mèɲspreá] *vt* (*valorar como menos*) menospreciar; (*considerar com a indigne*) despreciar
menyspreu [mèɲspréw] *m* desprecio, menosprecio, desdén
meravella [məɾəβéʎə] *f* maravilla
meravellar [məɾəβəʎá] *vt* maravillar
meravellós -osa [məɾəβəʎós] *aj* maravilloso -sa
mercadejar [mərkəðəʒá] *vi* comerciar
mercader -a [mərkəðé] *mf* mercader -ra
mercaderia [mərkəðəɾíə] *f* mercancía
mercat [mərkát] *m* mercado
mercè [mərsɛ́] *f* [*pl: -ès*] (*gràcia*) merced; [*generalment en pl*] (*expressió d'agraïment*) gracias; **a la ~ de** a merced de; **tenir a la seva** ~ (*up*) tener a up a su merced
merceria [mərsəɾíə] *f* mercería
mercuri [mərkúɾi] *m* mercurio
merda [mɛ́rdə] *f fm* (*excrements*) mierda; (*borratxera*) mierda, turca; *m* (*fatxenda*) fachendoso -sa, fachendón -ona; **fet una** ~ hecho una mierda
merder [mərdé] *m* (*lloc molt brut*) estercolero, muladar; *fg* (*gran desordre, renou*) gallinero; **ficar-se en un** ~ meterse en un berenjenal
merèixer [məɾɛ́ʃə] *vt* merecer; **per** ~ sin compromiso
meridià -ana [məɾiðiá] *aj m* meridiano -na
mèrit [mɛ́ɾit] *m* mérito
merla [mɛ́rlə] *f zoo* mirlo *m*
mes [més] *cnj* (*però*) mas, pero
mes [més] *m* mes
més [més] *av* más; **a ~ a** ~ además, a más; **d'allò** ~ de lo más; ~ **o menys** más o menos;

per ~ que por más que; **si ~ no** por lo menos, al menos, cuando menos
mescla [mέsklə] *f* mezcla
mesclar [məsklá] *vt* mezclar
més-enllà [mèzəɲʎá] *m fls rlg* más allá
mesquí -ina [məskí] *aj* (*gasiu*) mezquino -na, tacaño -ña, cicatero -ra; (*miserable*) mezquino -na, despreciable
mesquita [məskítə] *f* mezquita
mestís -issa [məstís] *aj mf* mestizo -za
mestral [məstrál] *m* (*vent*) mistral
mestre -a [mέstrə] *aj mf* maestro -tra; *m fm* (*per a cridar up*) jefe
mestressa [məstrέsə] *f* (*propietària*) dueña, ama; *fm* (*per a cridar una dona*) jefa, señora; **~ de casa** ama de casa
mesura [məzúɾə] *f* medida; **a ~ que** a medida que, según, conforme
mesurar [məzuɾá] *vt mat fís* (*prendre la mida*) medir; (*moderar*) medir, mesurar
meta [mέtə] *f* meta; *fm* (*mamella*) teta
metàfora [mətáfuɾə] *f* metáfora
metall [mətáʎ] *m* metal
metàl·lic [mətállik] *aj m* metálico
metamorfosi [mətəmurfɔ́zi] *f* metamorfosis
meteor [məteór] *m* meteoro
meteorit [məteuɾít] *m* meteorito
meteorologia [məteuɾuluʒíə] *f* meteorología
meteorològic -a [məteuɾulɔ́ʒik] *aj* meteorológico -ca
metge -essa [médʒə] *mf* médico -ca; **~ de capçalera** médico de cabecera; **~ en cap** director médico
meticulós -osa [mətikulós] *aj* meticuloso -sa
mètode [mέtuðə] *m* método
metralla [mətráʎə] *f* metralla
metralleta [mətrəʎέtə] *f* metralleta
metre [mέtrə] *m* metro
mètric -a [mέtrik] *aj f* métrico -ca
metro [mέtru] *m* (*ferrocarril urbà*) metro, metropolitano
metròpoli [mətrɔ́puli] *f* metrópoli
metropolità -ana [mətrúpulitá] *aj* metropolitano -na; *m rlg* metropolitano; = **metro**
metxa [métʃə] *f* mecha
metzina [mədzínə] *f* veneno *m*
meu meva [méw] *aj* mío -a. *Un oncle ~*, un tío mío; [*davant de substantiu*] mi. *Les meves nines*, mis muñecas; *pr* mío -a. *Aquest és el ~*, este es el mío
mexicà -ana [məksiká] *aj* mejicano -na, mexicano -na
mica [míkə] *f min* mica
mica [míkə] *f* poco *m*, algo. *Una ~ de pa*, un poco de pan. *És una ~ pedant*, es algo pedante; *pl* (*sobres*) migajas; **al cap d'una ~** al poco rato; **de ~ en ~** poco a poco; **fer miques** hacer migas, hacer trizas; *av* = **gens**
mico [míku] *m zoo* mono; (*de cua llarga*) mico; **fer el ~** hacer el indio
microbi [mikɾɔ́βi] *m* microbio
microbús [mikɾuβús] *m* microbús
micròfon [mikɾɔ́fun] *m* micrófono

microorganisme [mikɾurgənízmə] *m* microorganismo
microscopi [mìkɾuskɔ́pi] *m* microscopio
microscòpic -a [mìkɾuskɔ́pik] *aj* microscópico -ca
mida [míðə] *f* (*mesura lineal*) medida; (*dimensió*) tamaño *m*; **a** ~ a medida; **fora** ~ una locura; **passar de** ~ pasar de la medida, pasar de castaño oscuro
midó [miðó] *m* almidón
mig mitja [mítʃ] *aj* medio -dia. *Una hora i mitja*, una hora y media; *fg* (*una gran part*) *Mitja ciutat quedà a les fosques*, media ciudad quedó a oscuras; *av* medio. *Una ampolla* ~ *plena*, una botella medio llena; *m* (*centre*) medio; **al** ~ medio; **al bell** ~ justo en el medio; **al** ~ **de** en medio de, en mitad de; **a mitges** a medias; **pel** ~ **de** entre, por entre
migdia [mìdʒdíə] *m* mediodía
migdiada [mìdʒdiáðə] *f* siesta
migjorn [mìdʒórn] *m* (*vent*) sur
migració [miɣɾəsió] *f* migración
migranya [miɣɾáɲə] *f* migraña
migrar [miɣɾá] *vi* migrar
migratori -òria [miɣɾətɔ́ɾi] *aj* migratorio -ria
mil [míl] *aj m* mil
miler [milé] *m* millar
milhomes [milɔ́məs] *m fm* milhombres
milió [milió] *m* millón
militar [militár] *aj m* militar
militar [militá] *vi* militar
mill [míʎ] *m* mijo
milla [míʎə] *f* milla; ~ **nàutica** milla marina (náutica)
mil·lenni [millɛ́nni] *m* milenio
mil·lèsim -a [millɛ́zim] *aj m* milésimo -ma
mil·ligram [milligɾám] *m* miligramo
mil·lilitre [millilítɾə] *m* mililitro
mil·límetre [millímətɾə] *m* milímetro
millor [miʎó] *aj* mejor. *L'aigua és bona, però el vi és* ~, el agua es buena, pero el vino es mejor. ~ *que no se n'adoni*, mejor que no se dé cuenta; *av* (*més bé*) mejor. *Faràs* ~ *anant-te'n*, harás mejor yéndote; *mf* mejor. *És el* ~ *dels germans*, es el mejor de los hermanos
millora [miʎóɾə] *f* mejora
millorar [miʎuɾá] *vti* mejorar
mim [mím] *m* mimo
mimetisme [mimətízmə] *m* mimetismo
mímic -a [mímik] *aj f* mímico -ca
mimosa [mimózə] *f bot* mimosa
mina [mínə] *f* (*explosiu*) mina; *min* mina, yacimiento *m*
minaire [minájɾə] *mf* minero -ra
miner -a [miné] *aj mf* minero -ra
mineral [minəɾál] *aj m* mineral
mineria [minəɾíə] *f* minería
miniatura [miniətúɾə] *f* miniatura
mínim -a [mínim] *aj* mínimo -ma; *m* mínimo. *El* ~ *del consum d'aigua*, el mínimo del consumo de agua; *f mús* mínima; **com a** ~ como mínimo, al menos
ministeri [ministɛ́ɾi] *m* ministerio
ministre -a [minístɾə] *mf* ministro -tra

minoria [minuríə] *f* minoría; **~ d'edat** minoría de edad
minso -a [mínsu] *aj* escaso -sa, exiguo -gua
minuend [minuén] *m* minuendo
minúscul -a [minúskul] *aj f* minúsculo -la
minusvàlid -a [minusbálit] *aj mf* minusválido -da
minut [minút] *m* minuto
minutera [minutérə] *f* (*del rellotge*) minutero *m*
minvar [mimbá] *vti* menguar, mermar
minyó -ona [miɲó] *mf* (*infant*) niño -ña; (*noi*) muchacho -cha, chico -ca; *f* (*criada*) criada, sirvienta
miolar [miulá] *vi* maullar
miop [miɔ́p] *aj mf* miope
miopia [miupíə] *f* miopía
miracle [miɾáklə] *m* milagro
mirada [miɾáðə] *f* mirada
mirador -a [miɾəðó] *aj mf* mirador -ra; *m* (*lloc d'observació*) mirador; (*espiera*) mirilla
mirall [miɾáʎ] *m* espejo
mirament [miɾəmén] *m* miramiento
mirar [miɾá] *vt* mirar; *fg* (*considerar*) mirar. *Mireu si tinc raó*, mirad si tengo razón; *vi* (*estar situat de cara a*) mirar, dar; (*procurar*) mirar. *Solament mira per ell*, sólo mira por él; **ben mirat** bien mirado, mirándolo bien; **~-s'hi** *fg* poner esmero, esmerarse
miratge [miɾádʒə] *m* espejismo
miserable [mizəɾábblə] *aj* (*menyspreable*) miserable, vil; (*escàs*) miserable, mísero -ra; *mf* (*infame*) miserable
misèria [mizɛ́ɾiə] *f* miseria; *fpl* (*penes*) miserias
misericòrdia [mizəɾikɔ́ɾdiə] *f* misericordia
missa [mísə] *f* misa; **anar a ~** ir a misa; **dir ~** decir misa; **~ del gall** misa del gallo
missatge [misádʒə] *m* mensaje
missatger -a [misədʒé] *aj mf* mensajero -ra
míssil [mísil] *m* misil
missió [misió] *f* misión
missioner -a [misiuné] *aj mf* misionero -ra
misteri [mistɛ́ɾi] *m* misterio; *mpl rlg* misteris
misteriós -osa [mistəɾiós] *aj* misterioso -sa
misto [místu] *m* cerilla *f*, fósforo
mite [mítə] *m* mito
mitja [mídʒə] *f* media; **fer ~** hacer media (calceta)
mitjà -ana [midʒá] *aj* (*entre dos extrems*) medio -dia; (*en mida, en edat*) mediano -na; *f* (*terme mitjà*) media, promedio *m*; *m* (*procediment*) medio; **mitjans de comunicació** medios de comunicación; **per ~ de** por medio de
mitjançant [midʒənsán] *prp* mediante
mitjanit [midʒənít] *f* medianoche
mitjó [midʒó] *m* calcetín
mitologia [mituluʒíə] *f* mitología
mix [míʃ] *mf fm* minino -na
mixt -a [míkst] *aj* mixto -ta
mòbil [mɔ́βil] *aj m* móvil

mobiliari -ària [mußiliári] *aj m* mobiliario -ria
mobilitat [mußilitát] *f* movilidad
mobilitzar [mußilidzá] *vt* movilizar
moble [mɔ́bblə] *aj m* mueble
moc [mók] *m* moco; *fg fm* chasco, bufido
mocador [mukəðó] *m* pañuelo
mocar [muká] *vtp* sonar(se)
moda [mɔ́ðə] *f* moda; **a la** ~ a la moda; **de** ~ de moda; **passat de** ~ pasado de moda
mode [mɔ́ðə] *m* modo
model [muðɛ́l] *m* modelo; *mf* modelo, maniquí
modelar [muðəlá] *vt* modelar
moderar [muðərá] *vt* moderar
modern -a [muðɛ́rn] *aj* moderno -na
modest -a [muðést] *aj* modesto -ta
mòdic -a [mɔ́ðik] *aj* módico -ca
modificació [muðifikəsió] *f* modificación
modificar [muðifiká] *vt* modificar
modista [muðístə] *mf* modista, modisto *m*
mòdul [mɔ́ðul] *m* módulo
moix -a [móʃ] *aj* (*trist*) mustio -tia, mohíno -na, alicaído -da; (*fruita*) pasado -da; *mf* minino -na, gato -ta
moixaina [muʃájnə] *f* carantoña, zalamería, mimo *m*
moixó [muʃó] *m* pájaro -ra *mf*
mola [mɔ́lə] *f tcn* (*del molí i per a esmolar*) muela; (*cosa massissa i voluminosa*) mole
molar [mulár] *aj ana* molar; *f* molar *m*
moldre [mɔ́ldrə] *vt* moler
molest -a [mulést] *aj* molesto -ta
molestar [muləstá] *vt* molestar
molèstia [mulɛ́stiə] *f* molestia
molí [mulí] *m* molino
moliner -a [muliné] *mf* molinero -ra
molinet [mulinɛ́t] *m* (*per a moldre*) molinillo; (*dansa*) molinete; ~ **de vent** *jcs* molinillo, molinete
moll -a [mɔ́ʎ] *aj* (*bla, tou*) blando -da; (*impregnat d'aigua*) mojado -da, empapado -da; *m ana* tuétano, médula; (*d'un port*) muelle; *zoo* salmonete; *f* (*del pa*) miga; *fg fm* (*engruna*) miga, migaja; (*d'un mecanisme*) muelle *m*; ~ **de carn** chicha, pulpejo; ~ **d'espiral** muelle en espiral
molsa [mólsə] *f bot* musgo *m*; (*d'una fruita*) pulpa
molt -a [mól] *aj* [*sovint seguit de* de] mucho -cha. *Té ~s diners*, tiene mucho dinero. *Ha begut ~ de vi*, ha bebido mucho vino; *av* (*en grau considerable*) mucho, de lo lindo *fm*. *Parla ~*, habla mucho; muy. ~ *alt*, muy alto; *pr* mucho. *Se n'espera ~*, se espera mucho de él; *pr pl* (*molta gent*) muchos. *Eren ~s que no s'ho creien*, eran muchos los que no se lo creían
moltó [multó] *m* carnero [castrado]
moment [mumén] *m* momento; **d'aquí a un** ~ dentro de un momento; **de** ~ de momento, por el momento; **d'un ~ a l'altre** de un momento a otro; **en un** ~ al momento, en un momento; **un ~!** ¡un momento!

momentani -ània [mumantáni] *aj* momentáneo -a
mon ma [mun] *aj* [*pl: mos mes*] mi. *Mon pare, ma germana*, mi padre, mi hermana
món [món] *m* [*pl: mons*] mundo; **anar-se'n a l'altre ~** irse al otro mundo (barrio); **portar al ~** echar (traer) al mundo; **veure ~** rodar mundo
mona [móna] *f* mono *m*, mona; *gst* (*pastís*) mona; *fm* (*borratxera*) mona, turca, cogorza; **dormir la ~** dormir la mona
monarca [munárka] *mf* monarca
monarquia [munarkía] *f* monarquía
moneda [munéðə] *f* moneda; **pagar amb la mateixa ~** pagar con la misma moneda
monestir [munəstí] *m* monasterio
monetari -ària [munətári] *aj* monetario -ria
mongeta [muɲʒétə] *f* judía, alubia; **mongetes seques** judías, alubias; **mongetes tendres** judías verdes (tiernas)
mongetera [muɲʒətérə] *f* (*planta*) judía, alubia
moniato [muniátu] *m* boniato, moniato
monitor -a [munitó] *mf* monitor -ra; *m tcn* monitor
monja [mɔ́ɲʒə] *f* monja
monjo [mɔ́ɲʒu] *m* monje
monòleg [munɔ́lək] *m* monólogo
monòlit [munɔ́lit] *m* monolito
monopoli [munupɔ́li] *m* monopolio
monorail [munurájl] *m* monorraíl
monòton -a [munɔ́tun] *aj* monótono -na
monsó [munsó] *m* monzón
monstre [mɔ́nstrə] *m* monstruo
monstruós -osa [munstruós] *aj* monstruoso -sa
mont [mɔ́n] *m* monte; **~ de pietat** monte de piedad
monument [munumén] *m* monumento
monyó [muɲó] *m ana* muñón
moqueta [mukétə] *f* moqueta
móra [mórə] *f* mora
moradenc -a [murəðéŋ] *aj* amoratado -da
moral [murál] *aj f* moral; *fg* moral, ánimo; **aixecar la ~** levantar la moral; **estar baix de ~** estar bajo de moral
moralitat [murəlitát] *f* moralidad; (*ensenyament moral*) moraleja
morat -ada [murát] *aj m* (*color*) morado -da; *m med* moradura *f*, moratón, cardenal
mordaç [murdás] *aj* mordaz
morè -ena [muré] *aj* = **moreno**
moreno -a [murénu] *aj* moreno -na
morera [murérə] *f bot* morera
moresc -a [murésk] *aj* moruno -na; *m bot agr* maíz
morfema [murféma] *m* morfema
morfologia [murfuluʒíə] *f* morfología
morfològic -a [murfulɔ́ʒik] *aj* morfológico -ca
moribund -a [muriβún] *aj mf* moribundo -da
morir [murí] *vip* morir(se)
mormolar [murmulá] *vi* murmurar
moro -a [mɔ́ru] *aj mf* moro -ra

morro [móru] *m zoo* morro, hocico; *mpl fm* (*de persona*) morro *sg*, hocico *sg*; *m fg* (*d'un cotxe, avió*) morro; **caure de ~s** darse en las narices, caer de morros; **ésser del ~ fort** ser un cabezota; **fer ~s** poner morro, torcer el morro

mort [mɔ́rt] *f* muerte, fallecimiento *m*; **de mala ~** de mala muerte, de tres al cuarto; **de ~** *fg fm* de muerte

mort -a [mɔ́rt] *aj* [*pp de morir*] muerto -ta; [*pp de matar*] matado -da, muerto -ta [en construcción pasiva]. *L'han ~ a trets*, lo han matado a tiros; (*exhaust*) muerto -ta; (*estancat*) muerto -ta; *aj mf* muerto -ta; **carregar el ~** (*a up*) cargar con el muerto, echar el muerto a up; **riure's del ~ i del qui el vetlla** burlarse (reírse) hasta de su sombra

mortal [murtál] *aj mf* mortal

mortalitat [murtəlitát] *f* mortalidad

morter [murté] *m* mortero

mos [mɔ́s] *m* (*mossegada*) mordisco; (*petita porció de menjar*) bocado; (*fre de cavall*) bocado, embocadura *f*; **fer un ~** tomar un bocado (un tentempié)

mosaic [muzájk] *m art arq* mosaico

mosca [móskə] *f* mosca; **caure com mosques** caer como moscas; **no sentir-se ni una ~** no oírse ni una mosca; **pujar la ~ al nas** hinchársele las narices a alguien; **quina ~ l'ha picat?** ¿qué mosca le ha picado?

mosquit [muskít] *m* mosquito

mosquitera [muskitérə] *f* mosquitera, mosquitero *m*

mossa [mɔ́sə] *f* muesca, hendidura; (*de fuster*) picadero *m*

mossegada [musəγáðə] *f* mordisco *m*, mordedura, bocado *m*

mossegar [musəγá] *vt* morder

mossèn [musɛ́n] *m* padre, mosén

mosso -a [mósu] *mf* (*xicot*) mozo -za, muchacho -cha; *m* (*d'un establiment*) mozo

most [móst] *m* mosto

mostela [mustɛ́lə] *f zoo* comadreja

mostra [mɔ́strə] *f* muestra; **fer ~ de** dar (hacer) muestras de

mostrar [mustrá] *vt* mostrar

mot [mót] *m* palabra *f*; **no dir ~** no decir palabra; **~s encreuats** crucigrama

motí [mutí] *m* motín

motiu [mutíw] *m* motivo; (*malnom*) mote, apodo; **amb ~ de** con motivo de; **per ~s de** por motivos de

motivar [mutiβá] *vt* motivar

motlle [mɔ́ʎʎə] *m* molde

motllo [mɔ́ʎʎu] *m* = **motlle**

motllura [muʎʎúrə] *f* moldura

moto [mótu] *f* moto

motocicleta [mutusiklɛ́tə] *f* motocicleta

motociclisme [mutusiklízmə] *m* motociclismo

motor motriu [mutór] *aj m* motor -ra [-triz]

motorista [muturístə] *mf* motorista

motxilla [mutʃíʎə] *f* mochila

moure [mɔ́wrə] *vtp* mover(se)

movedís -issa [muβəðís] *aj* movedizo -za
moviment [muβimén] *m* movimiento
muda [múðə] *f* muda
mudar [muðá] *vti* mudar; *vp* (*amb roba bona*) arreglarse, componerse, acicalarse; (*de domicili*) mudarse
mudat -ada [muðát] *aj* compuesto -ta, arreglado -da, puesto -ta
mugir [muʒí] *vi* mugir
mugró [muγɾó] *m* pezón
mul [múl] *m* mulo, macho
mula [múlə] *f* mula
mullar [muʎá] *vt* mojar
mullena [muʎɛ́nə] *f* humedad
muller [muʎé] *f* mujer, esposa
multa [múltə] *f* multa
múltiple [múltiplə] *aj m mat* múltiplo -pla
múltiple [múltiplə] *aj m* (*no simple*) múltiple
multiplicació [multiplikəsió] *f* multiplicación
multiplicador -a [multiplikəðó] *aj m* multiplicador -ra
multiplicand [multiplikán] *m* multiplicando
multiplicar [multipliká] *vt* multiplicar
multitud [multitút] *f* multitud
mundial [mundiál] *aj* mundial
munició [munisió] *f* munición
municipal [munisipál] *aj mf* municipal
municipi [munisípi] *m* municipio
munió [munió] *f* multitud
munt [mún] *m* (*muntanya*) montaña; (*pila*) montón, pila *f*; **a ~s** a montones, en abundancia
muntacàrregues [mùntəkárəγəs] *m* montacargas
muntant [muntán] *m* montante
muntanya [muntáɲə] *f* montaña, monte *m*
muntanyenc -a [muntəɲɛ́ŋ] *aj mf* (*muntanyès*) montañés -esa; (*excursionista*) montañero -ra
muntanyós -osa [muntəɲós] *aj* montañoso -sa
muntar [muntá] *vt* (*pujar*) subir; (*en un vehicle, a cavall*) montar; *vt* (*instal·lar*) montar, armar; (*un cavall*) montar; (*una joia*) montar, engarzar; (*la clara, la nata*) montar; (*cobrir la femella*) montar, cubrir
muntatge [muntádʒə] *m* montaje
munyir [muɲí] *vt* ordeñar
mur [múr] *m* muro
mural [muɾál] *aj m* mural
muralla [muɾáʎə] *f* muralla, muro *m*
murga [múrgə] *f* murga, fastidio *m*
murmurar [murmuɾá] *vti* murmurar
murmuri [murmúɾi] *m* murmullo
murri múrria [múri] *aj mf* (*sagaç*) astuto -ta, sagaz; (*pillet*) pícaro -ra, pillo -lla
muscle [músklə] *m ana* hombro
musclo [músklu] *m zoo* mejillón
múscul [múskul] *m ana* músculo
muscular [muskulár] *aj ana* muscular
musell [muzéʎ] *m* hocico, morro
museu [muzɛ́w] *m* museo

músic -a [múzik] *aj mf* músico -ca
música [múzikə] *f* música
musical [muzikál] *aj* musical
mussol [musɔ́l] *m zoo* mochuelo; *med* orzuelo; *aj m fg* pasmarote, muermo; ~ **banyut** búho
musti mústia [músti] *aj* mustio -tia, marchito -ta; (*trist*) mustio -tia, triste
musulmà -ana [muzulmá] *aj mf* musulmán -ana, mahometano -na
mut muda [mút] *aj* mudo -da; **fer ~s** (**~s i a la gàbia**) hacer mutis, cerrar el pico
mutació [mutəsió] *f* mutación
mutilar [mutilá] *vt* mutilar
mutilat -ada [mutilát] *aj mf* mutilado -da
mutu mútua [mútu] *aj* mutuo -a; *f* (*mutualitat*) mutua, mutualidad
mutualitat [mutuəlitát] *f* = **mútua**

N

nació [nəsió] *f* nación
nacional [nəsiunál] *aj* nacional
nacionalitat [nəsiunəlitát] *f* nacionalidad
nacre [nákɾə] *m* nácar
Nadal [nəðál] *m* (*festa cristiana*) Navidad *f*; (*festes*) Navidades *fpl*
nadalenc -a [nəðəlɛ́ŋ] *aj* navideño -ña
nadiu -a [nəðíw] *aj mf* nativo -va, natural
nadó [nəðó] *m* recién nacido -da *mf*
nafra [náfɾə] *f med* herida, llaga, úlcera; *fg* herida
naip [nájp] *m jcs* naipe
naixement [nəʃəmén] *m* nacimiento; **de** ~ de nacimiento
naixença [nəʃɛ́nsə] *f* nacimiento *m*
nàixer [náʃə] *vi* = **néixer**
nan -a [nán] *aj mf* enano -na; *m* (*en algunes festes*) cabezudo
nansa [nánsə] *f* asa, agarradero *m*
nap [náp] *m* nabo; **entre ~s i cols** entre pitos y flautas
narcís -isa [nərsís] *aj* narciso -sa; *m bot* narciso
nariu [nəɾíw] *m* orificio nasal, nariz *f*
narració [nərəsió] *f* narración
narrador -a [nərəðó] *aj mf* narrador -ra
narrar [nərá] *vt* narrar
nas [nás] *m* [*pl: nassos*] nariz *f*; **arrufar el** ~ fruncir el ceño; **ficar el** ~ meter la nariz (las narices); **no veure-hi més enllà del** ~ no ver más allá de sus narices; **tenir** (**bon**) ~ tener (buen) olfato; **treure el** ~ dejarse caer
nasal [nəzál] *aj* nasal
nat nada [nát] *aj* nato -ta
nata [nátə] *f* nata; (*bufetada*) galleta, guantazo *m*, torta
natació [nətəsió] *f* natación
natalici [nətəlísi] *m* cumpleaños
natalitat [nətəlitát] *f* natalidad
natiu -iva [nətíw] *aj* nativo -va; *aj mf* = **nadiu**
natja [nádʒə] *f* nalga
natura [nətúɾə] *f* naturaleza; **contra** ~ contra natura, contra la naturaleza; ~ **morta** *art* bodegón; **per** ~ por naturaleza
natural [nətuɾál] *aj m* natural

naturalesa [nəturəlɛ́zə] *f* = **natura**
naturalitat [nəturəlitát] *f* naturalidad
naturalment [nəturàlmén] *av* naturalmente, por supuesto, desde luego
nau [náw] *f mar arq* nave
nàufrag -a [náwfrək] *aj mf* náufrago -ga
naufragar [nəwfrəɣá] *vi* naufragar
naufragi [nəwfráʒi] *m* naufragio
nàusea [náwzeə] *f* [*generalment en pl*] náusea
nauseabund -a [nəwzeəβún] *aj* nauseabundo -da
nàutic -a [náwtik] *aj* náutico -ca
naval [nəβál] *aj* naval
navalla [nəβáʎə] *f* navaja; *zoo* navaja
navegable [nəβəɣábblə] *aj* navegable
navegació [nəβəɣəsió] *f* navegación
navegant [nəβəɣán] *aj mf* navegante
navegar [nəβəɣá] *vi* navegar
navili [nəβíli] *m* navío
nebot -oda [nəβót] *mf* sobrino -na
nebulós -osa [nəβulós] *aj f* nebuloso -sa
necessari -ària [nəsəsári] *aj* necesario -ria, preciso -sa
necesser [nəsəsé] *m* neceser
necessitar [nəsəsitá] *vt* necesitar
necessitat [nəsəsitát] *f* necesidad. *No té ~ de treballar*, no tiene necesidad de trabajar. *Robava per ~*, robaba por necesidad; *pl* necesidades *pl*. *Fer les seves ~s*, hacer sus necesidades
necessitat -ada [nəsəsitát] *aj mf* necesitado -da, menesteroso -sa
neci nècia [nɛ́si] *aj mf* necio -a
necrologia [nəkruluʒíə] *f* necrología
necròpoli [nəkrɔ́puli] *f* necrópolis
nèctar [nɛ́ktər] *m* néctar
nedador [nəðəðó] *aj mf* nadador -ra
nedar [nəðá] *vi* nadar
nefast -a [nəfást] *aj* nefasto -ta, aciago -ga
negació [nəɣəsió] *f* negación
negar [nəɣá] *vt* negar. *~ l'existència de Déu*, negar la existencia de Dios; (*denegar*) negar, denegar; (*renegar*) negar; *vp* (*no consentir*) negarse. *S'ha negat a signar*, se ha negado a firmar; (*enaiguar-se*) anegarse. *S'han negat els camps*, se han anegado los campos; (*ofegar-se*) ahogarse. *Es va ~ mentre es banyava*, se ahogó mientras se bañaba; (*una salsa*) cortarse
negatiu -iva [nəɣətíw] *aj* negativo -va; *m fot* negativo; *f* (*resposta negativa*) negativa; **en cas de negativa** en caso negativo
negligent [nəɣliʒén] *aj mf* negligente
negoci [nəɣɔ́si] *m* negocio; (*guany*) ganancia
negociant [nəɣusián] *mf* negociante
negre -a [nɛ́ɣrə] *aj* negro -gra. *Ulls ~s*, ojos negros. *Cervesa negra*, cerveza negra; (*vi*) tinto;

mf negro -gra; *m* (*color*) negre; *f* *mús* negra
negror [nəɣró] *f* negrura
negrós -osa [nəɣrós] *aj* negruzco -ca
neguit [nəɣít] *m* ansiedad *f*, ansia *f*, inquietud *f*
neguitejar [nəɣitəʒá] *vtp* inquietar(se), desasosegar(se), poner(se) nervioso
neguitós -osa [nəɣitós] *aj* inquieto -ta, ansioso -sa, nervioso -sa
néixer [néʃə] *vi* nacer; (*els astres, el dia*) salir, nacer; (*una font, un riu*) nacer, brotar; (*una planta*) nacer, brotar
nen -a [nɛ́n] *mf* niño -ña; *fm* nene -na
nenúfar [nənúfər] *m bot* nenúfar
nervi [nɛ́rbi] *m* nervio
nerviós -osa [nərbiós] *aj* nervioso -sa
nespla [néspla] *f* = **nespra**
nespra [néspɾə] *f* níspero *m*
nesprer [nəspɾé] *m bot* níspero
net -a [nɛ́t] *aj* limpio -pia; (*clar, definit*) neto -ta. *El perfil ~ de les muntanyes*, el perfil neto de las montañas; *ecn* neto -ta; *av* limpio. *No facis trampes i juga ~*, no hagas trampas y juega limpio; **fer ~** terminar con
nét -a [nét] *mf* nieto -ta
netedat [nətəðát] *f* limpieza, aseo *m*
neteja [nətɛ́ʒə] *f* limpieza
netejar [nətəʒá] *vt* limpiar
neu [néw] *f* nieve
neula [néwlə] *aj mf* parado -da, pasmarote, atontado -da; *f gst* barquillo *m*
neutral [nəwtɾál] *aj* neutral
neutre -a [nɛ́wtɾə] *aj* neutro -tra
nevada [nəβáðə] *f* nevada
nevar [nəβá] *vi* nevar
nevat -ada [nəβát] *aj* nevado -da
nevera [nəβéɾə] *f* nevera, frigorífico *m*
nexe [nɛ́ksə] *m* nexo
niar [niá] *vi* anidar
niló [niló] *m* nailon, nilón
nimfa [nímfə] *f* ninfa
nina [nín] *f* (*joguina*) muñeca; (*pupil·la*) niña [del ojo]
nineta [ninɛ́tə] *f ana* niña, niña de los ojos, pupila; **ésser la ~ dels ulls** ser la niña de los ojos
ningú [niŋgú] *pr* nadie. *No ha vingut ~*, no ha venido nadie; [*en frases interrogatives*] alguien. *Hi ha ningú que vulgui venir?*, ¿hay alguien que quiera venir?; **ésser un ~** ser un don nadie
nino [nínu] *m* muñeco
ninot [ninɔ́t] *m* (*joguina*) muñeco, monigote, pelele; *fg* (*persona manipulable*) pelele, títere, muñeco
nínxol [níɲʃul] *m* nicho
nissaga [nisáɣə] *f* estirpe, alcurnia, linaje *m*
nit [nít] *f* noche; **bona ~!** ¡buenas noches!; **de ~** (**de ~s**) por la noche, de noche; **fer-se de ~** hacerse de noche, anochecer; **~ de Cap d'Any** Nochevieja; **~ de Nadal** Nochebuena
nítid -a [nítit] *aj* nítido -da
nitrogen [nitɾɔ́ʒən] *m* nitrógeno
niu [níw] *m* nido; (*de mala vida*) nido, cueva *f*; (*abundància de*

coses) montón, pila *f*; **saber-ne un ~** saber la tira, saber un rato
nivell [niβéλ] *m* nivel
no [nó] *av* no; *m* no. *Em va respondre amb un ~*, me respondió con un no
noble [nɔ́bblə] *aj mf* noble
noblesa [nubblɛ́zə] *f* nobleza
noces [nɔ́səs] *fpl* boda *sg*; **~ d'argent** bodas de plata
noció [nusió] *f* noción
nociu -iva [nusíw] *aj* nocivo -va, dañino -na
noctàmbul -a [nuktámbul] *aj mf* noctámbulo -la
nocturn -a [nuktúrn] *aj m* nocturno -na
nodriment [nuðɾimén] *m* nutrimiento
nodrir [nuðɾí] *vt* nutrir
noguera [nuɣérə] *f bot* nogal *m*
noi -a [nɔ́j] *mf* chico -ca, muchacho -cha, chaval *m*
nom [nɔ́m] *m* nombre; **de ~** de oídas; **~ de fonts** nombre de pila
nòmada [nɔ́məðə] *aj mf* nómada
nomadisme [numəðízmə] *m* nomadismo
nombre [nɔ́mbɾə] *m* número; **en gran ~** en gran número; **un bon ~** un buen número
nombrós -osa [numbɾós] *aj* numeroso -sa
nomenar [numəná] *vt* nombrar
només [numés] *av* solo, solamente, tan solo. *~ et vol conèixer*, solo quiere conocerte; **~ que** solo que
nòmina [nɔ́minə] *f* nómina
nominal [numinál] *aj* nominal
nora [nɔ́ɾə] *f* nuera, hija política
noranta [nuɾántə] *aj m* noventa
nord [nɔ́rt] *m* norte; *aj iv* norte. *La costa ~*, la costa norte
nord-americà -ana [nɔ̀rtəməɾiká] *aj mf* norteamericano -na; (*dels EUA*) estadounidense
nord-est [nɔ̀rtést] *m* nordeste, noreste
nord-oest [nɔ̀rtuést] *m* noroeste
no-res [nòɾɛ́s] *m* nada *f*
norma [nɔ́rmə] *f* norma
normal [nurmál] *aj f* normal
normalment [nurmàlmén] *av* normalmente
normatiu -iva [nurmətíw] *aj f* normativo -va
noruec -ega [nuɾuɛ́k] *aj mf* noruego -ga
nos [nus] *pr* nos. *Escolteu-~*, escuchadnos. *Voleu ajudar-~?*, ¿queréis ayudarnos?
nosa [nɔ́zə] *f* estorbo *m*, molestia; **fer ~** molestar, estorbar, embarazar
nosaltres [nuzáltɾəs] *pr* nosotros -tras
nostàlgia [nustálʒiə] *f* nostalgia, añoranza
nostre -a [nɔ́stɾə] *aj* nuestro -tra
nota [nɔ́tə] *f* nota; *pl* (*apunts*) notas, apuntes; **prendre ~** tomar nota
notable [nutábblə] *aj m* notable
notar [nutá] *vt* notar
notari -ària [nutáɾi] *mf* notario -ria
notícia [nutísiə] *f* noticia; *pl* (*a la ràdio, televisió, etc*) noticias

nou [nɔ́w] *f* nuez; ~ **del coll** nuez, bocado de Adán; ~ **moscada** *gst* nuez moscada
nou [nɔ́w] *aj m* nueve; *aj mf* noveno -na. *És la ~ de la classe*, es la novena de la clase; *mf pl iv* nueve. *Les ~ de darrere*, las nueve de atrás
nou nova [nɔ́w] *aj aj* nuevo -va; **de** ~ recién. *Casats de ~*, recién casados; (*un altre cop*) de nuevo. *Començar de ~*, empezar de nuevo
noucasat -ada [nɔ̀wkəzát] *aj mf* recién casado -da
nounat -ada [nɔ̀wnát] *aj* recién nacido -da
nouvingut -uda [nɔ̀wβiŋgút] *aj mf* recién llegado -da
novament [nɔ̀βəmén] *av* de nuevo, nuevamente
novè -ena [nuβέ] *aj mf* (*ordinal*) noveno -na, nono -na; *aj m* (*partitiu*) noveno -na; *f rlg* novena
novell -a [nuβéʎ] *aj* novel, novato -ta *fm*; **vi** ~ vino joven
novel·la [nuβέllə] *f* novela
novel·lista [nuβəllístə] *mf* novelista
novembre [nuβémbɾə] *m* noviembre
novetat [nuβətát] *f* novedad
nu nua [nú] *aj m* desnudo -da
nuar [nuá] *vt* anudar
nuca [núkə] *f* nuca
nuclear [nukleár] *aj* nuclear
nucli [núkli] *m* núcleo; ~ **antic** casco antiguo; ~ **de població** núcleo de población
nudisme [nuðízmə] *m* nudismo, desnudismo
nul nul·la [núl] *aj* nulo -la
numeració [numəɾəsió] *f* numeración
numeral [numəɾál] *aj m* numeral
numerar [numəɾá] *vt* numerar
numèric -a [numέɾik] *aj* numérico -ca
número [núməɾu] *m* número
nupcial [nupsiál] *aj* nupcial
nus [nús] *m* nudo; *ana* nudillo; **fer-se un ~ a la gola** hacerse un nudo en la garganta
nutrició [nutɾisió] *f* nutrición
nutritiu -iva [nutɾitíw] *aj* nutritivo -va
nuvi núvia [núβi] *mf* (*a punt de casar-se o noucasat*) novio -ia
núvol [núβul] *aj* nublado -da, nuboso -sa; *m* nube *f*; **estar als ~s** estar en las nubes; **posar pels ~s** poner por las nubes
nyanyo [ɲáɲu] *m* chichón
nyap [ɲáp] *m* churro, buñuelo

O

o [ɔ́] *f* [*pl: os*] (*lletra*) o
o [ɔ] *cnj* o, u. ~ *tu* ~ *jo*, o tú o yo. *Un dia ~ un altre*, un día u otro; [*entre dos números*] ó. *8 ~ 9*, 8 ó 9; *inj* = **oh**
oasi [uázi] *m* oasis
obac -aga [uβák] *aj* sombrío -a, umbrío -a; *m/f* umbría *f*
obcecar [upsəká] *vt* obcecar
obeir [uβəí] *vti* obedecer
obelisc [uβəlísk] *m* obelisco
obertura [uβəɾtúɾə] *f* apertura; *mús* obertura
obès -esa [uβέs] *aj mf* obeso -sa

objecció [ubʒəksió] *f* objeción, reparo *m*; ~ **de consciència** objeción de conciencia
objecte [ubʒéktə] *m* objeto; (*fi*) objeto, fin
objectiu -iva [ubʒəktíw] *aj* objetivo -va; *m* (*finalitat*) objetivo, objeto; *fot mil* objetivo
objector -a [ubʒəktó] *mf* ~ **de consciència** objetor -ra de conciencia
oblic -iqua [uβlík] *aj* oblicuo -cua
oblidar [uβliðá] *vtp* olvidar(se)
obligació [uβliγəsió] *f* obligación; **complir les seves obligacions** cumplir con sus obligaciones; **mancar a les seves obligacions** faltar a sus obligaciones
obligar [uβliγá] *vt* obligar
obligatori -òria [uβliγətɔ́ɾi] *aj* obligatorio -ria
oblit [uβlít] *m* olvido
oboè [uβuɛ́] *m* [*pl:* -ès] oboe
òbol [ɔ́βul] *m* óbolo
obra [ɔ́βɾə] *f* obra; *pl arq* obras; ~ **mestra** obra maestra; **per** ~ **de** por obra de, por obra y gracia de
obrellaunes [ɔβɾəʎáwnəs] *m iv* abrelatas
obrer -a [uβɾé] *aj mf* obrero -ra
obridor -a [uβɾiðó] *aj mf* abridor -ra
obrir [uβɾí] *vti* abrir
obscè -ena [upsɛ́] *aj* obsceno -na
obscur -a [upskúr] *aj* oscuro -ra
obscuritat [upskuɾitát] *f* oscuridad
obsequi [upsɛ́ki] *m* obsequio
observació [upsərbəsió] *f* observación
observador -a [upsərbəðó] *aj mf* observador -ra
observar [upsərbá] *vt* observar; (*adonar-se*) observar, advertir; (*complir*) observar, cumplir
observatori [upsərbətɔ́ɾi] *m* observatorio
obsessió [upsəsió] *f* obsesión
obsessionar [upsəsiuná] *vtp* obsesionar(se)
obstacle [upstáklə] *m* obstáculo
obstruir [upstɾuí] *vt* obstruir
obtenció [uptənsió] *f* obtención
obtenir [uptəní] *vt* obtener
obtús -usa [uptús] *aj mat* obtuso -sa; *fg* (*mancat d'agudesa*) obtuso -sa, tardo -da, torpe
obvi òbvia [ɔ́bbi] *aj* obvio -via
oca [ɔ́kə] *f zoo* oca, ganso *m*
ocàs [ukás] *m* ocaso
ocasió [ukəzió] *f* ocasión; **d'**~ de ocasión; **en** ~ **de** con ocasión de
ocasionar [ukəziuná] *vt* ocasionar
occident [uksiðén] *m* occidente
occidental [uksiðəntál] *aj mf* occidental
occipital [uksipitál] *aj m* occipital
occità -ana [uksitá] *aj m* occitano -na
oceà [useá] *m* océano
ocell [uséʎ] *m* pájaro; *pl* (*classe*) aves *f*; ~ **de mal averany** pájaro de mal agüero, gafe; ~ **de presa** ave de presa
ocellaire [usəʎájɾə] *mf* pajarero -ra
oci [ɔ́si] *m* ocio
ocórrer [ukórə] *vi* (*esdevenir*) ocurrir, suceder; (*venir al pensament*) ocurrirse *vp*
ocre [ɔ́kɾə] *aj m* ocre

octàedre [uktáeðɾə] *m* octaedro
octàgon [uktáɣun] *m* octágono, octógono
octògon [uktɔ́ɣun] *m* = **octàgon**
octubre [uktúβɾə] *m* octubre
ocular [ukulár] *aj m* ocular
oculista [ukulístə] *mf* oculista
ocult -a [ukúl] *aj* oculto -ta
ocupació [ukupəsió] *f* ocupación
ocupar [ukupá] *vt* ocupar; (*un càrrec*) ocupar, desempeñar; (*el temps*) ocupar, emplear; *vp* (*tenir cura de*) ocuparse, cuidarse
ocurrència [ukurɛ́nsiə] *f* ocurrencia
odi [ɔ́ði] *m* odio
odiar [uðiá] *vt* odiar
oest [uést] *aj m* oeste
ofec [ufék] *m* ahogo
ofegar [ufəɣá] *vt* (*asfixiar*) ahogar; (*apagar*) ahogar, apagar; *gst* rehogar; *fg* sofocar, reprimir; *vp* ahogarse, asfixiarse; (*a l'aigua*) ahogarse, anegarse
ofendre [ufɛ́ndɾə] *vt* ofender
ofensa [ufɛ́nsə] *f* ofensa
ofensiu -iva [ufənsíw] *aj f* ofensivo -va
oferir [ufəɾí] *vt* ofrecer; *fg* (*presentar*) ofrecer, presentar; (*brindar*) ofrecer, brindar; *vp* ofrecerse
oferta [ufɛ́ɾtə] *f* oferta
ofici [ufísi] *m* oficio
oficial [ufisiál] *aj* oficial; *mf* oficial -la; *m mil* oficial
oficina [ufisínə] *f* oficina
oficinista [ufisinístə] *mf* oficinista
ofrena [ufɾɛ́nə] *f* ofrenda
ogre ogressa [ɔ́ɣɾə] *mf* ogro
oh [ɔ́] *inj* ¡oh!
oi [ɔ́j] *inj* [*demanant confirmació*] ¿verdad?, ¿no?; [*exclamació de sorpresa*] ¡hombre!, ¡vaya!; *m* [*generalmen en pl*] náusea *f*
oïda [uíðə] *f* oído *m*; **dur d'~** duro de oído
oient [ujén] *aj mf* oyente
oir [uí] *vt* oír
olfacte [ulfáktə] *m* olfato
oli [ɔ́li] *m* aceite; *art rlg* óleo
òliba [ɔ́liβə] *f zoo* lechuza
olimpíada [ulimpíəðə] *f* olimpiada, olimpíada
oliva [ulíβə] *f* aceituna, oliva
olivera [uliβéɾə] *f agr bot* olivo *m*, aceituno *m*
olla [ɔ́ʎə] *f* olla, puchero *m*; **~ de pressió** olla a presión
olor [uló] *f* olor *m*; **fer bona (mala)** ~ oler bien (mal); **fer ~ de** oler a
olorar [uluɾá] *vt* oler
olorós -osa [uluɾós] *aj* oloroso -sa
om [óm] *m bot* olmo
ombra [ómbɾə] *f* sombra; (*absència de claror*) sombras *pl*, oscuridad. *L'~ de la nit*, las sombras de la noche; **fer ~** hacer sombra; **ombres xineses** sombras chinescas
ombrejar [umbɾəʒá] *vt* sombrear
ombrel·la [umbɾɛ́llə] *f* sombrilla
ombrívol [umbɾíβul] *aj* umbrío -a, sombrío -a, umbroso -sa
ometre [umɛ́tɾə] *vt* omitir
omís -isa [umís] *aj* omiso -sa; **fer cas ~** hacer caso omiso
òmnibus [ɔ́mniβus] *m* ómnibus
omnívor -a [umníβur] *aj* omnívoro -ra

omòplat [umɔ́plət] *m* omoplato, paletilla *f*
omplir [umplí] *vt* llenar; (*satisfer*) llenar, colmar; (*un imprès, un escrit*) rellenar, cumplimentar
on [ón] *av* donde; [*interrogatiu*] dónde, adónde; **ves per ~!** ¡mira por dónde!
ona [ónə] *f* (*de l'aigua*) ola; *fís* onda
onada [unáðə] *f* ola; *fg* (*moviment de coses, gent*) ola, oleada; **~ de calor, de fred** ola de calor, de frío
onatge [unádʒə] *m* oleaje
oncle [óŋklə] *m* tío; **~ valencià** tío segundo
onda [óndə] *f* onda
ondulació [unduləsió] *f* ondulación
ondular [undulá] *vi* ondular, ondear; *vt* (*els cabells*) ondular, rizar
onze [ónzə] *aj m* once. *Un noi d'~ anys*, un chico de once años. *aj m f* undécimo -ma, onceavo -va; *m f pl iv* once. *Els ~ primers*, los once primeros; **les ~** (*hora*) las once
opac -a [upák] *aj* opaco -ca
opció [upsió] *f* opción
òpera [ɔ́pərə] *f* ópera
operació [upərəsió] *f* operación
operador -a [upərəðó] *aj mf* operador -ra
operar [upərá] *vt* operar
opi [ɔ́pi] *m* opio
opinar [upiná] *vti* opinar
opinió [upinió] *f* opinión
opípar -a [upípər] *aj* opíparo -ra
oportú -una [upurtú] *aj* oportuno -na
oportunitat [upurtunitát] *f* oportunidad
oposar [upuzá] *vt* oponer
oposició [upuzisió] *f* oposición
opressió [uprəsió] *f* opresión
oprimir [uprimí] *vt* oprimir
optar [uptá] *vi* optar
òptic -a [ɔ́ptik] *aj mf* óptico -ca; *f fís* óptica
òptim -a [ɔ́ptim] *aj* óptimo -ma
optimista [uptimístə] *aj mf* optimista
or [ɔ́r] *m* oro
oració [urəsió] *f* oración
orada [uráðə] *f zoo* dorada
oral [urál] *aj* oral
orangutan [urəŋgután] *m zoo* orangután
oratge [urádʒə] *m* (*vent*) viento; (*temps*) tiempo
orb -a [ɔ́rp] *aj* ciego -ga
òrbita [ɔ́rbitə] *f* órbita
orde [órdə] *m rlg* orden *f*; **~ militar** orden militar
ordenació [urdənəsió] *f* ordenación, ordenamiento *m*; *rlg* ordenación
ordenar [urdəná] *vt* (*endreçar*) ordenar. *Cal ~ aquests papers*, hay que ordenar estos papeles; (*manar*) ordenar, mandar; *rlg* ordenar. *~ de sacerdot*, ordenar sacerdote
ordi [ɔ́rdi] *m* cebada *f*
ordinador [urdinəðó] *m* ordenador
ordinal [urdinál] *aj m* ordinal
ordinari -ària [urdinári] *aj* (*corrent*) ordinario -ria; (*groller*) ordinario -ria, vulgar; *mf* ordinario *m*, recadero -ra; **d'~** de ordinario

ordre [ɔ́rdɾə] *m* orden; ~ **del dia** orden del día; ~ **públic** orden público; *f* (*manament*) orden. *Desobeir una* ~, desobedecer una orden
oreig [uɾɛ́tʃ] *m* oreo
orella [uɾɛ́ʎə] *f* oreja, oído *m*; (*bona oïda*) buen oído *m*, oído *m*; **a cau d'**~ al oído; **dur d'**~ duro de oído; **estirar les orelles** calentar las orejas, tirar de las orejas; **xiular-li les orelles** zumbarle los oídos
oreneta [uɾənɛ́tə] *f zoo* golondrina
orenga [uɾɛ́ŋgə] *f bot* orégano *m*
orfe òrfena [ɔ́rfə] *aj mf* huérfano -na
orfebre [urféβɾə] *mf* orfebre
orfeó [urfəó] *m* orfeón
òrgan [ɔ́rgən] *m* órgano
orgànic -a [urgánik] *aj* orgánico -ca
organisme [urgənízmə] *m* organismo
organització [urgənidzəsió] *f* organización
organitzador -a [urgənidzəðó] *aj mf* organizador -ra
organitzar [urgənidzá] *vt* organizar
orgue [ɔ́rgə] *m mús* órgano; **no estar per** ~**s** no estar para para monsergas, no estar el horno para bollos
orgull [urgúʎ] *m* orgullo
orgullós -osa [urguʎós] *aj* orgulloso -sa
orient [uɾién] *m* oriente
orientació [uɾiəntəsió] *f* orientación
oriental [uɾiəntál] *aj mf* oriental
orientar [uɾiəntá] *vt* orientar
orifici [uɾifísi] *m* orificio
origen [uɾíʒən] *m* origen
original [uɾiʒinál] *aj m* original
originar [uɾiʒiná] *vt* originar
orina [uɾínə] *f* orina
orinal [uɾinál] *m* orinal
orinar [uɾiná] *vtip* orinar(se)
oriünd -a [uɾiún] *aj* oriundo -da
ormeig [urmɛ́tʃ] *m* (*conjunt d'arreus*) arreos *pl*, aparejo; *mar* (*aparell*) aparejo; (*conjunt d'estris de pescar*) aperos *pl* [de pescar]
ornament [urnəmén] *m* ornamento
ornamental [urnəməntál] *aj* ornamental
oronella [uɾunéʎə] *f* (*oreneta*) golondrina; *ana* ventana, nariz
orquestra [urkéstɾə] *f* orquesta
orquídia [urkíðiə] *f bot* orquídea
ortiga [urtíɣə] *f bot* ortiga
ortografia [urtuɣɾəfíə] *f* ortografía
orxata [urʃátə] *f* horchata
os [ɔ́s] *m* [*pl: ossos*] hueso; *pl* restos mortales; **moldre els** ~**sos** hacer migas (polvo), moler *fg*
ós óssa [ós] *mf* [*pl: óssos -es*] *zoo* oso -osa; ~ **bru** oso pardo; ~ **formiguer** oso hormiguero
osca [ɔ́skə] *f* (*en un objecte*) muesca; (*en un instrument tallant*) mella, melladura; (*senyal*) muesca
oscil·lar [usillá] *vi* oscilar; (*fluctuar*) oscilar, fluctuar; *fg* oscilar, vacilar
ostatge [ustádʒə] *mf* rehén
ostentar [ustəntá] *vt* ostentar

ostra [ɔ́strə] *f* ostra; **ostres!** ¡ostras!, ¡porras!
ou [ɔ́w] *m* huevo; [*generalment en pl*] *vlg* (*testicle*) huevo; ~ **dur** huevo duro (cocido); ~ **ferrat** huevo frito (estrellado); ~ **passat per aigua** huevo pasado por agua; ~ **remenat** huevo revuelto
ovalat -ada [uβəlát] *aj* ovalado -da
ovari [uβári] *m* ovario
ovella [uβέʎə] *f* oveja; ~ **negra** *fg* oveja negra
oví -ina [uβí] *aj* ovino -na
ovni [ɔ́vni] *m* ovni
òvul [ɔ́βul] *m* óvulo
oxidar [uksiðá] *vt* oxidar
oxigen [uksíʒən] *m* oxígeno

P

pa [pá] *m* pan; ~ **de motlle** pan de molde; ~ **de pessic** bizcocho; ~ **ratllat** pan rallado; ~ **torrat** pan tostado
paciència [pəsiέnsiə] *f* paciencia
pacient [pəsién] *aj mf* paciente
pacífic -a [pəsífik] *aj* pacífico -ca
pactar [pəktá] *vi* pactar
pacte [páktə] *m* pacto
padrastre [pəðrástrə] *m* padrastro; (*repeló*) padrastro
padrí [pəðrí] *m* padrino; *mpl* (*influències*) enchufe *sg*
padrina [pəðrí] *f* madrina
paella [pəéʎə] *f* sartén; (*plat d'arròs*) paella
paga [páγə] *f* (*sou*) paga; ~ **i senyal** *com* señal, anticipo
pagà -ana [pəγá] *aj mf* pagano -na
pagament [pəγəmén] *m* pago, paga *f*
pagar [pəγá] *vt* pagar; *vp* (*vanar-se*) pagarse
pagès -esa [pəʒέs] *aj* campesino -na, rural, rústico -ca; *mf* campesino -na, labrador -ra, labriego -ga; *fg* (*home de maneres rústiques*) rústico -ca, pueblerino -na
pagesia [pəʒəzíə] *f* campesinado *m*
pàgina [páʒinə] *f* página
pagoda [pəγɔ́ðə] *f* pagoda
pair [pəí] *vt* digerir; **no poder ~** (*up*) no poder aguantar (tragar) a up
pairal [pəjrál] *aj* solariego -ga
país [pəís] *m* [*pl: -ïsos*] país
paisà -ana [pəjzá] *mf* paisano -na; *m* (*no militar*) paisano
paisatge [pəjzádʒə] *m* paisaje
pal [pál] *m* palo; *ele esp* poste; *mar* palo, mástil; ~ **de fregar** fregona
pala [pálə] *f* pala
paladar [pələðá] *m* paladar
paladejar [pələðəʒá] *vt* paladear
palanca [pəláŋkə] *f* (*alçaprem*) palanca; (*passera*) pasarela
palangana [pələŋgánə] *f* palangana, jofaina
palau [pəláw] *m* palacio
palès -esa [pəlέs] *aj* patente, manifiesto -ta; **fer ~** hacer patente
palestí -ina [pələstí] *aj mf* palestino -na
paleta [pəlέtə] *f* paleta; *mf arq* albañil *m*
palissandre [pəlisándrə] *m* palisandro

palla [páʎə] *f* paja
pallasso [pəʎásu] *m* payaso
paller [pəʎé] *m* (*munt gros de palla*) almiar; (*pallissa*) pajar
pal·liar [pəlliá] *vt* paliar
pàl·lid [pállit] *aj* pálido -da
pallissa [pəʎísə] *f agr* pajar *m*; (*sèrie de cops*) paliza, tunda
palma [pálmə] *f* palma; **endur-se'n la ~** *fg* llevarse la palma
palmell [pəlméʎ] *m* palma *f*
palmera [pəlméɾə] *f* palmera, palma
palpar [pəlpá] *vt* palpar
palpitar [pəlpitá] *vi* palpitar
palplantat -ada [pəlpləntát] *aj* plantado -da, clavado -da
pam [pám] *m* palmo; **fer ~ i pipa** hacer burla con la mano; **quedar-se amb un ~ de nas** quedarse con un palmo de narices
pamflet [pəmflɛ́t] *m* panfleto
pampallugues [pəmpəʎúɣəs] *fpl* chiribitas. *Fer ~ els ulls*, hacer chiribitas los ojos
pàmpol [pámpul] *m agr* pámpano; (*d'un llum*) pantalla *f*
pana [pánə] *f* pana, avería; *txt* pana
pancarta [pəŋkártə] *f* pancarta
pancreàtic -a [pəŋkɾeátik] *aj* pancreático -ca
pàncrees [páŋkɾeəs] *m* páncreas
pandereta [pəndəɾɛ́tə] *f* pandereta
pandero [pəndéɾu] *m* pandero; *fm* (*anques*) pandero, trasero, posaderas *fpl*
panellet [pənəʎɛ́t] *m* (*pa petit*) panecillo; *gst* bollo de mazapán, panellet *cat*
panera [pənéɾə] *f* (*del pa*) panera, cesta; **~ de Nadal** cesta de Navidad
panet [pənɛ́t] *m* panecillo
pànic [pánik] *m* pánico
panorama [pənuɾámə] *m* panorama
panotxa [pənɔ́tʃə] *f* mazorca, panocha
pansa [pánsə] *f* (*fruit*) pasa; *med* pupa, bocera
pansir [pənsí] *vtp* marchitar(se), mustiar(se), ajar(se)
pantà [pəntá] *m* pantano, embalse, ciénaga *f*
pantalla [pəntáʎə] *f* pantalla
pantalons [pəntəlóns] *mpl* pantalones
pantanós -osa [pəntənós] *aj* pantanoso -sa
panteixar [pəntəʒá] *vi* jadear, resollar
panteó [pəntəó] *m* panteón
pantera [pəntéɾə] *f zoo* pantera
panxa [páɲʃə] *f* barriga, panza; **de ~ enlaire** boca arriba; **fer ~** (*una paret*) estar abombada
panxacontent -a [pàɲʃəkuntén] *aj mf* frescales, comodón -ona
panxell [pəɲʃéʎ] *m* pantorrilla *f*
panxut -uda [pəɲʃút] *aj* panzudo -da, barrigudo -da, barrigón -ona
pany [páɲ] *m* (*d'una porta*) cerradura *f*; (*de paret*) lienzo, paño; (*tros*) trozo, pedazo; (*d'una camisa*) faldón; **amb ~ i clau** bajo siete llaves, a cal y canto; **anys i ~s**
paó -ona [pəó] *mf* pavo real
paorós -osa [pəuɾós] *aj* pavoroso -sa

pap [páp] *m* (*dels ocells*) buche; (*sotabarba*) papada; (*estómac*) buche, estómago; **buidar el ~** (*desfogar-se*) desahogarse
papa [pápə] *m fm* (*pare*) papá; *rlg* papa
papada [pəpáðə] *f* papada
papallona [pəpəλónə] *f* mariposa
paper [pəpé] *m* papel; *mpl* papeles *pl. Tenir els ~s en regla*, tener los papeles en regla: **~ assecant** papel secante; **~ de vidre** papel de lija
paperassa [pəpərásə] *f* papeleo *m*
paperera [pəpəréɾə] *f* papelera
papereria [pəpəɾəɾíə] *f* papelería
papereta [pəpərέtə] *f* papeleta
paperina [pəpərínə] *f* cucurucho *m*; *fm* (*borratxera*) cogorza
papir [pəpír] *m* papiro
paquet [pəkέt] *m* paquete; (*de tabac*) paquete, cajetilla *f*
paràbola [pəɾáβulə] *f* parábola
parabrisa [pàɾəβɾízə] *m* parabrisas
paracaigudes [pàɾəkəjγúðəs] *m iv* paracaídas
parada [pəɾáðə] *f* (*acció*) parada, detenció; (*ostentació*) alarde *m*; (*en un mercat, una fira*) puesto *m*; *mil* (*desfilada*) parada; (*d'un rec*) atajadero; *esp* (*de futbol*) parada; (*del transport públic*) parada
paradís [pəɾəðís] *m* paraíso
parador [pəɾəðó] *m* paradero. *De ~ desconegut*, de paradero desconocido; (*hotel de l'estat*) parador
paradoxa [pəɾəðɔ́ksə] *f* paradoja
parafang [pàɾəfáŋ] *m* guardabarros
paràgraf [pəɾáγɾəf] *m* párrafo
paraigua [pəɾájγwə] *m* paraguas
paràlisi [pəɾálizi] *f* parálisis
paralític -a [pəɾəlítik] *aj mf* paralítico -ca
paralitzar [pəɾəlidzá] *vt* paralizar
parallamps [pàɾəλáms] *m* pararrayos
paral·lel -a [pəɾəllέl] *aj* paralelo -la; *pl esp* (*barres*) paralelas; *f* (*recta*) paralela; *m ast geo* paralelo
parany [pəɾáɲ] *m* trampa *f*
paraplegia [pəɾəpləʒíə] *f* paraplejia
parar [pəɾá] *vt* (*tomar*) aguantar, soportar; (*la mà*) poner, extender; (*aturar*) parar, detener; (*disposar*) poner. *~ la taula*, poner la mesa; *fg* aguzar, afinar. *~ orelles*, aguzar el oído; *vi* (*aturar-se*) parar; (*cessar*) parar; **anar a ~ a** ir a parar a
paràsit -a [pəɾázit] *aj m* parásito -ta
para-sol [pàɾəsɔ́l] *m* sombrilla *f*, parasol
parat -ada [pəɾát] *aj* (*curt de gambals*) parado -da; *fm* (*sorprès*) parado -da, pasmado -da
paratge [pəɾádʒə] *m* paraje
paraula [pəɾáwlə] *f* palabra; **~ d'honor** palabra de honor; **tenir ~** tener palabra
paraulota [pəɾəwlɔ́tə] *f* palabrota
paravent [pàɾəβén] *m* (*finestró*) postigo, contraventana *f*; (*moble*) biombo
para-xocs [pàɾəʃɔ́ks] *m* parachoques

parc [párk] *m* parque
parc -a [párk] *aj* (*sobri*) parco -ca
parcel·la [pərsɛ́llə] *f* parcela
parcial [pərsiál] *aj* parcial
pardal [pərdál] *m zoo* gorrión; **matar dos ~s d'un tret** *fg* matar dos pájaros de un tiro; **tenir molts ~s al cap** *fg* tener la cabeza llena de pájaros
pare [párə] *m* padre; *mpl* (*pare i mare*) padres; **el sant ~** *rlg* el Santo Padre
parèixer [pərɛ́ʃə] *vi* parecer
parell -a [pərɛ́λ] *aj* (*semblant*) par, parejo -ja; (*nombre*) par; *m* par. *Un ~ de mitjons*, un par de calcetines; *f* pareja
parent -a [pərén] *mf* pariente -ta
parèntesi [pərɛ́ntəzi] *m* paréntesis
parer [pərɛ́] *m* parecer; **ésser del ~ que** ser del parecer que
paret [pərɛ́t] *f* pared; **~ mestra** pared maestra
parietal [pəriətál] *aj m* parietal
parir [pərí] *vt* parir
parla [párlə] *f* habla
parlament [pərləmén] *m* (*discurs*) parlamento, discurso; (*assemblea*) parlamento
parlamentari -ària [pərləməntári] *aj mf* parlamentario -ria
parlar [pərlá] *m* habla *f*
parlar [pərlá] *vi* hablar. *El nen encara no parla*, el niño todavía no habla; **ni ~-ne** de eso ni hablar; **ves qui parla!** ¡mira quién fue a hablar!; *vt* parlar. *Parlo francès*, hablo francés; *vp* hablarse. *No es parlen*, no se hablan
paròdia [pərɔ́ðiə] *f* parodia
parpella [pərpéλə] *f* párpado *m*
parpellejar [pərpəλəʒá] *vi* parpadear
pàrquing [párkiŋ] *m* aparcamiento, parking
parra [párə] *f* parra
parrac [pərák] *m* harapo, jirón, guiñapo
parricidi [pərisíði] *m* parricidio
parròquia [pərɔ́kiə] *f* parroquia
parsimònia [pərsimɔ́niə] *f* parsimonia
part [párt] *m* parto; **anar de ~** estar de parto
part [párt] *f* parte; **a ~** aparte; **d'altra ~** por otra parte
partició [pərtisió] *f* partición
participació [pərtisipəsió] *f* participación
participar [pərtisipá] *vi* (*prendre part*) participar; *vt* (*donar notícia*) participar. *Ens ha participat el seu casament*, nos ha participado su boda
participi [pərtisípi] *m* participio
partícula [pərtíkulə] *f* partícula
particular [pərtikulár] *aj m* particular; **en ~** en particular
particularitat [pərtikulərítát] *f* particularidad
partida [pərtíðə] *f* partida
partidari -ària [pərtiðári] *aj mf* partidario -ria
partir [pərtí] *vt* (*dividir, trencar*) partir; *vi* (*anar-se'n*) partir; **a ~ de** a partir de; *vp fg* (*de riure*) partirse, troncharse
partit -ida [pərtít] *aj m* partido -da; **prendre ~ per** tomar

partido por; **treure** ~ sacar partido
partitura [pərtitúɾə] *f* partitura
parvulari [pərbuláɾi] *m* parvulario
parxís [pərʃís] *m* parchís
pas [pás] *m* [*pl: -assos*] paso; **anar al** ~ llevar el paso; **de** ~ de paso; ~ **de vianants** paso de peatones
pas [pás] *av* pero si no... *No és ~ veritat!*, ¡pero si no es verdad!; ¿no...? *No tens ~ una moneda de 100?*, ¿no tendrás una moneda de 100?; **que no** ~ que. *En tinc més que no ~ tu*, tengo más que tu
pasqua [páskwə] *f* [*en majúscula*] Pascua; **content com unes pasqües** más contento que unas pascuas
passa [pásə] *f* paso *m*; *med* contagio *m*, epidemia; **a quatre passes** a dos pasos, a la vuelta de la esquina
passada [pəsáðə] *f* (*passa llarga*) zancacada; (*acció*) pasada; (*de pintura*) pasada; **de** ~ de pasada, de paso; **mala** ~ mala jugada, jugarreta, faena
passadís [pəsəðís] *m* pasadizo; (*corredor*) pasillo
passaport [pàsəpɔ́rt] *m* pasaporte
passar [pəsá] *vi* pasar. ~ *pel carrer*, pasar por la calle. *Quina idea et va ~ pel cap?*, ¿qué idea pasó por tu cabeza?. ~ *de pares a* fills, pasar de padres a hijos; (*estar-se*) pasar. *Hauràs de ~ sense* cotxe, tendrás que pasar sin coche; *vt* pasar. ~ *un riu*, pasar un río. ~ *un líquid pel colador*, pasar un líquido por el colador; *fg* ~ *un examen, una malaltia*, pasar un examen, una enfermedad; *vp* (*podrir-se*) pasarse. ~*-se a l'enemic*, pasarse al enemigo. *L'arròs es passa*, el arroz se pasa
passarel·la [pəsaɾɛ́llə] *f* pasarela
passat -ada [pəsát] *aj m* pasado -da
passatemps [pàsətɛ́ms] *m* pasatiempo
passatge [pəsádʒə] *m* pasaje
passatger -a [pəsədʒé] *aj mf* pasajero -ra
passeig [pəsɛ́tʃ] *m* paseo; **engegar a** ~ mandar a paseo (a freír espárragos)
passejar [pəsəʒá] *vi* pasear; *vp fg* (*burlar-se d'up*) tomar el pelo, pitorrearse
passi [pási] *m* pase
passió [pəsió] *f* pasión
passiu -iva [pəsíw] *aj m* pasivo -va
pasta [pástə] *f* pasta. ~ *blanca per enganxar*, pasta blanca para pegar. ~ *alimentosa*, pasta alimenticia; *fm* (*diners*) pasta; ~ **fullada (de full)** hojaldre; ~ **seca (de te)** pasta de té
pastanaga [pəstənáɣə] *f* zanahoria
pastar [pəstá] *vt* amasar
pastera [pəstéɾə] *f* artesa, amasadera
pastilla [pəstíʎə] *f* pastilla
pastís [pəstís] *m* [*pl: -issos*] pastel, tarta *f*
pastisser -a [pəstisé] *mf* pastelero -ra
pastisseria [pəstisəɾíə] *f* pastelería

pastor -a [pəstó] *mf* pastor -a; *m rlg* pastor
pastoral [pəsturál] *aj* pastoral, pastoril; *f mús rlg* pastoral
pastós -osa [pəstós] *aj* pastoso -sa
pastura [pəstúrə] *f* pasto *m*; **ésser ~ de** ser pasto de
pasturar [pəsturá] *vi* pacer, pastar; *vt* (*portar a pasturar*) apacentar
pasturatge [pəsturádʒə] *m* pasto
patacada [pətəkáðə] *f* porrazo *m*, trastazo *m*, tortazo *m*
patata [pətátə] *f* patata; *aj mf* chapucero -ra
patatera [pətətérə] *f* patata
paté [pəté] *m* [*pl: -és*] paté
patern -a [pətérn] *aj* paterno -na
patètic -a [pətétik] *aj* patético -ca
patge [pádʒə] *m* paje
patí [pətí] *m* patín
pati [páti] *m* patio
patilla [pətíʎə] *f* patilla
patinar [pətiná] *vi* patinar
patinatge [pətinádʒə] *m* patinaje
patinet [pətinét] *m* patinete
patir [pətí] *vt* padecer. *~ set, privacions*, padecer sed, privaciones; *ab Ha mort sense ~*, ha muerto sin padecer; *vi* padecer. *Pateix de mal d'estómac*, padece dolor de estómago; *fg ~ de gelosia*, sufrir de celos
pàtria [pátriə] *f* patria
patriarca [pətriárkə] *m* patriarca
patrimoni [pətrimɔ́ni] *m* patrimonio
patró -ona [pətró] *mf* patrono -na, jefe -fa; (*d'una dispesa*) patrono -na; *rlg* patrón -ona, patrono -na; *m mar* patrón; (*model*) patrón
patrocinador [pətrcó] *aj mf* patrocinador -ra
patrulla [pətrúʎə] *f* patrulla
patum [pətúm] *f* (*a les processons*) tarasca; *fg* vaca sagrada
patxoca [pətʃɔ́kə] *f* (*aspecte físic*) buena planta; (*d'una noia*) garbo *m*, gracia; (*elegància*) buena presencia; **fer ~** (*up*) tener buena planta (buen tipo); (*uc*) tener buena pinta
pau [páw] *f* paz; **estar en ~s** estar en paz; **fer les ~s** hacer las paces
pausa [páwzə] *f* pausa
pauta [páwtə] *f* pauta
pavelló [pəβəʎó] *m* pabellón; *mar* pabellón, bandera *f*
paviment [pəβimén] *m* pavimento
pavimentar [pəβiməntá] *vt* pavimentar
peanya [peáɲə] *f* peana
peatge [peádʒə] *m* peaje
pebre [péβrə] *m* pimienta *f*; **~ vermell** *bot* pimentón
pebrot [pəβrɔ́t] *m* (*fruit*) pimiento; *pl vlg* (*collons*) huevos, cojones
peça [pésə] *f* pieza; (*de vestir*) prenda; *mús tea* pieza; **ésser una (bona) mala ~** ser una buena pieza (un mal bicho)
pecar [pəká] *vi* pecar
pecat [pəkát] *m* pecado
pectoral [pəkturál] *aj m* pectoral
peculiar [pəkuliár] *aj* peculiar
pecuniari -ària [pəkuniári] *aj* pecuniario -ria

pedaç [pəðás] *m* remiendo, parche
pedal [pəðál] *m* pedal
pedalar [pəðəlá] *vi* = **pedalejar**
pedalejar [pəðələʒá] *vi* pedalear
pedant [pəðán] *aj mf* pedante
pedestal [pəðəstál] *m* pedestal
pediatre -a [pəðiátɾə] *mf* pediatra
pedicura [pəðikúɾə] *f* pedicura
pedra [péðɾə] *f* piedra; (*calamarsa gruixuda*) granizo *m*; *med* (*càlcul*) piedra, cálculo *m*; **deixar de ~** *fg fm* dejar de piedra (pasmado); **~ foguera** piedra de chispa; **~ preciosa** piedra preciosa; **~ tosca** piedra pómez
pedregada [pəðɾəɣáðə] *f* pedrisco *m*, granizada
pedregar [pəðɾəɣá] *m* pedregal, pedriza *f*
pedregar [pəðɾəɣá] *vi* (*caure pedra*) granizar
pedregós -osa [pəðɾəɣós] *aj* pedregoso -sa
pedrera [pəðɾéɾə] *f min* cantera
pedreria [pəðɾəɾíə] *f* pedrería
pedrís [pəðɾís] *m* [*pl: -issos*] poyo, banco de piedra
pega [péɣə] *f* pez; *fg* (*mala sort*) la negra, mala suerte, mala pata; **estar de ~** tener la negra; **~ dolça** regaliz
pegar [pəɣá] *vi* pegar, dar. *Vaig ~ de cap contra la paret*, di de cabeza contra la pared; *vt* (*un cop*) pegar; (*un bot, un sotrac*) pegar, dar
peix [péʃ] *m zoo* pez; *gst* (*vianda*) pescado; [*en majúscula*] *pl ast* Piscis; **no ésser ni carn ni ~** no ser ni carne ni pescado, no ser ni chicha ni limonada; **~ espasa** pez espada; **~ gros** *fg* pez gordo
peixateria [pəʃətəɾíə] *f* pescadería
péixer [péʃə] *vt* (*up, un animal*) alimentar, dar de comer; *vi* (*pasturar*) pastar, pacer
peixera [pəʃéɾə] *f* pecera
pejoratiu -iva [pəʒuɾətíw] *aj* peyorativo -va
pel [pəl] *prp* [*contracció*] = **per**
pèl [pɛ́l] *m* pelo; (*pelatge*) pelo, pelaje; (*borrissol*) pelo, pelusa *f*; (*quantitat petitíssima*) pelo, brizna *f*, pizca *f*; **amb ~s i senyals** *fg fm* con pelos y señales; **no tenir ~s a la llengua** no tener pelos en la lengua, no morderse la lengua
pela [pɛ́lə] *f* (*de fruites, tubercles*) monda, mondadura; *fg fm* (*pesseta*) pela
pelacanyes [pɛ̀ləkáɲəs] *m* pelagatos, pelanas
pelada [pəláðə] *f* rasguño *m*, rozadura
pelar [pəlá] *vt* (*els cabells*) pelar; (*treure la pell*) pelar, mondar; *fg fm* (*matar*) liquidar; *vp* (*caure la pell*) pelarse; (*de fred*) helarse
pelatge [pəládʒə] *m* pelaje
pelegrí -ina [pələɣɾí] *mf* peregrino -na
pelfa [pɛ́lfə] *f* felpa
pell [péʎ] *f* piel; (*vida*) piel, pellejo; **deixar-hi la ~** dejarse la piel en; **~ de gallina** carne de gallina; **tenir la ~ dura** tener las espaldas muy anchas
pelleteria [pəʎətəɾíə] *f* peletería
pel·lícula [pəllikulə] *f* película

pellofa [pəʎɔ́fə] *f* (*pela*) piel
peluix [pəlúʃ] *m* peluche
pelut -uda [pəlút] *aj* peludo -da, velludo -da; *fg* peliagudo -da
pelvis [pɛ́lβis] *f* pelvis
pena [pɛ́nə] *f* pena; **a penes** apenas, apenas si; **fer** ~ dar pena; ~ **de mort** pena de muerte; **valer (pagar) la** ~ valer la pena
pencar [pəŋká] *vi* (*treballar molt*) currar *fm*
pendent [pəndén] *aj* pendiente; *m* pendiente *f*, bajada *f*
pendís [pəndís] *m* [*pl: -issos*] pendiente *f*, bajada *f*
pèndol [pɛ́ndul] *m* péndulo
penedir-se [pənəðírsə] *vp* arrepentirse
penell [pənéʎ] *m* veleta *f*
penelló [pənəʎó] *m* sabañón
penetració [pənətɾəsió] *f* penetración
penetrar [pənətɾá] *vt* penetrar
península [pənínsulə] *f* península
peninsular [pəninsulár] *aj* peninsular
penis [pɛ́nis] *m* pene
penitència [pənitɛ́nsiə] *f* penitencia
penjador [pəɲʒəðó] *m* (*dispositiu*) percha *f*, colgador; (*moble*) perchero
penjar [pəɲʒá] *vt* (*un quadre, la roba*) colgar; (*un home*) colgar, ahorcar; *fg* (*imputar*) colgar, endilgar. *Li pengen totes les malifetes*, le cuelgan todas las travesuras; (*en un examen*) colgar, catear; (*els hàbits*) colgar; *vi* colgar, pender. *Els fruits que pengen de l'arbre*, los frutos que cuelgan del árbol; *fg* estar pendiente, pender; **no pengeu** (*al telèfon*) no cuelgue
penjoll [pəɲʒɔ́ʎ] *m* (*ramell*) racimo; (*joia*) colgante, dije
penombra [pənómbɾə] *f* penumbra
penós -osa [pənós] *aj* penoso -sa
pensa [pɛ́nsə] *f* pensamiento *m*
pensament [pənsəmén] *m* pensamiento; **fer un** ~ decidirse, tomar una decisión
pensar [pənsá] *vti* pensar; *vp* (*creure, opinar*) pensar, creer; **ni ~-hi** ni pensarlo, ni hablar; **~-s'hi** pensárselo
pensatiu -iva [pənsətíw] *aj* pensativo -va
pensió [pənsió] *f* pensión
pentàgon [pəntáɣun] *m* pentágono
pentagrama [pəntəɣɾámə] *m* pentagrama
pentinar [pəntiná] *vt* peinar
pentinat [pəntinát] *m* peinado
penúltim -a [pənúltim] *aj* penúltimo -ma
penya [pɛ́ɲə] *f* peña
penyal [pəɲál] *m* peñasco, peñón
penya-segat [pɛ̀ɲəsəɣát] *m* acantilado
penyora [pəɲóɾə] *f* prenda
peó [peó] *m arq* peón, peón de albañil; (*dames, escacs*) peón
per [pər] *prp* por. *Guanya tant* ~ *setmana*, gana tanto por semana; para. *És molt alt* ~ *l'edat que té*, es muy alto para la edad que tiene; (*en els noms del mesos*) en. *Pel maig*, en mayo; [*davant d'infinitiu, indicant finalitat*] para. *Treballa* ~

guanyar-se la vida, trabaja para ganarse la vida; [*indicant una acció a realitzar*] por. *Pis ~ llogar*, piso por alquilar; [*introdueix agent de passiva*] por *Va ser alliberat ~ la policia*, fue liberado por la policía; ~ **a** (*destinació, objecte, finalitat*) para; ~ **tal que** para que, a fin de que
pera [pέɾə] *f* (*fruit*) pera; (*barba*) pera, perilla; (*interruptor*) pera
percebre [pəɾsέβɾə] *vt* percibir
percentatge [pəɾsəntádʒə] *m* porcentaje
percepció [pəɾsəpsió] *f* percepción
percussió [pəɾkusió] *f* percusión
perdició [pəɾdisió] *f* perdición
perdigó [pəɾdiγó] *m* perdigón
perdiu [pəɾdíw] *f zoo* perdiz; (*freixura*) bofe *m*, asadura
perdó [pəɾdó] *m* perdón
perdonar [pəɾduná] *vt* perdonar
perdre [pέɾdɾə] *vt* perder
pèrdua [pέɾduə] *f* pérdida; **no tenir** ~ no tener pérdida
perdurar [pəɾduɾá] *vi* perdurar
peregrí -ina [pəɾəγɾí] *aj* peregrino -na
peregrinar [pəɾəγɾiná] *vi* peregrinar
peremptori -òria [pəɾəmtɔ́ɾi] *aj* perentorio -ria
perenne [pəɾέnnə] *aj* perenne
perera [pəɾéɾə] *f bot* peral *m*
peresa [pəɾέzə] *f* pereza
perfeccionar [pəɾfəksiuná] *vt* perfeccionar
perfecte -a [pəɾféktə] *aj* perfecto -ta
perfet -a [pəɾfét] *aj* perfecto -ta
perfil [pəɾfíl] *m* perfil
perforació [pəɾfuɾəsió] *f* perforación
perforar [pəɾfuɾá] *vt* perforar
perfum [pəɾfúm] *m* perfume
perfumar [pəɾfumá] *vt* perfumar
perfumeria [pəɾfuməɾíə] *f* perfumería
pergamí [pəɾgəmí] *m* pergamino
perifèria [pəɾifέɾiə] *f* periferia
perill [pəɾíʎ] *m* peligro; **córrer (tenir) el ~ de** correr el peligro de
perillós -osa [pəɾiʎós] *aj* peligroso -sa
perímetre [pəɾímətɾə] *m* perímetro
període [pəɾíuðə] *m* período, periodo; (*menstruació*) regla
periòdic -a [pəɾiɔ́ðik] *aj m* periódico -ca
periodista [pəɾiuðístə] *mf* periodista
peripècia [pəɾipέsiə] *f* peripecia
periscopi [pəɾiskɔ́pi] *m* periscopio
pèrit -a [pəɾít] *aj* (*expert*) perito -ta, experto -ta; *mf* (*agrícola, industrial*) perito -ta
perjudicar [pəɾʒuðiká] *vt* perjudicar
perjudici [pəɾʒuðísi] *m* perjuicio
perjudicial [pəɾʒuðisiál] *aj* perjudicial
perla [pέɾlə] *f* perla; (*boleta per a vestits, collars, etc*) cuenta
perllongar [pəɾʎuŋgá] *vt* prolongar, alargar
permanent [pəɾmənén] *aj f* permanente
permeable [pəɾmeábblə] *aj* permeable

permetre [pərmétrə] *vt* permitir
permís [pərmís] *m* permiso
perniciós -osa [pərnisiós] *aj* pernicioso -sa
pernil [pərníl] *m* jamón; ~ **dolç (de York)** jamón en dulce (de York)
pernoctar [pərnuktá] *vi* pernoctar
però [pərɔ́] *cnj* pero; *m* (*objecció, dificultat*) pero; **posar ~s** poner peros
peroné [pəruné] *m* [*pl: -és*] peroné
perpendicular [pərpəndikulár] *aj f* perpendicular
perpetrar [pərpətrá] *vt* perpetrar
perpetu -ètua [pərpétu] *aj* perpetuo -tua
perpetuïtat [pərpətuitát] *f* perpetuidad
perplex -a [pərpléks] *aj* perplejo -ja
perquè [pərké] *cnj* [*causal*] *cnj* porque; [*final*] para que; *m* (*raó*) porqué, causa *f*
perruca [pərúkə] *f* peluca
perruquer -a [pərukér] *mf* peluquero -ra
perruqueria [pərukəríə] *f* peluquería
persecució [pərsəkusió] *f* persecución
perseguir [pərsəγí] *vt* perseguir
persiana [pərsiánə] *f* persiana
persistir [pərsistí] *vi* persistir
persona [pərsónə] *f* persona; **en ~** en persona
personal [pərsunál] *aj m* personal
personalitat [pərsunəlitát] *f* personalidad
personatge [pərsunádʒə] *m* personaje
perspicaç [pərspikás] *aj* perspicaz
persuadir [pərsuəðí] *vtp* persuadir(se)
pertànyer [pərtáɲə] *vi* pertenecer
pertinaç [pərtinás] *aj* pertinaz
pertinença [pərtinénsə] *f* pertenencia
pertinent [pərtinén] *aj* pertinente
pertocar [pərtuká] *vi* corresponder, pertenecer
pertorbar [pərturbá] *vt* perturbar
pertot [pərtɔ́t] *av* en (por) todas partes, en (por) todos lados
pervers -a [pərbérs] *aj* perverso -sa
perxa [pérʃə] *f* (*vara llarga*) percha, pértiga; *esp* pértiga
pes [pés] *m* peso; (*peça d'unitat de pes*) pesa *f*; (*càrrega*) peso; *mpl esp* (*de gimnàstica*) pesas; **a ~** a peso; **de ~** *fg* de peso; **fer el ~** *fg* convencer. *Aquesta oferta no em fa el ~*, esta oferta no me convence
pesant [pəzán] *aj* pesado -da
pesar [pəzá] *m* pesar, pesadumbre *f*; **a ~ de** (*malgrat*) a pesar de, pese a; **a ~ que** (*malgrat que*) a pesar de que
pesar [pəzá] *vt* pesar; *vi* (*tenir pes*) pesar. *No pesa gens*, no pesa nada; (*saber greu*) pesar
pesat -ada [pəzát] *aj* (*que pesa*) pesado -da; (*insistent*) pesado -da, machacón -ona, pelma
pesca [péskə] *f* pesca
pescador -a [pəskəðó] *aj mf* pescador -ra

pescar [pəská] *vt* pescar; (*desprevingut*) pescar, coger
pèsol [pɛ́zul] *m* guisante
pesquer -a [pəské] *aj m* pesquero -ra
pessebre [pəséβɾə] *m* belén, nacimiento
pesseta [pəsɛ́tə] *f* peseta
pessic [pəsík] *m* pellizco
pessigada [pəsiɣáðə] *f* pellizco *m*
pessigar [pəsiɣá] *vt* pellizcar
pessigolles [pəsiɣɔ́ʎəs] *fpl* cosquillas
pèssim -a [pɛ́sim] *aj* pésimo -ma
pessimista [pəsimístə] *aj mf* pesimista
pesta [péstə] *f* (*epidèmia*) peste; (*pudor forta*) peste, hedor; (*cosa dolenta*) peste, plaga
pestanya [pəstáɲə] *f* pestaña
pet [pɛ́t] *m* (*soroll sec*) chasquido, estallido; *fm* (*ventositat*) pedo; **de ~** *fg fm* derecho, directo. *De ~ a l'aigua*, derecho al agua; **estar ~** *fg fm* estar como una cuba; **fer un ~ com una gla** reventar
pètal [pɛ́təl] *m* pétalo
petar [pətá] *vi* (*finestres, portes*) golpetear, golpear; (*les dents*) castañetear; (*per efecte del foc*) crepitar, crugir; (*xocar violentament*) estrellarse *vp*; (*rebentar*) estallar; (*morir*) *fm* palmar, diñarla; *vt* (*trencar*) romper, partir; *vp* (*fer pets*) pederse; (*trencar-se*) romperse; **fer ~ la xerrada (fer-la ~)** estar de palique, estar de cháchara; **~-se de riure** troncharse de risa; **peti qui peti** pase lo que pase
petard [pətárt] *m* petardo
petició [pətisió] *f* petición
petit -a [pətít] *aj* pequeño -ña; (*de poca durada*) corto -ta; (*mida d'una persona*) pequeño -ña, bajo -ja; *mf* (*nen*) pequeño -ña; *m* (*animal*) cría *f*
petjada [pədʒáðə] *f* huella, pisada
petó [pətó] *m* beso
petroli [pətɾɔ́li] *m* petróleo
petúnia [pətúniə] *f* petunia
petxina [pətʃínə] *f* concha, pechina
peu [pɛ́w] *m* pie. *~ de foto, de pàgina*, pie de foto, de página. *Els ~s del llit*, los pies de la cama. *Al ~ de la muntanya*, al pie de la montaña; (*d'animal*) pata; **a ~** a pie, a pata *fm*; **a ~ dret** de pie (pies), en pie; **a ~ pla** al mismo nivel; **ficar-se de ~s a la galleda** meter la pata; **no tocar de ~s a terra** vivir (estar) en las nubes; **picar de ~s** patalear; **poder pujar-hi de ~s** poder tener por seguro; **tocar de ~s a terra** tener los pies en el suelo
peüc [pəúk] *m* peúco
peülla [pəúʎə] *f* pezuña
pi [pí] *m bot* pino; *f* (*lletra grega*) pi; *mat* pi
piano [piánu] *m* piano; **~ de cua** piano de cola
pic [pík] *m* (*eina*) pico; (*d'una muntanya*) pico; (*clap petit i rodó*) lunar, mota *f*; (*a la campana*) toque; (*vegada*) vez; **al ~ de** en pleno; **anar a ~** irse a pique
pica [píkə] *f* (*aigüera*) pila, fregadero *m*; (*arma*) pica; *geo* pico *m*; **~ baptismal** pila bautismal

picada [pikáðə] *f* (*d'insecte*) picadura, picada; (*d'ocell*) picotazo *m*; *gst* picadillo *m*. ~ *d'alls, de julivert*, picadillo de ajos, de perejil
picant [pikán] *aj* picante
picar [piká] *vt* (*un insecte, una punxa*) picar; (*un peix*) picar; *fg* (*estimular vivament*) picar. *Allò que li vas dir li va ~ l'orgull*, lo que le dijiste le picó su orgullo; (*donar cops*) picar. ~ *pedra, ferro*, picar piedra, hierro; (*tallar a trossos*) picar. ~ *carn, alls*, picar carne, ajos; *vi* (*causar coïssor*) picar. *Em pica el braç*, me pica el brazo. *Aquesta botifarra pica molt*, esta butifarra pica mucho; (*el sol*) apretar; (*en una porta*) llamar; *vp* (*podrir-se*) picarse; (*el vi*) avinagrarse, agriarse; (*una dent, la roba*) picarse; *fg* (*ofendre's*) picarse, mosquearse *fm*
picardia [pikərdíə] *f* picardía
picarol [pikərɔ́l] *m* cascabel, campanilla *f*
picolar [pikulá] *vt* picar
picor [pikó] *f* picor *m*, picazón, comezón
picotejar [pikutəʒá] *vi* picotear
pidolar [piðulá] *vt* pedir, mendigar
pietat [piətát] *f* piedad
piga [píɣə] *f* peca, lunar *m*
pigment [pigmén] *m* pigmento
pijama [piʒámə] *m* pijama
pila [pílə] *f* (*munt*) pila; (*gran quantitat*) montón *m*, pila; (*pica baptismal*) pila; *ele* pila
pilar [pilá] *m* pilar
pillatge [piʎádʒə] *m* pillaje
pilot [pilɔ́t] *m* (*munt*) montón; *mf mar aer aut* piloto; *aj* piloto. *Centre, escola* ~, centro, escuela piloto
pilota [pilɔ́tə] *f esp* pelota, balón *m*; *gst* [especie de] albóndiga; **no tocar** ~ no dar una, no dar pie con bola
pilotar [pilutá] *vt* pilotar
pinassa [pinásə] *f* borrajo *m*, hojarasca del pino
pinça [pínsə] *f* pinza
píndola [píndulə] *f* píldora
pineda [pinɛ́ðə] *f* pinar *m*
ping-pong [piŋpóŋ] *m* ping-pong
pingüí [piŋgwí] *m zoo* pingüino
pinsà [pinsá] *m zoo* pinzón
pinso [pínsu] *m* pienso
pinta [píntə] *f* peine *m*; (*taca*) pinta, mota; *fg* (*aspecte exterior*) pinta; *m* (*trinxeraire*) pinta, granuja
pintada [pintáðə] *f* pintada
pintallavis [pìntəʎáβis] *m* barra *f* de labios, lápiz de labios, pintalabios
pintar [pintá] *vt* pintar; *vp* pintarse, maquillarse; **no hi pinta res** no pinta nada, ni pincha ni corta
pintor -a [pintó] *mf* pintor -ra; ~ **de parets** pintor de paredes (de brocha gorda)
pintoresc -a [pinturɛ́sk] *aj* pintoresco -ca
pintura [pintúrə] *f* pintura
pinya [píɲə] *f* (*del pi*) piña; (*cop de puny*) puñetazo *m*; (*grup unit*) piña; (*accident*) trompazo *m*, tortazo *m*
pinyó [piɲó] *m* piñón
pinyol [piɲɔ́l] *m bot* (*de préssec, d'oliva*) hueso; (*de raïm*) pepita *f*

pinzell [pinzéʎ] *m* pincel
pinzellada [pinzəʎáðə] *f* pincelada
pipa [pípə] *f* pipa; **fer** ~ chuparse el dedo
pipí [pipí] *m fm* pipí, pis
piragua [piráγwə] *f* piragua
piràmide [pirámiðə] *f* pirámide
piranya [piráɲə] *f zoo* piraña
pirata [pirátə] *aj mf* pirata
pirinenc -a [pirinέŋ] *aj* pirenaico -ca
pirueta [piruέtə] *f* pirueta
piruleta [pirulέtə] *f* piruleta
pis [pís] *m* piso
piscina [pisínə] *f* piscina
pispar [pispá] *vt fm* birlar, afanar, pulir
pissarra [pisárə] *f* pizarra
pista [pístə] *f* (*petja*) pista, rastro; (*de dansa, ball*) pista
pistatxo [pistátʃu] *m* pistacho
pistil [pistíl] *m* pistilo
pistola [pistɔ́lə] *f* pistola
pistoler -a [pistulé] *mf* pistolero -ra
pit [pít] *m ana* pecho; (*mamella de dona*) pecho, seno, teta *f*; (*de pollastre*) pechuga *f*; **donar el** ~ dar el pecho
pitet [pitέt] *m* (*per als nens*) babero; (*d'un vestit*) peto
pitjar [pidʒá] *vt* (*un botó*) pulsar, apretar; (*llana, papers*) apretar, comprimir; (*una porta*) empujar
pitjor [pidʒó] *aj* peor. *És el ~ de tots*, es el peor de todos; *av* peor. *Es troba ~*, se encuentra peor
pitxer [pitʃé] *m* jarrón
piu [píw] *m* (*peça sortint*) espiga *f*; (*d'un pestell*) pasador; (*d'un rellotge*) pivote; **no dir ni** ~ no decir ni pío; **sense dir ni** ~ sin chistar, sin rechistar
piuladissa [piwləðísə] *f* piar *m*, pío pío *m*; *fg* parloteo
piular [piwlá] *vi* piar; (*parlar*) chistar, rechistar; **no** ~ no abrir la boca
pixar [piʃá] *vi fm* mear
pla plana [plá] *aj* llano -na, plano -na; *mat* plano -na; *grm* llano -na, grave; *m* (*nivell*) plano; *geo* llano, llanura *f*; (*plànol*) plano; (*projecte*) plan; **dormir** ~ dormir a pierna suelta
placa [plákə] *f* placa
plaça [plásə] *f* (*en una ciutat*) plaza; (*seient*) plaza, asiento *m*; (*lloc de treball, càrrec*) plaza, puesto *m*; (*mercat*) plaza, mercado *m*
plàcid -a [plásit] *aj* plácido -da
plaent [pləén] *aj* placentero -ra
plaer [pləέ] *m* placer
plafó [pləfó] *m arq* panel; (*per a penjar-hi papers*) tablero; ~ **publicitari** valla publicitaria
plaga [pláγə] *f med* (*flagell*) plaga, azote *m*; *m* (*home faceciós*) guasón, bromista *mf*
plagi [pláʒi] *m* plagio
plana [plánə] *f geo* llanura, llano *m*, plana; ~ **major** plana mayor; **primera** ~ primera plana
planar [pləná] *vi* (*un ocell, un avió*) planear, cernerse
planço [plənsó] *m agr* plantón, pimpollo; *fg* (*fill*) retoño, vástago
plàncton [pláŋtun] *m* plancton
planejar [plənəʒá] *vt* planear
planell [plənéʎ] *m* altiplanicie

planer -a [pləné]*aj* llano -na; *fg* (*senzill, fàcil*) llano, sencillo -lla
planeta [plənɛ́tə] *m* planeta; *f* destino *m*, sino *m*
planificar [plənifiká] *vt* planificar
planisferi [plənisfɛ́ɾi] *m* planisferio
plànol [plánul] *m* plano
planta [plántə] *f bot* planta; (*del peu*) planta; (*pis*) planta, piso; ~ **enfiladissa** planta trepadora, enredadera; **tenir bona** ~ tener buena planta
plantació [pləntəsió] *f* plantación
plantar [pləntár] *aj m* plantar
plantar [pləntá] *vt* (*una llavor*) plantar; (*enganxar*) pegar, fijar; (*col·locar*) plantar, poner, fijar; *fg fm* (*un cop, una bufetada*) plantar, estampar; (*deixar, abandonar*) plantar, dejar plantado; *vp* (*plantificar-se*) plantarse; (*arribar*) plantarse, llegar
plantejament [pləntəʒəmén] *m* planteamiento, planteo
plantejar [pləntəʒá] *vt* plantear
planter [plənté] *m agr* plantel, semillero, criadero; *esp* cantera *f*
plantilla [pləntíʎə] *f* plantilla
plantofada [pləntufáðə] *f* cachete *m*, bofetada
planura [plənúɾə] *f* llanura
planxa [pláɲʃə] *f* plancha; *fg* (*ficada de peus*) plancha, planchazo *m*
planxar [pləɲʃá] *vt* planchar
plany [pláɲ] *m* lamento, queja *f*, quejido
plànyer [pláɲə] *vt* (*compadir*) compadecer; *vp* (*queixar-se*) quejarse, lamentarse
plaqueta [pləkɛ́tə] *f* plaqueta
plasma [plázmə] *m* plasma
plasmar [pləzmá] *vtp* plasmar(se)
plàstic -a [plástik] *aj* (*mal·leable*) plástico -ca; *m* (*industrial*) plástico; *f art* plástica
plastilina [pləstilínə] *f* plastilina
plat [plát] *m* plato; **pagar els ~s trencats** pagar los platos rotos, pagar el pato; ~ **volador** platillo volante; **tirar-se els ~s pel cap** tirarse los platos a la cabeza
plata [plátə] *f* (*metall*) plata; (*per a servir menjar*) fuente, bandeja
plataforma [plətəfɔ́rmə] *f* plataforma
plàtan [plátən] *m* (*arbre no fruiter*) plátano; (*banana*) banana *f*, plátano
platea [plətéə] *f* platea
platejar [plətəʒá] *vt* platear
plàtera [plátəɾə] *f* fuente, bandeja
platerets [plətəɾɛ́ts] *mpl* platillos
platí [plətí] *m* platino
platja [pládʒə] *f* playa
plató [plətó] *m cin* plató, escenario
plaure [pláwɾə] *vi* placer; **com us plagui** como guste; **si us (et) plau** por favor
plausible [pləwzíbblə] *aj* plausible
ple plena [plɛ́] *aj* lleno -na; (*complet*) pleno -na. *Tinc la plena seguretat*, tengo la plena seguridad; *m* (*el màxim*) plenitud; (*reunió plenària*) pleno; **de** ~ de lleno; **en** ~ en pleno
plebeu -ea [pləβɛ́w] *aj mf* plebeyo -ya
plebiscit [pləβisít] *m* plebiscito

plec [plɛ́k] *m* pliegue, doblez *f*; (*full de paper plegat*) pliego
plegar [pləɣá] *vt* doblar, plegar; *ab* (*cessar, tancar*) cerrar; (*d'una oficina, una escola*) salir, terminar; (*acabar la feina*) acabar, terminar
plegat -ada [pləɣát] *aj* doblado -da; *pl* juntos -tas. *Sempre van ~s*, siempre van juntos; *m* plegado, doblado; **tot d'un ~** de repente, de golpe y porrazo; **tot ~** en resumidas cuentas, en definitiva, al fin y al cabo
plenamar [plɛ̀nəmár] *f* pleamar
plenitud [plənitút] *f* plenitud
plet [plét] *m* pleito
pleta [plɛ́tə] *f* redil *m*
pleura [plɛ́wɾə] *f* pleura
plom [plóm] *m* plomo
ploma [plómə] *f* pluma
plomall [plumáʎ] *m* (*d'un capell*) penacho; (*per a treure la pols*) plumero
plomar [plumá] *vt* (*un ocell*) desplumar, pelar; *fg* (*els diners, en el joc*) desplumar, limpiar, pelar
plomatge [plumádʒə] *m* plumaje
plor [plɔ́] *m* lloro, llanto; **arrencar el ~** romper en llanto
ploramiques [plɔ̀rəmíkəs] *mf* llorica
ploraner -a [pluɾəné] *aj* llorón -ona; *mf* (*als enterraments*) plañidera *f*
plorar [plurá] *vti* llorar
ploriquejar [plurikəʒá] *vi* lloriquear
ploure [plɔ́wɾə] *vi* llover
plovisquejar [pluβiskəʒá] *vi* lloviznar, chispear
plugim [pluʒím] *m* llovizna *f*
pluja [plúʒə] *f* lluvia
plujós -osa [pluʒós] *aj* lluvioso -sa
plural [plurál] *aj m* plural
pluviòmetre [pluβiɔ́mətɾə] *m* pluviómetro
pluviositat [pluβiuzitát] *f* pluviosidad
pneumàtic -a [nəwmátik] *aj m* neumático -ca
poal [puál] *m* (*càntir*) botijo; (*galleda*) cubo, pozal, balde
població [pubbləsió] *f* población
poblador -a [pubbləðó] *aj mf* poblador -ra
poblament [pubbləmén] *m* población *f*, poblamiento
poblar [pubblá] *vt* poblar
poblat [pubblát] *m* poblado
poble [pɔ́bblə] *m* pueblo
pobre -a [pɔ́βɾə] *aj mf* pobre
pobresa [puβɾɛ́zə] *f* pobreza
poc -a [pɔ́k] *aj* poco -ca; *m* (*una mica*) poco, algo; *av* poco; **a ~ a ~** poco a poco, despacio; **de ~** por poco, casi; **entre ~ i massa** ni tanto ni tan calvo
poca-solta [pɔ̀kəsɔ́ltə] *mf* tarambana, alocado -da
pocavergonya [pɔ̀kəβərgóɲə] *mf* desvergonzado -da, sinvergüenza
podar [puðá] *vt* podar, mondar
poder [puðɛ́] *m* poder; (*domini*) poder, poderío
poder [puðɛ́] *vt* poder
poderós -osa [puðərós] *aj* poderoso -sa
podi [pɔ́ði] *m* podio
pòdium [pɔ́ðium] *m* = **podi**

podrir [puðɾí] *vtp* pudrir(se), podrir(se)
poema [puɛ́mə] *m* poema
poesia [puəzíə] *f* poesía
poeta [puɛ́tə] *mf* poeta
poètic -a [puɛ́tik] *aj f* poético -ca
pol [pɔ́l] *m ele ast geo* polo
polaina [pulájnə] *f* polaina; (*calçat*) botina
polar [pulár] *aj* polar
polèmic -a [pulɛ́mik] *aj* polémico -ca
policia [pulisíə] *f* policía; *mf* (*agent*) policía, agente
políedre [pulíəðɾə] *m* poliedro
poliesportiu [pɔ̀lispurtíw] *m* polideportivo
polígon [pulíɣun] *m* polígono
poligonal [puliɣunál] *aj* poligonal
poliol [puliɔ́l] *m bot* poleo
polir [pulí] *vt* (*fer llis*) pulir; (*fer lluent*) pulir, pulimentar, abrillantar; *fg* (*els errors*) pulir; *fm* (*robar*) pulir; *vp* (*dilapidar*) pulirse, fumarse
pòlissa [pɔ́lisə] *f* póliza
polissó -ona [pulisó] *mf* polizón
polit -ida [pulít] *aj* (*net*) aseado -da, pulcro -cra, pulido -da; (*endreçat*) esmerado -da, cuidadoso -sa
polític -a [pulítik] *aj mf* político -ca; *f* política
politja [pulídʒə] *f* polea
poll [póʎ] *m zoo* (*pollet*) pollito, polluelo; (*insecte*) piojo; *bot* = **pollancre**
pollancre [puʎáŋkɾə] *m* chopo
pollastre [puʎástɾə] *m zoo gst* pollo
polleguera [puʎəɣéɾə] *f* (*d'una porta*) quicio *m*; **fer sortir (treure) de ~** *fg* sacar de sus casillas (de quicio), desquiciar
pol·len [pOllən] *m* polen
pollet [puʎɛ́t] *m* pollito, polluelo
pollí -ina [puʎí] *mf* pollino -na; *f* (*en fusteria*) asnilla, caballete *m*
pollinar [puʎiná] *vi* (*la somera, l'euga*) parir
pol·lució [pullusió] *f* polución
polonès -esa [pulunɛ́s] *aj mf* polaco -ca; *m* (*llengua*) polaco
polpa [pólpə] *f* pulpa
pols [póls] *m* [*pl: -olsos*] (*batec*) pulso; (*fermesa a la mà*) pulso; (*templa*) sien *f*; *f iv* polvo *m*; **a ~** a pulso
polseguera [pulsəɣéɾə] *f* polvareda
polsera [pulséɾə] *f* pulsera
polsós -osa [pulsós] *aj* polvoriento -ta
poltre -a [póltɾə] *mf* potro -tra
pólvora [pólβuɾə] *f* (*explosiu*) pólvora; *pl* (*substància reduïda a pols*) polvos *m*
polze [pólzə] *m* pulgar
pom [póm] *m* (*agafador*) pomo, tirador; (*ram*) ramo, ramillete
poma [pómə] *f* manzana
pomada [pumáðə] *f* pomada
pomelo [pumɛ́lu] *m* pomelo
pomer [pumé] *m* = **pomera**
pomera [puméɾə] *f* manzano *m*
pompa [pómpə] *f* pompa; **pompes fúnebres** pompas fúnebres
pòmul [pɔ́mul] *m* pómulo
pondre [pɔ́ndɾə] *vt* (*els ocells*) poner; *vp* (*els astres*) ponerse
ponència [punɛ́nsiə] *f* ponencia

ponent [punén] *mf dr* ponente; *m* (*oest*) poniente, occidente; (*vent*) poniente
poni [pɔ́ni] *m zoo* póney, poni
poniol [puniɔ́l] *m bot* = **poliol**
pont [pɔ́n] *m* puente; ~ **aeri** puente aéreo; ~ **de comandament** puente de mando
pop [póp] *m zoo* pulpo
popa [pópə] *f mar* popa; *m rlg* (*sacerdot ortodox*) pope
popular [pupulár] *aj* popular
por [pó] *f* miedo *m*, temor *m*
porc -a [pɔ́rk] *mf zoo* cerdo -da, cochino -na; *aj mf fg* cerdo -da, marrano -na, guarro -rra, cochino -na; ~ **espí** puerco espín; ~ **senglar** jabalí
porcellana [pursəʎánə] *f* porcelana
porcí -ina [pursí] *aj* porcino -na
porció [pursió] *f* porción
porqueria [purkəɾíə] *f* porquería, guarrada, guarrería
porra [pórə] *f* (*bastó*) porra, cachiporra; *fm* lata, fastidio *m*; **enviar a la** ~ mandar a la porra (a freír espárragos)
porro [póru] *m bot* puerro
porró [puró] *m* porrón
port [pɔ́rt] *m mar* puerto; (*acció de portar*) porte; (*aparença*) porte, aire; *mpl* (*el que hom paga*) portes
porta [pɔ́rtə] *f* puerta; **a ~ tancada** a puerta cerrada
portable [purtábblə] *aj* portátil
portada [purtáðə] *f* (*cop de porta*) portazo *m*; (*tapa, primera pàgina de llibre*) portada; *arq* (*portalada*) portada, portalada
portaequipatge [pɔ̀rtəkipádʒə] *m* portaequipaje, portaequipajes *pl*
portal [purtál] *m* portal
portamonedes [pɔ̀rtəmunɛ́ðəs] *m* portamonedas *iv*, monedero
portar [purtá] *vt* llevar. ~ *un pes*, llevar un peso; (*vers el lloc del subjecte*) traer. *Porta'm el diari*, tráeme el periódico; (*acompanyar*) llevar. ~ *els nens a l'escola*, llevar los niños a la escuela; (*un vehicle*) llevar, conducir; (*encarregar-se*) llevar, encargarse de; (*anar amb*) llevar.~ *el cap embenat*, llevar la cabeza vendada. *Totes portaven arracades*, todas llevaban pendientes; *vp* (*captenir-se*) portarse, comportarse; **~-se bé (malament)** (*dues o més persones*) llevarse bien (mal)
portàtil [purtátil] *aj* portátil
portella [purtéʎə] *f* portilla, portezuela; (*en una porta o finestra*) portillo *m*, postigo *m*; (*d'un automòbil*) puerta
porter -a [purté] *mf* portero -ra; *esp* portero -ra, guardameta; ~ **automàtic** portero automático
porteria [purtəɾíə] *f* portería; *esp* portería, puerta
pòrtic [pɔ́rtik] *m* pórtico
portuguès -esa [purtuɣɛ́s] *aj mf* portugués -esa; *m* (*llengua*) portugués
poruc -uga [puɾúk] *aj* miedoso -sa
porus [pɔ́ɾus] *m* poro
porxada [purʃáðə] *f* soportal *m*
porxo [pɔ́rʃu] *m* porche; [*sovint en pl*] (*galeria coberta*) soportales *pl*; (*cobert*) cobertizo, tinglado

posada [puzáðə] *f (acció de posar)* puesta. ~ *en marxa*, puesta en marcha; *(hostal)* posada, hostería, mesón *m*
posar [puzá] *vt* poner; *vi (fer de model)* posar; *vp* ponerse. ~*-se un vestit*, ponerse un vestido. ~*-se malalt*, ponerse enfermo; *(un ocell)* posarse; **~-se a** *(començar a)* ponerse a, echar(se) a; **~-s'hi** poner manos a la obra, ponerse en ello; **tot és ~-s'hi** todo es empezar
posició [puzisió] *f* posición; *fg (actitud)* posición, postura
positiu -iva [puzitíw] *aj* positivo -va
positura [puzitúɾə] *f* postura, posición; *(un model)* pose
posposar [puspuzá] *vt* posponer
posseïdor -a [pusəiðó] *mf* poseedor -ra
posseir [pusəí] *vt* poseer
possessió [pusəsió] *f* posesión; *fpl (cosa posseïda)* posesión, propiedad
possessiu -iva [pusəsíw] *aj* posesivo -va
possibilitat [pusiβilitát] *f* posibilidad
possible [pusíbblə] *aj m* posible; *mpl (béns)* possibles; **fer tots els ~s** hacer todo lo posible
post [pɔ́st] *m mil* puesto; *f* tabla; **~ de planxar** tabla de planchar
posta [pɔ́stə] *f (per a posar-se a l'aguait)* apostadero *m*, puesto *m*; *(d'un astre)* puesta; *(d'ous)* puesta; **a ~** aposta, adrede
postal [pustál] *aj f* postal
pòster [pɔ́stər] *m* póster, cartel
postergar [pustərgá] *vt* postergar
posterior [pustəɾiór] *aj* posterior
posteriorment [pustəɾiòrmén] *av* posteriormente
postís -issa [pustís] *aj m* postizo -za
postres [pɔ́stɾəs] *fpl* postre *msg*
pòstum -a [pɔ́stum] *aj* póstumo -ma
postura [pustúɾə] *f* postura
pot [pɔ́t] *m* bote, tarro, pote
pota [pɔ́tə] *f* pata; **caure-hi de quatre potes** *fg fm* caer en la trampa, tragar el anzuelo; **estirar la ~** *fg vlg* estirar la pata; **ficar la ~** *fg fm* meter la pata, colarse; **~ de gall** pata de gallo
potable [putábblə] *aj* potable
potassa [putásə] *f* potasa
potència [putɛ́nsiə] *f* potencia
potent [putén] *aj* potente
potser [putsé] *av* quizá, quizás
pou [pów] *m* pozo; **~ negre** pozo negro
pràctic -a [pɾáktik] *aj* práctico -ca; *m mar* práctico; *f* práctica; **posar en ~a** poner en (llevar a la) práctica
practicar [pɾəktiká] *vt* practicar
prada [pɾáðə] *f* prado *m*, pradera
prat [pɾát] *m* prado
preàmbul [pɾeámbul] *m* preámbulo
prec [pɾék] *m* ruego
precari -ària [pɾəkáɾi] *aj* precario -ria
precaució [pɾəkəwsió] *f* precaución
precedent [pɾəsəðén] *aj m* precedente
precedir [pɾəsəðí] *vt* preceder

precepte [prəséptə] *m* precepto; **de ~** *rlg* de precepto
preciós -osa [prəsiós] *aj* precioso -sa
precipici [prəsipísi] *m* precipicio
precipitació [prəsipitəsió] *f* precipitación
precipitar [prəsipitá] *vtp* precipitar(se)
precís -isa [prəsís] *aj* preciso -sa
precisament [prəsìzəmén] *av* precisamente
precisar [prəsizá] *vt* precisar
precisió [prəsizió] *f* precisión
precoç [prəkós] *aj* precoz
predicador -a [prəðikəðó] *aj m* predicador -ra
predicar [prəðiká] *vt* predicar
predicat [prəðikát] *m* predicado
predicció [prəðiksió] *f* predicción
predir [prəðí] *vt* predecir
predominar [prəðuminá] *vi* predominar
preferència [prəfərέnsiə] *f* preferencia
preferir [prəfərí] *vt* preferir
prefix [prəfíks] *m* prefijo
pregadéu [prèγəðéw] *m zoo* santateresa *f*; reclinatorio
pregar [prəγá] *vt* rogar; *ab* rezar, orar
pregó [prəγó] *m* pregón
pregon -a [prəγón] *aj* profundo -da, hondo -da
pregunta [prəγúntə] *f* pregunta
preguntar [prəγuntá] *vtp* preguntar(se)
prehistòria [prəistɔ́riə] *f* prehistoria
prehistòric -a [prəistɔ́rik] *aj* prehistórico -ca
prémer [prémə] *vt* (*un botó, el gallet*) apretar; estrujar, exprimir. *Prement-ho en trauràs un suc espès*, estrujándolo sacarás un jugo espeso; (*estrènyer*) apretujar, apretar
premi [prέmi] *m* premio
premiar [prəmiá] *vt* premiar
premsa [prémsə] *f* prensa
premsar [prəmsá] *vt* prensar
prendre [pέndrə] *vtip* (*agafar*) coger, tomar, agarrar; (*emparar-se de*) quitar, coger; tomar; (*reaccionar*) tomar. *~ bé, malament*, tomar a bien, a mal; (*conquerir*) tomar; (*un aliment, un medicament*) tomar; *vp* (*la llet*) cuajarse
preocupació [prəukupəsió] *f* preocupación
preocupar [prəukupá] *vtp* preocupar(se)
preparació [prəpərəsió] *f* preparación
preparar [prəpərá] *vtp* preparar(se)
preposició [prəpuzisió] *f* preposición
pres -a [prέs] *aj mf* preso -sa; *f* (*acció de prendre*) toma. *~a de contacte*, toma de contacto; (*conquesta*) toma, conquista; (*de caça*) presa; (*embassament*) presa; *med* toma. *En tres ~es*, en tres tomas; **~a de corrent** toma de corriente; **~a de xocolata** pastilla de chocolate
presagi [prəzáʒi] *m* presagio
presagiar [prəzəʒiá] *vt* presagiar
prescindir [prəsindí] *vi* prescindir. *~em del cotxe*, prescindiremos del coche

presència [prəzɛ́nsiə] *f* presencia
presenciar [prəzənsiá] *vt* presenciar
present [prəzén] *aj m* presente; **fer ~** hacer presente; **fer ~ de** obsequiar con; **tenir ~** tener presente
presentació [prəzəntəsió] *f* presentación
presentar [prəzəntá] *vtp* presentar(se)
president -a [prəziðén] *mf* presidente -ta
presidir [prəziðí] *vt* presidir
presó [prəzó] *f* prisión, cárcel
presoner -a [prəzuné] *aj mf* prisionero -ra
pressa [prɛ́sə] *f* prisa; **córrer ~** correr prisa; **de ~** de prisa; **donar ~** meter (dar) prisa, apremiar, atosigar
préssec [présək] *m* melocotón; **fer el ~** *fg fm* hacer el primo
presseguer [prəsəγé] *m bot* melocotonero
pressentiment [prəsəntimén] *m* presentimiento, corazonada *f*
pressentir [prəsəntí] *vt* presentir
pressió [prəsió] *f* presión
pressupost [prəsupɔ́st] *m* presupuesto
prest [prést] *aj* (*disposat*) presto -ta, dispuesto -ta; (*ràpid*) presto -ta, pronto -ta; *av* presto, pronto, temprano
prestar [prəstá] *vt* (*deixar*) prestar, dejar; (*atenció, declaració, etc*) prestar; *vp* (*accedir*) prestarse
prestatge [prəstádʒə] *m* estante, anaquel
prestatgeria [prəstədʒəríə] *f* estantería
préstec [préstək] *m* préstamo
prestigi [prəstíʒi] *m* prestigio
presumir [prəzumí] *vt* (*presuposar*) presumir. *Ja presumíem que arribarien tard*, ja presumíamos que llegarían tarde; *vi* (*fer gala de*) presumir, alardear; *ab* presumir
presumit -ida [prəzumít] *aj* presumido -da
presumptuós -osa [prəzumtuós] *aj* presuntuoso -sa
pretendent -a [prətəndén] *mf* (*a un tron*) pretendiente, aspirante; *m* (*a una dona*) pretendiente
pretendre [prəténdrə] *vt* pretender
pretensió [prətənsió] *f* pretensión
pretèrit -a [prətɛ́rit] *aj m* pretérito -ta
pretext [prətékst] *m* pretexto
preu [prɛ́w] *m* precio; **a ~ fet** (*de pressa*) deprisa y corriendo; (*treballar*) a destajo; **~ per ~** *fg* mal por mal
prevenció [prəβənsió] *f* prevención
prevenir [prəβəní] *vt* (*advertir per endavant*) prevenir, advertir; (*per evitar un mal*) prevenir, precaver
preveure [prəβɛ́wrə] *vt* prever
previ prèvia [prɛ́βi] *aj* previo -via
prim -a [prím] *aj* (*de poc gruix*) delgado -da; *fg* (*magre*) delgado -da, flaco -ca; *fg* (*veu, so*) tenue, fino -na; *f ecn* prima; **filar ~** *fg* hilar fino

primari -ària [prímári] *aj* primario -ria
primavera [primәβérә] *f* primavera
primaveral [primәβәrál] *aj* primaveral
primer [primé] *aj mf* primero -ra, primer [delante de *msg*]; *f aut* primera; **de ~** de primera, de perlas; *av* (*abans*) primero, antes; **de ~** primero, en primer lugar
primerament [primèrәmén] *av* primeramente
primeria [primәríә] *f* principio *m*, comienzo *m*; *fpl* (*primers fruits*) primicias; **a la ~ de** a primeros de, a principios de
primícies [primísiә] *fpl* primicia *sg*
primitiu -iva [primitíw] *aj* primitivo -va
primmirat -ada [primmirát] *aj* meticuloso -sa, quisquilloso -sa
primordial [primurdiál] *aj* primordial
príncep [prínsәp] *m* príncipe
princesa [prinsézә] *f* princesa
principal [prinsipál] *aj m* principal
principalment [prinsipàlmén] *av* principalmente
principat [prinsipát] *m* principado
principi [prinsípi] *m* principio; **al ~** al principio, al comienzo; **en ~** en principio
prior -a [prió] *m f* prior -ra
prisma [prízmә] *m* prisma
prismàtics [prizmátiks] *mpl* prismáticos
privar [priβá] *vt* privar; *vp* privarse, abstenerse
privat -ada [priβát] *aj* privado -da; *m* (*d'un rei*) privado
privilegi [priβilέʒi] *m* privilegio
pro [prɔ́] *m* pro. *Els ~s i els contres*, los pros y los contras; *prp* (*a favor de*) pro; **en ~ de** en pro de
proa [próә] *f* proa
probable [pruβábblә] *aj* probable
probablement [pruβàbblәmén] *av* probablemente
problema [pruβlέmә] *m* problema
procedència [prusәðέnsiә] *f* procedencia
procediment [prusәðimén] *m* procedimiento
procedir [prusәðí] *vi* proceder
procés [prusés] *m* [*pl: -essos*] proceso
processó [prusәsó] *f* procesión
proclamar [pruklәmá] *vt* proclamar
procurar [prukurá] *vt* procurar
pròdig -a [prɔ́ðik] *aj* pródigo -ga
prodigi [pruðíʒi] *m* prodigio
prodigiós -osa [pruðiʒiós] *aj* prodigioso -sa
producció [pruðuksió] *f* producción
producte [pruðúktә] *m* producto
productiu -iva [pruðuktíw] *aj* productivo -va
productor -a [pruðuktó] *aj mf* productor -ra
produir [pruðuí] *vtp* producir(se)
proesa [pruέzә] *f* proeza
profà -ana [prufá] *aj mf* profano -na
professió [prufәsió] *f* profesión
professor -a [prufәsó] *mf* profesor -ra
profeta [prufέtә] *m* profeta

profit [pɾufít] *m* provecho; **bon ~!** ¡que aproveche!, ¡buen provecho!; **fer ~** hacer provecho; **treure ~** sacar provecho
profitós -osa [pɾufitós] *aj* provechoso -sa
pròfug -a [pɾɔ́fuk] *aj mf* prófugo -ga
profund -a [pɾufún] *aj* profundo -da
profundament [pɾufùndəmén] *av* profundament
profunditat [pɾufunditát] *f* profundidad
programa [pɾuɣɾámə] *m* programa
progrés [pɾuɣɾés] *m* progreso
progressar [pɾuɣɾəsá] *vi* progresar
prohibició [pɾuiβisió] *f* prohibición
prohibir [pɾuiβí] *vt* prohibir
prohom [pɾuóm] *m* prohombre
proïsme [pɾuízmə] *m* prójimo
projecció [pɾuʒəksió] *f* proyección
projectar [pɾuʒəktá] *vt* proyectar
projecte [pɾuʒéktə] *m* proyecto
projectil [pɾuʒəktíl] *m* proyectil
projector [pɾuʒəktó] *m* proyector
pròleg [pɾɔ́lək] *m* prólogo
proletari -ària [pɾulətáɾi] *aj mf* proletario -ria
proliferació [pɾulifəɾəsió] *f* proliferación
proliferar [pɾulifəɾá] *vi* proliferar
prolongar [pɾuluŋgá] *vtp* prolongar(se)
promès -esa [pɾumɛ́s] *mf* prometido -da, novio -ia; *f* (*prometença*) promesa
prometre [pɾumɛ́tɾə] *vt* prometer; *vp* (*esposar-se*) prometerse
promoció [pɾumusió] *f* promoción
promotor -a [pɾumutó] *mf* promotor -ra
promoure [pɾumɔ́wɾə] *vt* promover
prompte -a [pɾɔ́mtə] *aj* pronto -ta, presto -ta
pronom [pɾunɔ́m] *m* pronombre
pronòstic [pɾunɔ́stik] *m* pronóstico
pronunciació [pɾununsiəsió] *f* pronunciación
pronunciar [pɾununsiá] *vt* pronunciar; (*declarar-se*) pronunciarse
prop [pɾɔ́p] *av* [*sovint precedit de* a] *av* cerca. *Viu ~ d'aquí*, vive cerca de aquí; **de ~** de cerca; **de ~ de** de cerca de
propagació [pɾupəɣəsió] *f* propagación
propaganda [pɾupəɣándə] *f* propaganda
propagar [pɾupəɣá] *vt* propagar
propens -a [pɾupɛ́ns] *aj* propenso -sa
proper -a [pɾupé] *aj* próximo -ma
propi pròpia [pɾɔ́pi] *aj* propio -pia; *m* (*missatger*) propio, mensajero
propietari -ària [pɾupiətáɾi] *mf* propietario -ria
propietat [pɾupiətát] *f* propiedad
propina [pɾupínə] *f* propina
proporció [pɾupuɾsió] *f* proporción; *pl* (*dimensions*) proporciones

proporcional [prupursiunál] *aj* proporcional
proporcionar [prupursiuná] *vt* proporcionar
proposar [prupuzá] *vtp* proponer(se)
proposició [prupuzisió] *f* proposición
propòsit [prupɔ́zit] *m* propósito; **a ~ de** a propósito de
proposta [prupɔ́stə] *f* propuesta
pròrroga [prɔ́ruɣə] *f* prórroga
prosa [prɔ́zə] *f* prosa
prospecte [pruspéktə] *m* prospecto
pròsper -a [prɔ́spər] *aj* próspero -ra
prosperar [pruspərá] *vi* prosperar, medrar
prosperitat [prusperitát] *f* prosperidad
prosseguir [prusəɣí] *vt* proseguir
prostíbul [prustíβul] *m* prostíbulo
prostitut -a [prustitút] *mf* prostituto -ta
protagonista [prutəɣunístə] *mf* protagonista
protecció [prutəksió] *f* protección
protector -a [prutəktó] *aj mf* protector -ra
protegir [prutəʒí] *vt* proteger
proteïna [prutəínə] *f* proteína
protestar [prutəstá] *vt dr* (*una lletra*) protestar; *vi* protestar. *~ contra les injustícies*, protestar contra las injusticias
protocol [prutukɔ́l] *m* protocolo
prou [prɔ́w] *av* (*suficientment*) bastante, suficientemente, lo bastante; *aj iv* bastante, suficiente. *No tinc ~ diners*, no tengo bastante dinero; *inj* ¡basta!, ¡ya basta!
prova [prɔ́βə] *f* prueba; **a ~ de** a prueba de
provar [pruβá] *vt* probar; *vi* (*fer profit*) probar, sentar bien; **~ de** (*intentar*) probar a
provatura [pruβətúrə] *f* prueba, probatura
proveir [pruβəí] *vt* (*de robes, viandes, etc*) proveer, abastecer de (con); *vi* (*disposar*) proveer. *Déu ~à*, Dios proveerá; (*comprar queviures*) aprovisionarse
provenir [pruβəní] *vi* provenir
proverbi [pruβέrbi] *m* proverbio
proveta [pruβέtə] *f* probeta
província [pruβínsiə] *f* provincia
provisió [pruβizió] *f* [*sovint en pl*] provisión
provisional [pruβiziunál] *aj* provisional
provocar [pruβuká] *vt* provocar
pròxim -a [prɔ́ksim] *aj* próximo -ma, cercano -na; (*propvinent*) próximo -ma
proximitat [pruksimitát] *f* proximidad, cercanía
prudència [pruðέnsiə] *f* prudencia
prudent [pruðén] *aj* prudente
pruna [prúnə] *f* ciruela
prunera [prunérə] *f bot* ciruelo *m*
pseudònim -a [psəwðɔ́nim] *aj m* seudónimo -ma
psicòleg -òloga [psikɔ́lək] *mf* psicólogo -ga
psicologia [psikuluʒíə] *f* psicología
pua [púə] *f* púa

pubilla [puβíʎə] *f dr* heredera, mayorazga; (*noia*) muchacha, moza; (*filla gran*) hija mayor
pubis [púβis] *m* pubis
públic -a [púbblik] *aj m* público -ca
publicació [pubblikəsió] *f* publicación
publicar [pubbliká] *vt* publicar
publicitat [pubblisitát] *f* publicidad
puça [púsə] *f zoo* pulga
pudent [puðén] *aj* maloliente, hediondo -da, pestilente
pudir [puðí] *vi* oler mal, apestar, heder; *fg* (*causar enuig*) apestar, fastidiar
pudor [puðór] *m* pudor; *f* (*mala olor*) mal olor *m*, peste, hedor *m*; **fer** ~ oler mal, heder; **fa una ~ que empesta** huele que apesta
pugó [puγó] *m zoo* pulgón
puig [pútʃ] *m* monte, cerro
puix [púʃ] *cnj* pues; ~ **que** *cnj* pues, ya que, puesto que
puja [púʒə] *f* subida; (*de la borsa*) subida, alza
pujada [puʒáðə] *f* (*acció de pujar*) subida; (*indret rost*) subida, cuesta; = **puja**
pujar [puʒá] *vt* subir; (*els fills*) criar, sacar adelante; *vi* subir; *fg* (*up*) crecer
pujol [puʒɔ́l] *m* colina *f*, montículo
pulcre -a [púlkrə] *aj* pulcro -cra
pulmó [pulmó] *m* pulmón; **a plens pulmons** a grito pelado, a voz en grito
pulmonar [pulmunár] *aj* pulmonar
pulmonia [pulmuníə] *f* pulmonía
punt [pún] *m* punto; **al** ~ en su punto; **en** ~ en punto; **estar a** ~ estar a punto; **fins al ~ que** hasta tal punto que; **tan bon** ~ tan pronto como, nada más
punta [púntə] *f* punta; [*generalment en pl*] *txt* encaje *m*, puntilla; (*de cigarret*) colilla; *fg* (*quantitat petita*) punto *m*, punta; [*usat adjectivalment*] punta. *Hora* ~, hora punta; **a ~ de dia** al amanecer; **fer** ~ sacar punta
puntada [puntáðə] *f* puntada; ~ **de peu** puntapié, patada; **tractar a puntades de peu** tratar a patadas, a puntapiés
puntal [puntál] *m* puntal; *fg* (*suport*) puntal, pilar, sostén
puntejar [puntəʒá] *vt* puntear; *vi* (*el dia*) despuntar
punteria [puntəríə] *f* puntería; **fer** ~ afinar la puntería
puntuació [puntuəsió] *f* puntuación
puntual [puntuál] *aj* puntual
puntualitat [puntuəlitát] *f* puntualidad
puntuar [puntuá] *vt* puntuar
punxa [púɲʃə] *f* pincho *m*
punxada [puɲʃáðə] *f* pinchazo *m*, punzada
punxar [puɲʃá] *vt* pinchar, punzar; (*clavar injeccions*) pinchar; *fg* (*incitar, irritar*) pinchar, hostigar
punxegut -uda [puɲʃəγút] *aj* puntiagudo -da
punxó [puɲʃó] *m* punzón
puny [púɲ] *m ana* (*canell*) muñeca *f*; (*mà closa*) puño; (*d'una màniga*) puño; (*d'una arma, etc*) puño,

empuñadura *f*; (*d'una eina*) puño, mango
punyal [puɲál] *m* puñal
punyeta [puɲétə] *f* puñeta, fastidio *m*, lata; **anar-se'n a fer punyetes** irse a hacer puñetas; **fer la** ~ hacer la puñeta, jorobar
pupil·la [pupíllə] *f ana* pupila
pupitre [pupítɾə] *m* pupitre
pur -a [púr] *aj* puro -ra
puré [puɾé] *m* [*pl: -és*] puré
purgant [purgán] *aj m* purgante
purificar [puɾifiká] *vt* purificar
pus [pús] *m* pus
puta [pútə] *aj vlg* puñetero -ra. *És un home molt* ~, es un hombre muy puñetero; *f dsp* puta, zorra
putxinel·li [putʃinélli] *m* títere

Q

quadern [kwəðérn] *m* cuaderno
quadra [kwáðɾə] *f* cuadra
quadrant [kwəðɾán] *m* cuadrante
quadrat -ada [kwəðɾát] *aj m* cuadrado -da
quadre [kwáðɾə] *m* cuadro
quadrícula [kwəðɾíkulə] *f* cuadrícula
quadriculat -ada [kwəðɾikulát] *aj* cuadriculado -da
quadrilàter -a [kwəðɾilátər] *aj m* cuadrilátero -ra
quadrilla [kwəðɾíʎə] *f* cuadrilla
quadro [kwáðɾu] *m* = **quadre**
qual [kwál] *aj* que. *Van gastar dues mil pessetes, la ~ suma fou pagada*, gastaron dos mil pesetas, cantidad que fue pagada; *pr* (*qui, que*) cual, que. *He parlat amb el teu pare, el ~ m'ha dit...*, he hablado con tu pade, el cual me ha dicho...; **del** ~ [*relatiu possessiu*] cuyo -ya; **la ~ cosa** lo cual
qualificació [kwəlifikəsió] *f* calificación
qualificar [kwəlifiká] *vt* calificar
qualitat [kwəlitát] *f* (*propietat característica*) cualidad; (*conjunt de qualitats*) calidad; **en ~ de** en calidad de
quallar [kwəʎá] *vt* cuajar
qualque [kwálkə] *aj* alguno [*apocopado* algún] -na
qualsevol [kwàlsəβɔ́l] *aj pr* [*pl: qualssevol*] cualquier [antepuesto al nombre], cualquiera. *Pots venir ~ dia*, puedes venir cualquier día; ~ **que** cualquiera que, quienquiera que
quan [kwán] *cnj* (*el moment en què*) cuando. *~ hi arribarem, ells ja seran fora*, cuando lleguemos, ellos ya no estarán; *av* [*interrogatiu*] cuándo. *~ vindreu?*, ¿cuándo vendréis?; [*condicional*] (*ja que*) cuando. *~ ho diuen, deu ser veritat*, cuando lo dicen, debe ser verdad
quant [kwán] *av* (*en quina mesura*) cuán; ~ **a** en cuanto a
quant -ta [kwán] *aj pr int* (*quina quantitat de*) cuánto -ta; **uns ~s** unos, algunos, varios
quantitat [kwəntitát] *f* cantidad; **en** ~ en cantidad, a montones
quantitatiu -iva [kwəntitətíw] *aj* cuantitativo -va

quaranta [kwərántə] *aj m* cuarenta; **cantar les ~** (*a up*) cantarle a uno las cuarenta
quaresma [kwərɛ́zmə] *f* cuaresma
quars [kwárs] *m* cuarzo
quart -a [kwárt] *aj mf* cuarto -ta; *m* (*d'hora*) cuarto [de hora]; **no tocar ~s ni hores** faltarle un tornillo; **~s de** sobre la (hacia la) [hora anterior] y media. *Vindré a ~s de deu*, vendré sobre las nueve y media
quarter [kwərté] *m* (*d'un cos d'animal*) cuarto; *mil* (*en campanya, caserna*) cuartel
quartilla [kwərtíʎə] *f* cuartilla
quasi [kwázi] *av* casi
quatre [kwátrə] *aj m* cuatro; *aj mf* cuarto -ta; **més de ~** más de uno. *Més de ~ s'ho han cregut*, más de uno se lo ha creído
que [kə] *pr* que. *El llibre ~ llegeixo*, el libro que estoy leyendo; [*complement circumstancial*] en que, que. *L'any ~ es va casar el meu germà*, el año en que se casó mi hermano; *cnj* que. *No vull ~ hi vagis*, no quiero que vayas; [*expressant una interrogació*] [no se traduce] *~ vindràs demà?*, ¿vendrás mañana?; [*expressant un desig o una ordre*] que. *~ se'n vagin!*, ¡que se vayan!; *av* qué. *~ bonic!*, ¡qué bonito!; **amb ~** con que, con solo que; **el ~** (**allò ~**) lo que
què [kɛ́] *pr* [*interrogatiu*] (*quina cosa*) qué; **per a ~?** ¿para qué?; **per ~?** (*per quina causa*) ¿por qué?; [*relatiu*] [*precedit de preposició indicant coses*] que, el que. *L'afer de ~ em vas parlar*, el asunto de que (del que) me hablaste
quec -a [kɛ́k] *aj mf* tartamudo -da, tartaja
quedar [kəðá] *vi* (*tenir encara*) quedar; (*esdevenir*) quedarse; (*escaure*) sentar, ir; (*situació*) quedar. *La font queda a la dreta*, la fuente queda a la derecha; *vp* (*romandre*) quedarse; (*emparar-se*) quedarse con. *Es va ~ el canvi*, se quedó con el cambio
quefer [kəfér] *m* quehacer
queixa [kéʃə] *f* queja
queixal [kəʃál] *m ana* muela *f*; *tcn* (*osca*) muesca *f*; **~ del seny** muela del juicio; **treure foc pels ~s** estar que arde, estar que muerde
queixalada [kəʃəláðə] *f* (*mossegada*) mordisco *m*, dentellada; (*mos*) bocado *m*. *Fer una ~*, tomar un bocado
queixar-se [kəʃársə] *vp* quejarse, dar quejas
queixós -osa [kəʃós] *aj* quejoso -sa
quelcom [kəlkɔ́m] *pr* algo, alguna cosa; *av* algo, un poco
qüestió [kwəstió] *f* cuestión, asunto *m*; **posar en ~** poner en duda (en entredicho)
qüestionari [kwəstiunári] *m* cuestionario
queviures [kəβíwrəs] *mpl* víveres; (*en una botiga*) comestibles
qui [kí] *pr* [*relatiu*] quien; **el ~, la ~, els ~, les ~** el que, la que, los que, las que, quien, quienes. *No et*

riguis dels ~ ploren, no te rías de los que (de quienes) lloran; [*interrogatiu*] quién, quiénes
quiet -a [kiét] *aj* quieto -ta
quietud [kiətút] *f* quietud
quilla [kíʎə] *f* quilla
quilo [kílu] *m* kilo, quilo
quilogram [kiluɣrám] *m* kilogramo, quilogramo
quilòmetre [kilɔ́mətrə] *m* kilómetro, quilómetro
quimera [kimérə] *f* quimera
químic -a [kímik] *aj mf* químico -ca; *f* química
quin -a [kín] *aj* [*interrogatiu, exclamatiu*] qué. ~ *dia vindràs?*, ¿qué día vendrás?; *pr* [*interrogatiu*] cuál, cuáles. ~*es són les teves sabates?*, ¿cuáles son tus zapatos?
quincalla [kiŋkáʎə] *f* quincalla, baratija
quiniela [kiniɛ́lə] *f jcs* = **travessa**
quinta [kíntə] *f mil* quinta, reemplazo *m*
quintar [kintá] *m* quintal
quintar [kintá] *vt mil* quintar
quinze [kínzə] *aj m* quince; *aj mf* (*quinzè*) quinze; **arribar a tres quarts de ~** llegar a las quinientas (a las tantas)
quiosc [kiɔ́sk] *m* quiosco, kiosco
quiquiriquic [kikirikík] *m* quiquiriquí
quirat [kirát] *m* quilate
quiròfan [kirɔ́fən] *m* quirófano
quist [kíst] *m* quiste
quitrà [kitrá] *m* alquitrán
quitxalla [kitʃáʎə] *f* chiquillos *mpl*, chiquillería
quocient [kwosién] *m* cociente
quota [kwɔ́tə] *f* cuota
quotidià -ana [kwotiðiá] *aj* cotidiano -na

R

rabassut -uda [rəβəsút] *aj* rechoncho -cha, gordinflón -ona, chaparro -rra
rabent [rəβén] *aj* raudo -da
ràbia [ráβiə] *f* rabia, coraje *m*; **agafar ~** (*a up*) cogerle ràbia a up; **fer ~** dar rabia, dar coraje
rabiós -osa [rəβiós] *aj* rabioso -sa
rabiüt -üda [rəβiút] *aj* irascible, cascarrabias
rabosa [rəβózə] *f zoo* raposa
raça [rásə] *f* raza; *fg* (*mena*) calaña, ralea
ració [rəsió] *f* ración
racional [rəsiunál] *aj* racional
racisme [rəsízmə] *m* racismo
racó [rəkó] *m* rincón; (*estalvis*) ahorros *pl*; **~ de món** lugar apartado (remoto), desierto
radar [rəðár] *m* radar
radi [ráði] *m* radio
radiació [rəðiəsió] *f* radiación
radiador [rəðiəðó] *m* radiador
radial [rəðiál] *aj* radial
radiant [rəðián] *aj* radiante
radical [rəðikál] *aj mf* radical
ràdio [ráðiu] *f* radio
radioactivitat [ràðiuktiβitát] *f* radiactividad
rafal [rəfál] *m* cobertizo, tinglado
rai [ráj] *m* (*de bigues*) almadía *f*; (*barca de troncs*) balsa; *inj* aún, todavía. *M'han cobrat mil pessetes*

pel dinar. -Tu rai que ets ric!, me han cobrado mil pesetas por la comida. -¡Tú aún que eres rico!; **això** ~ eso es lo de menos; **encara** ~ menos mal

raig [rátʃ] *m* rayo; (*de líquid, gas, aire*) chorro; **a** ~ a chorro; **a** ~ **fet** a chorros

rail [rájl] *m* raíl, riel

raïm [rəím] *m* (*conjunt de fruits*) racimo; (*fruit de la vinya*) uva *f*

rajar [rəʒá] *vi* (*un líquid*) manar, chorrear, brotar; (*un recipient, una aixeta, etc*) chorrear; **tal com raja** a ojo

rajola [rəʒɔ́lə] *f* baldosa; ~ **de València** *arq* azulejo; ~ **de xocolata** tableta (pastilla) de chocolate

rajolí [rəʒulí] *m* chorrito

ral [rál] *aj* (*reial*) real; *m* (*moneda*) real; **de quatre ~s** de cuatro cuartos; **no tenir ni un** ~ no tener ni un real, estar pelado

ram [rám] *m* (*branca tallada*) ramo; (*pom*) ramo, ramillete; (*conjunt de fruits*) racimo; *fg* rama, ramo. *Els diferens ~s de la ciència*, las diferentes ramas de la ciencia. *Treballa al ~ del tèxtil*, trabaja en el ramo del textil; (*rampell*) ramo, ramalazo; **ésser del ~ de l'aigua** ser de la otra acera (de la acera de enfrente)

rama [rámə] *f* ramulla

ramader -a [rəməðé] *aj mf* ganadero -ra

ramaderia [rəməðəríə] *f* ganadería

ramal [rəmál] *m* (*ronsal*) ramal, ronzal; (*branc*) ramal

ramat [rəmát] *m* rebaño, manada *f*

rambla [rámblə] *f* rambla

ramell [rəméʎ] *m* (*de flors*) ramo, ramillete; (*de fruits*) racimo

rampa [rámpə] *f* (*pendent*) rampa; *med* (*contracció*) calambre *m*

rampell [rəmpéʎ] *m* arranque, pronto; ventolera *f*, antojo; **a ~s** a mi (tu, su, etc) antojo; **tenir un** ~ **de** tener un ramalazo de

rampí [rəmpí] *m* rastrillo

rampinyar [rəmpiɲá] *vt* rapiñar

ran [rán] *av* de raíz, a cercén; ~ **de** a ras de

ranci rància [ránsi] *aj* (*aliments, vi*) rancio -cia, añejo -ja; *fg* (*antic*) rancio -cia; (*mesquí*) tacaño -ña, mezquino -na

rancor [rəŋkó] *m/f* rencor *m*, resentimiento *m*

rancúnia [rəŋkúniə] *f* rencor *m*

randa [rándə] *f* (*punta*) randa; *mar* caída

rang [ráŋ] *m* rango

ranura [rənúɾə] *f* ranura

raó [rəó] *f* razón; *pl* (*baralles*) pelea *sg*, bronca *sg*; **amb ~ o sense** con razón o sin ella; **armar** (**buscar**) **raons** armar (buscar) camorra; **demanar** ~ (*d'uc*) pedir explicaciones de uc; **demanar** ~(*d'up*) pedir informaciones sobre up; **donar la** ~ (*a up*) dar la razón; **entrar en** ~ entrar en razón; **fer passar amb raons** poner mil excusas; **perdre la** ~ perder la razón (el juicio); **tenir** ~ tener razón, estar en lo cierto; **tens tota la ~!** ¡tienes toda la razón!, ¡y que lo digas!

raonable [rəunábblə] *aj* razonable
raonament [rəunəmén] *m* razonamiento
raonar [rəuná] *vt/i* razonar
rap [ráp] *m* rape
rapaç [rəpás] *aj m* rapaz
rapar [rəpá] *vt* rapar
rapè [rəpɛ́] *m* rapé
ràpid -a [rápit] *aj m* rápido -da
rapidesa [rəpiðɛ́zə] *f* rapidez
rapinya [rəpíɲə] *f* rapiña; **ocell de** ~ ave de rapiña
rapinyaire [rəpiɲájɾə] *m* rapaz, de rapiña
rapinyaire [rəpiɲájɾə] *aj mf* rapiñador -ra; *aj* rapaz, de rapiña; *m* ave *f* de rapiña, ave *f* de presa *f*, ave *f* rapaz
raptar [rəptá] *vt* raptar
rapte [ráptə] *m* rapto
raqueta [rəkɛ́tə] *f* raqueta
raquitisme [rəkitízmə] *m* raquitismo
rar -a [rár] *aj* raro -ra
rarament [ràɾəmén] *av* raramente
ras -a [rás] *aj m* raso -sa. *Camp, cel ~*, campo, cielo raso; (*tallat arran*) rasurado -da, al rape; (*ple*) raso -sa. *Cullerada ~a*, cucharada rasa; *av* (*arran*) al rape; **al** ~ al raso
rascada [rəskáðə] *f* arañazo *m*, rasguño
rascar [rəská] *vt* rascar
raspall [rəspáʎ] *m* cepillo
raspallar [rəspəʎá] *vt* cepillar
raspós -osa [rəspós] *aj* rasposo -sa
rastre [rástrə] *m* rastro; **ni** ~ ni rastro
rasurar [rəzuɾá] *vt* rasurar
rata [rátə] *f* rata; *aj mf fg* (*gasiu*) rata, agarrado -da, roñica
ratapinyada [ràtəpiɲáðə] *f zoo* murciélago
ratera [rətéɾə] *f* ratonera
ratificar [rətifiká] *vt* ratificar
ratlla [ráʎʎə] *f* (*traç*) raya, línea; (*del teixit*) raya, lista; (*d'un escrit*) línea, renglón *m*; (*clenxa*) raya; **a la ~ de** alrededor de, cerca de; **llegir entre ratlles** leer entre líneas; **passar de la** ~ pasar de la raya, pasar de castaño oscuro; **posar a** ~ poner a raya
ratllar [rəʎʎá] *vt* (*fer ratlles*) rayar; (*pa, formatge, etc*) rallar
ratolí [rətulí] *m zoo* ratón
ratpenat [ràtpənát] *m zoo* = **ratapinyada**
ratxa [rátʃə] *f* racha; **a ratxes** a rachas
raucar [rəwká] *vi* croar
raure [ráwɾə] *vt* raer; (*el pèl, el cabell*) rasurar; *vi* estar, parar. *On rau, ara, aquest desgraciat?*, ¿dónde para, ahora, este desgraciado?; *fg* (*estar, consistir*) residir, radicar, estribar. *Aquí rau la dificultat*, aquí reside la dificultad; **anar a ~ a** ir a parar a
rauxa [ráwʃə] *f* arranque *m*, arrebato *m*
raval [rəβál] *m* arrabal
rave [ráβə] *m* rábano; *fg* birria *f*, nyap; **m'importa un** ~ ¡me importa un rábano (un comino)!
re [rɛ́] *m* [*pl: res*] *mús* (*nota*) re; *pr fm* = res
reacció [reəksió] *f* reacción
reaccionar [reəksiuná] *vi* reaccionar

reactor [reəktó] *m* reactor, avión a (de) reacción
real [reál] *aj m* real
realçar [reəlsá] *vt* realzar
realitat [reəlitát] *f* realidad
realització [reəlidzəsió] *f* realización
realitzar [reəlidzá] *vt* realizar
realment [reàlmén] *av* realmente
reaparèixer [reəpərέʃə] *vi* reaparecer
rebaixa [rəβáʃə] *f* rebaja
rebaixar [rəβəʃá] *vtp* rebajar(se)
rebedor [rəβəðó] *m* recibidor
rebel [rəβέl] *aj mf* rebelde
rebel·lar-se [rəβəllársə] *vp* rebelarse
rebentar [rəβəntá] *vi* (*esclatar*) reventar, estallar; *vt* reventar; (*esbotzar*) hundir, tirar, romper; *fg* (*fastiguejar*) reventar, fastidiar; *fg* (*malgastar*) reventar; *vp* reventarse; (*de cansament*) reventarse
rebolcar [rəβulká] *vtp* revolcar(se)
rebombori [rəβumbɔ́ɾi] *m* alboroto, barullo, follón
rebost [rəβɔ́st] *m* despensa *f*, bodega *f*
rebosteria [rəβustəɾíə] *f* repostería
rebotar [rəβutá] *vi* = **rebotre**
rebotre [rəβótrə] *vi* rebotar; *vt* arrojar, lanzar
rebre [rέβɾə] *vt* recibir
rebregar [rəβɾəɣá] *vt* estrujar
rebuig [rəβútʃ] *m* (*refús*) rechazo; (*cosa rebutjada*) desecho; (*residus*) restos *pl*, desperdicios *pl*
rebut [rəβút] *m* recibo
rebutjar [rəβudʒá] *vt* rechazar; (*per mala qualitat*) desechar
rec [rék] *m agr* acequia *f*, canal; *arq* canal
recalcar [rəkəlká] *vt* recalcar, hacer hincapié en
recança [rəkánsə] *f* pesar *m*, pesadumbre, pena
recanvi [rəkámbi] *m* recambio; (*peça*) recambio, repuesto; **de ~** de recambio, de repuesto
recaptar [rəkəptá] *vt* (*impostos*) recaudar; (*aconseguir*) recabar, obtener
recar [rəká] *vi* pesar, saber mal
recargolar [rəkərgulá] *vt* retorcer; **~-se de riure** retorcerse (partirse) de risa
recàrrec [rəkárək] *m* recargo
recaure [rəkáwɾə] *vi* recaer
recent [rəsén] *aj* reciente
recepció [rəsəpsiunístə] *f* recepción, recibimiento *m*; (*en un hotel*) recepción
recepcionista [rəsəpsiunístə] *mf* recepcionista
recepta [rəséptə] *f* receta
receptar [rəsəptá] *vt* recetar
receptor -a [rəsəptó] *aj mf* receptor -ra; **~ universal** (*de sang*) receptor universal
recer [rəsé] *m* abrigo, cobijo, resguardo; **a ~ de** al abrigo de
recerca [rəsέrkə] *f* búsqueda, busca; (*investigació*) investigación; **a la ~ de** en busca de
recinte [rəsíntə] *m* recinto
recipient [rəsipién] *m* recipiente
recíproc -a [rəsípɾuk] *aj f* recíproco -ca
recital [rəsitál] *m* recital

recitar [rəsitá] *vt* recitar
reclam [rəklám] *m* reclamo
reclamar [rəkləmá] *vti* reclamar
reclús -usa [rəklús] *aj mf* recluso -sa
recluta [rəklútə] *mf* recluta
recobrar [rəkuβrá] *vt* recobrar
recobrir [rəkuβrí] *vt* recubrir
recollir [rəkuʎí] *vt* recoger; *vp* (*refugiar-se*) refugiarse, retirarse. *Les tropes es ~en al castell*, las tropas se refugiaron en el castillo; (*concentar-se*) recogerse
recolzar [rəkulzá] *vi* (*una cosa*) apoyarse. *L'escala recolza a la paret*, la escalera se apoya en la pared; *fg Aquesta teoria recolza sobre fets indiscutibles*, esta teoría se apoya en hechos indiscutibles; *vt* (*fer que recolzi*) apoyar; *vp* (*repenjar-se*) apoyarse, recostarse; (*sobre els colzes*) apoyarse, acodarse
recomanació [rəkumənəsió] *f* recomendación
recomanar [rəkuməná] *vt* recomendar
recomençar [rəkumənsá] *vt* recomenzar
recompensa [rəkumpɛ́nsə] *f* recompensa
recompensar [rəkumpənsá] *vt* recompensar
recomptar [rəkumtá] *vt* recontar
reconciliar [rəkunsiliá] *vt* reconciliar
reconèixer [rəkunɛ́ʃə] *vt* reconocer
reconfortar [rəkumfurtá] *vt* reconfortar
reconstruir [rəkunstruí] *vt* reconstruir
recopilació [rəkupiləsió] *f* recopilación
recopilar [rəkupilá] *vt* recopilar
record [rəkɔ́rt] *m* recuerdo; *mpl* (*salutació*) recuerdos
rècord [rɛ́kort] *m* récord, plusmarca *f*
recordar [rəkurdá] *vt* recordar. *Recordava la meva infantesa*, recordaba mi infancia. *Li he recordat que hem quedat per demà*, le he recordado que hemos quedado para mañana; *vp* acordarse de
recorregut [rəkurəɣút] *m* recorrido, trayecto
recórrer [rəkórə] *vt* (*un trajecte, un lloc*) recorrer; *vi* (*a up, a uc*) recurrir, acudir; *dr* recurrir
recreatiu -iva [rəkreətíw] *aj* recreativo -va
rectangle [rəktáŋglə] *aj m* rectángulo -la
rectangular [rəktəŋgulár] *aj* rectangular
recte -a [rɛ́ktə] *aj f* recto -ta; *m ana* recto
rectificar [rəktifiká] *vt* rectificar
rectilini -ínia [rəktilíni] *aj* rectilíneo -a
rector -a [rəktó] *mf* rector -ra; *m rlg* párroco, cura párroco
rectoria [rəkturíə] *f rlg* vicaría, rectoría
recular [rəkulá] *vi* recular
recull [rəkúʎ] *m* (*col·lecció*) libro, colección *f*, recopilación *f*. *Un ~ de poemes*, un libro de poemas
recuperació [rəkupərəsió] *f* recuperación
recuperar [rəkupərá] *vt* recuperar

recurs [rəkúrs] *m* recurso
redacció [rəðəksió] *f* redacción
redactar [rəðəktá] *vt* redactar
redempció [rəðəmsió] *f* redención
redimir [rəðimí] *vt* redimir
redós [rəðós] *m* [*pl: -ossos*] abrigo, cobijo, resguardo; **a** ~ a cubierto, resguardado
redreçar [rəðɾəsá] *vt* enderezar; (*restablir*) restablecer, recuperar
reducció [rəðuksió] *f* reducción
reduir [rəðuí] *vt* reducir
reeixir [rəəʃí] *vi* salir bien; tener resultado satisfactorio. *L'operació ha reeixit*, la operación ha tenido un resultado satisfactorio; (*tenir èxit*) tener éxito; ~ **a** llegar a, conseguir, lograr. *Ha reeixit a fer tot el que volia*, ha llegado a hacer todo lo que quería
refer [rəfé] *vt* rehacer; *vp* (*recuperar les forces, la salut*) rehacerse, reponerse, recuperarse
referència [rəfəɾέnsiə] *f* referencia; **fer** ~ **a** hacer referencia a
referèndum [rəfəɾέndum] *m* referéndum
referent [rəfəɾén] *aj* referente; ~ **a** referente a
referir [rəfəɾí] *vt* referir. *Van ~ els fets a la policia*, refirieron los hechos a la policía; *vp* (*al·ludir*) referirse. *Em referia al teu oncle*, me refería a tu tío
refiar-se [rəfiársə] *vp* confiar en, contar con. *Es refia de tu*, confía en ti
refilar [rəfilá] *vi* trinar, gorjear
refinar [rəfiná] *vt* refinar
refineria [rəfinəɾíə] *f* refinería
reflectir [rəfləktí] *vt* reflejar
reflector -a [rəfləktó] *aj m* reflector -ra
reflex -a [rəflέks] *aj m* reflejo -ja
reflexió [rəfləksió] *f* reflexión
reflexionar [rəfləksiuná] *vt* reflexionar, recapacitar
reforçar [rəfursá] *vt* reforzar
reforma [rəfórmə] *f* reforma
refracció [rəfɾəksió] *f* refracción
refrany [rəfɾáɲ] *m* (*proverbi*) refrán; (*d'una cançó*) estribillo
refredar [rəfɾəðá] *vt* enfriar; *vp med* (*constipar-se*) resfriarse, acatarrarse
refredat [rəfɾəðát] *m* resfriado
refresc [rəfɾέsk] *m* refresco
refrescar [rəfɾəská] *vti* refrescar
refrigerar [rəfɾiʒəɾá] *vt* refrigerar
refrigeri [rəfɾiʒέɾi] *m* refrigerio, tentempié *fm*
refugi [rəfúʒi] *m* refugio
refugiar [rəfuʒiá] *vtp* refugiar(se)
refusar [rəfuzá] *vt* rehusar
reg [rék] *m* riego
regadiu [rəɣəðíw] *m* regadío
regadora [rəɣəðóɾə] *f* regadera
regal [rəɣál] *m* regalo
regalar [rəɣəlá] *vt* regalar; *vi* (*regalimar un líquid*) chorrear, gotear; (*un càntir, una paret*) rezumar
regalèssia [rəɣəlέsiə] *f* regaliz *m*, palo dulce *m*
regalimar [rəɣəlimá] *vi* chorrear, gotear, rezumar
regar [rəɣá] *vt* regar
regata [rəɣátə] *f* (*estria*) ranura, surco; *esp* regata
regatejar [rəɣətəʒá] *vt* regatear

regent [rəʒén] *aj mf* regente
regidor -a [rəʒiðó] *mf* concejal -la
règim [réʒim] *m* régimen
regiment [rəʒimén] *m* regimiento
regió [rəʒió] *f* región
regional [rəʒiunál] *aj* regional
regir [rəʒí] *vti* regir
regirar [rəʒirá] *vt* (*remenar*) revolver; (*remoure*) remover. ~ *la terra*, remover la tierra; *vp* (*al llit*) dar vueltas, agitarse, moverse de un lado para otro
registrar [rəʒistrá] *vt* (*una patent, etc*) registrar; *mús* (*en un disc, cinta*) grabar, registrar
regla [régglə] *f* regla; **estar en ~** estar en regla
reglament [rəggləmén] *m* reglamento
reglamentari -ària [rəggləməntári] *aj* reglamentario -ria
regle [régglə] *m* regla *f*
regna [réŋnə] *f* rienda; **prendre les regnes** tomar las riendas
regnar [rəŋná] *vi* reinar
regne [réŋnə] *m* reino
regueró [rəɣəró] *m* (*rec petit*) reguera *f*, reguero; (*entre dues fileres de teules*) canal
reguitzell [rəɣidzéʎ] *m* retahíla *f*
regulador -a [rəɣuləðó] *aj m* regulador
regular [rəɣulár] *aj* regular
regularitat [rəɣuləritát] *f* regularidad
regularment [rəɣulàrmén] *av* regularmente
regust [rəɣúst] *m* regusto, resabio
rei [réj] *m* rey; [*en majúscula*] **els ~s (Mags, de l'Orient)** los Reyes Magos, de Oriente
reial [rəjál] *aj* real
reialme [rəjálmə] *m* reino
reina [réjnə] *f* reina
reixa [réʃə] *f* reja
reixat -ada [rəʃát] *aj* enrejado -da; *m* (*d'un jardí*) verja *f*, cancela *f*; (*de filferro*) alambrada *f*
rel [rɛ́l] *f* raíz
relació [rələsió] *f* relación; *pl* (*relacions amoroses*) relaciones; **amb ~ a** con relación a, en lo relativo a; **en ~ amb** en relación con
relacionar [rələsiuná] *vtp* relacionar(se)
relat [rəlát] *m* relato
relatiu -iva [rələtíw] *aj m* relativo -va; **~ a** relativo a
relativament [rələtiβəmén] *av* relativamente
relaxar [rələksá] *vtp* relajar(se)
relegar [rələɣá] *vt* relegar
religió [rəliʒió] *f* religión
religiós -osa [rəliʒiós] *aj mf* religioso -sa
relíquia [rəlíkiə] *f* reliquia
rella [réʎə] *f* reja
rellegir [rəʎəʒí] *vt* releer
relleu [rəʎéw] *m* (*que sobresurt*) relieve; *fg* (*esclat*) realce. *Aquest color li dóna ~*, este color le da realce; (*acció de rellevar*) relevo; **cursa de ~s** carrera de relevos; **posar en ~** poner en relieve
rellevant [rəʎəβán] *aj* relevante
rellevar [rəʎəβá] *vt* relevar
relliscar [rəʎiská] *vi* resbalar

rellotge [rəʎɔ́dʒə] *m* reloj; ~ **de polsera** reloj de pulsera; ~ **d'arena** (**de sorra**) reloj de arena; ~ **de sol** reloj de sol (solar)
rellotger -a [rəʎudʒé] *aj mf* relojero -ra
rellotgeria [rəʎudʒəɾíə] *f* relojería
relluir [rəʎuí] *vi* relucir, relumbrar; *fg* relucir, brillar
rem [rɛ́m] *m* remo
remar [rəmá] *vi* remar
remarcar [rəmərká] *vt* remarcar; (*adonar-se*) notar, observar; (*assenyalar*) señalar, hacer constar
rematar [rəmətá] *vt* rematar
remei [rəmɛ́j] *m* remedio; **no haver-hi altre ~ que** no haber más remedio que; **no tenir més ~ que** no tener más remedio que; **no tenir ~** no tener remedio, no tener arreglo
remenar [rəməná] *vt* (*moure*) remover, mover; (*bellugar*) menear, mover; (*tenir entre mans*) manejar; (*les cartes*) barajar
remitent [rəmitén] *mf* remitente
remolatxa [rəmulátʃə] *f* remolacha
remolc [rəmólk] *m* remolque; **anar a ~ de** ir a remolque de
remolcar [rəmulká] *vt* remolcar
remolí [rəmulí] *m* remolino, torbellino
remor [rəmó] *f* rumor *m*, murmullo *m*, runrún *m*
remordiment [rəmurdimén] *m* remordimiento
remorejar [rəmurəʒá] *vi* murmurar, xiuxiuejar
remot -a [rəmɔ́t] *aj* remoto -ta
remoure [rəmɔ́wɾə] *vt* (*tornar a moure*) remover; (*regirar*) revolver
remugant [rəmuɣán] *m* rumiante
remugar [rəmuɣá] *vt* rumiar; *vi fg* (*rondinar*) refunfuñar, gruñir
remull [rəmúʎ] *m* remojo; **posar en ~** echar (poner) en remojo
remullar [rəmuʎá] *vt* remojar
remuntar [rəmuntá] *vtp* remontar(se)
ren [rɛ́n] *m* reno
renal [rənál] *aj* renal
renda [réndə] *f* renta
rendible [rəndíbblə] *aj* rentable
rendiment [rəndimén] *m* rendimiento
rendir [rəndí] *vt* = **retre**; *ab* rendir, dar de sí. *El negoci ja no rendeix*, el negocio ya no rinde; *vp* (*retre's*) rendirse. *~se a l'enemic*, se rindieron al enemigo; (*fatigar-se*) rendirse, agotarse
renegar [rənəɣá] *vti* renegar de. *~ la fe*, renegar de la fe. *~ la pàtria*, renegar de la patria; *vi* (*dir renecs*) renegar, blasfemar
renéixer [rənéʃə] *vi* renacer
rengle [réŋglə] *m* hilera *m*
renglera [rəŋgléɾə] *f* hilera
renill [rəníʎ] *m* relincho
renillar [rəniʎá] *vi* relinchar, dar relinchos
renou [rənɔ́w] *m* alboroto, bullicio, revuelo
renovar [rənuβá] *vt* renovar
rentadora [rəntəðóɾə] *f* lavadora
rentamans [rèntəmáns] *m* jofaina *f*, aguamanil
rentaplats [rèntəpláts] *mf iv* (*persona*) lavaplatos, fregona *f*;

m/f (*màquina*) lavavajillas, lavaplatos
rentar [rəntá] *vtp* lavar(se)
renunciar [rənunsiá] *vti* renunciar
renyar [rəɲá] *vt* reñir, reprender, regañar
renyina [rəɲínə] *f* riña
renyir [rəɲí] *vi* reñir
reparació [rəpərəsió] *f* reparación
reparar [rəpərá] *vt* (*restaurar*) reparar; (*parar esment*) reparar en, fijarse *vp*; *vi* (*tenir en compte*) reparar. *No reparava en les despeses*, no reparaba en gastos
repartir [rəpərtí] *vt* repartir
repàs [rəpás] *m* [*pl: -assos*] repaso
repassar [rəpəsá] *vt* repasar
repensar [rəpənsá] *vt* repensar; **~-s'hi** cambiar de idea
repertori [rəpərtɔ́ɾi] *m* repertorio
repetició [rəpətisió] *f* repetición
repetir [rəpətí] *vt* repetir
repic [rəpík] *m* repique
repicar [rəpiká] *vt ab* repicar
replà [rəplá] *m* rellano
replec [rəplɛ́k] *m* repliegue
replegar [rəpləɣá] *vt* (*les ales*) plegar; (*les tropes*) replegar; (*arreplegar*) acopiar; (*atrapar*) coger, pillar
replicar [rəpliká] *vt* replicar
repoblació [rəpubbləsió] *f* repoblación
repoblar [rəpubblá] *vt* repoblar
reportatge [rəpurtádʒə] *m* reportaje
repòrter [rəpɔ́rtər] *mf* reportero -ra
repòs [rəpɔ́s] *m* reposo
reposar [rəpuzá] *vt* reponer; *vi* (*descansar*) reposar; (*sostenir-se*) descansar, apoyarse *vp*
reposició [rəpuzisió] *f* reposición
reprendre [rəpɛ́ndɾə] *vt* (*una cosa interrompuda*) reanudar, reemprender, (*un aliment*) indigestarse; (*renyar*) reprender
represàlia [rəpɾəzáliə] *f* represalia
representació [rəpɾəzəntəsió] *f* representación
representant [rəpɾəzəntán] *aj mf* representante
representar [rəpɾəzəntá] *vt* representar
repressió [rəpɾəsió] *f* represión
reprimenda [rəpɾiméndə] *f* reprimenda
reprimir [rəpɾimí] *vt* reprimir
reproducció [rəpɾuðuksió] *f* reproducción
reproductor -a [rəpɾuðuktó] *aj mf* reproductor -ra
reproduir [rəpɾuðuí] *vtp* reproducir(se)
reptar [rəptá] *vt* (*desafiar*) retar; *vi* (*arrossegar-se*) reptar
repte [réptə] *m* reto
rèptil [rɛ́ptil] *m zoo* reptil
república [rəpúbblikə] *f* república
repugnància [rəpuŋnánsiə] *f* repugnancia
repugnar [rəpuŋná] *vi* repugnar
repulsa [rəpúlsə] *f* repulsa
repulsió [rəpulsió] *f* repulsión
reputació [rəputəsió] *f* reputación
requerir [rəkərí] *vt* requerir
requisit [rəkizít] *m* requisito
rere [rérə] *prp* detrás de, tras. ~ *la casa*, detrás de la casa; *av* detrás
rereguarda [rèrəɣwárdə] *f* retaguardia

res [rés] *pr* [*en frases condicionals i interrogatives*] algo. *Tens ~ per a mi?*, ¿tienes algo para mí?; [*en frases negatives*] nada. *No em va dir ~*, no me dijo nada; **de ~** de nada, no hay de qué; **com aquell que ~** (**com si ~**) como si tal cosa, como si nada; **en un no ~** al momento, en un santiamén; **no hi fa ~** no importa, da igual (lo mismo); **no ~** nada
resar [rəzá] *vt* rezar
rescat [rəskát] *m* rescate
rescatar [rəskətá] *vt* rescatar
resclosa [rəsklɔ́zə] *f* (*en el curs d'un riu*) presa, dique *m*; (*en un canal*) esclusa
reserva [rəzérbə] *f* reserva
reservar [rəzərbá] *vt* reservar
resguardar [rəzgwərdá] *vt* resguardar
residència [rəziðɛ́nsiə] *f* residencia
residencial [rəziðənsiál] *aj* residencial
residir [rəziðí] *vi* residir
residu [rəzíðu] *m* residuo
residual [rəziðuál] *aj* residual
resignar [rəziŋná] *vtp* resignar(se)
resina [rəzínə] *f* resina
resistència [rəzistɛ́nsiə] *f* resistencia
resistent [rəzistén] *aj mf* resistente
resistir [rəzistí] *vt* resistir
resoldre [rəzɔ́ldɾə] *vt* resolver, solventar
resolució [rəzulusió] *f* resolución; **amb ~** con resolución
respatller [rəspəʎʎé] *m* respaldo
respectar [rəspəktá] *vt* respetar; **pel que respecta** por lo que respecta a
respecte [rəspéktə] *m* respeto; **~ a (de)** con respecto a, respecto a (de)
respectiu -iva [rəspəktíw] *aj* respectivo -va
respectivament [rəspəktiβəmén] *av* respectivamente
respir [rəspír] *m* respiro
respiració [rəspiɾəsió] *f* respiración
respirar [rəspiɾá] *vti* respirar
respiratori -òria [rəspiɾətɔ́ɾi] *aj* respiratorio -ria
resplendir [rəspləndí] *vi* resplandecer
resplendor [rəspləndó] *f* resplandor *m*
respondre [rəspɔ́ndɾə] *vti* responder; **~ de** responder de
responsabilitat [rəspunsəβilitát] *f* responsabilidad
responsable [rəspunsábblə] *aj mf* responsable
resposta [rəspɔ́stə] *f* respuesta
ressaca [rəsákə] *f* resaca
ressaltar [rəsəltá] *vi* resaltar; *fg* resaltar, sobresalir
ressec -a [rəsɛ́k] *aj* reseco -ca
resseguir [rəsəɣí] *vt* (*un camí, una contrada*) recorrer; (*examinar de nou*) repasar
ressò [rəsɔ́] *m* resonancia *f*; (*d'un local buit*) resonancia *f*, retumbo; (*so repercutit*) eco
ressonància [rəsunánsiə] *f* resonancia
ressonar [rəsuná] *vi* resonar
ressort [rəsɔ́rt] *m* resorte

ressuscitar [rəsusitá] *vti* resucitar
resta [réstə] *f* resto *m*; *mat* (*subtracció*) resta; *fpl* (*deixalles*) restos *m*; **la** ~ (*de coses*) el resto *m*, lo demás *m*; **restes mortals** restos mortales
restant [rəstán] *aj* restante; *m* resto, [lo] restante; **el** ~ lo demás, el resto
restar [rəstá] *vt mat* restar; *vi* (*en una situació, en un lloc*) quedarse, permanecer; (*tenir*) quedar, restar; ~ **en** quedar en
restaurant [rəstəwrán] *m* restaurante
restaurar [rəstəwrá] *vt* restaurar
restituir [rəstituí] *vt* restituir
restrenyiment [rəstrəɲimén] *m* estreñimiento
restringir [rəstriɲʒí] *vt* restringir
resultar [rəzultá] *vi* resultar
resultat [rəzultát] *m* resultado
resum [rəzúm] *m* resumen; **en** ~ en resumen
resumir [rəzumí] *vt* resumir
resurrecció [rəzurəksió] *f* resurrección
retall [rətáʎ] *m* (*tros de roba*) retal, retazo; (*d'un diari, revista*) recorte
retallar [rətəʎá] *vt* recortar
retard [rətárt] *m* retraso; ~ **mental** retraso mental
retardar [rətərdá] *vti* retrasar, retardar; *vp* (*el rellotge*) retrasarse, atrasarse
retaule [rətáwlə] *m* retablo
retenir [rətəní] *vt* retener
retina [rətínə] *f* retina
retir [rətír] *m* retiro; (*la pensió*) retiro, pensión *f*
retirar [rətirá] *vt* retirar; *vi* (*assemblar-se*) parecerse *vp*, retirar; *vp* retirarse
rètol [rɛ́tul] *m* letrero, rótulo
retolador [rətuləðó] *m* rotulador
retòrica [rətɔ́rikə] *f* retórica
retorn [rətórn] *m* retorno, vuelta *f*, regreso
retornar [rəturná] *vt* (*restituir*) devolver, retornar; (*fer recobrar els sentits*) reanimar; vi (*tornar*) volver, regresar, retornar
retrat [rətrát] *m* retrato
retratar [rətrətá] *vt* retratar
retre [rɛ́trə] *vt* (*restituir*) devolver, restituir; (*allò que és degut*) rendir; (*lliurar, sotmetre*) rendir
retret -a [rətrét] *aj* (*poc comunicatiu*) retraído -da; *m* (*acció de retreure*) reproche
retreure [rətrɛ́wrə] *vt* (*recordar*) sacar a colación; (*defectes, mancances*) reprochar, echar en cara; (*retractar*) retraer
retribuir [rətriβuí] *vt* retribuir
retrobar [rətruβá] *vt* reencontrar, encontrar de nuevo
retrocedir [rətrusəðí] *vi* retroceder
retrovisor [rətruβizó] *m* retrovisor
retrunyir [rətruɲí] *vi* retumbar
reu rea [rɛ́w] *aj mf* reo
reuma [rɛ́wmə] *m* reuma, reúma
reunió [rəunió] *f* reunión
reunir [rəuní] *vtp* reunir(se)
revelar [rəβəlá] *vt* revelar
reverència [rəβərɛ́nsiə] *f* reverencia
revers [rəβɛ́rs] *m* reverso

revés -essa [rəβés] *aj* difícil, enrevesado -da, complicado -da; *m* (*de la mà*) dorso; (*bufetada*) revés; **al ~** al (de) revés
revestir [rəβəstí] *vt* revestir
revetlla [rəβéλλə] *f* verbena
reveure [rəβéwɾə] *vt* ver de nuevo, rever; **a ~!** ¡hasta la vista!, ¡adiós!
revifar [rəβifá] *vt* (*el foc, una flama*) avivar, reavivar; (*una persona*) reavivar, reanimar; *vp* (*d'una malaltia*) recuperarse
revisar [rəβizá] *vt* revisar
revisor -a [rəβizó] *aj mf* revisor -ra
revista [rəβístə] *f* revista
reviure [rəβíwɾə] *vi* revivir
revolada [rəβuláðə] *f* revuelo *m*; **d'una ~** bruscamente
revolt -a [rəβɔ́l] *aj* revuelto -ta, agitado -da, desordenado -da; *m* curva *f*
revolta [rəβɔ́ltə] *f* revuelta, rebelión
revoltar [rəβultá] *vt* (*fer alçar en revolta*) sublevar, amotinar; (*cargolar*) enroscar; (*fer donar voltes*) voltear; *fg* (*indignar*) indignar, sublevar
revolució [rəβulusió] *f* revolución
revòlver [rəβɔ́lβər] *m* revólver
rialla [riáλə] *f* (*fet de riure*) risa; (*acció de riure*) carcajada, risotada; = **riota**
riallada [riəλáðə] *f* carcajada, risotada
rialler -a [riəλé] *aj* risueño -ña
riba [ríβə] *f* orilla, ribera, borde *m*
ribera [riβéɾə] *f* ribera
ribot [riβɔ́t] *m* cepillo
ric -a [rík] *aj mf* rico -ca
ridícul -a [riðíkul] *aj m* ridículo -la
ridiculitzar [riðikulidzá] *vt* ridiculizar
riera [riéɾə] *f* rambla, torrente *m*
rierol [riəɾɔ́l] *m* arroyo, riachuelo
rifa [rífə] *f* rifa, lotería
rifar [rifá] *vt* rifar, sortear; **~-se** (*d'up*) tomar el pelo a up
rifle [ríflə] *m* rifle
rígid -a [ríʒit] *aj* rígido -da
rigor [riγór] *m* rigor, rigurosidad *f*; **de ~** de rigor
rima [rímə] *f* rima
rimar [rimá] *vi* rimar
rinoceront [rinusəɾɔ́n] *m* rinoceronte
rínxol [ríŋʃul] *m* rizo, bucle
riota [riɔ́tə] *f* hazmerreír *m*, blanco *m* de las burlas
riquesa [rikέzə] *f* riqueza
risc [rísk] *m* riesgo; **a tot ~** a todo riesgo
ritme [rídmə] *m* ritmo
ritu [rítu] *m* rito
riu [ríw] *m* río
riuada [riwáðə] *f* riada, avenida
riure [ríwɾə] *m* risa *f*
riure [ríwɾə] *vip* reír(se); **de per ~** en broma, de mentirijillas; **de ~** de risa; **fer ~** dar risa; **riu bé qui riu darrer** quien ríe el último ríe mejor
rival [riβál] *aj mf* rival
rivet [riβέt] *m* ribete
roba [rɔ́βə] *f* ropa; **haver-hi ~ estesa** haber moros en la costa; **nedar i guardar la ~** nadar y guardar la ropa; **~ blanca, interior** ropa blanca, interior
robar [ruβá] *vt* robar

robatori [ruβətɔ́ɾi] *m* robo
robí [ruβí] *m* rubí
robot [ruβɔ́t] *m* robot
robust -a [ruβúst] *aj* robusto -ta, recio -cia
roc [rɔ́k] *m* piedra *f*
roca [rɔ́kə] *f* roca
rocós -osa [rukós] *aj* rocoso -sa
roda [rɔ́ðə] *f* rueda
rodalia [ruðəlíə] *f* cercanías *pl*, alrededores *mpl*
rodamón [rɔ̀ðəmón] *m* trotamundos
rodanxa [ruðáɲʃə] *f* rodaja, lonja
rodanxó -ona [ruðəɲʃó] *aj* regordete -ta, rechoncho -cha
rodar [ruðá] *vti* rodar; *vt* (*recórrer*) rodar, patear; **engegar-ho tot a ~** echarlo todo a rodar
rodatge [ruðádʒə] *m* rodaje
rodejar [ruðəʒá] *vt* rodear, cercar
rodera [ruðéɾə] *f* rodera, rodada
rodet [ruðɛ́t] *m* carrete
rodó -ona [ruðó] *aj* redondo -da; **en ~** en redondo
rodolar [ruðulá] *vi* rodar, caer rodando
roent [ruén] *aj* candente, al rojo (vivo)
rogenc -a [ruʒɛ́ŋ] *aj* rojizo -za
roger [ruʒé] *m zoo* salmonete
roí -ïna [rui] *aj* ruin
roig roja [rɔ́tʃ] *aj m* rojo -ja, encarnado -da, colorado -da; *aj mf* (*comunista*) rojo -ja;
rom -a [róm] *aj* (*truncat*) romo -ma; *m* (*aiguardent*) ron
romà -ana [rumá] *aj mf* romano -na
romanço [rumánsu] *mpl fm* (*històries*) romances, cuentos, monsergas *f*; **deixar-se de ~s** dejarse de historias; **no em vinguis amb ~s** no me vengas con historias; **no estar per ~s** no estar para historias
romandre [rumándɾə] *vi* (*en una situació, un lloc*) quedar(se), permanecer
romanès -esa [rumənɛ́s] *aj mf* rumano -na; *m* (*llengua*) rumano
romaní [rumənì] *m bot* romero
romànic -a [rumánik] *aj m art* románico -ca; *aj* (*llengua*) románico -ca, romance
rombe [rómbə] *m* rombo
romboide [rumbɔ́jðə] *m* romboide
romeguera [ruməɣéɾə] *f bot* zarza
romeria [ruməɾíə] *f* romería, peregrinación
rompre [rómpɾə] *vt* romper, quebrantar; *vi* (*les onades*) romper; **~ a** romper a
ronc -a [róŋ] *aj* ronco -ca; *m* ronquido
roncar [ruŋká] *vi* roncar
ronda [róndə] *f* ronda
rondalla [rundáʎə] *f* cuento *m*
rondar [rundá] *vti* rondar
rondinaire [rundinájɾə] *aj mf* refunfuñón -ona, gruñón -ona, cascarrabias
rondinar [rundiná] *vi* refunfuñar, protestar, gruñir
ronyó [ruɲó] *m* riñón; **costar un ~** costar un riñón (un ojo de la cara)
ros rossa [rós] *aj mf* rubio -bia

rosa [rɔ́zə] *aj mf bot* rosa; *med* rubeola, rubéola; *aj m* (*color*) rosa
rosada [ruzáðə] *f* rocío *m*
rosari [ruzári] *m* rosario; **acabar com el ~ de l'aurora** acabar como el rosario de la aurora
rosat -ada [ruzát] *aj* rosado -da
rosca [rɔ́skə] *f tcn* rosca, tuerca; *gst* rosca
rosegador -a [ruzəγəðó] *aj m* roedor -ra
rosegar [ruzəγá] *vt* roer
rosegó [ruzəγó] *m* mendrugo, cacho
rosella [ruzéλə] *f bot* amapola
roser [ruzé] *m bot* rosal
ròssec [rɔ́sək] *m* (*d'un vestit, etc*) cola *f*; *fg* (*conseqüència*) secuela *f*; (*paga*) atraso; **a ~** a rastras
rossellonès -esa [rusəλunɛ́s] *aj mf* rosellonés -esa
rossinyol [rusiɲɔ́l] *m zoo* ruiseñor; (*per a obrir panys*) ganzúa *f*
rossolar [rusulá] *vi* resbalar, deslizarse *vp*
rost -a [rɔ́st] *aj* empinado -da; *m* cuesta *f*, pendiente *f*
rostir [rustí] *vt* asar; *vp fg* (*tenir molta calor*) achicharrarse, asarse
rostit [rustít] *m* asado
rostoll [rustóλ] *m* rastrojo
rostre [rɔ́strə] *m* rostro
rot [rɔ́t] *m* eructo
rotació [rutəsió] *f* rotación
rotllana [ruλλánə] *f* círculo [de personas]
rotlle [rɔ́λλə] *m* = **rotllo**
rotllo [rɔ́λλu] *m* (*de paper, etc*) rollo; (*de persones*) corro, círculo; **fer ~ a part** hacer corro aparte
ròtula [rɔ́tulə] *f* rótula
rotund -a [rutún] *aj* rotundo -da
roure [rówrə] *m* roble
roureda [rowrɛ́ðə] *f* robledal *m*, robleda
rovell [ruβɛ́λ] *m* (*òxid*) herrumbre *f*; (*d'ou*) yema *f*
rovellar [ruβəλá] *vt* oxidar
rovelló [ruβəλó] *m* níscalo
rubor [ruβór] *m* rubor, sofoco, sofocón *fm*
ruboritzar-se [ruβuridzársə] *vp* ruborizarse
ruc -a [rúk] *mf* = **ase**; **caure del ~** apearse del burro
rude [rúðə] *aj* rudo -da
rudimentari -ària [ruðiməntári] *aj* rudimentario -ria
rúfol -a [rúful] *aj* nublado -da, borrascoso -sa, destemplado -da
rugir [ruʒí] *vi* rugir
rugós -osa [ruγós] *aj* rugoso -sa
ruïna [ruínə] *f* ruina; *pl art* (*restes*) ruinas; **ésser una ~** (*up*) estar hecho una ruina
ruïnós -osa [ruinós] *aj* ruinoso -sa
ruixar [ruʃá] *vt* rociar, asperger, asperjar
ruixat [ruʃát] *m* aguacero, chaparrón, chubasco
ruixim [ruʃím] *m* (*esquitxos*) salpicadura *f pl*; (*plovisqueig*) llovizna *f*
ruleta [rulɛ́tə] *f* ruleta
rulot [rulɔ́t] *f* roulotte
rumb [rúm] *m* rumbo
rumiar [rumiá] *vt* pensar, rumiar; **~-s'ho bé** pensárselo bien
rumor [rumór] *m* rumor; **córrer el ~** rumorearse, correr la voz

runa [rúnə] *f* escombros *mpl*, cascotes *mpl*
ruptura [ruptúɾə] *f* ruptura, rotura
rural [ruɾál] *aj* rural
rus russa [rús] *aj mf* ruso -sa; *m* (*llengua*) rus
rusc [rúsk] *m* colmena *f*
ruta [rútə] *f* ruta
rutina [rutínə] *f* rutina
rutllar [ruʎʎá] *vi* funcionar, marchar, ir

S

sa sana [sá] *aj* sano -na; ~ **i estalvi** sano y salvo
saba [sáβə] *f* savia
sabana [səβánə] *f* sabana
sabata [səβátə] *f* zapato *m*; [*generalment en m*] *fm* (*toix*) zoquete *m*, tarugo *m*; *mar tcn* zapata
sabater -a [səβəté] *mf* zapatero -ra; *m* (*moble*) zapatero
sabateria [səβətəɾíə] *f* zapatería
sabatilla [səβətíʎə] *f* zapatilla
saber [səβέ] *m* saber
saber [səβέ] *vt* saber. ~ *llegir i escriure*, saber leer y escribir; *vi* (*tenir gust*) saber; ~ **de** saber de; ~ **greu** sentirlo, saber mal
saberut -uda [səβəɾút] *aj* sabihondo -da, sabelotodo
sabó [səβó] *m* jabón; **donar** ~ (*a up*) dar jabón a up, dar coba
sabor [səβóɾ] *m* sabor
saborós -osa [səβuɾós] *aj* sabroso -sa
sabotatge [səβutádʒə] *m* sabotaje
sabre [sáβɾə] *m* sable
sac [sák] *m* saco; **buidar el** ~ echarlo (soltarlo) todo por la boca; **ésser al** ~ estar en el bote; ~ **de dormir** saco de dormir; ~ **de gemecs** gaita
saca [sákə] *f* saca
sacada [səkáðə] *f esp* saque
sacar [səká] *vi* sacar
sacarina [səkəɾínə] *f* sacarina
sacerdot [səsərdɔ́t] *m* sacerdote
saciar [səsiá] *vt* saciar
sacrificar [səkɾifiká] *vtp* sacrificar(se)
sacsejar [səksəʒá] *vt* sacudir, zarandear, vapulear
sàdic -a [sáðik] *aj mf* sádico -ca
safanòria [səfənɔ́ɾiə] *f* zanahoria
safareig [səfəɾέtʃ] *m* lavadero
safari [səfáɾi] *m* safari
safata [səfátə] *f* bandeja
safir [səfír] *m* zafiro
safrà [səfɾá] *aj m iv* azafrán
sagaç [səγás] *aj* sagaz
sageta [səʒέtə] *f* saeta
sagí [səʒí] *m* (*greix*) grasa *f*; (*llard*) manteca *f*, lardo; **suar el** ~ sudar la gota gorda
sagnar [səŋná] *vti* sangrar
sagrament [səγɾəmén] *m* sacramento
sagrat -ada [səγɾát] *aj* sagrado -da
saïm [səím] *m* = **sagí**
sajolida [səʒulíðə] *f bot* ajedrea, hisopillo *m*
sal [sál] *f* sal; *fg* (*gràcia*) sal, salero *m*; *fpl* (*de bany*) sales

sala [sálə] *f* (*habitació gran*) sala; (*sala d'estar*) sala, salón *m*; (*d'un tribunal*) sala
salamandra [sələmándrə] *f zoo* salamandra
salari [səlári] *m* salario
salat -ada [səlát] *aj* salado -da; *fg* salado -da, saleroso -sa
saldo [sáldu] *m* saldo
saler [səlé] *m* salero
salina [səlínə] *f* [*sovint en pl*] salina
saliva [səlíβə] *f* saliva
salivera [səliβérə] *f* espumarajo *m*, espumajo *m*
salmó [səlmó] *m zoo* salmón
salnitre [sàlnítrə] *m* salitre
saló [səló] *m* salón
salpar [səlpá] *vi* zarpar, levar
salsa [sálsə] *f* salsa
salsitxa [səlsítʃə] *f* salchicha
salt [sál] *m* salto, brinco, bote; *esp* salto; (*d'aigua*) salto, cascada *f*; (*desnivell*) salto, desnivel; **fer el ~** (*faltar a una cita*) dar plantón, dejar plantado; (*ésser infidel*) poner los cuernos, pegársela
saltador -a [səltəðó] *aj mf* saltador -ra
saltamartí [səltəmərtí] *m* tentetieso
saltar [səltá] *vi* saltar; *vt* (*passar per alt*) saltar, saltarse; (*una vianda*) saltear
saltiró [səltiró] *m* saltito, saltillo
saltironar [səltiruná] *vi* dar saltitos
saludable [səluðábblə] *aj* saludable
saludar [səluðá] *vt* saludar; **us saluda atentament** le saluda atentamente
salut [səlút] *f* salud; *m* saludo, salutación *f*
salutació [səlutəsió] *f* saludo *m*, salutación
salvació [səlβəsió] *f* salvación
salvament [səlβəmén] *m* salvamento
salvar [səlβá] *vtp* salvar(se)
salvatge [səlβádʒə] *aj mf* salvaje
salvavides [səlβəβíðəs] *m* salvavidas; **armilla ~** chaleco salvavidas
sàlvia [sálβiə] *f bot* salvia
salze [sálzə] *m bot* sauce
samarreta [səmərɛ́tə] *f* camiseta
samfaina [səmfájnə] *f gst* pisto *m*; *fg* (*poti-poti*) batiburrillo *m*, revoltijo *m*
sanció [sənsió] *f* sanción
sandàlia [səndáliə] *f* sandalia
sandvitx [sənbítʃ] *m* sándwich, emparedado
sanefa [sənɛ́fə] *f* cenefa
sang [sáŋ] *f* sangre; **a ~ freda** *fg* a sangre fría; **fer mala ~** *fg* encender la sangre; **fer-se ~** hacerse sangre; **no tenir ~ a les venes** *fg* no tener sangre en las venas; **portar-ho a la ~** *fg* llevarlo en la sangre; **~ blava** *fg* sangre azul
sanglot [səŋglót] *m* sollozo
sanglotar [səŋglutá] *vi* sollozar
sanguini -ínia [səŋgíni] *aj* sanguíneo -a
sanitari -ària [sənitári] *aj m* sanitario -ria
sanitat [sənitát] *f* sanidad

sant -a [sán] *aj mf* santo -ta; *m* (*onomàstica*) santo. *Quan és el teu ~?*, ¿cuándo es tu santo?
sarau [səráw] *m* (*reunió*) sarao; (*baralla*) sarao, riña *f*, bronca *f*, camorra *f*; **armar ~** armar una pelotera, meter bulla
sarcasme [sərkázmə] *m* sarcasmo
sarcòfag [sərkɔ́fək] *m* sarcófago
sard -a [sárt] *aj mf* sardo -da; *m* (*llengua*) sardo
sardana [sərdánə] *f* sardana
sardina [sərdínə] *f zoo* sardina
sargantana [sərgəntánə] *f zoo* lagartija
sargir [sərʒí] *vt* zurzir
sarment [sərmén] *f/m* sarmiento *m*
sarraí -ïna [sərəí] *aj mf hst* sarraceno -na
sarró [səró] *m* zurrón, morral
sastre [sástrə] *m* sastre
sastreria [səstrəríə] *f* sastrería
sàtira [sátirə] *f* sátira
satisfacció [sətisfəksió] *f* satisfacción; **a ~** a satisfacción
satisfer [sətisfé] *vt* satisfacer
saturar [sə turá] *vt* saturar
saüc [səúk] *m bot* saúco
sauna [sáwnə] *f* sauna
savi sàvia [sáβi] *aj mf* sabio -bia
saviesa [səβiέzə] *f* sabiduría
saxòfon [səksɔ́fun] *m* saxo, saxofón
sec -a [sέk] *aj* seco -ca; **a seques** a palo seco, a secas; **en ~** en seco. *Netejar en ~*, limpiar en seco; *fg* (*sobtadament*) en seco
séc [sék] *m* pliegue
secà -ana [səká] *aj* seco -ca; *agr* (*terra*) de secano. *Terra secana*, tierra de secano; *m* secano; **de ~** de secano; *fg dsp* de poca monta
secada [səkáðə] *f* sequía
secant [səkán] *aj f* secante
secció [səksió] *f* sección
secret -a [səkrέt] *aj m* secreto -ta
secretari -ària [səkrətári] *mf* secretario -ria
secta [sέktə] *f* secta
sector [səktó] *m* sector
secundari -ària [səkundári] *aj* secundario -ria; *f* (*busca dels segons*) segundero *m*
seda [sέðə] *f* seda; **anar com una ~** ir (marchar) como una seda, ir sobre ruedas
sedant [səðán] *aj m* sedante
sedàs [səðás] *m* [*pl: -assos*] cedazo, criba *f*; **passar pel ~** pasar por el cedazo (el tamíz)
sedentari -ària [səðəntári] *aj mf* sedentario -ria
sediment [səðimén] *m* sedimento
seduir [səðuí] *vt* seducir
segador -a [səγəðó] *aj mf* segador -ra; **~a-batedora** segadora trilladora, cosechadora
segar [səγá] *vt* segar; (*un cordill, una corda*) rozar; *vp* (*les cames, els braços*) agarrotarse
segell [səʒéʎ] *m* sello; (*de correus*) sello, timbre
segle [ségglə] *m* siglo
segment [səgmén] *m* segmento
sègol [sέγul] *m agr bot* centeno
segon -a [səγón] *aj* segundo -da; *m* (*unitat de temps*) segundo; *f aut* segona
segons [səγóns] *prp* según; [*davant verb*] **~ que** según. *~ que sembla*, segun parece

segregar [səɣɾəɣá] *vt* (*apartar*) segregar, separar; (*secretar*) segregar, secretar
segrestar [səɣɾəstá] *vt* secuestrar
següent [səɣwén] *aj* siguiente
seguici [səɣísi] *m* séquito, cortejo
seguidament [səɣìðəmén] *av* seguidamente, a continuación
seguir [səɣí] *vt* seguir; *vp* (*deduir-se*) seguirse. *D'on se segueix que són iguals*, de donde se sigue que son iguales
segur -a [səɣú] *aj* segur -ra; **de ~** a buen seguro
segurament [səɣùɾəmén] *av* seguramente
seguretat [səɣuɾətát] *f* seguridad
seient [səjén] *m* asiento
seitó [səjtó] *m zoo* boquerón
seixanta [səʃántə] *aj m* sesenta; *aj mf* (*seixantè*) sesenta; **ésser (semblar) can ~** ser (parecer) la casa de tócame Roque
selecció [sələksió] *f* selección
seleccionar [sələksiuná] *vt* seleccionar
selecte -a [səléktə] *aj* selecto -ta
sella [séʎə] *f* (*de muntar*) silla
selló [səʎó] *m* (*de bicicleta*) sillín
selva [sélβə] *f* selva
semàfor [səmáfur] *m* semáforo
semblança [səmblánsə] *f* semejanza, parecido *m*
semblant [səmblán] *aj* semejante, parecido -da; *m* (*cara*) semblante
semblar [səmblá] *vi* parecer; (*ésser semblant a*) semejar, parecer
sembra [sémbɾə] *f* siembra
sembrador -a [səmbɾəðó] *aj mf* sembrador -ra
sembrar [səmbɾá] *vt* sembrar
sembrat -ada [səmbɾát] *aj m* sembrado -da
semen [sémən] *m* semen
semestre [səméstɾə] *m* semestre
semicercle [sèmisérklə] *m* semicírculo
sèmola [sémulə] *f* sémola
sempre [sémpɾə] *av* siempre; **de ~** de siempre; **des de ~** desde siempre; [*amb el verb en subjuntiu*] **~ que** siempre que. *Hi anirem demà ~ que no plogui*, iremos mañana siempre que no llueva
senar [səná] *aj* [*generalment en pl*] non, impar
senat [sənát] *m* senado
sencer -a [sənsé] *aj* entero -ra
senda [séndə] *f* senda, sendero *m*
senglar [səŋglá] *m zoo* jabalí
sengles [séŋgləs] *aj pl* (*un per a cadascun*) sendos -das
sènia [séniə] *f* noria
sens [séns] *prp* = **sense**
sensació [sənsəsió] *f* sensación
sensat -a [sənsát] *aj* sensato -ta
sense [sénsə] *prp* sin
sensibilitat [sənsiβilitát] *f* sensibilidad
sensible [sənsíbblə] *aj* sensible
sentència [sənténsiə] *f* (*màxima*) sentencia, máxima; *dr* sentencia, fallo *m*
sentenciar [səntənsiá] *vt* sentenciar
sentiment [səntimén] *m* sentimiento; **us acompanyo en el ~** le acompaño en el sentimiento, mi más sentido pésame

sentinella [səntinéʎə] *mf* centinela

sentir [səntí] *vt* (*percebre*) sentir (*oir*) oír; (*experimentar*) sentir, experimentar; (*escoltar*) escuchar; (*lamentar*) sentir; *vp* sentirse. *~-se malalt*, sentirse enfermo; **~-hi** oír; **~-se'n** sentirse, resentirse, dolerse

sentit -ida [səntít] *aj* (*up*) sentido -da

sentit [səntít] *m* sentido; **no tenir** ~ no tener sentido; **perdre els ~s** perder el conocimento; ~ **comú** sentido común

seny [sɛ́ɲ] *m* juicio, cordura *f*; **no tenir** ~ no tener juicio; **perdre el** ~ perder el juicio (la razón); **posar** ~ sentar la cabeza

senya [sɛ́ɲə] *f* seña. *Dóna'm les teves senyes*, dame tus señas

senyal [səɲál] *m* (*marca*) señal *f*; (*signe, indici*) señal *f*, signo; (*gest*) seña *f*, señal *f*; **~s de circulació** señales de tráfico

senyalar [səɲəlá] *vt* (*marcar*) señalar

senyar [səɲá] *vtp* santiguar(se)

senyera [səɲérə] *f* (*insígnia*) estandarte *m*, enseña; (*bandera*) bandera

senyor -a [səɲó] *aj* señor -ra. *Un abric molt ~*, un abrigo muy señor; *mf* señor -ra; (*tractament de cortesia*) señor -ra, don -ña; **ésser tot un** ~ ser todo un caballero; **tenir aires de** ~ dárselas de señor

senyorial [səɲuriál] *aj* señorial

senzill -a [sənzíʎ] *aj* sencillo -lla

senzillament [sənziʎəmén] *av* sencillamente

sèpal [sɛ́pəl] *m bot* sépalo

separació [səpərəsió] *f* separación

separar [səpərá] *vtp* separar(se)

sèpia [sɛ́piə] *f* = **sípia**

sepulcre [səpúlkrə] *m* sepulcro

sepultar [səpultá] *vt* sepultar

sequedat [səkəðát] *f* sequedad

seqüència [səkwɛ́nsiə] *f* secuencia

sequera [səkérə] *f* = **secada**

sèquia [sɛ́kiə] *f* acequia

ser [sé] *vi m* = **ésser**

serè -ena [sərɛ́] *aj* sereno -na; *f* (*humitat nocturna*) sereno *m*, relente *m*

serenitat [sərənitát] *f* serenidad

sergent -a [sərʒén] *mf* sargento *m*

sèrie [sɛ́riə] *f* serie

seriós -osa [səriós] *aj* serio -ria

sermó [sərmó] *m* sermón

serp [sérp] *f zoo* serpiente, culebra; ~ **de cascavell** serpiente de cascabel

serpent [sərpén] *m/f* = **serp**

serra [sɛ́rə] *f tcn geo* sierra

serralada [sərəláðə] *f geo* cordillera, sierra

serraller -a [sərəʎé] *mf* cerrajero -ra

serrar [sərá] *vt tcn* serrar, aserrar; (*estrènyer*) apretar

serrat -ada [sərát] *aj* (*barba*) espeso -sa; (*dentat*) aserrado -da

serrell [səréʎ] *m* (*de cabells*) flequillo; *txt* fleco

servei [sərbɛ́j] *m* servicio; *esp* saque; (*de tennis*) servicio; **fer** ~ servir; ~ **militar** servicio militar

servent -a [sərbén] *mf* sirviente -ta; *rlg* siervo -va

servir [sərbí] *vt* servir; *ab esp* (*la pilota*) sacar; *vi* (*ésser útil*) servir, valer; **fer** ~ usar, utilizar, emplear; *vp* (*fer ús*) servirse
sèsam [sɛ́zəm] *m* sésamo; **obre't, ~!** ¡ábrete, sésamo!
sessió [səsió] *f* sesión
set [sɛ́t] *aj m* siete
set [sɛ́t] *f* sed; *m esp* set
setanta [sətántə] *aj m* setenta
setè -ena [sətɛ́] *aj mf* séptimo -ma
setembre [sətémbrə] *m* septiembre
setge [sɛ́dʒə] *m* sitio, asedio, cerco
setmana [səmmánə] *f* semana; **cap de** ~ fin de semana; **entre** ~ entre semana
setmanal [səmmənál] *aj* semanal
setmanari [səmmənári] *m* semanario
setmesó -ona [sɛ̀dməzó] *aj mf* sietemesino -na
setrill [sətríʎ] *m* aceitera *f*
setrilleres [sətriʎérəs] *fpl* vinagreras, aceiteras
setze [sɛ́dzə] *aj mf* dieciséis
seu [sɛ́w] *f rlg* (*episcopal*) sede; (*catedral*) seo, catedral; **Santa** ~ Santa Sede
seu seva [séw] *aj pr* (*d'ell, d'ella, de vostè*) suyo -ya; [*davant de substantiu*] su. *La seva terra*, su tierra; **anar a la seva** ir a lo suyo; **sortir-se amb la seva** salirse con la suya
sèu [sɛ́w] *m* sebo
seure [sɛ́wrə] *vi* sentarse
sexe [sɛ́ksə] *m* sexo
sexual [səksuál] *aj* sexual
si [si] *cnj* si; ~ **no** si no; ~ **més no** al menos, cuando menos
si [sí] *m ana* seno; *fg* (*part interna d'una cosa*) seno; *mús* si
si [sí] *pr* sí. *Ell sempre parla de ~ mateix*, él siempre habla de sí mismo; **en ~ mateix** en sí mismo; **per ~ mateix** de por sí
sí [sí] *av m* sí; **això ~ que no** eso sí que no
sia [síə] *cnj* sea. *~ bo, ~ dolent*, sea bueno, sea malo
siderúrgia [siðərúrʒiə] *f* siderurgia
sidra [síðrə] *f* sidra
sifó [sifó] *m* sifón
sigla [síɣlə] *f* sigla
signar [siŋná] *vt* firmar
signatura [siŋnətúrə] *f* firma; (*dels llibres d'una biblioteca*) signatura
signe [síŋnə] *m* signo
significar [siŋnifiká] *vt* significar; *vp* (*fer-se notar*) significarse
significat [siŋnifikát] *m* significado
silenci [silɛ́nsi] *m* silencio
silenciós -osa [silənsiós] *aj* silencioso -sa
silueta [siluɛ́tə] *f* silueta
silvestre [silβéstrə] *aj* silvestre
símbol [símbul] *m* símbolo
simetria [simətríə] *f* simetría
simètric -a [simɛ́trik] *aj* simétrico -ca
simfonia [simfuníə] *f* sinfonía
simi [sími] *m* simio
similar [similár] *aj* similar
simpatia [simpətíə] *f* simpatía
simpàtic -a [simpátik] *aj* simpático -ca

simple [símplə] *aj* simple
simplement [sìmpləmén] *av* simplemente
simplificar [simplifiká] *vt* simplificar
simposi [simpɔ́zi] *m* simposio
símptoma [símtumə] *m* síntoma
simular [simulá] *vt* simular
simultani -ània [simultáni] *aj* simultáneo -a
sinagoga [sinəɣɔ́ɣə] *f* sinagoga
sincer -a [sinsé] *aj* sincero -ra
sindicat [sindikát] *m* sindicato
síndria [síndriə] *f* sandía
síndrome [síndrumə] *f* síndrome *m*
singlot [siŋglót] *m* hipo
singular [siŋgulár] *aj m* singular
sínia [síniə] *f* noria
sinistre -a [sinístrə] *aj m* siniestro -tra
sinó [sinó] *cnj* sino. *No és ell ~ el seu germà*, no es él sino su hermano; **no... ~...** no... sino..., no... más que... *No tenia ~ un fill*, no tenía sino un hijo; **no solament... ~ també** no sólo... sino también
sinònim -a [sinɔ́nim] *aj m* sinónimo -ma
sintagma [sintágmə] *m* sintagma
síntesi [síntəzi] *f* síntesis
sintètic -a [sintɛ́tik] *aj* sintético -ca
sintetitzar [sintətidzá] *vt* sintetizar
sintonia [sintuníə] *f ele mús* sintonía
sinuós -osa [sinuós] *aj* sinuoso -sa
sípia [sípiə] *f zoo* sepia
sirena [sirɛ́nə] *f* sirena
sis [sís] *aj m* seis
sisè -ena [sizɛ́] *aj mf* sexto -ta
sisme [sízmə] *m* seísmo, sismo
sistema [sistémə] *m* sistema
sitja [sídʒə] *f* silo *m*; (*masmorra*) mazmorra
situació [situəsió] *f* situación
situar [situá] *vtp* situar(se)
sivella [siβéʎə] *f* hebilla
so [sɔ́] *m* sonido; (*musical*) son; **ballar segons el ~** bailar al son que tocan
sobirà -ana [suβirá] *aj mf* soberano -na
sobra [sɔ́βrə] *m* (*excés*) sobra; *pl* (*deixalles*) sobras; **de ~** (**de sobres**) de sobra, de sobras. *En tinc ~ i de sobres*, me basta y me sobra
sobrar [suβrá] *vti* sobrar. *Sobra vi*, sobra vino. *Aquí hi sobres*, aquí sobras
sobre [sóβrə] *prp* (*damunt*) sobre, encima de; (*tocant a*) sobre, acerca de; *av* encima; **a ~** encima, para colmo
sobre [sóβrə] *m* (*part superior*) parte superior; (*d'una carta*) sobre
sobreeixir [sòβrəʃí] *vi* (*un recipient*) rebosar; (*un líquid*) rebosar, derramarse
sobrepassar [sòβrəpəsá] *vt* sobrepasar
sobrer -a [suβré] *aj* sobrante; **ésser ~** estar de más (de sobra)
sobresaltar [sòβrəsəltá] *vtp* sobresaltar(se)
sobresortir [sòβrəsurtí] *vi* sobresalir

sobretot [sòβɾətót] *av* sobre todo; *m* (*abric*) sobretodo
sobreviure [sòβɾəβíwɾə] *vi* sobrevivir
sobri sòbria [sɔ́βɾi] *aj* sobrio -bria, escueto -ta
sobtadament [suptàðəmén] *av* de golpe, de pronto, súbitamente
sobtar [suptá] *vt* sorprender; *vp* (*les viandes*) arrebatarse
soc [sɔ́k] *m* (*tros de soca*) leño, tronco; (*esclop*) zueco, almadreña *f*; (*mercat àrab*) zoco
soca [sɔ́kə] *f* (*tronc d'arbre*) tronco *m*; (*part que resta un cop tallat l'arbre*) tocón *m*; *fg* (*estirp*) cepa, tronco *m*
socarrar [sukərá] *vt* chamuscar
socarrimar [sukərimá] *vt* chamuscar
soci sòcia [sɔ́si] *mf* socio -cia
social [susiál] *aj* social
societat [susiətát] *f* sociedad
sòcol [sɔ́kul] *m* zócalo
socórrer [sukórə] *vt* socorrer
socors [sukórs] *m* [*pl: inv o -orsos*] socorro; *inj* ¡socorro!
soda [sɔ́ðə] *f* soda
sofà [sufá] *m* [*pl: -às*] sofá; ~ **llit** sofá cama
sofert -a [sufɛ́rt] *aj* sufrido -da
sofre [sófɾə] *m* azufre
sofregit [sufɾəʒít] *m* sofrito
sofriment [sufɾimén] *m* sufrimiento
sofrir [sufɾí] *vti* sufrir
sogre -a [sɔ́ɣɾə] *mf* suegro -gra
sojornar [suʒurná] *vi* estar, residir
sol [sɔ́l] *m* sol; *mús* sol; **a ~ i serena** a la intemperie; **de ~ a ~** de sol a sol; **~ ixent** sol naciente; **tocar el ~** dar el sol
sol -a [sɔ́l] *aj* solo -la; **tot ~** a solas
sòl [sɔ́l] *m* suelo
sola [sɔ́lə] *f* suela; **mitja ~** medias suelas; **no arribar a la ~ de la sabata** (*d'up*) no llegarle a la suela de los zapatos
solaç [sulás] *m* solaz
solament [sɔ̀ləmén] *av* solo, solamente, tan solo; **no ~... sinó...** no solo... sino...
solana [sulánə] *f* solana
solapa [sulápə] *f* solapa
solar [sulár] *aj m* solar
solc [sólk] *m* surco; (*rastre*) estela *f*
solcar [sulká] *vt* surcar
soldà [suldá] *m* sultán
soldar [suldá] *vtp* soldar(se)
soldat [suldát] *m* soldado *m*
soledat [suləðát] *f* = **solitud**
solemne [sulɛ́mnə] *aj* solemne
soler [sulé] *m* suelo; (*d'una casa*) planta *f* [baja]
soler [sulé] *vi* soler, acostumbrar
solfa [sɔ́lfə] *f* solfa, solfeo *m*
solfeig [sulfɛ́tʃ] *m* solfeo
sòlid -a [sɔ́lit] *aj m* sólido -da
solidari -ària [suliðáɾi] *aj* solidario -ria
solidaritat [suliðəɾitát] *f* solidaridad
solidificació [suliðifikəsió] *f* solidificación
solitari -ària [sulitáɾi] *aj mf* solitario -ria; *m* (*tènia*) solitaria *f*
solitud [sulitút] *f* soledad
sols [sɔ́ls] *av* solo, solamente; **ni tan ~** ni siquiera

solt -a [sɔ́lt] *aj* suelto -ta; *f* sentido; **sense ~ ni volta** sin ton ni son
solter -a [sulté] *aj mf* soltero -ra
solució [sulusió] *f* solución
solucionar [sulusiuná] *vt* solucionar
somera [suméɾə] *f* burra, borrica
somiar [sumiá] *vti* soñar; **ni ~-hi** ni soñarlo; **~ despert** soñar despierto
somicar [sumiká] *vi* lloriquear, gimotear
sòmines [sɔ́minəs] *mf* papanatas, bobalicón -ona
somni [sɔ́mni] *m* sueño
somniar [sumniá] *vti* = **somiar**
somort -a [sumɔ́rt] *aj* mortecino -na, débil, apagado -da
somrient [sumrién] *aj* sonriente
somrís [sumrís] *m* = **somriure**
somriure [sumríwɾə] *m* sonrisa *f*
somriure [sumríwɾə] *vi* sonreír
son [sɔ́n] *m* (*acte de* dormir) sueño. *Tenir un ~ pesat*, tener un sueño pesado; *f* (*ganes de dormir*) sueño *m*. *Em moro de ~*, me muero de sueño; **perdre el ~** perder el sueño; **trencar el ~** echar un sueño; **treure's la ~ de les orelles** sacudirse la pereza
son sa [sun] *aj* su. *Sa mare*, su madre
sonar [suná] *vi* sonar; **tal com sona** así como suena; *fm* (*haver vist, sentit, etc*) sonar. *Em sona la teva cara*, me suena tu cara
sonata [sunátə] *f* sonata
sonda [sóndə] *f mar* sonda; *med* sonda, cánula
sonor -a [sunór] *aj* sonoro -ra
sopa [sópə] *f* sopa
sopar [supá] *m* cena *f*
sopar [supá] *vi* cenar; **havent sopat** después de cenar
soper -a [supé] *aj f* sopero -ra
sorbet [surbɛ́t] *m* sorbete
sord -a [sórt] *aj mf* sordo -da
sordesa [surdɛ́zə] *f* sordera
sordmut -uda [sòrtmút] *aj mf* sordomudo -da
sorgir [surʒí] *vi* surgir
sorneguer -a [surnəɣé] *aj* socarrón -ona, burlón -ona
soroll [suɾóʎ] *m* ruido
sorollós -osa [suɾuʎós] *aj* ruidoso -sa
sorprendre [surpɛ́ndɾə] *vt* (*agafar de sorpresa*) sorprender, pescar; (*colpir, meravellar*) sorprender, asombrar
sorprenent [surpɾənén] *aj* sorprendente, asombroso -sa
sorpresa [surpɾɛ́zə] *f* sorpresa; **agafar de ~** coger de sorpresa
sorra [sórə] *f* arena; **sorres movedisses** arenas movedizas
sorrenc -a [surɛ́ŋ] *aj* arenoso -sa
sorrut -uda [surút] *aj* hosco -ca, huraño -ña, arisco -ca
sort [sɔ́rt] *f* suerte; **encara ~** menos mal; **per ~** por suerte; **portar mala ~** dar (traer) mala suerte; **~ que** menos mal que
sorteig [surtɛ́tʃ] *m* sorteo
sortida [surtíðə] *f* salida; *fm* (*acudit*) salida, ocurrencia
sortidor [surtiðó] *m* surtidor
sortir [surtí] *vi* salir; **~-ne ben parat** salir bien librado (parado); **~-se'n** salir del aprieto (del

apuro); ~**-se'n** desenvolverse, salir adelante
sospesar [suspəzá] *vt* sospesar
sospir [suspír] *m* suspiro
sospirar [suspirá] *vi* suspirar
sospitar [suspitá] *vt* sospechar
sostenir [sustəní] *vtp* sostener(se)
sostre [sɔ́strə] *m* techo, techado
sot [sɔ́t] *m* (*clot*) hoyo; (*d'un camí, etc*) bache; **anar al** ~ (*morir*) irse al hoyo
sota [sótə] *prp* bajo, debajo de; **per** ~ **de** por bajo de; *av* debajo
sota [sótə] *f jcs* sota
sotabosc [sòtəβɔ́sk] *m* sotobosque
soterrani -ània [sutəráni] *aj* subterráneo -nea; *m* sótano
soterrar [sutərá] *vt* soterrar, enterrar
sotmetre [sudmɛ́trə] *vt* someter
sotrac [sutrák] *m* sacudida *f*, tumbo
sotragada [sutrəγáðə] *f* = **sotrac**
sotsobrar [sutsuβrá] *vi mar* zozobrar
sou [sɔ́w] *m* sueldo
soviètic -a [suβiɛ́tik] *aj mf* soviético -ca
sovint [suβín] *av* a menudo, con frecuencia
sovintejar [suβintəʒá] *vti* menudear
suar [suá] *vti* sudar
suara [suárə] *av* ahora mismo, hace poco
suau [suáw] *aj* suave
suavitat [suəβitát] *f* suavidad
suavitzar [suəβidzá] *vt* suavizar
súbdit -a [súbdit] *aj mf* súbdito -ta
subdividir [subdiβiðí] *vt* subdividir
subdivisió [subdiβizió] *f* subdivisión
subhasta [suβástə] *f* subasta
subjectar [subʒəktá] *vt* sujetar
subjecte -a [subʒɛ́ktə] *aj m* sujeto -a
subjuntiu [subʒuntíw] *m* subjuntivo
sublim [suβlím] *aj m* sublime
submarí -ina [summərí] *aj m* submarino -na
submarinista [summərinístə] *aj mf* submarinista
submergir [summərʒí] *vt* sumergir
subministrar [sumministrá] *vt* suministrar
subnormal [sumnurmál] *aj mf* subnormal
subornar [suβurná] *vt* sobornar
subratllar [subrəʎʎá] *vt* subrayar
subscriure [supskríwrə] *vtp* suscribir(se), subscribir(se)
subsidi [supsíði] *m* subsidio
subsistència [supsistɛ́nsiə] *f* subsistencia
subsistir [supsistí] *vi* subsistir
subsòl [supsɔ́l] *m* subsuelo
substància [supstánsiə] *f* sustancia, substancia; **en** ~ en sustancia
substantiu [supstəntíw] *m* sustantivo, substantivo
substituir [supstituí] *vt* sustituir, substituir
substitut -a [supstitút] *mf* sustituto -ta, substituto -ta
subterrani -ània [suptəráni] *aj* subterráneo -a

subtil [suptíl] *aj* sutil
subtítol [suptítul] *m* subtítulo
subtracció [suptrəksió] *f* sustracción
subtrahend [suptrəén] *m* sustraendo, substraendo
suburbi [suβúrbi] *m* suburbio
suc [súk] *m* (*de fruita*) jugo, zumo; (*de viandes cuinades*) jugo, salsa *f*; (*secreció*) jugo; (*líquid que es desprèn d'un cos*) jugo, líquido
sucar [suká] *vt* mojar. ~ *pa*, mojar pan; *vi fm* (*treure profit*) mojar, chupar (del bote), sacar tajada
succedani [suksəðáni] *aj m* sucedáneo -a
succeir [suksəí] *vi* (*en un càrrec*) suceder; (*esdevenir-se*) suceder, acontecer
successió [suksəsió] *f* sucesión
successiu -iva [suksəsíw] *aj* sucesivo -va
successivament [suksəsìβəmén] *av* sucesivamente
successor -a [suksəsó] *aj mf* sucesor -ra
sucós -osa [sukós] *aj* jugoso -sa
sucre [súkrə] *m* azúcar *m/f*
sucrer -a [sukré] *aj* azucarero -ra; *f* (*recipient*) azucarero *m*, azucarera
suculent -a [sukulén] *aj* suculento -ta
sucumbir [sukumbí] *vi* sucumbir
sucursal [sukursál] *f* sucursal
sud [sút] *aj m* sur
sud-africà -ana [sùtəfriká] *aj mf* sudafricano -na, surafricano -a
sud-americà -ana [sùtəməriká] *aj mf* sudamericano -na, suramericano -a
sud-est [sùtést] *aj m* sudeste, sureste
sud-oest [sùtuést] *aj m* sudoeste, suroeste
suec -a [suék] *aj mf* sueco -ca; *m* (*llengua*) sueco
suèter [suɛ́tər] *m* suéter
suficient [sufisién] *aj m* suficiente
sufix [sufíks] *m* sufijo
sufocar [sufuká] *vt* (*ofegar*) sofocar; (*avergonyir, fer enfadar*) sofocar, sonrojar; (*un incendi*) sofocar, apagar; *vp* (*tenir fogots*) sofocarse
suggeriment [sudʒərimén] *m* sugerencia *f*
suggerir [sudʒərí] *vt* sugerir
suïcida [suisíðə] *aj mf* suicida
suïcidi [suisíðə] *m* suicidio
suís -ïssa [suís] *aj mf* suizo -za
sultà -ana [sultá] *mf* sultán -ana
suma [súmə] *f* suma; **en** ~ en suma
sumand [sumán] *m* sumando
sumar [sumá] *vt* sumar
sumptuós -osa [sumtuós] *aj* suntuoso -sa
suor [suó] *f* sudor *m*
supeditar [supəðitá] *vt* supeditar
superar [supərá] *vtp* superar(se)
superb -a [supɛ́rp] *aj* soberbio -bia
superficial [supərfisiál] *aj* superficial
superfície [supərfísiə] *f* superficie
superflu -èrflua [supɛ́rflu] *aj* superfluo -a
superior [supərió] *aj mf* superior
superlatiu -iva [supərlətíw] *aj m* superlativo -va
supermercat [sùpərmərkát] *m* supermercado

superposar [sùpərpuzá] *vt* superponer
supervivent [sùpərbiβén] *aj mf* superviviente
suplantar [supləntá] *vt* suplantar
suplement [supləmén] *m* suplemento
suplementari -ària [supləməntári] *aj* suplementario -ria
suplent [suplén] *aj mf* suplente
suplicar [supliká] *vt* suplicar
suplir [suplí] *vt* (*uc amb una altra*) suplir; (*up absent*) suplir, sustituir
suport [supɔ́rt] *m* soporte, apoyo; *fg* (*ajuda*) apoyo, respaldo, sostén; **donar ~** apoyar, respaldar
suportar [supurtá] *vt* soportar
suposar [supuzá] *vt* suponer
supositori [supuzitɔ́ri] *m* supositorio
supremacia [suprəməsíə] *f* supremacía
supressió [suprəsió] *f* supresión
suprimir [suprimí] *vt* suprimir
surar [surá] *vi* flotar
surer -a [suré] *aj* corchero -ra; *f bot* alcornoque
suro [súru] *m* corcho
surra [súrə] *f fm* zurra
suspendre [suspέndrə] *vt* suspender
suspens -a [suspέns] *aj m* (*no aprovat*) suspenso -sa; *cin lit* suspense; **en ~** en suspenso
suspensió [suspənsió] *f* suspensión
suspicaç [suspikás] *aj* suspicaz
sustentar [sustəntá] *vt* sustentar, mantener; (*evitar que caigui*) sustentar, sostener
sutge [súdʒə] *m* hollín, tizne

T

tabac [təβák] *m* tabaco; **~ de mastegar** tabaco de mascar
tabal [təβál] *m* tambor; *fg* (*tabalot*) atolondrado -da *f*
tabalot [təβəlɔ́t] *m* tolondrón, atolondrado -da *f*
tabarra [təβárə] *f* lata, tabarra
tabola [təβɔ́lə] *f* jolgorio *m*, jarana, juerga
taca [tákə] *f* mancha
tacar [təká] *vt* manchar
taciturn -a [təsitúrn] *aj* taciturno -na
tacó [təkó] *m* (*del calçat*) tacón; (*pallissa*) paliza *f*, tunda *f*
tacte [táktə] *m* tacto; **tenir bon ~** tener buen tacto
tafanejar [təfənəʒá] *vt* fisgar, fisgonear, curiosear
tafaner -a [təfəné] *aj mf* fisgón -ona, mirón -ona, curioso -sa
tal [tál] *aj* tal, semejante. *No he dit mai ~ cosa*, nunca he dicho tal cosa; (*indeterminat*) tal. *Arribarem ~ dia*, llegaremos tal día; *mf* fulano -na [de tal], mengano -na, zutano -a; *pr* tal, eso. *No faré ~*, no haré tal; *av* tal. *És ~ com us han dit*, es tal como os han dicho
talaia [təlájə] *f* atalaya, vigía
talar [təlár] *vt* talar
talc [tálk] *m* talco
talent [təlén] *m* talento

tall [táʎ] *m* (*vora tallant*) filo, corte, tajo; (*manera de tallar*) corte; (*peces de roba*) corte; (*ferida*) corte; (*ferida profunda*) tajo; (*porció tallada*) tajada *f*, raja *f*; (*rodanxa*) loncha *f*; (*en un àpat*) carne *f*; **a ~ de** (*a guisa de*) a modo de, a manera de
talla [táʎə] *f* (*de pedres, fusta*) talla, labrado *m*; (*en joieria*) talla; (*estatura*) talla, estatura; *fg* (*altura moral*) talla, clase
tallafoc [tàʎəfɔ́k] *m* cortafuego
tallar [təʎá] *vt* cortar; (*donar forma*) cortar, tallar; (*interrompre*) cortar, atajar; (*mesurar la talla*) tallar; *vp* (*la pell, els llavis*) cortarse, agrietarse; (*la llet*) cortarse
tallarina [təʎərínə] *f* [*generalment en pl*] tallarín *m*
tallat -ada [təʎát] *aj* cortado -da; *m* (*cafè amb una mica de llet*) cortado, café cortado; *f* (*llesca*) rebanada; (*de meló, de llonganissa*) raja, tajada
taller [təʎé] *m* taller
talment [tàlmén] *av* talmente *fm*
taló [təló] *m ana* talón, tacón; (*del calçat*) talón; *ecn* talón, cheque
talonari [təlunári] *m* talonario
talòs -ossa [təlɔ́s] *aj* ceporro -rra, zoquete *m*, alcornoque *m*
talp [tálp] *m zoo* topo
també [təmbé] *av* también
tambor [təmbó] *m* tambor
tamboret [təmburét] *m* taburete, banqueta *f*
tampó [təmpó] *m* tampón
tampoc [təmpɔ́k] *av* tampoco
tan [tán] *av* [*anteposat a un aj o a un av*] *av* tan. *No t'esperava ~ aviat*, no te esperava tan pronto; **~... com...** [*ponderatiu*] tan... como.... *Vine ~ de pressa com puguis*, ven tan pronto como puedas; **~..., que...** [*ponderatiu*] tan..., que... *Està ~ trist, que fa pena*, está tan triste, que da pena
tanc [táŋ] *m* tanque
tanca [táŋkə] *f* (*reixa*) cerca, valla; (*de branques, plantes*) seto *m*; (*de collaret, bossa de mà, etc*) cierre *m*; **~ publicitària** valla publicitaria
tancar [təŋká] *vt* cerrar; (*posar dins d'un lloc*) encerrar
tanda [tándə] *f* tanda
tàndem [tándəm] *m* tándem
tangent [təɲʒén] *aj f* tangente; **anar-se'n (fugir) per la ~** escaparse (salirse) por la tangente
tangible [təɲʒíbblə] *aj* tangible
tanmateix [tàmmətéʃ] *av* (*això no obstant*) no obstante, sin embargo; (*de tota manera*) de todos modos; (*sens dubte*) sin duda, desde luego
tanoca [tənɔ́kə] *aj mf* bobo -ba, memo -ma, mentecato -ta
tant -a [tán] *aj* [*pot anar seguit de la prp* de] tanto -ta. *Fa ~ (~ de) soroll que no sento res*, hace tanto ruido que no oigo nada; *pr* tanto -ta. *Són ~s que no puc comptar-los*, son tantos que no puedo contarlos; *m* (*quantitat*) tanto; *av* tanto. *No mengis ~*, no comas tanto; **de ~ en ~** de vez en cuando; **per ~** por lo tanto; **~ de bo!** *inj* ¡ojalá!; **~ és!** ¡da lo

mismo!; ~ **per cent** tanto por ciento
tap [táp] *m* tapón; ~ **de bassa** *fg fm* (*persona petita*) tapón, renacuajo
tapa [tápə] *f* tapa
tapar [təpá] *vt* tapar
tàpera [tápərə] *f* alcaparra
tàpia [tápiə] *f* tapia; **sord com una** ~ más sordo que una tapia
tapís [təpís] *m* tapiz
tapisseria [təpisəríə] *f* tapicería
taquigrafia [təkiɣrəfíə] *f* taquigrafía
taquilla [təkíλə] *f* taquilla
tara [tárə] *f* (*pes*) tara; (*defecte*) tara, lacra
tarannà [tərənná] *m* [*pl:* -*às*] talante, carácter
taràntula [tərántulə] *f zoo* tarántula
tard [tárt] *av* tarde; **cap al** ~ al atardecer; **fer** ~ llegar tarde; ~ **o d'hora** tarde o temprano
tarda [tárt] *f* tarde; **bona** ~ buenas tardes
tardà -ana [tərdá] *aj* tardío -a
tardar [tərdá] *vi* tardar
tardor [tərdó] *f* otoño *m*
targeta [tərʒέtə] *f* tarjeta
tarifa [tərífə] *f* tarifa
tarima [tərímə] *f* tarima
taronger [təruɲʒé] *m bot* naranjo
taronja [tərɔ́ɲʒə] *f bot* (*fruit*) naranja; *aj m* (*color*) naranja
taronjada [təruɲʒáðə] *f* naranjada
tarragoní -ina [tərəɣuní] *aj mf* tarraconense
tars [társ] *m* tarso
tartamut -uda [tərtəmút] *aj mf* = **quec**
tartana [tərtánə] *f* tartana
tasca [táskə] *f* tarea
tascó [təskó] *m* (*falca*) cuña *f*, calce; ~ **publicitari** cuña publicitaria
tassa [tásə] *f* taza
tastar [təstá] *vt* probar, catar
tatuar [tətuá] *vt* tatuar
taula [táwlə] *f* mesa; *mat* tabla; (*d'anuncis*) tablón *m*, tabla, tablero; (*de fusta, marbre*) tabla; (*llista*) tabla, índice; *pl tea* tablas; (*escacs*) tablas; ~ **rodona** mesa redonda
taulell [təwléλ] *m* (*d'una botiga*) mostrador; (*de bar*) barra; (*de fuster, etc*) banco
tauler [təwlé] *m* (*planxa de fusta*) tablero; (*d'anuncis*) tablón, tablero; *jcs* (*escaquer*) tablero, damero
tauleta [təwlέtə] *f* (*post*) tablilla; (*taula* petita) mesilla; ~ **de nit** mesilla de noche
tauló [təwló] *m* tablón
tauró [təwró] *m zoo* tiburón
taüt [təút] *m* ataúd
tavella [təβéλə] *f* vaina
taverna [təβέrnə] *f* taberna, tasca
taxa [táksə] *f* tasa
taxi [táksi] *m* taxi
taxista [təksístə] *mf* taxista
te [té] *f* [*pl: tes*] (*lletra*) te
te [tέ] *m* (*infusió*) té
teatral [teətrál] *aj* teatral
teatre [teátrə] *m* teatro
tebi tèbia [tέβi] *aj* tibio -bia, templado -da
teca [tέkə] *f fm* manduca, pitanza

tecla [téklə] *f* tecla
teclat [téklə] *m* teclado
tècnic -a [téŋnik] *aj f* técnico -ca
tecnologia [təŋnuluʒíə] *f* tecnología
tedi [téði] *m* tedio
teia [téjə] *f* (*fusta resinosa*) tea; (*tros d'aquesta fusta*) antorcha; (*manera d'èsser*) talante *m*, carácter *m*
teixidor -a [təʃiðó] *mf* tejedor -ra; *m* tejiduría *f*
teixir [təʃí] *vt* tejer
teixit [təʃít] *m* tejido
teixó [təʃó] *m zoo* tejón
tel [tél] *m* membrana *f*, película *f*; (*en la llet*) tela *f*, telilla *f*
tela [télə] *f* tela; *art* lienzo *m*
teledirigit -ida [tèləðiriʒít] *aj* teledirigido -da
teleespectador -a [tèləspəktəðó] *mf* telespectador -ra, televidente
telefèric -a [tələférik] *aj m* teleférico -ca
telèfon [təléfun] *m* teléfono
telefonada [tələfunáðə] *f* telefonazo *m*, llamada
telefonar [tələfuná] *vt ab* telefonear, llamar
telefònic -a [tələfɔ́nik] *aj* telefónico -ca
telefonista [tələfunístə] *mf* telefonista
telègraf [təléɣrəf] *m* telégrafo
telegrama [tələɣrámə] *m* telegrama
teler [təlé] *m* telar
telescopi [tələskɔ́pi] *m* telescopio
telesella [tèləséʎə] *f* telesilla
televisió [tələβizió] *f* televisión
televisor [tələβizó] *m* televisor
tell [téʎ] *m bot* tilo
teló [təló] *m* telón
tema [témə] *m* tema
temença [təménsə] *f* = **temor**
témer [témə] *vt* temer
temerari -ària [təmərári] *aj* temerario -ria
temible [təmíbblə] *aj* temible
temor [təmór] *m* temor
temperament [təmpərəmén] *m* temperamento
temperat -ada [təmpərát] *aj* (*moderat*) templado -da, moderado; (*país*) templado -da
temperatura [təmpərətúrə] *f* temperatura
tempesta [təmpéstə] *f* = **tempestat**
tempestat [təmpəstát] *f* tempestad, tormenta
tempestuós -osa [təmpəstuós] *aj* tempestuoso -sa
templa [témplə] *f* sien
temple [témplə] *m* templo
temporada [təmpuráðə] *f* temporada; **de la** ~ de temporada
temporal [təmpurál] *aj* temporal; *m* (*tempesta*) temporal, tempestad *f*; *ana* temporal
temps [téms] *m* tiempo; **a** ~ a tiempo; **al mateix** ~ al mismo tiempo; **al seu** ~ a su tiempo; **anar just de** ~ ir justo de tiempo; **cridar el mal** ~ ser gafe; ~ **a venir** en el futuro; ~ **lliure** tiempo libre; **un quant** ~ algún tiempo
temptació [təmtəsió] *f* tentación
temptar [təmtá] *vt* tentar
tempteig [təmtétʃ] *m* tanteo

temptejar [təmtəʒá] *vt* tantear
tenaç [tənás] *aj* tenaz
tenda [téndə] *f* tienda
tendal [təndál] *m* toldo
tendència [təndɛ́nsiə] *f* tendencia
tendir [təndí] *vi* tender
tendó [təndó] *m* tendón
tendre -a [tɛ́ndɾə] *aj* tierno -na, blando -da; (*pintura*) fresco -ca
tendresa [təndɾɛ́zə] *f* ternura
tendrum [təndɾúm] *m* cartílago, ternilla *f*
tenebra [tənéβɾə] *f* [*sovint en pl*] tiniebla
tenebrós -osa [tənəβɾós] *aj* tenebroso -sa
tènia [tɛ́niə] *f zoo* tenia
tenir [təní] *vt* tener; *vp* (*aguantar-se dret*) tenerse; **no ~-hi res a veure** no tener nada que ver; **no ~-les totes** no tenerlas todas consigo; **~ per** tener por. *El tenien per boig*, lo tenían por loco; **~-se-les amb** habérselas con
tennis [tɛ́nnis] *m* tenis
tennista [tənnístə] *mf* tenista
tenor [tənór] *m* tenor
tens -a [tɛ́ns] *aj* tenso -sa
tensió [tənsió] *f* tensión
tentacle [təntáklə] *m* tentáculo
tentines [təntínəs] *fpl* (*passes vacil·lants*) tambaleo *msg*; (*un convalescent, un infant*) pinitos *m*; **fer ~** hacer sus pinitos
tènue [tɛ́nuə] *aj* tenue
tenyir [təɲí] *vt* teñir
teoria [təuɾíə] *f* teoría
teranyina [təɾəɲínə] *f* telaraña, tela de araña
teràpia [təɾápiə] *f* terapia
tèrbol -a [tɛ́rbul] *aj* turbio -bia
terç -a [tɛ́rs] *aj* = **tercer**; *m* tercio
tercer -a [tərsé] *aj mf* tercero -ra; **~ món** tercer mundo
terciari -ària [tərsiáɾi] *aj mf* terciario -ria
tergiversar [tərʒiβərsá] *vt* tergiversar
termal [tərmál] *aj* termal
terme [térmə] *m* término. *En primer ~*, en primer término. *El ~ del viatge*, el término del viaje. *Un ~ científic*, un término científico; (*termini*) plazo, término; *mpl* (*condicions*) términos; **portar** (**dur**) **a ~** llevar a término (a cabo); **posar ~ a** poner término a; **~ municipal** término municipal
tèrmic -a [tɛ́rmik] *aj* térmico -ca
terminació [tərminəsió] *f* terminación
terminal [tərminál] *aj* terminal; *m ele inf* terminal; *f* (*estació*) terminal
termini [tərmíni] *m* plazo, término; *com* plazo; **a llarg, a curt, ~** a largo, a corto, plazo; **comprar, vendre a ~s** comprar, vender a plazos
tèrmit [tɛ́rmit] *m zoo* termita *f*, termite
termòmetre [tərmɔ́mətɾə] *m* termómetro
termos [tɛ́rmus] *m* termo
terra [tɛ́rə] *f* [*en majúscula*] (*planeta*) Tierra; (*país, regió*) tierra; (*sòl vegetal i mineral*) tierra; *m* suelo; **sota ~** bajo tierra; **~ ferma** tierra firme; **tirar a ~** echar abajo, echar al suelo, tirar

terrabastall [tərəβəstáʎ] *m* (*estrèpit*) estrépito, estruendo; (*daltabaix*) cataclismo, descalabro
terraplè [tərəplɛ́] *m* terraplén
terraqüi -àqüia [tərákwi] *aj* terráqueo -a
terrassa [tərásə] *f* terraza
terrat [tərát] *m* azotea *f*, terrado
terratinent [tɛ̀rətinén] *mf* terrateniente
terratrèmol [tɛ̀rətrɛ́mul] *m* terremoto
terreny [tərɛ́ɲ] *m* terreno
terrestre [tərɛ́strə] *aj mf* terrestre
terrible [tərìbblə] *aj* terrible
terrina [tərínə] *f* tarrina, terrina
terrissa [tərísə] *f* (*conjunt d'objectes*) objetos *mpl* de barro, cerámica popular; (*material*) barro *m*, barro *m* cocido
terrissaire [tərisájɾə] *mf* alfarero -ra
territori [təritɔ́ɾi] *m* territorio
territorial [tərituɾiál] *aj* territorial
terror [tərór] *m* terror, pavor
terrorífic -a [təruɾífik] *aj* terrorífico -ca
terròs [tərɔ́s] *m* (*de sucre, etc*) terrón; *agr* (*terrer*) terruño
terrós -osa [tərós] *aj* terroso -sa
tertúlia [tərtúliə] *f* tertulia
tes -a [tɛ́s] *aj* tenso -sa, tieso -sa
tesar [təzá] *vt* tensar
tesi [tɛ́zi] *f* tesis
test -a [tést] *aj* tieso -sa, teso -sa; *m* (*vas de terrissa*) vasija *f*; (*per a les plantes*) maceta *f*, tiesto; **els ~os s'assemblen a les olles** de tal palo tal astilla
test [tɛ́st] *m* test
testa [téstə] *f* cabeza, crisma *fm*, coco *fm*
testament [təstəmén] *m* testamento
testar [təstá] *vi* testar
testicle [təstíklə] *m* testículo
testimoni [təstimɔ́ni] *mf dr* testigo; *m* (*testimoniatge*) testimonio; *esp* testigo
tetera [tətéɾə] *f* tetera
tetina [tətínə] *f* tetina
tetràedre [tətráeðɾə] *m* tetraedro
tètric -a [tɛ́tɾik] *aj* tétrico -ca
teu teva [téw] *aj* tuyo -ya. *És ~*, es tuyo; [*davant de substantiu*] tu. *És la teva filla*, es tu hija; [*darrere de substantiu*] tuyo -ya. *És fill ~?*, es hijo tuyo?; *pr* tuyo -ya. *Són els ~s*, son los tuyos
teula [tɛ́wlə] *f* teja
teulada [təwlát] *f* tejado *m*
teulat [təwlát] *m* tejado
text [tékst] *m* texto
tèxtil [tɛ́kstil] *aj m* textil
tia [tíə] *f* tía
tibant [tiβán] *aj* tirante
tibar [tiβá] *vt* (*posar tibant*) estirar, tensar; *vi* (*ésser massa estirat*) tirar. *Aquesta camisa em tiba per totes bandes*, esta camisa me tira por todos lados
tibat -ada [tiβát] *aj* (*tens*) tenso -sa, tirante; (*orgullós*) estirado -da
tiberi [tiβɛ́ɾi] *m fm* comilona *f*
tíbia [tíβiə] *f* tibia
tic [tík] *m* tic
tic-tac [tìkták] *m* tic-tac
tigre [tíɣɾə] *m* tigre
tija [tíʒə] *f bot* tallo *m*; rabo *m*; (*barreta que sosté quelcom*) varilla; (*d'una fletxa*) asta

timbal [timbál] *m* tambor
timbre [tímbɾə] *m* timbre
tímid -a [tímit] *aj* tímido -da
timidesa [timiðɛ́zə] *f* timidez
timó [timó] *m* timón; *bot* tomillo
timoner -a [timuné] *mf* timonel *m*
timpà [timpá] *m ana arq* tímpano
tina [tínə] *f* tina
tinent [tinén] *mf* teniente
tint [tín] *m* tinte
tinta [tíntə] *f* tinta; **mitges tintes** medias tintas
tinter [tinté] *m* tintero
tintorer -a [tinturé] *mf* tintorero -ra
tintoreria [tinturəɾíə] *f* tintorería
tintura [tintúɾə] *f* tintura
tió [tió] *m* leño, tronco
tip -a [típ] *aj* (*de menjar*) harto -ta, lleno -na; *fg* (*enfastidit*) harto -ta; *m* (*un excés de*) atracón, hartón; **fer-se un ~ de** darse un atracón (hartón) de comer
típic -a [típik] *aj* típico -ca
tipus [típus] *m* tipo
tiquet [tikɛ́t] *m* tique, ticket
tir [tír] *m* (*tret*) tiro, disparo; (*camp de tir*) tiro, campo de tiro; (*acció de tirar amb força*) tiro; **animals de ~** animales de tiro; **~ al plat** tiro al plato
tira [tíɾə] *f* tira
tirà -ana [tiɾá] *mf* tirano -na
tirabuixó [tìɾəβuʃó] *m* (*llevataps*) sacacorchos *iv*; (*rull de cabells*) tirabuzón
tirada [tiɾáðə] *f* (*acció de llançar, disparar*) tiro; (*inclinació*) querencia, inclinación, apego *m*. *Té ~ cap al seu poble*, tiene querencia hacia su pueblo; *fm* (*tros de camí*) tirada, tirón *m*, trecho *m*; *jcs* (*de daus, etc*) tirada; *grf* (*nombre d'exemplars*) tirada; **d'una ~** de una tirada, de un tirón
tirania [tiɾəníə] *f* tiranía
tirar [tiɾá] *vt* (*llançar*) tirar, arrojar, echar; (*arrossegar*) tirar de. *Els bous tiren l'arada*, los bueyes tiran del arado; (*moure, transportar*) correr, echar. *~em el piano cap a la dreta*, correremos el piano hacia la derecha; (*inclinar, dirigir*) echar, poner. *Tira el cap enrere*, echa la cabeza hacia atrás; (*abocar*) echar, poner; (*una carta*) echar; *vi* (*agafar una direcció*) tirar. *Tiri endavant*, tire hacia adelante; (*tenir tiratge*) tirar. *La xemeneia no tira*, la chimenea no tira; (*agradar*) tirar. *No li tira gens la televisó*, no le tira nada la televisión; *vp* (*moure's*) echarse, correrse; (*uc a sobre*) echarse; **anar tirant** ir tirando; **~ endavant** sacar (llevar) adelante
tireta [tiɾɛ́tə] *f* tirita
tirotejar [tiɾutəʒá] *vt* tirotear
tírria [tíriə] *f* ojeriza, tirria, rabia
tisana [tizánə] *f* tisana
tisores [tizóɾəs] *fpl* tijeras, tijera *sg*
tità [titá] *m* titán
titànic -a [titánik] *aj* titánico -ca
titella [titéʎə] *m* títere
títol [títul] *m* título; **a ~ de** a título de
titola [titɔ́lə] *f fm* (*penis*) polla *vlg*, picha

titubejar [tituβəʒá] *vi* (*dubtar*) titubear; (*parlant*) titubear, balbucear
titular [titulár] *aj m* titular
titular [titulá] *vt* titular
to [tɔ́] *m* tono; **en ~ de** en son de
tobogan [tuβuγán] *m* tobogán
toc [tɔ́k] *m* (*acció de tocar*) toque; (*de les campanes*) tañido; **fer un ~ d'atenció** dar un toque de atención; **~ de queda** toque de queda
tocador [tukəðó] *m* tocador
tocar [tuká] *vt* tocar; (*encertar*) dar, alcanzar; *mús* tocar; (*furgar*) tocar. *No em toquis els papers*, no me toques los papeles; (*pagar*) apechar, apechugar; *vi* (*picar*) dar. *T'ha tocat el sol*, te ha dado el sol; (*arribar el seu torn*) tocar; (*abastar*) tocar; (*tocar l'hora un rellotge*) dar; (*correspondre*) tocar. *Li ha tocat el premi*, le ha tocado el premio; **a ~** al alcance de la mano, a la vuelta de la esquina
tocatardà -ana [tɔ̀kətərdá] *aj mf fm* tardón -ona
tofa [tɔ́fə] *f* (*de cabells*) mata; *fg* (*catifa*) colchón *m*, alfombra
tòfona [tɔ́funə] *f* trufa
toia [tɔ́jə] *f* ramo *m*; *fg fm* (*sense nervi*) pavo -va *mf*, sosaina *mf*
toix -a [tóʃ] *aj* (*esmussat*) romo -ma; *fg* tonto -ta, memo -ma
tolerar [tulərá] *vt* tolerar
toll [tóʎ] *m* charco
tom [tóm] *m* tomo, volumen
tomaquera [tuməkérə] *f* tomatera
tomàquet [tumákət] *m* tomate
tomb [tóm] *m* (*mitja volta*) vuelta *f*; (*tombarella*) tumbo, voltereta *f*; (*passejada curta*) vuelta *f*, paseo [corto]; *fg* (*canvi sobtat*) vuelco; **si ve a ~** si se tercia
tombar [tumbá] *vt* (*sobre si mateix*) girar; (*capgirar*) volver; (*fer caure*) tumbar, derribar, volcar; *vi* (*en una cantonada, trencall*) torcer, doblar, girar; *vp* (*girar-se*) volverse, darse la vuelta
tombarella [tumbəréʎə] *f* voltereta, tumbo *m*
tómbola [tómbulə] *f* tómbola
ton ta [tun] *aj* tu
tona [tónə] *f* tonelada
tonada [tunáðə] *f* tonada, tonadilla
tonalitat [tunəlitát] *f* tonalidad
tongada [tuŋgáðə] *f* racha, tanda
tònic -a [tɔ́nik] *aj m* tónico -ca; *f mús* tónica; **aigua ~a** agua tónica
tonyina [tuɲínə] *f zoo* atún *m*
topada [tupáðə] *f* (*xoc*) choque *m*, encontronazo *m*; (*baralla*) refriega
topar [tupá] *vt* topar
topazi [tupázi] *m* topacio
topí [tupí] *m* puchero
tòpic -a [tɔ́pik] *aj* tópico -ca; *m* tópico, lugar común
topògraf -a [tupɔ́γrəf] *mf* topoógrafo -fa
topografia [tupuγrəfíə] *f* topografía
topogràfic -a [tupuγráfik] *aj* topográfico -ca
topònim [tupɔ́nim] *m* topónimo
toràcic -a [turásik] *aj* torácico -ca
tòrax [tɔ́rəks] *m* tórax
torb [tɔ́rp] *m* ventisca *f*

torbar [turbá] *vt* (*alterar*) turbar; (*distreure*) distraer
torcar [turká] *vt* secar
torçar [tursá] *vt* = **tòrcer**
tòrcer [tɔ́rsə] *vt* torcer, retorcer; (*doblegar*) torcer, doblar; *fg* (*desviar*) torcer, apartar, desviar; *vi* (*girar, desviar-se*) torcer, doblar, girar; *vp* torcerse, doblarse; (*un peu*) torcerse
tord [tɔ́rt] *m zoo* tordo
torejar [turəʒá] *vt ab* torear, lidiar
torn [tórn] *m* (*màquina, eina*) torno; (*tanda*) turno; (*en una cua, etc*) turno, vez *f*; **al seu** ~ a su vez
tornada [turnáðə] *f* (*acció de tornar*) vuelta, regreso *m*; *mús* estribillo *m*
tornar [turná] *vi* regresar, volver; [*amb infinitiu*] ~ **a** volver a; ~ **en si** volver en sí; *vt* (*restituir*) devolver, volver; (*un favor, una salutació, un compliment*) devolver; *vp* (*esdevenir*) volverse; **~-se'n a** volver a, volverse a; **~-s'hi** tomarse la revancha, desquitarse
tornavís [tòrnəβís] *m* destornillador
torneig [turnɛ́tʃ] *m* torneo
torner -a [turné] *mf* tornero -ra, torneador -ra
torniquet [turnikɛ́t] *m tcn med* torniquete
toro [tɔ́ɾu] *m* toro
torrada [turáðə] *f* tostada
torrar [turá] *vt* tostar, torrar; *vt* (*la pell de les persones*) curtir, tostar; *vp fg* (*tenir molta calor*) asarse, achicharrarse
torratxa [turátʃə] *f* torrecilla, torrejón *m*
torre [tórə] *f* torre; (*casa amb jardí*) villa, torre; *jcs* (*dels escacs*) torre, roque *m*
torrencial [turənsiál] *aj* torrencial
torrent [turén] *m* torrente
torrentada [turəntáðə] *f* torrentada
torreta [turɛ́tə] *f* (*test*) maceta, tiesto *m*
tòrrid -a [tɔ́rit] *aj* tórrido -da
tors [tɔ́rs] *m* torso
tort -a [tɔ́rt] *aj* torcido -da; *m* (*perjudici*) daño, agravio, entuerto; *f* torcedura; (*del camí, del riu*) revuelta, recodo; (*marrada*) vuelta, rodeo *m*; **a ~ i a dret** a tontas y a locas; **de** ~ de lado, torcido
tortell [turtéʎ] *m* roscón
tórtora [tórtuɾə] *f zoo* tórtola
tortuga [turtúɣə] *f zoo* tortuga
tortuós -osa [turtuós] *aj* tortuoso -sa
torturar [turtuɾá] *vt* torturar
torxa [tɔ́rʃə] *f* antorcha
tos [tós] *f med* tos
tos [tɔ́s] *m ana* occipucio; (*d'animals*) testuz *f/m*
tosc -a [tósk] *aj* tosco -ca, basto -ta; burdo -da; *f* (substància calcària dipositada) toba, tosca; (*pedra tosca*) piedra pómez; ~ **dentària** sarro
tossal [tusál] *m* collado, cerro, loma *f*
tossir [tusí] *vi* toser
tossut -uda [tusút] *aj* tozudo -da, terco -ca, cabezón -ona
tot -a [tót] *aj* todo -da; *av* [*concorda amb l'adjectiu*]

(*completament*) todo -da. *Estava ~a avergonyida*, estaba toda avergonzada; *pr* todo -da; *m* todo; **abans de ~** ante todo; **amb ~** con todo, a pesar de todo; **ésser el ~** ser el todo; **no ésser-hi ~** estar mal (tocado) de la cabeza; **no tenir-les ~es** no tenerlas todas consigo; **per damunt de ~** por encima de todo; **~ dret** todo recto; **~ i així** así y todo, aun así; **~ just** apenas
total [tutál] *aj m* total
totalitat [tutəlitát] *f* totalidad
totalment [tutàlmén] *av* totalmente
tothom [tutɔ́m] *pr* todos, todo el mundo
tòtil -a [tɔ́til] *mf* escuerzo
totxana [tutʃánə] *f* ladrillo *m* hueco
totxo -a [tótʃu] *aj* (*obtús*) zoquete *m*, tarugo *m*, cazurro -rra; *m arq* ladrillo; (*llibre, etc*) tocho
tou tova [tów] *aj* blando -da, mullido -da; *mf* (*persona fluixa*) blandengue; *m* (*del cos*) molla *f*, pulpejo; *f* (*tosca*) piedra pómez; *arq* adobe *m*; **~ de la cama** *ana* pantorrilla
tovalles [tuβáʎəs] *fpl* mantel *msg*
tovalló [tuβəʎó] *m* servilleta *f*
tovallola [tuβəʎɔ́lə] *f* toalla
tòxic -a [tɔ́ksik] *aj m* tóxico -ca
toxina [tuksínə] *f* toxina
trabuc [trəβúk] *m* trabuco
trabucar [trəβuká] *vt* volcar; *vp* (*equivocar-se en parlar*) trabucarse
traç [trás] *m* trazo, rasgo
traca [trákə] *f* traca
traça [trásə] *f* (*habilitat*) maña, traza; (*indici*) traza, rastro
traçar [trəsá] *vt* trazar
tracció [trəksió] *f* tracción
tractament [trəktəmén] *m* tratamiento
tractar [trəktá] *vt* tratar. *Tracta durament els seus fills*, trata duramente a sus hijos; *med qm* tractar; *vi* (*de certa matèria*) tratar; (*intentar*) tratar, intentar; (*comerciar*) tratar; *vp* tratarse. *No es tracta amb ningú*, no se trata con nadie. *De què es tracta?*, ¿de qué se trata?
tractat [trəktát] *m* tratado
tracte [tráktə] *m* trato; (*relació*) trato, roce
tractor [trəktó] *m* tractor
traçut -uda [trəsút] *aj* mañoso -sa, habilidoso -sa
tradició [trəðisió] *f* tradición
tradicional [trəðisiunál] *aj* tradicional
traducció [trəðuksió] *f* traducción
traduir [trəðuí] *vt* traducir
tràfec [tráfək] *m* (*acció de trafegar*) trasiego; (*enrenou*) trajín, ajetreo
tràfic [tráfik] *m* (*negocis*) tráfico; (*de persones*) trata *f*
traficar [trəfiká] *vi* traficar
tragar [trəγá] *vt ab* tragar
tragèdia [trəʒέðiə] *f* tragedia
tragí [trəʒí] *m* trajín, tejemaneje
tràgic -a [tráʒik] *aj* trágico -ca
traginar [trəʒiná] *vt* portear, trajinar
trago [tráγu] *m* trago
traïció [trəisió] *f* traición; **a ~** a traición

traïdor -a [trəiðó] *aj mf* traidor -ra
traïdoria [trəiðuríə] *f* alevosía
trair [trəí] *vt* traicionar
trajecte [trəʒéktə] *m* trayecto
trajectòria [trəʒəktɔ́riə] *f* trayectoria
tralla [tráʎə] *f* tralla, látigo *m*
tram [trám] *m* tramo
trama [trámə] *f* trama
tramar [trəmá] *vt* tramar
tramesa [trəmɛ́zə] *f* envío *m*, remesa
trametre [trəmɛ́trə] *vt* enviar, mandar
tràmit [trámit] *m* trámite
tramoia [trəmɔ́jə] *f* tramoya
tramoista [trəmuístə] *mf* tramoyista
trampa [trámpə] *f* (*per a caçar*) trampa; *fg* trampa, engaño *m*
trampolí [trəmpulí] *m* trampolín
tramvia [trəmbíə] *m* tranvía
tràngol [tráŋgul] *m mar* marejada *f*; *fg* apuro, aprieto
tranquil -il·la [trəŋkíl] *aj* tranquilo -la
transatlàntic -a [trənzəllántik] *aj m* transatlántico -ca; trasatlántico -ca
transcórrer [trənskórə] *vi* transcurrir, mediar, pasar
transcurs [trənskúrs] *m* transcurso
transeünt [trənzəún] *aj mf* transeúnte
transferència [trənsfərɛ́nsiə] *f* transferencia
transferir [trənsfərí] *vt* transferir
transformació [trənsfurməsió] *f* transformación
transformar [trənsfurmá] *vt* transformar
transfusió [trənsfuzió] *f* transfusión
transhumant [trənsumán] *aj* trashumante
transició [trənzisió] *f* transición
transistor [trənzistó] *m* transistor
trànsit [tránzit] *m* (*circulació*) tránsito, tráfico; (*del mèdium*) trance
transitar [trənzitá] *vi* transitar
translació [trənzləsió] *f* traslación, translación
transmetre [trənzmɛ́trə] *vt* transmitir
transmissió [trənzmisió] *f* transmisión
transparència [trənspərɛ́nsiə] *f* transparencia
transparent [trənspərén] *aj* transparente
transpiració [trənspirəsió] *f* transpiración
transpirar [trənspirá] *vi* transpirar
transport [trənspɔ́rt] *m* transporte
transportador -a [trənspurtəðó] *aj mf* transportador -ra; *m mat* transportador
transportar [trənspurtá] *vt* transportar
transportista [trənspurtístə] *aj mf* transportista, trasportista
transversal [trənzbərsál] *aj f* transversal
transvestit -ida [trənzbəstít] *aj mf* travesti, travestí, travestido -da
trapella [trəpéʎə] *mf* trapacero -ra

trapezi [trəpέzi] *m* trapecio
trapezista [trəpəzístə] *mf* trapecista
tràquea [trákeə] *f* tráquea
trasbals [trəzbáls] *m* (*tragí*) ajetreo, trajín, trasiego; *fg* (*commoció*) conmoción *f*, trastorno
traslladar [trəsλəðá] *vt* trasladar
trasllat [trəsλát] *m* traslado
traspàs [trəspás] *m* (*mort*) fallecimiento, muerte *f*; *dr* traspaso
traspassar [trəspəsá] *vt* traspasar
traspuar [trəspuá] *vt* rezumar
trasto [trástu] *m* trasto, cacharro, chisme
trastorn [trəstórn] *m* trastorno
trau [tráw] *m* (*per als botons*) ojal; (*incisió*) incisión, brecha *f*; (*trenc*) brecha *f*, descalabradura *f*
trauma [tráwmə] *m* trauma
traure [tráwrə] *vt* = **treure**
trava [tráβə] *f* (*peça que immobilitza*) traba; (*dels paltalons*) trabilla; *fg* (*entrebanc*) traba, pega
través [trəβés] *m* [*pl*: *-essos*] grueso, espesor, grosor. *Dos centímetres de* ~, dos centímetros de grueso; ancho, través; **a ~ de** a través de, por entre; **de ~** de través
travessa [trəβésə] *f frr* traviesa; *jcs* quiniela; (*travessada*) travesía
travessar [trəβəsá] *vt* atravesar, cruzar
travesser -a [trəβəsé] *aj* travesero -ra, travieso -sa; *m* travesaño; *esp* (*de la porteria*) larguero, travesaño; *f* travesía
travessia [trəβəsíə] *f* travesía
treball [trəβáλ] *m* trabajo; (*feina*) trabajo, faena *f*, tarea *f*, labor *f*; *mpl fg* (*penes, fatics*) trabajos; **~s forçats** trabajos forzados
treballador -a [trəβəλəðó] *aj mf* trabajador -ra
treballar [trəβəλá] *vti* trabajar
tremolar [trəmulá] *vi* temblar
tremolor [trəmuló] *m/f* temblor *m*; (*intens*) tembleque *m*
tremolós -osa [trəmulós] *aj* tembloroso -sa
trempar [trəmpá] *vt* (*metalls, el vidre*) templar; (*una ploma*) cortar; *vi* (*el penis*) levantársele, ponérsele tiesa
trempat -ada [trəmpát] *aj* simpático -ca, alegre, campechano -na
trèmul -a [trέmul] *aj* trémulo -la
tren [trέn] *m* tren
trena [trέnə] *f* trenza
trenc [trέŋ] *m* brecha *f*, descalabradura *f*; **a ~ d'alba** al amanecer
trencaclosques [trὲŋkəklɔ́skəs] *m* rompecabezas
trencacolls [trὲŋkəkɔ́λs] *m iv* (*lloc perillós*) despeñadero; *fg* (*afer difícil, perillós*) escollo
trencadís -issa [trəŋkəðís] *aj* quebradizo -za; *f* estropicio *m*, destrozo *m*
trencanous [trὲŋkənɔ́ws] *m iv* cascanueces
trencar [trəŋká] *vt* (*un vidre, etc*) romper, quebrar; *fg* (*interrompre*) romper. ~ *el silenci*, romper el silencio; *vi* (*canviar de direcció*) torcer, doblar; *vp med* romperse; *fg* (*de riure*) partirse, troncharse

trenta [trέntə] *aj m* treinta
trentè -ena [trəntέ] *aj m* (*ordinal*) trigésimo -ma; (*partitiu*) treintavo -va; **una trentena** una treintena
trepa [trépə] *f* gentuza, chusma; hatajo *m*, pandilla
trepidar [trəpiðá] *vi* trepidar
trepig [trəpítʃ] *m* pisoteo
trepitjada [trəpidʒáðə] *f* pisotón *m*, pisada
trepitjar [trəpidʒá] *vt* pisar; *fg* (*tractar amb menyspreu*) pisotear, pisar
tres [trέs] *aj m* tres; **en un ~ i no res** en un dos por tres, en menos que canta un gallo
trescar [trəská] *vi fm* (*caminar*) andar; (*treballar*) trajinar, afanarse *vp*
tresor [trəzɔ́r] *m* tesoro
trespol [trəspɔ́l] *m* techo, techado
tret [trét] *m* (*tir*) tiro, disparo; (*característica*) rasgo; **a grans ~s** a grandes rasgos; *prp* excepto, a excepción de
tretze [trédzə] *aj m* trece
treure [trέwrə] *vt* sacar; (*fer desaparèixer, llevar*) quitar, sacar; (*obtenir*) sacar. *Li va ~ els diners amb amenaces*, le sacó el dinero con amenazas; (*vomitar*) devolver; (*una part del cos*) sacar, asomar; (*expulsar*) echar, arrojar
treva [tréβə] *f* tregua
trèvol [trέβul] *m* trébol
triangle [triáŋglə] *m mat mús* triángulo
triangular [triəŋgulár] *aj* triangular
triar [triá] *vt* elegir, escoger; (*llegums, etc*) limpiar; **a ~** a escoger
tribu [tríβu] *f* tribu
tribulació [triβuləsió] *f* tribulación
tribuna [triβúnə] *f* tribuna
tribunal [triβunál] *m* tribunal
tribut [triβút] *m* tributo
tricicle [trisíklə] *m* triciclo
trifulga [trifúlɣə] *f* apuro *m*, aprieto *m*, dificultad
trigar [triɣá] *vi* tardar, retrasarse *vp*
trimestre [trimέstrə] *m* trimestre
trineu [trinέw] *m* trineo
trinitat [trinitát] *f* trinidad
trinquet [triŋkέt] *m mar* trinquete
trinxar [triɲʃá] *vt* (*la vianda*) trinchar; (*capolar*) picar
trinxera [triɲʃérə] *f* trinchera
triomf [triómf] *m* triunfo
triomfar [triumfá] *vi* triunfar
tripa [trípə] *f* [*generalment en pl*] (*budell*) tripas; *gst* callos *mpl*
tripijoc [tripiʒɔ́k] *m* chanchullo, tejemaneje, trapicheo
triple [tríplə] *aj m* triple
trípode [trípuðə] *m* trípode
tríptic [tríptik] *m* tríptico
tripulació [tripuləsió] *f* tripulación
tripular [tripulá] *vt* tripular
trist -a [tríst] *aj* triste
tristesa [tristέzə] *f* tristeza
tristor [tristó] *m* = **tristesa**
triturador -a [triturəðó] *aj mf* triturador -ra
triturar [triturá] *vt* triturar
trivial [triβiál] *aj* trivial

tro [trɔ́] *m* trueno
trobada [truβáðə] *f* (*acció de trobar uc*) descubrimiento, hallazgo; (*acció de trobar-se*) encuentro *m*
trobador [truβəðó] *m* trovador
troballa [truβáʎə] *f* hallazgo
trobar [truβá] *vt* encontrar, hallar, dar con; *vi lit* trovar; *vp* encontrarse, hallarse. *Jo em trobava a París*, yo me hallaba en París. *Avui em trobo millor*, hoy me encuentro mejor; (*ensopegar*) dar con, encontrarse
troca [trɔ́kə] *f* madeja; **embolicar la** ~ crear maraña
trofeu [trufɛ́w] *m* trofeo
tromba [trómbə] *f* tromba
trompa [trómpə] *f* trompa
trompada [trumpáðə] *f* trompazo *m*, porrazo *m*, tortazo *m*
trompeta [trumpɛ́tə] *f* trompeta
tron [trɔ́n] *m* trono
trona [trɔ́nə] *f* (*d'una església*) púlpito *m*; (*de criatura*) trona, silla alta
tronar [truná] *vi* tronar
tronat -ada [trunát] *aj* tronado -da, cutre, destartalado -da
tronc [tróŋ] *m* tronco; **dormir com un** ~ dormir como un tronco
trontollar [truntuʎá] *vt* tambalearse
tropa [trópə] *f* tropa
tròpic [trɔ́pik] *m* trópico
tropical [trupikál] *aj* tropical
tros [trɔ́s] *m* [*pl: -ossos*] trozo; *agr* terruño; (*porció d'espai*) trecho; **ni de bon** ~ ni mucho menos
trossejar [trusəʒá] *vt* trocear, despedazar
trot [trɔ́t] *m* trote; **al** ~ al trote
trotar [trutá] *vi* trotar
truà -ana [truá] *mf* truhán -ana
truc [trúk] *m* (*cop*) golpe; (*a la porta, timbre, de telèfon*) llamada *f*; (*recurs enginyós*) truco
trucada [trukáðə] *f* llamada
trucar [truká] *vt* llamar
truculent -a [trukulén] *aj* truculento -ta
trufa [trúfə] *f bot gst* trufa
truita [trújtə] *f gst* tortilla; *zoo* trucha; **somiar** ~ vivir en las nubes
truja [trúʒə] *f* cerda, marrana, puerca
truncar [truŋká] *vt* truncar
tsar [tsár] *m* zar
tub [túp] *m* tubo; ~ **d'escapament** tubo de escape
tubercle [tuβɛ́rklə] *m* tubérculo
tuf [túf] *m* tufo, tufillo
tuguri [tuɣúri] *m dsp* tugurio, cuchitril
tulipa [tulípə] *f bot* tulipán *m*
tumult [tumúl] *m* tumulto
túnel [túnəl] *m* túnel
túnica [túnikə] *f* túnica
tupí [tupí] *m* = **topí**
turbant [turbán] *m* turbante
turbina [turbínə] *f* turbina
turbulent -a [turbulén] *aj* turbulento -ta
turc -a [túrk] *aj mf* turco -ca; *m* (*llengua*) turco
turisme [turízmə] *m* turismo
turista [turístə] *mf* turista
turístic -a [turístik] *aj* turístico -ca
turmell [turméʎ] *m* tobillo
turment [turmén] *m* tormento

turó [tuɾó] *m* colina *f*, cerro, collado
tustar [tustá] *vt* golpear, pegar
tutejar [tutəʒá] *vt* tutear
tutela [tutɛ́lə] *f* tutela
tutor -a [tutó] *mf* tutor -ra
txec -a [tʃɛ́k] *aj mf* checo -ca; *m* (*llengua*) checo
txecoslovac -a [tʃəkuzluβák] *aj mf hst* checoslovaco -ca

U

u [ú] *aj mf* (*primer*) uno. *La pàgina ~*, la página uno; *m* [*pl: uns*] uno; *pr* uno; **cada ~** cada uno, cada cual
u [ú] *f* [*pl: us*] (*lletra*) u
udol [uðól] *m* aullido, alarido
udolar [uðulá] *vi* aullar, ulular
ufana [ufánə] *f* (*ostentació*) ufanía, jactancia, vanagloria; (*de les plantes*) lozanía
ufanós -osa [ufənós] *aj* (*orgullós*) ufano -na; (*esponerós*) lozano -na
uixer -a [uʃé] *mf* ujier
úlcera [úlsəɾə] *f* úlcera
ull [úʎ] *m ana* ojo; (*de l'escala*) hueco, ojo; (*del pany, de l'agulla*) ojo; *bot* cogollo; (*perspicàcia*) ojo; **a ~** a ojo, a ojo de buen cubero; **a ~s clucs** con los ojos cerrados; **costar un ~ de la cara** (*uc*) costar uc un ojo de la cara; **en un tancar i obrir d'~s** en un abrir y cerrar de ojos, en un decir amén; **fer els ~s grossos** hacer la vista gorda; **tenir cara i ~s** como es debido; **~ de poll** callo
ullada [uʎáðə] *f* ojeada, vistazo *m*
ullal [uʎʎ] *m* colmillo
ullera [uʎéɾə] *f* (*dispositiu òptic*) anteojo *m*, catalejo *m*; *pl* gafas, lentes *m*, anteojos *m*; (*sota els ulls*) ojeras
ullet [uʎɛ́t] *m* (*per a passar un cordó*) ojete; **fer (picar) l'~** guiñar el ojo, hacer un guiño
últim -a [últim] *aj* último -ma
ultra [últɾə] *prp* además de; *aj mf* (*extremista*) ultra
ultramar [ùltɾəmár] *m* ultramar
ultratge [ultɾádʒə] *m* ultraje
ultratomba [ùltɾətómbə] *f* ultratumba
umbilical [umbilikál] *aj* umbilical
un -a [ún] *ar* un -na; *pl* (*aproximadament*) unos -nas. *Val ~es cent pessetes*, cuesta unas cien pesetas; *aj m* un -na; *pr* uno -na. *Aquest és ~ d'ells*, este es uno de ellos; **cada ~** cada uno; **d'~ a ~** (**~ per ~**) uno a uno, de uno en uno; **la ~a** (*hora*) la una; **l'~ a l'altre** el uno al otro; **tot d'~a** de pronto, de repente
unànime [unánimə] *aj* unánime
unça [únsə] *f* onza
unció [unsió] *f* unción; **~ dels malalts** unción de los enfermos, extremaunción
ungla [úŋglə] *f* uña; **treure les ungles** enseñar (sacar) las uñas
unglada [uŋgláðə] *f* uñada
unglot [uŋglɔ́t] *m* uña *f*, pezuña *f*
ungüent [uŋgwén] *m* ungüento
únic -a [únik] *aj* único -ca
únicament [ùnikəmén] *av* únicamente

uniforme [unifórmə] *aj m* uniforme
unió [unió] *f* unión
unir [uní] *vt* unir
unitat [unitát] *f* unidad
univers -a [uniβérs] *aj m* universo -sa
universal [uniβərsál] *aj* universal
universitat [uniβərsitát] *f* universidad
untar [untá] *vt* untar, embadurnar; (*subornar*) untar; *vp* (*tacar-se*) untarse
urani [uráni] *m* uranio
urbà -ana [urbá] *aj* urbano -na; *mf* guardia urbano
urbanisme [urbənízmə] *m* urbanismo
urbanització [urbənidzəsió] *f* urbanización
urbanitzar [urbənidzá] *vt* urbanizar
urea [uréə] *f* urea
urèter [urétər] *m* uréter
uretra [urétrə] *f* uretra
urgència [urʒénsiə] *f* urgencia
urgent [urʒén] *aj* urgente
urgir [urʒí] *vi* urgir
urinari -ària [urinári] *aj m* urinario -ria
urna [úrnə] *f* urna
urpa [úrpə] *f* garra
us [ús] *pr* os
ús [ús] *m* uso, empleo; **d'un sol ~** desechable; **~ de raó** uso de razón
usar [uzá] *vt* usar, emplear
userda [uzérdə] *f* alfalfa
usual [uzuál] *aj* usual
usuari -ària [uzuári] *mf* usuario -ria
usurpar [uzurpá] *vt* usurpar
utensili [utənsíli] *m* utensilio
úter [útər] *m* útero
útil [útil] *aj* útil
utilitat [utilitát] *f* utilidad
utilització [utilidzəsió] *f* utilización
utilitzar [utilidzá] *vt* utilizar
utillatge [utiʎádʒə] *m* utillaje
utopia [utupíə] *f* utopía
úvula [úβulə] *f* úvula

V

va vana [bá] *aj* vano -na; **en ~** en vano, en balde
vaca [bákə] *f* vaca; **vaques flaques** vacas flacas; **vaques grasses** vacas gordas
vacança [bəkánsə] *f* (*d'un càrrec*) vacación; (*de poder*) vacío *m*; *f pl* vacaciones
vacant [bəkán] *aj f* vacante
vacil·lar [bəkán] *vi* (*per manca d'estabilitat*) vacilar, tambalearse *vp*; *fg* (*dubtar*) vacilar, titubear
vacuna [bəkúnə] *f* vacuna
vacunar [bəkuná] *vt* vacunar
vaga [báγə] *f* huelga
vagabund -a [bəγəβún] *aj mf* vagabundo -da
vagància [bəγánsiə] *f* vagancia
vagar [bəγá] *vi* vagar; **~ de** tener tiempo de, poder. *Ja vindré si em vaga de fer-ho*, ya vendré si tengo tiempo
vagarejar [bəγərəʒá] *vi* (*pels carrers*) vagar, callejear; (*estar ociós*) vaguear, holgazanear, hacer el vago

vagina [bəʒínə] *f* vagina
vagó [bəγó] *m* vagón
vagoneta [bəγunέtə] *f* vagoneta
vague vaga [báγə] *aj* vago -ga
vailet [bəjlέt] *m* (*noi petit*) chiquillo, muchacho, mozalbete; (*ajudant*) mozo
vainilla [bəjníʎə] *f* vainilla
vaivé [bàjβé] *m* vaivén
vaixell [bəʃéʎ] *m* barco, buque
vaixella [bəʃéʎə] *f* vajilla
val [bál] *m* vale
valencià -ana [bələnsiá] *aj mf* valenciano -na
valent -a [bəlén] *aj* valiente; **de ~** de firme, fuerte; **prendre-s'ho a la ~a** tomarse algo a la tremenda
valentia [bələntíə] *f* valentía
valer [bəlέ] *m* valer, valía *f*, valor
valer [bəlέ] *vti* valer; *vp* (*servir-se*) valerse; **no s'hi val!** ¡no hay derecho!; **no s'hi val a** no vale. *No s'hi val a dir mentides*, no vale decir mentiras; **no s'ho val** de nada, no hay de qué; **val a dir** justo es decir
valeriana [bələriánə] *f bot* valeriana
valerós -osa [bələrós] *aj* valeroso -sa
vàlid -a [bálit] *aj* válido -da
vall [báʎ] *f* valle *m*; (*conca*) cuenca, valle *m*; *m* (*excavat*) zanja; (*fossat*) foso
valor [bəlór] *m* valor
valorar [bəlurá] *vt* valorar
vals [báls] *m* vals
vàlua [báluə] *f* valía
valuós -osa [bəluós] *aj* valioso -sa
vàlvula [bálβulə] *f* válvula
vampir [bəmpír] *m* vampiro
vanitat [bənitát] *f* vanidad
vanitós -osa [bənitós] *aj* vanidoso -sa, engreído -da
vànova [bánuβə] *f* colcha, cubrecama *m*
vapor [bəpór] *m* vapor
vaquer -a [bəké] *aj mf* vaquero -ra
vara [bárə] *f* vara
vareta [bərέtə] *f* varita
vari vària [bári] *aj* vario -ria
variable [bəriábblə] *aj f* variable
variació [bəriəsió] *f* variación
variar [bəriá] *vti* variar
varietat [bəriətát] *f* variedad
vas [bás] *m* (*atuell*) vaso, vasija *f*; *ana bot* vaso
vassall -a [bəsáʎ] *mf* vasallo -lla
vast -a [bást] *aj* vasto -ta
vàter [bátər] *m* váter, water
veda [bέðə] *f* veda
vedat [bəðát] *m* coto, vedado
vedell -a [bəðéʎ] *mf zoo* ternero -ra, becerro -rra; *f* (*carn*) ternera
vegada [bəγáðə] *f* vez; **a la ~** a la vez; **de vegades** a veces, en algunas ocasiones; **d'una ~** de una vez; **tal ~** tal vez; **una altra ~** otra vez
vegetació [bəʒətəsió] *f* vegetación
vegetal [bəʒətál] *aj m* vegetal
vegetarià -ana [bəʒətəriá] *aj mf* vegetariano -na
vehicle [bəíklə] *m* vehículo
veí -ïna [bəí] *aj mf* [*pl: -ïns -ïnes*] vecino -na
veïnat [bəinát] *m* vecindario, vecindad *f*
vel [bέl] *m* velo
vela [bέlə] *f mar* vela; (*per a fer ombra*) toldo *m*; (*d'un circ*) carpa,

:oldo *m*, lona; *esp* vela; **anar a tota** ~ ir a toda vela
elam [bəlám] *m* velamen
elar [bəlár] *aj f* velar
velar [bəlá] *vtp* velar(se)
veler -a [bəlé] *aj m* velero -ra
vell [béʎ] *aj mf* viejo -ja
vellesa [bəʎέzə] *f* vejez
vellut [bəʎút] *m* terciopelo
veloç [bəlɔ́s] *aj* veloz
velocitat [bəlusitát] *f* velocidad
velòdrom [bəlɔ́ðrum] *m* velódromo
vena [bέnə] *f* vena
venal [bənál] *aj* venal
vèncer [bέnsə] *vt* vencer, derrotar; *vi* (*un terme, un deute, etc*) vencer
venda [bέndə] *f* venta
vendaval [bəndəβál] *m* vendaval
vendre [bέndrə] *vt* vender
venedor -a [bənəðó] *mf* vendedor -ra
venenós -osa [bənənós] *aj* venenoso -sa
venerar [bənərá] *vt* venerar
venir [bəní] *vi* venir. *Vine, que parlarem*, ven, que hablaremos; ir. *Vindré a casa teva*, iré a tu casa; (*procedir*) venir, procedir; llegar. *Aviat vindrà la collita*, pronto llegará la cosecha; **no ve d'aquí!** ¡tanto da!, ¡da igual!; **que ve** (*pròxim, vinent*) que viene. *Dissabte que ve*, el sábado que viene; **vinga!** ¡venga!, ¡anda!
venjança [bəɲʒánsə] *f* venganza
venjar [bəɲʒá] *vtp* vengar(se)
vent [bén] *m* viento; (*aire*) aire; *mús* viento; (*ventositat*) ventosidad *f*
ventada [bəntáðə] *f* ventolera
ventall [bəntáʎ] *m* abanico
ventar [bəntá] *vi* soplar el viento, ventear; *vt* (*fer aire*) abanicar; (*brandar*) menear; (*l'espasa*) blandir; (*pegar*) dar, pegar, arrear; (*les campanes*) voltear; *vp* abanicarse
ventejar [bəntəʒá] *vt* ventilar, airear; *vi* (*fer vent*) soplar el viento, ventear
ventilador [bəntiləðó] *m* ventilador
ventilar [bəntilá] *vt* ventilar
ventre [béntrə] *m* vientre; **anar (fer) de** ~ ir (hacer) de vientre; **baix** ~ bajo vientre; **fluix de** ~ suelto de vientre
ventricle [bəntríklə] *m* ventrículo
ventura [bəntúrə] *f* ventura; **a la** ~ a la ventura, a la buena ventura; **per** ~ por ventura, acaso
ver -a [bér] *aj* vero -ra; **de veres** de veras
veraç [bərás] *aj* veraz
verals [bərál] *mpl* andurriales, pagos
verat [bərát] *m zoo* caballa *f*
verb [bέrp] *m* verbo
verbal [bərbál] *aj* verbal
verd [bέrt] *aj m* verde; **veure'n (passar-ne) de ~es i de madures** pasarlas canutas (moradas, negras)
verdejar [bərdəʒá] *vi* (*els camps*) verdear; (*la fruita*) estar verde
verdor [bərdó] *f* verdor *m*
verdós -osa [bərdós] *aj* verdoso -sa
verdum [bərdúm] *m zoo* verderón
verdura [bərdúrə] *f* verdura, verduras *pl*

verema [bərέmə] *f* vendimia
veremar [bərəmá] *vt* vendimiar
verge [bέrʒə] *aj f* virgen; [*en majúscula*] (*Mare de Déu*) Virgen; [*en majúscula*] *ast* Virgo
vergonya [bərgóɲə] *f* vergüenza; *pl* (*genitals*) vergüenzas; **fer ~** dar vergüenza
vergonyós -osa [bərguɲós] *aj* vergonzoso -sa
verí [bərí] *m* veneno
verídic -a [bəríðik] *aj* verídico -ca
verificar [bərifiká] *vt* verificar
verinós -osa [bərinós] *aj* venenoso -sa, ponzoñoso -sa
veritable [bəritábblə] *aj* verdadero -ra
veritablement [bəritàbbləmén] *av* verdaderamente
veritat [bəritát] *f* verdad; **cantar les ~s** cantar las verdades (las cuarenta); **de ~** de verdad
vermell -a [bərmέʎ] *aj m* rojo -ja, colorado -da, encarnado -da; **tornar-se** (o **posar-se**) **~** ponerse rojo (colorado)
vermellejar [bərməʎəʒá] *vi* rojear, colorear
vermellor [bərməʎó] *f* rojez
vermellós -osa [bərməʎós] *aj* rojizo -za
vermut [bərmút] *m* vermú, vermut
vern [bέrn] *m bot* aliso
vernacle -a [bərnáklə] *aj* vernáculo -la
vernís [bərnís] *m* [*pl: -issos*] barniz
vers [bέrs] *m lit* verso; *prp* (*cap a*) hacia, en dirección a, para. *Dirigir-se ~ la* ciutat, dirigirse hacia la ciudad; (*envers*) hacia, para con, por. *L'amor dels pares ~ els fills*, el amor de los padres hacia los hijos
versió [bərsió] *f* versión
vertader -a [bərtəðé] *aj* verdadero -ra
vèrtebra [bέrtəβrə] *f* vértebra
vertebral [bərtəβrál] *aj* vertebral
vertebrat -ada [bərtəβrát] *aj m* vertebrado -da
vèrtex [bέrtəks] *m* vértice
vertical [bərtikál] *aj f* vertical
vertigen [bərtíʒən] *m* vértigo
vescomte -essa [bəskómtə] *mf* vizconde -desa
vesícula [bəzíkulə] *f* vesícula
vespa [béspə] *f zoo* avispa
vespertí -ina [bəspərtí] *aj* vespertino -na
vesprada [bəspráðə] *f* anochecer *m*, atardecer *m*
vespre [béspрə] *m* anochecer, atardecer; (*a partir de les vuit*) noche *f*; *fpl rlg* vísperas
vesprejar [bəsprəʒá] *vi* anochecer, hacerse de noche
vessant [bəsán] *m* vertiente *f*
vessar [bəsá] *vt* derramar, tirar, verter; *vi* derramarse, salirse, rebosar *vi*; **ple a ~** lleno a rebosar
vestíbul [bəstíβul] *m* vestíbulo
vestidor [bəstiðó] *m* (*lloc per vestir-se*) vestuario
vestir [bəstí] *vtip* vestir(se)
vestit [bəstít] *m* vestido, traje; **~ de bany** traje de baño, bañador; **~ d'etiqueta** traje de etiqueta; **~ jaqueta** traje de chaqueta
vestuari [bəstuári] *m* (*conjunt de roba*) vestuario
vet [bέt] *m* veto

veta [bέtə] *f* cinta [de lino, de algodón], hiladillo *m*; (*ratlla en una fusta, etc*) veta, vena; **seguir la** ~ (*a up*) llevar la corriente a alguien; **tirar de** ~ (*no mirar les despeses*) tirar largo
veterà -ana [bətərá] *aj mf* veterano -na
veterinari -ària [bətərinári] *aj mf* veterinario -ia; *f* (*ciència*) veterinaria
vetlla [bέλλə] *f* (*d'un malalt*) vela; (*d'un mort*) vela, velatorio *m*; (*vigília*) víspera
vetllada [bəλλáðə] *f* velada
vetllar [bəλλá] *vti* velar; ~ **per** velar por, cuidar de
veu [bέw] *f* voz; **alçar** (**aixecar**) **la** ~ alzar (levantar) la voz; **a mitja** ~ a media voz; **córrer la** ~ correr la voz (el rumor); **de viva** ~ de viva voz; **en** ~ **alta** en voz alta; **en** ~ **baixa** en voz baja; **portar la** ~ **cantant** llevar la voz cantante
veure [bέwrə] *vt* ver; **a** ~ a ver, vamos a ver, veamos; **fer** ~ **que** hacer como que; **es veu que** por lo visto, se ve que; **vejam** a ver, vamos a ver; **ves** mira; **ves per on!** ¡vaya!, ¡mira por dónde!; **vet aquí** he aquí, aquí está; **veure-hi** ver
vi [bí] *m* vino; ~ **blanc** vino blanco; ~ **negre** vino tinto; ~ **rosat** vino clarete
via [bíə] *f* vía; *prp* vía. *Milà* ~ *Gènova*, Milán vía Génova; **en** ~ **de** en vías de; **fer** ~ darse prisa, apresurarse; ~ **fèrria** vía férrea
vial [biál] *m* vial
vianant [biənán] *mf* peatón -ona, viandante
vianda [biándə] *f* vianda
viarany [biəráɲ] *m* senda *f*, sendero
viatge [biádʒə] *m* viaje
viatger -a [biədʒé] *aj mf* viajero -ra
viatjant -a [biədʒán] *mf* viajante
viatjar [biədʒá] *vi* viajar
vibració [biβrəsió] *f* vibración
vibrar [biβrá] *vi* vibrar
vicari [bikári] *m* vicario
viceversa [bisəβέrsə] *av* viceversa
vici [bísi] *m* vicio; **per** ~ de vicio
víctima [bíktimə] *f* víctima
victòria [biktɔ́riə] *f* victoria
victoriós -osa [bikturiós] *aj* victorioso -sa
vida [bíðə] *f* vida; **com et va la ~?** ¿qué es de tu vida?; **ésser de** ~ ser buen comedor; **mai de la** ~ nunca en la vida, nunca jamás; **per a tota la** ~ para toda la vida
vídeo [bíðeo] *m* vídeo
vidre [bíðrə] *m* vidrio, cristal
vidu vídua [bíðu] *aj mf* viudo -da
vigent [biʒén] *aj* vigente
vigilància [biʒilánsiə] *f* vigilancia; ~ **intensiva** cuidados intensivos
vigilant [biʒilán] *aj mf* vigilante
vigilar [biʒilá] *vti* vigilar; **vigilar que** cuidar de que, tener cuidado de que
vigília [biʒíliə] *f* (*vetlla*) vigilia; (*dia abans d'una festa*) víspera, vigilia
vigor [biɣór] *m* vigor; **en** ~ en vigor
vigorós -osa [biɣurós] *aj* vigoroso -sa

víking [bíkiŋ] *aj mf* vikingo -ga
vil [bíl] *aj* vil, rastrero -ra
vila [bílə] *f* villa
vilatà -ana [bilətá] *aj* pueblerino -na; *mf* vecino -na
vil·la [billə] *f* villa, quinta
vímet [bímət] *m* mimbre
vinagre [bináɣɾə] *m* vinagre
vinent [binén] *aj* próximo -ma, que viene
vinícola [biníkulə] *aj* vinícola
vint [bín] *aj m* veinte; **~-i-u** veintiuno
vintè -ena [bintɛ́] *aj mf* (*ordinal*) vigésimo -ma; *aj m* (*partitiu*) veinteavo -va, vigésimo -ma; *f* veintena
vinya [bíɲə] *f* vid; (*camp*) viña, viñedo *m*
viola [biɔ́lə] *f bot* violeta; *mús* viola
violar [biulá] *vt* violar; (*el domicili*) allanar, violar
violència [biulɛ́nsiə] *f* violencia
violent -a [biulén] *aj* violento -ta
violeta [biulɛ́tə] *aj m* (*color*) violeta, violado -da; *f bot* = **viola**
violí [biulí] *m* violín
violoncel [biulunsɛ́l] *m* violonchelo, violoncelo
virar [biɾá] *vt* virar
viril [biɾíl] *aj* viril, varonil
virolat -ada [biɾulát] *aj* chillón -ona, llamativo -va
virrei [biréj] *m* virrey
virtut [birtút] *f* virtud; **en (per) virtut de** en virtud de
virus [bíɾus] *m* virus
visat [bizát] *m* visado
visca [bískə] *m* viva; *inj* ¡viva!
víscera [bísəɾə] *f* víscera
viscós -osa [biskós] *aj* viscoso -sa
visera [bizéɾə] *f* visera
visibilitat [biziβilitát] *f* visibilidad
visible [bizíbblə] *aj* visible
visió [bizió] *f* visión
visita [bizítə] *f* visita
visitant [bizitán] *mf* visitante
visitar [bizitá] *vt* visitar
vista [bístə] *f* vista; **a la ~** a la vista; **a primera ~** a primera (simple) vista; **amb ~ a** con vistas (miras) a; **curt de ~** corto de vista, cegato -ta; **en ~ de** en vista de; **perdre de ~** perder de vista; **tenir molta (poca) ~** tener mucha (poca) vista
vistós -osa [bistós] *aj* vistoso -sa
visual [bizuál] *aj* visual
vital [bitál] *aj* vital
vitamina [bitəmínə] *f* vitamina
vitrall [bitɾáʎ] *m* vitral, vidriera *f*
vitrina [bitɾínə] *f* vitrina
viu viva [bíw] *aj m* vivo -va; (*eixerit*) vivo -va, listo -ta; *m* vivo. *Els ~s i els morts*, los vivos y los muertos; (*caire, cantell*) vivo; *fg Les teves paraules li han tocat el ~*, tus palabras le han herido en lo más vivo
viudo -a [bíwðu] *aj mf* viudo -da
viure [bíwɾə] *m* vivir
viure [bíwɾə] *vti* vivir
vivaç [biβás] *aj* vivaz
vivència [biβɛ́nsiə] *f* vivencia
vivent [biβén] *aj m* viviente
viver [biβé] *m* vivero
vivípar -a [biβípər] *aj* vivíparo -ra
vivor [biβó] *f* viveza
vocable [bukábblə] *m* vocablo
vocabulari [bukəβuláɾi] *m* vocabulario

vocació [bukəsió] *f* vocación
vocal [bukál] *aj* vocal
vogar [buɣá] *vi* bogar
vol [bɔ́l] *m* vuelo; (*conjunt*) bandada *f*; **alçar el** ~ alzar (levantar) el vuelo; **al** ~ al vuelo; **en un** ~ de un vuelo
volada [buláðə] *f* vuelo *m*, volada; **d'alta (gran)** ~ de altos vuelos
volador -a [buləðó] *aj* volador -ra
volant [bulán] *aj m* volante
volar [bulá] *vi* volar; **venir volant** venir volando
volcà [bulká] *m* volcán
volcànic -a [bulkánik] *aj* volcánico -ca
voleiar [buləjá] *vi* volar
voleibol [bɔ̀ləjβɔ́l] *m* voleibol
voler [bulɛ́] *m* voluntad *f*
voler [bulɛ́] *vt* querer; **qui tot ho vol, tot ho perd** quien mucho abarca poco aprieta; **sense** ~ sin querer; **vulgues no vulgues** quieras que no, quieras o no
voliaina [buliájnə] *f* mariposa
volt [bɔ́l] *m* (*contorn*) contorno; (*volta*) vuelta; *fís* voltio, volt; *pl* (*voltants*) alrededores, cercanías *f*; **fer un** ~ dar un paseo (una vuelta)
volta [bɔ́ltə] *f* vuelta; (*marrada*) vuelta, rodeo *m*; (*vegada*) vuelta, vez; *arq* bóveda; *pl* (*porxada*) soportales *m*; **donar voltes a** dar vueltas a; **fer una** ~ **de campana** dar la vuelta de campana
voltar [bultá] *vi* (*girar*) girar, dar vueltas; (*passejar-se*) pasear; *vt* recorrer; dar la vuelta a; (*envoltar*) rodear
voltor [bultó] *m zoo* buitre
volum [bulúm] *m* volumen
voluntari -ària [buluntári] *aj mf* voluntario -ria
voluntat [buluntát] *f* voluntad; **bona, mala,** ~ buena, mala, voluntad; **darreres ~s** última voluntad
volva [bɔ́lβə] *f* (*de pols*) mota; (*de neu*) copo *m*
vòmit [bɔ́mit] *m* vómito
vomitar [bumitá] *vt* vomitar, devolver, arrojar
vomitiu -iva [bumitíw] *aj m* vomitivo -va
vora [bɔ́ɾə] *f* (*d'una superfície*) borde *m*, orilla; (*d'un riu*) orilla, margen *m*/*f*, banda *f*; **a la** ~ cerca, a dos pasos
voraç [buɾás] *aj* voraz
voravia [bɔ̀ɾəβíə] *f* = **vorera**
vorejar [buɾəʒá] *vt* bordear; *fg* rozar
vorera [buɾéɾə] *f* acera
vori [bɔ́ɾi] *m* marfil
vos [bus] *pr* os. *No vull dir-~-ho*, no os lo quiero decir; (*forma de cortesia*) le, se
vós [bós] *pr* [*forma de cortesia*] usted
vosaltres [buzáltɾəs] *pr* vosotros -tras; (*tractament de cortesia*) ustedes
vostè [bustɛ́] *pr* [*pl: -ès*] (*forma de cortesia*) usted
vostre -a [bɔ́stɾə] *aj* (*de vosaltres*) vuestro -tra; (*de vós*) su
vot [bɔ́t] *m* voto
votació [butəsió] *f* votación
votar [butá] *vt rlg* hacer voto de; (*una llei*) vota; *vi* votar. ~ *a favor*, votar a favor; **portar-la (tenir-**

la) **votada** (*a up*) tenérsela jurada a up, tenerla tomada con up
vuit [bújt] *aj mf* ocho. *La pàgina* ~, la página ocho
vuitanta [bujtántə] *aj mf* ochenta. *T'ho he dit* ~ *vegades*, te lo he dicho ochenta veces
vuitè -ena [bujtɛ́] *aj mf* octavo -va
vulgar [bulɣár] *aj* vulgar; *m* (*comú dels homes*) vulgo
vulnerar [bulnərá] *vt* vulnerar
vulva [búlβə] *f ana* vulva

W

wàter [bátər] *m* = **vàter**
waterpolo [bàtərpɔ́lu] *m esp* waterpolo
whisky [wíski] *m* [*pl: whiskies*] güisqui, whisky

X

xacal [ʃəkál] *m zoo* chacal
xafar [ʃəfá] *vt* aplastar, chafar, espachurrar
xafardejar [ʃəfərdəʒá] *vi* chismorrear, cotillear; (*tafanejar*) fisgar, husmear, curiosear
xafarder -a [ʃəfərdé] *aj* chismoso -sa, chismero -ra, cotilla; (*tafaner*) fisgón -ona, husmeador -ra, curioso -sa
xafarderia [ʃəfərdəɾíə] *f* (*condició de xafarder*) chismorrería; (*xafardeig*) chismorreo *m*, cotilleo *m*, chisme *m*
xàfec [ʃáfək] *m* aguacero, chaparrón, chubasco
xafogor [ʃəfuɣó] *f* bochorno *m*
xai -a [ʃáj] *mf* cordero -ra, borrego -ga
xal [ʃál] *m* chal
xalar [ʃəlá] *vip* disfrutar. *Com te la xales!*, ¡cómo disfrutas!
xalet [ʃəlɛ́t] *m* chalé, chalet
xaloc [ʃəlɔ́k] *m* siroco
xamfrà [ʃəmfɾá] *m* chaflán
xamós -osa [ʃəmós] *aj* salado -da, saleroso -sa, gracioso -sa
xampany [ʃəmpáɲ] *m* champaña *f*, champán
xampinyó [ʃəmpiɲó] *m* champiñón
xampú [ʃəmpú] *m* [*pl: -ús*] champú
xampurrejar [ʃəmpurəʒá] *vt* chapurrear
xanca [ʃáŋkə] *f* (*per a caminar*) zanco *m*; (*cama llarga*) zanca
xancleta [ʃəŋklɛ́tə] *f* chancleta, chancla
xandall [ʃəndáʎ] *m* chándal
xanguet [ʃəŋgɛ́t] *m zoo* pejerrey
xano-xano [ʃànuʃánu] *av* = **xino-xano**
xap [ʃáp] *m* grieta *f*, raja *f*
xarampió [ʃərəmpió] *m* sarampión
xarbotar [ʃərbutá] *vi* salpicar
xarcuteria [ʃərkutəɾíə] *f* charcutería
xarlatà -ana [ʃərlətá] *mf* charlatán -ana
xarol [ʃəɾɔ́l] *m* charol
xarop [ʃəɾɔ́p] *m* jarabe
xarranca [ʃəráŋkə] *f jcs* calderón *m*

xarrupar [ʃərupá] *vt* sorber
xarxa [ʃárʃə] *f* red
xassís [ʃəsís] *m* [*pl: -issos*] chasis
xato -a [ʃátu] *aj* chato -ta, romo -ma
xaval -a [ʃəβál] *mf fm* chaval -la
xavalla [ʃəβáʎə] *f* calderilla, suelto *m*
xec [ʃɛ́k] *m* cheque
xeixa [ʃéʃə] *f* trigo *m* candeal
xemeneia [ʃəmənɛ́jə] *f* chimenea
xerès [ʃərɛ́s] *m* [*pl: -essos*] jerez
xèrif -a [ʃɛ́rif] *mf* sheriff
xerigot [ʃəriɣɔ́t] *m* (*de la llet*) suero
xeringa [ʃəríŋgə] *f* jeringa, jeringuilla
xerinola [ʃərinɔ́lə] *f* jolgorio *m*, jarana, juerga
xerrac [ʃərák] *m* serrucho
xerrada [ʃəráðə] *f* charla, conversación, cháchara; **fer petar la ~** estar de palique, estar de cháchara
xerraire [ʃərájrə] *aj mf* (*inclinat a xerrar*) charlatán -ana, hablador -ra, parlanchín -ina; *mf* (*bocamoll*) bocazas, charlatán -ana; (*delator*) acusica, chivato -ta
xerrameca [ʃərəmɛ́kə] *f* charla, cháchara, palique *m*
xerrar [ʃərá] *vi* charlar, charlotear, cascar; *vt* contar, decir; (*delatar*) chivarse *vp*, soplar
xerrotejar [ʃərutəʒá] *vi* (*els nens*) gorjearse; (*els ocells*) chirriar
xic -a [ʃík] *aj* pequeño -ña, chico -ca; *mf* chico -ca, muchacho -cha; **un ~** un poco, algo
xiclet [ʃiklɛ́t] *m* chicle, goma *f* de mascar
xicot -a [ʃikɔ́t] *mf* chico -ca, muchacho -cha, mozo -za; (*promès*) novio -via
xicra [ʃíkrə] *f* jícara, tacita
xifra [ʃífrə] *f* cifra
xilòfon [ʃilɔ́fun] *m* xilófono
ximpanzé [ʃimpənzé] *m* chimpancé
ximple [ʃímplə] *aj* tonto -ta, majadero -ra, memo -ma
ximpleria [ʃimpləríə] *f* tontería, majadería, necedad
xim-xim [ʃimʃím] *m* calabobos, sirimiri
xinel·la [ʃinɛ́llə] *f* chinela
xinès -esa [ʃinɛ́s] *aj mf* chino -na; *m* (*llengua*) chino
xino-xano [ʃinuʃánu] *av* paso a paso, pasito a pasito
xinxeta [ʃiɲʃɛ́tə] *f* chincheta; (*llum*) lamparilla
xipollejar [ʃipuʎəʒá] *vi* (*un líquid*) agitarse; *vt* (*xipollar*) chapotear
xiprer [ʃipré] *m bot* ciprés
xiquet -a [ʃikɛ́t] *aj* pequeño -ña, chico -ca; *mf* chiquillo -lla
xiscladissa [ʃiskləðísə] *f* chillería, chillidos *mpl*
xisclar [ʃisklá] *vi* chillar
xiscle [ʃísklə] *m* chillido
xiular [ʃiwlá] *vi* silbar, chiflar; (*amb un xiulet*) pitar, silbar; *vt* (*una cançó*) silbar; (*mostrar desaprovació*) silbar, pitar
xiulet [ʃiwlɛ́t] *m* (*so*) silbido, pitido; (*instrument*) silbato, pito
xiu-xiu [ʃiwʃíw] *m* cuchicheo
xiuxiuejar [ʃiwʃiwəʒá] *vti* cuchichear, susurrar, musitar

xivarri [ʃiβári] *m* alboroto, follón, barullo
xoc [ʃɔ́k] *m* choque
xocant [ʃukán] *aj* chocante
xocar [ʃuká] *vi* chocar
xocolata [ʃukulátə] *f* chocolate *m*
xofer -a [ʃufé] *mf* chófer -ra
xop -a [ʃóp] *aj* empapado -da, calado -da; *m bot* chopo, chopo negro, álamo negro
xopar [ʃupá] *vt* empapar, calar
xoriço [ʃurísu] *m* chorizo
xuclador [ʃukləðó] *m* (*a la mar, en un riu*) vorágine *f*, remolino
xuclar [ʃuklá] *vt* chupar; (*xarrupar*) sorber
xufla [ʃúflə] *f* chufa
xumar [ʃumá] *vt* beber a morro; (*mamar*) mamar
xumet [ʃumét] *m* chupete
xup-xup [ʃùpʃúp] *m* hervor; **fer ~** (*un guisat*) dar hervores
xurro [ʃúru] *m* churro
xusma [ʃúzmə] *f* chusma, gentuza
xut [ʃút] *m* tiro, disparo
xutar [ʃutá] *vi* chutar

Z

zebra [zéβɾə] *f zoo* cebra
zenit [zənít] *m* cenit, zenit
zero [zέɾu] *m* cero; **al ~** al cero, al rape; **ésser un ~ a l'esquerra** ser un cero a la izquierda
zeta [zέtə] *f* zeta, ceta
ziga-zaga [zìγəzáγə] *f* zigzag *m*
zodíac [zuðíək] *m* zodiaco, zodíaco
zona [zónə] *f* zona
zoo [zóo] *m* zoo
zoològic -a [zuulɔ́ʒik] *aj m* zoológico -ca
zumzeig [zumzέtʃ] *m* oscilación *f*

Noms de lloc i de persona

Abel [əβέl] *m hst rlg* Abel
Abissínia [əβisíniə] *f geo* Abisinia
Abraham [əβɾəám] *m rlg* Abrahán
Açores [əsóɾəs] [*les*] *fpl geo* (*illes*) [las] Azores
Adam [əðám] *m hst rlg* Adán
Adela [əðέlə] *f* Adela
Adolf [əðɔ́lf] *m* Adolfo
Adrià -ana [əðɾiá] *mf* Adriano -na
Adriàtic -a [əðɾiátik] *f/m geo* mar Adriático *m*
Afganistan [əvɣənistán] [*l'*] *m geo* [el] Afganistán
Àfrica [áfɾikə] [*l'*] *f geo* África
Afrodita [əfɾuðítə] *f mit* Afrodita
Àgata [áɣətə] *f* Águeda, Ágata
Agnès [əŋnέs] *f* Inés
Agustí -ina [əɣustí] *mf* Agustín -ina
Alacant [ələkán] *geo* Alicante
Alaska [əláskə] *f geo* Alaska
Albània [əlβániə] *f geo* Albania
Albert -a [əlβέrt] *mf* Alberto -ta
Alcorà [əlkuɾá] [*l'*] *m rlg* [el] Corán
Aleix [əléʃ] *m* Alejo
Alemanya [ələmáɲə] *f geo* Alemania
Alexandre -a [ələksándɾə] *mf* Alejandro -dra
Alexandria [ələksəndɾíə] *f geo* Alejandría
Alfons [əlfɔ́ns] *m* Alfonso
Alger [əʎʒé] *geo* Argel
Algèria [əʎʒέɾiə] *f geo* Argelia
Alguer [əlɣé] [*l'*] *m geo* Alghero
Alícia [əlísiə] *f* Alicia
Al·là [əllá] *m rlg* Alá
Alps [álps] [*els*] *mpl geo* [los] Alpes
Alsàcia [əlsásiə] *f geo* Alsacia
Àlvar [álβər] *m* Álvaro
Alvèrnia [əlβέrniə] *f geo* Auvernia
Amadeu [əməðέw] *m* Amadeo
Amazones [əməzónəs] [*l'*] *m geo* (*riu*) [el] Amazonas
Ambròs [əmbɾɔ́s] *m* Ambrosio
Amèlia [əmέliə] *f* Amelia
Amèrica [əmέɾikə] *f geo* América; ~ **Central** Centroamérica, América Central; ~ **del Nord** Norteamérica, América del Norte; ~ **del Sud** Suramérica, Sudamérica, América del Sur; ~ **Llatina** Latinoamérica, América Latina
Anatòlia [ənətɔ́liə] *f geo hst* Anatolia
Andalusia [əndəluzíə] *f geo* Andalucía
Andes [ándəs] [*els*] *mpl geo* [los] Andes
Andorra [əndɔ́rə] *f geo* Andorra

Andreu -ea [əndɾéw] *mf hst rlg* Andrés -drea
Andreua [əndɾéwə] *f* = **Andrea**
Àngel -a [áɲʒəl] *mf* Ángel -la
Angelina [əɲʒəlínə] *f* Angelina
Àngels [áɲʒəls] *f* Ángeles
Anglaterra [əŋglətɛ́rə] *f geo* Inglaterra
Angola [əŋgɔ́lə] *f geo* Angola
Anna [ánnə] *f hst rlg* Ana
Anselm [ənsɛ́lm] *m* Anselmo
Antàrtic [əntártik] [*l'*] *m geo* (*oceà*) Antártico
Antàrtida [əntártiðə] [*l'*] *f geo* [la] Antártida
Antilles [əntíʎəs] [*les*] *fpl geo* las Antillas
Antoni -ònia [əntɔ́ni] *mf* Antonio -nia
Anvers [əmbɛ́rs] *geo* Amberes
Apenins [əpəníns] [*els*] *mpl* [los] Apeninos
Apol·lo [əpɔ́llu] *m mit* Apolo
Aquari [əkwáɾi] *m ast* Acuario
Aquil·les [əkílləs] *m mit* Aquiles
Aquisgrà [əkizgɾá] *geo* Aquisgrán
Aquitània [əkitániə] *f geo hst* Aquitania
Aràbia [əɾáβiə] [*l'*] *f geo* Arabia; **l'~ Saudita** Arabia Saudí
Aragó [əɾəɣó] *m geo* Aragón
Arcàdia [ərkáðiə] [*l'*] *f geo hst* [la] Arcadia
Argentina [ərʒəntínə] [*l'*] *f geo* Argentina
Ariadna [əɾiádnə] *f mit* Ariadna, Ariana
Àries [áɾiəs] *m ast* Aries
Aristòtil [əɾistɔ́til] *m hst fls* Aristóteles
Armènia [ərmɛ́niə] *f geo* Armenia
Arnau [ərnáw] *m* Arnaldo
Arquimedes [ərkimɛ́ðəs] *m hst mat* Arquímedes
Àrtic [ártik] [*l'*] *m geo* (*oceà*) [el] Ártico
Àrtida [ártiðə] [*l'*] *f geo* [el] Ártico *m*, [las] regiones Árticas *pl*
Artur [ərtúr] *m* Arturo
Artús [ərtús] *m mit lit* Artús, Arturo
Àsia [áziə] [*l'*] *f geo* Asia
Assíria [əsíɾiə] *f geo hst* Asiria
Astúries [əstúɾiəs] *geo* Asturias
Atenes [ətɛ́nəs] *geo* Atenas
Àtica [átikə] [*l'*] *f geo hst* Ática
Atlàntic [əllántik] [*l'*] *m geo* (*oceà*) [el] Atlántico
Atles [álləs] *m geo* **serralada de l'~** montes *mpl* Atlas
August -a [əwɣúst] *mf hst* Augusto -ta
Aureli -èlia [əwɾɛ́li] *mf* Aurelio -lia
Austràlia [əwstɾáliə] *f geo* Australia
Àustria [áwstɾiə] *f geo* Austria
Azerbaidjan [əzərbəjdʒán] [*l'*] *m geo* Azerbaiján

Babilònia [bəβilɔ́niə] *f geo hst* Babilonia
Bacus [bákus] *m mit* Baco
Bahames [bəáməs] [*les*] *fpl geo* (*illes*) [las] Bahamas
Bahrain [bəɾájn] *m geo* Bahrayn
Balança [bəlánsə] [*la*] *f ast* Libra
Balcans [bəlkáns] [*els*] *mpl geo* [los] Balcanes
Balears [bəleárs] [*les*] *fpl geo* (*illes*) [las] Baleares
Bali [báli] *m geo* (*illa*) Bali

Baltasar [bəltəzár] *m hst rlg* Baltasar
Bàltic -a [báltik] *f/m geo* mar Báltico *m*
Bangla Desh [bàŋgləðɛ́ʃ] *geo* Bangla Desh
Bàrbara [bárbəɾə] *f* Bárbara
Barcelona [bərsəlónə] *geo* Barcelona
Bartomeu [bərtuméw] *m* Bartolomé
Basc [básk] *aj* **País** ~ *geo* País Vasco
Basili [bəzíli] *m* Basilio
Baviera [bəβiéɾə] *f geo* Baviera
Beatriu [beətɾíw] *f* Beatriz
Beirut [bəjɾút] *geo* Beirut
Bèlgica [bɛ́ʎʒikə] *f geo* Bélgica
Belgrad [bəlɣɾát] *geo* Belgrado
Belize [bəlízə] *m geo* Belice
Benet -a [bənɛ́t] *mf* Benito -ta
Bengala [bəŋgálə] *f geo* ~ **Occidental** Bengala Occidental; ~ **Oriental** = **Bangla Desh**; **golf de** ~ golfo de Bengala
Benín [bənín] *m geo* Benín
Benjamí [bənʒəmí] *m hst rlg* Benjamín
Bèrgam [bɛ́ɾgəm] *geo* Bérgamo
Berlín [bərlín] *geo* Berlín
Berna [bɛ́ɾnə] *geo* Berna
Bernabé [bərnəβé] *m hst rlg* Bernabé
Bernat -arda [bərnát] *mf* Bernardo -da
Berta [bɛ́ɾtə] *f* Berta
Bertran [bərtɾán] *m* Beltrán
Bessons [bəsóns] [*els*] *mpl ast* Géminis
Bhutan [bután] [*el*] *m geo* Bhután
Biafra [biáfɾə] *f geo hst* Biafra
Bielorússia [biɛ̀luɾúsiə] *f geo* Bielorrusia, Rusia Blanca
Bilbao [bilβáu] *geo* Bilbao
Birmània [birmániə] *f geo* Birmania
Bizanci [bizánsi] *m geo hst* (*ciutat, imperi*) Bizancio
Blai [bláj] *m* Blas
Blancaneu [blàŋkənéw] [*la*] *f* ~ **i els set nans** *lit* Blancanieves y los siete enanitos
Bohèmia [buɛ́miə] *f geo* Bohemia
Boi [bɔ́j] *m* Baudilio
Bolívia [bulíβiə] *f geo* Bolivia
Bolonya [bulɔ́ɲə] *geo* Bolonia
Bombai [bumbáj] *geo* Bombay
Borbó [burbó] [*els*] *mpl hst* [los] Borbones
Bordeus [burdɛ́ws] *geo* Burdeos
Borgonya [burgóɲə] *f geo* Borgoña
Borja [bɔ́ɾʒə] [*els*] *mpl hst* (*llinatge*) [los] Borgia, [los] Borja
Bòsfor [bɔ́sfur] [*el*] *m geo* el Bósforo
Bòsnia [bɔ́zniə] *f* ~ **i Hercegovina** *geo* Bosnia-Herzegovina
Botswana [butswánə] *f geo* Botswana
Brabant [bɾəβán] [*el*] *m geo* Brabante
Brandenburg [bɾəndənbúrk] *m geo* (*ciutat, estat*) Brandeburgo
Brasil [bɾəzíl] [*el*] *m geo* [el] Brasil
Bremen [bɾémən] *geo* (*ciutat, estat*) Bremen, Brema
Bretanya [bɾətáɲə] [*la*] *f geo* Bretaña; **Gran** ~ [la] Gran Bretaña
Bru [bɾú] *m* Bruno

Brussel·les [brusέlləs] *geo* Bruselas
Bucarest [bukərést] *geo* Bucarest
Buda [búðə] *m rlg* Buda
Budapest [buðəpést] *geo* Budapest
Bulgària [bulɣáriə] *f geo* Bulgaria

Cabrera [kəβrérə] *f geo* (*illa*) Cabrera
Cadis [káðis] *geo* Cádiz
Caiena [kəjέnə] *geo* Cayena
Caín [kəín] *hst rlg* Caín
Caire [kájrə] [*el*] *m geo* El Cairo
Caixmir [kəʒmír] [*el*] *m geo* Cachemira *f*, Kashmir *m*
Calàbria [kəláβriə] *f geo* Calabria
Califòrnia [kəlifɔ́rniə] *f geo* California
Cambodja [kəmbɔ́dʒə] *f geo* Camboya
Camerun [kəmərún] [*el*] *m geo* [el] Camerún
Canadà [kənəðá] [*el*] *m geo* [el] Canadá
Canàries [kənáriəs] [*les*] *f geo* (*illes*) [las] Canarias
Càncer [kánsər] *m ast* Cáncer
Canton [kəntón] *geo* Cantón
Cap [káp] [*el*] *m geo* [la] provincia *f* del Cabo; [*la*] **Ciutat del ~** Ciudad de El Cabo
Capricorn [kàprikórn] *m ast* Capricornio
Carèlia [kərέliə] [*la*] *f geo* Carelia
Carib [kəríp] *m/f geo* (*mar de les Antilles*) mar Caribe
Carlemany [kàrləmáɲ] *m hst* Carlomagno
Carles [kárləs] *m* Carlos
Carme [kármə] *f* Carmen; **mare de Déu del ~** *rlg* Virgen del Carmen
Carpats [kərpáts] [*els*] *mpl geo* [los] Cárpatos
Caspi Càspia [káspi] *f/m geo* mar Caspio *m*
Castella [kəstéʎə] *f geo* Castilla; **~ i Lleó** Castilla y León; **~-la Manxa** Castilla y La Mancha; **~ la Nova** *hst* Castilla la Nueva; **~ la Vella** *hst* Castilla la Vieja
Castelló [kəstəʎó] **~ de la Plana** *geo* Castellón de la Plana
Catalans [kətəláns] *aj* **Països ~** *geo* Países Catalanes
Catalunya [kətəlúɲə] *f geo* Cataluña
Caucas [káwkəs] [*el*] *m geo* [el] Cáucaso
Ceilan [səjlán] *m geo* Ceilán, Sri Lanka
Centreafricana [sèntrəfrikánə] *aj* **República ~** *geo* República Centroafricana
Cèsar [sέzər] *m* **Gai Juli ~** *hst* Cayo Julio César
Cesc -a [sέsk] *mf fm* Paco -ca, Curro -rra
Ciceró [sisəró] *m* **Marc Tul·li ~** *hst lit* Marco Tulio Cicerón
Cleòpatra [kleɔ́pətrə] *f hst* Cleopatra
Coïmbra [kuímbrə] *geo* Coimbra
Colom [kulóm] *m* **Cristòfor ~** *hst* Cristóbal Colón
Colòmbia [kulɔ́mbiə] *f geo* Colombia
Colònia [kulɔ́niə] *geo* Colonia
Confuci [kumfúsi] *m fls rlg* Confucio
Congo [kóŋgu] [*el*] *m geo* [el] Congo
Constantinoble [kunstəntinɔ́bblə] *geo hst* Constantinopla

Copenhaguen [kupənáɣən] *geo* Copenhague
Copèrnic [kupɛ́rnik] *m* **Nicolau** ~ *hst ast* Nicolás Copérnico
Còrdova [kɔ́rduβə] *geo* Córdoba
Corea [kuɾéə] *geo* Corea; ~ **del Nord** Corea del Norte; ~ **del Sud** Corea del Sur
Corint [kuɾín] *geo hst* Corinto
Cornualla [kurnuáʎə] *f geo* Cornualles
Còrsega [kɔ́rsəɣə] *f geo* (*illa*) Córcega
Costa [kɔ́stə] *f* ~ **d'Ivori** [*la*] *geo* Costa de Marfil; ~ **Rica** *geo* Costa Rica
Cotxinxina [kutʃiɲʃínə] [*la*] *f geo* [la] Cochinchina, Nan Phan *m*
Cracòvia [krəkɔ́βiə] *geo* Cracovia
Cranc [kráŋ] [*el*] *m ast* = **Càncer**
Creta [kɾɛ́tə] *f geo hst* Creta
Crist [kríst] [*el*] *m rlg* Cristo
Cristòfol [kristɔ́ful] *m* Cristóbal
Cristòfor [kristɔ́fur] *m* = **Cristòfol**
Croàcia [kruásiə] *f geo* Croacia
Cuba [kúβə] *f geo* Cuba

Dahomei [dəumɛ́j] [*el*] *m geo hst* Dahomey
Dalmàcia [dəlmásiə] [*la*] *f geo* Dalmacia
Damasc [dəmásk] *geo* Damasco
Daniel -a [dəniɛ́l] *mf hst rlg* Daniel -la
Dant [dán] [*el*] *m hst lit* Dante
Danubi [dənúβi] [*el*] *m geo* (*riu*) [el] Danubio
David [dəβít] *m hst* David
Dídac [díðək] *m* Diego
Dinamarca [dìnəmárkə] *f geo* Dinamarca
Dionís [diunís] *m mit* (*Bacus*) Dioniso
Djakarta [dʒəkártə] *geo* = **Jakarta**
Djibouti [dʒiβúti] *m geo* Djibouti, Yibuti
Domènec [dumɛ́nək] *m* Domingo
Dominicana [duminikánə] *aj* **República** ~ República Dominicana
Dresden [drézdən] *geo* Dresde
Dublín [dubblín] *geo* Dublín

Ebre [éβɾə] [*l'*] *m geo* (*riu*) [el] Ebro
Edimburg [əðimbúrk] *geo* Edimburgo
Èdip [ɛ́ðip] *m mit* Edipo
Eduard [əðuárt] *m* Eduardo
Egeu -ea [əʒɛ́w] *f/m geo* mar Egeo *m*
Egipte [əʒíptə] [*l'*] *m geo* Egipto
Eivissa [əjβísə] *f geo* (*illa*) Ibiza
Elena [əlɛ́nə] *f* = **Helena**
Elies [əlíəs] *m hst rlg* Elías
Elionor [əliunór] *f* Leonor
Elisa [əlízə] *f* Elisa
Elisabet [əlizəβɛ́t] *f* Isabel
Elisenda [əlizɛ́ndə] *f* Elisenda
Eliseu [əlizɛ́w] *m hst rlg* Eliseo
Eloi [əlɔ́j] *m* Eloy
Elvira [əlβíɾə] *f* Elvira
Elx [ɛ́lʃ] *geo* Elche
Emili -ília [əmíli] *mf* Emilio -lia
Emirats [əmiɾáts] [*els*] *mpl* **Unió dels** ~ **Àrabs** *geo* Unión de Emiratos Árabes
Emmanuel [əmmənuɛ́l] *m hst rlg* = **Manuel**

Enees [ənéəs] *m mit* Eneas
Eneida [ənɛ́jðə] [*l'*] *f hst lit* (*poema*) [la] Eneida
Enric [ənrík] *m* Enrique
Epicur [əpikúr] *m hst fls* Epicuro
Equador [əkwəðór] [*l'*] *m geo* [el] Ecuador
Erasme [əɾázmə] *m hst* Erasmo
Eritrea [əɾitɾéə] *f geo* Eritrea
Ernest [ərnést] *m* Ernesto
Escandinàvia [əskəndináβiə] *f geo* Escandinavia
Escipió [əssipió] *m hst* Escipión
Escòcia [əskɔ́siə] *f geo* Escocia
Escorpí [əskurpí] *m ast* = **Escorpió**
Escorpió [əskurpió] [*l'*] *m ast* Escorpio
Esculapi [əskulápi] *m mit med* Esculapio
Eslovàquia [əzluβákiə] *f geo* Eslovaquia
Eslovènia [əzluβɛ́niə] *f geo* Eslovenia
Espanya [əspáɲə] *f geo* España
Esparta [əspártə] *geo hst* Esparta
Estanislau [əstənizláw] *m* Estanislao
Estats Units [əstàdzuníts] [*els*] *mpl geo* [los] Estados Unidos
Estefania [əstəfəníə] *f* Estefanía
Ester [əstér] *f hst rlg* Ester, Esther
Esteve [əstéβə] *m* Esteban
Estocolm [əstukɔ́lm] *geo* Estocolmo
Estònia [əstɔ́niə] *f geo* Estonia
Estrasburg [əstɾəzbúrk] *geo* Estrasburgo
Etiòpia [ətiɔ́piə] *f geo* Etiopía
EUA [ɛuá] *mpl geo* (*els Estats Units*) EE.UU
Euclides [əwklíðəs] *m hst mat* Euclides
Eudald [əwðál] *m* Eudaldo
Eufrates [əwfrátəs] [*l'*] *m geo* (*riu*) [el] Éufrates
Eugeni -ènia [əwʒɛ́ni] *mf* Eugenio -nia
Eulàlia [əwláliə] *f* Eulalia
Euràsia [əwɾáziə] *f geo* Eurasia
Eurípides [əwɾípiðəs] *m hst lit* Eurípides
Europa [əwɾópə] *f geo* Europa
Eusebi -èbia [əwzɛ́βi] *mf* Eusebio -bia
Eustaqui [əwstáki] *m hst med* Eustaquio
Eva [éβə] *f hst rlg* Eva
Extremadura [əkstɾəməðúɾə] *f geo* Extremadura

Felip [fəlíp] *m* Felipe
Feliu [fəlíw] *m* Félix
Fèlix [fɛ́liks] *m* = **Feliu**
Fenícia [fənísiə] *f geo hst* Fenicia
Fèroe [fɛ́ɾuə] [*les*] *f geo* (*illes*) [las] Feroe
Ferran -anda [fərán] *mf* Fernando -da, Fernán *m*, Hernando *m*, Hernán *m*
Filadèlfia [filəðɛ́lfiə] *geo* Filadelfia
Filipines [filipínəs] [*les*] *f geo* (*illes*) [las] Filipinas
Finlàndia [finlándiə] *f geo* Finlandia
Flandes [flándəs] *m geo* Flandes
Florenci -ència [fluɾɛ́nsi] *mf* Florencio -cia
Florència [fluɾɛ́nsiə] *geo* Florencia
Formentera [furməntéɾə] *f geo* (*illa*) Formentera
Formosa [furmózə] *f geo* (*illa*) = **Taiwan**

França [fránsə] *f geo* Francia
Francesc -a [frənsɛ́sk] *mf* Francisco -ca
Francònia [frəŋkɔ́niə] *f geo* Franconia
Frederic -a [frəðərík] *mf* Federico -ca
Frísia [fríziə] *f geo* Frisia
Friül [friúl] [*el*] *m geo* [el] Friul, [el] Friuli

Gabon [gəβón] [*el*] *m geo* Gabón
Gabriel -a [gəβriɛ́l] *mf hst rlg* Gabriel -la
Galícia [gəlísiə] *f geo* Galicia
Galilea [gəlilɛ́ə] *f geo hst rlg* Galilea
Galileu [gəlilɛ́w] *m hst ast* Galileo
Galítsia [gəlítsiə] *f geo hst* Galitzia
Gal·les [gálləs] *m* **País de** ~ *geo* [el] País de Gales
Gàl·lia [gálliə] [*la*] *f hst* [la] Galia
Gàmbia [gámbiə] *f geo* Gambia
Ganges [gáɲʒəs] [*el*] *m geo* (*riu*) [el] Ganges
Gascunya [gəskúɲə] [*la*] *f geo* Gascuña
Gaspar [gəspár] *m hst rlg* Gaspar
Gèmini [ʒɛ́mini] *m ast* = **Bessons**
Genís [ʒənís] *m* Ginés
Gènova [ʒɛ́nuβə] *geo* Génova
Genoveva [ʒənuβɛ́βə] *f* Genoveva
Geòrgia [ʒeɔ́rʒiə] *f geo* (*d'Àsia i d'Amèrica*) Georgia
Germània [ʒərmániə] *f geo hst* Germania
Ghana [gánə] *f geo* Ghana
Gibraltar [ʒiβrəltá] *m geo* Gibraltar. *L'estret de* ~, el estrecho de Gibraltar. *El penyal de* ~, el peñón de Gibraltar
Ginebra [ʒinéβrə] *geo* Ginebra
Girona [ʒirónə] *geo* Gerona
Gonçal [gunsál] *m* Gonzalo
Granada [grənáðə] *geo* Granada
Grècia [grɛ́siə] *f geo hst* Grecia
Grenlàndia [grənlándiə] *f geo* Groenlandia
Grisons [grizóns] [*els*] *mpl geo* [los] Grisones
Guaiana [gwəjánə] [*la*] *f geo* [la] Guayana, [las] Guayanas *pl*
Guatemala [gwətəmálə] *f geo* Guatemala
Guillem -a [giʎɛ́m] *mf* Guillermo -ma
Guinea [ginéə] [*la*] *f geo* Guinea; **golf de** ~ golfo de Guinea; ~ **Bissau** Guinea-Bissau; ~ **Equatorial** Guinea Ecuatorial; **Nova** ~ (*illa*) Nueva Guinea
Gustau [gustáw] *m* Gustavo
Guyana [gujánə] [*la*] *f geo* Guyana

Haia [ájə] [*l', la*] *f geo* La Haya
Haití [əjtí] *m geo* Haití
Hamburg [əmbúrk] *m geo* (*ciutat, estat*) Hamburgo
Hannover [ənnɔ́βər] *m geo hst* (*ciutat, estat*) Hannover
Havana [əβánə] [*l'*] *f geo* La Habana
Hawaii [həwáj] [*les*] *fpl geo* (*illes*) [las] Hawai
Hèctor [ɛ́ktur] *m mit* Héctor
Helena [əlɛ́nə] *f mit* Helena, Elena
Hèlsinki [hɛ́lsiŋki] *geo* Helsinki
Hèrcules [ɛ́rkuləs] *m mit* Hércules
Hermes [ɛ́rməs] *m mit* Hermes
Herodes [ərɔ́ðəs] *m hst* Herodes

Hilari [ilári] *m* Hilario
Himàlaia [imáləjə] [*l'*] *m geo* [el] Himalaya
Hindustan [industán] [*l'*] *m geo* [el] Hindostán, [el] Indostán
Hispània [ispániə] *f geo hst* Hispania
Hispanoamèrica [ispànuəmérikə] *f geo* Hispanoamérica
Holanda [ulándə] *f geo* Holanda
Homer [umér] *m hst lit* Homero
Hondures [undúrəs] *geo* Honduras *f*
Hongria [uŋgríə] *f geo* Hungría
Horaci [urási] *m hst lit* Horacio

Ibèria [iβériə] *f geom hst* Iberia
Iberoamèrica [iβəruəmérikə] *f geo* Iberoamérica
Iemen [jémən] [*el*] *m geo* [el] Yemen
Ignasi -àsia [iŋnázi] *mf* Ignacio -cia
Ildefons [ildəfɔ́ns] *m* Ildefonso
Ilíada [ilíəðə] [*la*] *f hst lit* (*poema*) [la] Ilíada
Índia [índiə] [*l'*] *f geo* [la] India
Índic [índik] [*l'*] *m geo* (*oceà*) [el] Índico
Indonèsia [indunéziə] *f geo* Indonesia
Indostan [industán] [*l'*] *m geo* = **Hindustan**
Indoxina [induʃínə] [*la*] *f geo* (*península*) Indochina
Iran [irán] [*l'*] *m geo* [el] Irán
Iraq [irák] [*l'*] *m geo* [el] Iraq, [el] Irak
Irene [irénə] *f* Irene
Irlanda [irlándə] *f geo* Irlanda; ~ **del Nord** Irlanda del Norte
Isaac [izəák] *m hst rlg* Isaac
Isabel [izəbél] *f* = **Elisabet**
Isaïes [izəíəs] *m hst rlg* Isaías
Isidre [izíðrə] *m* Isidro
Islàndia [izlándiə] *f geo* Islandia
Ismael [izməél] *m hst rlg* Ismael
Israel [izrəél] *m geo* Israel
Istanbul [istəmbúl] *geo* Estambul
Itàlia [itáliə] *f geo* Italia
Iugoslàvia [iwɣuzláβiə] *geo* Yugoslavia

Jacint -a [ʒəsín] *mf* Jacinto -ta
Jacob [ʒəkɔ́p] *m hst rlg* Jacob
Jakarta [ʒəkártə] *geo* Yakarta, Jakarta, Djakarta
Jamaica [ʒəmájkə] *f geo* Jamaica
Jan [ʒán] *m fm* (*Joan*) Juanito
Japó [ʒəpó] [*el*] *m geo* [el] Japón
Java [ʒáβə] *f geo* (*illa*) Java
Jaume [ʒáwmə] *m* Jaime, Santiago; **Sant ~ de Galícia** = **Santiago de Compostel·la**
Jeremies [ʒərəmíəs] *m hst rlg* Jeremías
Jeroni [ʒərɔ́ni] *m* Jerónimo
Jerusalem [ʒəruzəlém] *geo rlg* Jerusalén
Jesucrist [ʒəzukríst] *m rlg* Jesucristo
Jesús [ʒəzús] *m rlg* Jesús. *L'infant* (*el nen*) *Jesús*, el niño Jesús
Joan -a [ʒuán] *mf hst rlg* Juan -a; **~a d'Arc** *hst* Juana de Arco
Joaquim -a [ʒuəkím] *mf hst rlg* Joaquín -ina
Johannesburg [ʒuənnəzbúrk] *geo* Johannesburgo
Jònic -a [ʒɔ́nik] *f/m geo* mar Jónico *m*
Jordà [ʒurdá] [*el*] *m geo* (*riu*) [el] Jordán

Jordània [ʒurdániə] *f geo* Jordania
Jordi -ina [ʒórdi] *mf* Jorge Georgina
Josefina [ʒuzəfínə] *f* Josefina, Josefa
Josep -a [ʒuzɛ́p] *mf* José -efa
Judea [ʒuðéə] [*la*] *f geo hst rlg* Judea
Judes [ʒúðəs] *m hst rlg* Judas
Judit [ʒuðít] *f hst rlg* Judit
Juli Júlia [ʒúli] *mf* Julio -lia
Julià -ana [ʒuliá] *mf* Julián -ana
Júpiter [ʒúpitər] *m mit ast* Júpiter
Jutlàndia [ʒullándiə] *f geo* Jutlandia

Kazakhstan [kəzəkstán] [*el*] *m geo* [el] Kazajstán
Kenya [kɛ́ɲə] *f geo* Kenia
Kíev [kíəf] *geo* Kiev
Kirguizistan [kirgizistán] [*el*] *m geo* [el] Kirguizistán, Kirguizia *f*
Kurdistan [kurdistán] [*el*] *m geo* [el] Kurdistán, [el] Curdistán
Kuwait [kuβájt] *m geo* (*ciutat, estat*) Kuwayt

Laci [lási] [*el*] *m geo hst* [el] Lacio
Laos [láus] *m geo* Laos
Lapònia [ləpɔ́niə] *f geo* Laponia
Laura [láwɾə] *f* Laura
Lausana [ləwzánə] *geo* Lausana
Leningrad [ləniŋgɾát] *geo hst* Leningrado
Leo [lɛ́u] *m ast* = **Lleó**
Lesotho [ləzɔ́tu] *m geo* Lesotho
Letònia [lətɔ́niə] *f geo* Letonia
Líban [líβən] [*el*] *m geo* [el] Líbano
Libèria [liβɛ́ɾiə] *f geo* Liberia
Líbia [líβiə] *f geo* Libia
Libra [líβɾə] *f ast* = **Balança**
Liechtenstein [liəktənstɛ́jn] *m geo* Liechtenstein
Lieja [liɛ́ʒə] *geo* Lieja
Ligúria [liγúɾiə] [*la*] *f geo* Liguria
Lilla [líʎə] *geo* Lille, Lila
Lió [lió] *geo* Lyon
Lisboa [lizbɔ́ə] *geo* Lisboa
Lituània [lituániə] *f geo* Lituania
Llàtzer [ʎádzə] *m hst rlg* Lázaro
Lleida [ʎéjðə] *geo* Lérida
Llemosí [ʎəmuzí] [*el*] *m geo* [el] Lemosín
Llemotges [ʎəmɔ́dʒəs] *geo* Limoges
Llenguadoc [ʎèŋgwəðɔ́k] [*el*] *m geo* [el] Languedoc
Lleó [ʎəó] *m geo* (*ciutat, regió*) León; [*el*] *ast* Leo
Llombardia [ʎumbərdíə] [*la*] *f geo* Lombardía
Llop [ʎóp] *m* Lope, Lupo
Llorenç [ʎuɾɛ́ns] *m* Lorenzo
Lluc [ʎúk] *m hst rlg* Lucas
Llucià -ana [ʎusiá] *mf* Luciano -na
Llúcia [ʎúsiə] *f* Lucía
Llucifer [ʎusifé] *m rlg* Lucifer
Lluís -ïsa [ʎuís] *mf* Luis -sa
Lluna [ʎúnə] [*la*] *f ast* [la] Luna
Loira [lɔ́jɾə] [*el*] *m geo* (*riu*) [el] Loira
Londres [lóndɾəs] *geo* Londres
Lorda [lórdə] *geo* **Mare de Déu de** ~ *rlg* Virgen de Lourdes
Lorena [luɾɛ́nə] *f geo* Lorena
Lovaina [luβájnə] *geo* Lovaina
Lurda [lúrdə] *rlg* = **Lorda**
Lusàcia [luzásiə] *f geo* Lusacia
Lusitània [luzitániə] *f geo hst* Lusitania
Luter [lutér] *m* **Martí** ~ *hst rlg* Martín Lutero

Luxemburg [luksəmbúrk] *m geo* (*ciutat, estat*) Luxemburgo

Macedònia [məsəðɔ́niə] *f geo hst* Macedonia
Macià [məsiá] *m* = **Maties**
Madagascar [məðəɣəskár] *m geo* Madagascar
Madrid [məðɾít] *geo* Madrid
Magdalena [məgdəlɛ́nə] *f hst rlg* Magdalena
Magreb [məɣɾɛ́p] *m geo* = **Magrib**
Magrib [məɣɾíp] *m geo* Magreb, Mogreb
Magúncia [məɣúnsiə] *geo* Maguncia
Mahoma [məómə] *m hst rlg* Mahoma
Malacca [məlákkə] *f geo* (*ciutat, estat*) Malaca, Malaka, Melaka. *Estret de* ~, estrecho de Malaca. *Península de* ~, península de Malaca, península Malaya
Màlaga [máləɣə] *geo* Málaga
Malàisia [məlájziə] *f geo* Malaysia
Malaquies [mələkíəs] *m hst rlg* Malaquías
Malawi [məláwi] *m geo* Malawi
Mali [máli] [*el*] *m geo* Malí, Mali
Mallorca [məʎɔ́rkə] *f geo* (*illa*) Mallorca; [*la*] **Ciutat de** ~ = **Palma de Mallorca**
Malta [máltə] *f geo* (*illa*) Malta
Mànega [mánəɣə] [*la*] *f geo* el canal de la Mancha
Manel -a [mənɛ́l] *mf fm* = **Manuel**
Manuel -a [mənuɛ́l] *mf hst rlg* Manuel -la
Manxa [máɲʃə] [*la*] *f geo* La Mancha
Manxúria [məɲʃúɾiə] [*la*] *f geo* Manchuria
Maó [məó] *geo* Mahón
Maquiavel [məkiəβɛ́l] *m hst* Maquiavelo
Marc [márk] *m hst rlg* Marcos
Marcel -el·la [mərsɛ́l] *mf* Marcelo -la
Marcel·lí -ina [mərsəllí] *mf* Marcelino -na
Margarida [mərgəɾíðə] *f* Margarita
Maria [məɾíə] *f hst rlg* María
Marià -ana [məɾiá] *mf* Mariano -na
Marian [məɾián] *m* = **Marià**
Marianna [məɾiánnə] *f* Mariana
Màrius [máɾiws] *m* Mario
Marràqueix [məràkəʃ] *geo* Marrakech
Marroc [mərɔ́k] [*el*] *m geo* Marruecos
Marsella [mərsɛ́ʎə] *geo* Marsella
Mart [márt] *m mit ast* Marte
Marta [mártə] *f hst rlg* Marta
Martí -ina [mərtí] *mf* Martín -ina
Mateu [mətéw] *m hst rlg* Mateo
Maties [mətíəs] *m hst rlg* Matías
Matilde [mətíldə] *f* Matilde
Maurici -ícia [məwɾísi] *mf* Mauricio -cia
Mauritània [məwɾitániə] *f geo* Mauritania
Màxim [máksim] *m* Máximo
Maximilià [məksimiliá] *m* Maximiliano
Meca [mɛ́kə] [*la*] *f geo* La Meca
Mecklenburg [məkləmbúrk] *m geo* Mecklemburgo
Mediterrani -ània [məðitəráni] *f/m geo* mar Mediterráneo *m*

Melanèsia [mələnɛ́ziə] [*la*] *f geo* [la] Melanesia
Melcior [məlsiór] *m hst rlg* Melchor
Menorca [mənɔ́rkə] *f geo* Menorca
Mercè [mərsɛ́] *f* Mercedes; *rlg* (*orde*) Merced
Mercuri [mərkúɾi] *m mit ast* Mercurio
Merlí [mərlí] *m mit lit* Merlín
Mesopotàmia [məzuputámiə] *f geo hst* Mesopotamia
Messies [məsíəs] *m rlg* Mesías
Mèxic [mɛ́ksik] *m geo* Méjico, México; **Ciutat de ~** México, Méjico
Micronèsia [mikɾunɛ́ziə] [*la*] *f geo* [la] Micronesia
Milà [milá] *geo* Milán
Minerva [minérbə] *f mit* Minerva
Miquel [mikɛ́l] *m hst rlg* Miguel
Mireia [miɾɛ́jə] *f* Mireya
Mississipí [misisipí] [*el*] *m geo* (*riu, estat*) [el] Misisipí
Moçambic [musəmbík] *m geo* Mozambique
Moisès [mujzɛ́s] *m hst rlg* Moisés
Moldàvia [muldáβiə] *f geo* Moldavia
Mònaco [mɔ́nəku] *m geo* Mónaco
Mongòlia [muŋgɔ́liə] *f geo* Mongolia
Mònica [mɔ́nikə] *f* Mónica
Montenegro [mòntənɛ́ɣɾu] *m geo* Montenegro
Moràvia [muɾáβiə] *f geo* Moravia
Morfeu [murfɛ́w] *m mit* Morfeo
Mort -a [mɔ́rt] *f/m* **mar ~** *geo* mar Muerto *m*
Morvedre [murbɛ́ðɾə] *geo hst* = **Sagunt**
Moscou [muskɔ́w] *geo* Moscú
Munic [muník] *geo* Munich
Múrcia [múrsiə] *geo* Murcia

Nadal [nəðál] *m rlg* Navidad *f*; (*festes*) Navidades *fpl*
Namíbia [nəmíβiə] *f geo* Namibia
Napoleó [nəpuleó] *m hst* Napoleón
Nàpols [nápuls] *geo* Nápoles
Narcís -isa [nərsís] *mf mit rlg* Narciso -sa
Natàlia [nətáliə] *f* Natalia
Nativitat [nətiβitát] *f* Natividad
Natzaret [nədzəɾɛ́t] *geo hst rlg* Nazaret
Nauru [nəúɾu] *m geo* Nauru
Navarra [nəβárə] *f geo* Navarra
Negre -a [nɛ́ɣɾə] *f/m* **mar ~** *geo* mar Negro *m*
Nepal [nəpál] [*el*] *m geo* Nepal
Neptú [nəptú] *m mit ast* Neptuno
Neró [nəɾó] *m hst* Nerón
Nèstor [nɛ́stur] *m mit* Néstor
Niça [nísə] *geo* Niza
Nicaragua [nikəɾáɣwə] *f geo* Nicaragua
Nicolau -aua [nikuláw] *mf* Nicolás -asa
Nicòsia [nikɔ́ziə] *f geo* Nicosia
Níger [níʒər] [*el*] *m geo* (*riu, estat*) [el] Níger
Nigèria [niʒɛ́ɾiə] *f geo* Nigeria
Nil [níl] [*el*] *m geo* (*riu*) [el] Nilo
Nord-amèrica [nɔrtəmɛ́ɾikə] *f geo* = **Amèrica del Nord**
Normandia [nurməndíə] *f geo* Normandía
Noruega [nuɾuɛ́ɣə] *f geo* Noruega
Nova Delhi [nɔ̀βəðɛ́li] *geo* Nueva Delhi

Nova York [nɔβəjɔ́rk] *geo* Nueva York

Oceania [useənía] *f geo* Oceanía
Octavi -àvia [uktáβi] *mf hst* Octavio -a
Odissea [uðiséə] [*la*] *f hst lit* (*poema*) [la] Odisea
Olga [ɔ́lγə] *f* Olga
Olimp [ulím] [*l'*] *m geo mit* [el] Olimpo
Olímpia [ulímpiə] *f geo hst* Olimpia
Oman [umán] *m geo* Omán
Orfeu [urfɛ́w] *m mit* Orfeo
Osca [ɔ́skə] *geo* Huesca
Òscar [ɔ́skər] *m* Óscar
Ovidi [uβíði] *m hst lit* Ovidio

Pacífic [pəsífik] [*el*] *m geo* (*oceà*) [el] Pacífico
Pàdua [páðuə] *geo* Padua
Països Baixos [pəizuzbáʃus] [*els*] *mpl geo* [los] Países Bajos
Pakistan [pəkistán] [*el*] *m geo* [el] Pakistán
Palatinat [pələtinát] [*el*] *m geo hst* [el] Palatinado
Palerm [pəlɛ́rm] *geo* Palermo
Palestina [pələstínə] *f geo* Palestina
Palma [pálmə] ~ **de Mallorca** *geo* Palma de Mallorca
Panamà [pənəmá] *m geo* (*ciutat, estat*) Panamá
Papua [pəpúə] *f* ~ **Nova Guinea** *geo* Papúa y Nueva Guinea
Paraguai [pərəγwáj] [*el*] *m geo* [el] Paraguay
París [pərís] *geo* París
Parma [pármə] *geo* Parma
Partenó [pərtənó] [*el*] *m hst arq* [el] Partenón
Pasqua [páskwə] [la] *f rlg* [la] Pascua
Pasqual [pəskwál] *m* Pascual
Patagònia [pətəγɔ́niə] [*la*] *f geo* [la] Patagonia
Patrici -ícia [pətrísi] *mf* Patricio -cia
Pau [páw] *m* Pablo; *f* Paz. *Maria ~*, María Paz
Paula [páwlə] *f* Paula
Paulina [pəwlínə] *f* Paulina
Pelagi [pəláʒi] *m hst* Pelayo
Pelai [pəláj] *m* = **Pelagi**
Peloponès [pəlupunɛ́s] [*el*] *m geo* [el] Peloponeso
Penèlope [pənɛ́lupə] *f mit* Penélope
Pennsilvània [pənsilβániə] *f geo* Pennsylvania
Pentecosta [pəntəkɔ́stə] [*la*] *f rlg* Pentecostés *m*
Pep -a [pɛ́p] *mf fm* Pepe -pa
Pequín [pəkín] *geo* Pekín, Pequín
Pere [pérə] *m hst rlg* Pedro
Perpinyà [pərpiɲá] *geo* Perpiñán
Pèrsia [pɛ́rsiə] *f geo hst* Persia
Pèrsic [pɛ́rsik] *aj geo* **golf** ~ golfo Pérsico, golfo Arábigo, el Golfo
Perú [pərú] [*el*] *m geo* [el] Perú
Petersburg [pətərsbúrk] *m* **Sant** ~ *geo* San Petersburgo
Petra [pɛ́trə] *f* Petra
Petrarca [pətrárkə] [*el*] *m hst lit* Petrarca
Pia [píə] *f* Pía
Picardia [pikərdíə] [*la*] *f geo* Picardía
Piemont [piəmón] [*el*] *m geo* [el] Piamonte
Pireu [pirɛ́w] [*el*] *m geo* El Pireo
Pirineu -s [pirinɛ́w] [*el/els*] *m*

sg/pl geo [los] Pirineos, [el] Pirineo
Pisa [pízə] *geo* Pisa
Pitàgores [pitáɣurəs] *m hst fls mat* Pitágoras
Pitiüses [pitiúzəs] [*les*] *fpl geo* (*illes*) [las] Pitiusas
Pius [píus] *m* Pío
Plató [plətó] *m hst fls* Platón
Plutó [plutó] *m mit ast* Plutón
Polinèsia [pulinέziə] [*la*] *f geo* [la] Polinesia
Polònia [pulɔ́niə] *f geo* Polonia
Pomerània [pumərániə] *f geo* Pomerania
Porto [pórtu] *geo* Oporto
Portugal [purtuɣál] *m geo* Portugal
Posidó [puziðó] *m mit* Poseidón
Praga [práɣə] *geo* Praga
Pretòria [prətɔ́riə] *geo* Pretoria
Provença [pruβέnsə] *f geo* Provenza
Prússia [prúsiə] *f geo hst* Prusia
Ptolemeu [tuləmέw] *m hst mat ast* Tolomeo
Puerto Rico [puèrturíku] *m geo* Puerto Rico

Quebec [kəβέk] *m geo* (*ciutat*) Quebec; [*el*] (*província*) Quebec
Quico -a [kíku] *mf fm* = **Cesc**
Quixot [kiʃɔ́t] [*el*] *m hst lit* el Quijote

Rafel -a [rəfέl] *mf fm* = **Rafael**
Rafael -a [rəfəέl] *mf hst rlg art* Rafael -la
Raimon [rəjmón] *m* Raimundo
Ramir [rəmír] *m* Ramiro
Ramon -a [rəmón] *mf* Ramón -ona
Raquel [rəkέl] *f hst rlg* Raquel
Raül [rəúl] *m* Raúl
Regne [réŋnə] *m* ~ **Unit** *geo* Reino Unido. *El ~ Unit de la Gran Bretanya i Irlanda del Nord*, el Reino Unido de Gran Bretaña e Irlanda del Norte
Renània [rənániə] [*la*] *f geo hst* Renania; **~-Palatinat** Renania-Palatinado
Rhodèsia [ruðέziə] *f geo hst* Rhodesia
Ricard [rikárt] *m* Ricardo
Rin [rín] [*el*] *m geo* (*riu*) [el] Rin; ~ **del Nord-Westfàlia** Renania *f* del Norte-Westfalia
Rio [ríu] ~ **de Janeiro** *geo* Río de Janeiro
Riu [ríw] [*el*] *m* ~ **de la Plata** *geo* [el] Río de la Plata
Robert [ruβέrt] *m* Roberto
Roderic [ruðərík] *m* Rodrigo; *hst* Rodrigo, Roderico
Rodes [rɔ́ðəs] *geo* (*illa, ciutat*) Rodas
Rodolf [ruðɔ́lf] *m* Rodolfo
Roger [ruʒé] *m* Rogelio, Rogerio
Roig Roja [rɔ́tʃ] *f/m* **mar** ~ *geo* mar Rojo *m*
Roma [rómə] *f geo hst* (*ciutat, imperi*) Roma
Romà [rumá] *m* Román
Romania [rumənía] *f geo* Rumanía
Rosa [rózə] *f* Rosa
Roser [ruzé] *f* Rosario
Rosselló [rusəʎó] [*el*] *m geo* [el] Rosellón
Rússia [rúsiə] *f geo* Rusia; ~ **Blanca** = **Bielorússia**
Rutènia [rutέniə] *f geo hst* Rutenia

Rwanda [ruándə] *f geo* Ruanda, Rwanda

Sagitari [səʒitári] *m ast* Sagitario
Sagunt [səɣún] *geo hst* Sagunto
Sàhara [sáərə] [*el*] *geo* (*desert*) [el] Sáhara, [el] Sahara; ~ **Occidental** Sáhara Occidental
Salomó [səlumó] *m hst* Salomón; [*les*] *fpl geo* (*illes*) [las] Salomón
Salvador [səlβəðó] *m rlg* Salvador; [*el*] *geo* El Salvador
Samoa [səmóə] [*les*] *fpl geo* (*illes*) [las] Samoa; [*la*] ~ **Nord-americana** *sg* [las] Samoa Norteamericanas; ~ **Occidental** *sg* (*estat*) Samoa
San Marino [sàmmərínu] *m geo* San Marino
Santiago [səntiáɣu] = **Jaume**; *geo* (*de Xile, de Cuba*) Santiago; ~ **de Compostel·la** Santiago de Compostela
Santo Domingo [sàntuðumíŋgu] *geo* Santo Domingo
Saragossa [sərəɣósə] *geo* Zaragoza
Sardenya [sərdέɲə] *f geo* Cerdeña
Satanàs [sətənás] *m rlg* Satanás, Satán
Saturn [sətúrn] *m mit ast* Saturno
Savoia [səβɔ́jə] [*la*] *f geo hst* Saboya
Saxònia [səksɔ́niə] [*la*] *f geo* Sajonia; **Baixa** ~ Baja Sajonia; **~-Anhalt** Sajonia-Anhalt
Sebastià [səβəstiá] *m* Sebastián; **Sant** ~ *geo* San Sebastián
Senegal [sənəɣál] [*el*] *m geo* [el] Senegal
Serafí [sərəfí] *m* Serafín
Sèrbia [sέrbiə] *f geo* Serbia
Sergi [sέrʒi] *m* Sergio
Sevilla [səβíʎə] *geo* Sevilla
Siam [siám] *m geo hst* Siam
Sibèria [siβέriə] [*la*] *f geo* Siberia
Sicília [sisíliə] *f geo* Sicilia
Sidney [sínnəj] *geo* = **Sydney**
Silèsia [silέziə] *f geo* Silesia
Sílvia [sílβiə] *f* Silvia
Simó -ona [simó] *mf hst rlg* Simón -ona
Singapur [siŋgəpúr] *m geo* (*ciutat, estat*) Singapur
Síria [síriə] *f geo* Siria
Sòcrates [sɔ́krətəs] *m hst fls* Sócrates
Sofia [sufíə] *f* Sofía; *geo* Sofía
Sòfia [sɔ́fiə] *f geo* = **Sofia**
Sol [sɔ́l] [*el*] *m ast* [el] Sol
Somàlia [sumáliə] *f geo* Somalia
Soviètica [suβiέtikə] *aj* **Unió** ~ *geo hst* Unión Soviética
Suàbia [suáβiə] *f geo hst* Suabia
Sud-àfrica [sùtáfrikə] *f geo* Sudáfrica
Sud-amèrica [sùtəmέrikə] *f geo* = **Amèrica del Sud**
Sudan [suðán] [*el*] *m geo* [el] Sudán
Sudets [suðέts] [*els*] *mpl geo* (*serralada*) [los] Sudetes
Suècia [suέsiə] *f geo* Suecia
Suïssa [suísə] *f geo* Suiza
Surinam [surinám] *m geo* Surinam
Susanna [suzánnə] *f hst rlg* Susana
Sydney [sínnəj] *geo* Sydney

Tadjikistan [tədʒikistán] [*el*] *m geo* [el] Tadzhikistán, Tadzhikia *f*

Tahití [təití] *m geo* (*illa*) Tahití
Tailàndia [təjlándiə] *f geo* Tailandia
Taiwan [təjwán] *m geo* (*illa*) Taiwan, Formosa *f*
Tàmesi [táməzi] [*el*] *m geo* (*riu*) [el] Támesis
Tanzània [tənzániə] *f geo* Tanzania
Tarragona [tərəγónə] *geo* Tarragona
Taure [táwɾə] *m ast* Tauro
Teheran [teəɾán] *geo* Teherán
Teresa [təɾέzə] *f* Teresa
Terol [təɾɔ́l] *geo* Teruel
Terra [tέρέɾə] *f* [*la*] *ast* [la] Tierra; ~ **del Foc** *geo* Tierra del Fuego
Terranova [tὲrənɔ́βə] *f geo* (*illa*) Terranova
Texas [tέksəs] *m geo* Texas, Tejas
Tibet [tiβέt] [*el*] *m geo* [el] Tíbet
Tigris [tíγɾis] [*el*] *m* (*riu*) [el] Tigris
Togo [tóγu] [*el*] *m geo* Togo
Tokyo [tɔ́kiu] *geo* = **Tòquio**
Tolosa [tulózə] *geo* (*del País Basc*) Tolosa; ~ **de Llenguadoc** Toulouse, Tolosa
Tomàs [tumás] *m hst rlg* Tomás
Tòquio [tɔ́kiu] *geo* Tokyo, Tokio
Torí [tuɾí] *geo* Turín
Tortosa [turtózə] *f geo* Tortosa
Toscana [tuskánə] [*la*] *f geo* Toscana
Tràcia [trásiə] [*la*] *f geo* Tracia
Transsilvània [trənsilβániə] *f geo* Transilvania
Trinitat [tɾinitát] *f* **la Santíssima** ~ *rlg* la Santísima Trinidad; ~ **i Tobago** *geo* Trinidad y Tobago
Trípoli [tɾípuli] *geo* Trípoli
Troia [tɾɔ́jə] *f geo hst* Troya
Tunis [túnis] *geo* Túnez
Tunísia [tunízia] *f geo* Tunicia, Túnez
Turíngia [tuɾíɲʒiə] [*la*] *f geo* Turingia
Turkmenistan [turgmənistán] [*el*] *m geo* [el] Turkmenistán
Turquestan [turkəstán] [*el*] *m geo* [el] Turkestán, [el] Turquestán
Turquia [turkíə] *f geo* Turquía
Txad [tʃát] [*el*] *m geo* [el] Chad
Txeca [tʃέkə] *aj* **República** ~ *geo* República Checa
Txecoslovàquia [tʃəkuzluβákiə] *f geo hst* Checoslovaquia

Ucraïna [ukrəínə] *f geo* Ucrania
Uganda [uγándə] *f geo* Uganda
Ulisses [ulísəs] *m mit* Ulises
Urà [uɾá] *m mit ast* Urano
Urals [uɾáls] [*els*] *mpl geo* [los] Urales
Uruguai [uɾuγwáj] [*l'*] *m geo* [el] Uruguay
Uzbekistan [uzβəkistán] [*l'*] *m geo* Uzbekistán

Valencià [bələnsiá] *aj* **País** ~ *geo* País Valenciano
València [bəlέnsiə] *geo* Valencia
Valònia [bəlɔ́niə] *f geo* Valonia
Varsòvia [bərsɔ́βiə] *f geo* Varsovia
Vaticà [bətiká] *m* **Ciutat del** ~ *geo rlg* Ciudad del Vaticano
Venècia [bənέsiə] *geo* Venecia
Veneçuela [bənəsuέlə] *f geo* Venezuela
Ventafocs [bèntəfɔ́ks] [*la*] *f lit* [la] Cenicienta
Verge [bέrʒə] [*la*] *f rlg* (*Mare de*

Déu) Virgen. *La ~ Maria*, la Virgen María; *ast* Virgo
Verona [bəɾónə] *geo* Verona
Vicenç [bisέns] *m* Vicente
Vicent [bisέn] *m* = **Vicenç**
Víctor [bíktur] *m* Víctor
Victòria [biktɔ́ɾiə] *f mit geo* Victoria
Viena [biέnə] *geo* Viena
Vietnam [biədnám] *[el] m geo* Vietnam
Virgo [bírgu] *f ast* = **Verge**
Volga [bɔ́lɣə] *[el] m geo (riu)* [el] Volga
Volta [bɔ́ltə] *[el] m geo (riu)* [el] Volta; *[l']* **Alt** *~ hst* [el] Alto Volta

Westfàlia [bəsfáliə] *f geo* Westfalia

Xangai [ʃəŋgáj] *geo* Shangai
Xàtiva [ʃátiβə] *geo* Játiva
Xauxa [ʃáuʃə] *f mit* Jauja
Xavier [ʃəβié] *m* Javier
Xile [ʃílə] *m geo* Chile
Xina [ʃínə] *[la] f geo* [la] China. *República Popular de la ~*, República Popular (de) China
Xipre [ʃípɾə] *m geo* Chipre

Zaire [zájɾə] *[el] m geo* Zaire
Zambezi [zəmbέzi] *[el] m (riu)* [el] Zambeze, [el] Zambezi
Zàmbia [zámbiə] *f geo* Zambia
Zanzíbar [zənzíβər] *m geo (illa, ciutat)* Zanzíbar
Zelanda [zəlándə] *f geo* Zelanda; **Nova** ~ Nueva Zelanda
Zeus [zέws] *m mit* Zeus
Zimbabwe [zimbábwə] *m geo* Zimbabwe
Zuric [zuɾík] *geo* Zurich

Vocabulario gastronómico

abat [əβát] *m* (*embotit*) obispillo
absenta [əpséntə] *f* (*licor*) absenta, ajenjo *m*
agràs [əɣrás] *m* (*raïm, suc*) agraz
agre -a [áɣrə] *m* agrio. *Llet agra*, leche agria
agrella [əɣréʎə] *f* vinagrera, acedera, agrilla
aigua [ájɣwə] *f* agua. *Aigües minerals*, aguas minerales. ~ *amb gas*, ~ *sense gas*, agua con gas, agua sin gas; ~ **que pica** agua con gas; **fer venir ~ a la boca** hacerse la boca agua, poner los dientes largos
aiguardent [àjɣwərdén] *m* (*beguda*) aguardiente. ~ *d'arròs*, ~ *de peres*, aguardiente de arroz, aguardiente de peras; ~ **de canya** = **rom**
aiguamel [àjɣwəmɛ́l] *f* (*beguda*) aguamiel
aixampanyat -ada [əʃəmpəɲát] *aj* achampañado -da, achampanado -da. *Sidra aixampanyada*, sidra achampañada
ajonjolí [əʒuɲʒulí] *m* = **sèsam**
aladroc [ələðrɔ́k] *m* (*peix*) = **anxoves**
albardar [əlβərdá] *vt* albardar, enalbardar. *Pollastre albardat*, pollo enalbardado
albercocs [əlβərkɔ́ks] *mpl* (*fruita*) albaricoques
albergínia [əlβərʒíniə] *f* berenjena. *Albergínies farcides, gratinades*, berenjenas rellenas, gratinadas
alcohol [əlkuɔ́l] *m* **amb** ~ con alcohol; **sense** ~ sin alcohol
alfàbrega [əlfáβɾəɣə] *f* (*condiment*) albahaca, alfábega
alfanic [əlfəník] *m* (*pasta*) alfeñique
algues [álɣəs] *fpl* algas; **alga de mar** alga marina; ~ **blaves** algas azules; ~ **verdes** algas verdes; ~ **vermelles** algas rojas
all [áʎ] *m* ajo. *Una cabeça d'~s*, una cabeza de ajo. *Dos grans d'~*, dos dientes de ajo; ~ **cremat** salsa *f* de ajos muy fritos; **~s tendres** ajos tiernos
allioli [àʎiɔ́li] *m* (*salsa*) alioli, ajiaceite; ~ **de codony** alioli con membrillo asado, salsa típica de Lérida
allipebre [àʎipɛ́βɾə] *m* guiso de anguilas, lubina o mújol con patatas en un sofrito de ajo y perejil, almendras y mucho pimentón, típico de la Albufera de Valencia
almívar [əlmíβər] *m* almíbar.

Préssec en ~, melocotón en almíbar
almoixàvena [əlmuʃáβənə] *f* (*coca*) = **monjàvena**
alvocat [əlβukát] *m* aguacate
amanida [əməníðə] *f* ensalada. *~ d'enciam i tomàquet*, ensalada de lechuga y tomate. *~ d'arròs*, ensalada de arroz; *~* **alemanya** ensaladilla alemana
amanit -ida [əmənít] *aj* aliñado -da, aderezado -da. *Tomàquet ~ amb oli i sal*, tomate aderezado con aceite y sal; *m* = **amanida**
amarg -a [əmárk] *aj* = **amargant**
amargant [əmərgán] *aj* amargo -ga. *Ametlla ~*, almendra amarga; *m* (*beguda*) amargo
ametllat [əməʎʎát] *m* (*pasta*) almendrado
ametlles [əméʎʎəs] *fpl* almendras. *~ garapinyades*, almendras garapiñadas. *~ torrades*, almendras tostadas. *Salsa d'~*, salsa de almendras; **pa d'~** pan de almendras
amontillat [əmuntiʎát] *aj m* (*ví*) amontillado
ananàs [ənənás] *m iv* (*fruita*) = **pinya**
ànec [ánək] *m* pato. *~ amb naps*, *~ amb peres*, pato con nabos, pato con peras; *~* **amb taronja** pato a la naranja; **caldereta d'~ amb patates** guiso *m* de pato con patatas; **confit d'~** pato en adobo
anfós [əmfós] *m* (*peix*) = **nero**
anguiles [əŋgíləs] *fpl* (*peix*) anguilas
angules [əŋgúləs] *fpl* (*peix*) angulas
anís [ənís] *m* (*beguda, condiment*) anís. *Ous amb ~*, huevos con anís; *~* **estrellat** anís estrellado
aniset [ənizɛ́t] *m* (*beguda*) anisete
anques [áŋkəs] *fpl* *~* **de granota** ancas de rana
anxoves [əɲʃɔ́βəs] *fpl* (*amb sal*) anchoas; (*fresques*) = **seitons**
anyell [əɲéʎ] *m* lechal. *~ amb salsa de menta*, lechal en salsa de menta
àpat [ápət] *m* comida *f*; (*de festa*) banquete. *L'~ de noces, de casament*, el banquete de boda
aperitiu [əpəɾitíw] *m* (*beguda, refrigeri*) aperitivo
api [ápi] *m* apio. *~ amb mantega*, apio con mantequilla. *Sopa d'~*, sopa de apio
àrac [áɾək] *m* (*beguda*) arac; sake destilado
aranja [əɾáɲʒə] *f* = **pomelo**
aranyó [əɾəɲó] *m* endrina *f*
areng [əɾɛ́ŋ] *m* (*peix*) arenque, sardina *f* arenque
arengades [əɾəŋgáðəs] *fpl* sardinas en salazón
arlequí [ərləkí] *m* (*gelat*) arlequín
aroma [əɾómə] *f* aroma *m*. *La deliciosa ~ del cafè*, el delicioso aroma del café
armanyac [ərməɲák] *m* (*beguda*) armañac
arnadí [ərnəðí] *m* (*pastís*) pastel de calabaza con azúcar, almendras, piñones y canela, típico de Semana Santa en Valencia
arrebossat -ada [ərəβusát] *aj*

(*amb ou i farina*) rebozado -da; (*amb pa ratllat*) empanado -da. *Carn arrebossada*, carne empanada
arrop [ərɔ́p] *m* arrope, mostillo
arròs [ərɔ́s] *m* arroz. ~ *caldós*, arroz caldoso. ~ *amb pollastre*, arroz con pollo. ~ *blanc* (~ *bullit*), arroz blanco; ~ **a banda** arroz con pescado servido aparte; ~ **negre** arroz con la tinta del calamar
assortiment [əsurtimén] *m* surtido. ~ *de galetes, de formatges*, surtido de galletas, de quesos
assortit -ida [əsurtít] *aj* surtido -da. *Galetes assortides*, galletas surtidas
ast [ást] *m* asador; **a l'**~ asado -da. *Pollastre a l'~*, pollo asado
atzeroles [ədzərɔ́ləs] *fpl* acerolas, azarolas, manzanitas de dama
avajons [əβəʒóns] *mpl* = **nabius**
avellanes [əβəʎánəs] *fpl* avellanas

bacallà [bəkəʎá] *m* bacalao. ~ *amb samfaina*, bacalao con pisto; ~ **a la llauna** bacalao frito y gratinado; ~ **esqueixat** bacalao desmenuzado
badall [bəðáʎ] *m* = **entrepà**
bajoques [bəʒɔ́kəs] *fpl* judías verdes
baldana [bəldánə] *f* = **botifarró**
bamba [bámbə] *f* (*coca*) cierto bollo *m* valenciano; **coca** ~ cierto bollo mallorquín, muy esponjoso; **pasta** ~ masa muy fina de harina, huevos, azúcar y aceite o manteca, con que se elabora dicho bollo
batre [bátɾə] *vt* batir. ~ *un ou*, batir un huevo
batut -uda [bətút] *aj m* batido. ~ *de vainilla, de xocolata, de maduixa*, batido de vainilla, de chocolate, de fresa
be [bɛ́] *m* = **xai**
beguda [bəγúðə] *f* bebida. ~ *alcohòlica, carbònica, refrescant*, bebida alcohólica, carbónica, refrescante
beixamel [bəʃəmɛ́l] *f* besamel, bechamel
berenador [bərənəðó] *m* merendero
berenar [bərəná] *vi* merendar; *m* merienda *f*; = **esmorzar**
bescuit [bəskújt] *m* (*galeta, pa*) bizcocho, galleta *f*; (*pastís*) bizcocho; (*gelat*) biscuit
bescuitada [bəskujtáðə] *f* (*sopa*) bizcochada
bescuitat -ada [bəskujtát] *aj* bizcochado -da
bisbe [bízbə] *m* (*embotit*) obispillo, obispo
bistec [bistɛ́k] *m* bistec, bisté, bife. ~ *de vedella*, bistec de ternera. ~ *a la planxa amb patates fregides*, bistec a la plancha con patatas fritas; ~ **alemany** = **hamburguesa**; ~ **rus** bistec ruso; ~ **tàrtar** bistec tártaro
bitxo [bítʃu] *m* guindilla *f*, cerecilla *f*, pimiento de las Indias o de cerecilla
blanquet [bləŋkɛ́t] *m* (*greix fregit*) grasa *f* de cerdo, ternera o cordero que se come frita; (*embotit*) morcilla *f* con piñones
blat [blát] *m* trigo; ~ **de moro** maíz, borona *f*, panizo

bleda-rave [blɛðərάβə] *f* = **remolatxa**
bledes [blέðəs] *fpl* acelgas
boc [bɔ́k] *m* (*de cervesa*) bock
bola [bɔ́lə] *f* (*beguda*) cerveza con gaseosa, clara; **formatge de ~** queso de bola
bolado [buláðu] *m* = **esponjat**
bolets [bulέts] *mpl* setas *f*. *Vedella amb ~*, ternera con setas. *Barreja de ~*, revoltillo de setas
bombolles [bumbóλəs] *fpl* burbujas
bombons [bumbóns] *mpl* bombones. *~ farcits de licor*, bombones rellenos de licor
borraines [burájnəs] *fpl* borrajas. *~ amb mel*, borrajas con miel
borratges [burádʒəs] *fpl* = **borraines**
borratxo [burátʃu] *m* (*bescuit*) bizcocho borracho
borregos [burέγus] *mpl* (*pastes*) sequillos
botifarra [butifárə] *f* butifarra. *~ d'ou*, butifarra de huevo. *~ de perol*, butifarra de matanza; **~ blanca** butifarra blanca; **~ negra** (**~ de sang**) butifarra negra, morcilla
botifarró [butifəró] *m* morcilla *f*. *~ de ceba*, morcilla de cebolla
bou [bɔ́w] *m* **carn de ~** carne de vaca o de buey; **cua de ~** rabo *m* de buey
braç [brás] *m* **~ de gitano** (*pastís*) brazo de gitano
brandi [brándi] *m* (*beguda*) brandy
bren [brέn] *m* = **segó**
bresquilla [brəskíλə] *f* (*fruita*) = **préssec**
brioix [brióʃ] *m* (*pasta*) brioche, suizo, bollo
brisa [brízə] *f* (*de raïm*) orujo *m*, bagazo *m*, casca, brisa
bromera [bruméɾə] *f* (*de la cervesa, del xampany*) espuma
broqueta [brukέtə] *f* pincho *m* moruno, broqueta
bròquil [brɔ́kil] *m* bróculi, brécol
brossat [brusát] *m* = **mató**
brou [brɔ́w] *m* caldo. *~ de carn, de pollastre, de verdura*, caldo de carne, de pollo, de verduras; **~ bufat** caldo de butifarras
brull [brúλ] *m* = **mató**
bufet [bufέt] *m* bufé, buffet, ambigú; **~ lliure** bufé libre
búlgar [búlγər] *m* (*pasta*) tronco
bull [búλ] *m* (*embotit*) morcón
bullida [buλíðə] *f* hervor *m*
bullit -ida [buλít] *aj* hervido -da, cocido -da; *m* (*carn d'olla*) puchero, olla *f*, cocido; (*verdura*) judías *fpl* verdes hervidas con patatas
bullabessa [buλəβέsə] *f* bullabesa
bunyols [buɲɔ́ls] *mpl* buñuelos. *~ de bacallà*, buñuelos de bacalao. *~ de poma*, buñuelos de manzana; **~ de vent** buñuelos de viento

cabell [kəβéλ] *m* **confitura de ~ d'àngel** cabello *m* de ángel; **fideus de ~ d'àngel** fideos finos, cabello *sg* de ángel
cabra [káβɾə] *f* cabra. *Formatge de ~*, queso de cabra; **~ de mar** = **cranc de mar**
cabrit [kəβɾít] *m* cabrito. *~ rostit*, cabrito asado

cacau [kəkáw] *m* cacao
cacauets [kəkəwɛ́ts] *mpl* cacahuetes, cacahués. *Una paperina de* ~, un cucurucho de cacahuetes
cafè [kəfɛ́] *m* café. ~ *mòlt*, café molido. ~ *descafeïnat*, café descafeinado. *Fer un* ~, tomar un café; ~ **amb llet** (**llet i** ~) café con leche; ~ **americà** café americano; ~ **irlandès** café irlandés; ~ **llarg** café largo; ~ **sol** café solo, café negro
calamars [kələmárs] *mpl* calamares. ~ *a la romana*, calamares a la romana. ~ *farcits*, calamares rellenos; (*petits*) chipirones
calamarsons [kələmərsóns] *mpl* calamarines
calamarsos [kələmársus] *mpl* = **calamars**
calçotada [kəlsutáðə] *f* cebolletas *pl* asadas y acompañadas con cierta salsa picante
calçots [kəlsɔ́ts] *mpl* cebolletas *f*, cebollinos, cebollas *f* tiernas
caldera [kəldérə] *f* (*recipient*) caldera, caldero *m*; (*sopa*) = **caldereta**
caldereta [kəldərɛ́tə] *f* (*sopa de peix*) caldereta. ~ *de llagosta*, caldereta de langosta, con patatas o arroz
caldo [káldu] *m* = **brou**
calissaia [kəlisájə] *f* calisaya
camagrocs [kàməɣrɔ́ks] *mpl* (*bolets*) = **moixernons**
camaiot [kəməjɔ́t] *m* = **camallot**
camallot [kəməʎɔ́t] *m* = **pernil**; embutido mallorquín e ibicenco elaborado rellenando la corteza de la pierna o del cuello del cerdo con magro, sangre y especias
camamilla [kàməmíʎə] *f* (*infusió*) manzanilla, camomila
cama-secs [kàməsɛ́ks] *mpl* (*bolets*) = **moixernons**
camembert [kəməmbɛ́rt] *m* (*formatge*) camambert, queso de Camembert
camperols [kəmpərɔ́ls] *mpl* (*bolets*) champiñones silvestres
canapès [kənəpɛ́s] *mpl* canapés. ~ **assortits** surtido *sg* de canapés
canelons [kənəlóns] *mpl* canelones. ~ *gratinats*, canelones gratinados. ~ *d'espinacs*, canelones de espinacas
cansalada [kənsəláðə] *f* tocino *m*. ~ *fresca*, tocino fresco; ~ **fumada** panceta ahumada, beicon *m*, bacon *m*; ~ **viada** (~ **virada**) tocino *m* entreverado, panceta
canya [káɲə] *f* (*beguda*) aguardiente *m* de caña; (*de cervesa*) caña; ~ **de sucre** caña de azúcar; ~ **farcida** (*pastís*) caña rellena
canyella [kəɲéʎə] *f* (*condiment*) canela
cap [káp] *m* ~ **de mort** (*carn de bou, de porc*) babilla *f*; ~ **de senglar** (*embotit*) cabeza *f* de jabalí
capipota [kàpipɔ́tə] *m* despojos *pl* de cabeza y pies de ternera o de cerdo, callos *pl*
capó [kəpó] *m* capón. ~ *farcit*, capón relleno
capolat -ada [kəpulát] *aj* picado

-da, triturado -da; *m* = **trinxat**; **carn capolada** carne picada, picadillo *m*
cap-roig [kàbrɔ́tʃ] *m* (*peix*) raño *m*, trucha de mar
caputxins [kəputʃíns] *mpl* (*pèsols*) = **tirabecs**
carabassa [kəɾəβásə] *f* = **carbassa**
caragols [kəɾəɣɔ́ls] *mpl* = **cargols**
caramel [kəɾəmɛ́l] *m* (*sucre fos*) caramelo; *pl* caramelos. *~s de maduixa, de taronja, de menta, d'anís*, caramelos de fresa, de naranja, de menta, de anís; (*de cafè amb llet*) pastillas *f*, caramelos
carbassa [kərbásə] *f* calabaza; **sortir** ~ (*el meló*) salir pepe, salir pepino
carbassat [kərbəsát] *m* (*confitura*) calabazate
carbassó [kərbəsó] *m* calabacín. ~ *farcit*, calabacín relleno. *Crema de ~*, crema de calabacín
carbonada [kərbunáðə] *f* (*carn a la brasa*) carbonada
cargolada [kərguláðə] *f* caracolada
cargolins [kərgulíns] *mpl* caracolillos
cargols [kərgɔ́ls] *mpl* caracoles. ~ *estofats*, caracoles estofados; ~ **a la llauna** caracoles asados
carlets [kərlɛ́ts] *mpl* (*bolets*) = **camperols**
carn [kárn] *f* carne. ~ *de xai a la brasa*, carne de cordero a la brasa. ~ *estofada a la jardinera*, carne estofada a la jardinera; ~ **d'olla** cocido *m*, olla; ~ **magra** carne magra, magro *m*; ~ **picada** = **carn capolada**
carquinyolis [kərkiɲɔ́lis] *mpl* casquiñones, corrucos
carreroles [kərəɾɔ́ləs] *fpl* (*bolets*) = **moixernons**
carxofes [kərʃɔ́fəs] *fpl* alcachofas
casca [káskə] *f* (*coca*) casca
casqueta [kəskɛ́tə] *f* (*pastisset*) pastelillo *m* de confitura
cassalla [kəsáʎə] *f* (*aiguardent*) cazalla
cassola [kəsɔ́lə] *f* cazuela. *Arròs a la ~*, arroz a la cazuela; ~ **de tros** guiso *m* de verduras, legumbres, cerdo y caracoles
cassolada [kəsuláðə] *f* cazolada. *Una ~ d'arròs*, una cazolada de arroz; ~ **de mongetes** potaje de alubias
cassoleta [kəsulɛ́tə] *f* cazoleta; ~ **de conill** cazuela de conejo
castanyes [kəstáɲəs] *fpl* castañas. ~ *somalles*, castañas pilongas
catalana [kətəlánə] *f* (*embotit*) butifarra de magro trufado
catxaruta [kətʃəɾútə] *f* (*escudella*) potaje *m*, olla
catxipanda [kətʃipándə] *f* = **samfaina**
cava [káβə] *m* cava, champán catalán
caviar [kəβiár] *m* caviar
ceba [sɛ́βə] *f* cebolla. *Sopa de ~*, sopa de cebolla
cebetes [səβɛ́təs] *fpl* cebollitas. ~ *en vinagre*, cebollitas en vinagre
cep [sɛ́p] *m* (*vinya*) cepa *f*, vid *f*; *pl* (*bolets*) = **surenys**

cereals [sərеáls] *mpl* cereales
cervell [sərbéʎ] *m* sesos *pl.* ~ *de xai*, sesos de cordero. ~ *de cervell*, buñuelos de seso
cervellets [sərbəʎέts] *mpl* sesos. ~ *arrebossats*, sesos a la romana
cervesa [sərbέzə] *f* cerveza. ~ *sense alcohol*, cerveza sin alcohol; ~ **negra** cerveza negra; ~ **rossa** (~ **blanca**) cerveza rubia o blanca
cigaló [siγəló] *m* (*copeta de licor*) copita; (*cafè*) carajillo
cigrons [siγróns] *mpl* (*llegum*) garbanzos. ~ *estofats*, garbanzos estofados
cireres [sirérəs] *fpl* (*fruita*) cerezas; ~ **cruixalenques** cerezas picotas; ~ **d'arboç** madroños; ~ **garrofals** cerezas gordales o garrafales
citronat [sitrunát] *m* (*confitura*) acitrón
civet [siβέt] *m* encebollado, civet. ~ *de porc senglar*, civet de jabalí
clau [kláw] *m* ~ **d'espècia** = **clavell**
clavell [kləβéʎ] *m* ~ **d'espècia** (*condiment*) clavo de olor, clavo de especia
cloïsses [kluísəs] *fpl* (*marisc*) almejas
clòtxines [klɔ́tʃinəs] *fpl* (*marisc*) = **petxines**
cobert -a [kuβέrt] *aj* cubierto -ta; *m* cubierto. *Un àpat de vint* ~, un banquete de veinte cubiertos
cobertura [kuβərtúrə] *f* (*de xocolata*) chocolate *m* de cobertura
cobrir [kuβrí] *vt* = **arrebossar**
cóc [kók] *m* = **coca**
coca [kókə] *f* torta; (*amb molla*) bizcocho *m*, bollo *m*, torta. ~ *de crema*, torta de crema; ~ **amb fulls** torta menorquina de hojaldre; ~ **amb xulles** torta cocida con trozos de tocino, típica de Menorca y del Ampurdán; ~ **bamba** torta mallorquina y menorquina de masa muy fina; ~ **borda** torta puesta al horno antes de que se leude; ~ **bova** torta bizcochada valenciana, de masa muy fina; ~ **d'aire** torta valenciana muy esponjosa y ligera; ~ **de fruita** torta con frutas confitadas; ~ **dels darrers dies** torta mallorquina hecha con manteca, típica del jueves lardero y del carnaval; ~ **de mosson** torta mallorquina hecha con manteca y trozos de albaricoque; ~ **de Nadal** torta navideña mallorquina, de almendras y piñones; ~ **de pa** (~ **de forner**) torta sin huevo; ~ **de pastor** torta sin leudar, cocida en las brasas, típica de Tortosa; ~ **de recapte** (~ **enramada**, ~ **amb passeres**) torta horneada con hortalizas asadas, sardinas en salazón o tocino; ~ **de tast** masa aplastada de carne de cerdo picada y cocida en las brasas o en la sartén, típica de los Pirineos; ~ **de torró** torta navideña mallorquina, de almendras, huevo y azúcar; ~ **farinosa** torta valenciana con aceite y sin levadura, espolvoreada con harina; ~ **ferma** (~ **pagesa**) torta mallorquina de masa muy tupida;

~ **fina** torta valenciana de masa muy fina, con aceite, azúcar y aguardiente, que se come en Navidad y en las fiestas de los pueblos; ~ **pintada** torta menorquina de masa muy fina, con divisiones rectangulares en toda su superficie; ~ **tapada** = **empanada**; **coques rosades** tortitas diminutas de azúcar, típicas de Mallorca y de Menorca
cocarroi [kukərɔ́j] *m* (*pastís*) empanadilla *f* típica de Mallorca; = **mona**
coco [kóku] *m* coco. *Gelat de ~*, helado de coco; ~ **de Xile** coco de Chile, coquito; **llet de ~** (**aigua de ~**) leche de coco
còctel [kɔ́ktəl] *m* cóctel. *~ de gambes*, cóctel de gambas
codony [kuðóɲ] *m* membrillo
codonyat [kuðuɲát] *m* carne *f* de membrillo, dulce de membrillo, membrillo
coent [kuén] *aj* = **picant**
cogombre [kuɣómbrə] *m* pepino, cohombro
col [kɔ́l] *m* col, berza, repollo *m*; **~s de Brussel·les** coles de Bruselas
cola [kɔ́lə] *f* (*beguda*) cola
coliflor [kɔliflɔ́] *f* coliflor. *~ gratinada amb beixamel*, coliflor gratinada con besamel
collita [kuʎítə] *f* cosecha
colomí [kulumí] *m* pichón. *Arròs de ~*, arroz con pichón
comí [kumí] *m* (*condiment*) comino. *Rosques de ~*, rosquillas de comino
compota [kumpɔ́tə] *f* ~ **de fruita** compota de fruta
condiment [kundimén] *m* condimento
confitar [kumfitá] *vt* confitar; (*en vinagre*) conservar
confitat -ada [kumfitát] *aj* confitado -da. *Codony ~*, membrillo confitado; *m* (*de carn o d'embotit*) adobo
confits [kumfits] *mpl* confites; (*d'ametlla*) peladillas *f*
confitura [kumfitúrə] *f* confitura. *~ de taronja*, confitura de naranja
congelat -ada [kuɲʒəlát] *aj m* congelado -da
congre [kóŋgrə] *m* (*peix*) congrio. *Olla de ~*, guiso de congrio; (*coca*) torta *f* de aceite y anís, típica de Tortosa y del Maestrazgo
congret [kuŋgrɛ́t] *m* bollo muy blando de harina, azúcar y huevos
conill [kuníʎ] *m* conejo. *~ amb samfaina*, conejo con pisto; (*tall de vedella*) morcillo; ~ **de la campana** brazuelo; ~ **de l'espatlla** morcillo
conserva [kunsérbə] *f* conserva. *Pebrots i tomàquets en ~*, pimientos y tomates en conserva. *Llauna de ~*, lata de conserva
consomé [kunsumé] *m* consomé. *~ amb rovell d'ou*, *~ amb xerès*, consomé con yema, consomé al jerez
conyac [kuɲák] *m* (*beguda*) coñac, coñá
corball [kurbáʎ] *m* (*peix*) verrugato. *Supremes de ~ amb safrà*, supremas de verrugato al azafrán
corder [kurdé] *m* = **xai**
costelles [kustéʎəs] *fpl* costillas;

(*de xai*) chuletas. ~ *de xai a la brasa*, chuletas de cordero a la brasa
coure [kɔ́wɾə] *vti* cocer, cocerse
covat -ada [kuβát] *aj* (*arròs, sopa*) pasado -da, amazacotado -da
cranc [kɾáŋ] *m* ~ **de mar** cangrejo de mar, centollo, cámbaro; ~ **de riu** cangrejo de río
creïlles [kɾəíʎəs] *fpl* = **patates**
créixens [kɾéʃəns] *mpl* berros. *Porros amb salsa de* ~, puerros con salsa de berros
crema [kɾémə] *f* (*de llet*) crema; (*de pastisseria*) crema pastelera. *Bunyols de* ~, buñuelos de crema; (*puré*) crema. *Crema d'espàrrecs,* ~ *de xampinyons,* ~ *de porros,* ~ *de llagosta*, crema de espárragos, crema de champiñones, crema de puerros, crema de langosta; ~ **cremada** crema catalana, natillas *pl* muy espesas con azúcar quemado por encima
cremat [kɾəmát] *m* (*beguda*) queimada *f*
creps [kɾéps] *f/m pl* crepes *f*
crespella [kɾəspéʎə] *f* (*coca*) torta; (*tortell*) roscón *m*
crespells [kɾəspéʎs] *mpl* (*dolços*) mantecados; (*bunyols*) buñuelos. ~ *de flors de carbassera*, buñuelos de flores de calabacín
crestes [kɾéstəs] *fpl* empanadillas. ~ *d'espinacs*, empanadillas de espinacas
crispells [kɾispéʎs] *m* (*dolços*) = **crespells**
crispetes [kɾispétəs] *fpl* = **rosetes**; = **cereals**
crocant [kɾukán] *m* crocante, guirlache, casquiñón
croissant [kɾuzán] *m* (*pasta*) cruasán, croissant, medialuna *f*, cuerno
croquetes [kɾukétəs] *fpl* croquetas. ~ *de pollastre,* ~ *de bacallà*, croquetas de pollo, croquetas de bacalao
crosta [kɾɔ́stə] *f* (*del pa, del formatge*) costra, corteza; = **crostó**; (*de vedella*) tapa
crostó [kɾustó] *m* canto de pan, cantero, corrusco; (*de formatge*) trozo de queso con corteza
cru -a [kɾú] *aj* crudo -da. *Peix* ~, *carn* ~*a*, pescado crudo, carne cruda
cucurull [kukuɾúʎ] *m* = **cucurutxo**
cucurutxo [kukuɾútʃu] *m* (*de gelat*) cucurucho; = **paperina**
cuina [kújnə] *f* cocina; ~ **casolana** cocina casera
cuit -a [kújt] *aj* cocido -da. *Llegum* ~, legumbres cocidas
cuixa [kúʃə] *f* pierna. ~ *de cabrit, de porc, de xai*, pierna de cabrito, de cerdo, de cordero; (*d'aviram*) muslo *m*. ~ *de pollastre*, muslo de pollo
cuixot [kuʃɔ́t] *m* = **pernil**
culler [kuʎé] *m* = **cullerot**
cullera [kuʎéɾə] *f* cuchara
cullereta [kuʎəɾétə] *f* cucharilla
cullerot [kuʎəɾɔ́t] *m* cucharón, cazo, cacillo
curaçao [kuɾəsáu] *m* (*licor*) curasao, curazao
curri [kúri] *m* (*condiment*) curry. *Pollastre amb* ~, pollo al curry

currotacos [kurutákus] *mpl* casquiñones, corrucos
cuscús [kuskús] *m* cuscús, alcuzcuz, cuzcuz

dàtils [dátils] *mpl* dátiles
dacsa [dáksə] *f* = **blat de moro**
daurada [dəwɾáðə] *f* (*peix*) = **orada**
degustació [dəɣustəsió] *f* degustación
degustador -a [dəɣustəðó] *mf* degustador -ra, catador -ra
degustar [dəɣustá] *vt* degustar, catar, probar
deixatar [dəʃətá] *vt* desleír, disolver. *Un rovell d'ou deixatat amb llet*, una yema desleída en leche
déntol [déntul] *m* (*peix*) dentón
descongelar [dəskuɲʒəlá] *vt* descongelar
descremat -ada [dəskɾəmát] *aj* = **desnatat**
desdejuni [dəzdəʒúni] *m* = **esmorzar**
desnatat -ada [dəznətát] *aj* desnatado -da, descremado -da. *Llet desnatada, iogurt* ~, leche desnatada, yogur desnatado
dessaborit -ida [dəssəβuɾít] *aj* = **fat**
dessalar [dəssəlá] *vt* desalar. *Bacallà dessalat*, bacalao desalado
dieta [diέtə] *f* dieta, régimen *m*. ~ *làctia*, dieta láctea
dietètic -a [diətέtik] *aj f* dietético -ca. *Menjar* ~, comida dietética
digestió [diʒəstió] *f* digestión; **tall de** ~ corte de digestión
dinar [diná] *vi* almorzar, comer; *m* almuerzo, comida *f* de mediodía
dolç -a [dóls] *aj* dulce. *Vi* ~, vino dulce; *mpl* dulces. *Una plata de* ~*os*, una bandeja de dulces
dolsa [dólsə] *f* = **esponjat**
donegal [dunəɣál] *m* (*embotit*) butifarra *f* de intestino grueso

edulcorant [əðulkuɾán] *aj m* edulcorante
efervescent [əfərbəssén] *aj m* efervescente *m*, bebida *f* efervescente
emborrassat -ada [əmburəsát] *aj* emborrazado -da, enalbardado -da. *Capons* ~*s*, capones emborrazados
emborratxar [əmburətʃá] *vt* (*un bescuit*) emborrachar
embotit [əmbutít] *m* embutido. *Assortiment d'*~, surtido de embutidos. *Fusta d'*~, tabla de embutidos
empanada [əmpənáðə] *f* empanada
empanar [əmpəná] *vt* empanar, meter en empanada
empedrat [əmpəðɾát] *m* ensaladilla *f* de alubias con tomate, cebolla, aceitunas y bacalao desmenuzado; (*truita*) tortilla *f* de alubias; tortilla *f* de butifarra y jamón; (*arròs*) arroz con legumbres
encaramel·lat -ada [əŋkəɾəməllát] *aj m* acaramelado -da
encasades [əŋkəzáðəs] *fpl* (*bunyols*) buñuelos *m* grandes rellenos de crema, típicos de Barcelona

encenalls [ənsənáʎs] *mpl* (*pastes*) pastas *f* en forma de virutas, elaboradas con harina, azúcar y almendras y cubiertas de chocolate; (*de sopa*) pasta *fsg* de sopa en forma de virutas; (*aperitiu*) aperitivo *sg*, ensalada *fsg*, entremeses

enciam [ənsiám] *m* lechuga *f*

enciamada [ənsiəmáðə] (*amanida*) ensalada

endívia [əndíβiə] *f* endibia, endivia. *Endívies amb rocafort*, endibias al roquefort

endolcir [əndulsí] *vt* endulzar, dulcificar

enfarinat -ada [əmfəɾinát] *aj* (*arrebossat*) enharinado -da

engrunes [əŋgɾúnəs] *fpl* (*de pa*) migas, migajas, miajas

enllardat -ada [əɲʎərdát] *aj* (*untat*) enlardado -da, lardado -da, lardeado -da; (*farcit*) = **entatxonat**

enllardonat -ada [əɲʎərdunát] *aj* = **enllardat**

enllaunat -ada [əɲʎəwnát] *aj* enlatado -da. *Sardines enllaunades, tonyina enllaunada*, sardinas enlatadas, atún enlatado

enrossir [ənrusí] *vt* dorar. *El foc enrosseix la carn*, el fuego dora la carne

ensaginada [ənsəʒináðə] *f* (*coca*) torta de hojaldre, hojaldre *m*

ensaïmada [ənsəimáðə] *f* (*pasta*) ensaimada

ensalada [ənsəláðə] *f* = **amanida**; ~ **russa** ensaladilla rusa, ensalada rusa

ensucrat -ada [ənsukɾát] *aj* azucarado -da; *m* golosina navideña valenciana *f* de palomitas de maíz con mucho azúcar

entatxonat -ada [əntətʃunát] *aj* mechado -da. *Carn entatxonada de talls de cansalada*, carne mechada con tocino. *Filet* ~ *amb estragó*, solomillo mechado al estragón

entrant [əntɾán] *m* entrada *f*, entrante, primer plato; cualquier plato excepto el cocido

entrecot [əntɾəkɔ́t] *m* entrecot. ~ *amb pebre*, entrecot a la pimienta

entremesos [əntɾəmɛ́zus] *mpl* entremeses; (*embotit*) surtido *sg* de embutidos

entrepà [ὲntɾəpá] *m* bocadillo, emparedado, sandwich, bocata *pop*. *Un* ~ *de pernil i formatge*, un bocadillo de jamón y queso

escabetx [əskəβɛ́tʃ] *m* escabeche. *Sardines en* ~, sardinas en escabeche

escabetxat -ada [əskəβətʃát] *aj* escabechado -da. *Guatlles escabetxades*, codornices escabechadas

escaldat -ada [əskəldát] *aj* escaldado -da; **sopa escaldada** sopas hechas arrojando el agua o el caldo hirviendo sobre el pan

escaldums [əskəldúms] *mpl* pepitoria *fsg*

escalivat -ada [əskəliβát] *aj* asado -da al rescoldo. *Pebrots* ~*s*, pimientos asados al rescoldo; *f* plato *m* o guarnición de berenjenas, pimientos, cebollas y tomates asados y desmenuzados, en ensalada

escalopa [əskəlɔ́pə] *f* escalope *m*, escalopa
escamarlans [əskəmərláns] *mpl* cigalas *f*. ~ *a la planxa*, cigalas a la plancha
escarlets [əskərlɛ́ts] *mpl* (*bolets*) ciertas setas *f* comestibles
escarola [əskərɔ́lə] *f* escarola
escarxofes [əskərʃɔ́fəs] *fpl* = **carxofes**
esclata-sangs [əsklàtəsáŋs] *mpl* (*bolets*) = **pinetells**; = **rovellons**
escopinyes [əskupíɲəs] *fpl* ~ **de gallet** berberechos *m*
escórpora [əskórpurə] *f* (*peix*) escorpena, escorpina, peje *m* diablo
escrita [əskrítə] *f* (*peix*) = **rajada**
escudella [əskuðéʎə] *f* (*d'arròs o fideus*) sopa. ~ *de cabell d'àngel*, sopa de fideos finos; ~ **barrejada** (*amb la carn d'olla*) potaje *m*, olla; ~ **i carn d'olla** cocido *m* a la catalana
escuma [əskúmə] *f* = **bromera**
escumós -osa [əskumós] *aj m* espumoso. *Vi* ~, vino espumoso
escurar [əskurá] *vt* (*el plat*) rebañar, arrebañar
esmorzar [əzmurzá] *vi* desayunar, almorzar; *m* desayuno, almuerzo
espaguetis [əspəɣɛ́tis] *mpl* espaguetis. ~ *a la bolonyesa*, espaguetis a la boloñesa
espatlla [əspáʎʎə] *f* espalda. ~ *de xai rostida*, espalda de cordero asada; (*de porc*) paletilla
espardenyes [əspərdɛ́ɲəs] *fpl* (*marisc*) cohombros *m* de mar
espàrrecs [əspárəks] *mpl* espárragos. ~ *amb maionesa*, espárragos con mahonesa
espècies [əspɛ́siəs] *fpl* especias
espetec [əspətɛ́k] *m* (*embotit*) = **fuet**
espinacs [əspináks] *mpl* espinacas *f*. ~ *a la catalana*, espinacas rehogadas con pasas y piñones
espineta [əspinɛ́tə] *f* = **ganyims**
esponjat [əspuɲʒát] *aj m* **sucre** ~ (*beguda*) azucarillo, esponjado, bolado, panal
esprémer [əsprémə] *vt* exprimir, estrujar. *El suc de les taronges espremudes*, el jugo de las naranjas exprimidas
esqueixada [əskəʃáðə] *f* ensalada de bacalao desmenuzado con tomate, cebolla y aceitunas
estirabecs [əstìrəβéks] *mpl* = **tirabecs**
estocafix [əstɔ̀kəfíʃ] *m* = **peixopalo**
estocfix [əstɔ̀kfíʃ] *m* = **peixopalo**
estofat -ada [əstufát] *aj m* estofado -da. ~ *de vedella*, estofado de ternera. *Mongetes estofades*, alubias estofadas
estomacal [əstuməkál] *aj m* estomacal, digestivo -va. *Licor* ~, licor estomacal

falda [fáldə] *f* (*tall de carn*) falda, delgados *mpl*
farcellets [fərsəʎɛ́ts] *mpl* rollitos. ~ *de col*, ~ *de peix*, rollitos de col, rollitos de pescado
farciment [fərsimén] *m* relleno
farcir [fərsí] *vt* rellenar
farcit -ida [fərsít] *aj* relleno -na. *Olives farcides*, olivas rellenas. *Gall dindi* ~, pavo relleno;

m = **farciment**; = **pilota**; ~ **de peres** guisado de peras rellenas de carne con manteca, vino y azúcar
farigola [fəɾiɣólə] *f* (*condiment*) tomillo *m*. *Sopa de* ~, sopa de tomillo
farina [fəɾínə] *f* ~ **blanca** harina; ~ **de galeta** pan rallado; **flor de la** ~ harina de flor
farinetes [fəɾinɛ́təs] *fpl* gachas, puches *m/f*. ~ *de fajol*, gachas de alforfón; (*de criatura*) papilla *sg*
farro [fáru] *m* gachas *fpl* de maíz, polenta *f*, hormigo; (*escudella*) cocido típico del Ebro
fartons [fərtóns] *mpl* rosquillas *f* blandas que se mojan en la horchata; barritas *f* de pasta de harina con leche, huevos, aceite y azúcar
fat fada [fát] *aj* soso -sa, insulso -sa, insípido -da
faves [fáβəs] *fpl* habas. ~ *a la catalana*, habas estofadas con tocino, morcilla y hierbabuena
fenoll [fənóʎ] *m* = **fonoll**
fenyedor -a [fəɲəðó] *aj mf* amasador -ra
fènyer [fɛ́ɲə] *vt* = **pastar**
fesolets [fəzulɛ́ts] *mpl* judías *f* de careta
fesols [fəzɔ́ls] *mpl* alubias *f*, habichuelas *f*, judías *f*. *Arròs amb* ~ *i naps*, arroz con alubias y nabos
festuc [fəstúk] *m* = **pistatxo**
fetge [fédʒə] *m* hígado. ~ *de xai amb ceba*, hígado de cordero encebollado; **pa de** ~ pan de hígado
fideuada [fiðəwáðə] *f* paella de fideos con pescado y marisco, fideuá
fideus [fiðɛ́ws] *mpl* fideos. *Sopa de* ~, sopa de fideos. ~ *a la cassola*, fideos a la cazuela
figues [fíɣəs] *fpl* higos *m*; ~ **de moro** higos chumbos, higos de pala; ~ **seques** higos secos; **pa de** ~ (**pa de figa**) pan de higos, pan de higo
filet [filɛ́t] *m* (*de carn o peix*) filete. ~*s de llenguado*, filetes de lenguado; (*de bou o de vedella*) solomillo, filete; (*de porc*) lomo
flam [flám] *m* flan, flaón. ~ *amb nata*, flan con nata; (*salat*) flan. ~ *d'arròs*, flan de arroz. ~ *de carbassó amb formatge*, flan de calabacín con queso
flamejat -ada [fləməʒát] *aj* flambeado -da, flameado -da. *Plàtan flamejat*, plátano flambeado
flamet [fləmɛ́t] *m* tocino de cielo, tocinillo
flaó [fləó] *m* flaón, pastel de queso o requesón
fleca [flɛ́kə] *m* panadería, tahona
fogassa [fuɣásə] *f* (*pa*) hogaza; (*coca*) hogaza; (*formatge*) quesito
fogassó [fuɣəsó] *m* (*formatge*) = **fogassa**
fondant [fundán] *m* (*xarop*) fondant; (*pasta dolça*) fondant; **xocolata** ~ chocolate fondant
fonoll [funóʎ] *m* hinojo
fonyegar [fuɲəɣá] *vt* (*la pasta del formatge*) prensar, apretar
formatge [furmádʒə] *m* queso. ~ *tendre, sec, gras, magre*, queso tierno, seco, graso, magro.

~ *d'ovella, de cabra*, queso de oveja, de cabra. ~ *ratllat*, ~ *fos*, queso rallado, queso fundido; ~ **blau** queso azul
formatgets [furmədʒέts] *mpl* quesitos, queso *sg* en porciones
forn [fórn] *m* horno. *Carxofes al* ~, alcachofas al horno
forquilla [furkíʎə] *f* tenedor *m*
fredolics [frəðulíks] *mpl* (*bolets*) ratones, negrillas *f*
freginada [frəʒináðə] *f* ~ **de peix i marisc** fritada de pescado y marisco
freginat [frəʒinát] *m* frito *m* de asadura
fregir [frəʒí] *vt* freír
fregit -ida [frəʒít] *aj* frito -ta. *Patates fregides*, patatas fritas. *Peix* ~, pescado frito; *m/f* frito *m*, fritura *f*
freixura [frəʃúrə] *f* asadura, bofe *m*, lechecillas *pl*
frescum [frəskúm] *m* carne *f* fresca de cerdo recién matado
frescumada [frəskumáðə] *f* = **frescum**
fricandó [frikəndó] *m* fricandó. ~ *de vedella amb moixernons*, fricandó de ternera con setas
fricassé [frikəsé] *m* fricasé
fritada [fritáðə] *f* frito *m* de pescado variado
fritel·la [fritέllə] *f* = **fritura**
fritura [fritúrə] *f* refrito *m* de carne y bofe con patatas
fruita [frújtə] *f* fruta. ~ *del temps*, fruta del tiempo; ~ **confitada** fruta confitada, fruta seca; ~ **primerenca** fruta temprana; ~ **seca** (*ametlles i avellanes*) frutos *mpl* secos; (*panses i figues*) fruta pasa, fruta seca
fuet [fuέt] *m* (*embotit*) longaniza *f* larga y estrecha con pimienta
fullalda [fuʎáldə] *f* = **fulloldre**
fulloldre [fuʎɔ́ldrə] *m* (*coca*) torta *f* de hojaldre
fumat -ada [fumát] *aj m* ahumado -da. *Salmó, formatge, pernil* ~, salmón, queso, jamón ahumado
fumatge [fumádʒə] *m* ahumado

galantina [gələntínə] *f* galantina. ~ *de pollastre*, galantina de pollo
galetes [gəlέtəs] *fpl* galletas. ~ *amb vi ranci*, galletas con vino añejo; **galeta picada** = **farina de galeta**
galets [gəlέts] *mpl* codos, codillos. *Sopa de* ~, sopa de codillos
gall -ina [gáʎ] *mf* gallo -ina. ~ *de pagès amb llenegues*, gallo de granja con setas. ~*ina a la cassola*, gallina a la cazuela; ~ **dindi** pavo, gallipavo. ~ *dindi rostit*, pavo asado
galtes [gáltəs] *fpl* ~ **de porc** careta *sg* de cerdo
gambes [gámbəs] *fpl* gambas. ~ *a la planxa*, gambas a la plancha
gana [gánə] *f* (*de menjar*) apetito *m*, hambre *m*, ganas *pl* de comer
ganivet [gəniβέt] *m* cuchillo; (*peça tallant*) cuchilla *f*
ganyims [gəɲíms] *mpl* gañiles. ~ *de tonyina*, gañiles de atún
garapinyades [gərəpiɲáðəs] *aj fpl* **ametlles** ~ almendras garrapiñadas
garnatxa [gərnátʃə] *f* (*raïm*) garnacha; *m* (*vi*) garnacha *f*

garoines [gərɔ́jnəs] *fpl* = **garotes**
garotes [gərɔ́təs] *fpl* erizos *m* de mar
garrí [gərí] *m* lechón, cochinillo. ~ *rostit*, cochinillo asado
garró [gəró] *m* = **jarret**
garrofetes [gərufɛ́təs] *fpl* ~ **de Papa** pastelito *msg* de yema y azúcar, típico de Mallorca y de Tortosa
garrovetes [gəruβɛ́təs] *fpl* = **garrofetes**
gasòfia [gəzɔ́fiə] *f* bazofia, comistrajo *m*
gasosa [gəzózə] *f* (*beguda*) gaseosa
gaspatxo [gəspátʃu] *m* gazpacho
gastrònom -a [gəstrɔ́num] *mf* gastrónomo -ma
gastronòmic -a [gəstrunɔ́mik] *aj* gastronómico -ca
gebrat -ada [ʒəβrát] *aj* escarchado -da. *Fruita gebrada*, fruta escarchada. *Licor* ~, licor escarchado
gelat -ada [ʒəlát] *aj m* helado. ~ *de maduixa, de llimona, de xocolata, de torró*, helado de fresa, de limón, de chocolate, de turrón; ~ **de pal** polo
gelateria [ʒələtəríə] *f* heladería
gelatina [ʒələtínə] *f* gelatina. ~ *de pollastre*, gelatina de pollo
gelea [ʒəlɛ́ə] *f* jalea; ~ **reial** jalea real
gema [ʒémə] *f* = **rovell**; (*dolç sec*) yema. ~ *de coco*, yema de coco; = **flamet**
generós -osa [ʒənərós] *aj* **vi** ~ vino generoso
gerdons [ʒərdóns] *mpl* frambuesas *f*
gerds [ʒɛ́rts] *mpl* = **gerdons**
gerra [ʒɛ́rə] *f* jarra; (*grossa*) tinaja; (*de cervesa*) jarra, bock *m*, schop *m*
gigot [ʒiγɔ́t] *m* pierna *f* de cordero o de corzo asada
gin [ʒín] *m* = **ginebra**
ginebra [ʒinéβrə] *f* (*beguda*) ginebra
gingebre [ʒiɲʒéβrə] *m* jengibre
girella [ʒiréλə] *f* (*embotit*) estómago *m* de carnero embutido con carne, miga de pan y arroz, típico de los Pirineos
gírgoles [ʒírguləs] *fpl* setas de cardo
gormand -a [gurmán] *aj mf* gastrónomo -ma, sibarita
got [gɔ́t] *m* vaso. *Un* ~ *de vi*, un vaso de vino
gotim [gutím] *m* ~ **de raïm** racimo de uvas
gosset [gusɛ́t] *m* (*embotit*) estómago de cerdo embutido con carne, típico de Valencia; morcilla *f* de sangre, miga de pan y tocino, típica de los Pirineos
graella [grəéλə] *f* **a la** ~ a la parrilla
graellada [grəeλáðə] *f* parrillada. ~ *de carn i botifarra*, ~ *de peix i marisc*, parrillada de carn y butifarras, parrillada de pescado y mariscos
grana [gránə] *f* ~ **de capellà** = **postres de músic**
granadina [grənəðínə] *f* (*beguda*) granadina
granissat -ada [grənisát] *aj m*

(*beguda*) granizado -da. *Orxata granissada*, horchata granizada. ~ *de llimona*, ~ *de cafè*, granizado de limón, granizado de café
grappa [grápə] *f* (*aiguardent*) grapa
gratapallers [gràtəpəʎés] *m iv* (*pollastret*) picantón
gratinat -ada [grətinát] *aj* gratinado -da, al gratin, al gratén. *Macarrons ~s*, macarrones al gratén. *Espinacs ~s amb beixamel*, espinacas con bechamel gratinadas
greix [gréʃ] *m* grasa *f*
greixera [grəʃérə] *f* besuguera
greixons [grəʃóns] *mpl* = **llardons**
grumoll [grumóʎ] *m* grumo
guaiaba [gwəjáβə] *f* (*fruita tropical*) guayaba
guanàbana [gwənáβənə] *f* (*fruita tropical*) guanábana
guarnició [gwərnisió] *f* guarnición. *Conill a l'ast amb ~*, conejo asado con guarnición
guatlles [gwáʎʎəs] *fpl* codornices. ~ *en fulla de parra*, codornices en hoja de parra
guisar [gizá] *vt* guisar, cocinar. ~ *un estofat*, guisar un estofado
guisat -ada [gizát] *aj* guisado -da. *Carxofes guisades*, alcachofas guisadas; *m* guiso, guisado
gust [gúst] *m* gusto, sabor. *Aquest estofat té molt bon ~*, este estofado sabe muy bien

hamburguesa [əmburgɛ́zə] *f* hamburguesa. ~ *amb enciam i tomàquet*, hamburguesa con lechuga y tomate
herbacol [èrbəkɔ́l] *f* (*card formatger*) cuajo *m* de cardo
herbes [érbəs] *fpl* ~ **fines** finas hierbas. *Formatge amb ~ fines*, queso a las finas hierbas
hidromel [iðrumɛ́l] *m* (*beguda*) = **aiguamel**
holanda [ulándə] *m* (*formatge edam*) holanda, queso de Holanda
holandes [ulándəs] *mpl* (*aiguardent*) holanda *fsg*
hortalisses [urtəlísəs] *fpl* hortalizas

indiot [indiɔ́t] *m* = **gall dindi**
infusió [imfuzió] *f* infusión. ~ *de camamilla, de poliol, de marialluïsa*, infusión de manzanilla, de poleo, de hierba luisa
iogurt [juɣúrt] *m* yogur. ~ *de llimona, de poma, de fruita del bosc*, ~ *natural*, yogur de limón, de manzana, de frutas del bosque, yogur natural
isard [izárt] *m* rebeco, gamuza *f*

jarret [ʒərɛ́t] *m* (*de vedella*) culata *f* de contra; (*de xai*) jarrete
juliana [ʒuliánə] *f* **a la** ~ cortado en tiritas; **sopa** ~ sopa juliana, sopa de hierbas
julivert [ʒuliβɛ́rt] *m* perejil. *Xampinyons amb all i ~*, champiñones con ajo y perejil

kiwi [kíwi] *m* (*fruita*) kiwi, quivi

lacti làctia [lákti] *aj* lácteo -a
lasanya [ləzáɲə] *f* lasaña. ~ *d'albergínia amb formatge*, lasaña de berenjenas con queso

licor [likór] *m* licor. ~ *de cireres, de poma, de préssec*, licor de cerezas, de manzana, de melocotón
lioneses [liunέzəs] *fpl* lionesas. ~ *de nata, de crema, de xocolata*, lionesas de nata, de crema, de chocolate
liquat -ada [likwát] *aj* licuado -da. *Fruita liquada*, fruta licuada
llagosta [λəγóstə] *f* langosta. ~ *amb pollastre*, langosta con pollo
llagostins [λəγustíns] *mpl* langostinos. ~ *flamejats*, langostinos flambeados
llamàntol [λəmántul] *m* bogavante, lubigante
llaminadures [λəminəðúɾəs] *fpl* golosinas, chucherías
llanda [λándə] *f* = **llauna**; **coca de** ~ especie de torta valenciana muy esponjosa
llard [λárt] *m* manteca *f* de cerdo, lardo
llardons [λərdóns] *mpl* chicharrones, chicharros, gorrones. *Coca de* ~, torta de chicharrones
llata [λátə] *f* (*carn de bou*) espalda, espaldilla
llauna [λáwnə] *f* lata. *Sardines de* ~, sardinas de lata; = **greixera**; **a la** ~ asado -da en besuguera
llebre [λéβɾə] *f* liebre. *Civet de* ~, civet de liebre.
llegum [λəγúm] *m* legumbre *f*. ~ *sec*, ~ *verd*, legumbres secas, legumbres verdes. ~ *cuit*, legumbres cocidas; **mosaic de** ~ legumbres surtidas
llémenes [λémənəs] *fpl* (*bolets*) ciertas setas comestibles
llenca [λέŋkə] *f* lonja, loncha. ~ *de cansalada*, loncha de tocino. ~ *de pernil*, magra, loncha de jamón
llenegues [λənέγəs] *fpl* (*bolets*) ciertas setas comestibles
llengua [λéŋgwə] *f* lengua. ~ *de vedella*, lengua de ternera
llenguado [λəŋgwáðu] *m* lenguado. ~ *amb ametlles*, lenguado con almendras
llenties [λəntíəs] *fpl* (*llegum*) lentejas. ~ *estofades*, lentejas estofadas. *Amanida de* ~, ensalada de lentejas
llentilles [λəntíλəs] *fpl* = **llenties**
llepolies [λəpulíəs] *fpl* = **llaminadures**
llesca [λέskə] *f* rebanada. ~ *de pa*, rebanada de pan
llescar [λəská] *vt* rebanar
llet [λét] *f* leche. ~ *condensada, quallada, en pols*, leche condensada, cuajada, en polvo. *La* ~ *s'ha tornat agra*, se agrió la leche; ~ **d'ametlles** leche de almendras; ~ **merengada** leche merengada
lletada [λətáðə] *f* mezcla de azúcar o harina con agua con que se recubre ciertos alimentos; (*llet presa*) quajada con azúcar condimentada al estilo valenciano
lletades [λətáðəs] *fpl* = **lletons**
lletera [λətéɾə] *f* (*recipient*) lechera
lleteroles [λətəɾɔ́ləs] *fpl* (*bolets*) ciertas setas comestibles
lletonets [λətunέts] *mpl* = **lletons**
lletó [λətó] *m* (*anyell*) lechal. ~ *rostit*, lechal asado

lletons [λətóns] *mpl* menudillos, lechecillas *f*, molleja *fsg*
lletres [λέtrəs] *fpl* **sopa de ~** sopa de letras
lletuga [λətúγə] *f* = **enciam**
lleu [λέw] *m* = **freixura**
llevat [λəβát] *m* levadura *f*; **~ de cervesa** levadura de cerveza
llibrets [λiβrέts] *mpl* **~ de llom** (*amb pernil i formatge*) libritos de lomo de cerdo con jamón y queso
lligar [λiγá] *vt* (*una salsa*) ligar
llima [λímə] *f* = **llimona**; **~ dolça** lima
llimona [λimónə] *f* limón; **~ dolça** = **llima dolça**
llimonada [λimunáðə] *f* (*beguda*) limonada, agua de limón
llipotes [λipɔ́təs] *fpl* = **cireres d'arboç**
llissa [λísə] *f* (*peix*) = **llíssera**
llíssera [λísərə] *f* (*peix*) **~ llobarrera** mújol *m*
llobarro [λuβáru] *m* (*peix*) lubina *f*. **~** *a la papillota*, lubina en papillote
llom [λóm] *m* lomo de cerdo. **~** *amb mongetes*, lomo de cerdo con alubias; **~ embotit** lomo embuchado
llomello [λuméλu] *m* = **llom**
llomillo [λumíλu] *m* = **llom**
llonganissa [λuŋgənísə] *f* longaniza, salchichón *m*; **~ de capcingle** longaniza en forma de herradura, típica de Castellón; **~ de llom** lomo embuchado (sin picar); **~ de Pasqua** longaniza de lomo crudo muy estrecha, típica de Pascua en Valencia; **~ de llonganissal** cierta longaniza típica de Castellón; **~ de sang** longaniza cocida de sangre y tocino con las piernas del cerdo; **~ vermella** longaniza de magro sin sangre; = **botifarra**; *pl* = **salsitxes**
llongos [λóŋgus] *mpl* (*marisc*) = **espardenyes**
llonguet [λuŋgέt] *m* panecillo alargado; *pl* (*marisc*) = **espardenyes**
llonza [λónzə] *f* (*de moltó, de porc*) chuleta. *Llonzes del coll*, chuletas de aguja
llosa [λɔ́zə] *f* **a la ~** a la losa. *Cargols a la ~*, caracoles a la losa
llor [λɔ́r] *m* = **llorer**
llorer [λuré] *m* laurel
lluç [λús] *m* (*peix*) merluza *f*, pescada *f*. *Tronc de ~*, tronco de merluza
lluça [λúsə] *f* (*peix*) = **llúcera**
llúcera [λúsərə] *f* (*peix*) bacaladilla, bacaladito *m*
llucet [λusέt] *m* pescadilla *f*. *~s fregits amb llimona*, pescadillas fritas con limón
llúpol [λúpul] *m* lúpulo

mabre [máβrə] *m* (*peix*) herrera *f*
maçana [məsánə] *f* (*fruita*) = **poma**
macarrons [məkərόns] *mpl* macarrones. *~ gratinats*, macarrones gratinados
macedònia [məsəðɔ́niə] *f* macedonia. *~ de fruita del temps*, macedonia de fruta del tiempo
macerat -ada [məsərát] *aj* macerado -da
macrobiòtic -a [məkruβiɔ́tik] *aj* macrobiótico -ca

madeira [məðéjɾə] *m* (*vi*) madeira, madera
madritxo [məðɾítʃu] *m* (*pastisset*) pastelillo alargado mallorquín, con yema, harina y azúcar
maduixes [məðúʃəs] *fpl* (*fruita*) fresas. ~ *amb suc de taronja*, fresas con zumo de naranja
maduixots [məðuʃóts] *mpl* (*fruita*) fresones
magdalenes [məgdəlέnəs] *fpl* (*pastes*) magdalenas
magrana [məɣɾánə] *f* (*fruita*) granada
magre -a [máɣɾə] *aj* magro -gra; **carn** ~ carne magra, magro *m*; **fer** ~ comer de vigilia, comer de viernes, guardar la vigilia
maionesa [məjunέzə] *f* (*salsa*) mahonesa, mayonesa
malt [mál] *m* malta *f*
malta [máltə] *f* = **malt**
malvasia [mə̀lβəzíə] *f* (*raïm*) malvasía, masvale *m*; (*vi*) malvasía
mançanilla [mənsəníʎə] *f* (*vi*) manzanilla
mandarines [məndəɾínəs] *fpl* (*fruita*) mandarinas, naranjas tangerinas
mandongo [məndóŋgu] *m* = **mondongo**
mandonguilles [mənduŋgíʎəs] *f* albóndigas, albondiguillas. ~ *amb pèsols*, albóndigas con guisantes
mantega [məntέɣə] *f* mantequilla, manteca de vaca, mantequilla de Soria. *Una llesca de pa amb ~ i sucre*, una rebanada de pan con mantequilla y azúcar; ~ **de cacau** manteca de cacao; ~ **de cacauet** mantequilla de cacahuete; ~ **de coco** manteca de coco; ~ **fosa** mantequilla fundida
mantegada [məntəɣáðə] *f* (*pastís*) mantecada, mantecado *m*
manteguera [məntəɣéɾə] *f* mantequera
manxego [məɲʃέɣu] *m* (*formatge*) manchego
marc [márk] *m* = **brisa**; (*aiguardent*) orujo; ~ **de xampany** aguardiente de champán
margallons [məɾgəʎóns] *mpl* palmitos. *Amanida de ~*, ensalada de palmitos. ~ *calents amb mantega*, palmitos calientes con mantequilla
marialluïsa [məɾiəʎuízə] *f* (*infusió*) hierba luisa, reina luisa, luisa
marinat -ada [məɾinát] *aj* marinado -da. *Salmó ~*, salmón marinado
marinera [məɾinéɾə] *aj* **a la** ~ a la marinera. *Cloïsses a la ~*, almejas a la marinera
marisc [məɾísk] *m* marisco. *Arròs de peix i ~*, arroz de pescado y marisco
marrasquí [mərəskí] *m* (*licor*) marrasquino
marsinada [mərsináðə] *f* (*beguda*) paloma
massapà [məsəpá] *m* mazapán. *Torrons de ~*, turrón de mazapán
massini [məsíni] *m* (*pastís*) pastel de nata y trufa cubierto de crema
matafaluga [mə̀təfəlúɣə] *f* anís *m*, matalahúga, matalahúva

matança [mətánsə] *f* ~ **del porc** (**matances**) matanza del cerdo
mate [mátə] *m* (*infusió*) mate, hierba *f* mate. *Fer el* ~, cebar el mate
mató [mətó] *m* requesón. *Mel i* ~, requesón con miel
mel [mɛ́l] *f* miel. ~ *verge*, miel virgen
melada [məláðə] *f* = **melmelada**
melicotó [mὲlikutó] *m* variedad de melocotón
melindros [məlíndɾus] *mpl* (*pastes*) melindres. *Xocolata desfeta amb* ~, chocolate a la taza con melindres
melmelada [mὲlməláðə] *f* mermelada. ~ *de préssec, de maduixa, de taronja amargant*, melmelada de melocotón, de fresas, de naranja amarga
meló [məló] *m* (*fruita*) melón. ~ *amb pernil*, melón con jamón; ~ **d'Alger** (~ **d'aigua**, ~ **de moro**) = **síndria**
melós -osa [məlós] *aj* meloso -sa; (*carn*) muy tierno -na, como una leche
menjar [məɲʒá] *vtip* comer; *m* (*aliment*) comida *f*, manjar; ~ **blanc** manjar blanco
menta [méntə] *f* (*herba aromàtica*) menta, hierbabuena, hierba santa; (*licor*) menta
menuderies [mənuðəɾíəs] *fpl* = **menuts**
menuts [mənúts] *mpl* menudos; (*de porc*) menudencias *f*; (*d'aviram*) menudillos
merenga [məɾɛ́ŋgə] *f* merengue *m*
mescal [məskál] *m* (*beguda*) mezcal
micacos [mikákus] *mpl* (*fruita*) = **nespres**
midó [miðó] *m* fécula *f*, almidón
minestra [minéstɾə] *f* menestra. ~ *de verdura*, minestra de verduras; = **vianda**
mistela [mistɛ́lə] *f* (*vi, aiguardent*) mistela
mitjana [midʒánə] *f* (*de bou*) lomo *m*; (*de xai*) chuleta de riñonada; (*cervesa*) tercio *m*
moca [mɔ́kə] *f* tripas *pl*, asaduras *pl*, bandullo *m*, mondongo *m*
moca [mókə] *m* (*cafè, crema*) moca
moixama [muʃámə] *f* (*tonyina*) mojama
moixernons [muʃərnóns] *mpl* (*bolets*) setas *f* de carrerilla
moll -a [mɔ́ʎ] *aj* (*tou*) blando -da; (*fluix*) flojo -ja. *Un vi* ~, un vino flojo; (*xop*) empapado -da; *m* (*de la fruita*) pulpa, carne, molla; (*peix*) salmonete. ~*s fregits*, salmonetes fritos
molla [mɔ́ʎə] *f* (*del pa*) miga, molledo *m*; (*de la fruita*) = **moll**
mòllera [mɔ́ʎəɾə] *f* (*peix*) barbuda
mollerics [muʎəɾíks] *mpl* (*bolets*) ciertas setas *f* comestibles
molles [mɔ́ʎəs] *fpl* (*de pa*) = **engrunes**
molls [mɔ́ʎs] *mpl* pinzas *f*, tenazas *f*, tenacillas *f*
moltó [multó] *m* (*carn*) carnero
mona [mónə] *f* ~ **de Pasqua** (*coca o pastís*) mona de Pascua, tarta adornada con figuras y

huevos de chocolate; mona, hornazo *m*

mondongo [mundóŋgu] *m* carne *f* picada para embutido; (*botifarra*) morcilla *f* de sangre con hinojo; (*brou*) caldo hecho con morcilla de sangre; = **matança**

mongetes [muɲʒɛ́təs] *fpl* (*llegum*) judías, alubias, habichuelas, fríjoles *m*, frijoles *m*. ~ *amb botifarra*, butifarra con alubias. ~ *saltades amb pernil*, judías salteadas con jamón; **mongeta tendra** judías *pl* verdes, judías *f* tiernas. *Patata i mongeta tendra*, judías verdes con patatas; ~ **del ganxet** variedad muy apreciada de alubias; ~ **seques** alubias, habichuelas, judías secas

moniatos [muniátus] *mpl* boniatos, batatas *f*, boñatos, moñatos, papas dulces

monjàvena [muɲʒáβənə] *f* (*coca*) almojábana, masa frita de harina, huevo y azúcar, típica de Játiva

móres [mórəs] *fpl* moras. *Melmelada de* ~, mermelada de moras

moresc [muɾɛ́sk] *m* = **blat de moro**

morralet [murəlɛ́t] *m* = **sipió**

morralla [muráʎə] *f* (*peix menut*) morralla, boliche *m*, pescado *m* menudo

mortadel·la [murtəðɛ́llə] *f* (*embotit*) mortadela

morter [murté] *m* mortero, almirez, majador; **mà de** ~ mano de mortero, mano de almirez

moscatell [muskətéʎ] *m* (*raïm, vi*) moscatel

most [móst] *m* (*suc del raïm*) mosto; (*licor*) licor de malta

mostassa [mustásə] *f* (*salsa*) mostaza

mújol [múʒul] *m* (*peix*) = **llíssera**

múrgoles [múrguləs] *fpl* (*bolets*) colmenillas

musclos [músklus] *mpl* mejillones

músic [múzik] *m* = **postres de músic**

mussolina [musulínə] *f* muselina. ~ *d'all*, ~ *de carbassó*, muselina de ajo, muselina de calabacín

nabius [nəβíws] *mpl* arándanos, mirtilos, ráspanos

naps [náps] *mpl* nabos

nata [nátə] *f* nata. ~ *muntada*, nata montada

natilla [nətíʎə] *f* nata con azúcar

navalles [nəβáʎəs] *fpl* (*marisc*) navajas, muergos *m*

nèctar [nɛ́ktər] *m* (*beguda*) mezcla *f* de pulpas de frutas con agua y azúcar

negar-se [nəɣársə] *vp* cortarse. *L'allioli s'ha negat*, se cortó el alioli

nero [néɾu] *m* (*peix*) mero. ~ *al forn*, mero al horno

nesples [nέspləs] *fpl* (*fruita*) níspolas, nísperos *m*

nespres [nέspɾəs] *fpl* (~ **del Japó**) nísperos *m* (del Japón); = **nesples**

neula [néwlə] *f* barquillo *m* sin arrollar, oblea, hostia

neules [néwləs] *fpl* barquillos *m*. ~ *farcides d'avellana*, barquillos rellenos de avellana

nispros [níspɾus] *mpl* (*fruita*) = **nespres**

niu [níw] *m* (*de bacallà*) guiso de tripa de vestresca de bacalao; (*de colomí*) guiso de carne de pichón
nius [níws] *mpl* (*pasta dolça*) galletitas *f* de azúcar típicas de Tortosa
nogada [nuɣáðə] *f* (*salsa*) nogada, salsa de nueces y especias para guisos de pescado
nogat [nuɣát] *m* especie de turrón de nueces y miel
nou [nɔ́w] *f* nuez. *~s amb mel*, nueces con miel; ~ **moscada** nuez moscada
nyàmeres [ɲáməɾəs] *fpl* (*tubercle*) aguaturmas, patacas, tupinambos *m*
nyoca [ɲɔ́kə] *f* frutos secos *mpl* que se reparten en un bautizo
nyora [ɲóɾə] *f* (*condiment*) guindilla, pimiento *m* picante, ñora

oca [ɔ́kə] *f* ganso *m*, oca. *~ amb llenegues*, ganso con setas
ofegat -ada [ufəɣát] *aj* rehogado -da. *Pèsols ~s*, guisantes rehogados; *m* estofado
oli [ɔ́li] *m* aceite. *~ d'oliva, de soia, de cacauet, d'ametlla, de blat de moro*, aceite de oliva, de soja, de cacahuete, de almendra, de maíz
oliaigua [ɔliájɣwə] *m* **sopes d'~** sopas menorquinas hechas arrojando el agua hirviendo sobre el pan, aliñadas con aceite, ajo y cebolla. *~ broix, ~ amb tomàtigues, ~ amb ous, ~ amb col*, esas mismas sopas sin otro ingrediente, o bien con trocitos de tomate, de huevos o de col
olives [ulíβəs] *fpl* aceitunas, olivas. *~ farcides*, aceitunas rellenas; **cuquelleres** aceitunas zorzaleñas; ~ **grossals** aceitunas gordales; ~ **vidielles** aceitunas picudillas; ~ **llimonenques** aceitunas tetudas; ~ **valencianes** aceitunas celdranas
olla [ɔ́ʎə] *f* (*atuell*) olla; (*guisat*) olla, cocido *m*, cazuela. *~ de cigrons*, cocido de garbanzos; ~ **barrejada** cocido campesino
orada [uɾáðə] *f* (*peix*) dorada. *~ a la sal, ~ al forn*, dorada a la sal, dorada al horno
ordi [ɔ́ɾdi] *m* cebada *f*; **aigua d'** = **ordiat**; ~ **palmell** cebada ladilla, ladilla
ordiat [urdiát] *m* (*aigua d'ordi*) hordiate
orella [uɾéʎə] *f* oreja. *~ i ventre de porc*, oreja y vientre de cerdo
orellanes [uɾəʎánəs] *fpl* (*de préssec, d'albercoc*) orejones *m*
orelles [uɾéʎəs] *fpl* = **gírgoles**
orelletes [uɾəʎétəs] *fpl* (*coquetes fregides*) orejas de abad, angüejos *m*, masa *sg* frita, fruta *sg* de sartén
orenga [uɾéŋgə] *f* (*condiment*) orégano *m*
oruxo [uɾúʃu] *m* (*aiguardent*) orujo
orxata [urʃátə] *f* (*beguda*) horchata
ostres [ɔ́stɾəs] *fpl* (*marisc*) ostras. *~ vives*, ostras vivas
ouera [uéɾə] *f* (*recipient*) huevera; (*víscera*) overa
ous [ɔ́ws] *mpl* huevos. *~ de Pasqua*, huevos de Pascua. *~ de guatlla*,

huevos de codorniz; ~ **al niu** huevos al nido; ~ **al plat** huevos al plato; ~ **durs** (~ **bullits**) huevos duros (cocidos); ~ **escumats** huevos escalfados; ~ **ferrats** huevos fritos (estrellados); ~ **passats per aigua** (~ **blancs**) huevos pasados por agua; ~ **remenats** (~ **menats**) huevos revueltos

pa [pá] *m* pan. ~ *tou* (~ *del dia*), pan tierno (del día). ~ *dur* (~ *sec*), pan duro (seco). ~ *torrat*, pan tostado; ~ **blanc** pan blanco, pan candeal, pan de flor; ~ **clotós** (~ **ullat**) pan ojoso, esponjoso; ~ **cremat** (~ **socarrat**) pan quemado, bollo esponjoso típico de Valencia; ~ **d'àngel** pan de los ángeles, oblea; ~ **d'ànsies** pan de la boda; ~ **de crostons** pan triangular; ~ **de màquina** pan de máquina; ~ **de motlle** (~ **anglès**) pan de molde; ~ **de munició** chusco, pan de munición; ~ **de pagès** hogaza *f*; ~ **de Viena** pan de Viena; ~ **integral** pan integral; ~ **moreno** (~ **negre**) pan moreno, pan negro, pan bazo; ~ **ratllat** pan rallado

paella [pəéʎə] *f* (*estri*) sartén; (*per a arròs*) paellera, paella; (*plat típic*) paella; ~ **a la marinera**, paella de pescado y marisco; ~ **valenciana** paella de pollo y caracoles

pagell [pəʒéʎ] *m* (*pagell*) breca *f*, pagel

pair [pəí] *vt* digerir

palaia [pəlájə] *f* (*peix*) platija, solla

palo [pálu] *m* (*beguda*) palo, bebida *f* quinada típica de Mallorca

palpissos [pəlpísus] *mpl* (*de vedella, de xai*) pulpetas *f*, pulpetones, pupietas *f*

panada [pənáðə] *f* = **empanada**

panadons [pənəðóns] *mpl* empanadillas *f* de verduras. ~ *d'espinacs*, ~ *de carbassa*, empanadillas de espinacas, empanadillas de calabaza

pancuit [pàŋkújt] *m* sopas *fpl* de pan con aceite, ajo y tomate, típicas de Mallorca y Menorca

panellets [pənəʎɛ́ts] *mpl* dulces de mazapán típicos de Todos los Santos; (*panets*) panecillos

panarra [pənárə] *aj mf* (*amant del pa*) panero -ra, paniego -ga

panet [pənɛ́t] *m* panecillo

panís [pənís] *m* = **blat de moro**

panoli [pànɔ́li] *m* (*coca*) torta *f* de aceite con vino o aguardiente, típica de Tortosa y Morella

panolla [pənóʎə] *f* = **panotxa**

panotxa [pənɔ́tʃə] *f* (*de blat de moro*) mazorca, panocha, panoja

pansa [pánsə] *f* (*varietat de raïm*) uva moscatel

panses [pánsəs] *fpl* pasas, uvas pasas. *Bacallà amb ~ i pinyons*, bacalao con pasas y piñones

papabenet [pàpəβənɛ́t] *m* (*confit*) gragea *f*, confite

papaia [pəpájə] *f* (*fruita*) papaya, lechosa

paperina [pəpərínə] *f* cucurucho *m*. *Una ~ de confits*, un cucurucho de peladillas

papillota [pəpiʎɔ́tə] *f* **a la ~** en papillote. *Costelles a la ~*, chuletas en papillote
parmesà [pərməzá] *m* (*formatge*) parmesano
pasta [pástə] *f* (*pastisset*) bollo *m*, pasta, bizcocho *m*; **~ alimentosa** (*italiana o de sopa*) pasta alimenticia. *Un plat de ~ amb tomàquet i formatge*, un plato de pasta con tomate y queso; **~ de farina** (*de pastisser*) pasta, masa; **~ de fruita** fruta en dulce; **~ de xocolata** pasta de chocolate; **~ fullada** (**~ de full**) hojaldre *m*, pasta de hojaldre
pastanaga [pəstənáɣə] *f* zanahoria. *~ ratllada*, zanahoria rallada. *Pastanagues amb crema*, zanahorias a la crema
pastar [pəstá] *vt* (*la pasta de farina*) amasar, heñir
pastes [pástəs] *fpl* bollería *sg*; **~ seques** (**~ de te**) pastas de té
pasteuritzat -ada [pəstəwridzát] *aj* pasteurizado -da, pasterizado -da. *Llet pasteuritzada*, leche pasteurizada
pastís [pəstís] *m* (*dolç*) pastel, tarta *f*. *~ de noces*, tarta de bodas. *~ de nous*, *~ de poma*, *~ de xocolata*, pastel de nueces, de manzana, de chocolate. *~ de pasta fullada*, pastel de hojaldre; (*salat*) pastel, timbal, empanada *f*. *~ de carn*, *~ de peix*, pastel de carne, de pescado. *~ de truites*, *~ de formatge*, *~ de porros*, pastel de tortillas, de queso, de puerros. *~ de macarrons*, timbal de macarrones; (*licor*) anisado
pastisseria [pəstisəríə] *f* pastelería; = **rebosteria**
pastissets [pəstisɛ́ts] *mpl* pastelillos, medialunas *f*, medias lunas *f*. *~ de cabell d'àngel*, medialunas de cabello de ángel
pataca [pətákə] *f* pan *m* en forma de media luna, típico de Valencia
pataques [pətákəs] *fpl* = **patates**; = **moniatos**
pataqueta [pətəkɛ́tə] *f* panecillo *m* en forma de media luna, típico de Valencia
patates [pətátəs] *fpl* patatas, papas. *~ al vapor*, patatas al vapor. *~ bullides*, *estofades*, *fregides*, patatas cocidas, estofadas, fritas. *~ al forn*, patatas al horno. *~ braves*, *~ viudes*, patatas bravas, patatas viudas; **~ a la mallorquina** patatas rellenas de sobrasada; **~ al caliu** patatas asadas en el rescoldo; **~ de canya** = **nyàmeres**; **~ del bufet** variedad muy apreciada de patatas; **~ de Màlaga** = **moniatos**; **~ emmascarades** patatas cocidas con col, chafadas y fritas con morcilla; **~ rosses** patatas fritas
paté [pəté] *m* paté. *~ amb pebre negre*, paté a la pimienta negra. *~ amb herbes fines*, paté a las finas hierbas. *Assortiment de ~s*, surtido de patés
patxaran [pətʃərán] *m* (*licor*) pacharán
pebrada [pəβráðə] *f* (*salsa de pebre*) pebrada, pebre *f/m*
pebrassos [pəβrásus] *mpl* (*bolets*) ciertas setas *f* comestibles

pebre [pέβrə] *m* (*espècia*) pimienta *f*. *Bistec amb ~ verd*, bistec a la pimienta verde; **~ blanc** pimienta blanca; **~ coent** (**~ de cirereta**) = **bitxo**; **~ de Jamaica** pimienta de Jamaica; **~ negre** pimienta negra; **~ vermell** (**~ roig**) pimentón; = **pebrot**

pebrella [pəβréʎə] *f* (*herba aromàtica*) ajedrea, jedrea

pebrina [pəβrínə] *f* = **pebrot**; = **bitxo**

pebrot [pəβrɔ́t] *m* pimiento. *~ verd, ~ vermell*, pimiento verde, pimiento rojo. *~ escalivat*, pimiento asado. *~s farcits*, pimientos rellenos; **~ coent** (**~ picant**) = **bitxo**; **~ de morro de bou** pimiento morrón

peix [péʃ] *m* pescado. *~ salat, ~ fumat, ~ cru, ~ congelat*, pescado salado, ahumado, crudo, congelado. *~ fregit, ~ arrebossat, ~ bullit*, pescado frito, empanado, hervido. *~ a la planxa, ~ al forn*, pescado a la plancha, al horno; **~ blanc** pescado blanco; **~ blau** pescado azul; **~ espasa** pez espada, emperador, jifia *f*, alfanje; **~ sense sang** = **xanguet**

peixet [pəʃέt] *m* (*peix menut*) pescadito. *~ fregit*, pescadito frito

peixopalo [pèʃupálu] *m* (*bacallà sec*) bacalao secado sin salazón, pejepalo, estocafís, pezpalo

perdiu [pərdíw] *f* perdiz; = **freixura**; **~ xopada** perdiz guisada en su jugo

peres [pέrəs] *fpl* (*fruita*) peras. *Oca amb ~*, ganso con peras. *~ amb vi negre*, peras al vino tinto

perfumat [pərfumát] *m* (*cafè*) = **cigaló**

pernil [pərníl] *m* jamón, pernil; **~ d'ànec** jamón de pato; **~ dolç** (**~ de York**) jamón en dulce, jamón de York; **~ rostit** jamón asado, jamón canario; **~ salat** (**~ del país**) jamón serrano, jamón curado

pèsols [pέzuls] *mpl* guisantes. *~ ofegats*, guisantes rehogados. *~ saltats amb mantega i pernil*, guisantes salteados con mantequilla y jamón

pessic [pəsík] *m* **~ de monja** (*pastisset*) pellizco de monja; **pa de ~** bizcocho

pet [pέt] *m* **~ de monja** = **pessic de monja**

petxines [pətʃínəs] *fpl* conchas, pechinas; **~ de pelegrí** vieiras

peuada [pəwáðə] *f* guiso *m* de manitas de cerdo con arroz, huevos y azúcar, típico del Ampurdán; guiso *m* de manitas de cerdo con carne de cordero

peus [pέws] *mpl* **~ de cabra** (*marisc*) percebes; **~ de porc** manitas *f* de cerdo. *~ de porc a la llauna*, manitas de cerdo asadas; **~ de xai** manitas *f* de cordero

picada [pikáðə] *f* picadillo *m*. *~ d'alls, d'ametlles, de julivert*, picadillo de ajos, de almendras, de perejil

picant [pikán] *aj m* picante. *Un guisat massa picant*, un guiso demasiado picante. *Salsa, embotit ~*, salsa, embutido picante

picat -ada [pikát] *aj* picado -da.

Aquest vi està ~, este vino está picado; = **capolat**; *m* (*salsa*) picado
picolat -ada [pikulát] *aj* = **capolat**
pilota [pilɔ́tə] *f* (*de l'escudella*) especie de albóndiga grande del cocido, pelluela
pilotilles [pilutíʎəs] *fpl* = **mandonguilles**
pimentó [pimәntó] *m* = **pebrot**; ~ **amb tomata i tonyina** guiso valenciano de atún con tomates y pimientos
pinetells [pinətéʎs] *mpl* (*bolets*) especie de níscalos
pinya [píɲə] *f* ~ **d'Amèrica** (~ **tropical**) piña americana, ananás *m*
pinyol [piɲɔ́l] *m* (*de préssec, d'oliva*) hueso; (*de raïm*) pepita *f*, semilla *f*; (*de taronja*) pipa *f*, hueso
pinyonada [piɲunáðə] *f* (*pasta de pinyons*) piñonate *m*
pinyons [piɲóns] *mpl* piñones. *Coca de ~*, torta de piñones
pistatxo [pistátʃu] *m* pistacho, alfóncigo. *Gelat de ~*, helado de pistacho
pistons [pistóns] *mpl* **sopa de ~** sopa de pistones
pit [pít] *m* pechuga *f*. *~ de pollastre, de gall dindi*, pechuga de pollo, de pavo
planxa [pláɲʃə] *f* **a la ~** a la plancha
plat [plát] plato; ~ **combinat** plato combinado; ~ **fondo** (~ **soper**) plato hondo, plato sopero; ~ **pla** plato llano; (*guisat*) plato. *~ del dia*, plato del día; ~ **precuinat** plato precocinado; ~ **preparat** plato preparado; ~ **rescalfat** plato de segunda mesa
plata [plátə] *f* (*atuell*) fuente, bandeja. *Una ~ de fruita, d'amanida*, una fuente de fruta, de ensalada
plàtan [plátən] *m* (*fruita*) plátano, banana *f*
plàtera [plátərə] *f* = **plata**
platillo [plətíʎu] *m* platillo, guiso de carne y verduras picadas que se sirve después del cocido, típico del Ampurdán. *~ de vedella, ~ d'ànec*, platillo de ternera, platillo de pato
polenta [puléntə] *f* (*farinetes*) polenta
poliol [puliɔ́l] *m* (*infusió*) poleo
pollastre [puʎástrə] *m* pollo. *~ a la cassola, ~ al forn, ~ rostit*, pollo a la cazuela, al horno, asado. *~ amb escamarlans, ~ amb samfaina*, pollo con cigalas, pollo con pisto; ~ **amb prunes i pinyons** guiso de pollo con ciruelas y piñones, típico de Navidad
polp [pólp] *m* = **pop**
poltrú [pultrú] *f* tripa de cerdo en la que se embute la sobrasada
poma [pómə] *f* (*fruita*) manzana. *~ al forn*, manzana al horno
pomelo [pumɛ́lu] *m* (*fruita*) pomelo. *Suc de ~*, zumo de pomelo
poncem [punsɛ́m] *m* cidra *f*, acimboga *f*
poncir [punsí] *m* = **poncem**
poniol [puniɔ́l] *m* (*infusió*) = **poliol**
ponx [pɔ́nʃ] *m* (*beguda*) ponche

pop [póp] *m* pulpo. ~ *amb patates,* pulpo con patatas
popets [pupɛ́ts] *mpl* pulpitos. ~ *amb ceba,* ~ *saltats,* pulpitos con cebolla, pulpitos salteados
porc [pɔ́rk] *m* cerdo. ~ *adobat,* ~ *rostit,* cerdo en adobo, cerdo asado
porcell [pursέʎ] *m* = **garrí**
porrada [puráðə] *f* plato de puerros *mpl* hervidos
porró [puró] *m* (*de vi*) porrón
porros [pórus] *mpl* puerros, porros, ajos puerros
porto [pórtu] *m* (*vi*) oporto
postres [pɔ́strəs] *fpl* postre *msg,* postres *m. Prendre's les* ~, tomar el postre; ~ **de músic** frutos *m* secos
pot [pɔ́t] *m* (*atuell*) bote, tarro, pote. *Un pot de mel,* un tarro de miel
pota [pɔ́tə] *f* pata; ~ **i tripa de xai** callos *mpl* y manitas *pl* de cordero
potaco [putáku] *m* pisto con patatas acompañado de carne o gañiles
potatge [putádʒə] *m* (*vianda*) potaje; (*beguda*) potaje
praliné [prəliné] *m* (*pasta d'ametlles*) praliné. *Gelat de* ~, helado de praliné
préssec [présək] *m* (*fruita*) melocotón. ~ *amb vi,* melocotón con vino
prims [príms] *mpl* (*de la farina*) primer salvado *sg*
profiteroles [prufitərɔ́ləs] *fpl* (*lioneses petites*) profiteroles *m*
pruna [prúnə] *f* (*fruita*) ciruela. *Melmelada de* ~, mermelada de ciruela; ~ **clàudia** (~ **reina**) ciruela claudia, reina claudia; ~ **de confitar** (~ **de coure**) ciruela pasa; ~ **saragossana** ciruela zaragocí; **prunes amb vi ranci** ciruelas pasas con vino añejo
prunell [prunéʎ] *m* = **aranyó**
púding [púðiŋ] *m* pudin, pudín, budín, pudding. ~ *de poma,* pudin de manzana. ~ *d'albergínies,* ~ *d'espàrrecs verds,* pudin de berenjenas, pudin de espárragos verdes
punt [pún] *m* punt. *Un* ~ *dolç, un* ~ *salat,* un punto dulce, un punto salado; **a** ~ **de neu** (*clara d'ou*) punto de nieve. *Ous batuts a* ~ *de neu,* huevos batidos a punto de nieve; **estar al** ~ (**tenir el** ~) estar en su punto. *L'arròs està al* ~, el arroz está en su punto. *La fruita encara no té el* ~, la fruta todavía no está en su punto
puré [puré] *m* puré. ~ *de patates gratinat,* puré de patatas gratinado. ~ *de llenties,* ~ *de pèsols,* puré de lentejas, puré de guisantes

quall [kwáʎ] *m* = **quallada**
quallada [kwəʎáðə] *f* cuajada
quarto [kwártu] *m* (*pastisset*) pastelito mallorquín rectangular que se come con chocolate o con helado
quefir [kəfír] *m* (*beguda*) kéfir
quetxup [kətʃúp] *m* (*salsa*) ketchup, catchup
quina [kínə] *f* (*vi, licor*) quina; ~ **groga** quina amarilla; ~ **de quina** vino quinado

rabassoles [rəβəsɔ́ləs] *fpl* (*bolets*) = **múrgoles**
ració [rəsió] *f* ración. *Mitja* ~, media ración
raïm [rəím] *m* uva *f*; ~ **blanc** uva blanca; ~ **negre** uva tinta
raïmat [rəimát] *m* (*arrop*) uvate
rajada [rəʒáðə] *f* (*peix*) raya
rajola [rəʒɔ́lə] *f* ~ **de xocolata** tableta (pastilla) de chocolate
ranci rància [ránsi] *aj* (*dolent*) rancio -cia. *Oli* ~, aceite rancio. *Mantega, cansalada rància,* mantequilla rancia, tocino rancio; (*bo*) rancio -cia, viejo -ja, añejo -ja. *Vi* ~, vino añejo
ranciesa [rənsiɛ́zə] *f* ranciedad
rancior [rənsió] *f* = **ranciesa**
rap [ráp] *m* (*peix*) rape, pejesapo, rana *f* marina, sapo marino. ~ *amb all cremat,* rape con salsa de ajos muy fritos
rascassa [rəskásə] *f* (*peix*) = **escórpora**
ratafia [rətəfíə] *f* esencia aromática de almendras amargas; (*licor*) ratafía
ràvens [ráβəns] *mpl* = **raves**
raves [ráβəs] *mpl* rábanos
rebentat [rəβəntát] *m* (*cafè*) = **cigaló**
rebosteria [rəβustəɾíə] *f* repostería; (*pastissets assortits*) pasteles *mpl*, dulces *mpl*, repostería
rebullida [rəβuʎíðə] *f* (*bullida*) hervor *m*; fermentación
recepta [rəsɛ́ptə] *f* receta. ~ *de cuina,* receta de cocina. *La* ~ *de l'àvia,* la receta de la abuela
recuit [rəkújt] *m* = **mató**
redorts [rəðɔ́rts] *mpl* especie de rosquillas *f* típicas de Lérida y de los Pirineos
refresc [rəfɾɛ́sk] *m* (*refrigeri*) refresco; (*beguda*) refresco, bebida *f* refrescante
refrigerat -ada [rəfɾiʒəɾát] *aj* refrigerado -da. *Peix* ~, *llet refrigerada,* pescado refrigerado, leche refrigerada
règim [rɛ́ʒim] *m* ~ **alimentari** régimen alimenticio. *Formatge de* ~, queso de régimen
reig [rétʃ] *m* **ous de** ~ (*bolets*) oronjas *f*
rellom [rəʎóm] *m* (*filet de porc*) lomo de cerdo
rèmol [rɛ́mul] *m* (*peix*) rombo; ~ **de petxines** (~ **empetxinat**) rodaballo
remolatxa [rəmulátʃə] *f* remolacha; ~ **sucrera** remolacha azucarera
remòlta [rəmɔ́ltə] *f* (*de raïm*) orujo *m*; (*d'olives*) bagazo *m*, orujo *m*; (*de canya de sucre*) bagazo *m*
remost [rəmóst] *m* (*vi dolent*) aguapié, aguachirle, vino peleón, torcedura *f*
rènecs [rɛ́nəks] *aj m* (*fesols*) judiones, judías *f* granadas que se comen con las vainas
rènegues [rɛ́nəɣəs] *aj f* (*mongetes*) = **rènecs**
rent [rén] *m* = **llevat**
requisit [rəkizít] *m* (*plat exquisit*) delicadeza *f*, exquisitez *f*, gollería *f*
resaigües [rəzájɣwəs] *fpl* = **remost**
resoli [rəzɔ́li] *m* (*licor*) = **rosolis**
restaurant [rəstəwɾán] *m*

restaurante, restorán; **vagó ~** coche (vagón) restaurante
revalenta [rəβəléntə] *f* gachas *pl* de lentejas
robiols [ruβiɔ́ls] *mpl* (*bolets*) = **rubiols**
rocafort [rɔ̀kəfɔ́rt] *m* (*formatge*) roquefort
rodanxa [ruðáɲʃə] *f* rodaja. *Dues rodanxes de peix*, dos rodajas de pescado
roes [róəs] *fpl* = **llardons**
roger [ruʒé] *m* (*peix*) = **moll**
rom [róm] *m* (*beguda*) ron; (*peix*) = **rèmol**
romaní [rumənı́] *m* (*condiment*) romero, rosmarino
romesco [rumέsku] *m* salsa picante para carne o pescado o para las cebolletas asadas, a base de pimiento, tomate, ajo y perejil, almendras, aceite y vinagre, típica de Tarragona; (*estofat*) estofado hecho con un picado de pimiento, almendras o avellanas y pan frito mojado en aguardiente, típico de Tarragona. *~ de peix*, *~ de vedella*, *~ d'anyell*, estofado de pescado, de ternera con patatas, de lechal con patatas; (*de bacallà*) bacalao desmenuzado con salsa de pimiento picante, plato típico de Lérida; bacalao con alubias con salsa de pimiento, típico de Tortosa; **~ de muntanya** estofado de ternera con habas y picado de pimiento, almendras y pan, típico de Tarragona
ronyons [ruɲóns] *mpl* riñones. *~ de xai amb xerès*, riñones de cordero con jerez
rosa [rɔ́zə] *f* (*licor*) licor dulce de color rojizo, típico de Mallorca y Menorca
roses [rózəs] *fpl* = **rosetes**
rosetes [ruzέtəs] *fpl* (*de blat de moro*) palomitas
rosolis [ruzɔ́lis] *m* (*licor*) rosoli, rosolí
rosques [rɔ́skəs] *fpl* (*pastes*) roscas
rosquilles [ruskíʎəs] *fpl* (*pastes*) rosquillas
rosquilleta [ruskiʎέtə] *f* (*panet*) panecillo alargado con aceite y anís, típico de Valencia
rossejat -ada [rusəʒát] *aj* dorado -da; **~ d'arròs** arroz con carne dorado en el horno; **~ de fideus** fideos dorados en el sofrito
rossellones [rusəʎónəs] *fpl* (*marisc*) chirlas
rossinyols [rusiɲɔ́ls] *mpl* (*bolets*) rebozuelos, cabrillas *f*. *~ saltats*, rebozuelos salteados
rosta [róstə] *f* (*de cansalada*) torrezno *m*; (*de pa torrat*) tostón *m*; (*de pa fregit*) picatoste *m*
rostada [rustáðə] *f* (*de cansalada*) torreznada
rostar [rustá] *vt* (*el plat*) rebañar con pan
rostes [róstəs] *fpl* (*en daus*) tropezones *m*, tostones *m*, picatostes *m*; (*amb ou i vi*) torrijas
rostit -ida [rustít] *aj* asado -da. *Capó ~*, capón asado; *m* asado. *~ de guatlla*, asado de codorniz; (*de verdura*) verdura *f* salteada con tocino; **~ fred** fiambres *pl* a la menorquina; **~ humit** asado de carne mechada con tocino y

sobrasada, acompañado de patatas fritas, típico de Mallorca
rovell [ruβέλ] *m* (*d'ou*) yema *f*
rovellons [ruβəλóns] *mpl* (*bolets*) níscalos, mízcalos, rebollones, robellones. ~ *amb all i julivert*, níscalos con ajo y perejil
rubiols [ruβiɔ́ls] *mpl* (*pastes*) especie de sopaipas *f* rellenas de requesón, de carne o de confitura, típicas de Mallorca y de Menorca; (*bolets*) = **camperols**; ~ **de bosc** champiñones anisados

safanòria [səfənɔ́riə] *f* = **pastanaga**
safata [səfátə] *f* bandeja
safrà [səfrá] *m* (*condiment*) azafrán
sagí [səʒí] *m* (*fos*) = **llard**
saginada [səʒináðə] *f* = **ensaginada**
saïm [səím] *m* (*fos*) = **llard**
sajolida [səʒulíðə] *f* (*herba aromàtica*) ajedrea, hisopillo *m*, morquera, saborea
sal [sál] *f* ~ **de cuina** sal común, sal de cocina; ~ **de taula** (~ **fina**) sal de mesa
salaó [sələó] *f* (*tractament*) saladura, salazón; (*productes*) salazón, salazones *pl*
salat -ada [səlát] *aj* (*massa*) salado -da; (*en conserva*) salado -da, curado -da, en salazón. *Bacallà* ~, bacalao salado. *Pernil* ~, jamón curado
salmi [sálmi] *m* guisado mallorquín de carne de ave con sobrasada, azúcar, especias y canela
salmó [səlmó] *m* (*peix*) salmón. ~ *fresc*, ~ *fumat*, salmón fresco, salmón ahumado. ~ *a la papillota*, salmón en papillote
salmorra [sàlmórə] *f* (*conserva*) salmuera
salmorrat -ada [sàlmurát] *aj* en salmuera
salpebrar [sàlpəβrá] *vt* salpimentar
salpebre [sàlpέβrə] *m* (*adob*) salpimienta *f*
salprès -esa [sàlprέs] *aj* salpreso -sa. *Carn de porc salpresa*, carne de cerdo salpresa
salsa [sálsə] *f* salsa. ~ *de tomàquet*, salsa de tomate. ~ *verda*, salsa verde. ~ *tàrtara*, salsa tártara; (*eivissenca*) caldo navideño de gallina, carnero y longanizas con almendras, huevos, azúcar, miel, canela y especias, típico de Ibiza
salsifís [sàlsifís] *mpl* salsifíes
salsitxes [səlsítʃəs] *fpl* salchichas; ~ **de Frankfurt** salchichas de Francfort, de Frankfurt
saltat -ada [səltát] *aj* salteado -da. *Ronyons* ~*s*, riñones salteados. *Verdura saltada*, verduras salteadas
salvatgina [səlβədʒínə] *f* (*carn*) salvajina
samfaina [səmfájnə] *f* pisto *m*, chanfaina, fritada. *Ous amb* ~, huevos con pisto
sandvitx [səmbítʃ] *m* = **entrepà**
sang [sáŋ] *f* sangre; **freginat de** ~ **i fetge** fritura *f* de sangre e hígado; ~ **amb ceba** sangre encebollada

sangada [səŋgáðə] *f* sangre cocida
sanguina [səŋgínə] *f* (*taronja*) naranja sanguina
sara [sárə] *f* (*pastís*) pastel *m* de bizcocho cubierto de crema de mantequilla y trocitos de almendras
sard [sárt] *m* (*peix*) sargo. ~ *al forn*, sargo al horno
sardes [sárdəs] *fpl* (*peix*) = **sardines**
sardines [sərdínəs] *fpl* (*peix*) sardinas. ~ *en escabetx*, ~ *fregides*, sardinas en escabeche, sardinas fritas
sarg [sárk] *m* (*peix*) = **sard**
sarsaparrella [sàrsəpəréλə] *f* (*infusió, refresc*) zarzaparrilla
sarsuela [sərsuέlə] *f* (*plat de peix*) zarzuela
secalló -ona [səkəλó] *aj* (*figues, olives*) seco -ca y arrugado -da de tan maduro -ra; *m* higo o aceituna demasiado maduros
secallona [səkəλónə] *f* (*embotit*) longaniza seca
secalls [səkáλs] *mpl* (*bescuits*) sequillos
segó [səγó] *m* salvado
sègol [sέγul] *m* (*cereal*) centeno
segonet [səγunέt] *m* moyuelo, menudillo
seitons [səjtóns] *mpl* (*peix*) boquerones; (*amb sal*) = **anxoves**
sèmola [sέmulə] *f* sémola. ~ *de blat*, ~ *d'arròs*, ~ *de blat de moro*, sémola de trigo, de arroz, de maíz
senglar [səŋglá] *m* **porc** ~ jabalí. ~ *rostit*, jabalí asado
sèpia [sέpiə] *f* = **sípia**
sepió [səpió] *m* = **sipió**
sepiona [səpiónə] *f* = **sipió**
sepionet [səpiunέt] *m* = **sipió**
seques [sέkəs] *fpl* alubias. *Botifarra amb* ~ (~ *amb botifarra*), butifarra con alubias
serrat [sərát] *m* (*formatge*) queso de oveja de los Pirineos
sèsam [sέzəm] *m* ajonjolí, sésamo, alegría *f*. *Llavors de* ~, semillas de ajonjolí. *Oli de* ~, aceite de ajonjolí
setrilleres [sətriλérəs] *fpl* vinagreras, aceiteras, angarillas
sèu [sέw] *m* = **llard**
sidra [síðrə] *f* (*beguda*) sidra. ~ *escumosa*, sidra espumosa
síndria [síndriə] *f* (*fruita*) sandía
sípia [sípiə] *f* sepia, jibia. ~ *a la planxa*, ~ *amb pèsols*, ~ *amb mandonguilles*, sepia a la plancha, con guisantes, con albóndigas
sipió [sipió] *m* choco, chopo, sepiola *f*, globito
siurenys [siwrέɲs] *mpl* (*bolets*) = **surenys**
sobrassada [suβrəsáðə] *f* (*embotit*) sobrasada, sobreasada
socalivat -ada [sukəliβát] *aj* = **escalivat**
sofreginat [sufrəʒinát] *m* = **sofregit**
sofregit -ida [sufrəʒít] *aj m* sofrito -ta. ~ *de ceba i tomàquet*, sofrito de cebolla y tomate
sofrit -a [sufrít] *aj m* = **sofregit**
soia [sɔ́jə] *f* = **soja**
soja [sɔ́ʒə] *f* (*llegum*) soja. *Oli, llet, formatge de* ~, aceite, leche, queso de soja
sonsos [sónsus] *mpl* (*peix*) lanzones. ~ *amb all i julivert*, lanzones con ajo y perejil

sopa [sópə] *f* sopa. ~ *de pollastre amb arròs i fideus*, sopa de pollo con arroz y fideos. ~ *de peix*, sopa de pescado. ~ *de verdura*, sopa de verduras. ~ *de ceba gratinada*, sopa de cebolla gratinada; (*herbes per al brou*) gallofa; ~ **coberta** sopas valencianas de pan blanco con caldo muy graso y menudillos; ~ **composta** sopas mallorquinas de pan tostado con caldo de carne, hortalizas, lomo de cerdo y especias; ~ **de la Cerdanya** sopa pirenaica de leche, huevos y pan frito; ~ **de pa** sopa de pan; ~ **de Pinyana** sopa de verduras con queso y albóndigas; ~ **de vi** (~ **de gavatx**) sopa borracha; ~ **dolça** sopa dulce; ~ **fusa** sopa mallorquina en que el pan está disuelto en el caldo de carne; ~ **magra** caldo *m* vegetal al estilo menorquín; ~ **torrada** sopas de pan tostado, sopa dorada; ~ **volant** sopas ampurdanesas hechas arrojando abundante caldo hirviendo sobre el pan

sopaller -a [supəʎé] *aj mf* (*amant de les sopes*) sopero -ra

sopar [supá] *vi* cenar; *m* cena *f*

soper -a [supé] *aj* (*plat*) sopero -ra; = **sopaller**; *f* (*recipient*) sopera

sopes [sópəs] *fpl* (*pa xopat*) sopas. ~ *de llet*, sopas de leche. ~ *d'all*, sopas de ajo; ~ **de carboner** (~ **escaloses**) sopas mallorquinas hechas con caldo de habas; ~ **de pastor** sopas con aceite y tomillo; ~ **de santa Teresa** (~ **partera**) trozos *m* de ensaimada o de panecillo empapados con leche y con huevo batido, fritos con aceite o con mantequilla y endulzados con azúcar o con miel, típicos de Tortosa y de Menorca; ~ **de tupí** sopas al estilo de los Pirineos; ~ **mallorquines** sopas de pan moreno con col u otras verduras, plato típico mallorquín; ~ **menestrades** sopas pirenaicas hechas arrojando el caldo hirviendo sobre el pan; ~ **ruiades** sopas mallorquinas hechas arrojando el caldo hirviendo sobre el pan

sorbet [surbέt] *m* (*gelat*) sorbete. *Sorbet de maduixa*, sorbete de fresa

sorra [sórə] *f* (*de la tonyina*) sorra, costado *m*

suc [súk] *m* (*de fruita*) zumo. ~ *de poma*, ~ *de préssec*, ~ *de raïm*, zumo de manzana, de melocotón, de uva. ~ *de tomàquet*, zumo de tomate; (*d'un guisat*) jugo. *Vedella amb* ~, ternera en su jugo; salsa *f*. *Lluç amb* ~, merluza en salsa; caldo. *El* ~ *de l'arròs*, el caldo del arroz

succedani [suksəðáni] *m* sucedáneo. *Un* ~ *del cafè*, un sucedáneo del café

sucre [súkɾə] *m* azúcar *m/f*. *Un terròs de* ~, un terrón de azúcar; ~ **candi** azúcar cande, azúcar piedra; ~ **de canya** azúcar de caña; ~ **de floret** azúcar blanco, azúcar de flor; ~ **de llustre** azúcar (de) lustre; ~ **de pa** azúcar (de) pilón; ~ **glacé** azúcar glaseado; ~ **granulat** azúcar

granulado; ~ **quadradet** azúcar cuadradillo, azúcar cortadillo
sucrera [sukréɾə] *f* (*recipient*) azucarero *m*, azucarera
suflé [suflé] *m* soufflé. ~ *de formatge*, soufflé de queso
suís [suís] *m* (*xocolata desfeta amb nata*) chocolate suizo
suquet [sukɛ́t] *m* juguito; salsita *f*; caldito; ~ **de peix** guiso de pescado y marisco variado en salsa con patatas
surenys [suɾɛ́ɲs] *mpl* (*bolets*) calabazas *f*

tabasco [təβásku] *m* (*salsa picant*) pimienta *f* de Tabasco, pimienta *f* de Chiapa, malagueta *f*
tall [táʎ] *m* (*porció*) tajada *f*. *Un ~ de síndria*, una tajada de sandía; (*llenca, rodanxa*) loncha *f*, lonja *f*. *A ~s prims*, en lonchas finas; (*carn o peix*) chicha *f*; segundo plato, plato fuerte. *Avui, de ~, hi ha peix*, hoy, de segundo, hay pescado; ~ **rodó** (*cuixa*) corte redondo, redondo. ~ *rodó de vedella amb pèsols*, redondo de ternera con guisantes; (*espatlla*) pez
tallada [təʎáðə] *f* (*llesca*) rebanada, raja, tajada
tallar [təʎá] *vt* cortar. ~ *el pa*, cortar el pan. ~ *un tros de formatge*, cortar un trozo de queso; (*fer menys espès*) cortar, aclarar. ~ *la xocolata afegint-hi llet*, aclarar el chocolate añadiéndole leche; *vp* = **negar-se**
tallarines [təʎəɾínəs] *fpl* tallarines *m*. ~ *a la bolonyesa*, tallarines a la boloñesa
tallat -ada [təʎát] *aj* cortado; *m* (*cafè*) cortado, café cortado
talvina [təlβínə] *f* (*farinetes*) talvina, atalvina
talvinada [təlβináðə] *f* salvado *m* cocido con leche
tamarinde [təməɾíndə] *m* (*fruita*) tamarindo
tapa [tápə] *f* ~ **plana** (*vedella*) contratapa
tàpenes [tápənəs] *fpl* = **tàperes**
tàperes [tápəɾəs] *fpl* alcaparras. ~ *en vinagre*, alcaparras en vinagre; ~ **falses** capuchinas
taperots [təpəɾɔ́ts] *mpl* alcaparrones, taparotes
tapes [tápəs] *fpl* (*aperitiu*) tapas
tapioca [təpiɔ́kə] *f* tapioca, mañoco m
taronja [təɾóɲʒə] *f* naranja. *Suc de ~*, zumo de naranja; ~ **agra** (~ **amargant**) naranja agria, naranja amarga; ~ **califòrnia** naranja nável, naranja california; ~ **de sang** = **sanguina**
taronjada [təɾuɲʒáðə] *f* naranjada, zumo *m* de naranja
tassa [tásə] *f* taza. *Dues tasses de llet*, dos tazas de leche
tasseta [təsɛ́tə] *f* tazón *m*, tacita
tassó [təsó] *m* = **tasseta**; = **got**
tast [tást] *m* prueba *f*, cata *f*; = **gust**; (*porció*) cata *f*; (*de matança*) regalo de algunos trozos de carne o embutidos que se envía a parientes y amigos después de la matanza del cerdo
tastar [təstá] *vt* probar, catar, gustar
tastet [təstɛ́t] *m* = **tast**; (*de*

matança) porción *f* de carne de cerdo picada y frita el mismo día de la matanza, para ser catada para los rellenos; (*botifarra*) butifarra *f* cruda; (*llonganissa*) longaniza *f* seca; **~s amb brou bufat** carne de cerdo de matanza con caldo de butifarras

taula [táwlə] *f* **de** ~ de mesa. *Vi de* ~, vino de mesa

te [tɛ́] *m* (*infusió*) té. ~ *amb llimona*, ~ *amb llet*, té con limón, té con leche

tellerines [təʎərínəs] *fpl* (*marisc*) coquinas

tellines [təʎínəs] *fpl* (*marisc*) telinas, tellinas

tendre -a [tɛ́ndrə] *aj* tierno -na, blando -da. *La carn és molt tendra*, la carne está muy tierna

terró [təró] *m* = **torrons**

terrons [təróns] *mpl* = **torrons**

til·la [tíllə] *f* (*infusió*) tila

timó [timó] *m* = **farigola**

tirabecs [tìrəβéks] *mpl* (*pèsols*) tirabeques. *Sopa de* ~, sopa de tirabeques

tiró [tiró] *m* = **ànec**; = **gall dindi**; = **oca**

titot [titɔ́t] *m* = **gall dindi**

todó [tuðó] *m* = **tudó**

tòfones [tɔ́funəs] *fpl* (*bolets*) trufas, criadillas de tierra. *Fricandó amb* ~, fricandó con trufas; ~ **blanques** trufas de verano; ~ **d'hivern** trufas negras, trufas de invierno; ~ **negres** (~ **del Perigord**) trufas violetas, trufas de Perigord; ~ **rogenques** trufas rojizas, trufas rojas

tomaca [tumákə] *f* = **tomàquet**

tomàquet [tumákət] *m* tomate. ~*s amanits*, tomates en ensalada. ~*s farcits*, tomates rellenos; **pa amb** ~ pan untado con tomate, típico de Cataluña. *Llesca de pa amb* ~ *i pernil*, rebanada de pan con tomate y jamón

tomata [tumátə] *f* = **tomàquet**

tombet [tumbɛ́t] *m* fritada *m* mallorquina y menorquina de patatas, pimientos y berenjenas con carne o pescado, sobre la que se vierte una salsa de tomate y cebolla; guisado de cordero o de conejo en salsa con caracoles en olla de barro, que se agita durante toda la cocción, típico del Maestrazgo y de Castellón

tonya [tóɲə] *f* (*del pa*) = **crosta**; (*pa moreno*) hogaza de pan moreno; (*coca*) torta de harina, patata, huevos, aceite y azúcar, típica de Pascua en Alicante

tonyar [tuɲá] *vt* = **pastar**

tonyina [tuɲínə] *f* atún *m*, tonina. ~ *en escabetx*, atún en escabeche. ~ *de llauna*, atún de lata. ~ *amb oli*, atún en aceite

topí [tupí] *m* = **tupí**

tord [tórt] *m* tordo. ~*s estofats amb olives*, tordos estofados con aceitunas

torrades [turáðəs] *fpl* tostadas. ~ *amb mantega i melmelada*, ~ *amb pernil*, tostadas con mantequilla y mermelada, tostadas con jamón; ~ **amb all** tostadas untadas con ajo crudo y aceite; ~ (**torradetes**) **de santa Teresa** = **sopes de santa Teresa**

torrefacte [turəfáktə] *aj* **cafè ~** café torrefacto
torró [turó] *m* = **torrons**
torrons [turóns] *mpl* turrón *sg. Una barra (una taula) de torrons*, una tableta de turrón. *~ de rovell d'ou (de gema), ~ de massapà*, turrón de yema, turrón de mazapán. *~ forts, ~ fluixos*, turrón duro, turrón blando; **~ de gat** turrón de palomitas de maíz con miel; **~ de pobre** higos secos abiertos con una almendra o un trozo de nuez dentro
tortades [turtáðəs] *fpl (pastissos)* tortas de almendra molida con yemas y azúcar, rellenas de confitura y adornadas con fruta confitada
tortell [turtéλ] *m (pastís)* roscón, tortel. *~ de Reis*, roscón de Reyes
trempat -ada [trəmpát] *aj m* = **amanit**
trempó [trəmpó] *m* ensalada *f* de tomate, pimiento, cebolla y otras hortalizas al estilo mallorquín
trencanous [trὲŋkənɔ́ws] *m iv (estri)* cascanueces
tridó [triðó] *m* = **prims**
trinxant [triɲʃán] *m (forquilla)* trinchante
trinxar [triɲʃá] *vt (tallar)* trinchar; *(capolar)* triturar, picar
trinxat -ada [triɲʃát] *aj* = **capolat**; *m* verdura *f* con patatas hervidas, chafadas y refritas con trocitos de tocino
tripa [trípə] *f* callos *mpl*, tripicallos *mpl. ~ a la flama*, callos a la llama; *(de peix)* tripa. *~ de bacallà*, tripa de bacalao
tripada [tripáðə] *f (àpat)* callada
trompetes [trumpέtəs] *fpl* **~ de la mort** *(bolets)* trompetas
tronxon [truɲʃón] *m (formatge)* tronchón, queso de cabra del Maestrazgo
trufa [trúfə] *f (crema)* trufa; **~ crua** trufa cruda; **~ cuita** trufa cocida
trufes [trúfəs] *fpl (bolets)* = **tòfones**; *(de xocolata)* trufas. *~ gelades*, trufas heladas
trufat -ada [trufát] *aj* trufado -da. *Paté ~*, paté trufado
truita [trújtə] *f (d'ou)* tortilla. *Una ~ de dos ous*, una tortilla de dos huevos. *~ de patata i ceba*, tortilla de patatas con cebolla. *~ de carbassó*, tortilla de calabacín; **~ balear** tortilla de sardinas; **~ catalana** tortilla de alubias y trozos de butifarra; **~ de riu** *(peix)* trucha; **~ jardinera** (**~ a la paisana**) tortilla de hortalizas
truitada [trujtáðə] *f (d'ous)* = **truita**
trumfes [trúmfəs] *fpl* = **patates**
tudó [tuðó] *m* paloma *f* torcaz
tupí [tupí] *m (atuell)* puchero; **formatge de ~** queso elaborado con aguardiente, típico de los Pirineos
tupinet [tupinέt] *m (atuell)* pucherito; *(conserva)* carne *f* de cerdo conservada en aceite o en manteca
turbons [turbóns] *mpl* = **turmes**
turbot [turbɔ́t] *m (peix)* = **rèmol de petxines**
turmes [túrməs] *fpl (testicles)* turmas; *(de xai)* criadillas

turnedó [turnəðó] *m* (*tall de carn*) turnedó, tournedó, tournedos

ulleres [uʎérəs] *fpl* (*pasta*) palmera *sg*

vainilla [bəjníʎə] *f* vainilla. *Gelat de ~*, helado de vainilla
vedella [bəðéʎə] *f* (*carn*) ternera. *Filet, costella de ~*, filete, chuleta de ternera. *~ amb rovellons*, ternera con níscalos. *~ ofegada, ~ rostida*, ternera estofada, ternera asada
ventre [béntrə] *m* vientre. *~ de porc amb mongetes*, vientre de cerdo con alubias
ventresca [bəntréskə] *f* (*de peix*) ventrecha, ventrisca; (*de porc*) tocino *m* del vientre
verat [bərát] *m* (*peix*) caballa *f*, escombro, sarda *f*. *~ en escabetx*, caballa en escabeche
verdura [bərdúrə] *f* verdura, verduras *pl*. *~ primerenca*, verduras tempranas. *~ bullida*, verdura hervida. *~ del temps al vapor*, verdura del tiempo al vapor
verema [bərémə] *f* vendimia
vermut [bərmút] *m* (*beguda*) vermú, vermut; (*aperitiu*) vermut, aperitivo
vetes [bétəs] *fpl* = **tallarines**
vi [bí] *m* vino. *~ abocat*, vino abocado, vino embocado; ~ **blanc** vino blanco; ~ **bo** = **vi ranci**; ~ **claret** vino clarete, vino aloque; ~ **brisat** aguapié; ~ **cristià** vino aguado; ~ **d'agulla** vino de aguja; ~ **de la bóta del racó** vino de las grandes ocasiones; ~ **negre** (~ **roig**) vino tinto; ~ **rosat** vino rosado; ~ **sec** vino seco
vianda [biándə] *f* (*menjar*) vianda, víveres *mpl*, comida; (*sense tall*) verduras *pl*, legumbres *pl*, hortalizas *pl*; (*verdura amb patata*) verdura hervida con patatas; (*sopa de pasta*) sopa de pasta; (*escudella*) sopa de col y patatas al estilo de los Pirineos; (*carn*) guiso *m* de carne al estilo mallorquín; ~ **de músic** = **freginat**
vieires [biéjrəs] *fpl* = **petxines de pelegrí**
vinagre [bináɣrə] *m* vinagre. *~ de poma*, vinagre de manzana
vinagrella [binəɣréʎə] *f* = **agrella**
vinagret [binəɣrét] *m* (*vinagre*) vinagrillo
vinagreta [binəɣrétə] *f* vinagreta, salsa vinagreta. *Espàrrecs a la ~*, espárragos a la vinagreta. *~ d'ou dur*, vinagreta de huevo duro
vitet [bitét] *m* = **bitxo**
vitxo [bítʃu] *m* = **bitxo**
vodka [bɔ́tkə] *m/f* (*beguda*) vodka, vodca. *~ amb suc de taronja*, vodka con naranja

xacolí [ʃəkulí] *m* (*vi*) chacolí
xai [ʃáj] *m* cordero. *Costelles de ~*, chuletas de cordero. *~ rostit*, cordero asado
xampany [ʃəmpáɲ] *m* (*beguda*) champán, champaña *m/f*; (*francès*) champagne, champaña *m/f*; (*català*) cava, champán. *Pollastre amb ~*, pollo al champán
xampinyons [ʃəmpiɲóns] *mpl*

(*bolets*) champiñones. *Truita de* ~, tortilla de champiñones. ~ *saltats*, champiñones salteados

xanguet [ʃəŋgɛ́t] *m* (*peix*) pejerrey; (*peix sense sang*) chanquete, morralla *f*, boliche. *Truita de* ~, tortilla de morralla

xantillí [ʃəntiʎí] *m* (*nata batuda*) chantillí. ~ *amb maduixes*, chantillí con fresas

xarop [ʃərɔ́p] *m* jarabe, jarope. ~ *de magrana*, jarabe de granada

xató [ʃətó] *m* ensalada *f* de escarola con atún o bacalao desalados y desmenuzados, boquerones y aceitunas, aderezada con una salsa picante

xatonada [ʃətunáðə] *f* = **xató**

xef [ʃɛ́f] *mf* (*cuiner en cap*) chef, jefe -fa de cocina, maestro -tra de cocina

xenc [ʃɛ́ŋ] *m* codillo; **brou de** ~ caldo de codillo de vaca al estilo menorquín

xerès [ʃərɛ́s] *m* (*vi*) jerez

xerigot [ʃəriɣɔ́t] *m* suero de la leche

xiclet [ʃiklɛ́t] *m* chicle, goma *f* de mascar

xicoira [ʃikɔ́jrə] *f* achicoria, chicoria, camarroya

xicra [ʃíkrə] *f* (*tasseta*) jícara, tacita. *Una* ~ *de xocolata*, una tacita de chocolate

xips [ʃíps] *fpl* **patates** ~ patatas chips, papas

xirimoia [ʃirimɔ́jə] *f* (*fruita*) chirimoya

xirivia [ʃiriβíə] *f* (*hortalissa*) chirivía, pastinaca

xixina [ʃiʃínə] *f* = **carn picolada**

xocolata [ʃukulátə] *f* chocolate *m*. ~ *en pols*, chocolate en polvo; ~ **amb llet** chocolate con leche; ~ **blanca** chocolate blanco; ~ **desfeta** chocolate, chocolate a la taza, chocolate hecho

xocolatada [ʃukulətáðə] *f* chocolatada

xocolate [ʃukulátə] *m* = **xocolata**

xocolatí [ʃukulətí] *m* = **xocolatina**

xocolatina [ʃukulətínə] *f* chocolatina, chocolatín *m*

xolís [ʃulís] *m* = **xoriç**

xop [ʃɔ́p] *m* (*de cervesa*) jarra *f*, schop

xoriç [ʃurís] *m* longaniza *f* de lomo típica de los Pirineos, el valle del Ebro y el Maestrazgo

xoriço [ʃurísu] *m* chorizo

xucrut [ʃukrút] *f* choucroute *m/f*, choucrut *m/f*, chucrout *m*. *Salsitxes amb* ~, salchichas con choucroute

xufla [ʃúflə] *f* chufa, cuca. *Orxata de xufles*, horchata de chufas

xuixo [ʃúʃu] *m* (*de crema*) pepito, chucho

xulla [ʃúʎə] *f* (*fregida*) loncha de tocino frita, torrezno *m*; (*bescoll*) carne del pescuezo del cerdo; (~ **blanca**) = **cansalada**. *Panna* (*tauló*) *de* ~, témpano de tocino; = **carn magra**; ~ **vella** tocino *m* salado; ~ **vermella** pasta de sobrasada

xulles [ʃúʎəs] *fpl* = **costelles**

xurreria [ʃurəríə] *f* churrería; **patates de** ~ = **patates xips**

xurros [ʃúrus] *mpl* churros

CASTELLANO-CATALÁN

A

a *f* (*letra*) a

a *prp* (*dirección*) a. *Ir de Barcelona ~ Madrid*, anar de Barcelona a Madrid; (*tiempo*) a. *Comer ~ las dos*, dinar a les dues; [*dativo*] a. *Dar limosna ~ los pobres*, fer almoina als pobres; (*precio*) a. *~ dos mil pesetas el kilo*, a dues mil pessetes el quilo; (*cada*) per. *Gana tanto ~ la semana*, guanya tant per setmana

ababol *m* rosella *f*

ábaco *m* àbac

abad -desa *mf* abat -adessa

abadía *f* abadia

abajo *av* (*debajo*) sota. *El piso de ~*, el pis de sota; (*dirección*) avall. *Vive tres calles más ~*, viu tres carrers més avall; (*en la parte baja*) baix, a baix. *Estoy ~*, sóc (a) baix; **~ del todo** al capdavall; **más ~** més avall; **venirse ~** ensorrar-se

abalanzarse *vp* abalançar-se, llançar-se, abatre's

abandonado -da *aj* abandonat -ada

abandonar *vtp* abandonar(se), deixar(se)

abandono *m* abandó; **en el ~** a l'abandó

abanicar *vt* ventar

abanico *m* ventall

abaratar *vt* abaratir

abarcar *vt* (*rodear con los brazos*) abraçar, abastar; (*comprender*) abraçar, comprendre, incloure

abarrotar *vt* abarrotar

abastecer *vt* proveir, fornir

abastecimiento *m* proveïment, provisió

abasto *m* = **abastecimiento**; **dar ~** donar l'abast

abatir *vt* (*derribar, tumbar*) abatre; *fg* (*desanimar*) aixafar; *vp* (*un pájaro, un avión*) abatre's

abdomen *m* abdomen

abdominal *aj* abdominal

abecedario *m* abecedari, alfabet

abedul *m* bedoll

abeja *f* abella

abejorro *m* borinot

abenuz *m* banús

abertura *f* obertura
abeto *m* avet
abierto -ta *aj* obert -a
abigarrado -da *aj* bigarrat -ada
abismo *m* abisme
abjurar *vti* abjurar
ablandar *vt* ablanir
ablandar *vtp* estovar(se); *vp fg* entendrir-se
abnegación *f* abnegació
abogado -da *mf* advocat -ada
abolir *vt* abolir
abollado -da *aj* bonyegut -uda
abolladura *f* bony *m*
abollar *vt* abonyegar
abombado -da *aj* bombat -ada, boterut -uda
abominable *aj* abominable
abonamiento *m* abonament
abonar *vt* abonar; *agr* adobar
abono *m* abonament; *agr* adob
abordar *vt mar* abordar; *fg* (*un asunto, up*) abordar, escometre
aborrecer *vt* avorrir
aborrecimiento *m* avorriment
abortar *vi* avortar
aborto *m* avortament
abotonar *vt* cordar
abrasar *vt* abrasar
abrasivo -va *aj m* abrasiu -iva
abrazar *vt* abraçar
abrazo *m* abraçada *f*
ábrego *m* (*viento*) llebeig
abrelatas *m iv* obrellaunes
abrevar *vt* abeurar
abreviar *vt* abreujar
abreviatura *f* abreviatura
abrigaño *m* abric
abrigar *vt* abrigar; (*resguardar de la intemperie*) arrecerar
abrigo *m* (*prenda de vestir*) abric; (*lugar protegido*) abric, recer, redós; **al ~ de** a l'abric de, a recer de
abril *m* abril
abrillantar *vt* abrillantar, enllustrar
abrir *vt* obrir; (*naturalmente*) obrir, descloure; (*hender*) badar, esberlar; *vi* obrir. *Abren a las nueve*, obren a les nou; **~ de par en par** esbatanar; **~ el apetito** fer venir gana; **~ fuego** fer foc; **~se paso** obrir-se pas; **no ~ la boca** no badar boca; **en un ~ y cerrar de ojos** en un tancar i obrir d'ulls
abrochar *vt* cordar
abroncar *vt* esbroncar, escridassar
abrumar *vt* aclaparar
abrupto -ta *aj* abrupte -a
absceso *m* abscés
absenta *f* absenta
absentismo *m* absentisme
absolutamente *av* absolutament
absoluto -ta *aj* absolut -a; **en ~** en absolut
absolver *vt* absoldre
absorbente *aj* absorbent
absorber *vt* absorbir
absorción *f* absorció
abstemio -mia *aj* abstemi -èmia
abstenerse *vp* privar-se; **~ de** estar-se de
abstinencia *f* abstinència
abstracto -ta *aj* abstracte -a
absurdo -da *aj m* absurd -a
abuchear *vt* escridassar, esbroncar
abuelo -la *mf* avi àvia
abultado -da *aj* boterut -uda

abundancia *f* abundància; **en ~** en abundància, a desdir
abundante *aj* abundant, abundós -osa
abundar *vi* abundar
abundoso -sa *aj* abundós -osa
aburrimiento *m* avorriment
aburrir *vt* avorrir; **~se como una ostra** ensopir-se com un lluç
abusivo -va *aj* abusiu -iva
abuso *m* abús
acá *av* ací, aquí, cap aquí; (*tiempo*) ençà. *De un tiempo ~*, d'un temps ençà; **de ~ para allá** d'ací d'allà
acabar *vtip* acabar. *~ un cuadro*, acabar un quadre. *La vida acabó para él*, la vida va acabar per a ell; **~ como el rosario de la aurora** acabar com el rosari de l'aurora; **~ con** (*destruir*) fer caure. *~ con el gobierno*, fer caure el govern; **~ con** acabar, donar fi a. *~ con unos trabajos*, acabar unes feines; **~ de** acabar de
acacia *f* acàcia
academia *f* acadèmia
acaecer *vi* passar, esdevenir-se *vp*
acampar *vi* acampar
acantilado *m* penya-segat, espadat
acaparar *vt* acaparar
acariciar *vt* acariciar
acarrear *vt* (*llevar*) traginar; (*causar*) ocasionar
acartonarse *vp* encartonar-se
acaso *av* potser; **por si ~** si de cas, per si de cas; **si ~** si de cas, segons com
acatar *vt* acatar
acatarrarse *vp* constipar-se, refredar-se
acceder *vi* accedir
accesible *aj* accessible, avinent
acceso *m* accés
accesorio -ria *aj m* accessori -òria
accidentado -da *aj* accidentat -ada
accidente *m* accident
acción *f* acció; **en ~** en acció
accionar *vt* accionar; (*un motor, una máquina*) engegar
accionista *mf* accionista
acebo *m bot* boix grèvol, grèvol
acechar *vt* aguaitar, espiar
aceite *m* oli
aceitera *f* setrill *m*; *pl* setrilleres
aceituna *f* oliva
aceituno *m* olivera *f*
acelerador *aj m* accelerador -a
acelerar *vt* accelerar
acelga *f* bleda
acento *m* accent
acentuar *vt* accentuar
aceptar *vt* acceptar
acequia *f* sèquia, rec *m*
acera *f* vorera, voravia; **ser de la otra ~** ésser del ram de l'aigua
acerca de *prp* sobre
acercar *vt* acostar, apropar, atansar; *vp* passar. *Acércate a mi casa*, passa per casa meva
acero *m* acer
acertar *vti* encertar; **~ con** encertar. *Hemos acertado con la calle*, hem encertat el carrer
acertijo *m* endevinalla *f*
achacar *vt* atribuir, imputar
achaparrado -da *aj* rabassut -uda
achicharrar *vt* (*un guisado*) cremar, socarrar; *vp fg* (*tener mucho calor*) torrar-se, rostir-se

aciago -ga *aj* funest -a, nefast -a
acicalarse *vp* mudar-se, empolainar-se
acicate *m* esperó
ácido -da *aj m* àcid -a
aclamar *vt* aclamar
aclaración *f* aclariment *m*
aclarar *vt* aclarir; (*ropa, platos, etc*) esbandir; *vi* (*despejarse las nubes*) escampar; *vp* (*el cielo*) aclarir-se; **~se con** entendre-s'hi; **~se el día** aixecar-se el dia
acodarse *vp* recolzar-se
acoger *vtp* acollir(-se)
acogida *f* acolliment *m*
acogimiento *m* = **acogida**
acometer *vt* escometre; (*envestir*) abordar
acometida *f* envestida
acomodado -da *aj* benestant
acomodador -ra *mf* acomodador -a
acomodar *vt* acomodar
acompañante *aj mf* acompanyant
acompañar *vt* acompanyar
acomplejar *vt* acomplexar
acondicionar *vt* condicionar; (*acomodar*) acomodar; (*un sitio*) habilitar
aconsejar *vt* aconsellar
acontecer *vi* esdevenir-se *vp*, succeir
acontecimiento *m* esdeveniment, fet
acoplar *vt tcn* acoblar; *vp* (*los animales*) acoblar-se
acordar *vt* (*poner de acuerdo*) acordar; *vp* (*de up o uc*) recordar-se de
acordeón *m mús* acordió
acordonar *vt* cordar; (*la policía*) acordonar
acorralar *vt* acorralar
acortar *vt* escurçar, abreujar
acosar *vt* (*perseguir*) empaitar, encalçar; (*acorralar*) acorralar, assetjar
acostar *vt* (*tumbar*) ajeure, estirar; *mar* atracar; *vp* (*en la cama*) ajeure's, estirar-se, ficar-se al llit; (*con up*) anar-se'n (ficar-se) al llit amb up
acostumbrar *vi* (*soler*) acostumar, soler; *vtp* (*habituar*) avesar(-se), acostumar(-se)
acribar *vt* garbellar
acribillar *vt* crivellar, cosir. ~ *a balazos*, cosir a trets
acróbata *mf* acròbata
acta *f* acta
actitud *f* actitud
activar *vt* activar
actividad *f* activitat; **en ~** en activitat
activo -va *aj m* actiu -iva
acto *m* acte; **~ seguido** a continuació; **en ~ de servicio** en acte de servei; **en el ~** a l'acte
actor -triz *mf* actor -triu
actuación *f* actuació
actual *aj* actual
actualidad *f* actualitat; **en la ~** actualment
actualmente *av* actualment
actuar *vi* actuar
acuarela *f* aquarel·la
acuario *m* aquari
Acuario *m ast* Aquari
acuático -ca *aj* aquàtic -a
acudir *vi* acudir
acueducto *m* aqüeducte
acuerdo *m* acord; **de ~** d'acord, entesos

acumular *vt* acumular
acunar *vt* bressolar
acuñar *vt* encunyar
acupuntura *f* acupuntura
acusado -da *aj mf* acusat -ada
acusar *vt* acusar; (*poner de manifiesto*) acusar, palesar
acuse *m* acusació *f*, acusament; ~ **de recibo** justificant de recepció, acusament de recepció
acusica *aj mf* (*delator*) xerraire, espieta
acusón -ona *aj mf* = **acusica**
adaptación *f* adaptació
adaptar *vt* adaptar; *mús* arranjar
adecuado -da *aj* adequat -ada, adient, escaient
adecuar *vt* adequar
adefesio *m* espantall; *fg* (*persona muy fea*) lloro
adelantar *vt* avançar
adelante *av* endavant
adelanto *m* avenç; (*pago anticipado*) avançament
adelgazar *vip* aprimar(-se)
ademán *m* gest
además *av* a més, de més, de més a més; ~ **de** a més de, ultra
adentrarse *vp* endinsar-se
adentro *av* dins, dintre. *¿Están ~ o fuera?* Són dins o fora?; (*hacia el interior*) endins. *La espina se ha metido muy ~*, l'espina s'ha ficat molt endins; **para sus ~s** per a ell mateix
adepto -ta *aj mf* adepte -a
aderezar *vt* adornar; (*pieles*) adobar; (*aliñar*) amanir
adeudo *m* deute
adherencia *f* adherència
adhesivo -va *aj m* adhesiu -iva
adicción *f* addicció
adición *f mat* addició
adicto -ta *aj mf* addicte -a
adiestrar *vt* ensinistrar
adinerado -da *aj* adinerat -ada
adiós *m* adéu, comiat; *inj* adéu!, a reveure!
aditivo -va *aj m* additiu -iva
adivinador -ra *mf* endevinaire, endevinador -a
adivinanza *f* endevinalla
adivinar *vt* endevinar
adjetivo -va *aj m* adjectiu -iva
adjudicar *vt* adjudicar
administración *f* administració
administrar *vt* administrar
administrativo -va *aj mf* administratiu -iva
admiración *f* admiració
admirar *vpt* admirar(-se)
admisión *f* admissió
admitir *vt* admetre
adobar *vt* (*pieles*) adobar
adobe *m arq* tova
adobo *m* adob
adolecer *vi* patir
adolescencia *f* adolescència
adolescente *aj mf* adolescent
adónde *av* on. *¿~ vas?*, on vas?
adoptar *vt* adoptar
adoquín *m* llamborda *f*
adorable *aj* adorable
adoración *f* adoració
adorar *vt* adorar
adormecer *vt* adormir; *vp* endormiscar-se, ensopir-se
adormecido -da *aj* balb -a
adornar *vt* adornar, guarnir
adorno *m* adorn, guarniment, ornament; **de** ~ per a fer bonic
adosar *vt* adossar

adquirir *vt* adquirir
adrede *av* expressament, a posta
aduana *f* duana
adular *vt* adular
adulterar *vi* adulterar
adúltero -ra *aj mf* adúlter -a
adulto -ta *aj mf* adult -a
adusto -ta *aj* adust -a, esquerp -a, eixut -a
adventicio -cia *aj* adventici -ícia
adverbio *m* adverbi
adversario -ria *mf* adversari -ària
advertencia *f* advertència, advertiment *m*
advertimiento *m* = **advertencia**
advertir *vt* advertir
adyacente *aj* adjacent
aéreo -a *aj* aeri aèria
aeródromo *m* aeròdrom
aeroplano *m* aeroplà; avió
aeropuerto *m* aeroport
aeróstato *m* (*globo*) aeròstat
afabilidad *f* afabilitat
afable *aj* afable
afamado -da *aj* famós -osa
afán *m* afany
afanar *vt fm* (*robar*) pispar, fotre; *vip* (*trabajar con afán*) afanyar-se, escarrassar-se, maldar *vi*
afear *vt* enlletgir
afectar *vt* (*alterar*) afectar; *fg* (*impresionar*) colpir; (*fingir*) afectar
afecto *m* afecte
afectuoso -sa *aj* afectuós -osa
afeitar *vt* afaitar
afición *f* afició, afecció, fal·lera
aficionado -da *aj mf* (*inclinado hacia uc*) aficionat -ada; (*no profesional*) amateur
afilar *vt* esmolar, afilar
afinar *vt* afinar; ~ **la puntería** fer punteria, afinar la punteria
afirmación *f* afirmació
afirmar *vt* afirmar
afirmativo -va *aj* afirmatiu -iva
aflicción *f* aflicció
afligir *vt* afligir
aflojar *vt* afluixar; *vi* (*ceder*) afluixar, cedir; ~ **la mosca (la pasta)** (*pagar*) afluixar la mosca
aflorar *vi* aflorar
afluencia *f* afluència
afluente *m* afluent
afonía *f* afonia
afortunado -da *aj* afortunat -ada
afrenta *f* afront *m*
afrentar *vt* agreujar, ofendre
africano -na *aj mf* africà -ana
afrodisiaco -ca *aj m* afrodisíac -a
afrontar *vt* afrontar
afuera *av* fora, a fora; (*hacia fuera*) enfora. *De puertas ~*, de portes enfora; *f pl* afores *m*; **a las ~ de** al defora de
agachar *vt* (*la cabeza*) acotar; (*el cuerpo*) ajupir; *vp* acotar-se, ajupir-se
agalla *f ana* ganya; **tener ~s** veure-s'hi amb cor
agarradero *m* (*asidero*) agafador; (*asa*) nansa *f*
agarrado -da *aj mf* gasiu -iva, garrepa
agarrar *vt* agafar, aferrar; (*sujetar*) agafar; (*con fuerza*) engrapar; (*contraer*) arreplegar; *vp* agafar-se, arrapar-se
agarrotado -da *aj* engarrotat -ada, balb -a

agarrotar *vt* engarrotar, enrampar, embalbir
agencia *f* agència
agenda *f* agenda
agente *mf* agent; ~ **comercial** agent comercial; ~ **de policía** agent de policia
ágil *aj* àgil
agitación *f* enrenou *m*
agitar *vt* agitar; *fg* agitar, inquietar; *vp* (*en la cama*) regirar-se
aglomeración *f* aglomeració
aglutinar *vtp* aglutinar
agobiar *vt* aclaparar, afeixugar
agobio *m* aclaparament, angoixa *f*
agonía *f* agonia
agonizar *vi* agonitzar
agosto *m* agost
agotar *vt* esgotar, exhaurir; *vp* exhaurir-se. *La edición se agotó en pocos días*, l'edició es va exhaurir en pocs dies
agovía *f* espardenya
agradable *aj* agradable
agradar *vi* agradar, plaure
agradecer *vt* agrair
agrado *m* grat; **con** ~ de (bon) grat
agrandar *vt* engrandir
agrario -ria *aj* agrari -ària
agravar *vt* agreujar
agraviar *vt* agreujar, ofendre
agravio *m* greuge, ofensa *f*, tort
agregar *vt* agregar, afegir
agresividad *f* agressivitat
agresivo -va *aj* agressiu -iva
agriarse *vp* agrir-se, picar-se
agrícola *aj* agrícola
agricultor -ra *mf* agricultor -a
agricultura *f* agricultura
agridulce *aj* agredolç -a
agrietarse *vp* (*la tierra*) clivellar-se; (*la piel, los labios*) tallar-se; (*una pared*) esquerdar-se
agrio -gria *aj* agre -a
agrupación *f* agrupació
agrupamiento *m* agrupament
agrupar *vt* agrupar
agua *f* aigua; *pl* (*río, torrente, mar, etc*) aigües; *min txt* aigües; ~ **bendita** aigua beneita; ~ **de borrajas** foc d'encenalls; ~ **de colonia** aigua de Colònia; ~ **mineral** aigua mineral; ~ **nieve** = **aguanieve**; **estar con el ~ hasta el cuello** estar amb l'aigua fins al coll; **hacer ~s** fer aigües; **romper ~s** trencar aigües
aguacate *m* alvocat
aguacero *m* aiguat, xàfec
aguafuerte *m* aiguafort
aguanieve *f* aiguaneu
aguantar *vt* aguantar, suportar; **no poder** ~ (*a up*) no poder pair up; **no poder** ~ (*uc*) no poder suportar uc
aguar *vt* aigualir
aguardar *vt* esperar
aguardiente *m* aiguardent
aguarrás *m* aiguarràs
aguazal *m* bassal
agudeza *f* agudesa; (*palabra chistosa*) facècia, agudesa
agudo -da *aj* agut -uda
agüero *m* auguri, averany
aguijón *m* fibló, agulló; (*estímulo*) agulló, esperó
aguijonear *vt* agullonar, fiblar; (*incitar*) agullonar, esperonar
águila *f* àguila, àliga
aguilucho *m* aguiló; esparver

aguja *f* agulla; (*de un reloj*) busca, agulla; *frr med* agulla
agujerear *vt* foradar
agujero *m* forat
agujetas *f pl* cruiximent *m sg*; **estar lleno de ~** estar ben cruixit, baldat
aguzar *vt* (*afilar*) esmolar; (*avivar*) agusar
aherrumbrar *vt* rovellar
ahí *av* aquí
ahijado -da *mf* fillol -a
ahínco *m* deler
ahogar *vt* (*asfixiar*) ofegar; (*en el agua*) ofegar, negar; (*estrangular*) escanyar, ofegar; *fg* ofegar; **~se en un vaso de agua** ofegar-se en un got d'aigua
ahogo *m* ofec
ahondar *vt* aprofundir
ahora *av* ara; *cj* ara, ara bé; **~... ~...** ara... ara.... *~ ganamos, ~ perdemos*, ara guanyem, ara perdem; **~ mismo** suara; **de ~ en adelante** d'ara endavant (en endavant); **por ~** per ara, ara com ara
ahorcar *vtp* penjar(-se); **~se de** penjar-se en. *~ de un árbol*, penjar-se en un arbre
ahorrar *vt* estalviar; **no ~** (*esfuerzos, medios, sacrificios*) no plànyer-hi, fer mans i mànigues
ahorro *m* estalvi
ahuecar *vt* (*un objeto*) buidar; (*un colchón*) estovar; (*un vestido*) estofar, esponjar; *vp fg* (*engreirse*) estarrufar-se; **~ el ala** fúmer el camp, tocar el dos
ahumado -da *aj* fumat -ada
ahumar *vt* fumar
ahuyentar *vt* fer fora, fer fugir, espantar; *fg* foragitar. *~ los malos pensamientos*, foragitar els mals pensaments
aire *m* aire; (*ademán*) aire, posat; **~ acondicionado** aire condicionat; **al ~ libre** a ple aire, a l'aire lliure; **echar al ~** tirar enlaire
airear *vt* airejar
aislar *vt* aïllar
ajado -da *aj* (*marchito*) pansit -ida; (*estropeado*) atrotinat -ada, rebregat -ada
ajar *vt* (*marchitar*) pansir, marcir; (*deteriorar*) atrotinar, rebregar
ajedrea *f* sajolida
ajenjo *m* absenta *f*
ajeno -na *aj* aliè -ena, d'altri. *Trabajar por cuenta ajena*, treballar per compte d'altri
ajetreado -da *aj* atrafegat -ada
ajetreo *m* tràfec, trasbals
ajo *m* all; **estar en el ~** estar al cas
ajuar *m* aixovar, dot
ajustar *vt* ajustar; (*cuentas*) passar
ajuste *m* ajust
al *prp* [*contracción de la prp* a *y el ar* el] al; [*delante de inf*] en. *~ llegar a casa*, en arribar a casa; [*delante de inf con sentido causal*] com que. *~ no tener dinero...*, com que no tenia diners...
ala *f aer ana arq* ala
alabanza *f* lloança
alabar *vt* lloar, alabar
alabeado -da *aj* guerxo -a
alacena *m* armari *m* de paret
alacrán *m* escorpí
alambrada *f* filat *m*, reixat *m*

alambre *m* filferro; ~ **espinoso (de púas)** filferro espinós (de pues)
álamo *m* àlber; ~ **blanco** àlber blanc; ~ **negro** pollancre
alardear *vi* presumir, fer gala de
alargar *vt* allargar
alarido *m* udol, esgarip
alarma *f* alarma
alarmar *vtp* alarmar, esverar
alba *f* alba, albada; **al** ~ a punta de dia (d'alba)
albahaca *f* alfàbrega
albanés -esa *aj m* albanès -esa
albañil *m* paleta
albaricoque *m* albercoc
alberca *f* bassa
albergar *vt* albergar
albergue *m* alberg
albino -na *aj mf* albí -ina
albóndiga *f gst* mandonguilla
albondiguilla *f gst* mandonguilla; *fm* (*mocs*) burilla
albor *m* alba *f*
alborada *f* albada
albornoz *m* barnús
alborotado -da *aj mf* esvalotat -ada, esbojarrat -ada
alborotar *vti* esvalotar
alboroto *m* aldarull, xivarri, enrenou
alborozo *m* joia *f*
álbum *m* àlbum
alcachofa *f* carxofa
alcalde *m* batlle, alcalde
alcance *m* abast; **al** ~ **(de la mano)** a l'abast (de la mà), a tocar
alcantarilla *f* claveguera
alcantarillado *m* clavegueram
alcanzar *vt* (*llegar a coger uc*) arribar a. *El niño no alcanza el libro*, el nen no arriba al llibre; (*dar alcanze a up, uc*) atrapar. *No le ~ás*, no l'atraparàs; aconseguir, obtenir, assolir. ~ *la fama*, aconseguir la fama; *vi* arribar a, abastar a. *No ~ a entender uc*, no arribar a entendre uc; (*bastar*) arribar. *La comida no ~á para todos*, el dinar no arribarà per a tots
alcaparra *f* tàpera
alcoba *f* alcova
alcohol *m* alcohol
alcohólico -ca *aj mf* alcohòlic -a
alcornoque *m bot* surera *f*, alzina *f* surera; *aj m* talòs -ossa, pallús -ussa; **pedazo de** ~ tros d'ase
alcurnia *f* llinatge *m*, nissaga
alcuza *f* setrill *m*
aldabazo *m* pic, retruc
aleación *f* aliatge *m*
aleatorio -ria *aj* aleatori -òria
alegar *vt* al·legar
alegrar *vt* alegrar; *vp* alegrar-se, celebrar
alegre *aj* (*divertido*) alegre, trempat -ada; (*contento*) alegre, joiós -osa
alegría *f* alegria, goig *m*
alejar *vt* allunyar
alemán -ana *aj m* alemany -a
alentar *vt* (*animar*) encoratjar, engrescar; (*respirar*) alenar
alergia *f* al·lèrgia
alerta *f* alerta; **estar** ~ anar (estar) alerta
aleta *f* aleta
aletargar *vt* ensopir
aletear *vi* aletejar
alevosía *f dr* traïdoria
alfábega *f* alfàbrega

alfabético -ca *aj* alfabètic -a
alfabetizar *vt* alfabetitzar
alfabeto *m* alfabet, abecedari
alfalfa *f* alfals *m*
alféizar *m arq* ampit
alfil *m* alfil
alfiler *f* agulla de cap
alfombra *f* catifa
alforja *f* alforja
alga *f* alga
algarabía *f* cridòria, aldarull *m*
algarroba *f* garrofa
algazara *f* gatzara, xerinola
algo *pr* alguna cosa, quelcom; res [*en frases condicionales e interrogativas*]. *¿Tienes ~ para mí?*, tens res per a mi?; *av* gens, una mica [*en frases afirmativas, interrogativas o condicionales*]. *¿Tienes ~ de harina?*, tens gens de farina?; [*en frases afirmativas*] una mica, un xic. *Es ~ pedante*, és una mica pedant
algodón *m txt* cotó; (*hidrófilo*) cotó fluix
alguien *pr* algú; [*interrogativo*] ningú
algún -una *aj* [*apócope de* alguno *delante de m*] algun -a. *Ha pasado ~ coche*, ha passat algun cotxe; [*en frases interrogativas y condicionales*) cap. *¿Queda alguna manzana?*, queda cap poma?
alguno -na *pr* algun -a, algú -una. *~ de ellos lo dijo*, algun d'ells ho va dir; [*en frases condicionales e interrogativas*] algú -una, cap. *¿~ de vosotros puede ir?*, cap de vosaltres hi pot anar?; **~ que otro** algú o altre
alhaja *f* joia
aliaga *f* argelaga
alianza *f* aliança
alicaído -da *aj* moix -a
alicatar *vt* enrajolar
alicates *mpl* alicates *f*
aliciente *m* al·licient
alicortar *vt* (*a un pájaro*) eixalar
aliento *m* alè; **dar ~** encoratjar; **perder el ~** perdre l'alè; **tomar ~** prendre alè
aligerar *vt* alleugerir; *vi* (*darse prisa*) afanyar-se *vp*, cuitar
alimentación *f* alimentació
alimentar *vtp* alimentar
alimentario -ria *aj* alimentari -ària
alimenticio -cia *aj* alimentari -ària, alimentós -osa
alimento *m* aliment
alinear *vtp* alinear, arrenglerar
aliñar *vt* (*aderezar*) amanir; (*componer*) endreçar, agençar
aliso *m* vern
aliviar *vt* (*sacar peso*) alleugerir; (*un dolor*) alleujar, alleugerir
alivio *m* (*de una carga*) alleugeriment, descans; (*de un dolor*) alleujament
allá *av* allà; **~ por** allà a
allanar *vt* aplanar; *dr* (*la morada*) violar
allegar *vt* (*recoger*) aplegar, arreplegar
allí *av* allí, allà. *Es ~ donde voy*, és allí on vaig; hi, allí. *Voy ~ todos los días*, hi vaig cada dia
alma *f* ànima; **~ en pena** ànima en pena; **con toda el ~** de tot cor, amb tota l'ànima; **no poder con su ~** treure el fetge per la

boca; **tener el ~ en un hilo** anar amb l'ai al cor
almacén *m* magatzem
almacenar *vt* emmagatzemar
almáciga *f* planter *m*
almadía *f* rai *m*
almadreña *f* esclop *m*, soc *m*
almeja *f* cloïssa
almendra *f* ametlla
almendro *m* ametller
almendruco *m* ametlló
almiar *m* paller
almíbar *m* almívar
almidón *m* midó
almirante *m* almirall
almirez *m* morter
almohada *f* (*de la cama*) coixí *m*; (*funda*) coixinera
almorzar *vi* dinar; *vt* menjar per dinar. *Hoy he almorzado lentejas*, avui he menjat llenties per dinar
almuerzo *m* (*al mediodía*) dinar; (*a media mañana*) esmorzar
alocado -da *aj mf* esbojarrat -ada, poca-solta; (*insensato*) eixelebrat -ada
alojamiento *m* allotjament
alojar *vt* allotjar, albergar
alondra *f* alosa
alpargata *f* espardenya
alpinismo *m* alpinisme
alpinista *mf* alpinista
alpiste *m* escaiola *f*
alquilador -ra *mf* llogater -a
alquilar *vt* llogar; **eso es cosa de ~ balcones** n'hi ha per a llogar cadires; **se alquila** (*anuncio*) per llogar
alquiler *m* lloguer; **de ~** (*anuncio*) per llogar
alquitrán *m* quitrà
alrededor *av* al voltant, a l'entorn; **~ de** (*aproximadamente*) prop de, a la ratlla de, entorn de; *m pl* voltants, entorns, rodalia *f sg*
alta *f dr med* alta; **dar de ~** donar d'alta
altanería *f* arrogància
altanero -ra *aj* altiu -iva
altar *m* altar, ara *f*
altavoz *m* altaveu
alterar *vt* alterar; *vp* (*turbarse*) alterar-se
alternativa *f* alternativa
alteza *f* altesa; **su ~** vostra altesa
altibajos *m pl* alts i baixos
altiplanicie *f* = **altiplano**
altiplano *m* altiplà
altisonante *aj* altisonant
altitud *f* altitud
altivo -va *aj* altiu -iva
alto -ta *aj* alt -a; *mús* (*agudo*) alt -a; *m* (*altura*) alt; *av* alt, enlaire. *El avión volaba muy ~*, l'avió volava molt alt; **~ ahí** para el carro!; **~ el fuego** alto el foc; **~s y bajos** alts i baixos; **de ~s vuelos** d'alta (de gran) volada; **pasar por ~** passar per alt
altura *f* (*distancia vertical*) altura; (*dimensión*) alçada, alçària; **a estas ~s** a hores d'ara; **a la ~ de** a l'altura de
alubia *f bot* mongetera; (*fruto*) mongeta seca, fesol *m*
alud *m geo* allau *f*
alumbrado *m* enllumenat
alumbrar *vt* (*iluminar*) enllumenar; *vi* (*dar luz*) fer claror; (*dar a luz*) infantar
aluminio *m* alumini
alumno -na *mf* alumne -a

alusión *f* al·lusió
aluvión *m* al·luvió; *pl geo* al·luvió *sg*; *fg* (*gran cantidad*) afluència *f*, abundància *f*
alza *f* alça, puja
alzamiento *m* aixecament
alzaprima *f* alçaprem *m*
alzar *vt* alçar, aixecar, enlairar; (*la voz*) alçar, aixecar; *vp* (*sublevarse*) alçar-se
ama *f* (*propietària*) mestressa; ~ **de casa** dona de casa, mestressa de casa; ~ **de cría** dida
amabilidad *f* amabilitat
amable *aj* amable
amaestrar *vt* ensinistrar
amainar *vt* amainar
amamantar *vt* alletar
amanecer *m* alba *f*, albada *f*; **al** ~ a trenc d'alba
amanecer *vi* fer-se clar
amansar *vt* amansir, amanyagar
amapola *f* rosella
amar *vt* estimar, amar
amarar *vt aer* amarar, amerar
amargar *vti* amargar; ~ **la vida** (~ **la existencia**) (*a up*) amargar la vida, l'existència a up
amargo -ga *aj* amarg -a, amargant
amarillento -ta *aj* groguenc -a
amarillo -lla *aj m* groc groga; *aj* (*muy pálido*) groc groga
amarrar *vt* amarrar
amasadera *f* pastera
amasar *vt* pastar
amateur *mf* amateur
amazacotarse *vp* (*el arroz, la sopa*) covar-se
ambages *mpl* embuts; **sin** ~ sense embuts, *fm* clar i català
ambición *f* ambició
ambicioso -sa *aj* ambiciós -osa
ambiente *aj m* ambient. *El medio* ~, el medi ambient
ámbito *m* àmbit
ambos -bas *aj pr pl* ambdós -dues
ambulancia *f* ambulància
ambulante *aj* ambulant
ambulatorio *m* ambulatori
amedrentar *vt* esporuguir
amén *inj* amén; ~ **de** *pr* a més de
amenazar *vt* amenaçar
ameno -na *aj* amè -ena
americano -na *aj mf* americà -ana; *f* (*prenda de vestir*) americana
amerindio -dia *aj* amerindi -índia
amerizar *vt aer* amarar, amerar
amígdala *f* amígdala
amigo -ga *aj mf* amic -iga; **ser** ~ **de bromas** ésser de la broma
amistad *f* amistat; *pl* amistats, coneixences
amistoso -sa *aj* amistós -osa
amnesia *f* amnèsia
amnistía *f* amnistia
amo *m* amo
amodorrar *vtp* ensopir(-se)
amolar *vt* esmolar
amoldar *vt tcn* emmotllar; *fg* (*adaptarse*) emmotllar-se
amontonar *vt* amuntegar, apilotar
amor *m* amor; ~ **propio** amor propi; **hacer el** ~ fer l'amor
amoratado -da *aj* moradenc -a
amordazar *vt* emmordassar
amorfo -fa *aj* amorf -a
amoroso -sa *aj* amorós -osa
amorrarse *vp* (*para beber*) amorrar-se, mamar *vi*

amortiguar *vt* esmorteir, amortir
amotinar *vt* amotinar, revoltar
amparar *vt* emparar
ampliación *f* ampliació
ampliar *vt* ampliar
amplio -plia *aj* ampli, àmplia
amplitud *f* amplitud
ampolla *f med* butllofa; (*burbuja*) bombolla
amputar *vt* amputar
amuleto *m* amulet
anacrónico -ca *aj* anacrònic -a
ánade *mf* ànec ànega
analfabeto -ta *aj mf* analfabet -a
analgésico -ca *aj m* analgèsic -a
análisis *m* anàlisi *f*
analizar *vt* analitzar
anaquel *m* prestatge, lleixa *f*
anatomía *f* anatomia
anca *f zoo* anca; (*natja*) anca
ancho -cha *aj* ample -a; *m* (*anchura*) ample, amplada *f*; **a lo ~** a l'ample; **a mis (tus, sus) anchas** a gust, a pler; **venir ancha** (*uc a up*) venir (anar) ampla uc a *up*
anchoa *f gst* anxova
anchura *f* amplada, ample *m*
anciano -na *aj mf* ancià -ana
ancla *f* àncora
anclar *vt mar* fondejar
áncora *f* àncora
andaluz -za *aj mf* andalús -usa
andamio *m* bastida *f*
andar *vti* (*caminar*) caminar; *vi* (*funcionar*) anar; (*estar en algun sitio*) córrer; **¡anda!** *inj* (*disgusto, desilusión*) vaja!; (*protesta*) fuig!; (*para incitar a una acción*) vinga!; **~ a gatas** gatejar; **~ a la caza** anar a caça; **~ como perros y gatos** estar com gat i gos; **~ con cuidado** anar (estar) alerta; **~ de boca en boca** córrer de boca en boca; **~ de cabeza** anar de bòlit (de cul *vlg*); **~se con bromas** fer broma; **~se con melindres** fer escarafalls; **de ~ por casa** d'estar per casa; **no ~se por las ramas** anar al gra
andarina *f* oreneta
andén *m* andana *f*
andorrano -na *aj mf* andorrà -ana
andrajo *m* parrac
andrajoso -sa *aj* esparracat -ada, espellifat -ada
anécdota *f* anècdota
anegar *vtp* (*inundar*) negar, enaiguar; (*en el agua*) negar, ofegar
anemia *f* anèmia
anestesia *f* anestèsia
anfibio -bia *aj m* amfibi -íbia
anfitrión *mf* amfitrió -ona
ánfora *f* àmfora
ángel *m* àngel; **~ custodio (~ de la guarda)** àngel de la guarda
anguila *f* anguila
angula *f* angula
angular *aj* angular
ángulo *m* angle
angustia *f* angoixa, ànsia
anhelo *m* anhel
anidar *vi* niar
anilla *f* anella
anillo *m* anell; **~ de boda** anell de casament, aliança *f*
ánima *f* (*de los difuntos*) ànima
animal *aj m* animal; *fg* animal, bèstia
animalada *f* animalada

animalito *m* bestiola *f*
animar *vt* animar, encoratjar, engrescar
ánimo *m* (*ánima, corazón*) ànima, esperit; (*voluntad*) ànim, esma *f*; **con ~ de** amb intenció de; **dar ~s** donar ànim; **sentirse con ~s** veure's amb cor
aniquilar *vt* anihilar
anís *m* anís
aniversario *m* aniversari
ano *m* anus
anochecer *m* vespre, capvespre
anochecer *vi* fosquejar, fer-se fosc, fer-se de nit
anónimo -ma *aj m* anònim -a
anorak *m* anorac
anorexia *f* anorèxia
anormal *aj* anormal
anotar *vt* anotar
anquilosar *vt* anquilosar
ánsar *m* oca *f*
ansia *f* ànsia, neguit
ansiar *vi* anhelar, sospirar
ansiedad *f* ansietat, neguit *m*
ansioso -sa *aj* ansiós -osa, neguitós -osa
antaño *av* antany
ante *prp* davant, davant de; **~ todo** abans de tot
anteayer *av* abans-d'ahir
antebrazo *m* avantbraç
antecesor -ra *mf* antecessor -a
antena *f rad mar* antena; *ana* (*de insectos y caracoles*) antena, banya
anteojo *m* ullera *f* de llarga vista; *pl* (*prismáticos*) binocles; (*gafas*) ulleres *f*
antepasado -da *mf* avantpassat -ada
antepecho *m arq* ampit
antepenúltimo -ma *aj mf* antepenúltim -a
anterior *aj* anterior
anterioridad *f* anterioritat; **con ~** amb temps. *Si vienes, dímelo con ~*, si véns, digues-m'ho amb temps; **con ~ a** abans de
anteriormente *av* anteriorment
antes *av* abans; *cnj* (*sino que*) ans; **~ al contrario**; ans; **~ de ayer** = **anteayer**; **~ de** abans de; **cuanto ~** (**lo ~ posible**) com més aviat millor; **~ que nada** abans de res, abans de tot
antibiótico *aj m med* antibiòtic -a
anticipado -da *aj* anticipat -ada; **por ~** per endavant
anticipar *vt* avançar
anticipo *f* (*sobre una deuda*) paga i senyal; (*sobre un sueldo*) avançament, bestreta
anticonceptivo -va *aj m* anticonceptiu -iva
anticuario -ria *mf* antiquari -ària
antifaz *m* antifaç
antiguamente *av* antigament
antigüedad *f* antiguitat; *pl* (*objetos*) antiguitats
antiguo -gua *aj* antic -iga
antipara *f* paravent *m*
antipatía *f* antipatia
antipático -ca *aj* antipàtic -a
antojarse *vp* (*desear*) passar pel cap. *Sólo hace lo que se le antoja*, només fa allò que li passa pel cap; (*considerar*) fer l'efecte a up. *Se me antoja que lloverá*, em fa l'efecte que plourà
antojo *m* rampell, capritx; (*de una mujer embarazada*) desig

antónimo *m* antònim
antorcha *f* torxa
anual *aj* anual
anudar *vt* nuar
anular *aj* anular
anular *vt* anul·lar
anunciar *vt* anunciar
anuncio *m* anunci
anzuelo *m* ham
añadir *vt* afegir; ~ **leña al fuego** afegir (tirar) llenya al foc
añal *m* anyell
añejo -ja *aj* ranci rància
año *m* any; ~ **bisiesto** any de traspàs (bixest); **~s y ~s** anys i panys; **cumplir ~s** fer anys; **del ~ de la nana** de l'any de la picor; **día de ~ nuevo** cap d'any
añoranza *f* enyorança
añorar *vt* enyorar
apacentar *vt* pasturar
apaciguar *vt* apaivagar
apadrinar *vt* apadrinar
apagado -da *aj* apagat -ada; esmorteït -ïda, somort -a; *fg* pansit -ida
apagar *vt* apagar
apalabrar *vt* emparaular
apalear *vt* apallissar
apañar *vt* (*reparar*) apanyar, adobar; *vp* (*arreglárselas*) apanyar-se, arranjar-se
aparador *m* (*mueble*) bufet
aparato *m bio tcn* aparell
aparatoso -sa *aj* aparatós -osa; espectacular
aparcamiento *m* aparcament, pàrquing
aparcar *vt* aparcar
aparear *vt* aparellar
aparecer *vi* aparèixer; (*presentarse*) comparèixer; *vp* (*un fantasma*) aparèixer-se
aparejo *m arq* aparell; *pl* (*de una caballería*) guarniment *sg*, arreus; *mar* ormeig
aparentar *vt* aparentar
aparente *aj* aparent
aparición *f* aparició
apariencia *f* aparença. *Juzgar por las ~s*, jutjar per les aparences
apartamento *m* (*vivienda*) apartament
apartar *vtp* apartar(-se)
aparte *av* a part; (*además*) a més, a més a més; ~ **de** [deixant] a part, a banda. ~ *de los actores, la película es mala*, deixant a part els actors, la pel·lícula és dolenta
apasionar *vt* apassionar
apatía *f* apatia
apeadero *m frr* baixador
apearse *vp* (*en un apeadero*) baixar; (*descavalgar*) desmuntar
apedazar *vt* apedaçar
apedrear *vt* (*lapidar*) apedregar; *vi* (*granizar*) pedregar
apego *m* inclinació *f*, tirada *f*; **tener** ~ aferrar-se a
apellidarse *vp* dir-se de cognom
apellido *m* cognom
apelotonarse *vp* apilotar-se
apenar *vt* afligir
apenas *av* (*casi no*) a penes, amb prou feines; (*así que*) tot just, així que
apéndice *m* apèndix
apendicitis *f* apendicitis
aperitivo -va *aj m* aperitiu -iva
aperos *mpl agr* eines *f*, arreus; *mar* ormeig *sg*

apertura *f* obertura
apestar *vt* empestar; *vi* fer pudor, pudir
apestoso -sa *aj* pudent
apetecer *vi* venir de gust
apetito *m* gana *f*; **abrir el ~** fer venir gana, fer boca
apetitoso -sa *aj* apetitós -osa
ápice *m* (*extremo*) àpex; **ni un ~** res, no res. *No te daré ni un ~*, no et donaré res; (*nada de*) gens de, ni una mica de. *No queda ni un ~ de pan*, no queda ni una mica de pa
apilar *vt* apilar, apilotar
apiñar *vt* (*apretar*) apinyar; *vp fg* (*gente*) apinyar-se, apilotar-se
apio *m* api
aplanar *vt* aplanar
aplastar *vt* aixafar, esclafar
aplaudir *vti* aplaudir
aplauso *m* aplaudiment
aplazamiento *m* ajornament
aplazar *vt* ajornar
aplicación *f* aplicació
aplicar *vt* aplicar
aplomo *m* aplom
apodo *m* sobrenom; *dsp* malnom
apolítico -ca *aj* apolític -a
aporrear *vt* copejar
aportar *vt* aportar
aposta *av* expressament, a posta
apostadero *m* posta *f*
apostar *vti* apostar, jugar; *vp* (*ponerse al acecho*) apostar-se
apoyar *vt* recolzar. *Apoya la escalera en la pared*, recolza l'escala a la paret; basar, fonamentar. *No apoya sus razonamientos en nada concreto*, no basa els seus raonaments en res de concret; (*respaldar*) donar suport, fer costat; *vp* (*uc*) recolzar *vi*, descansar *vi*; (*up*) recolzar-se, repenjar-se
apoyo *m* (*acción*) recolzament; (*base*) suport; (*ayuda*) suport
apreciado -da *aj* (*fórmula de cortesia*) estimat -ada, benvolgut -uda
apreciar *vt* apreciar
aprecio *m* estima *f*, estimació *f*
aprehender *vt* capturar; (*comprender*) aprehendre
apremiar *vt* (*a alguien*) donar pressa, apressar; *vi* (*urgir*) córrer pressa
aprender *vt* aprendre
aprendiz -za *mf* aprenent -a
aprendizaje *m* aprenentatge
apresar *vt* (*con las garras, los colmillos*) agafar, aferrar; (*una nave*) capturar; (*un prisionero*) detenir, arrestar
apresurar *vt* (*acelerar*) apressar; (*apremiar*) apressar, donar pressa; *vp* afanyar-se. *Se apresuró a cederme el asiento*, es va afanyar a cedir-me el seient
apretar *vt* estrènyer. *Estos zapatos me aprietan*, aquestes sabates m'estrenyen; (*los dientes, los labios*) estrènyer; (*el sol*) picar; (*un botón*) pitjar; (*el gatillo*) prémer; (*un tornillo*) collar; *fg* collar. *Es un vago, tenéis que apretarle más*, és un gandul, heu de collar-lo més; *vi* (*esforzarse*) esforçar-se *vp*. *Este curso debes apretar más*, aquest curs has d'esforçar-te més; *vp* estrènyer-se; **~ las clavijas (los tornillos)** collar

apretón *m* (*de manos*) encaixada *f*
apretujarse *vp* (*las personas*) estrènyer-se, apilotar-se
aprieto *m* tràngol. *Pasar un ~*, passar un mal tràngol; (*situación coprometida*) compromís. *Poner en un ~*, posar en un compromís; **salir del** ~ sortir-se'n
aprisa *av* de pressa
aprisco *m* clos, cleda *f*
aprisionar *vt* empresonar
aprobación *f* aprovació
aprobado -da *aj m* aprovat -ada
aprobar *vt* aprovar
apropiado -da *aj* apropiat -ada, adient
aprovechado -da *aj* aprofitat -ada
aprovechamiento *m* aprofitament
aprovechar *vt* (*emplear útilmente*) aprofitar. *~ la ocasión*, aprofitar l'ocasió; *vi* (*servir de provecho*) aprofitar. *Aquella comida no aprovechó a nadie*, aquell dinar no va aprofitar a ningú; *vp* aprofitar-se; **que aproveche** bon profit!
aprovisionar *vt* proveir
aproximación *f* aproximació
aproximadamente *av* aproximadament
aproximar *vt* aproximar, acostar, atansar
aptitud *f* aptitud
apto -ta *aj* apte -a
apuesta *f* aposta, juguesca
apuntalar *vt* apuntalar
apuntar *vt* (*con un arma*) apuntar, encanonar; (*tomar nota*) apuntar; (*senyalar*) assenyalar, indicar; (*insinuar*) apuntar; *vi* apuntar. *Ya apunta el día*, ja apunta el dia
apuñalar *vt* apunyalar
apurar *vt* (*agotar*) esgotar, escurar; (*apremiar*) donar pressa, fer córrer; *vp* amoïnar-se
apuro *m* (*situación crítica*) compromís. *Verse en un ~*, veure's en un compromís; (*dificultad*) tràngol. *Pasar un ~*, passar un mal tràngol; **dar** ~ fer vergonya
aquel -ella *aj pr* aquell -a
aquello *pr* allò
aquí *av* aquí; ~ **está** vet aquí; **de ~ a ocho días** d'avui en vuit; **de ~ en adelante** d'ara endavant
ara *f* ara; **en ~s de** en honor a
árabe *aj m* àrab
arado *m* arada *f*
araña *f zoo* aranya; (*lámpara*) aranya
arañar *vt* (*con las uñas*) esgarrapar; (*rasguñar*) esgarrinxar; *fg* (*sacar provecho*) esgarrapar
arañazo *m* esgarrapada *f*, esgarrinxada *f*, rascada *f*
arar *vt* llaurar
arbitrar *vt* arbitrar
árbitro -tra *mf* àrbitre -a
árbol *m bot mar tcn* arbre; ~ **del amor** (**de Judas**) *bot* arbre de l'amor (de Judes); ~ **de Navidad** arbre de Nadal; ~ **del paraíso** *bot* arbre del paradís; ~ **genealógico** arbre genealògic
arbolar *vt* enarborar
arboleda *f* arbreda
arbusto *m* arbust
arca *f* arca; ~ **de la Alianza** arca de l'Aliança; ~ **de Noé** arca de

Noè; **las ~s públicas** el tresor públic
archipiélago *m* arxipèlag
archivo *m* arxiu
arcilla *f* argila
arco *m* arc; ~ **de triunfo** arc de triomf; ~ **iris** arc iris, arc de Sant Martí; ~ **voltaico** *ele* arc voltaic
arder *vi* cremar; ~ **por** (**en deseos de**) frisar per; **estar que arde** treure foc pels queixals
ardeviejas *f* gatosa
ardiente *aj* ardent
ardilla *f* esquirol *m*
ardor *m* (*calor*) ardor; (*deseo*) deler; (*en el estómago*) cremor *f*
área *f* àrea
arena *f* sorra, arena; (*de un circo*) arena; **~s movedizas** arenes (sorres) movedisses
arenoso -sa *aj* arenós -osa, sorrenc -a
arenque *m* areng
argelino -na *aj* algerià -ana
argénteo -a *aj* argentí -ina
argentino -na *aj* argentí -ina
argumento *m* argument
árido -da *aj* àrid -a
arisco -ca *aj* esquerp -a, sorrut -uda, esquiu -iva
arista *f* aresta
aristocracia *f* aristocràcia
aristócrata *mf* aristòcrata
arlequín *m* arlequí
arma *f* arma; **alzarse en ~s** alçar-se en armes; ~ **blanca** arma blanca; ~ **de doble filo** arma de doble tall; ~ **de fuego** arma de foc; **pasar por las ~s** passar per les armes
armadía *f* rai *m*
armadura *f mil tcn mús* armadura
armar *vt* (*proveer de armas*) armar; (*unir piezas*) armar, muntar; *fg* armar. ~ *un jaleo*, armar un sarau
amario *m* armari; ~ **empotrado** armari de paret; ~ **ropero** armari rober
armazón *f/m tcn* armadura *f*; (*parte interna de uc*) carcassa
armisticio *m* armistici
armonía *f* harmonia
arnés *m* arnès; *mil* armadura
aro *m* cèrcol; (*arete*) arracada; **pasar por el** ~ passar per l'adreçador
aroma *m* aroma *f*
arpa *f* arpa
arquitecto -ta *mf* arquitecte -a
arquitectura *f* arquitectura
arrabal *m* raval
arracada *f* arracada
arraigar *vi* arrelar; *vp* (*establecerse*) arrelar-se
arramblar *vi* arrambar *vti*. *Arrambló con toda la fruta*, va arrambar (amb) tota la fruita
arrancar *vt* arrencar; (*poner en marcha*) engegar; (*tomar violentamente*) arrabassar; ~ **a** [*seguido de infinitivo*] (*iniciar una acción*) arrencar a; ~ **de cuajo** arrencar de soca-rel
arranque *m* (*acción*) arrencada *f*; (*arrebato*) rampell
arrasamiento *m* arrasament
arrasar *vt* arrasar
arrastrar *vtp* arrossegar(-se); *vi* (*una cortina, un vestido*) arrossegar

arrear *vt* (*las bestias*) arriar; *fm* (*pegar*) clavar, ventar; *vi fm* pencar. *¡Cómo arrea!*, com penca!
arrebañar *vt* escurar
arrebatar *vt* (*tomar violentamente*) arrabassar; (*atraer*) captivar; *vp* (*una comida*) sobtar-se
arrebato *m* rampell
arrecife *m* escull
arreglado -da *aj* mudat -ada
arreglar *vt* (*ordenar*) arranjar, endreçar; (*reparar*) adobar, reparar; (*un asunto*) arranjar, manegar; *vp* (*espavilarse*) apanyar-se, arreglar-se; (*acicalarse*) mudar-se; **arreglárselas** fer-s'ho, arranjar-se. *No sé cómo me las ~é sin ella*, no sé com m'ho faré sense ella
arremangar *vtp* arromangar(-se)
arrendar *vt* llogar
arrepentirse *vp* penedir-se
arrestar *vt dr mil* arrestar
arriba *av* dalt, a dalt; (*hacia arriba*) amunt. *Subía escaleras ~*, pujava escales amunt; [*indicando dirección*] enlaire. *Manos ~*, mans enlaire; **~ del todo** al capdamunt; **~ las manos** mans enlaire!; **de ~ abajo** de dalt a baix
arriesgar *vtp* arriscar-se
arrimar *vt* (*acercar*) acostar, atansar; (*poner a un lado*) arrambar. *~ el mueble a la pared*, arrambar el moble a la paret
arrinconar *vt* arraconar
arrodillarse *vp* agenollar-se
arrogancia *f* arrogància
arrojar *vt* (*lanzar*) llançar, tirar; (*ahuyentar*) treure, fer fora; (*vomitar*) vomitar; (*despedir*) treure, expulsar; *vp* (*abalanzarse*) llançar-se; **~lo todo por la borda** engegar-ho tot a rodar
arrollar *vt* enrotllar, cargolar; (*atropellar*) atropellar
arrostrar *vt* afrontar, fer cara a
arroyo *m* rierol
arroz *m* arròs
arruga *f* arruga
arrugar *vt* arrugar
arruinar *vt* arruïnar
arrumaco *m* manyaga *f*, carantoina *f*
arrumbar *vt* arraconar
arsenal *m* arsenal
arte *m/f art* art; *m* (*de pescar*) art; **bellas ~s** belles arts; **malas ~s** males arts
artefacto *m* artefacte
arteria *f* artèria
artesa *f* (*de panadero*) pastera; (*de animales*) menjadora
artesanal *aj* artesanal
artesanía *f* artesania
artesano -na *aj mf* artesà -ana
articulación *f* articulació
artículo *m* article
artificial *aj* artificial
artilugio *m fm* artefacte
artimaña *f* estratagema *m*
artista *mf* artista
artístico -ca *aj* artístic -a
arzobispo *m* arquebisbe
as *m jcs* as; *fg* (*persona notable*) as
asa *f* nansa
asado -da *aj m* rostit -ida
asadura *f* freixura
asalariado -da *aj mf* assalariat -ada
asaltar *vt* assaltar

asalto *m* assalt
asamblea *f* assemblea
asar *vt* rostir; *vp fg* (*tener mucho calor*) rostir-se, torrar-se
ascender *vi* (*subir*) ascendir; *vt* (*promover*) ascendir
ascensor *m* ascensor
asco *m* fàstic; **dar** ~ fer fàstic
ascua *f* brasa
aseado -da *aj* polit -ida
asear *vt* netejar, endreçar; *vp* rentar-se
asedio *m* setge
asegurar *vt* assegurar
asentar *vt* (*sentar*) asseure; (*sobre una base*) assentar; *vp* (*volverse estable*) assentar-se; ~ **el juicio** posar seny
aseo *m* neteja *f*; (*cuarto de aseo*) lavabo
asequible *aj* assequible
aserrado -da *aj* serrat -ada
aserrar *vt tcn* serrar
asesinar *vt* assassinar
asesino -na *aj mf* assassí -ina
aseveración *f* asseveració
aseverar *vt* asseverar
asfaltar *vt* asfaltar
asfalto *m* asfalt
asfixiar *vt* asfixiar
así *av* així; ~ **así** així així; ~ **como** (*oposición*) així com; ~ **como** ~ així com així; ~ **que** així que; ~ **y asá** així i això; ~ **y todo** tot i així
asiático -ca *aj mf* asiàtic -a
asiento *m* seient
asignatura *f* assignatura
asir *vt* agafar
asistencia *f* assistència
asistenta *f* dona de fer feines
asistente *mf* assistent; *rlg mil* assistent -a; ~ **social** assistent -a social
asistir *vt* (*ayudar*) assistir, tenir cura de; *vi* (*estar presente*) assistir
asma *f* asma
asno *m* ase, ruc; *fg* (*estúpido*) ase, ruc, burro
asociación *f* associació
asociar *vtp* associar(-se)
asolar *vt* arrasar
asomar *vt* (*empezar a mostrarse*) sortir; (*una parte del cuerpo*) treure; *vp* (*inclinarse*) treure el cap, abocar-se; ~**le la oreja** (*a up*) *fg* veure-se-li el llautó a up, ensenyar l'orella
asombrar *vt* sorprendre
asombroso -sa *aj* sorprenent
asomo *m* indici, sospita *f*; **ni por** ~ de cap manera
aspecto *m* aspecte
asperjar *vt* aspergir, ruixar
áspero -ra *aj* aspre -a
aspiración *f* aspiració
aspirador *m* = **aspiradora**
aspiradora *f* aspiradora
aspirar *vt* aspirar; *vi fg* (*tener un objetivo*) aspirar
aspirina *f* aspirina
asquear *vt* fastiguejar
asqueroso -sa *aj* fastigós -osa
asta *f* banya
astigmatismo *m* astigmatisme
astilla *f* estella
astillero *m* drassana *f*
astillita *f* estellicó
astro *m* astre
astrología *f* astrologia
astronauta *mf* astronauta
astronomía *f* astronomia

astronómico -ca *aj* astronòmic -a
astrónomo -ma *mf* astrònom -a
astroso -sa *aj* espellifat -ada, esparracat -ada
astucia *f* astúcia
astuto -ta *aj* astut -a, murri múrria
asumir *vt* assumir
asunto *m* (*cuestión*) afer, qüestió *f*; (*incumbencia*) cosa *f*, feina *f*. *Eso es ~ tuyo*, això és cosa teva; **~s exteriores** afers estrangers
asustar *vt* espantar
atacar *vt* atacar
atadura *f* lligam *m*
atajar *vi* fer drecera; *vt* (*interrumpir*) tallar
atajo *m* drecera *f*
atalaya *f* talaia
atañer *vt* afectar *vi*, concernir *vi*
ataque *m* atac
atar *vt* lligar; (*los zapatos*) cordar
atarazana *f* drassana
atardecer *m* vespre, capvespre; **al** ~ cap al tard
atareado -da *aj* atrafegat -ada
atascado -da *aj* (*una cañería*) embussat -ada; (*un mecanisme*) encallat -ada
atascar *vt* (*un conducto*) embussar; *fg* (*un negocio*) empantanegar; *vp* (*un vehicle*) encallar-se
atasco *m* embús
ataúd *m* taüt
ateísmo *m* ateisme
atemorizar *vt* atemorir
atemperar *vt* (*moderar*) temperar; (*adaptar*) acomodar
atención *f* atenció; (*esmero*) atenció, compte *m*, cura
atender *vt* (*tener en cuenta*) atendre; (*en una tienda*) despatxar; *vi* (*prestar atención*) atendre, estar per
atentado *m* atemptat
atento -ta *aj* atent -a
ateo -a *aj mf* ateu -ea
atenuar *vt* atenuar
aterrar *vt* aterrir, terroritzar
aterrizaje *m* aterratge
aterrizar *vi* aterrar
aterrorizar *vt* aterrir
atestar *vt* (*llenar*) atapeir; (*atestiguar*) atestar
atiborrarse *vp* atipar-se, atracar-se
ático *m* àtic
atinar *vi* (*dar con*) encertar, ensopegar. *Atiné enseguida con la casa*, vaig encertar la casa de seguida; (*comprender*) caure-hi. *Ahora no atino*, ara no hi caic
atisbar *vt* albirar
atizar *vt* (*el fuego*) atiar, abrandar; (*asestar*) *fm* clavar, ventar; **¡atiza!** bufa!
atlas *m* atles
atleta *mf* atleta
atletismo *m* atletisme
atmósfera *f* atmosfera
atmosférico -ca *aj* atmosfèric -a
atolondrado -da *aj mf* eixelebrat -ada, tabalot *m*
atolondrar *vtp* atabalar(-se)
atómico -ca *aj* atòmic -a
átomo *m* àtom
atontado -da *aj mf* (*por un golpe*) estabornit -ida, atordit -ida; (*pasmado*) encantat -ada
atontar *vt* estabornir; *vp* (*pasmarse*) encantar-se

atormentar *vt* turmentar, torturar
atornillar *vt* cargolar; collar
atosigar *vt* (*meter prisa*) donar pressa; (*agobiar*) aclaparar
atracar *vt mar* atracar; (*asaltar*) atracar; *vp* (*de comer*) atracar-se
atracción *f* atracció
atraco *m* atracament
atracón *m* tip
atractivo -va *aj m* atractiu -iva
atraer *vt* atreure
atragantarse *vp* ennuegar-se
atrancar *vt* (*una puerta, una ventana*) barrar; (*un conducto*) embussar
atrapar *vt* atrapar, enxampar
atrás *av* endarrere, enrere
atrasar *vtp* endarrerir(-se), retardar(-se)
atraso *m* retard, endarreriment; *pl* (*cantidades no pagadas*) endarreriments; ~ **mental** endarreriment mental
atravesar *vt* creuar, travessar
atreverse *vp* atrevir-se, gosar *vi*
atrevido -da *aj* atrevit -ida, agosarat -ada
atrevimiento *m* atreviment
atribuir *vt* atribuir
atributo *m* atribut
atril *m* faristol
atrocidad *f* atrocitat
atropellar *vt* (*envestir*) atropellar; *vp fg* (*hablando*) atropellar-se, embarbussar-se
atroz *aj* atroç
atún *m* tonyina *f*
aturdir *vt* (*atontar*) atordir, estabornir; (*desconcertar*) atabalar
audaz *aj* audaç
audición *f* audició
auditivo -va *aj* auditiu -iva
augurio *m* auguri, averany
aula *f* aula
aulaga *f* argelaga; ~ **morisca** gatosa
aullar *vi* udolar
aullido *m* udol
aumentar *vti* augmentar
aumento *m* augment
aun *av* (*hasta*) fins i tot, àdhuc; (*también, incluso*) encara. *Tocó ~ otros puntos*, encara va tocar uns altres punts; ~ **así** així i tot
aún *av* (*temporal*) encara. *No ha llegado ~*, encara no ha arribat; (*sin embargo*) encara. *Con lo pobres que son y ~ me hacen regalos*, tan pobres com són i encara em fan regals; rai. *¡Tú ~, que eres rico!*, tu rai, que ets ric!
aunque *av* encara que
auricular *aj m* auricular
aurora *f* alba
ausencia *f* absència
ausente *aj* absent
australiano -na *aj mf* australià -ana
austriaco -ca *aj mf* austríac -a
auténtico -ca *aj* autèntic -a
autillo *m* xot
auto *m* auto
autobús *m* autobús
autocar *m* autocar
automático -ca *aj* automàtic -a
automóvil *aj m* automòbil
automovilista *mf* automobilista
autonomía *f* autonomia
autónomo -ma *aj* autònom -a
autopista *f* autopista
autor -ra *mf* autor -a

autoridad *f* autoritat
autoritario -ria *aj* autoritari -ària
autorizar *vt* autoritzar
autorretrato *m* autoretrat
autoservicio *m* autoservei
autovía *m* autovia
auxiliar *aj* auxiliar
auxiliar *vt* auxiliar
auxilio *m* auxili
avalancha *f* allau
avanzar *vt* avançar
avaro -ra *aj mf* avar -a
ave *f* au, ocell *m*; *pl* (*clase*) ocells *m*; ~ **de presa** (~ **de rapiña**) ocell de presa, de rapinya; **~s de corral** aviram *msg*
avecindarse *vp* establir-se
avellana *f* avellana
avellano *m* avellaner
avena *f bot agr* civada
avenencia *f* avinença
avenida *f* (*calle*) avinguda; (*de un río*) avinguda, riuada
aventajar *vt* avantatjar
aventura *f* aventura
aventurar *vt* aventurar
aventurero -ra *aj mf* aventurer -a
avergonzar *vt* avergonyir
avería *f* (*en un mecanismo*) avaria; (*averío*) aviram *m*
averiguar *vt* esbrinar
averío *m* aviram
avestruz *m* estruç
avezar *vtp* avesar
aviación *f* aviació
aviador -ra *mf* aviador -a
avícola *aj* avícola
ávido -da *aj* àvid -a
avinagrado -da *aj fg* malcarat -ada, morrut -uda
avinagrarse *vp* (*el vino*) picar-se
avío *m* arreu
avión *m* avió; ~ **a reacción** reactor; ~ **de bombardeo** *mil* bombarder
avioneta *f* avioneta
avisar *vt* avisar
aviso *m* avís
avispa *f* vespa
avispado -da *aj* eixerit -ida, espavilat -ada
avispar *vt* espavilar
avivar *vt* (*el fuego, las pasiones*) revifar, abrandar; (*el ingenio*) espavilar
axila *f* aixella
ayer *av* ahir; **el día de** ~ ahir
ayuda *f* ajuda, ajut *m*
ayudante *aj mf* ajudant
ayudar *vt* ajudar
ayunar *vi* dejunar
ayuno *m* dejuni
ayunas, en *loc av* en dejú. *Por la tarde aún estaba en ~*, a la tarda encara estava en dejú
ayuntamiento *m* ajuntament
azada *f* aixada
azafata *f* hostessa
azafrán *m* safrà
azar *m* atzar; **al** ~ a l'atzar; **por** ~ per atzar
azogue *m* argent viu
azotar *vt* fuetejar, apallissar
azote *m* (*instrumento*) flagell; (*golpe en las nalgas*) surra *f*; *fg* flagell, plaga *f*
azotea *f* terrat *m*
azúcar *m/f* sucre *m*; ~ **de caña** sucre de canya; ~ **lustre** sucre de llustre (fi); ~ **moreno** sucre roig
azucarar *vt* ensucrar

azucarera *f* = **azucarero** m
azucarero -ra *aj* sucrer -a; *m* (*recipiente*) sucrera *f*
azufaifa *f* gínjol *m*
azufre *m* sofre
azul *aj m* blau
azulado -da *aj* blavós -osa
azulejo *m* rajola *f*

B

baba *f* bava
babero *m* pitet
babor *m mar* babord
babosa *f* llimac *m*
bacalao *m* bacallà
bache *m* clot, sot
bacín *m* gibrelleta *f*, orinal
bacteria *f* bacteri *m*
báculo *m* (*cayado*) gaiata *f*; (*de obispo*) bàcul
badajo *m* batall
bagatela *f* fotesa
bahía *f* badia
bailar *vt* ballar. ~ *un bals*, ballar un bals; *vi* ballar, dansar; (*no estar sujeta uc*) ballar. *Me baila un diente*, em balla una dent
bailarín -ina *mf* ballarí -ina
baile *m* (*baile*) ball, dansa *f*; (*lugar donse se baila*) ball; ~ **de disfraces** ball de disfresses
baja *f* baixa
bajada *f* (*descenso*) baixada, davallada; (*cuesta*) baixada, pendent *m*
bajamar *f* baixamar
bajar *vt* baixar; (*la cabeza*) acotar, ajupir; (*poner más bajo*) abaixar. ~ *los precios*, abaixar els preus; *vi* baixar
bajo -ja *aj* baix -a; cot. *Con la cabeza baja*, amb el cap cot; *fg* baix -a; *aj m mús* baix -a; *mpl* baixos; *av* baix. *Volar, hablar* ~, volar, parlar baix; *prp* sota; ~ **este aspecto** des d'aquest aspecte; ~ **mano** *fg* per sota mà; ~ **siete llaves** amb pany i clau; ~ **tierra** sota terra
bajón *m* baixa *f*, davallada *f*; **dar un** ~ fer una davallada
bala *f* bala; ~ **perdida** *mil* bala perduda; (~ **rasa**) *fg dsp* bala perduda
balance *m* balanç
balancear *vt* balancejar; (*un bebé*) bressolar; (*un columpio*) gronxar; *vp* balancejar-se, balandrejar-se
balancín *m* balancí
balanza *f* balances *pl*
balazo *m* tret
balar *vi* belar
balaustrada *f* balustrada
balbucear *vti* = **balbucir**
balbucir *vti* balbucejar
balcón *m* balcó
balda *f* prestatge *m*
baldaquín *m* baldaquí
baldaquino *m* = **baldaquín**
balde *m* galleda *f*; **de** ~ de franc; **en** ~ debades, en va
baldío -a *aj* va vana; *aj m* (*terreno improductivo*) erm -a
baldosa *f* rajola
balear *aj mf* balear
balido *m* bel; **dar ~s** belar *vi*
ballena *f* balena
ballesta *f* ballesta
balneario *m* balneari

balón *m* pilota *f*; ~ **de oxígeno** baló d'oxigen
baloncesto *m* bàsquet
balonmano *m* handbol
balonvolea *m* voleibol
balsa *f* (*embarcación*) bot *m*; (*charca*) bassa; (*depósito para regar*) bassa; **ser como una ~ de aceite** ésser com una bassa d'oli
baluarte *m* baluard
bambolear *vi* balancejar, balandrejar; *vp* balancejar-se, oscil·lar *vi*
bambú *m* bambú
banal *aj* banal
banana *f* banana, plàtan *m*
banca *f* banca
bancal *m* bancal
bancarrota *f* fallida, bancarrota; **ir a la ~** fer fallida
banco *m* banc; ~ **de datos** banc de dades; ~ **de piedra** pedrís
banda *f* banda; (*de un partido político*) bàndol; (*faja*) faixí *m*, faixa; (*de un río*) vora
bandada *f* bandada
bandeja *f* plata, safata
bandera *f* bandera; (*de una corporación*) senyera
bandido *m* bandit
bando *m* (*partido*) bàndol; (*edicto*) ban
bandolera *f* bandolera
bandolero *m* bandoler
banjo *m mús* banjo
banquero -ra *mf* banquer -a
banqueta *f* tamboret *m*
banquete *m* banquet
banquillo *m* banc dels acusats
bañador *m* banyador, vestit de bany
bañar *vtp* banyar(-se)
bañera *f* banyera
baño *m* bany; (*remojón*) remullada *f*; (*bañera*) banyera *f*; (*capa*) bany, capa *f*; (*cuarto de baño*) bany, cambra *f* de bany; ~ **de maría** bany maria
baraja *f* joc *m* de cartes, baralla
barajar *vt* (*las cartas*) remenar; (*cifras, datos*) utilitzar, fer servir
baranda *f* barana
barandilla *f* = **baranda**
baratija *f* quincalla
baratillo *m* (*tienda*) encants *pl*
barato -ta *aj* barat -a
barba *f* barba; **por ~** per barba
barbacoa *f* barbacoa
barbaridad *f* (*disparate*) bestiesa; (*acto de barbarie*) barbaritat; **una ~** un munt
barbecho *m agr* guaret
barbería *f* barberia
barbero -ra *mf* barber -a
barbilla *f* barbeta, barba
barbo *m* barb; ~ **de mar** moll
barbudo -da *aj* barbut -uda
barca *f* barca
barco *m* vaixell; ~ **de guerra** vaixell de guerra; ~ **de vapor** vaixell de vapor; ~ **de vela** vaixell de vela; ~ **mercante** vaixell mercant
barniz *m* vernís
barnizar *vt* envernissar
barómetro *m* baròmetre
barón *m* (*noble*) baró
barquero -ra *mf* barquer -a
barquillo *m gst* neula *f*
barra *f* barra. *Una ~ de pan*, una barra de pa. *Las cuatro ~s*, les quatre barres; (*de bar*) barra,

taulell; ~ **de labios** pintallavis *m iv*; ~ **fija** barra fixa
barraca *f* barraca
barranco *m* barranc
barrena *f* barrina
barrenar *vt* barrinar
barreno *m arq min* barrina *f*
barreño *m* cossi, gibrell
barrer *vt* escombrar
barrera *f* barrera
barretina *f* barretina
barricada *f* barricada
barriga *f* panxa
barrigón -na *aj* panxut -uda
barrigudo -da *aj* = **barrigón**
barril *m* barril; bóta *f*
barrio *m* barri; **irse al otro ~** anar-se'n a l'altre món
barro *m* fang; (*cocido*) terrissa *f*
barroco -ca *aj m* barroc -a
barrote *m* barrot
barullo *m* rebombori, xivarri
basalto *m* basalt
basar *vt* basar
báscula *f* bàscula
base *f* base; **a ~ de** a base de
básico -ca *aj* bàsic -a
basílica *f* basílica
bastante *aj* bastant, força *iv*. *Tener ~s conocimientos*, tenir bastants coneixements; (*suficiente*) prou *iv*. *No tengo ~ dinero*, no tinc prou diners; *av* bastant, força. *Un trabajo ~ bien hecho*, una feina bastant ben feta; **lo ~** prou
bastar *vi* bastar, haver-n'hi prou; **¡basta!** (**¡ya basta!**) prou!, ja n'hi ha prou!; **me basta y me sobra** en tinc prou i de sobres
bastardo -da *aj mf* bastard -a
baste *m* bast
bastidor *m* bastidor
basto -ta *aj* bast -a; *m pl jcs* (*de las cartas*) bastons
bastón *m* bastó
bastonazo *m* bastonada *f*
basura *f* escombraries *pl*, brossa
basurero -ra *mf* escombriaire
bata *f* bata
batalla *f* batalla
batería *f ele mil mús* bateria
batiburrillo *m* batibull, poti-poti
batido *m gst* batut
batir *vtp* batre('s); ~ **palmas** picar de mans
batuta *f* batuta
baúl *m* bagul
bautizar *vt* batejar
bautizo *m* bateig
bayeta *f* baieta
bayoneta *f* baioneta
bazar *m* basar
bazo *m* melsa *f*
be *f* (*letra*) be, be alta. *¿Con be o con uve?*, amb be alta o amb be baixa?
bebé *m* bebè
beber *vt* beure; *ab* (*alcohol*) beure, mamar *fm*; ~ **a chorro** beure a raig, a galet; ~ **a morro** xumar
bebida *f* beguda, beure *m*
bebido -da *aj* (*borracho*) begut -uda
beca *f* ~ **de estudios** beca, borsa d'estudi
becerro -rra *mf* vedell -a
bechamel *f* beixamel
beige *aj m* beix
belén *m* pessebre
belga *aj mf* belga
bélico -ca *aj* bèl·lic -a

belleza *f* bellesa
bello -lla *aj* bell -a
bellota *f* gla, aglà *m/f*
bendecir *vt* beneir
bendición *f* benedicció
bendito -ta *aj* beneït -ïda
benefactor -ra *aj mf* benefactor -a
beneficio *m* benefici; **a (en) ~ de** en benefici de, en bé de
beneficioso -sa *aj* beneficiós -osa
benévolo -la *aj* benèvol -a
benigno -na *aj* benigne -a
benjamín -ina *mf* benjamí -ina
berenjena *f* albergínia
bergante *m* bergant
bergantín *m* berganti
bermejo -ja *aj* vermell -a; (*pelo*) roig roja
bermudas *fpl* bermudes
berreador -ra *aj mf* marrà -ana
berrear *vi* (*gritar*) bramar; (*el becerro*) bramular
berreón -ona *aj mf* marrà -ana
berrido *m* bram; (*del becerro*) bramul
besamanos *m* besamans; **dar el ~** fer besamans
besamel *f* beixamel
besar *vt* besar; **~ el culo** *fg vlg* llepar (besar) el cul
beso *m* petó, bes, besada *f*
bestia *f* bèstia; *aj mf fg* (*rudo, necio*) bèstia
bestialidad *f* bestialidad; (*gran cantidad*) fotimer *m*
besugo *m* besuc
betún *m* betum
bianual *aj* bianual
biberón *m* biberó
biblioteca *f* biblioteca
bibliotecario -ria *mf* bibliotecari -ària
bíceps *m* bíceps
bicho *m* bestiola *f*; *zoo* cuca *f*; **ser un ~ malo (un mal ~)** *dsp* ésser una mala (bona) peça, ésser un mala bèstia
bicicleta *f* bicicleta
bicoca *f* ganga
bidé *m* bidet
bidón *m* bidó
bien *m* bé. *Promover el ~ público*, promoure el bé públic. *Esto ha sido un ~ para él*, això ha estat un bé per a ell; *pl* (*patrimonio*) béns; *av* bé. *Encontrarse ~*, trobar-se bé; [*antepuesto*] ben. *Una prenda ~ cosida*, una peça ben cosida; *inj* bé!, va bé!; **de ~** de bé; **ir ~** anar bé; **ir ~ con** fer per a, escaure; **(o) ~... (o) ~...** (o) bé... (o) bé.... *El examen será o ~ escrito o ~ oral*, l'examen serà o bé escrit o bé oral; **por ~** a fi de bé; **si ~** per bé que
bienestar *m* benestar
bienhechor -ra *mf* benefactor -a
bienvenido -da *aj f* benvingut -uda
bifurcación *f* bifurcació
bigamia *f* bigàmia
bigote *m* bigoti
bikini *m* biquini
bilingüe *aj* bilingüe
bilingüismo *m* bilingüisme
bilis *f* bilis
billar *m* billar
billete *m* bitllet
billetera *f* cartera
billetero *m* = **billetera**
billón *m* bilió

bimensual *aj* bimensual
binza *f* (*de la leche*) tel *m*
biografía *f* biografia
biología *f* biologia
biólogo -ga *mf* biòleg -òloga
biombo *m* mampara *f*, paravent
biosfera *f* biosfera
biquini *m* biquini
birlar *vt fm* pispar, fotre
birria *f* (*cosa mal hecha*) rave *m*, nyap *m*
bis *m* bis
bisabuelo -la *mf* besavi -àvia
bisagra *f* frontissa
bisbisear *vti* xiuxiuejar
bisiesto *aj* bixest
bisnieto -ta *mf* besnét -a
bisonte *m* bisó
bisté *m* = **bistec**
bistec *m* bistec
bisturí *m* bisturí
bizco -ca *aj* guenyo -a, guerxo -a
bizcocho *m* pa de pessic
biznieto -ta *mf* = **bisnieto**
blanco -ca *aj* blanc -a. *Carne, raza blanca*, carn, raça blanca; *mf* (*de raza blanca*) blanc -a; *m* (*de tiro*) blanc; *f ecn mús* blanca; **dar en el ~** fer blanc; **en ~** en blanc; **estar sin blanca** no tenir-ne ni cinc; **ser el ~ de las burlas** ésser la riota de tothom
blancura *f* blancor
blancuzco -ca *aj* blanquinós -osa
blandengue *aj mf* figa, tou tova
blandir *vt* (*una espada*) brandar; (*un arma*) esgrimir
blando -da *aj* tou tova
blanquear *vt* (*poner blanca uc*) emblanquir; (*las paredes*) emblanquinar, blanquejar; *vi* (*tirar a blanco*) blanquejar
blanquecino -na *aj* blanquinós -osa
blanquinoso -sa *aj* = **blanquecino**
blasfemar *vi* blasfemar; (*dir renecs*) renegar
blasfemia *f* blasfèmia
blasón *m* blasó
bloc *m* bloc de paper, bloc
bloque *m* bloc; **~ de viviendas** bloc de cases
bloquear *vt* blocar
bloqueo *m* blocatge
blusa *f* brusa
blusón *m* (*blusa larga*) brusa *f*
boa *f* boa
bobada *f* bajanada
bobalicón -ona *aj mf* babau -a; beneit -a
bobina *f* bobina
bobo -ba *aj mf* babau -a, beneit -a, tanoca; **~ de capirote** capsigrany
boca *f* boca; **a ~ de cañón** a boca de canó **a ~ de jarro** pel broc gros; **~ a ~** boca a boca; **~ abajo** de cap per avall; **~ arriba** de panxa enlaire; **~ de incendio** boca d'incendi; **~ de metro** boca de metro; **con la ~ abierta** = **boquiabierto**; **no abrir la ~** no badar boca
bocadillo *m* entrepà
bocado *m* (*mordisco*) mos, mossegada *f*; (*freno del caballo*) mos; **~ de Adán** nou del coll
bocanada *f* glopada; **~ de viento** cop de vent
bocazas *aj mf* bocamoll -a, xerraire

bocera *f* (*calentura*) pansa
bochorno *m* xafogor *f*
bocina *f* clàxon *m*
boda *f* (*ceremonia*) casament *m*, boda, noces *pl*; *pl* (*fiestas*) noces, boda *sg*; **~s de plata** noces d'argent
bodega *f* (*para guardar y criar el vino*) celler *m*; (*sótano, almacén*) celler *m*, rebost *m*; *mar* bodega; (*tienda*) vinateria
bodegón *m art* natura *f* morta; (*taberna*) taverna *f*
bofe *m* freixura *f*, perdiu *f*
bofetada *f* bufetada, mastegot *m*, bolet *m*
bofetón *m* = **bofetada**
bogar *vi* vogar
bohemio -mia *aj f* bohemi -èmia
boicot *m* boicot
boicoteo *m* = **boicot**
boina *f* boina
boj *m* boix
bol *m* bol
bola *f* bola; *fm* (*mentira*) bola; **~ del mundo** bola del món
bolchevique *aj mf* bolxevic
boletín *f* butlletí; (*de subscripción*) butlleta
boleto *m* (*de rifa, de tren*) bitllet
bólido *m* bòlid
bolígrafo *m* bolígraf
bollería *f* pastes *pl*, pastisseria
bollo *m gst* pasta *f*, brioix; (*abolladura*) bony
bolo *m* bitlla *f*
bolsa *f* bossa; (*de valores, de trabajo*) borsa
bolsillo *m* butxaca *f*; (*de una americana, etc*) infern; **de ~** de butxaca
bolso *m* (*de mujer*) bossa *f* de mà; (*bolsillo*) butxaca *f*
bomba *f mil tcn* bomba; *fg* (*noticia sensacional*) bomba; (*para hinchar neumáticos*) manxa
bombardear *vt* bombardejar
bombardero *m* bombarder
bombero -ra *mf* bomber -a
bombilla *f* bombeta
bombín *m* barret fort
bombo *m* bombo; **a ~ y platillo** a so de bombo i platerets
bombón *m* bombó
bombona *f* bombona
bonanza *f* bonança
bondad *f* bondat, bonesa
boniato *m* moniato
bonificación *f* bonificació
bonito -ta *aj* bonic -a, maco -a; *m zoo* bonítol
bono *m* bo. ~ *del Tesoro*, bo del Tresor
bonsái *m* bonsai
boquerón *m zoo* seitó; *gst* anxova
boquete *m* esvoranc, forat
boquiabierto -ta *aj* bocabadat -ada
boquilla *f* (*para fumar*) broquet *m*; (*de varios instrumentos*) embocadura; (*de flauta*) bec *m*
borda *f mar* borda
bordar *vt* brodar
borde *aj mf* (*bastardo*) bord -a; *m* (*orilla*) riba *f*; (*de una superficie*) vora *f*; **al ~ del abismo** al caire de l'abisme
bordear *vt* vorejar
bordo *m mar* bord; **a ~** a bord
boreal *aj* boreal
borona *m* (*mijo*) mill; (*maíz*) blat de moro

borrachera *f* borratxera
borracho -cha *aj* borratxo -a, embriac -aga; *f* botella, bóta
borrador *m* (*del encerado*) esborrador; (*esbozo*) esborrany
borrajo *m* pinassa *f*
borrar *vt* esborrar
borrasca *f* borrasca
borrascoso -sa *aj* borrascós -osa, rúfol -a
borrego -ga *mf zoo* anyell -a, xai -a; *fg dsp* (*servil*) xai -a
borrico -a *mf zoo* ase somera, ruc -a; *fg dsp* burro -a, ruc -a, ase *m*
borroso -sa *aj* borrós -osa
bosque *m* bosc
bosquejo *m* croquis, esbós, esborrany
bostezar *vi* badallar
bostezo *m* badall
bota *f* (*calzado*) bota; (*tonel, odre*) bóta
botánico -ca *aj f* botànic -a
botar *vi* (*saltar*) botre, botar; *vt mar* avarar
bote *m* salt, bot; (*tarro*) pot; *mar* bot; **a ~ pronto** al bot; **chupar del ~** sucar-hi; **tener en el ~** (*a up*) tenir up a la butxaca
botella *f* ampolla, botella
boticario -ria *mf* apotecari -ària
botijo *m* càntir
botín *m* botí
botiquín *m* farmaciola *f*
botón *m* botó
botones *m iv* grum
bou *m* (*arte de pesca*) bou
bóveda *f* volta
bovino -na *aj* boví -ina
boxeador -ra *mf* boxador -a
boxear *vi* boxar
boxeo *m* boxa *f*
boya *f* boia
bozo *m* pèl moixí, borrissol
bragas *f pl* calces
bragueta *f* bragueta
bramar *vi* bramar
bramido *m* bram; (*del buey, la vaca*) bramul
branquia *f* brànquia
brasa *f* brasa; **a la ~** a la brasa
brasero *m* braser
brasileño -ña *aj mf* brasiler -a
bravata *f* bravata
bravo -va *aj* brau -ava
braza *f* braça
brazalete *m* braçalet
brazo *m* braç; **~ de gitano** *gst* braç de gitano; **~ de mar** braç de mar; **~s caídos** braços caiguts; **con los ~s abiertos** amb els braços oberts; **con los ~s cruzados** de braços plegats; **llevar en ~s** (*a up*) portar up en braços
brecha *f* bretxa; (*en la cabeza*) trenc *m*, trau *m*; **estar en la ~** ésser al peu del canó
breva *f* (*higo*) figaflor; **¡no caerá esa ~!** no tindrem aquesta sort!
breve *aj* breu; **en ~** en breu; **ser ~** ésser breu
brezo *m* bruc
bricolaje *m* bricolatge
brida *f* brida
brigada *f* brigada. *Una ~ de peones*, una brigada de peons; *mf mil* brigada
brillante *aj* billant, lluent, llustrós -osa; *m* (*diamante tallado*) brillant
brillantina *f* brillantina
brillar *vi* brillar

brillo *m* brillantor *f*, lluentor *f*, lluïssor *f*; **dar** ~ (*a los zapatos*) enllustrar; (*a los metales, la madera*) abrillantar
brinco *m* salt, bot
brindar *vt* brindar
brindis *m* brindis
brío *m* empenta *f*, ànim, coratge
brioche *m gst* brioix
brisa *f* brisa
británico -ca *aj mf* britànic -a
brizna *f* (*de hierba, de paja, etc*) bri *m*; (*partícula*) brossa; (*pizca*) bri *m*, pèl *m*, mica. *No pasa ni una ~ de aire*, no passa ni un bri d'aire
brocha *f* brotxa
broche *m* agulla *f* de pit
bróculi *m* bròquil
broma *f* broma; **en** ~ de broma, de per riure
bromista *aj mf* bromista
bronca *f* (*disputa*) baralla, brega, raons *pl*; (*reprimenda*) esbronc
bronce *m* bronze
broncear *vt* bronzejar
bronquio *m* bronqui
bronquitis *f* bronquitis
brotar *vi* (*nacer las plantas*) brollar; (*echar brotes*) brotar, llucar; (*una fuente, un río*) néixer; (*un líquido*) rajar; *fg* (*surgir*) brollar
brote *m* brot
broza *f* brossa
bruja *f* bruixa
brujería *f* bruixeria
brujo *m* bruixot
brújula *f* brúixola
bruma *f* broma
bruñir *vt* brunyir, abrillantar
brusco -ca *aj* brusc -a; *m bot* galzeran
brutal *aj* brutal
bruto -ta *aj mf* bèstia, animal. *Es una gente muy bruta*, és una gent molt bèstia; (*en estado natural*) brut -a. *Diamante, alcohol ~*, diamant, alcohol brut; (*cantidad sin deducción*) brut -a. *Peso en ~*, pes brut
bucal *aj* bucal
buche *m ana* pap
bucle *m* rínxol
bucólico -ca *aj* bucòlic -a
budisme *m* budisme
buen *aj* [*apócope*] bon. *Un ~ hombre*, un bon home. *De ~ comer*, de bon menjar
bueno -na *aj* bo bona. *Una buena persona, cosecha*, una bona persona, collita. *Tener buenas manos*, tenir bones mans; *mf* bo bona. *Los ~s y los malos*, els bons i els dolents; *inj* bé!, va bé!; **a buenas** a les bones; **buenas noches** bona nit; **buenas tardes** bona tarda; **~s días** bon dia; **de buena pasta** de bona pasta; **por las buenas o por las malas** si us plau per força, de totes passades; **ser** ~ fer bondat; **ser ~ como el pan** ésser un tros de pa; **ser ~ de** fer (ésser) de bon
buey *m* (*toro castrado*) bou
búfalo *m* búfal
bufanda *f* bufanda
bufar *vi* bufar, esbufegar
bufete *m* bufet
bufido *m* esbufec; (*chasco*) moc
bufo -fa *aj mús* buf -a
bufón *m* bufó
buhardilla *f* golfes *pl*
búho *m zoo* mussol; ~ **real** duc

buitre *m zoo* voltor
bujía *f* (*vela*) espelma, bugia; *tcn* bugia
bulbo *m* bulb
búlgaro -ra *aj m* búlgar -a
bulla *f* gatzara, gresca, sarau *m*; **armar** ~ fer gatzara
bullicio *m* enrenou
bullir *vi* bullir
bulto *m* (*volumen*) embalum. *Esto hace mucho* ~, això fa molt embalum; (*abultamiento*) bony; (*fardo*) farcell; **a** ~ a ull nu; **escurrir el** ~ desaparecer
buñuelo *m gst* bunyol; (*cosa mal hecha*) nyap, bunyol
buque *m* vaixell; ~ **de guerra** vaixell de guerra; ~ **mercante** vaixell mercant
burbuja *f* bombolla
burbujear *vi* bombollejar
burdo -da *aj* bast -a, tosc -a; (*basto, descortés*) grosser -a
burgués -esa *aj mf* burgès -esa
burguesía *f* burgesia
burla *f* burla, mofa; *pl* (*chanza*) broma *sg*
burlarse *vp* burlar-se; ~ **hasta de su sombra** riure's del mort i del qui el vetlla
burlón -ona *aj* burleta, sorneguer -a
burocracia *f* burocràcia
burra *f zoo* somera, ruca; *fg* ruca, burra
burrada *f* bestiesa, disbarat *m*
burro *m zoo* ase; *fg* ase, ruc, burro; ~ **de carga** (*persona*) escarràs; **no ver tres en un** ~ no veure un bou a tres passes
busca *f* recerca; **en** ~ **de** a la recerca de
buscar *vt* buscar, cercar; ~**le las cosquillas** (*a up*) buscar les pessigolles a up; ~**le tres pies al gato** buscar tres peus al gat
búsqueda *f* recerca
butaca *f* butaca
butano *m* butà
butifarra *m* botifarra
buzo *m* bus
buzón *m* bústia *f*

C

cabal *aj* (*exacto*) just -a, rodó -ona; (*persona*) com cal; **no estar en sus ~es** no ésser-hi tot
cabalgar *vi* cavalcar
caballeresco -ca *aj* cavalleresc -a
caballero *m hst* cavaller; (*hombre caballeroso*) cavaller
caballete *m* cavallet
caballito *m* (*soporte*) cavallet; *pl* (*atracción infantil*) cavallets; ~ **de mar** cavall marí; ~ **del diablo** (*libélula*) espiadimonis
caballo *m* cavall; **a** ~ a cavall; ~ **de batalla** *fg* cavall de batalla
cabaña *f* cabana; (*de pastores, cazadores*) barraca
cabaré *m* cabaret
cabecera *f* (*parte principal de un sitio*) cap *m*. ~ *de la mesa*, cap de taula; (*de un escrito*) capçalera; (*de la cama*) capçal *m*
cabecilla *mf* cap
cabellera *f* cabellera
cabello *m ana* cabell; (*cabellera*) cabells *pl*; ~ **de ángel** cabell d'àngel

caber *vi* cabre; **cabe decir que** cal dir que; ~ **que** ésser possible; **no ~ en el pellejo** (*estar gordo*) semblar una bóta; (*de alegría*) no cabre a la pell de goig
cabeza *f ana* cap *m*; (*inteligencia*) cap *m*; (*de ajos*) cabeça; **a la ~** al capdavant; **~ de chorlito** (**~ hueca**) capsigrany; **estar mal de la ~** estar tocat del bolet; **ir de ~** anar de bòlit (de cul *vlg*); **por ~** per cap; **quebradero de ~** maldecap; **sentar la ~** posar seny
cabezada *f* becaina
cabezazo *m* cop de cap
cabezón -ona *aj* capgròs -ossa; *aj mf* (*terco*) tossut -uda; **ser un ~** ésser del morro fort, molt tossut
cabezota *aj mf* tossut -uda; **ser un ~ = ser un cabezón**
cabida *f* cabuda
cabina *f* cabina; **~ telefónica** cabina telefònica
cable *m* cable
cabo *m geo* cap; (*extrem*) cap; *mil* caporal; **de ~ a rabo** de cap a peus (de cap a cap); **al ~ de** al cap de
cabotaje *m* cabotatge
cabra *f* cabra
cabrear *vtp vlg* emprenyar(-se)
cabriola *f* cabriola
cabrito *m* cabrit
cabrón *m zoo* cabró; (*cornudo*) *fg vlg* cabró
caca *f* caca
cacahuete *m* cacauet
cacao *m* cacau
cacarear *vi* (*las gallinas*) escatainar
cacatúa *f* cacatua
cacería *f* cacera
cacerola *f* cassola
cacharritos *mpl jcs* fireta *fsg*
cacharro *m* (*de cocina*) estri; *fm* trasto
cachazudo -da *aj* cançoner -a
cachear *vt* escorcollar
cachete *m* bufa *f*, bolet, plantofada *f*
cachiporra *f* porra
cachivache *m* andròmina *f*, trasto
cacho *m* tros, bocí; (*de pan*) rosegó
cachondearse *vp* burlar-se, fotre's; (*de up*) rifar-se d'up
cachondeo *m* conya *f*
cachondo -da *aj* (*gracioso*) divertit -ida; (*excitado sexualmente*) calent -a
cachorro *m* cadell
cacofonía *f* cacofonia
cacto *m* = **cactus**
cactus *m* cactus
cada *aj* cada; **~ cual** cada u, cada un, cadascú; **~ dos por tres** a cada dos per tres; **~ uno** cada u, cada un, cadascun; **~ vez más** cada vegada més; **~ vez menos** cada vegada menys
cadáver *m* cadàver
cadena *f* cadena
cadencia *f* cadència
cadera *f* maluc *m*
caducar *vi* caducar
caduco -ca *aj* caduc -a
caer *vi* caure. *Tropezó y cayó*, va ensopegar i va caure; *fg* (*sucumbir*) caure; (*suceder en cierta fecha*) caure, escaure's; (*encontrarse en un sitio*) caure. *El pueblo cae hacia el norte*, el poble

cau cap al nord; (*sentar*) caure; **al ~ el día** cap al tard; **al ~ la noche** a boca de nit; **~ a pedazos** caure a trossos; **~ de morros** caure de morros; **~ en la cuenta** caure-hi; **~ en la trampa** caure-hi de quatre potes; **~le la baba** (*a up*) caure-li a up la bava; **~ rodando** rodolar
café *m* cafè; **~ cortado** tallat
cafeína *f* cafeïna
cafetería *f* cafeteria
cagar *vi* cagar; **~se de miedo** cagar-se a les calces; **~la** cagar-la
cagarruta *f* cagalló *m*
caída *f* caiguda
caimán *m* caiman
caja *f* caixa, capsa; *arq* (*de una escalera*) caixa, buc *m*; **~ de ahorros** *ecn* caixa d'estalvis; **~ registradora** caixa enregistradora; **~ de muerto** caixa de mort (de morts)
cajetilla *f* (*de tabaco*) paquet *m*
cajón *m* calaix; **~ de sastre** calaix de sastre
cal *f* calç; **a ~ y canto** amb pany i clau; **una de ~ y otra de arena** una de freda i una de calenta
cala *f* cala
calabacín *m* carbassó
calabaza *f* carbassa; **dar ~s** (*a un estudiante o a un pretendiente*) donar carbassa
calabobos *m* xim-xim
calabozo *m* calabós
calado -da *aj* xop -a; *m txt* calat
calamar *m* calamars
calambre *m* rampa *f*; **dar ~** *ele* enrampar-se
calamidad *f* calamitat
calaña *f* mena, raça
calar *vt* (*empapar*) calar, xopar; *fg* (*adivinar los propósitos*) calar, clissar; *mar* (*arriar*) calar; *vp* (*un motor*) calar-se
calavera *f* calavera; *m* (*tronera*) calavera
calcar *vt* calcar
calcáreo -a *aj* calcari -ària
calce *m* falca *f*, tascó
calcetín *m* mitjó
calcio *m* calci
calcomanía *f* calcomania
calcular *vt* calcular
cálculo *m mat med* càlcul
caldear *vt* caldejar
caldera *f* caldera
calderilla *f* xavalla
caldo *m* brou; (*jugo*) suc
calefacción *f* calefacció
caleidoscopio *m* = **calidoscopio**
calendario *m* calendari
calentador *m* (*del agua*) escalfador; (*de la cama*) escalfallits
calentar *vt* escalfar; (*azotar*) escalfar; **~ las orejas** estirar les orelles
calentura *f fm* febre; *med* (*en los labios*) pansa
calidad *f* qualitat; **en ~ de** en qualitat de
cálido -da *aj* càlid -a
calidoscopio *m* calidoscopi
caliente *aj* calent -a; (*excitado sexualmente*) calent -a
calificación *f* qualificació

calificar *vt* qualificar
caligrafía *f* cal·ligrafia
calima *f* = **calina**
calina *f* calitja
cáliz *m* calze
calizo -za *aj* calcari -ària
callar *vi* callar; ~ **la boca** fer muts; *vp* callar *vi*
calle *f* carrer *m*; *esp* (*de una piscina, una pista*) carrer, carreró
calleja *f* carreró *m*
callejear *vi* rondar, vagarejar
callejón *m* = **callejuela**
callejuela *f* carreró *m*
callo *m* (*en los pies*) durícia, ull de poll; *pl gst* tripa *f sg*
calma *f* calma
calmar *vtp* calmar(-se)
calofrío *m* calfred
calor *m* calor *f*; *fg* escalfor *f*, caliu; **al ~ de** a l'abric de
calumnia *f* calúmnia
caluroso -sa *aj* calorós -osa
calva *f* calba
calvario *m* calvari
calvo -va *aj* calb -a
calzada *f* calçada
calzado *m* calçat
calzador *m* calçador
calzar *vt* calçar
calzoncillos *mpl* calçotets
cama *f* llit *m*; (*de los animales*) jaç *m*
camaleón *m* camaleó
cámara *f* (*habitación*) cambra; (*congreso*) cambra; *fot cin* càmera
camarada *mf* camarada
camaradería *f* companyonia
camarero -ra *mf* cambrer -a
camarlengo *m* camarlenc
camarote *m* cabina *f*
cambiar *vt* canviar; *vp* (*de ropa*) canviar-se
cambio *m* canvi; **a ~ de** en canvi de; **en ~** en canvi
camelar *vt* entabanar
camelo *m* ensarronada *f*; **dar (el) ~** ensarronar
camello -lla *mf* camell -a
camerino *m* camerino
camilla *f* llitera
caminar *vi* caminar
caminata *f* caminada
camino *m* camí; **~ de** pel camí de; **de ~** de camí
camión *m* camió; **~ de mudanzas** conductora *f*
camionero -ra *mf* camioner -a
camioneta *f* camioneta
camisa *f* camisa; **~ de dormir** camisa de dormir; **~ de fuerza** camisa de força
camiseta *f* samarreta, camiseta
camisón *m* camisa *f* de dormir
camomila *f* camamilla
camorra *f* raons *pl*, sarau *m*
campamento *m* campament
campana *f* campana
campanario *m* campanar
campanilla *f* (*úvula*) campaneta; *mús* picarol *m*, campaneta
campaña *f* campanya
campechano -na *aj* trempat -ada
campeón -ona *mf* campió -ona
campeonato *m* campionat
campesinado *m* pagesia *f*
campesino -na *aj mf* pagès -esa, camperol -a
campestre *aj* campestre, camperol -a
camping *m* càmping
campiña *f* campanya

campo *m agr esp* camp; ~ **a través** camps a través; ~ **de batalla** camp de batalla; ~ **de tiro** camp de tir
camposanto *m* cementiri, fossar
can *m zoo* gos gossa
cana *m* cabell *m* blanc
canadiense *aj* canadenc -a
canal *m* (*paso natural o artificial*) canal; (*de televisión*) canal; (*de riego*) rec
canalla *m* canalla, brivall
canario -ria *aj mf* (*de Canarias*) canari -ària; *m zoo* canari
canasta *f* cistella; *esp* (*en el baloncesto*) bàsquet *m*, cistella
cancela *f* reixat *m*
cancelar *vt* cancel·lar
cáncer *m med* càncer
Cáncer *m ast* Càncer
cancha *f esp* pista, camp *m*
canciller *m* canceller
canción *f* cançó; ~ **de cuna** cançó de bressol
cancionero *m mús lit* cançoner
cande *aj m* candi. *Azúcar* ~, sucre candi
candela *f* candela
candelabro *m* canelobre
candente *aj* roent
candidato -ta *mf* candidat -a
cándido -da *aj* càndid -a
candil *f* llum d'oli
canela *f* canyella; ~ **fina** del bo i millor
cangrejo *m* cranc
canguelo *m* por, cagalló
canguro *m zoo* cangur; *mf* (*niñera*) cangur
caníbal *aj mf* caníbal
canica *f jcs* bala
canijo -ja *aj* esquifit -ida, escanyolit -ida
canilla *f ana* canyella
canino -na *aj* caní -ina
canjear *vt* canviar, bescanviar
cano -na *aj* (*persona*) canós -osa; (*pelo*) blanc
canoa *f* canoa
canoso -sa *aj* canós -osa
cansancio *m* cansament
cansar *vt* cansar
cantante *mf* cantant
cantar *m* cançó *f*; ~ **de gesta** cançó de gesta; **ese es otro** ~ això són figues d'un altre paner
cantar *vti* cantar; *vi fg* (*confesar*) cantar; (*oler mal*) cantar ~ **las cuarenta** cantar les quaranta; ~ **las verdades** cantar les veritats; ~ **victoria** cantar victòria; ~**las claras** cantar-les clares
cantautor -ra *mf* cantautor -a
cante *m mús* (*flamenco*) cant
cantera *f min* pedrera; *esp* planter *m*
cántico *m mús* càntic
cantidad *f* quantitat; **en** ~ en quantitat, d'allò més
cantimplora *f* cantimplora
cantina *f* cantina
canto *m mús lit* cant, càntic; (*borde*) caire, cantell; (*de pan*) crostó; ~ **rodado** *geo* còdol
cantón *m* cantó
cánula *f* sonda
canuto *m* (*trozo de canya*) canó
caña *f* canya; ~ **de azúcar** canya de sucre; ~ **de pescar** canya de pescar
cáñamo *m* cànem

cañería *f* canonada
cañón *m* (*tubo*) canó; *mil* canó; (*desfiladero*) gorja *f*
cañonazo *m* canonada *f*
caos *m* caos
capa *f* capa
capacho *m* cabàs
capacidad *f* capacitat, cabuda; (*talento*) capacitat
caparazón *m zoo* (*de los moluscos*) closca *f*; (*de los pájaros*) carcanada *f*
capaz *aj* capaç
capazo *m* cabàs; **a ~** a cabassos, d'allò més
caperuza *f* caputxa
capilla *f* capella; **~ ardiente** capella ardent
capital *aj* capital; *f* (*ciudad principal*) capital; *m ecn* capital
capitalista *aj mf* capitalista
capitán -ana *mf* capità -ana
capitel *m* capitell
capitoste *m* capitost
capitulación *f* capitulació
capitular *aj* capitular
capitular *vt* capitular
capítulo *m* capítol
capó *m aut* capot
capón *m* capó
capote *m* capot
capricho *m* capritx
caprichoso -sa *aj* capritxós -osa
cápsula *f* càpsula
captar *vt ele rad* (*ondas*) captar; *fg* (*entender*) copsar
capturar *vt* capturar
capucha *f* caputxa
capuchón *m* = **capucha**
capullo *m zoo* capoll; *bot* poncella, capoll
caqui *aj* (*color*) caqui; *m* (*fruto*) caqui
cara *f* cara; (*aspecto*) cara, fila; **a ~ o cruz** a cara o creu; **~ dura** penques, barra. *¡Qué ~ más dura!*, quina barra! quines penques!; **de ~ a** pensant en, amb vista a; **echar en ~** tirar per la cara; **poner buena ~** fer bona cara; **ir de ~** aguantar l'espelma
caracol *m zoo* cargol
caracola *f zoo* cargol *m* de mar
carácter *m* (*signo trazado*) caràcter; (*talante*) caràcter, tarannà
característico -ca *aj f* característic -a
caracterizar *vt* caracteritzar
caradura *aj mf* barrut -uda; **ser un ~** ésser un penques, tenir galtes
carajo *m vlg* (*pene*) carall, cigala *f*; *inj* carall!, carat!
carámbano *m* candela *f*
caramelo *m* caramel
carantoña *f* moixaina, manyaga
caravana *f* (*de gente, de vehículos*) caravana; (*remolque*) caravana, rulot
carbón *m* carbó
carbonero -ra *aj mf* carboner -a; *m zoo* mallerenga *f*
carbono *m* carboni
carburador *m* carburador
carburante *m* carburant
carburar *vt qm* carburar; *vi* (*funcionar*) *fg* carburar
carca *aj mf* carca
carcaj *m* carcaix, buirac
carcajada *f* riallada; **reírse a ~s** petar-se de riure

carcamal *aj* xaruc -uga; *m* (*viejo*) vell xaruc
cárcel *f* presó
carcelero -ra *mf* carceller -a
carcoma *f zoo* corc *m*, corcó *m*; (*polvo de la madera*) corcadura; (*tormento*) corcó *m*; (*persona gastadora*) corc *m*
carcomer *vt* corcar
cardar *vt* (*lana*) cardar
cardenal *m rlg* cardenal; *med fm* blau, morat
cárdeno -na *aj* moradenc -a
cardiaco -a *aj mf* cardíac -a
cardinal *aj* cardinal
cardiólogo -ga *mf* cardiòleg -òloga
cardo *m bot* card
carear *vt* acarar, encarar
carecer *vi* mancar de, no tenir. *Carece del dinero necesario*, manca dels diners necessaris
carena *f* carena
carencia *f* manca, falta
carente *aj* desproveït -ïda, mancat -ada
careta *f* careta
carga *f* càrrega; **a la ~** *mil* a la càrrega
cargar *vt* carregar; (*molestar*) carregar; *vi* carregar. *El autobús sólo cargó dos personas*, l'autobús només va carregar dues persones; *mil* carregar; **~ con** encolomar, endossar. *Siempre me carga con las tareas más pesadas*, sempre m'encoloma les feines més pesades; **~ con el muerto** (**~ con el mochuelo**) carregar el mort a up
cargo *m* càrrec; (*ocupación*) càrrec; (*falta que se imputa*) càrrec, retret; **a ~ de** a càrrec de
caricatura *f* caricatura
caricia *f* carícia
caridad *f* caritat
caries *f* càries
carillón *m* carilló
cariño *m* afecte, estima *f*; (*delicadeza*) cura *f*, amor *f*
cariñoso -sa *aj* afectuós -osa
cariz *m* caire
carmesí *aj iv m* carmesí -ina
carmín *aj iv m* (*color*) carmí; *m* (*de los labios*) pintura *f* de llavis
carnaval *m* carnestoltes, carnaval
carnaza *f* esquer *m*
carne *f ana* carn; (*naturaleza humana*) carn. *Los placeres de la ~*, els plaers de la carn; (*alimento*) carn, tall *m*. *Hoy hemos comido carne*, avui hem menjat tall per dinar; **~ de gallina** *fig* pell de gallina; **en ~ viva** en carn viva; **no ser ni ~ ni pescado** no ésser ni carn ni peix; **ser de ~ y hueso** ésser de carn i ossos
carné *m* carnet; **~ de identidad** carnet d'identitat
carnero *m zoo* marrà; (*castrado*) moltó
carnicería *f* carnisseria; (*matanza*) carnisseria
carnicero -ra *aj mf* carnisser -a; *aj fg* (*sanguinario*) carnisser -a
carnívoro -ra *aj m* carnívor -a
carnoso -sa *aj* carnós -osa
caro -ra *aj* car -a
carota *aj mf* (*caradura*) barrut -uda
carpa *f zoo* carpa; (*de circo*) envelat *m*, vela

carpeta *f* carpeta
carpintería *f* fusteria
carpintero -ra *mf* fuster -a
carraca *f dsp* carraca
carrera *f* correguda; *esp* cursa; (*estudios*) carrera; (*en una media*) carrera
carrerilla *f* **de** ~ de memòria; **tomar** ~ agafar embranzida
carreta *f* carreta
carretada *f* carretada
carrete *m* rodet, carret
carretera *f* carretera
carretero -ra *mf* carreter -a
carretilla *f* carretó *m*
carretón *m* = **carretilla**
carril *m aut frr* carril
carro *m* (*vehículo*) carro; (*de una máquina de escribir*) carro
carrocería *f* carrosseria
carromato *f dsp* carraca
carroña *f* carronya
carroza *f* carrossa
carruaje *m* carruatge
carrusel *m* carrusel
carta *f* (*escrita*) carta, lletra; (*naipe*) carta; ~ **abierta** carta oberta; ~ **verde** carta verda; **dar** ~ **blanca** (*a up*) donar carta blanca a up
cartabón *m* cartabó
cartel *m* cartell, pòster
cartera *f* cartera
cartero -ra *mf* carter -a
cartílago *m* cartílag
cartilla *f* cartilla; ~ **de ahorros** llibreta d'estalvis
cartón *m* cartó; ~ **piedra** cartó pedra
cartuchera *f* cartutxera
cartucho *m* cartutx
cartulina *f* cartolina
casa *f* casa; (*familia, linaje*) casa; ~ **de juego** casino de joc; ~ **de la villa** casa de la vila; ~ **de labor** (~ **de labranza**) mas *m*, masia; **en** ~ **de** a casa (a casa de); **ser la** ~ **de tócame Roque** ésser (semblar) can seixanta
casamiento *m* casament
casar *vt* casar; *vi* (*concordar*) lligar; *vip* casar-se
cascabel *m* cascavell, picarol
cascada *f* cascada
cascajo *m arq* grava *f*
cascanueces *m iv* trencanous
cascar *vt* (*quebrantar*) trencar, esquerdar; (*pegar*) tustar; *vi* (*charlar*) xerrar
cáscara *f* (*de la fruta*) clofolla; (*del huevo*) closca
cascarón *m* closca *f*
cascarrabias *aj mf* rondinaire
casco *m* (*de bombero, soldado*) casc; (*envase*) envàs; *arq* (*de una casa*) buc; *mar* (*del barco*) buc; *pl ele* (*auriculares*) cascos; ~ **antiguo** barri (nucli) antic
cascotes *mpl* runa *fsg*
caserío *m* (*cortijo*) mas
casero -ra *aj* casolà -ana; *mf* (*de una finca*) masover -a
caserón *m* casalot
caseta *f* caseta
casete *m* casset *f*
casi *av* gairebé, quasi. *Lo sabe ~ todo*, ho sap gairebé tot; (*por poco*) de poc. ~ *lo atropella un coche*, de poc no l'atropella un cotxe; ~ **nada** (*irónicamente*) Déu n'hi do!
casilla *f* casella

casino *m* casino de joc, casino
caso *m* (*suceso, circunstancia*) cas; (*asunto*) cas; *grm* cas; **hacer (venir) al ~** fer al cas; **hacer ~** fer cas; **hacer ~ omiso de** fer cas omís de; **ser un ~ fuera de lo común** ésser un cas com un cabàs
casón *m* = **casona**
casona *f* casal *m*
casorio *m* casori
caspa *f* caspa
casta *f* casta, nissaga; (*en la India*) casta
castaña *f bot* castanya; (*manotada*) castanya; **sacarle las ~s del fuego** (*a up*) treure les castanyes del foc a up
castañazo *m* (*manotada*) castanya *f*
castaño *m bot* castanyer
castaño -ña *aj m* castany -a; **pasar de ~ oscuro** passar de mida
castellano -na *aj mf* castellà -ana; *m* (*lengua*) castellà, espanyol
castigar *vt* castigar
castigo *m* càstig
castillo *m* castell; **~ de fuegos artificiales** castell de focs
casto -ta *aj* cast -a
castor *m* castor
casualidad *f* casualitat
cataclismo *m* cataclisme; (*calamidad*) daltabaix
catacumba *f* catacumba
catalán -ana *aj mf* català -ana; *m* (*lengua*) català
catalejo *m* ullera *f* de llarga vista
catálogo *m* catàleg
cataplasma *f* cataplasma *m*
catar *vt* tastar
catarata *f* cascada; (*del ojo*) cataracta
catarro *m med* (*resfriado*) refredat, constipat; (*de una mucosidad*) catarro
catástrofe *f* catàstrofe
cate *m* (*bofetada*) nata *f*, bufa *f*, galeta *f*
catecismo *m* catecisme
cátedra *f* càtedra
catedral *f* catedral
categoría *f* categoria
católico -ca *aj mf* catòlic -a
catorce *aj m* catorze
cauce *m* llit [d'un curs d'aigua]
caucho *m* cautxú
caudal *m* (*de un río*) cabal; *mpl* (*capital*) cabals
caudaloso -sa *aj* cabalós -osa
caudillo *m* cabdill
causa *f* (*motivo*) causa, perquè *m*; *fg* (*ideal*) causa
causar *vt* causar; (*placer, gusto*) fer. **~** *impresión*, fer impressió
cáustico -ca *aj* càustic -a
cauterizar *vt* cauteritzar
cautivador -ra *aj* captivador -a, encisador -a
cautivar *vt* captivar, encisar
cautivo -va *aj mf* captiu -iva
cava *f* cava; *ana* (*vena*) cava; *m* (*vino espumoso*) cava
cavar *vt* cavar
caverna *f* caverna
caviar *m* caviar
cavidad *f* cavitat
cavilar *vt* cavil·lar
cayado *m* (*de pastor*) vara *f*, gaiata *f*; (*de obispo*) bàcul

caza *f* cacera, caça; *m mil* caça; ~ **mayor** caça major; ~ **menor** caça menor
cazador -ra *aj mf* caçador -a; *f* (*prenda de vestir*) caçadora
cazar *vt* caçar
cazo *m* (*cucharón*) cullerot, culler; (*vasija metálica*) cassó, casserol *f*
cazuela *f* cassola
cazurro -rra *aj* totxo -a
cebada *f agr* ordi *m*
cebo *m* esquer
cebolla *f* ceba; ~ **tierna** ceba tendra
cebra *f* zebra
cedazo *m* sedàs
ceder *vti* cedir
cedro *m* cedre
cegar *vtp* encegar(-se)
cegato -ta *aj* curt -a de vista
ceguedad *f* ceguesa
ceguera *f* ceguesa
ceja *f* cella
cejar *vi* desistir
celda *f* cel·la
celebración *f* celebració
celebrar *vt* celebrar
célebre *aj* cèlebre
celeridad *f* celeritat
célibe *aj mf* cèlibe
celo *m* (*cuidado*) zel; *zoo* (*excitación sexual*) zel. *Estar en ~*, estar en zel; (*cinta adhesiva*) cinta adhesiva *f*; *pl* gelosia *f sg. Tener ~*, tenir gelosia; **dar ~s** engelosir
celofán *m* cel·lofana *f*
celosía *f art* gelosia
celoso -sa *aj* gelós -osa
celta *aj mf* celta
céltico -ca *aj* cèltic -a
celulitis *f* cel·lulitis
celulosa *f* cel·lulosa
cementerio *m* cementiri, fossar
cemento *m* ciment
cena *f* sopar *m*; **la última** (**la santa**) ~ *rlg* l'últim sopar, la santa cena
cenacho *m* cabàs
cenar *vi* sopar; *vt* menjar per sopar
cencerro *m* esquella *f*; **estar como un** ~ estar tocat del bolet
cenefa *f* sanefa
cenicero *m* cendrer
cenit *m* zenit
ceniza *f* cendra; *pl* (*restos mortales*) cendres
cenizo -za *aj* cendrós -osa; **ser un** ~ ésser el pot de la pega
censura *f* censura
centella *f* espurna, guspira; **como una** ~ com un llamp
centena *f* centena
centenar *m* centenar
centenario -ria *aj m* centenari -ària
centeno *m agr* sègol
centigramo *m* centigram
centilitro *m* centilitre
centímetro *m* centímetre
céntimo *m* cèntim
centinela *mf mil* sentinella, guaita
centollo *m zoo* cabra *f*
central *aj f* central
centralita *f* centraleta
céntrico -ca *aj* cèntric -a
centrifugar *vt* centrifugar
centrífugo -ga *aj* centrífug -a
centrípeto -ta *aj* centrípet -a
centro *m* centre; ~ **de recreo** casal
ceñir *vt* (*rodear*) cenyir; *vp fg* (*atenerse*) cenyir-se

ceñudo -da *aj* malcarat -ada
cepa *f bot* cep *m*; *fg* (*linaje*) soca; **de pura ~** de soca-rel
cepillar *vt* raspallar
cepillo *m* raspall; (*de carpintero*) ribot
cepo *m* cep
ceporro -rra *aj dsp* talòs -ossa, totxo -a
cera *f* cera; **no hay más ~ que la que arde** no hi ha més cera que la que crema
cerámica *f* ceràmica
cerca *f* tanca
cerca *av* prop, a prop, a la vora. *Vive ~ de aquí*, viu prop d'aquí. *Viven por aquí ~*, viuen aquí a prop.; **~ de** prop de
cercado -da *aj* clos -a; *m* clos, cleda *f*
cercanía *f* proximitat; *pl* (*alrededores*) rodalia *sg*
cercano -na *aj* proper -a, pròxim -a
cercar *vt* encerclar, rodejar
cerco *m* (*corona cilíndrica*) cèrcol; (*asedio*) setge
cerda *f zoo* truja; *pl* (*pelo de cerda*) cerres
cerdo -da *mf zoo* porc -a; *aj fg* (*sucio, grosero*) porc -a, bacó -ona; (*deshonesto*) porc -a
cereal *m* cereal
cerebelo *m* cerebel
cerebro *m* cervell
ceremonia *f* cerimònia
ceremonial *m* cerimònia *f*
cereza *f* (*fruta*) cirera
cerezo *m bot* cirerer
cerilla *f* misto *m*, llumí *m*
cero *m mat* zero; **al ~** (*cabellos*) al zero; **ser un ~ a la izquierda** ésser un zero a l'esquerra
cerrado -da *aj* tancat -ada; (*ojo*) cluc. *Con los ojos ~s*, amb els ulls clucs
cerradura *f* pany *m*
cerrajero -ra *mf* manyà -ana, serraller -a
cerrar *vt* tancar; (*los ojos*) aclucar; (*un paso, un camino*) barrar; (*un acto, un discurso*) cloure; *ab* (*de un trabajo, de una tienda*) plegar; **~ el pico** fer muts
cerril *aj* tossut -uda
cerro *m* puig, turó
cerrojo *m* forrellat
certificado -da *aj m* certificat -ada
cerveza *f* cervesa
cerviz *f* clatell *m*, bescoll *m*
cesar *vti* cessar
césped *m* gespa *f*
cesta *f* cistell *m*; (*del pan*) panera; *esp* (*en el baloncesto*) cistella; **la ~ de la compra** el cistell d'anar a comprar (d'anar a plaça); **~ de Navidad** panera de Nadal
cesto *m* cistell
ceta *f* (*letra*) zeta
cetáceo *m* cetaci
cetro *m* ceptre
chabacano -na *aj* groller -a
chabola *f* barraca
chacal *m* xacal
cháchara *f* xerrameca; **estar de ~** fer-la petar
chafar *vt* esclafar, aixafar; *fg* (*abatir*) aixafar
chaflán *m* xamfrà
chal *m* xal
chaladura *f* dèria

chalé *m* xalet
chaleco *m* armilla *f*; ~ **antibalas** armilla antibales
chalet *m* = **chalé**
champán *m* xampany
champiñón *m* xampinyó
champú *m* xampú
chamuscar *vt* socarrar, socarrimar
chanchullo *m* tripijoc
chancla *f* = **chancleta**
chancleta *f* xancleta
chándal *m* xandall
chapa *f* (*de metal*) xapa; (*de una botella*) tap *m* de corona; (*de madera*) fullola
chapado -da *aj* xapat -ada; ~ **a la antigua** fet a l'antiga
chapar *vt* (*chapear*) xapar; *cons* aplacar
chaparro -rra *aj* rabassut -uda
chaparrón *m* aiguat, xàfec
chapotear *vt* xipollejar
chapucero -ra *aj mf* potiner -a, destraler -a
chapurrear *vt* xampurrejar
chaqueta *f* jaqueta
charco *m* toll
charcutería *f* xarcuteria
charla *f* (*conversación*) xerrada, xerrameca; (*disertación*) xerrada
charlar *vi* xerrar, enraonar; ~ **por los codos** xerrar pels descosits
charlatán -ana *aj mf* (*parlanchín*) xerraire; (*chismoso*) bocamoll -a; (*embaucador*) xarlatà -ana
charlotear *vi* xerrar, garlar
charloteo *m* xerrameca *f*
charol *m* xarol
chascar *vi* (*el látigo*) esclafir, espetegar; (*la lengua*) espetegar, tocar l'ase
chasco *m* moc
chasis *m* xassís
chasquear *vt* (*el látigo, la lengua*) fer espetegar; (*dar un chasco*) clavar un moc
chasquido *m* espetec, pet
chatarra *f* ferralla
chato -ta *aj* xato -a
chaval -la *mf* noi -a
chaveta *f* clavilla; **perder la** ~ *fg fm* perdre el seny
checo -ca *aj mf* txec -a; *m* (*lengua*) txec
cheque *m* xec
chicha *aj mar* absoluta. *Calma* ~, calma absoluta; *f* carn, molla de carn; **no ser ni** ~ **ni limonada** no ésser ni carn ni peix
chichón *m* nyanyo, bony
chicle *m* xiclet
chico -ca *aj* xic -a, petit -a; *mf* noi -a, xicot -a, minyó -ona
chifladura *f* dèria
chiflar *vti* (*silbar*) xiular; *vt* apassionar, entusiasmar; *vp* (*anisar*) suspirar *vi*, fondre's; (*enamorarse*) estar boig per
chillar *vi* cridar, xisclar
chillido *m* xiscle, xisclet; (*de los pájaros*) esgarip; (*del cerdo, del conejo*) esgüell
chillón -ona *aj* cridaner -a; (*color*) cridaner -a, viu viva, llampant
chimenea *f* xemeneia, llar de foc
chimpancé *m* ximpanzé
chinchar *vti* fer la guitza
chincheta *f* xinxeta
chino -na *aj mf* xinès -esa; *m* (*lengua*) xinès
chiquillería *f* mainada, canalla

chiquillo -lla *mf* (*rapaz*) noi noia, vailet -a; (*niño*) nen -a, infant *m*, criatura *f*
chiripa *f* xamba, sort, casualitat
chirona *f fm* garjola
chirriar *vi* (*una puerta, etc*) grinyolar; (*los pájaros*) xerrotejar
chirrido *m* grinyol
chisme *m* (*habladuría*) xafarderia *f*; (*trasto*) trasto, andròmina *f*
chismero -ra *aj* xafarder -a
chismorrear *vi* xafardejar
chismorreo *m* xafardeig, xafarderia *f*
chismorrería *f* xafarderia
chismoso -sa *aj* xafarder -a
chispa *f* espurna, guspira; (*de lluvia*) gota; *fg* (*gracia, ingenio*) gràcia, enginy *m*; (*pedazo*) engruna; **ni ~ (de)** [*en frases negativas*] gens de, ni una engruna de. *No tiene ni ~ de gracia*, no té gens de gràcia. *No queda ni ~ de pan*, no queda ni una engruna de pa
chispear *vi* plovisquejar
chistar *vi* piular, obrir la boca; **sin ~** sense dir ni piu, sense badar boca
chiste *m* acudit
chistera *f* barret *m* de copa alta
chivarse *vp* xerrar *vi*. *Quién se ha chivado?*, qui ha xerrat?
chivato -ta *aj mf* espieta, xerraire, delator -a
chivo *m zoo* cabrit; **~ expiatorio** boc expiatori
chocante *aj* xocant
chocar *vi* xocar, topar; *fg* (*sorprender*) xocar, sorprendre; **¡chócala!** toca-la!
chocolate *m* xocolata *f*
chófer *mf* xofer
chollo *m* ganga *f*, ocasió *f*
chopo *m* pollancre, xop
choque *m* xoc, topada *f*
chorizo *m gst* xoriço; *fm* (*ladrón*) pispa, lladregot
chorrada *f* bajanada
chorrear *vi* rajar, regalimar; **estar chorreando** anar xop
chorrito *m* rajolí
chorro *m* raig, doll; **a ~** a raig; **a ~s** a dolls; **como los ~s del oro** com una patena
choza *f* cabana
chubasco *m* aiguat, ruixat, xàfec
chubasquero *m* impermeable
chuchería *f* llaminadura, llepolia
chufa *f* xufla
chulear *vi* gallejar, fer el gall; *vp* burlar-se, mofar-se
chuleta *f gst* costella
chulo -la *aj mf* fanfarró -ona; (*presumido*) presumit -ida, fatxenda; (*bonito*) bufó -ona; *m* (*proxeneta*) macarró
chupar *vt* llepar; (*absorver*) xuclar; *vi* (*sacar provecho*) sucar; **~ del bote** *fg fm* sucar; **~se el dedo** (*los niños*) fer la pipa; (*ser ingenuo*) mamar-se el dit; **de ~se los dedos** (*comida*) per a llepar-se'n els dits
chupete *m* xumet
chupetón *m* xuclet, xuclada *f*
chupón -ona *aj mf* (*que chupa*) xuclador -ora; *fg dsp* paràsit -a, sangonera *f*, vividor -a
churro *m gst* xurro; *fg* (*cosa mal hecha*) nyap, bunyol
chusma *f* xusma, trepa, gentalla

chutar *vi* xutar
cianuro *m* cianur
cicatero -a *aj mf* gasiu -iva, mesquí -ina
cicatriz *f* cicatriu
ciclista *aj mf* ciclista
ciclo *m* cicle
ciclomotor *m* ciclomotor
ciclón *m* cicló, huracà
cicuta *f* cicuta
ciego -ga *aj mf* cec cega; **a ciegas** a cegues
cielo *m* cel
ciempiés *m iv* centpeus
cien *aj m* cent; **dar ~ vueltas** (*a up*) passar la mà a up per la cara
ciénaga *f* pantà *m*, aiguamoll *m*
ciencia *f* ciència; **a ~ cierta** de ciència certa; **~-ficción** ciència-ficció
cieno *m* fang, llot
científico -ca *aj mf* científic -a
ciento *m* cent; *pl* cents; **por ~** per cent
cierre *m* tancament; (*de un collar, un bolso, etc*) tanca *f*; (*de un acto*) clausura *f*
cierto -ta *aj* (*seguro*) cert -a; (*determinativo*) cert -a. *Rebajarse a hablar con ciertas personas*, rebaixar-se a parlar amb certes persones; **de ~** del cert; **en cierta manera** en certa (d'alguna) manera; **en ~ modo** en certa (d'alguna) manera
ciervo -va *mf* cérvol -a
cifra *f* xifra
cigala *f* (*crustáceo*) escamarlà *m*, cigala
cigarra *f* (*insecto*) cigala
cigarrillo *m* cigarret, cigarro *fm*
cigarro *m* (*cigarrillo*) cigarret, cigarro *fm*, cigarreta *f*; **~ puro** cigar, cigarro *fm*
cigüeña *f* cigonya
cilíndrico -ca *aj* cilíndric -a
cilindro *m* cilindre; (*rodillo*) corró
cima *f* cim *m*
cimientos *mpl* fonaments
cincel *m* cisell
cinco *aj m* cinc
cincuenta *aj mf* cinquanta
cine *m* cinema
cínico -ca *aj* cínic -a
cinta *f* cinta; **~ métrica** centímetre *m*, cinta mètrica
cinto *m* cinturó
cintura *f* cintura
cinturón *m* cinturó
ciprés *m* xiprer
circo *m* circ
circuito *m* circuit
circulación *f* circulació
circular *aj f* circular
circular *vi* circular
círculo *m* cercle, rodona *f*; (*asociación*) cercle; (*de personas*) rotllana; **~ vicioso** cercle viciós
circundar *vt* circumdar, envoltar
circunferencia *f* circumferència
circunstancia *f* circumstància
cirio *m* ciri
cirrosis *f* cirrosi
ciruela *f* pruna
ciruelo *m* prunera *f*
cirujano -na *mf* cirurgià -ana
cisne *m* cigne
cisterna *f* cisterna
cistitis *f* cistitis
cita *f* cita

citar *vt* (*avisar*) citar; (*mencionar*) citar; (*un pasage de un autor*) citar
cítrico -ca *aj m* cítric -a
ciudad *f* ciutat
ciudadano -na *mf* ciutadà -ana
ciudadela *f* ciutadella
civil *aj* civil
civilización *f* civilització
civismo *m* civisme
cizalla *f* cisalla
clamar *vti* clamar
clamor *m* clamor *m/f*
clan *m* clan
clandestino -na *aj* clandestí -ina
clara *f* (*del huevo*) clara, blanc *m* de l'ou
claraboya *f* claraboia
clarear *vi* (*hacerse de día*) clarejar; (*el cielo*) aclarir-se *vp*; **al ~ el día** a punta de dia (d'alba)
claridad *f* claror
clarinete *m* clarinet
clarividencia *f* clarividència
claro -ra *aj* clar -a; (*pálido*) clar -a; (*perceptible, comprensible*) clar -a; (*poco espeso*) clar -a; *m* (*en un bosque, en el pelo*) clariana *f*, clap; *av* (*claramente*) clar. *Hablar* ~, parlar clar; **a las claras** tot ras; **cantarlas claras** cantar-les clares; **¡está ~!** és clar!
clase *f* classe; **dar** ~ fer classe
clásico -ca *aj m* clàssic -a
clasificación *f* classificació
clasificar *vt* classificar
claudicar *vi* claudicar
claustro *m arq rlg* claustre; (*junta de profesores*) claustre
claustrofobia *f* claustrofòbia
cláusula *f* clàusula
clausura *f* clausura
clavado -da *aj* (*idéntico*) clavat -ada, pastat -ada; (*sorprendido*) parat -ada, palplantat -ada
clavar *vt* clavar
clave *f* (*solución*) clau; *mús* claveci, clavicèmbal
clavel *m* clavell
clavellina *f* clavellina
clavícula *f* clavícula
clavija *f* clavilla
clavo *m* clau; **un ~ saca otro ~** un clau en treu un altre
claxon *m* clàxon
clemencia *f* clemència
clemente *aj* clement
cleptomanía *f* cleptomania
clérigo *m* clergue
cliché *m* clixé
cliente -ta *mf* client -a
clima *m* clima
clínica *f* clínica
clip *m* clip
cloaca *f* claveguera
clorofila *f* clorofil·la
club *m* club
clueca *f* lloca
coartada *f* coartada
coba *f* **dar** ~ (*adular*) ensabonar, donar sabó a
cobarde *aj mf* covard -a
cobaya *f* cobai *m*, conill *m* d'Índies
cobertizo *m* cobert
cobertor *m* cobertor
cobijar *vt* (*recoger*) albergar; (*resguardar*) arrecerar
cobijo *m* aixopluc, recer
cobla *f* cobla
cobrador -ra *mf* cobrador -a
cobrar *vt* cobrar; ~ **aliento** prendre alè

cobre *m* coure
cobro *m* cobrament; **a ~ revertido** de cobrament a destinació
coca *f bot* coca
cocaína *f* cocaïna
cocción *f* cocció
cocer *vt* coure
coche *m* cotxe, auto; **~ de carreras** cotxe de competició (de cursa)
cochecito *m* (*de niño*) cotxet
cochinillo *m* garrí
cochino -na *aj mf* porc -a
cocido *m* carn *f* d'olla
cociente *m* quocient
cocina *f* cuina
cocinar *vt* cuinar
cocinero -ra *mf* cuiner -a
coco *m bot* coco; (*personaje imaginario*) papu, l'home del sac; (*cabeza*) closca *f*, testa *f*
cocodrilo *m* cocodril
cóctel *m* còctel
codazo *m* cop de colze
código *m* codi
codillo *m* (*del cerdo*) garró; (*de un carruaje*) estrep
codo *m* colze; **empinar el ~** aixecar el colze, mamar
codorniz *f* guatlla
coeficiente *m* coeficient
coetáneo -a *aj mf* coetani -ània
cofia *f* còfia
cofradía *f* confraria
cofre *m* cofre
coger *vt* (*sujetar*) agafar, prendre; (*atrapar*) agafar, enxampar; (*una enfermedad*) agafar, arreplegar, pescar; (*arrancar*) collir; (*sorprender*) agafar, enxampar, enganxar, pescar; *vp* agafar-se; **~ al vuelo** agafar al vol, copsar; **~ de sorpresa** agafar de sopresa; **~ el toro por los cuernos** agafar el bou per les banyes; **~ por** agafar la dèria de. *Ahora le coge por ir a pescar*, ara li agafa la dèria d'anar a pescar
cogollo *m* (*de una lechuga, una col, etc*) ull
cogorza *f* (*borrachera*) mona
cogote *m* clatell
cohabitar *vi* cohabitar
coherencia *f* coherència
cohesión *f* cohesió
cohete *m* coet
coincidir *vi* coincidir
coito *m* coit
cojear *vi* coixejar, ranquejar; (*un razonamiento*) coixejar
cojín *m* coixí
cojo -ja *aj mf* coix -a
cojones *m pl vlg* collons, pebrots; **salirle de los ~** passar-li pels collons; **tener ~** tenir collons
cojonudo -da *aj* collonut -uda
col *f* col
cola *f ana* cua; (*de cabellos, de un vestido*) cua; (*fila*) cua; (*pegamento*) cola, aiguacuit; (*bebida refrescante*) cola; **~ de caballo** cua de cavall
colaborar *vi* col·laborar
colada *f* bugada
colador *m* colador
colar *vt* colar; *vp* (*pasar sin ser visto*) colar-se; (*cometer un error*) ficar la pota
colcha *f* cobrellit *m*
colchón *m* matalàs
colchoneta *f esp* matalàs *m*

colección *f* col·lecció; (*de poemas*) recull *m*; (*conjunto*) colla
colectivo -va *aj m* col·lectiu -iva
colega *mf* col·lega
colegio *m* col·legi; ~ **electoral** col·legi electoral
cólera *f* (*ira*) còlera; *m med* còlera
colesterol *m* colesterol
coleta *f* (*de cabellos*) cua
colgador *m* penjador, penja-robes
colgante *m* (*joya*) penjoll
colgar *vt* penjar; (*una profesión, una carrera*) deixar, abandonar
colibrí *m* colibrí
cólico *m* còlic
coliflor *f* coliflor
colilla *f* burilla
colín *m* bastó [de pa]
colina *f* turó *m*, pujol *m*
colirio *m* col·liri
colisión *f* col·lisió
collado *m* (*cerro*) turó; (*en una sierra*) coll, collada *f*
collar *m* (*adorno*) collaret, collar; (*de un animal doméstico*) collar
colmado -da *aj* curull -a; *m* botiga *f* de queviures
colmena *f* rusc *m*
colmillo *m* ullal
colmo *m* curull; (*grado máximo*) súmmum; **para** ~ a sobre; **ser el** ~ passar de mida
colocación *f* col·locació
colocar *vt* col·locar
colonia *f* colònia; ~ **de vacaciones** colònia de vacances
colono -na *mf* (*habitante de una colonia*) colon -ona; (*arrendatario de una granja*) masover -a
coloquial *aj* col·loquial
coloquio *m* col·loqui
color *m* color; **ponerse de todos los ~es** tornar-se de tots els colors
colorado -da *aj m* vermell -a
colorear *vt* acolorir
colorete *m* coloret
colorines *mpl* coloraines *f*
colosal *aj* colossal
coloso *m* colós
columna *f* columna; ~ **vertebral** columna vertebral
columpiar *vtp* gronxar(-se)
columpio *m* gronxador
coma *f* coma
comadre *f* comare
comadreja *f* mostela
comandante *m* comandant
comando *m* comando
comarca *f* comarca
comba *f jcs* corda. *Jugar a la ~*, saltar a corda
combar *vt* arquejar, encorbar, bombar
combate *m* combat
combatir *vti* combatre
combinación *f* combinació
combinar *vt* combinar
combustible *aj m* combustible
combustión *f* combustió
comedero *m* menjadora *f*
comedia *f* comèdia
comediante -ta *aj mf* comediant -a
comedimiento *m* moderació *f*, mesura *f*
comedor -ra *aj m* menjador -a
comensal *mf* comensal
comentar *vt* comentar
comentario *m* comentari
comenzar *vti* començar; ~ **a** començar a (de)

comer *vt* menjar; *vi* (*hacer la comida del mediodía*) dinar; *vp* (*una cantidad determinada*) menjar-se; **ser de buen ~** menjar de tot, ésser de vida; **sin ~lo ni beberlo** sense tenir-hi art ni part; **¿y eso con qué se come?** com lliga, tot això?
comercial *aj m* comercial
comerciante *mf* comerciant
comerciar *vi* comerciar, mercadejar
comercio *m* comerç
comestible *aj* comestible; *m pl* queviures
cometa *f jcs* estel *m*; *m ast* cometa
cometer *vt* cometre
comezón *f* picor
cómic *m* còmic
cómico -ca *aj mf* còmic -a
comida *f* (*alimento*) menjar *m*; (*del mediodía*) dinar *m*; (*acción de comer*) àpat *m*, menjada
comienzo *m* començament; **a ~s de** al començament de; **dar ~ a** començar *vti*
comillas *fpl grm* cometes
comilón -ona *aj mf* golafre, golut -uda; *f fm* tec *m*, tiberi *m*
comino *m bot* comí; **me importa un ~** tant se me'n dóna
comisaría *f* comissaria
comisario -ria *mf* comissari -ària
comisión *f* comissió
comité *m* comitè
comitiva *f* comitiva
como *av* com. *Se pelean ~ el perro y el gato*, es barallen com el gat i el gos; (*en calidad de*) com a. *Irá a la reunión ~ secretario*, anirà a la reunió com a secretari; *cnj* (*causal*) com que. *~ no llegabas, me he ido*, com que no arribaves, me n'he anat; (*condicional*) si. *~ no vayas, te acordarás*, si no hi vas, te'n recordaràs
cómo *av* (*de qué manera*) com. *Todavía no sé ~ llegaste*, encara no sé com vas arribar; (*exclamativo*) com. *¡~ huyó el cobarde!*, com va fugir el covard!; *inj* (*sorpresa, indignación*) com!, i ara!; *m* [*con el artículo* el] com. *El ~ y el cuándo*, el com i el quan
cómoda *f* calaixera
comodidad *f* comoditat, confort *m*
cómodo -da *aj* còmode -a
comodón -ona *aj* panxacontent -a
compacto -ta *aj* compacte -a
compadecer *vt* compadir, plànyer; **~se de** compadir-se de
compadre *m* compare
compañerismo *m* companyonia *f*, camaraderia *f*
compañero -ra *mf* company -a, camarada
compañía *f* companyia
comparación *f* comparació; **en ~ con** en comparació de, per comparació amb
comparar *vt* comparar
compadecer *vt* compadir, plànyer
comparecer *vi* comparèixer
compartimento *m* = **compartimiento**
compartimiento *m* compartiment
compartir *vt* compartir
compás *m mat mús* compàs

compasión *f* compassió
compatible *aj* compatible
compatriota *mf* compatriota
compensar *vt* compensar
competencia *f* competència
competente *aj* competent
competición *f* competició
competir *vi* competir
complacer *vt* complaure; *vp* complaure's
complejo -ja *aj m* complex -a
complementar *vt* complementar
complementario -ria *aj* complementari -ària
complemento *m* complement
completamente *m* completament, ben bé
completar *vt* completar
completo -ta *aj* complet -a; **por ~** per complet
complicado -da *aj* complicat -ada
complicar *vt* complicar; (*involucrar*) embolicar, enredar; **~se la existencia (la vida)** complicar-se la vida
complot *m* complot
componente *aj m* component
componer *vt* (*formar un todo*) compondre; (*reparar*) adobar; (*una obra musical, literaria, etc*) compondre; (*poner en orden*) arranjar, manegar; *vp* (*acicalarse*) compondre's, mudar-se; **componérselas** compondre-se-les, arranjar-se
comportamiento *m* comportament
comportar *vt* (*implicar*) comportar; *vp* (*conducirse*) comportar-se, captenir-se
composición *f* composició
compositor -ra *mf* compositor -a
compota *f* compota
compra *f* compra; **ir de ~s** anar a comprar
comprador -ra *mf* comprador -a
comprar *vt* comprar
comprender *vt* (*entender*) comprendre; (*contenir*) comprendre, incloure
comprensible *aj* comprensible, entenedor -a
comprensión *f* comprensió
compresa *f* compresa
comprimir *vt* comprimir
comprobar *vt* comprovar
comprometer *vtp* comprometre('s)
compromiso *m* compromís
compuerta *f* comporta
compuesto -ta *aj* (*no simple*) compost -a; (*acicalado*) mudat -ada; *m agr qm* compost
comulgar *vi* combregar; **~ con ruedas de molino** combregar amb rodes de molí
común *aj* comú -una; **de ~ acuerdo** de comú acord; **en ~** en comú; **por lo ~** generalment
comunicación *f* comunicació; *pl* (*carreteras, teléfonos*) comunicacions
comunicar *vti* comunicar
comunidad *f* comunitat
comunión *f* comunió
comunismo *m* comunisme
comunista *aj mf* comunista
con *prp* (*compañía*) amb. *Estar ~ un amigo*, ésser amb un amic; (*contenido*) amb. *Una casa ~ tres habitaciones*, una casa amb tres

habitacions; (*instrumento*) amb. *Pegar ~ un bastón*, pegar amb un bastó; (*mediante*) amb. *Lo conseguirá ~ tu ayuda*, ho aconseguirà amb la teva ajuda; (*manera*) amb. *Afirmar ~ reservas*, afirmar amb reserves; ~ **(tal) que** amb què, només que
conato *m dr* conat
cóncavo -va *aj* còncau -ava
concebir *vt* concebre
conceder *vt* concedir
concejal -la *mf* regidor -a
concejo *m* consell [municipal], consistori
concentrar *vtp* concentrar(-se)
concéntrico -ca *aj* concèntric -a
concepto *m* concepte; **en ~ de** en concepte de
concerniente *aj* **en lo ~ a** pel que fa a, pel que concerneix
concernir *vt* concernir; **en (por) lo que concierne a = en lo concerniente a**
concertar *vt* concertar
concha *f zoo* (*de los moluscos*) petxina; (*de tortuga*) closca
conciencia *f* consciència
concierto *m* concert
concluir *vt* (*deducir*) concloure; (*acabar*) concloure; **~ con** acabar. *Hemos concluido con el trabajo*, hem acabat la feina
conclusión *f* conclusió; (*de una disertación*) cloenda; **en ~** en conclusió
concordancia *f* concordança
concordar *vi* concordar
concordia *f* concòrdia
concreto -ta *aj* concret -a
concurrencia *f* concurrència
concurso *m* concurs
condado *m* comtat
conde -desa *mf* comte -essa
condecoración *f* condecoració
condenado -da *aj* (*al infierno*) condemnat -ada; *fg* (*endimoniat*) maleït -ïda
condenar *vt* condemnar
condensar *vt* condensar
condición *f* condició; **a ~ de que** a (amb) la condició que
condimento *m* condiment
conducir *vtp* conduir(-se)
conducta *f* conducta
conducto *m* conducte
conductor -ra *aj mf* conductor -a
conectar *vt* connectar
conejo -ja *mf zoo* conill -a
conexión *f* connexió
confección *f* confecció
confeccionar *vt* confeccionar
conferencia *f* conferència; **dar una ~** fer una conferència
confesar *vt* confessar
confesionario *m* confessonari
confeti *m* confeti
confianza *f* confiança; **tomarse muchas ~s** prendre's massa llibertats
confiar *vt* confiar; *vi* confiar, refiar-se de. *~ en una ayuda*, confiar en una ajuda
confidencia *f* confidència
confirmar *vt* confirmar
confitar *vt* confitar
confite *m* confit
confitura *f* confitura
conflicto *m* conflicte
conformar *vt* (*acomodar*) conformar; *vp* (*resignarse*) conformar-se

conforme *aj* conforme; *av* a mesura que. *Me lo puedes dar ~ lo vayas haciendo*, m'ho pots donar a mesura que ho vagis fent; **~ a** conforme a
confortable *aj* confortable
confundir *vt* (*desconcertar*) confondre
confundir *vt* (*equivocarse*) confondre; (*desconcertar*) confondre, desmuntar
confusión *f* confusió
confuso -sa *aj* confús -usa
congelador *m* congelador
congelar *vt* congelar
conglomerado *m* conglomerat
congoja *f* (*opresión intensa*) angoixa; (*preocupación*) angúnia
congregar *vt* congregar, aplegar
congreso *m* congrés
cónico -ca *aj* cònic -a
conjunción *f* conjunció
conjuntamente *av* conjuntament
conjunto -ta *aj m* conjunt -a; **en ~** en conjunt
conllevar *vt* comportar
conmemorar *vt* commemorar
conmiseración *f* commiseració
conmoción *f* commoció
conmocionar *vt* commoure; *fg* (*impresionar*) colpir
conmover *vt* commoure
cono *m* con
conocer *vtp* conèixer(-se); **~ de vista** conèixer de vista; **~ el paño (el percal)** saber el pa que s'hi dóna; **dar a ~** fer (donar a) conèixer
conocido -da *mf* conegut -uda, coneixença
conocimiento *m* [*a menudo en pl*] coneixement
conque *cnj* doncs, per tant; [*en frases exclamativas*] de manera que; així, doncs. *¿~ te mudas?*, així, doncs, et mudes?
conquista *f* conquesta
conquistar *vt* (*un territorio*) conquerir; *fg* conquerir, seduir
consciente *aj m* conscient
consecuencia *f* conseqüència; **a ~ de** a (com a) conseqüència de; **en ~** en conseqüència
consecutivo -va *aj* consecutiu -iva
conseguir *vt* aconseguir, assolir
consejería *f* conselleria
consejero -ra *mf* conseller -a
consejo *m* consell
consentir *vi* consentir
conserje *mf* conserge
conserva *f* conserva
conservar *vtp* conservar(-se)
considerable *aj* considerable
considerar *vt* considerar
consigna *f* consigna
consistente *aj* consistent
consistir *vi* consistir
consolar *vt* consolar
consonante *aj f* consonant
conspiración *f* conspiració
constante *aj f* constant
constar *vi* (*tener la certeza*) constar; (*aparecer*) constar, figurar
constelación *f* constel·lació
constipado *m* refredat, constipat
constitución *f* constitució
constituir *vt* constituir
construcción *f* construcció
construir *vt* construir
consuelo *m* consol

cónsul *mf* cònsol
consulta *f* consulta
consultar *vt* consultar
consumición *f* consumició
consumidor -ra *aj mf* consumidor -a
consumir *vt* consumir; *fg* consumir, corsecar
consumo *m* consum
contabilidad *f* comptabilitat
contable *aj mf* comptable
contacto *m* contacte
contador *m* comptador
contagiar *vt* contagiar, encomanar
contagio *m* contagio; (*epidemia de poca importancia*) passa *f*. *Hay un ~ de gripe*, hi ha una passa de grip
contagioso -sa *aj* contagiós -osa
contaminación *f* contaminació
contaminar *vt* contaminar
contar *vt* (*numerar*) comptar; (*incluir*) comptar. *Te cuento entre los invitados*, et compto entre els convidats; (*un hecho*) contar, explicar; *vi* comptar. *Cuenta hasta cien*, compta fins a cent; **~ con** (*confiar*) comptar amb, refiar-se de. *Cuenta con mi apoyo*, compta amb el meu suport; (*disponer*) tenir, disposar. *Contamos con poco tiempo*, tenim poc temps
contemplar *vt* contemplar
contemplativo -va *aj* contemplatiu -iva
contenedor *m* contenidor
contener *vt* contenir
contenido -da *aj m* contingut -uda
contentar *vt* acontentar, fer content up
contento -ta *aj* content -a; *m* alegria *f*, joia *f*; **más ~ que unas pascuas** content com (més alegre que) unes pasqües; **estar loco de ~** no cabre a la pell de goig
contestación *f* contesta
contestar *vti* contestar
contexto *m* context
continente *m* continent
continuación *f* continuació; **a ~** a continuació, tot seguit
continuar *vt* continuar
continuo -a *aj* continu -ínua
contorno *m* contorn; *m pl* voltants, volts, rodalia *f sg*
contorsión *f* contorsió
contra *prp* contra; **en ~** en contra; **~ natura** contra natura; **~ viento y marea** contra vent i marea
contrabajo *m* contrabaix
contrabandista *mf* contrabandista
contrabando *m* contraban
contracción *f* contracció
contraconceptivo -va *aj m* contraceptiu -iva
contradecir *vt* contradir
contraer *vt* contreure
contrafuerte *m* contrafort
contrariedad *f* contrarietat
contrario -ria *aj mf* contrari -ària; **al ~** al contrari; **de lo ~** en cas contrari, altrament
contraseña *f* contrasenya
contrastar *vt* contrastar
contraste *m* contrast
contratar *vt* contractar
contratiempo *m* contratemps
contraventana *f* finestró *m*
contribución *f* contribució

contribuir *vi* contribuir
contrincante *mf* contrincant
control *m* control
controlar *vt* controlar
controversia *f* controvèrsia
contumaz *aj* contumaç
conturbar *vt* contorbar, esverar
contusión *f* contusió
convaleciente *aj mf* convalescent
convencer *vt* convèncer; *fg* (*satisfacer*) fer el pes
conveniente *aj* convenient
convenir *vi* convenir
convento *m* convent
conversación *f* conversa, xerrada
conversar *vi* conversar
convertir *vtp* convertir(-se)
convexo -xa *aj* convex -a
convidar *vt* convidar
convivir *vi* conviure
convocar *vt* convocar
convoy *m* comboi
convulsión *f* convulsió
coña *f fm* conya
coñac *m* conyac
coño *m vlg* (*vulva*) cony; *inj* cony!
cooperar *vi* cooperar
cooperativa *f* cooperativa
coordenada *f* coordenada
coordinar *vt* coordinar
copa *f* copa; (*de un árbol*) copa, capçada; **irse de ~s** anar a fer unes copes
copete *m* (*de cabellos*) tupè; (*de un pájaro*) plomall; (*de un helado*) curull; **de alto** ~ d'upa. *Son gente de alto ~*, són gent d'upa; **estar hasta el** ~ estar-ne fins al capdamunt
copia *f* còpia
copiar *vt* copiar
copioso -a *aj* copiós -osa
copla *f* cobla
copo *m* floc, volva *f*
coraje *m* (*valor*) coratge; (*ira*) ira *f*, ràbia *f*; **dar** ~ fer ràbia
coral *aj mús* coral; *m zoo* corall
coraza *f* cuirassa
corazón *m ana* cor; **con el ~ en la mano** *fg* amb el cor a la mà; **con el ~ metido en un puño** *fg* amb l'ai al cor; **no tener** ~ *fg* no tenir cor; **partir (romper) el** ~ *fg* trencar el cor
corazonada *f* pressentiment *m*
corbata *f* corbata
corchete *m* gafet
corcho *m* suro
corcova *f* gep *m*, gepa
cordel *m* cordill
cordero *m zoo* xai, anyell, be
cordial *aj* cordial
cordialidad *f* cordialitat
cordillera *f* serralada
cordón *m* cordó
cordura *f* seny *m*, enteniment *m*
coreografía *f* coreografia
córnea *f* (*del ojo*) còrnia
córner *m esp* córner
corneta *f mús* corneta; *mf* corneta
cornisa *f arq geo* cornisa
cornudo -da *aj* banyut -uda, cornut -uda; *aj m fg* (*marido engañado*) cornut, banyut; **tras ~ apaleado** ésser cornut i pagar el beure
coro *m* cor
corona *f* corona
coronel -la *mf* coronel -a
coronilla *f* coroneta; **estar hasta la** ~ estar-ne fins al capdamunt
corporal *aj* corporal

corpulento -ta *aj* corpulent -a
corral *m* corral, cort *f*
correa *f* corretja
corrección *f* correcció
correcto -ta *aj* correcte -a
corredor -ra *aj mf* corredor -a; *m* (*pasillo*) corredor
corregir *vt* corregir
correo *m* correu; *pl* (*oficina de correos*) correus
correr *vi* córrer; *vt* córrer. ~ *cien metros lisos,* ~ *mundo,* córrer cent metres llisos, córrer món; (*mover*) tirar. *Corramos el piano hacia la pared,* tirem el piano cap a la paret; (*las cortinas*) córrer, tirar; *vp* (*echarse hacia un lado*) enretirar-se, tirar-se, fer-se (cap a)
correría *f* (*incursión*) correguda; *pl* (*viajes cortos*) escapades, voltes
correspondencia *f* correspondència
corresponder *vi* (*concordar*) correspondre; (*pertenecer*) pertorcar, correspondre; (*a un sentimiento*) correspondre
correspondiente *aj* corresponent
corretear *vi* vagarejar, rondar
corrida *f* (*carrera*) correguda; ~ **de toros** cursa de braus (de toros)
corriendo *av* corrents
corriente *aj* corrent; *f* corrent *m*; **al** ~ al corrent; **llevar la** ~ (*a up*) seguir la veta a up
corromper *vt* corrompre
corrupción *f* corrupció
corrupto -ta *aj* corrupte -a
corrusco *m* (*de pan*) crostó
corsario *m* corsari
cortado -da *aj* tallat -ada; *m* (*café con un poco de leche*) tallat
cortar *vt* tallar; (*un paso, un camino*) barrar; *jcs* (*las cartas*) escapçar; (*interrumpir*) tallar; *vp* (*la piel, los labios*) tallar-se; ~ **el bacalao** remenar les cireres
corte *m tcn* (*filo*) tall, fil; (*herida*) tall; (*ropa*) tall; *f hst dr* cort; ~ **y confección** costura; **dar un** ~ **de mangas** *fg fm* fer botifarra; **hacer la** ~ fer la cort
cortejo *m* seguici
cortés *aj* cortès -esa
cortesía *f* cortesia; ~ **de** gentilesa de, cedit per
corteza *f bot* escorça; (*de pan, queso*) crosta; ~ **terrestre** escorça terrestre
cortijo *m* mas, masia *f*
cortina *f* cortina
corto -ta *aj* curt -a; **a la corta o a la larga** tard o d'hora; **quedarse** ~ fer curt
cortocircuito *m* curtcircuit
corzo *m* cabirol
cosa *f* cosa; **como si tal** ~ com si res
coscorrón *m* cop de cap
cosecha *f* collita
cosechadora *f* segadora-batedora
coser *vt* cosir; ~ *a tiros,* cosir a trets; **ser** ~ **y cantar** ésser bufar i fer ampolles
cosmético -ca *aj m* cosmètic -a
cosquillas *fpl* pessigolles
costa *f* costa; **a** ~ **de** a costa de
costado *m* costat; **de** ~ de costat
costar *vi* costar; ~ **un ojo de la cara (un riñón)** costar un ull de la cara (un ronyó)

coste *m* cost
costero -ra *aj* costaner -a
costilla *f* costella
costo *m* cost
costoso -sa *aj* costós -osa
costra *f* crosta
costumbre *f* costum *m*; **de** ~ de costum
costura *f* costura
cotidiano -na *aj* quotidià -ana
cotilla *f* (*faja*) cotilla; *aj mf* (*chismoso*) xafarder -a
cotillear *vi* xafardejar
cotilleo *m* xafardeig, xafarderia *f*
cotizar *vti* cotitzar
coto *m* vedat
cotorra *f* cotorra
coz *f* guitza; **dar coces** reguitnar
cráneo *m* crani
crápula *m* cràpula
cráter *m* cràter
creación *f* creació
crear *vt* crear
crecer *vi* créixer
crecimiento *m* creixement
crédito *m* crèdit
creencia *f* creença
creer *vt* (*algo, a alguien*) creure; (*imaginarse, pensar*) creure, pensar-se; *vi* (*tener como bueno*) creure; **~se alguien** creure's qui sap què; **que te crees tú eso!** creu-t'ho!
crema *f* crema
cremallera *f* cremallera
crepitar *vi* crepitar
crepúsculo *m* crepuscle
cresta *f* cresta; **dar en la** ~ picar la cresta
cretino -na *aj mf* cretí -ina
creyente *aj mf* creient
cría *f* cria
criada *f* criada, minyona
criadero *m* planter
criado -da *mf* criat -ada
criar *vt* criar; *vi zoo* (*parir*) criar; ~ **malvas** fer malves
criatura *f* criatura
criba *f* garbell *m*, sedàs *m*
cribar *vt* garbellar
crimen *m* crim
criminal *aj mf* criminal
crin *f* crina, crinera
crío -a *mf* criatura *f*
cripta *f arq rlg ana* cripta
crisis *f* crisi
crisma *m/f* (*óleo santo*) crisma; *f fm* (*cabeza*) crisma, cap *m*
cristal *m* cristall; *fm* (*de ventana, de coche*) vidre
cristalino -na *aj m* cristal·lí -ina
cristianismo *m* cristianisme
cristiano -na *aj mf* cristià -ana
criterio *m* criteri
crítica *f* crítica
criticar *vt* criticar
crítico -ca *aj mf* crític -a
croar *vi* (*las ranas*) raucar
crol *m esp* crol
cromo *m* cromo
crónica *f* crònica
cronómetro *m* cronòmetre
croqueta *f* croqueta
croquis *m* croquis
cruce *m* (*de caminos*) cruïlla *f*, encreuament; (*de teléfonos*) interferència *f*
crucero *m arq mar* creuer
crucial *aj* crucial
crucifijo *m* crucifix
crucigrama *m* mots *pl* encreuats
crudo -da *aj* cru crua

cruel *aj* cruel
crujir *vi* cruixir
crustáceo *m* crustaci
cruz *f* creu; **hacer ~ y raya** fer creu i ratlla; **hacerse cruces** fer-se creus
cruzamiento *m* encreuament
cruzar *vt* (*atravesar*) creuar, travessar; encreuar. *~ los brazos*, encreuar els braços; (*un cheque*) barrar; *bio* (*animales, plantas*) encreuar; *vp* (*dos personas, cosas*) encreuar-se; **~ el charco** travessar la bassa gran; **~ la cara** (*a up*) fer la cara nova a up
cuaderno *m* quadern
cuadra *f* quadra
cuadrado -da *aj m* quadrat -ada
cuadrante *m* quadrant
cuadrícula *f* quadrícula
cuadriculado -da *aj* quadriculat -ada
cuadrilátero -ra *m* quadrilàter
cuadrilla *f* (*bando*) quadrilla
cuadro *m mat art mil* quadre
cuajar *vip* quallar(-se); (*la leche*) prendre('s)
cual *pr rel* qual; **lo ~** la qual cosa
cuál *pr int* quin -a. *~es son tus zapatos?*, quines són les teves sabates?
cualidad *f* qualitat
cualquier *aj* qualsevol; **de ~ forma** de tota manera
cualquiera *aj pr* qualsevol; **~ que** qualsevol que
cuán... *av* [exclamativo] que en... de.... *¡~ desgraciado soy!*, que en sóc de desgraciat!; (*en quina mesura*) que...que. *~ podrido está el mundo*, que podrit que està el món
cuando *cnj* (*el momento en el que*) quan, que. *~ llegamos ya no estabas*, quan vam arribar ja no hi eres. *Llegamos ~ él aún estaba aquí*, vam arribar que ell encara era aquí; (*puesto que*) quan. *~ lo dicen, será verdad*, quan ho diuen, deu ser veritat; **de ~ en ~** de tant en tant; **~ más** com a màxim, a tot estirar; **~ menos** almenys, si més no
cuándo *av* [*interrogativo*] quan
cuantitativo -va *aj* quantitatiu -iva
cuanto -ta *aj* tant -a... com.... *Colocaremos cuantas sillas podamos*, col·locarem tantes cadires com puguem; *pr* tot el que. *Tiene ~ desea*, té tot el que desitja; **~ antes mejor** com més aviat millor; **en ~** tan bon punt; **en ~ a** quant a, pel que fa a
cuánto -ta *aj pr* [*interrogativo*] quant. *¿~ azúcar quieres?*, quant de sucre vols?; *av* [*exclamativo*] que, sí que. *¡~ corren!*, sí que corren!
cuarenta *aj m* quaranta
cuaresma *f vlg* quaresma
cuartear *vt* esquarterar
cuartel *m* caserna *f*, quarter
cuartelillo *m* caserna *f*
cuartilla *f* quartilla
cuarto -ta *aj mf* (*ordinal*) quart -a; (*de hora*) quart; (*habitación*) cambra *f*; (*de un cuerpo de animal*) quarter; *m pl* quartos, cèntims, calés; **~ de baño** lavabo, cambra de bany; **~ de máquinas** sala de

máquines; ~ **oscuro** *fot* cambra fosca; **de cuatro ~s** de mala mort; **menos ~** tres quarts de. *Las dos menos ~*, tres quarts de dues; **y ~** un quart de. *Las dos y ~*, un quart de tres
cuartucho *m dsp* cau
cuarzo *m* quars
cuatro *aj m* quatre
cuba *f* bóta
cubertería *f* joc *m* de coberts
cubeta *f* cubeta
cúbico -ca *aj* cúbic -a
cubierto -ta *aj* cobert -a; *f* (*de libro*) cubierta; *mar* cubierta; *m* (*para comer*) cubierto; **a ~** a cobert
cubil *m* cau
cubito *m* glaçó
cubo *m* galleda *f*, cubell; *mat* cub
cubrecama *f* cobrellit *m*
cubrir *vtp* cobrir(-se)
cucaracha *f* escarabat *m* de cuina
cuchara *f* cullera
cucharada *f* cullerada
cucharilla *f* cullereta
cucharón *m* culler, cullerot
cuchichear *vti* xiuxiuejar
cuchicheo *m* xiu-xiu
cuchilla *f* fulla
cuchillo *m* ganivet
cuchipanda *f fm* tec *m*, tiberi *m*
cuchitril *m dsp* cau
cuco -ca *aj* bufó -ona; *m zoo* cucut
cucurucho *m* cucurutxo, paperina *f*
cuello *m* coll
cuenca *f* conca
cuenco *m* bol
cuenta *f* (*factura*) compte *m*; *pl* (*bolitas para vestidos, collares, etc*) perles; **a ~** a compte; **~ corriente** compte corrent; **dar ~ de** donar compte de; **más de la ~** més del compte
cuentagotas *m iv* comptagotes
cuentista *aj mf* comediant -a
cuento *m* conte, rondalla *f*; *pl* històries *f*, romanços. *No me vengas con ~s*, no em vinguis amb històries; **no venir a ~** no venir a tomb
cuerda *f* corda
cuerna *f* cornamenta; (*vaso*) banya
cuerno *m ana* banya *f*, corn; (*vaso*) banya *f*; **mandar al cuerno** (*a up*) enviar up a la porra; **poner los ~s** posar banyes, fer el salt
cuero *m* cuir, cuiro; (*de vi*) bot; **en ~s** despullat, en pèl
cuerpo *m* cos; **~ de bomberos (de policía)** cos de bombers (de policia); **en ~ y alma** en cos i ànima
cuervo *m* corb
cuesta *f* costa, pendent; **a ~s** a coll
cuestión *f* qüestió; **ser ~ de** ésser qüestió de
cuestionario *m* qüestionari
cueva *f* cova
cuidado *m* (*atención*) compte, cura *f*; *inj* compte!, alerta!; **al ~ de** a cura de; **andar con ~** anar alerta; **~s intensivos** cures intensives
cuidadoso -sa *aj* acurat -ada, polit -ida
cuidar *vt* tenir cura de, cuidar. *~ un enfermo*, tenir cura d'un

malalt; tractar bé, cuidar. *Su madre le cuida muy bien*, la seva mare el tracta molt bé; **~se de** ocupar-se de, cuidar-se de
culata *f* culata
culebra *f* serp, colobra
culminación *f* culminació
culo *m* cul; **besar el** ~ *fg vlg* llepar el cul; **dar por el** ~ *fg vlg* donar pel cul; **ser un** ~ **de mal asiento** *fg fm* ésser el cul d'en Jaumet
culpa *f* culpa; **echar la** ~ donar la culpa
culpable *aj mf* culpable
cultivar *vt* conrear, cultivar
cultivo *m* conreu, cultiu
culto -ta *aj* culte -a; *m rlg* culte
cultura *f* cultura
cultural *aj* cultural
cumbre *f* cim *m*
cumpleaños *m* aniversari; **ser el** ~ **de** fer (complir) anys
cumplido *m* compliment
cumplidor -ra *aj* complidor -a
cumplimiento *m* compliment
cumplir *vt* (*una promesa*) complir; (*años*) fer, complir; *vi* complir. *Cumple con tus obligaciones*, compleix amb les teves obligacions; *vp* (*una previsión, una profecía*) complir-se, acomplir-se
cuna *f* bressol *m*
cundir *vi* (*dar de sí*) allargar; donar de si; (*el pánico*) estendre's *vp*, córrer
cuneta *f* cuneta
cuña *f* falca, tascó *m*; ~ **publicitaria** falca publicitària
cuñado -da *mf* cunyat -ada
cuota *f* quota
cúpula *f* cúpula
cura *f* (*tratamiento*) cura; *m* (*sacerdote*) capellà; ~ **párroco** rector
curandero -ra *mf* curandero -a
curar *vt* (*asistir*) curar; *vtp* (*sanar*) guarir, curar; **~se en salud** curar-se en salut
curdo -da *aj mf* kurd -a
curiosear *vi* (*en los asuntos ajenos*) tafanejar, xafardejar; (*mirar con curiosidad*) badar
curiosidad *f* curiositat
curioso -sa *aj* curiós -osa, tafaner -a, xafarder -a; (*limpio*) curiós -osa
currar *vi fm* pencar
cursi *aj* cursi
curso *m* curs; **en** ~ en curs
curtir *vt* (*pieles*) adobar; *fg* (*la piel humana*) colrar, torrar
curuca *f* òliba
curvar *vt* corbar, encorbar
curvatura *f* curvatura
curvo -va *aj* corb -a; *f* corba, revolt *m*
cuscurro *m* (*de pan*) crostó
cúspide *f* cim *m*; *geom* cúspide
cutis *m* cutis
cutre *aj* (*un sitio*) deixat -ada; (*una ropa, un objeto*) tronat -ada, atrotinat -ada
cuyo -ya *pr* el (la)... del qual (de la qual). *El partido ~ candidato sea más votado, será el ganador*, el partit el candidat del qual sigui més votat, serà el guanyador

D

dado *m jcs* dau
daga *f* daga
dalia *f* dàlia
dama *f* dama; *pl jcs* dames, joc *m* de dames
damero *m jcs* tauler
danés -esa *aj mf* danès -esa
danza *f* dansa
danzador -ra *mf* dansaire
danzante *mf* dansaire
danzar *vi* dansar
dañino -na *aj* nociu -iva
daño *m* (*perjuicio*) dany; (*dolor*) mal
dar *vt* (*uc a up*) donar; (*poner al alcance*) donar; (*pegar*) donar, ventar, clavar; (*vergüenza*) fer; (*clase*) fer; (*placer, gusto*) fer; (*en la televisión, etc*) fer; (*sonar*) tocar. *El reloj da la una*, el rellotge toca la una; *vi* (*acertar*) tocar *vt*. *Una de las balas le dio en la cabeza*, una de les bales li va tocar el cap; (*estar situado de cara a*) mirar; (*chocar*) pegar; *vp* (*dedicarse*) donar-se; (*suceder*) donar-se; (*estirarse*) donar-se; ~ **con** (*acertar*) trobar. *Dio con la solución*, va trobar la solució; (*encontrar*) trobar-se, ensopegar. *El otro día dí con una vieja amistat*, l'altre dia vaig trobar-me una vella amistat; ~ **de sí** donar de si; ~ **en** encertar; ~ **por** [*con infinitivo*] agafar la dèria de; **~se cuenta** adonar-se, parar esment; **~se de baja** donar-se de baixa; **~se en las narices** caure de morros; **dárselas de** presumir, tenir aires de; **no ~se por enterado** fer el desentès; **~se prisa** afanyar-se; **¡tanto da!** tant és!, tant se val!
dardo *m* dard
dátil *m* dàtil
datilera *f* datilera, palmera de dàtils
dato *m* dada *f*
de *f* (*letra*) de
de *prp* de, d'. *Este tren viene ~ Cuenca*, aquest tren ve de Conca. *Llorar ~ vergüenza*, plorar de vergonya. *Un brazalete ~ oro*, un braçalet d'or. *Un cuadro ~ Vermeer*, un quadre de Vermeer. *Una lección ~ historia*, una lliçó d'història; *cnj* [*con infinitivo*] si, en cas de. *~ enterarme te lo hubiera dicho*, si me n'hagués assabentat, t'ho hauria dit
deambular *vi* deambular
debajo *av* sota, dessota; ~ **de** sota; **por ~ de mano** per sota mà
debate *m* debat
debatir *vt* (*discutir*) debatre; *vp* (*estar entre*) debatre's
deber *m* (*obligación moral*) deure; *pl* deures
deber *vi* (*obligación*) haver de. *Mañana debo levantarme temprano*, demà haig de llevar-me d'hora; *vt* (*una cantidad, un hecho*) deure. *Me debes una explicación*, em deus una explicació; ~ **de** (*ser probable*) deure. *Deben de ser las diez*, deuen ser les deu
debido -da *aj* degut -uda. *El pago, el trato ~*, el pagament, el

tracte degut; **ser como es** ~ ésser com Déu mana, com cal; ~ **a** a causa de
débil *aj* dèbil, feble
debilitar *vt* debilitar, afeblir
década *f* dècada
decadencia *f* decadència
decaer *vi* decaure
decano -na *mf* degà -ana
decantar *vt* decantar
decapitar *vt* decapitar
decente *aj* decent
decepción *f* decepció
decepcionar *vt* decebre
decidido -da *aj* decidit -ida
decidir *vt* decidir; *vp* decidir-se, fer un pensament *fm*
decimal *aj m* decimal
décimo -ma *aj mf* [*ordinal*] desè -ena; *aj m* [*partitivo*] desè -ena, dècim -a
decir *vt* (*pronunciar*) dir; (*contar*) dir; (*una opinión, una orden, un juicio*) dir. *Él decía que era mejor esperar*, ell deia que era millor esperar; **como quien dice** com aquell que diu; ~ **la última palabra** dir l'última paraula; **dicho y hecho** dit i fet; **en un** ~ **amén** en un tres i no res; **es** ~ és a dir; **mejor dicho** millor dit; **ni que** ~ **tiene que** no cal dir que; **no** ~ **ni pío** no dir ni piu; **¡y que lo digas!** tens tota la raó!
decisión *f* decisió
decisivo -va *aj* decisiu -iva
declamar *vti* declamar
declarar *vt* declarar; *vi dr* declarar; *vp* (*a la persona estimada*) declarar-se
declive *m* declivi, pendent, rampa *f*; **en** ~ en declivi
decoración *f* decoració
decorado *m* decorat
decorar *vt* decorar
decrecer *vi* decréixer
decreciente *aj* decreixent
decrépito -ta *aj* decrèpit -a
decreto *m* decret; ~ **ley** decret llei
dedal *m* didal
dedicar *vt* (*una obra*) dedicar; (*dinero, esfuerzo, tiempo*) dedicar, esmerçar; *vp* (*consagrarse*) dedicar-se
dedicatoria *f* dedicatòria
dedo *m* dit; **chuparse el** ~ (*ser ingenuo*) mamar-se el dit; **chuparse los ~s** (*con una comida*) llepar-se'n els dits; ~ **anular** dit anular; ~ **corazón** dit del mig (del cor); ~ **gordo** dit gros; ~ **índice** índex; ~ **meñique** dit petit
deducir *vt* deduir
defecto *m* defecte
defender *vt* defensar
defensa *f* defensa; **en** ~ **de** en defensa de
defensor -ra *aj mf* defensor -a
deficiente *aj* deficient; ~ **mental** deficient mental
definición *f* definició
definir *vt* definir
definir *vtp* definir(-se)
definitivo -va *aj* definitiu -iva; **en definitiva** en definitiva, tot plegat
deformar *vt* deformar
defraudar *vt* defraudar
defunción *f* defunció

degeneración *f* degeneració
deglución *f* deglució
degollar *vt* degollar
degustación *f* degustació
dejado -da *aj* deixat -ada
dejar *vt* deixar; (*abandonar a up*) deixar. *Dejó a su marido*, va deixar el seu marit; (*prestar*) deixar; [*seguido de inf*] (*no impedir*) deixar. *Han dejado escapar un toro*, han deixat escapar un toro; *vp* [*seguido de inf*] fer-se. *El frío ya se deja sentir*, el fred ja es fa sentir; (*abandonar-se*) deixar-se; (*olvidarse*) deixar-se; ~ **bien a uno** deixar bé algú; ~ **como un trapo** (*a up*) posar up com un drap brut; ~ **correr** deixar córrer; ~ **de** [*seguido de inf*] (*cessar*) deixar de; ~ **de piedra** deixar de pedra; ~ **la piel en** deixar-hi la pell; ~ **mal sabor de boca** deixar mala boca; **~se caer** treure el nas; **~se de** deixar-se de; **~se de rodeos** anar al gra
del *prp* [*contracción*] del
delantal *m* davantal
delante *av* davant. *Ponte ~*, posa't davant; *prp* davant. *Estaba ~ de mí*, era davant meu
delantero -ra *aj mf* davanter -a; *f* davant *m*; **llevar la delantera** portar avantatge
delatar *vt* delatar
delegado -da *aj mf* delegat -ada
delegar *vt* delegar
deleite *m* delit
delfín *m zoo* dofí; (*sucesor*) delfí
delgado -da *aj* (*poco grueso*) prim -a; (*flaco*) prim -a, magre -a
deliberadamente *av* deliberadament
delicado -da *aj* delicat -ada
delicia *f* delícia
delicioso -sa *aj* deliciós -osa
delimitar *vt* delimitar
delincuente *mf* delinqüent
delirio *m* deliri
delito *m* delicte
delta *f* (*letra griega*) delta; *m* (*de un río*) delta
demacrado -da *aj* demacrat -ada
demás *aj pr* altre -a. *Tráeme las ~ herramientas*, porta'm les altres eines; **lo** ~ la resta; **los** ~ els altres; **por lo** ~ a part d'això
demasiado -da *aj* massa *iv*. *Tiene ~s juguetes*, té massa joguines; *av* massa. *Come ~*, menja massa
demente *aj mf* dement
democracia *f* democràcia
democrático -ca *aj* democràtic -a
demoler *vt* enderrocar
demoniaco -ca *aj* demoníac -a
demonio *m* dimoni
demostrar *vt* demostrar
demostrativo -va *aj m* demostratiu -iva
denominador *aj m* denominador -a
denominar *vt* denominar
densidad *f* densitat
denso -sa *aj* dens -a
dentado -da *aj m* dentat -ada
dentadura *f* dentadura
dentellada *f* dentada, queixalada
dentición *f* dentició
dentífrico -ca *aj m* dentifrici -ícia
dentista *mf* dentista

dentro *av* dins (a dins), dintre (a dintre); ~ **de** dins (dintre) de. *Están ~ de la casa*, són dins de la casa; d'aquí a. *~ de dos meses*, d'aquí a dos mesos
denunciar *vt* denunciar
dependencia *f* dependència
depender *vi* dependre
dependiente *aj* dependent; *mf* (*de un comercio*) dependent -a
depilar *vt* depilar
deplorar *vt* deplorar
deporte *m* esport
deportista *aj mf* esportista
deportivo -va *aj* esportiu -iva, esport
depositar *vt* dipositar; *vp* (*sedimentos*) dipositar-se
depósito *m* dipòsit; ~ **de cadáveres** dipòsit de cadàvers
depravado -da *aj mf* depravat -ada
depredador -ra *aj mf zoo fg* depredador -a
depresión *f geo med* depressió
deprisa *av* de pressa, corrents; ~ **y corriendo** a corre-cuita
depurar *vt* depurar
derecho -cha *aj* dret -a; *f* derecha; *m* dret. *Estado de ~*, estat de dret; *av* (*directamente*) de dret, de pet. *Te vas ~ a la cama*, te'n vas al llit de pet
derivado *m* derivat
derivar *vt* (*desviar*) derivar; *vti* (*tener el origen*) derivar
dermatólogo -ga *mf* dermatòleg -òloga
derramar *vt* vessar. *~ el vino sobre el mantel*, vessar el vi sobre les estovalles; *vp* (*un sólido*) escampar-se. *La sal se ha derramado sobre la mesa*, la sal s'ha escampat sobre la taula; (*un líquido*) vessar *vi*, sobreeixir *vi*. *La leche se ha derramado*, la llet ha vessat
derrapar *vi* derrapar
derretir *vtp* fondre('s), desfer(-se)
derribar *vt arq* enderrocar, enrunar; (*tirar al suelo*) tombar, tirar a terra, fer caure; (*hacer caer a up*) tombar
derrocar *vt* derrocar, enderrocar
derrochar *vt* malgastar, malbaratar
derrota *f* derrota, desfeta
derrotero *m* camí, rumb
derruir *vt* derruir, enrunar
derrumbar *vt* enfonsar, ensorrar, enrunar; *vp* (*desanimarse*) ensorrar-se
desaborido -da *aj* insípid -a, fat fada
desabrido -da *aj* = **desaborido**
desabrochar *vt* descordar
desacatar *vt* desacatar
desacreditar *vt* desacreditar
desacuerdo *m* desacord
desafiar *vt* desafiar
desafinar *vi mús* desafinar
desafortunado -da *aj* dissortat -ada
desagradable *aj* desagradable
desagradecido -da *aj* desagraït -ïda
desagrado *m* desgrat
desagüe *m* desguàs
desahogar *vt* alleujar; *vp* desfogar-se, esbravar-se
desalar *vt* dessalar
desaliñar *vt* desendreçar

desalmado -da *aj* malvat -ada
desalojar *vt* desallotjar
desamparar *vt* desemparar
desangrar *vtp* dessagnar
desanimar *vt* desanimar
desaparecer *vi* desaparèixer; **~ del mapa** *fg* fer-se fonedís
desaparición *f* desaparició
desapego *m* desinterès, indiferència *f*
desapercibido -da *aj* desapercebut -uda
desaprobar *vt* desaprovar
desarmar *vt* (*quitar las armas*) desarmar; (*un mecanismo*) desarmar, desmuntar
desarme *m* desarmament
desarrollar *vt* desenvolupar, desenrotllar
desarrollo *m* desenvolupament
desarticular *vt* desarticular
desaseado -da *aj* desendreçat -ada
desasosegar *vt* desassossegar, neguitejar
desastrado -da *aj* desastrat -ada, descamisat -ada
desastre *m* desastre, daltabaix; (*una persona*) desastre
desastroso -sa *aj* desastrós -osa
desatar *vt* deslligar; (los zapatos) descordar; (un animal) desfermar; *vp* (una tormenta) desencadenar-se, esclatar *vi*
desatascar *vt* desembussar
desatino *m* disbarat
desatornillar *vt* descargolar
desatrancar *vt* desembussar
desavenido -da *aj* malavingut -uda, desavingut -uda
desavenirse *vp* desavenir-se
desayunar *vi* esmorzar
desayuno *m* esmorzar
desazón *f* neguit *m*, desfici *m*
desbandada *f* desbandada
desbarajuste *m* desgavell
desbaratar *vt* desbaratar, desmanegar
desbordar *vti* desbordar
desbravarse *vp* (*una bebida*) esbravar-se
descabalgar *vt* descavalcar
descabezar *vt* escapçar; **~ un sueño** fer un son (trencar el son)
descafeinado -da *aj* descafeïnat -ada
descalabradura *f* (*en la cabeza*) trau *m*
descalabro *m* daltabaix, terrabastall
descalzo -za *aj* descalç -a
descaminado -da *aj* descaminat -ada; **ir ~** anar errat
descampado *m* camp obert (ras)
descansar *vt* descansar
descansillo *m* replà
descanso *m* descans
descapotable *aj* descapotable
descarado -da *aj mf* descarat -ada
descarga *f* descàrrega
descargar *vt* descarregar
descaro *m* barra *f*
descarrilar *vi frr* descarrilar
descender *vi* (*bajar, disminuir*) descendir, davallar; (*provenir*) descendir
descenso *m* davallada *f*, descens
descifrar *vt* desxifrar
descodificar *vt* descodificar
descolgar *vt* despenjar
descollar *vi* destacar

descomponer *vtp* descompondre('s)
descomposición *f* descomposició
desconcertar *vti* desconcertar
desconcierto *m* desgavell
desconectar *vt* desconnectar
desconfiar *vi* desconfiar
descongelar *vt* descongelar
desconocer *vt* desconèixer
descontar *vt* descomptar; **por descontado** per descomptat
descorchar *vt* (*una botella*) destapar
descosido *m* (*en una prenda*) descosit; **hablar como un ~** parlar pels descosits
descoyuntar *vt* desconjuntar, desllorigar
describir *vt* descriure
descripción *f* descripció
descuartizar *vt* esquarterar
descubrimiento *m* descobriment
descubrir *vt* descobrir; *vp* (*quitarse el sombrero*) descobrir-se; **~ América** descobrir la sopa d'all
descuento *m* descompte
descuidado -da *aj* (*abandonado*) deixat -ada; (*negligente*) descurós -osa
descuidar *vt* descurar, negligir; *vp* (*distraerse*) badar, distreure's. *Si te descuidas un poco, te roban*, si bades gens, et roben
descuido *m* distracció *f*, badada *f*
desde *prp* (*tiempo*) des de; d'ençà de; (*lugar*) des de; **~ lo alto** daltabaix. *Se cayó ~ lo alto de la escalera*, va caure daltabaix de l'escala; **~ luego** (*sin duda*) naturalment, per descomptat; **~ que** des que, d'ençà que
desdecir *vi* desdir; *vp* (*cambiar de idea*) desdir-se
desdicha *f* desgràcia, dissort; **por ~** per desgràcia
desdichado -da *aj* dissortat -ada, desgraciat -ada, malaurat -ada
desear *vt* desitjar
desechable *aj* (*pañal, jeringa*) d'un sol ús
desechar *vt* rebutjar, descartar
desecho *m* rebuig, deixalles *f pl*; (*producto de una destrucción*) desferra *f*
desembarazarse *vp* desempallegar-se. *No saben como ~ de su vecina*, no saben com desempallegar-se de la seva veïna
desembarcar *vti* desembarcar
desembocadura *f* desembocadura
desembocar *vi* desembocar
desembrollar *vt* desembrollar, desembolicar
desempeñar *vt* (*un cargo*) exercir, ocupar; (*en una función*) interpretar
desempolvar *vt* espolsar, desempolsar
desencadenar *vt* desencadenar
desencajar *vt* desencaixar; *vp fg* (*un rostro*) descompondre's
desencantar *vt* desencantar, desencisar
desenchufar *vt* desendollar
desenfreno *m* disbauxa *f*
desenganchar *vt* desenganxar
desenlace *m* desenllaç
desenmarañar *vt* desembullar, desembolicar

desenmascarar *vt* desemmascarar
desenrollar *vt* desenrotllar, descargolar
desenroscar *vt* descargolar
desentenderse *vp* (*de uc*) desentendre's; **hacerse el desentendido** fer el desentès
desenterrar *vt* desenterrar
desentonar *vi mús* desentonar; *fg* (*desdecir uc*) desentonar, cantar
desenvoltura *f* desimboltura
desenvolver *vt* desembolicar; *vp* sortir-se'n. *Se desenvuelve bien en su nuevo cargo*, se'n surt bé en el nou càrrec
desenvuelto -ta *aj* desimbolt -a, espavilat -ada
deseo *m* desig
deseoso -sa *aj* desitjós -osa
desequilibrio *m* desequilibri
desesperar *vti* desesperar
desfachatez *f* barra
desfalco *m dr* desfalc
desfallecer *vi* defallir
desfigurar *vt* desfigurar
desfiladero *m* congost, gorja *f*
desfilar *vi* desfilar
desfogarse *vp fg* desfogar-se, esbravar-se
desgana *f* desgana
desganado -da *aj* desganat -ada, desmenjat -ada
desgañitarse *vp* esgargamellar-se
desgarrar *vt* esquinçar, estripar, esparracar
desgarrón *m* (*en la ropa*) estrip, esquinç
desgastar *vt* desgastar
desgracia *f* desgràcia; **por** ~ per desgràcia
desgraciado -da *aj* desgraciat -ada, malaurat -ada
deshabitado -da *aj* deshabitat -ada
deshacer *vtp* desfer(-se); **~se de** desempallegar-se, desfer-se de; **~se en** *fg* desfer-se en; **~se por** (*up*) (*sacrificarse por*) desfer-se per up
desheredar *vt* desheretar
deshielo *m* desglaç
deshilachar *vt txt* esfilagarsar
deshilar *vt txt* desfilar
deshinchar *vt* desinflar
deshojar *vt* esfullar
deshollinador -ra *mf* escura-xemeneies
deshollinar *vt* (*la chimenea*) escurar
deshonesto -ta *aj* deshonest -a
deshonrar *vt* deshonrar
deshuesar *vt* (*animales*) desossar; (*frutas*) espinyolar
desierto -ta *aj m* desert -a
designar *vt* designar
desigual *aj* desigual
desilusionar *vt* desil·lusionar
desinfectar *vt* desinfectar
desinflar *vt* desinflar
desintegrar *vt* desintegrar
desinterés *m* desinterès; **fingir** ~ fer el desmenjat
desistir *vi* desistir
desliar *vt* desembolicar
desligar *vt* deslligar
deslizar *vt* fer lliscar; *vp* lliscar *vi*; (*en una falta moral*) relliscar *vi;* (*pasar sin ser visto*) esmunyir-se; (*desprenderse la tierra*) esllavissar-se

deslomar *vt* (*el espinazo*) esllomar; *vp* (*trabajar demasiado*) esllomar-se
deslumbrar *vt* enlluernar
desmadre *m* disbauxa *f*
desmán *m* excés, desordre; (*abuso*) abús
desmayo *m med* desmai
desmedido -da *aj* desmesurat -ada
desmedrado -da *aj* escanyolit -ida
desmelenar *vt* escabellar
desmentir *vt* desmentir
desmenuzar *vt* esbocinar, esmicolar
desmesurado -a *aj* desmesurat -ada
desmigajar *vt* esmicolar; (*pan*) engrunar
desmirriado -da *aj* esquifit -ida, escanyolit -ida
desmontar *vt* (*separar las piezas*) desmuntar, desfer; *vi* (*descavalgar*) desmuntar
desmoralizar *vt* desmoralitzar
desmoronarse *vp* esfondrar-se, enfonsar-se; *fg* ensorrar-se, enfonsar-se
desnivel *m* desnivell
desnudar *vt* despullar
desnudismo *m* nudisme
desnudo -da *aj m* nu nua
desobedecer *vt* desobeir
desocupado -da *aj* (*ocioso*) desenfeinat -ada, desocupat -ada, desvagat -ada; *aj mf* (*sin trabajo*) desocupat -ada
desodorante *aj m* desodorant
desollar *vt* (*sacar la piel*) escorxar
desorden *m* desordre
desordenar *vt* desordenar
desorientado -da *aj* desorientat -ada
desorientar *vt* desorientar
desovillar *vt* (*un ovillo*) descabdellar
despabilado -da *aj* espavilat -ada
despabilar *vt* (*una vela*) espavilar; *vtp* (*despertar*) eixorivir(-se); (*avivar el ingenio*) espavilar(-se)
despachar *vt* despatxar
despacio *aj av* a poc a poc
despacho *m* despatx
despachurrar *vt* esclafar
despanzurrar *vt fm* (*la tripa*) estripar
desparpajo *m* desimboltura *f*; (*descaro*) desvergonyiment, barra *f*
desparramar *vt* escampar, espargir
despavesar *vt* (*una vela*) espavilar
despavorir *vt* espaordir
despecho *m* despit; **a ~ de** malgrat, a despit de
despectivo -va *aj* despectiu -iva
despedazar *vt* trossejar
despedida *f* (*adiós*) comiat *m*
despedir *vt* acomiadar, dir adéu; (*de un empleo*) acomiadar, despatxar; (*proyectar, emitir*) llançar; *vp* acomidar-se
despegar *vt* desenganxar; (*un avión*) enlairar-se
despeinar *vt* despentinar
despejar *vt* (*de estorbos*) desembarassar; *mat* (*una incógnita*) aïllar; *vp* (*el cielo*) aclarir-se, escampar *vi*
despellejar *vt* escorxar
despensa *f* rebost *m*

despeñadero *m* timba *f*, estimball; (*sitio peligroso*) trencacolls
despeñar *vt* estimbar
desperdicio *m* (*desaprovechamiento*) desaprofitament; *pl* deixalles *f*, brossa *fsg*
desperdigar *vt* escampar, disseminar
despertador *m* (*reloj*) despertador
despertar *vt* despertar, desvetllar; *fg* (*suscitar*) desvetllar; ~ **el apetito** fer boca; ~ **la curiosidad** encuriosir
despido *m dr* (*de un trabajo*) comiat, acomiadament
despierto -ta *aj* (*avispado*) despert -a, eixerit -ida
despilfarrar *vt* malgastar, malbaratar
despistado -da *aj* despistat -ada; **hacerse el** ~ fer el desentès
despistar *vt* despistar
despiste *m* distracció *f*
desplazar *vt* desplaçar
desplegar *vt* desplegar
desplumar *vt* (*a un pájaro*) plomar; *fg* (*en el juego*) plomar; *vp* (*un pájaro*) perdre les plomes
despoblado -da *aj m* despoblat -ada
despojar *vt* (*desposeer*) despullar
despojo *m* (*restos*) despulla *f*, desferra *f*; (*de una cosa destruida*) desferra *f*; (*de un animal*) despulla *f*
desposeer *vt* desposseir
déspota *mf* dèspota
despotricar *vi* malparlar
despreciar *vt* menysprear
desprecio *m* menyspreu
desprender *vt* (*separar, desatar*) desprendre; *vp* (*desengancharse*) desprendre's; (*deducirse*) desprendre's
despreocupado -da *aj* despreocupat -ada
desproporcionado -da *aj* desproporcionat -ada
desprovisto -ta *aj* desproveït -ïda
después *av* després; ~ **de** després de; [*con participio o infinitivo*] un cop, havent. ~ *de realizada la operación*, un cop realitzada l'operació. ~ *de comer, salimos*, havent dinat, vam sortir; ~ **de todo** al cap i a la fi, al capdavall
despuntar *vt* (*sacar la punta*) despuntar, escapçar; *vi* (*el día*) puntejar; (*destacar*) despuntar
desquiciar *vt* (*una puerta, una ventana*) treure (fer sortir) de polleguera; *fg* (*exasperar*) fer sortir (treure) de polleguera; (*trastornar*) trastornar, trastocar
desquitar *vt* rescabalar; *vp* tornar-s'hi
desquite *m* revenja *f*
destacar *vti* destacar
destapar *vtp* destapar(-se)
destartalado -da *aj* atrotinat -ada, tronat -ada
destemplado -a *aj* (*el tiempo*) rúfol -a; *med* febrós -osa
desteñir *vip* destenyir(-se)
desternillarse *vp* (*de risa*) cargolar-se, partir-se
desterrar *vt* desterrar
destiempo *m* **a** ~ fora d'hora
destinar *vt* destinar

destino *m* (*hado*) destí; (*ocupación, cargo*) destinació *f*; **con ~ a** amb destinació a
destituir *vt* destituir
destornillador *m* tornavís
destornillar *vt* = **desatornillar**; *vp* = **desternillarse**
destreza *f* destresa
destripar *vt* esbudellar, esventrar
destrozar *vt* destrossar
destrozo *m* destrossa *f*, trencadissa *f*
destrucción *f* destrucció
destructor -ra *aj m* destructor -a
destruir *vt* destruir
desván *m* golfes *fpl*
desvanecer *vt* esvair; *vp* (*perder el conocimiento*) esvair-se, esvanir-se
desvariar *vi* desvariejar
desvelar *vt* desvetllar; (*un secreto*) desvelar
desvelo *m* insomni; [*generalmente en pl*] esforç, dedicació *f*. *Mis ~s no sirvieron para nada*, els meus esforços no van servir per a res
desventaja *f* desavantatge *m*
desventura *f* desventura
desventurado -da *aj* desventurat -ada, malaurat -ada
desvergonzado -da *aj mf* desvergonyit -ida, pocavergonya *iv*
desviar *vt* desviar
detallar *vt* detallar
detalle *m* detall; **al ~** *com* al detall; **con todo ~** amb tots els detalls
detallista *aj mf* detallista
detectar *vt* detectar
detective *mf* detectiu -iva
detención *f* detenció
detener *vtp* detenir(-se), aturar(-se); *dr* (*arrestar*) detenir
detenimiento *m* deteniment
detentación *f* (*posesión ilegal*) detenció
detentar *vt* (*el poder*) detenir
detergente *aj m* detergent
deteriorar *vt* deteriorar
determinación *f* determinació
determinado -da *aj* determinat -ada
determinante *aj m* determinant
determinar *vt* determinar
determinativo -va *aj m* determinatiu -iva
detestar *vt* detestar
detonación *f* detonació
detrás *av prp* darrere, rere; **~ de** darrere, al darrere de
deuda *f* deute *m*
devaluación *f* devaluació
devanar *vt* (*ovillar*) debanar
devastar *vt* devastar
devenir *m fil* esdevenir
devoción *f* devoció
devolución *f* devolució
devolver *vt* (*restituir*) tornar, retornar; (*un favor, un saludo, un cumplido*) tornar; (*vomitar*) treure
devorar *vt* devorar
devoto -ta *aj mf* devot -a
día *m* dia, jorn; (*festividad*) diada *f*; **al ~** al dia; **al ~ siguiente** l'endemà; **buenos ~s** bon dia; **como de la noche al ~** com de la nit al dia; **de ~ y de noche** nit i dia; **~ laborable** dia feiner; **un ~ sí y otro no** dia per altre, un dia sí un dia no
diablo *m* diable
diadema *f* diadema

diafragma *m ana bot fot* diafragma
diagonal *aj f* diagonal; **en ~** en diagonal
diagrama *m* diagrama
dialecto *m* dialecte
dialogar *vti* dialogar
diálogo *m* diàleg
diamante *m* diamant
diámetro *m* diàmetre
diana *f* diana
diapositiva *f fot* diapositiva
diario -ria *aj m* diari -ària
diarrea *f* diarrea
dibujante *mf* dibuixant
dibujar *vt* dibuixar
dibujo *m* dibuix; **~s animados** dibuixos animats
dicción *f* dicció
diccionario *m* diccionari
dicha *f* felicitat; **por ~** per sort
dicharachero -ra *aj mf* bromista
dicho *m* dita *f*
dichoso -sa *aj* feliç
diciembre *m* desembre
dictado *m* dictat
dictador -ra *mf* dictador -a
dictadura *f* dictadura
dictar *vt* dictar
diecinueve *aj m* dinou
dieciocho *aj m* divuit
dieciséis *aj m* setze
diecisiete *aj m* disset
diente *m* dent *f*; **~ de ajo** gra d'all; **hincar el ~** (*apropiarse de uc*) arrambar (amb) alguna cosa; **poner los ~s largos** fer dentetes
diestro -tra *aj* (*hábil*) destre -a; *aj mf* (*que usa la mano derecha*) dretà -ana
dieta *f* dieta
diez *aj mf* deu
diferencia *f* diferència
diferenciar *vt* diferenciar
diferente *aj* (*no igual*) diferent; *pl* (*unas cuantas*) diferents. *Me lo han dicho ~s personas*, m'ho han dit diferents persones
diferido -da *aj* (*emisión*) diferit -ida
diferir *vt* (*aplazar*) diferir; *vi* (*no ser igual*) diferir
difícil *aj* difícil, revés -essa
dificultad *f* dificultat
dificultar *vt* dificultar
difundir *vt* difondre
difunto -ta *aj mf* difunt -a
difusión *f* difusió
digerir *vt* digerir, pair
digestión *f* digestió
digestivo -va *aj m* digestiu -iva
dignatario -ria *mf* dignatari -ària
dignidad *f* dignitat
digno -na *aj* digne -a
dije *m* (*joya*) penjoll
dilatar *vt* dilatar
diligencia *f* diligència
diligente *aj* diligent
dilucidar *vt* dilucidar, escatir
diluir *vt* diluir
diluvio *m* diluvi
dimensión *f* dimensió; *pl* (*alcance*) dimensions
diminutivo -va *aj m* diminutiu -iva
diminuto -ta *aj* diminut -a
dimitir *vt* dimitir
dinámico -ca *aj f* dinàmic -a
dinamita *f* dinamita
dinamo *f ele* dinamo
dinar *m* (*moneda*) dinar

dinastía *f* dinastia
dinero *m* diners *pl*, cèntims *pl*
diñarla *vp fm* (*morir*) dinyar-la
dioptría *f* diòptria
dios *m* déu; [*en mayúscula*] Déu; **¡ay, ~!** Déu meu!; **como ~ manda** com cal, com Déu mana; **~ me libre** Déu me'n guard; **~ mediante** si Déu vol, si a Déu plau; **~ mío** Déu meu!; **si ~ quiere** si Déu vol (si a Déu plau); **~ sabe** qui sap; **~ santo** Déu meu!; **por ~** per Déu!
diosa *f* deessa, dea
diploma *m* diploma
diplomacia *f* diplomàcia
diplomático -ca *aj f* diplomàtic -a
diputado -da *mf* diputat -ada
dique *m* dic; (*en el curso de un río*) resclosa *f*; (*muro de contención*) dic
dirección *f* (*sentido*) direcció; (*del domicilio*) adreça; (*función, cargo, de director*) direcció; (*consejo directivo*) direcció; **en ~ a** cap a
directo -ta *aj* directe -a; *m* (*boxeo*) directo; *f aut* directa; **en ~** en directe
director -ra *aj mf* director -a; **~ médico** metge en cap
dirigente *aj mf* dirigent
dirigible *m aer* dirigible
dirigir *vt* dirigir; (*la palabra*) dirigir; (*enviar, presentar*) dirigir, adreçar; *vp* (*ir*) dirigir-se; (*a up*) dirigir-se, adreçar-se; **~ el cotarro** remenar les cireres
discernir *vt* discernir
disciplina *f* disciplina
discípulo -la *mf* deixeble -a
disco *m* disc; *ele* (*del semáforo*) llum. **~ *verde, rojo*,** llum verd, vermell; **~ magnético** disc magnètic
discontinuo -nua *aj* discontinu -ínua
discordia *f* discòrdia
discoteca *f* discoteca
discreción *f* discreció; **a ~** a discreció
discrepar *vi* discrepar
discreto -ta *aj* discret -a
disculpar *vt* disculpar
discurso *m* discurs
discusión *f* discussió
disecar *vt* dissecar
diseminar *vt* disseminar, escampar
diseñar *vt* dissenyar
diseño *m* disseny
disfraz *m* disfressa *f*
disfrazar *vt* disfressar
disfrutar *vi* gaudir, fruir, xalar
disgustar *vt* disgustar
disgusto *m* disgust; **a ~** a desgrat, de mala gana
disimular *vt* dissimular
disipar *vt* dissipar
dislexia *f* dislèxia
dislocar *vt* dislocar, desllorigar
disminuido -da *aj mf* (*físico o psíquico*) disminuït -ïda
disminuir *vti* disminuir
disolución *f* dissolució
disoluto -ta *aj* dissolut -a
disolver *vt* dissoldre
disparar *vt* disparar; *vp* (*ponerse en marcha*) disparar-se
disparatado -da *aj* absurd -a
disparate *m* disbarat, bestiesa *f*
disparo *m* tret, tir; *esp* (*en el fútbol*) xut

dispendio *m* dispendi
dispensar *vt* dispensar
dispensario *m med* dispensari
dispersar *vt* dispersar
disperso -sa *aj* dispers -a
disponer *vt* (*preparar*) disposar; (*tener*) disposar; *vp* disposar-se. *Me disponía a salir*, em disposava a sortir
disponible *aj* disponible
disposición *f* disposició; **a la ~ de** a la disposició de; **en ~ de** en disposició de
dispositivo *m* dispositiu
disputar *vt* disputar
disquete *m* disquet
distancia *f* distància; **a ~** a distància; **guardar (mantener) las ~s** guardar (mantenir) les distàncies
distinción *f* distinció
distinguir *vtp* distingir(-se)
distintivo -va *aj m* distintiu -iva
distinto -a *aj* (*no igual*) diferent; *pl* (*algunos*) diferents. *Me lo han dicho ~s autores*, m'ho han dit diferents autors
distracción *f* distracció, badada; (*actividad, espectáculo*) distracció
distraer *vt* (*la atención*) distreure, badar *vi*; *vtp* (*divertir*) divertir(-se), esbargir(-se)
distraído -da *aj* (*divertit*) distret -a
distribución *f* distribució
distribuir *vt* distribuir
disturbio *m* disturbi
disuadir *vt* dissuadir
diurno -na *aj* diürn -a
divagar *vi* divagar
diversidad *f* diversitat
diversificar *vt* diversificar
diversión *f* diversió
diverso -sa *aj* (*multiforme*) divers -a; *pl* (*algunos*) diversos -es
divertido -da *aj* divertit -ida
divertir *vtp* divertir(-se)
dividendo *m* dividend
dividir *vt* dividir
divino -na *aj* diví -ina
divisar *vt* albirar, entreveure, afigurar
división *f* divisió
divisor *m mat* divisor
divorcio *m* divorci
divulgar *vt* divulgar
do *m mús* (*nota*) do; **dar el ~ de pecho** fer el do de pit
doblaje *m cin* doblatge
doblar *vt* (*duplicar*) doblar; (*plegar*) doblegar, plegar; (*la esquina*) girar *vi*, tombar; (*curvar*) doblegar; (*una parte del cuerpo*) doblegar; *cin* (*hacer un doblaje*) doblar; *vi* (*las campanas*) tocar
doble *aj* doble. *Tu estarás ~ tiempo que él*, tu hi seràs doble estona que ell; *av* doble. *Ver ~*, veure-hi doble; *mf cin* doble
doblez *f* doblec *m*, plec *m*
doce *aj m* dotze
dócil *aj* dòcil
docto -ta *aj* docte -a
doctor -ra *mf* doctor -a; *med* doctor -a
doctrina *f* doctrina
documentación *f* documentació
documental *aj m* documental
documento *m* document
dogma *m* dogma
dogmático -ca *aj mf* dogmàtic -a
dólar *m* dòlar

dolencia *f* malaltia
doler *vi* fer mal. *Me duele el brazo*, em fa mal el braç; (*saber mal*) doldre; *vp* (*lamentarse*) doldre's
dolmen *m* dolmen
dolor *m med* dolor. *Es muy sensible al ~*, és molt sensible al dolor; mal. *Tiene ~ de cabeza*, té mal de cap; *fg* (*sentimiento de pena*) dolor
dolorido -da *aj* adolorit -ida
domesticar *vt* domesticar
doméstico -ca *aj mf* (*criado*) domèstic -a
domicilio *m* domicili; **a ~** a domicili
dominar *vti* dominar
domingo *m* diumenge; **~ de Ramos** diumenge de Rams
dominio *m* domini
dominó *m jcs* dòmino
don *m* (*regal*) do; (*talento*) do; **~ de gentes** do de gents; **~ de lenguas** do de llengües
don doña *mf* (*tratamiento de cortesía*) senyor -a; **ser un ~ nadie** ésser un ningú
donar *vt* (*hacer donación de*) donar
doncella *f* donzella
donde *av* on; **en ~** on
dónde *av* [*interrogativo*] on; **¡mira por ~!** ves per on!
dopar *vt esp* dopar
dorar *vt* daurar; *gst* enrossir, rossejar
dormir *vi* dormir, *fm* clapar; *vt* (*hacer dormir*) adormir; *vp* (*un miembro*) adormir-se; (*quedarse inactivo*) dormir *vi*, adormir-se. *No te duermas que debemos terminarlo*, no dormis que hem d'enllestir-ho aviat; **~ a pierna suelta** (**~ como un tronco, como un lirón**) dormir com un soc; **~ de un tirón** dormir d'un son; **~ en camas separadas** fer llit a part; **~ la mona** dormir la mona
dormitorio *m* dormitori
dorsal *aj ana* dorsal; *m esp* dorsal
dorso *m ana* (*espalda*) dors; (*reverso*) dors; (*de la mano*) revés
dos *aj m* dos dues; **cada ~ por tres** (a) cada dos per tres; **en un ~ por tres** en un tres i no res; **no hay ~ sin tres** on n'hi ha dos n'hi ha tres
doscientos -tas *aj mf* dos-cents -centes
dosel *m* dosser, baldaquí
dosificación *f* dosificació
dosis *f* dosi
dossier *m* dossier
dote *f* (*de la esposa*) dot *m*; (*talento*) dot *m*
dragón *m* drac, dragó
drama *m* drama
dramático -ca *aj* dramàtic -a
dramaturgo -ga *mf* dramaturg -a
drenar *vt* drenar
driblar *vt ab esp* driblar
droga *f* droga
droguería *f* drogueria
dromedario *m* dromedari
dubitativo -va *aj* dubitatiu -iva
ducha *f* dutxa
duchar *vt* dutxar
ducho -cha *aj mf* entès -esa
duda *f* dubte *m*; **sin ~** sens dubte
dudar *vti* dubtar

duelo *m* (*desafío*) duel; (*cortejo fúnebre*) dol; (*demostración de pena*) dol
duende *m* follet
dueño -ña *m* (*propietario*) amo mestressa
dulce *aj* dolç -a; *m gst* (*alimento azucarado*) dolç; *m pl gst* (*repostería*) dolços
dulcificar *vt* dulcificar, endolcir
dulzor *m* = **dulzura**
dulzura *f* dolçor
duna *f* duna
dúo *m mús* duo
dúplex *aj m arq* dúplex
duplicado -da *aj m* duplicat -ada
duque -esa *m* duc duquessa
duración *f* durada
durante *prp* durant
durar *vi* durar; (*todavía*) fer... que dura. *No ha terminado, ya dura dos horas,* no s'ha acabat, ja fa dues hores que dura
dureza *f* duresa
duro -ra *aj* dur; *m* (*moneda*) duro; **a duras penas** amb prou feines; **~ de oído** dur d'orella; **ser ~ de mollera** ésser dur de closca

E

e *f* (*letra*) e; *cnj* i. *Padres ~ hijos,* pares i fills
ebanista *mf* ebenista
ébano *m* banús
ebrio -a *aj* ebri èbria
ebullición *f* ebullició
eccema *m* = **eczema**
echar *vt* (*arrojar*) llançar, tirar; (*expulsar*) treure, fer fora; (*una carta*) tirar; (*inclinar, dirigir*) tirar. (*decir*) fer. *Después de cenar, echó un discurso,* després de sopar va fer un discurs; *fm* (*en la televisión, etc*) fer; (*presuponer años a up*) fer; *fm* (*lanzar*) engegar; *vp* (*tumbarse*) ajeure's; (*doblarse, inclinarse*) fer-se cap a, enretirar-se; (*acostarse*) ajeure's, estirar-se; **~ a** [*seguido de infinitivo*] (*empezar una acción*) arrencar a, posar-se a, començar a (de); **~ abajo** tirar a terra, enfonsar; **~ a perder** fer malbé, malmetre; **~ a un lado** enretirar; **~ de menos** enyorar, trobar a faltar; **~ el muerto** (*a up*) carregar el mort a up; **~ en cara** tirar per la cara; **~ en falta** trobar a faltar; **~ fuego por los ojos** treure foc pels queixals; **~ la culpa** donar la culpa; **~lo todo a rodar** engegar-ho tot a rodar; **~se a** [*seguido de infinitivo*] (*empezar una acción*) arrencar a, posar-se a; **~se a perder** fer-se malbé; **~se a reír** esclafir a (de) riure; **~ un sueño** fer un son; **~ una mano** donar un cop de mà
eclipse *m ast* eclipsi
eco *m* eco, ressò; *fg* (*repercusión*) ressò
ecología *f* ecologia
ecologista *aj fm* ecologista
economía *f* economia
económico -ca *aj* econòmic -a
ecosistema *m* ecosistema
ecuador *m mat geo* equador
ecuatorial *aj* equatorial
ecuestre *aj* eqüestre
eczema *m med* èczema

edad *f* edat; (*época*) edat; ~ **del pavo** edat de la poca-solta; ~ **media** edat mitjana
edición *f* edició
edificar *vt* edificar, bastir
edificio *m* edifici
editar *vt* editar
editorial *aj* editorial; *f* (*casa editorial*) editorial; *m* (*artículo*) editorial
edredón *m* edredó
educación *f* educació
educado -da *aj* educat -ada; **bien (mal)** ~ ben (mal) educat
educar *vt* educar
edulcorante *aj m* edulcorant
efe *f* (*letra*) efa
efectivamente *av* efectivament
efectivo -va *aj m* efectiu -iva; *m pl mil* efectius; **en** ~ en efectiu
efecto *m* efecte; *pl* (*bienes*) efectes; **causar gran** ~ fer gran efecte; **~s especiales** efectes especials; **en** ~ en efecte; **surtir** ~ tenir efecte
efectuar *vt* efectuar
efervescente *aj* efervescent
eficacia *f* eficàcia
eficaz *aj* eficaç
eficiencia *f* eficiència
eficiente *aj* eficient
efigie *f* efígie
efímero -ra *aj* efímer -a
egipcio -cia *aj mf* egipci -ípcia
egocéntrico -ca *aj mf* egocèntric -a
egoísta *aj mf* egoista
eje *m* eix
ejecutar *vt* executar
ejemplar *aj m* exemplar
ejemplo *m* exemple; **por** ~ per exemple
ejercer *vt* exercir
ejercicio *m* exercici
ejercitar *vt* exercitar; (*un cargo, una profesión*) exercir
ejército *m* exèrcit
el *ar* [*delante de vocal o* h, *excepto cuando es semiconsonante*] el, l'. ~ *caballo*, el cavall. ~ *Estado*, l'Estat. ~ *hálito*, l'hàlit. ~ *yate*, el iot; [*con nombre f* que *empiece con* a- *o* ha- *tónicas*] la, l'. ~ *águila*, l'àliga
él ella *pr* ell -a
elaboración *f* elaboració
elaborar *vt* elaborar
elástico -ca *aj* elàstic -a
ele *f* (*letra*) ela
elección *f* elecció, tria; *pl* (*comicios*) eleccions
elector -ra *mf* elector -a
electorado *m* electorat
electricidad *f* electricitat
electricista *mf* electricista
eléctrico -ca *aj* elèctric -a
electrocutar *vt* electrocutar
electrodoméstico -a *aj m* electrodomèstic -a
electrónico -ca *aj f* electrònic -a
elefante *m* elefant
elegante *aj* elegant
elegir *vt* elegir, escollir
elemental *aj* elemental
elemento *m* element
elevación *f* elevació
elevar *vt* elevar, enlairar; *vp* (*tener una cierta altura*) elevar-se
eliminar *vt* eliminar
elipse *f* el·lipse
elíptico -ca *aj* el·líptic -a
elitismo *m* elitisme
elle *f* nom del dígraf *ll*

ello *pr* allò; **de** ~ en *pr. No hablemos más de* ~, no en parlem més; **por** ~ per això
elocuente *aj* eloqüent
elogio *m* elogi
emanar *vi* emanar
embadurnar *vt* empastifar, untar
embajada *f dr* ambaixada
embajador -ra *mf dr* ambaixador -a
embalaje *m* embalatge
embalar *vt* (*un objecto*) embalar; *vp* (*acelerarse*) embalar-se
embaldosar *vt* enrajolar
embalsar *vt* embassar
embalse *m* pantà, embassament
embarazar *vt* (*estorbar*) fer nosa
embarazo *m bio* embaràs; (*estorbo*) embaràs, nosa *f*
embarcación *f* embarcació
embarcar *vtip* embarcar; *vp fg* (*en un pleito, un negocio*) embarcar-se
embargar *vt dr* embargar; (*una emoción*) ennuegar
embargo *m dr* embargament, embarg; **sin** ~ no obstant això, tanmateix
embarrar *vt* enfangar
embate *m* embat
embaucar *vt* entabanar, engalipar, ensarronar
embelesar *vt* embadalir, encisar
embellecer *vt* embellir
embestida *f* envestida
embestir *vt* envestir
emblema *m* emblema
emblemático -ca *aj* emblemàtic -a
embobar *vtp* embadalir, embadocar
embocadura *f mús* (*de un instrumento*) embocadura; (*freno del caballo*) mos *m*
embolia *f* embòlia
emborrachar *vtp fm* emborratxar(-se)
emboscada *f* emboscada
embotellar *vt* embotellar; (*la calle*) embussar
embrague *m* embragatge
embriagar *vt* embriagar
embrión *m* embrió
embrollar *vtp* (*enmarañar*) embolicar(-se), embullar(-se); (*situaciones, asuntos*) embrollar(-se), embolicar(-se)
embrollo *m* embolic, garbuix; (*situación confusa*) embolic, desori, batibull
embrujar *vt* embruixar
embuchar *vt fm* (*engullir*) endrapar
embudo *m* embut
embuste *m* mentida *f*
embustero -ra *aj mf* mentider -a
embutido *m gst* embotit
embutir *vt* embotir; *fg* (*comprimir*) embotir, entatxonar
eme *f* (*letra*) ema
emergencia *f* emergència
emerger *vi* emergir
emigración *f* emigració
emigrante *aj mf* emigrant
emigrar *vi* emigrar
eminencia *f* eminència
eminente *aj* eminent
emir *m* emir
emitir *vt* emetre; *vi* (*radio, televisión*) emetre
emoción *f* emoció
emocionar *vt* emocionar

emotivo -va *aj* emotiu -iva
empachar *vt med* empatxar
empalagar *vt* embafar
empalagoso -sa *aj* (*una comida, up*) embafador -a
empanadilla *f gst* cresta
empantanar *vt* empantanegar
empañar *vt* entelar
empapado -da *aj* moll -a, xop -a
empapar *vt* xopar, amarar; (*embeber*) absorvir; (*recoger un líquido*) eixugar
empapelar *vt* empaperar
empaque *m* presència *f*, distinció *f*
empaquetar *vt* empaquetar
emparedar *vt* emparedar
emparejar *vt* aparellar
emparentar *vip* emparentar
empatar *vi* empatar
empedernido -da *aj* empedreït -ïda
empedrado -da *aj m* empedrat -ada
empedrar *vt* empedrar
empellón *m* empenta *f*
empeñar *vt* empenyorar; *vp* (*emperrarse*) entestar-se, entossudir-se; (*endeudarse*) endeutar-se, entrampar-se
empeño *m* empenyorament; (*constancia*) tenacitat *f*, deler, tossuderia *f*; (*interés*) interès, afany
empeorar *vt* empitjorar, fer empitjorar; *vip* empitjorar
emperador -triz *mf* emperador -driu; *m zoo* (*pez espasa*) emperador
emperejilar *vt* empolainar, guarnir
emperifollar *vt* empolainar, guarnir
emperrarse *vp* entestar-se, entossudir-se
empezar *vt* començar; (*empezar a conumir*) encetar; *vi* començar; ~ **a** començar a; **todo es** ~ tot és posar-s'hi
empinado -da *aj* costerut -uda
empírico -ca *aj* empíric -a
emplasto *m* emplastre
emplazamiento *m* emplaçament
emplazar *vt dr* citar; (*situar*) emplaçar
empleado -da *aj* merescut -uda. *Te está bien* ~, t'ho has ben merescut; *mf* (*trabajador*) empleat -ada
emplear *vt* (*usar*) emprar, usar, fer servir; *fg* (*dinero, esfuerzo, tiempo*) esmerçar, dedicar; (*dar un empleo*) col·locar
empleo *m* (*uso*) ús; (*colocación*) col·locació *f*, feina *f*
empobrecer *vt* empobrir
empollar *vt* (*las aves*) covar, incubar; *fg* (*estudiar*) estudiar de valent, pencar [estudiant]
empolvar *vt* (*cubrir de polvo*) empolsar; *vtp* (*maquillar*) empolvorar(-se)
empotrar *vt* (*en una pared, etc*) encastar
emprendedor -ra *aj mf* emprenedor -a
emprender *vt* emprendre
empresa *f* empresa
empresario -ria *mf* empresari -ària
empujar *vt* empènyer
empuje *m* empenta *f*

empujón *m* empenta *f*
empuñadura *f* empunyadura, puny *m*
empuñar *vt* empunyar
emulsión *f* emulsió
en *prp* (*lugar*) a [*delante de ar determinado, el aj interrogativo* quin *y sustantivo*]. *Está ~ la calle*, és al carrer. *Cenaré ~ casa*, soparé a casa; en [*delante de ar indeterminado, los aj* algun, aquest, aqueix, aquell *y el pr relativo*]. *Siéntese ~ aquel banco*, segui en aquell banc; (*lugar no físico*) en. *Participar ~ los juegos olímpicos*, participar en els jocs olímpics; (*tiempo*) a, en, per. *~ otoño*, a la tardor. *~ aquel tiempo*, en aquell temps. *~ enero*, pel gener. *En 1999*, el 1999; [*seguido de infinitivo*] a. *Se complacen ~ invitarlos*, es complauen a convidar-los
enagua *f* combinació
enamorar *vtp* enamorar(-se)
enano -na *aj* (*muy pequeño*) diminut -a; *aj mf* (*persona muy baja*) nan -a
enarbolar *vt* enarborar
encabezamiento *m* (*de un escrito*) capçalera *f*
encabezar *vt* encapçalar
encadenar *vt* encadenar
encajar *vti* encaixar
encaje *m txt* puntes *f pl*; (*de una pieza*) encaix
encalar *vt* encalcinar; (*blanquear*) emblanquinar
encallar *vi* encallar
encallecerse *vp* (*criar callos*) encallir-se; *fg* (*curtirse*) endurir-se
encamarse *vp* allitar-se, enllitar-se
encaminar *vt* (*un proyecto, a up*) encaminar, endegar; *vp* encaminar-se
encandilar *vt* enlluernar
encantamiento *m* encantament, encanteri
encantar *vt* encantar
encanto *m* encant, encís; **ser un ~** ésser una joia
encañonar *vt* (*con una arma*) encanonar
encapricharse *vp* encapritxar-se
encaramarse *vp* enfilar-se
encarar *vt* encarar
encarcelar *vt* empresonar, engarjolar
encarecer *vt* encarir
encargar *vt* encarregar, encomanar; *vp* (*ocuparse de*) encarregar-se
encargo *m* encàrrec
encariñarse *vp* encapritxar-se
encarnado -da *aj* encarnat -ada; *aj m* (*color*) vermell -a
encartonar *vt* encartonar
encauzar *vt* (*encaminar*) endegar
encebar *vt* engreixar
encelar *vt* engelosir
encendedor *m* encenedor
encender *vt* encendre
encerar *vt* encerar
encerrar *vt* tancar; (*en la cárcel*) empresonar, tancar
encerrona *f fg* trampa, parany *m*
enchironar *vt* empresonar, engarjolar
enchufar *vt ele* endollar

enchufe *m ele* endoll; *fg* (*influencias*) padrins *pl*, influències *fpl*
encía *f* geniva
enciclopedia *f* enciclopèdia
encierro *m* (*de protesta*) tancada *f*; (*calabozo*) presó *f*; (*de una persona*) clausura *f*; (*de toros*) tancada *f*
encima *av* (al) damunt, (a) sobre. *Déjalo allí ~*, deixa-ho allà damunt; (*además*) damunt. *Le riñó mucho y, ~, le prohibió salir*, el va renyar i, damunt, li va prohibir de sortir; ~ **de** damunt, sobre. *Vuelan por ~ de las nuves*, volen per damunt dels núvols; **por ~ de todo** per damunt de tot
encina *f bot* alzina
enclaustrar *vt* enclaustrar
enclenque *aj mf* escanyolit -ida, escarransit -ida
encoger *vtp* (*un tejido*) encongir(-se); (*contraer*) arronsar(-se), encongir(-se). *~se de hombros*, arronsar-se d'espatlles
encolar *vt* encolar
encomendar *vt* encomanar; *vp* (*ponerse en manos de*) encomanar-se
encontrar *vt* trobar; *vp* (*en un sitio*) trobar-se; (*en un estado*) trobar-se; (*dar con*) trobar *vi*, ensopegar *vi*
encontronazo *m* topada *f*
encorvar *vt* corbar, encorbar
encovar *vt* encauar, encovar
encrucijada *f* cruïlla, encreuament *m*
encuadernar *vt* enquadernar
encuentro *m* (*reunión*) trobada *f*; (*choque*) encontre, topada *f*; *esp* partit; **salir** (**ir**) **al** ~ anar (venir) a trobar
encuesta *f* enquesta
encumbrarse *vp* enlairar-se, encimbellar-se
endemoniado -a *aj mf* (*poseído del demonio*) endimoniat -ada, esperitat -ada; *aj* (*perverso*) endimoniat -ada, endiablat -ada
enderezar *vt* redreçar, adreçar; *vp* (*ponerse en posición vertical*) aixecar-se, dreçar-se
endibia *f bot* endívia
endiñar *vt* (*un golpe*) endinyar, clavar
endivia *f bot* = **endibia**
endomingarse *vp* endiumenjar-se
endosar *vt ecn* endossar; *fg* (*cargar con*) endossar, encolomar
endulzar *vt* endolcir
endurecer *vtp* endurir(-se)
ene *f* (*letra*) ena
enebro *m bot* ginebre
enemigo -ga *aj mf* enemic -iga
energético -ca *aj f* energètic -a
energía *f* energia
enérgico -ca *aj* enèrgic -a
energúmeno -na *mf* energumen -úmena
enero *m* gener
enervante *aj* enervant
enfadar *vtp* enfadar(-se), empipar(-se)
enfado *m* enuig, empipada *f*
enfangar *vt* enfangar
enfermar *vi* emmalaltir
enfermedad *f med* malaltia; *bot* (*de las plantas*) malura
enfermero -ra *mf* infermer -a

enfermizo -za *aj* malaltís -issa
enfermo -ma *aj mf* malalt -a
enfilar *vt* (*ensartar*) enfilar; (*un camino, una calle*) enfilar; (*apuntar*) encarar, apuntar
enfocar *vt* enfocar
enfrentamiento *m* enfrontament
enfrentar *vt* enfrontar
enfrente *av* davant; ~ **de** davant de, davant per davant (de)
enfriamiento *m* refredament; *med* refredat
enfriar *vt* (*refrescar*) refredar; *vp* (*coger frío*) enfredorir-se; (*acatarrarse*) refredar-se
enfundar *vt* enfundar
enfurecer *vtp* enfurismar(-se)
enfurruñarse *vp* enfurrunyar-se
engalanar *vt* engalanar, guarnir
enganchar *vt* enganxar
engañar *vt* enganyar, enredar
engañifa *f* enganyifa
engaño *m* engany
engastar *vt* encastar
engatusar *vt* entabanar, engalipar
engendrar *vt* engendrar
englobar *vt* englobar
engordar *vt* engreixar; *vi* engreixar-se *vp*. *Ha engordado mucho este verano*, s'ha engreixat molt aquest estiu
engorro *m* murga *f*
engranaje *m* engranatge
engrandecer *vt* engrandir
engreído -da *aj* vanitós -osa
engullir *vt* engolir, empassar-se *vp*
enharinar *vt* enfarinar
enhebrar *vt* enfilar
enhorabuena *f* enhorabona; *inj* enhorabona!, la meva enhorabona!
enigma *m* enigma
enjabonar *vt* ensabonar
enjalbegar *vt* emblanquinar
enjambre *m* eixam
enjaular *vt* engabiar
enjoyar *vt* enjoiar
enjuagar *vtp* esbandir(-se); *vp* (*la boca*) glopejar *vi*
enjugar *vtp* eixugar(-se)
enjuto -ta *aj* (*seco*) eixut -a, sec -a; (*flaco*) eixut -a, magre -a, xuclat -ada, eixarreït -ïda
enlace *m* enllaç
enladrillar *vt* enrajolar
enlatar *vt* (*en botes, en latas*) enllaunar
enlazar *vt* enllaçar
enlodar *vt* enfangar, enllotar
enlucir *vt arq* (*con yeso, cal*) emblanquinar; (*con argamasa*) arrebossar
enmarañar *vtp* (*enredar*) embullar(-se), embolicar(-se); *fg* (*un asunto*) embrollar(-se), embolicar(-se)
enmarcar *vt* emmarcar
enmascarar *vt* emmascarar
enmendar *vt* esmenar
enmienda *f* esmena
enmohecer *vtp* (*el metal*) rovellar(-se); *vp* (*cubrirse de moho*) florir-se
ennegrecer *vtp* ennegrir(-se)
enojo *m* enuig
enojoso -sa *aj* enutjós -osa, empipador -a
enorme *aj* enorme
enrabiar *vtp* enrabiar(-se)
enraizar *vi* arrelar
enrarecer *vt* enrarir
enredadera *aj bot* enfiladís -issa; *f* planta enfiladissa

enredar *vt* (*con una red*) enxarxar, enredar; (*enmarañar*) embullar, embolicar; *fg* (*complicar*) embolicar; *fg* (*involucrar*) embolicar, enredar; ~ **la madeja** embolicar la troca
enredo *m* embolic, embull
enrejado -da *aj* reixat -ada; *m* (*verja*) enreixat
enrevesado -da *aj* enrevessat -ada, revés -essa
enriquecer *vt* enriquir
enrojecer *vti* envermellir, enrogir; *vp* (*sonrojarse*) posar-se vermell, enrojolar-se
enrolar *vtp mar* enrolar(-se)
enrollar *vt* enrotllar, entortolligar
enroscar *vt* cargolar, enroscar
ensalada *f gst* amanida, ensalada
ensaladilla *f gst* ~ **rusa** ensalada russa
ensamblar *vt tcn* acoblar
ensanchar *vt* eixamplar
ensangrentar *vt* ensagnar
ensartar *vt* enfilar
ensayar *vt* assajar
ensayo *m* assaig
enseguida *av* = **en seguida**
ensenada *f* cala
enseña *f* ensenya; (*de una corporación*) ensenya, senyera
enseñanza *f* ensenyament *m*
enseñar *vt* (*mostrar, indicar*) ensenyar; (*comunicar conocimientos*) ensenyar; ~ **la pata** *fg* ensenyar la pota; ~ **las uñas** *fg* treure les ungles
ensombrecer *vp* entristir-se
ensordecer *vt* (*aturdir*) eixordar; (*provocar sordera*) ensordir
ensortijar *vt* (*el cabello*) cargolar, recargolar
ensuciar *vt* embrutar
ensueño *m* somni. *Un lugar de ~*, un lloc de somni
entablar *vt* (*una discusión, un combate, etc*) entaular
ente *m* (*lo que es*) ens; (*entidad, institución*) ens
entender *vt* entendre; *vi* (*ser entendido en*) entendre. *Entiende de pájaros*, entén en ocells; *vp* (*entenderse bien*) entendre's. *Se entiende con sus hermanos*, s'entén amb els seus germans; (*tener relaciones amorosas*) entendre's
entendido -da *aj mf* entès -esa
entendimiento *m* (*facultat de comprender*) enteniment; (*juicio*) enteniment, seny; (*acuerdo*) entesa *f*
enternecer *vt* entendrir
entero -ra *aj* sencer -a; *m mat* enter
enterrar *vt* enterrar, soterrar, colgar; (*en la arena*) ensorrar
entidad *f* entitat
entierro *m* enterrament
entoldado *m* envelat
entonación *f* entonació
entonado -a *aj* entonat -ada; *fm* (*borracho*) entonat -ada, gat -a, pitof -a
entonar *vt mús* entonar; (*tonificar*) entonar; *vp* (*envanecerse*) entonar-se
entonces *av* (*en aquel momento*) aleshores, llavors; (*así pues*) aleshores, llavors
entornar *vt* (*la puerta, la ventana*) ajustar

entorno *m* entorn
entorpecer *vt* (*dificultar*) entrebancar; (*poner torpe*) adormir, embalbir
entrada *f* entrada; *ecn* (*primer pago*) entrada; *gst* entrant; (*de un diccionario*) entrada
entraña *f ana* entranya; *pl fg* (*sentimientos*) entranyes
entrañar *vt* comportar, implicar
entrar *vti* entrar; *vi* (*caber, encajar*) entrar; (*empezar*) entrar. *Ya hemos entrado en el invierno*, ja hem entrat a l'hivern; (*sobrevenir*) entrar. *Me ha entrado un hambre*, m'ha entrat una gana; (*ingresar*) entrar; **no ~ ni salir** no tenir-hi art ni part
entre *prp* entre; ~ **otros** entre d'altres; ~ **tanto** mentrestant; **por ~** entre, pel mig de, a través de
entreabrir *vt* entreobrir
entrecot *m gst* entrecot
entrega *f* lliurament *m*, entrega
entregar *vt* (*dar*) lliurar, entregar; *vtp* (*rendir*) lliurar(-se); *vp* (*darse*) lliurar-se, abocar-se. *Cuando una cosa le gusta, se entrega de lleno*, quan una cosa li agrada, s'hi lliura de ple; ~ **en mano** donar en mà
entrelazar *vt* entrellaçar
entremés *m mús tea gst* entremès
entremeterse *vp* = **entrometerse**
entremetido -da *aj mf* = **entrometido**
entrenador -ra *mf* entrenador -a
entrenar *vtp* entrenar(-se)
entrepierna *f* entrecuix *m*
entresijo *m fg* amagatall, racó; **conocer todos los ~s** (*de uc*) conèixer fil per randa, amb tots els ets i uts; **tener muchos ~s** haver-hi molts trencacolls
entresuelo *m* entresòl
entretanto *av* mentrestant; **en el ~** mentrestant
entretener *vt* entretenir; *vp* (*distraerse*) entretenir-se
entretenimiento *m* entreteniment
entrever *vt* entreveure
entrevista *f* entrevista
entristecer *vtp* entristir(-se)
entrometerse *vp* (*intervenir inoportunamente*) ficar-s'hi
entrometido -da *aj mf* tafaner -a, que es fica on no el demanen
entuerto *m* (*perjuicio*) tort, greuge
entumecer *vtp* (*entorpecer*) adormir, embalbir; (*hinchar*) inflar, entumir; *vp* (*los miembros*) entumir-se
entumecido -da *aj* adormit -ida, entumit -ida
enturbiar *vt* enterbolir
entusiasmar *vtp* entusiasmar(-se)
enumeración *f* enumeració
enumerar *vt* enumerar
enunciado *m* enunciat
envalentonar *vt* encoratjar; *vp* envalentir-se
envasar *vt* envasar
envase *m* envàs
envejecer *vi* envellir
envenenar *vt* enverinar, emmetzinar
envergadura *f* envergadura
enviar *vt* enviar, trametre; *fm* engegar. ~ *al diablo, a paseo*, engegar al diable, a passeig

envidia *f* enveja; **dar** ~ fer enveja
envidiar *vt* envejar
envío *m* tramesa *f*
envite *m* envit
envoltorio *m* embolcall
envolver *vt* embolicar
enyesar *vt arq med* enguixar
enzarzarse *vp bot* embardissar-se; (*enredarse*) embolicar-se, embrancar-se. ~ *en una discusión*, embrancar-se en una discussió
eñe *f* (*letra*) nom de la lletra *ñ*
epidemia *f* epidèmia; (*de poca importancia*) passa
epifanía *f* epifania
epilepsia *f* epilèpsia
epílogo *m* epíleg
episcopado *m* episcopat
episodio *m* episodi
epíteto *m* epítet
época *f* època
equilibrar *vt* equilibrar
equilibrio *m* equilibri
equilibrista *mf* equilibrista
equipaje *m* equipatge
equipamiento *m* equipament
equipar *vt* equipar
equiparar *vt* equiparar
equipo *m* equip; ~ **urbano** equipament urbà
equis *f* (*letra*) ics, xeix
equitación *f* equitació
equitativo -va *aj* equitatiu -iva
equivalencia *f* equivalència
equivalente *aj m* equivalent
equivaler *vi* equivaler
equivocación *f* equivocació
equivocar *vtp* equivocar(-se)
equívoco -ca *aj m* equívoc -a
era *f* (*período*) era; *agr* era
erecto -ta *aj* erecte -a
erguido -da *aj* dret -a
erguir *vt* (*levantar*) alçar; (*poner derecho*) dreçar, alçar; *vp* alçar-se, aixecar-se; (*envanecerse*) engallir-se, envanir-se
erial *aj* erm -a; *m agr* erm, ermàs
erigir *vtp* erigir(-se)
erizar *vt* estarrufar
erizo *m* eriçó; ~ **de mar** eriçó de mar
ermita *f* ermita
erosión *f* erosió
erosionar *vt* erosionar
erotismo *m* erotisme
errar *vi* (*vagar*) errar; *vt* (*equivocar*) errar; **ir errado** anar errat
errata *f* errata. *Fe de ~s*, fe d'errates
error *m* error, errada *f*
eructo *m* rot, ercute
erudito -ta *aj mf* erudit -a
erupción *f* erupció
esbelto -ta *aj* esvelt -a
esbirro *m* esbirro
esbozo *m* esbós, esborrany
escabroso -sa *aj* escabrós -osa
escabullirse *vp* (*escaparse*) escapolir-se, fer-se fonedís
escacharrar *vt fm* espatllar, atrotinar
escafandra *f mar* escafandre *m*
escala *f* (*escalerilla*) escala; *mil mús* escala; (*parada*) escala
escalada *f* escalada. *Una ~ de violencia*, una escalada de violència
escalador -ra *mf* escalador -a
escalar *vt* escalar
escaldar *vt* (*hervir*) escaldar; *vp* (*quemarse*) escaldar-se

escalera *f* escala; ~ **de caracol** escala de cargol; ~ **mecánica** escala mecànica
escalinata *f* escalinata
escalofriante *aj* esgarrifós -osa
escalofrío *m* esgarrifança *f*, calfred
escalón *m* graó, esglaó
escalonar *vt* escalonar, esglaonar
escalope *m gst* escalopa *f*
escalpelo *m* escalpel
escama *f* (*de pez*) escata; (*de otros animales*) escama
escamar *vt* (*quitar las escamas*) escatar; *fg* (*hacer sospechar*) escamnar
escamotear *vt* escamotejar
escanciar *vt* abocar [el vi], servir [el vi]
escandalera *f* xivarri *m*, escàndol *m*
escandalizar *vtp* escandalitzar(-se)
escándalo *m* escàndol, xivarri
escandinavo -va *aj mf* escandinau -ava
escaño *m* escó
escaparate *m* aparador
escapar *vi* escapar; (*salvarse*) escapar-se *vp*. *Escapó de morir ahogado*, es va escapar de morir ofegat; *vp fg* escapar-se. *No quería decírselo y se me escapó*, no li ho volia dir i se'm va escapar; **~se por la tangente** fugir d'estudi, anar-se'n per la tangent
escape *m tcn* (*de un gas o un líquido*) fuita *f*, escapament; (*salida de una dificultad*) escapatòria *f*; **tubo de** ~ tub d'escapament
escaquearse *vp fm* fugir d'estudi, fer l'orni, fer el desentès
escarabajo *m* escarabat
escaramuza *f* escaramussa
escarbar *vt* (*la tierra*) gratar; (*remover*) furgar; *fg* (*curiosear*) furgar
escarcha *f* gebre *m*
escarlata *aj m* escarlata
escarmentar *vi* escarmentar
escarnecer *vt* escarnir
escarola *f bot agr* escarola
escarpado -da *aj* escarpat -ada
escarpe *m* escarpa *f*
escarpín *m* escarpí
escasear *vt* escassejar
escasez *f* escassesa, escassetat
escaso -sa *aj* escàs -assa, minso -a
escatimar *vt* escatimar
escatológico -ca *aj* escatològic -a
escayola *f arq* escaiola; *med* guix *m*
escayolar *vt med* enguixar
escena *f* escena
escenario *m* escenari
esclavo -va *aj mf* esclau -ava
esclusa *f* (*de un canal*) resclosa
escoba *f* escombra
escocer *vi* coure; *vp* (*la piel*) encetar-se
escocés -esa *aj mf* escocès -esa
escoger *vt* escollir, triar; **a** ~ a triar. *Dar a* ~, donar a escollir; per escollir. *Tienes muchos colores a* ~, tens molts colors per escollir
escolar *aj mf* escolar
escolaridad *f* escolaritat
escollera *f* escullera
escollo *m geo* escull; *fg* (*obstáculo*) escull, trencacolls

escolta *f* escorta
escoltar *vt* escortar
escombros *m pl arq* (*residuos*) enderroc *sg*, runa *fsg*
esconder *vt* amagar; *fm* (*meter*) entaforar
escondite *m* amagatall; **jugar al ~** jugar a fet a amagar
escondrijo *m* amagatall
escopeta *f* escopeta
escoria *f* escòria
escorpión *m* escorpí
escote *m* escot; **pagar el ~** pagar l'escot
escotilla *f mar* escotilla
escozor *m* coïssor *f*
escribir *vt* escriure
escrito *m* escrit
escritor -ra *mf* escriptor -a
escritorio *m* escriptori
escritura *f* escriptura
escrúpulo *m* escrúpol
escrupuloso -sa *aj* escrupolós -osa
escrutar *vt* escrutar
escrutinio *m* escrutini
escuadra *f* escaire *m*; *mil* esquadra; *mar* esquadra, estol *m*
escuadrón *m mil* esquadró
escucha *f* escolta
escuchar *vt* escoltar
escuchimizado -da *aj mf* escanyolit -ida, escarransit -ida
escudero *m hst* escuder
escudilla *f* escudella
escudo *m* escut
escudriñar *vt* escodrinyar
escuela *f* escola
escuerzo *m zoo* gripau
escueto -ta *aj* (*conciso*) concís -isa; (*sobrio*) sobri sòbria. *Estilo ~*, estil sobri; (*sin rodeos*) nu -nua, pelat -ada. *La verdad escueta*, la veritat nua
esculpir *vt* esculpir
escultor -ra *mf* escultor -a
escultura *f* escultura
escultural *aj* escultural
escupir *vti* escopir
escupitajo *m* escopinada *f*
escurriduras *fpl* escorrialles
escurrir *vt* escórrer; *vp* (*deslizarse*) lliscar *vi*; (*uc sujeta*) escórrer-se, esmunyir-se. *El pez se le escurrió de las manos*, el peix se li va escórrer de les mans; **~ el bulto** *fg fm* (*irse*) tocar el dos; (*canviar de tema*) fugir d'estudi
ese *f* (*letra*) essa; (*movimiento, forma*) essa, giragonsa
ese -sa *aj* aqueix -a, aquest -a
ése -sa *pr* aqueix -a, aquest -a
esencial *aj* essencial
esfera *f* esfera
esférico -ca *aj* esfèric -a
esforzar *vt fm* forçar. *No te conviene ~ la vista*, no et convé forçar la vista; *vp* esforçar-se, maldar *vi*
esfuerzo *m* esforç
esfumarse *vt fg* esfumar-se, fondre's
esgrima *f* esgrima
esgrimir *vt* esgrimir
esguince *m* esquinç
eslip *m* eslip
eslabón *m* baula *f*, baga *f*
eslogan *m* eslògan
eslora *f mar* eslora
esmalte *m* esmalt
esmerado -da *aj* (*bien hecho*) acurat -ada; (*que se esmera*) curós

-osa; (*aseado*) polit -ida, endreçat -ada
esmeralda *f* maragda
esmerarse *vt* mirar-s'hi, extremar-se
esmero *m* cura *f*, atenció *f*
esmirriado -da *aj* esquifit -ida, escarransit -ida
esmoquin *m* esmòquing
esnob *aj mf* esnob
eso *pr* això, això mateix; **con ~** amb tot; **~ es** això mateix; **por ~** per això
esófago *m* esòfag
esotérico -ca *aj* esotèric -a
espabilado -da *aj* espavilat -ada
espabilar *vt* (*una luz, un fuego*) espavilar; *vtp* (*despertar*) eixorivir(-se); (*avivar el ingenio*) espavilar(-se)
espachurrar *vt* aixafar, esclafar
espacial *aj* espacial
espacio *m* espai
espacioso -sa *aj* espaiós -osa
espada *f* espasa; *pl jcs* (*de cartas*) espases; **~ de Damocles** espasa de Dàmocles
espadaña *m arq* campanar de cadireta, espadanya *f*
espagueti *m gst* espagueti
espalda *f* esquena; (*natación*) esquena; **a ~s de** a l'esquena de; **dar la ~** (*a up*) girar l'espatlla; **de ~s** d'esquena
espantajo *m* espantall
espantamoscas *m iv* espantamosques
espantapájaros *m iv* espantaocells
espantar *vt* (*asustar*) espantar, esglaiar; (*ahuyentar*) espantar, fer fugir
espanto *m* espant, esglai; **estar curado de ~s** haver-ne vist de tots colors
espantoso -sa *aj* espantós -osa
español -la *aj mf* espanyol -a; *m* (*idioma*) castellà, espanyol
esparadrapo *m* esparadrap
esparcimiento *m* esplai, esbargiment
esparcir *vt* escampar, espargir
espárrago *m* espàrrec
espasmo *m* espasme
espátula *f* espàtula
especia *f* espècia
especial *aj* especial
especialista *mf* especialista
especializar *vt* especialitzar
especie *f* espècie. *La ~ humana*, l'espècie humana; (*clase*) espècie, mena; **en ~** (*pagar*) en espècie
especificar *vt* especificar
específico -ca *aj* específic -a; *aj m med* específic -a
espécimen *m* espècimen
espectacular *aj* espectacular
espectáculo *m* espectacle
espectador -ra *mf* espectador -a
espectro *m* espectre
especular *aj* especular
especular *vi* especular
espejismo *m* miratge
espejo *m* mirall
espeluznante *aj* esgarrifós -osa
espeluznar *vt* esgarrifar, esborronar
espera *f* espera
esperanto *m* esperanto
esperanza *f* esperança
esperar *vti* esperar
esperma *m/f bio* esperma *f*
espermatozoide *m bio* espermatozoide

espermatozoo *m* = **espermatozoide**
espesar *vt* espessir
espeso -sa *aj* espès -essa; (*barba*) serrat -ada
espesor *m* gruix
espetar *vt* etzibar, engegar
espía *mf* espia
espiar *vt* espiar
espiga *f bot* espiga; *tcn* (*de una herramienta*) espiga, piu *m*
espigar *vt bot* espigar; *fg* (*información*) espigolar; *vp* (*crecer up*) espigar-se
espigón *m arq* (*muro, dique*) espigó
espina *f bot zoo* espina; ~ **dorsal** espina dorsal
espinaca *f* espinac *m*
espinazo *m* espinada *f*
espinilla *f* (*tibia*) canyella; (*en la piel*) barb *m*
espinoso -sa *aj* espinós -osa
espiral *aj f* espiral
espirar *vt* (*expulsar el aire*) expirar; *vi* (*alentar*) respirar, alenar
espiritado -da *aj* esperitat -ada
espíritu *m* esperit; ~ **Santo** Esperit Sant
espiritual *aj m* espiritual; ~ **negro** (*canto religioso*) espiritual negre
espléndido -da *aj* esplèndid -a
esplendor *m* esplendor *f*
espliego *m* espígol
espolear *vt* esperonar
espolón *m* esperó
esponja *f* esponja
esponjoso -sa *aj* esponjós -osa, flonjo -a
espontáneo -a *aj* espontani -ània
esporádico -ca *aj* esporàdic -a, escadusser -a
esposar *vt* emmanillar
esposo -sa *mf* espòs -osa, marit muller; *fpl* (*de preso*) manilles
espuela *f* esperó *m*
espuerta *f* cabàs *m*; **a ~s** a cabassos
espuma *f* escuma, espuma; (*de la boca*) bromera; (*del sabó*) sabonera; (*tejido esponjoso*) escuma
espumadera *f* escumadora
espumajo *m* (*de la boca*) bromera *f*, salivera *f*
espumar *vt* (*quitar la espuma*) escumar; *vi* (*hacer espuma*) escumejar
espumarajo *m* = **espumajo**
espumoso -sa *aj* escumós -osa, espumós -osa
esqueje *m* esqueix
esquela *f* esquela
esquelético -ca *aj* esquelètic -a
esqueleto *m* esquelet; (*de animal*) carcanada
esquema *m* esquema
esquí *m* esquí
esquiador -ra *mf* esquiador -a
esquiar *vi* esquiar
esquila *f* esquella
esquilar *vt* esquilar
esquilmar *vt* (*el suelo*) exhaurir; *fg* (*empobrecer*) esprémer; *fm* (*despojar*) plomar
esquimal *aj mf* esquimal
esquina *f* (*ángulo interno*) cantó; (*ángulo externo*) cantonada
esquirol *mf fm* (*trabajador insolidario*) esquirol
esquivar *vt* esquivar

esquivo -va *aj* esquiu -iva
estable *aj* (*firmemente establecido*) estable
establecer *vt* establir; *vp* (*fijar la residencia*) establir-se; (*poner un negocio*) establir
establecimiento *m* establiment
establo *m* (*para el ganado*) estable
estaca *f* estaca
estacada *f arq* estacada; **dejar en la** ~ deixar a l'estacada
estacar *vt* estacar
estación *f* estació; ~ **de servicio** estació de servei
estacionamiento *m* estacionament
estacionario -ria *aj* estacionari -ària
estadio *m* estadi
estadístico -ca *aj f* estadístic -a
estado *m* estat; ~ **civil** estat civil; **estar en** ~ estar en estat
estadounidense *aj mf* nord-americà -ana
estafa *f* estafa
estafar *vt* estafar
estallar *vi* (*una bomba, un explosivo*) esclatar, petar; (*un trueno, un petardo*) espetegar; (*manifestarse repentinamente*) esclatar; (*reventar*) petar
estallido *m* esclat, espetec, pet; **dar un** ~ fer un espetec, fer un pet [com una gla]
estampa *f* estampa
estampado -da *aj m* estampat -ada
estampar *vt* estampar
estampido *m* espetec, pet
estancia *f* (*permanencia*) estada; (*habitación*) estança
estanco -ca *aj m* estanc -a
estándar *aj m* estàndard
estandarte *m* estendard, senyera *f*
estanque *m* estany
estante *m* prestatge
estantería *f* prestatgeria
estaño *m* estany
estar *vi* (*vivir en un sitio*) estar, estar-se. *Ahora están en Gerona*, ara estan a Girona; (*encontrarse en un lugar*) ésser, ser. *Mañana estaremos en Cuenca*, demà serem a Conca; (*indicando posición*) estar. *Sonia estaba de pie en el balcón*, la Sònia estava dreta al balcó; (*cualidad transitoria*) estar. *Está enfermo*, està malalt; (*cualidad irreversible*) ésser, ser. *Está muerto*, és mort; (*cualidad transitoria en seres inanimados*) ésser, ser. *El cuadro está torcido*, el quadre és tort; (*indicar el precio de una mercancía*) anar. *¿A cuánto están los guisantes?*, a quant van els pèsols?; (*permanecer en un estado*) estar-se *vp*. *No está quieto ni un momento*, no s'està quiet ni un moment; *vp* (*permanecer en un sitio*) estar-se. *Te puedes ~ con nosotros unos días*; et pots estar uns quants dies amb nosaltres; (*permanecer en un estado*) estar *vi*. *¡Estaos quietos!*, estigueu quiets!; **dejar** ~ deixar córrer; ~ **de** ésser de. *Mis padres están de viaje*, els meus pares són de viatge; ~ **de más (de sobra)** sobrar-hi
estatua *f* estàtua
estatura *f* estatura, alçada

estatuto *m* estatut
este *m geo* est
este -ta *aj* aquest -a; ~ **año** enguany
éste -ta *pr* aquest -a
estela *f* (*rastro*) deixant *m*, solc *m*
estelar *aj* estel·lar
estepa *f* (*llanura*) estepa; *bot* estepa
estora *f txt* estora
estercolero *m agr* femer; *fg* (*sitio muy sucio*) femer, merder
estéril *aj* estèril; (*un árbol*) bord -a
estevado -da *aj* garrell -a
estiba *f* estiba
estiércol *m* fem, femta *f*; *agr* (*abono*) fems *pl*
estigma *m* estigma
estilete *m* (*punzón*) estil; *med* estilet *m*; *hst* (*puñal*) estilet
estilo *m art lit mús esp* estil; (*punzón*) estil; **a ~ de** a l'estil de; **por el** ~ per l'estil
estima *f* estima
estimación *f* estimació; ~ **estadística** estimació estadística
estimar *vt* estimar
estímulo *m* estímul
estirado -da *aj* estirat -ada, tibat -ada
estirar *vt* estirar; (*extender*) estirar, estendre; (*tensar*) estirar, tibar; (*el dinero*) estirar, allargar; ~ **la pata** estirar la pota
estirón *m* (*tirón*) estirada *f*, estrebada *f*; (*crecimiento*) estirada *f*
estirpe *f* estirp, nissaga
esto *pr* això; **con** ~ amb tot; **en** ~ aleshores, llavors; ~ **es** és a dir, això és; **~, lo otro o lo de más allá** *fm* que si naps que si cols; **por** ~ és per això que
estofado -da *aj m* estofat -ada
estoico -ca *aj* estoic -a
estomacal *aj* estomacal
estómago *m* estómac
estoque *m* estoc
estorbar *vt* destorbar, entrebancar, fer nosa
estorbo *m* destorb, nosa *f*
estornudar *vi* esternudar
estornudo *m* esternut
estrado *m* estrada *f*
estrafalario -ria *aj* estrafolari -ària
estrago *m* estrall; **hacer ~s** fer estralls
estragón *m* estragó
estrambótico -ca *aj* estrambòtic -a
estrangular *vt* estrangular, escanyar
estratagema *f* estratagema *m*
estrategia *f* estratègia
estrato *m geo* estrat; *fg* (*social*) estrat
estrechar *vt* estrènyer; ~ **la mano** encaixar la mà; *vp* (*la gente*) estrènyer-se, atapeir-se
estrechez *f* estretor, estretesa; (*escasez de medios*) estretor
estrecho -cha *aj m* estret -a
estrechura *f* estretor
estrella *f ast* estel *m*, estrella; *cin* (*artista*) estrella; *fg* (*destino*) estrella; ~ **de mar** *zoo* estrella de mar; ~ **matutina** (*planeta Venus*) estel del matí
estrellado -da *aj* (*el cielo*) estrellat -ada, estelat -ada
estrellar *vtp* estavellar(-se)

estremecedor -ra *aj* esgarrifós -osa
estremecer *vtp* esgarrifar(-se)
estrenar *vt* estrenar
estreñimiento *m* restrenyiment
estrépito *m* estrèpit, terrabastall
estrés *m* estrès
estribar *vi* consistir, basar-se *vp*
estribillo *m* tornada *f*, refrany
estribo *m* estrep
estribor *m mar* estribord
estridente *aj* estrident
estrofa *f* estrofa
estropajo *m* fregall
estropeado -da *aj* atrotinat -ada
estropear *vt* espatllar, malmetre, fer malbé; (*echar a perder*) esguerrar, espatllar. *La lluvia nos ha estropeado los planes*, la pluja ens ha esguerrat els plans
estropicio *m* trencadissa *f*
estructura *f* estructura
estructurar *vt* estructurar
estruendo *m* estrèpit, terrabastall
estrujar *vt* (*papel, ropa*) masegar, rebregar; (*extraer el jugo*) esprémer; (*achuchar*) prémer; *fg* (*exprimir*) escanyar, esprémer. *¡Cómo nos estrujan con este crédito!*, com ens escanyen amb aquest crèdit!
estuario *m* estuari
estuche *m* estoig
estudiante *mf* estudiant -a
estudiar *vt* estudiar
estudio *m* estudi; (*habitación, local*) estudi; *pl* estudis
estufa *f* estufa
estupefacto -ta *aj* estupefacte -a
estupendo -da *aj* estupend -a
estúpido -da *aj* estúpid -a
estupor *m* estupor *m/f*
estupro *m dr* estupre
etapa *f* etapa
etcétera *av* etcètera
éter *m fís qm* èter
eterno -na *aj* etern -a
etimología *f* etimologia
etiqueta *f* etiqueta
etnia *f* ètnia
eucalipto *m* eucaliptus
eucaristía *f* eucaristia
euforia *f* eufòria
eunuco *m* eunuc
europeo -a *aj mf* europeu -ea
evacuar *vt* evacuar
evadir *vt* (*defugir*) evadir; *fg* (*un problema, etc*) eludir; *vp* (*escaparse de la cárcel*) evadir-se
evaluación *f* avaluació
evaluar *vt* avaluar
evangelio *m* evangeli
evaporación *f* evaporació
evaporar *vt* evaporar
evento *m* esdeveniment
evidente *aj* evident
evitar *vt* evitar
evocar *vt* evocar
evolució *f* evolució
evolucionar *vi* evolucionar
exacerbar *vt* exacerbar
exactitud *f* exactitud
exacto -ta *aj* exacte -a
exagerado -da *aj* exagerat -ada
exagerar *vt* exagerar
exaltado -da *aj mf* exaltat -ada
examen *m* examen
examinar *vt* examinar; *vtp* (*un alumno, un candidato*) examinar(-se)
exasperar *vt* exasperar
excavación *f* excavació

excavar *vt* excavar
excedente *aj m* excedent; ~ **de cupo** *mil* excedent de contingent
excelente *aj* excel·lent
excéntrico -ca *aj mf* excèntric -a
excepción *f* excepció; **a** ~ **de** a excepció de
excepcional *aj* excepcional
excepto *prp* excepte, llevat de
excesivo -va *aj* excessiu -iva
exceso *m* excés; **en** ~ a l'excés; **por** ~ per excés
excitar *vtp* excitar(-se)
exclamación *f* exclamació
exclamar *vt* exclamar
excluir *vt* excloure
exclusiva *f* exclusiva
exclusivo -va *aj* exclusiu -iva
excreción *f* excreció
excremento *m* excrement, femta *f*
excursión *f* excursió
excursionista *mf* excursionista
excusa *f* excusa
excusar *vt* excusar
exequias *fpl* funerals *m*
exhalar *vt* exhalar
exhibicionista *aj mf* exhibicionista
exhibir *vt* exhibir
exhortar *vt* exhortar
exigente *aj* exigent
exigir *vt* exigir
exiguo -gua *aj* exigu -a, minso -a
exilio *m* exili
existencia *f* existència; *pl com* existències
existir *vi* (*ser*) existir; haver-hi. *Existe la posibilidad de que se haya olvidado*, hi ha la possibilitat que se n'hagi descuidat
éxito *m* èxit
exótico -ca *aj* exòtic -a
expansión *f* expansió
expectación *f* expectació
expectante *aj* expectant
expectativa *f* expectativa; **estar a la** ~ estar a l'expectativa
expectorar *vi* expectorar
expedición *f* expedició
expediente *m* expedient
expedir *vt* expedir
expensas *fpl* **a** ~ **de** a costa de, a càrrec de
experiencia *f* experiència
experimentar *vti* experimentar
experimento *m* experiment, experiència *f*
experto -ta *aj mf* expert -a
expiar *vt* expiar
expirar *vi* expirar
explanada *f* esplanada
explayar *vtp* esplaiar(-se)
explicación *f* explicació
explicar *vt* explicar; *vp* (*entender*) explicar-se
explícito -ta *aj* explícit -a
explorador -ra *aj mf* explorador -a; (*escultismo*) escolta, explorador -a
explorar *vt* explorar
explosión *f* explosió, esclat *m*
explosivo -va *aj m* explosiu -iva
explotación *f* explotació
explotar *vt* (*sacar provecho*) explotar; (*abusar*) explotar; *vi* (*esclatar*) explotar
exponente *m* exponent
exponer *vt* exposar; *vp* (*arriesgarse*) exposar-se
exportar *vt* exportar
exposición *f* exposició

expresamente *av* expressament
expresar *vt* expressar
expresión *f* expressió
exprimidor *m* espremedora *f*
exprimir *vt* (*extraer el zumo*) esprémer; *fg* (*estrujar*) esprémer, escanyar
expulsar *vt* expulsar, foragitar
exquisito -ta *aj* exquisit -ida
extender *vt* (*desplegar*) estendre; (*un acta, una factura, un cheque*) estendre; (*la mano*) parar; *vp* (*ocupar una cierta extensión*) estendre's; (*difundirse*) estendre; (*hablar, escribir largamente*) estendre's
extendido -da *aj* estès -esa
extensión *f* extensió; **por ~** per extensió
extensivo -va *aj* extensiu -iva
extenso -sa *aj* extens -a
exterior *aj* exterior; (*en política*) exterior; (*extranjero*) estranger -a; *m* exterior
externo -na *aj mf* extern -a
extinción *f* extinció
extinguir *vtp* extingir(-se)
extintor -a *aj m* extintor -a
extirpar *vt* extirpar
extra *aj m* extra
extracción *f* extracció
extraer *vt* extreure
extranjero -ra *aj mf* estranger -a; *m* estranger
extrañar *vt* (*asombrar*) estranyar; (*echar a faltar*) enyorar, trobar a faltar
extraño -ña *aj mf* estrany -a
extraordinario -ria *aj m* extraordinari -ària
extraterrestre *aj mf* extraterrestre
extravagante *aj* extravagant
extraviar *vt* extraviar
extremeño -ña *aj mf* extremeny -a
extremidad *f* extremitat
extremo -ma *aj m* extrem -a; **en ~** en extrem
extrovertido -da *aj* extrovertit -ida
exuberancia *f* exuberància
exuberante *aj* exuberant
exvoto *m* exvot
eyaculación *f* ejaculació
eyacular *vi* ejacular

F

fa *m mús* fa
fábrica *f* fàbrica
fabricar *vt* fabricar
fábula *f* faula
fabuloso -sa *aj* fabulós -osa
faceta *f* faceta
facha *f* fila, fatxa
fachada *f arq* façana
fachenda *f* (*presunción*) fatxenda; *aj mf* (*persona*) fatxenda, merda
fachendoso -sa *aj mf* = **fachenda**
facial *aj* facial
fácil *aj* fàcil; (*probable*) fàcil. *Es ~ que venga*, és fàcil que vingui
facilidad *f* facilitat
facilitar *vt* facilitar
facineroso -sa *aj mf* facinerós -osa
facistol *m rlg* faristol
factible *aj* factible

factor -ra *mf frr* factor -a; *m* (*elemento*) factor
factoría *f* factoria
factura *f* factura
facultad *f* (*poder, derecho*) facultat; (*en las universidades*) facultat; *pl* (*aptitudes*) facultats
facultativo -va *aj* (*opcional*) facultatiu -iva; *mf* (*médico*) facultatiu -iva
faena *f* (*trabajo*) feina; *fg* (*jugarreta*) mala jugada, mala passada
faisán *m* faisà
faja *f* (*tira*) faixa; (*de tierra*) llenca; (*de un libro*) faixa; (*de mujer*) faixa
fajo *m* feix
falange *f* falange
falda *f* (*prenda de vestir*) faldilla; (*regazo*) falda; (*de una montaña*) falda
falla *f geo* falla; (*en Valencia*) falla
fallar *vt* (*no acertar*) fallar; *dr* decidir; *vi* (*no funcionar*) fallar
fallecer *vi* morir
fallecimiento *m* mort *f*, defunció *f*, traspàs
fallo *m dr* sentència *f*; (*error*) fallada *f*
falsario -ria *aj mf* falsari -ària
falsificación *f* falsificació
falsilla *f* pauta
falso -sa *aj* fals -a; **en ~** en fals
falta *f* (*privación*) falta, manca, mancança; (*acción censurable*) falta; (*en un trabajo, en un escrito*) falta; **a ~ de** a falta de; **sin ~** sens falta
faltar *vi* faltar, mancar; (*no asistir a un sitio*) faltar; (*quedar*) faltar, mancar. *Faltan dos minutos para las diez*, falten dos minuts per a les deu; **~ a** (*no complir*) faltar a; **¡faltaría más!** no faltaria sinó
falucho *m mar* llaüt
fama *f* fama
familia *f* família
familiar *aj m* familiar
famoso -sa *aj* famós -osa
fan *mf* fan
fanático -ca *aj mf* fanàtic -a
fanfarrón -ona *aj mf* fanfarró -ona
fango *m* fang
fantasía *f* fantasia
fantasma *m* fantasma
fantasmagórico -ca *aj* fantasmagòric -a
fantástico -ca *aj* fantàstic -a
fantoche *m* (*mamarracho*) mamarratxo; (*presumido*) fantotxe
faquir *m* faquir
faralá *m* farbalà
faraón *m* faraó
fardo *m* farcell
farfullar *vi* enfarfollar-se *vp*, embarbussar-se *vp*
faringe *f* faringe
faringitis *f* faringitis
farmacéutico -ca *aj mf* farmacèutic -a
farmacia *f* farmàcia
faro *m mar* (*torre*) far; *pl aut* fars, llums
farol *m* (*del alumbrado público*) fanal; (*fanfarronada*) fatxenderia *f*, fanfarronada *f*
farola *f* fanal *m*
farolero -ra *mf* (*profesión*) fanaler -a; *aj mf fm* (*presumido*) faroner -a, fatxenda
farsa *f* farsa

fascículo *m* fascicle
fascinar *vt* fascinar
fascismo *m* feixisme
fase *f* fase
fastidiado -da *aj fm* (*enfermo, deprimido*) fotut -uda, tocat -ada
fastidiar *vt fm* (*estropear*) fotre, fúmer. *La lluvia nos ha fastidiado,* la pluja ens ha fotut; (*causar asco, hastío*) fastiguejar. *Me fastidia tanta pedantería,* em fastigueja tanta pedanteria; (*molestar, perjudicar*) emprenyar, empipar; *vp* (*up*) fotre's; **¡que se fastidie!** que es faci fotre!
fastidio *m* murga *f*, punyeta *f*
fastidioso -sa *aj* empipador -a
fasto *m* fast
fastuoso -sa *aj* fastuós -osa
fatiga *f* fatiga; *pl* (*dificultades*) treballs *m*, penes
fatigar *vtp* fatigar(-se)
fauna *f* fauna
fausto -ta *aj* (*venturoso*) faust -a; *m* (*pompa*) fast
favor *m* favor; **a ~ de** a (en) favor de; **hacer el ~** fer el favor; **por ~** si us plau
favorable *aj* favorable
favorecer *vt* afavorir
favoritismo *m* favoritisme
favorito -ta *aj mf* favorit -a
fax *m* fax
fe *f* fe; **dar ~** donar fe; **por mi ~** a fe de Déu
febrero *m* febrer
fecha *f* data; **con ~ de** amb data
fechoría *f* malifeta
fécula *f* fècula
fecundación *f* fecundació
fecundar *vt* fecundar
fecundo -da *aj* fecund -a
federación *f* federació
fehaciente *aj* fefaent
felicidad *f* felicitat; **¡~es!** per molts anys!
felicitación *f* felicitació
felicitar *vtp* felicitar(-se)
félido -da *aj m* felí -ina
felino -na *aj m* felí -ina
feliz *aj* feliç
felpa *f txt* pelfa
femenino -na *aj m* femení -ina
feminidad *f* feminitat
feminismo *m* feminisme
fémur *m* fèmur
fenomenal *aj* fenomenal
fenómeno *m* fenomen; (*persona extraordinaria*) fenomen
feo -a *aj* lleig lletja
féretro *m* fèretre
feria *f* fira
fermentación *f* fermentació
fermentar *vi* fermentar
feroz *aj* feroç, ferotge
férreo -a *aj frr* ferri fèrria; *fg* (*duro, resistent*) ferri fèrria
ferrería *f* ferreria
ferretería *f* ferreteria
ferrocarril *m* ferrocarril
ferroviario -ria *aj mf* ferroviari -ària
ferry *m mar* ferri
fértil *aj* fèrtil
fertilizar *vt* fertilitzar
fervor *m* fervor
festejar *vt* festejar
festín *m* festí
festival *m* festival
festividad *f* festivitat
festivo -va *aj* festiu -iva
fetiche *m* fetitxe

fétido -da *aj* fètid -a
feto *m* fetus
feudal *aj* feudal
feudo *m hst* feu
fiambre *aj* (*alimento*) fred -a; *m* carn *f* freda; *fm* (*cadáver*) mort; **dejar** ~ (*matar*) deixar estès; **~s variados** embotits variats
fiambrera *f* carmanyola
fianza *f* fiança
fiar *vti* (*no pedir el pago*) fiar; *vp* (*tener confianza en*) fiar-se; **no ser de** ~ no ésser de confiança
fibra *f* fibra
ficción *f* ficció
ficha *f* fitxa
fichar *vt* fitxar
fichero *m* fitxer
ficticio -cia *aj* fictici -ícia
fideo *m gst* fideu; (*persona muy delgada*) fideu
fiebre *f* febre
fiel *aj* fidel; *mf* (*cristiano practicante*) fidel
fieltro *m txt* feltre
fiero -ra *aj* fer -a, feréstec -ega; *f* fera; **ponerse hecho una fiera** posar-se fet una fera
fiesta *f* festa; *pl* (*vacaciones*) festes; (*carantoñas*) festes
figura *f* figura
figurar *vt* (*representar*) figurar; *vi* (*aparecer*) figurar; *vp* (*imaginarse*) figurar-se
figurativo -va *aj* figuratiu -iva
fijar *vt* (*sujetar*) afixar, fixar; (*establecer*) fixar; *vp* (*dirigir la atención*) fixar-se
fijo -ja *aj* fix -a; (*ojos, mirada*) fit -a
fila *f* fila, filera; **en ~ india** en fila índia
filamento *m ele* filament; (*de la verdura, la carne, etc*) filament, bri
filete *m* (*de carne o pescado*) filet; *grf* filet
filmar *vt* filmar
filme *m* film
filo *m* (*corte*) tall, fil
filón *m min* filó
filosofía *f* filosofia
filtrar *vt* filtrar
filtro *m* filtre
fin *m* (*punto final*) fi *f*, acabament; (*de una época*) tombant, darreria, fi *f*; (*finalidad*) fi; **a ~ de que** a fi que, per tal que; **a ~es de** a la fi de, al final de; **al** ~ a la fi, per fi; **al ~ de cuentas** (**al ~ y al cabo**) al cap i a la fi, al capdavall; **dar ~ a** donar (posar) fi a; **en** ~ en fi; ~ **de semana** cap de setmana; **por** ~ a la fi, per fi
final *aj m* final; (*de una época*) tombant, fi *f*; **al ~ de** al final de, a la darreria de
finalidad *f* finalitat
finalizar *vti* finalitzar, finir
finalmente *av* finalment
financiar *vt* finançar
financiero -ra *aj mf* financer -a
finca *f* finca
fingir *vt* fingir
finlandés -esa *aj mf* finlandès -esa
fino -na *aj* fi fina
finura *f* finesa, finor
fiordo *m geo* fiord
firma *f* signatura, firma; *ecn* (*empresa*) firma
firmamento *m* firmament
firmar *vt* firmar, signar

firme *aj* ferm -a; *av* fermament, ferm; *m* (*pavimento*) ferm; **de ~** de ferm, de valent; **en ~** en ferm; **¡~s!** ferms!
fisgar *vi* tafanejar, xafardejar
fisgón -ona *aj mf* tafaner -a, xafarder -a
fisgonear *vi* tafanejar, xafardejar
físico -ca *aj mf* físic -a; *m* (*cuerpo*) físic
fisonomía *f* fisonomia, fesomia
fisura *f* fissura
flabiol *m* flabiol
flaco -ca *aj* prim -a, magre -a; *m* (*debilidad*) flaca *f*
flagelar *vt* flagel·lar
flagrante *aj* flagrant
flamante *aj* flamant, llampant
flamenco -ca *aj mf* (*de Flandes*) flamenc -a; *m* (*baile y cante andaluz*) flamenc; *aj* (*achulado*) fanfarró -ona; *m zoo* flamenc
flan *m* flam
flanco *m* flanc
flaquear *vi* (*vacilar*) flaquejar, fer figa. *Las piernas me flaquean*, em fan figa les cames; (*columna, edificio*) flaquejar
flauta *f* flauta
flecha *f* fletxa
fleco *m* (*adorno*) serrell
flemón *m* flegmó
flequillo *m* (*de cabellos*) serrell
flexible *aj* flexible
flexión *f* flexió
flojear *f* defallir, fer figa
flojo -ja *aj* fluix -a; (*blando*) fluix -a, flonjo -a; *fg* (*sin fuerzas*) fluix -a, flac -a; *av* fluix -a. *Hablar ~*, parlar fluix
flor *f bot* flor; *fg* (*esplendor*) flor; **a ~ de** a flor de; **en ~** en flor; **~ de azahar** flor de taronger; **~ de lis** flor de lis; **la ~ y la nata** la flor i nata, la crema
flora *f* flora
florecer *vi* florir
florista *mf* florista
flota *f mar* flota
flotador *m* flotador
flotar *vi* flotar, surar
fluctuar *vi* fluctuar
fluidez *f* fluïdesa
fluido -da *aj m* fluid -a
fluir *vi* fluir
flujo *m* (*acción de fluir*) flux; (*derrame*) fluix; (*ascenso de la marea*) flux; *ecn* flux
flúor *m* fluor
fluorescente *aj m* fluorescent
fluvial *aj* fluvial
fobia *f* fòbia
foca *f* foca
foco *m* (*reflector*) focus; *med* focus
fofo -fa *aj* fofo -a
fogata *f* foguera
fogón *m* fogó
folclore *m* folklore
folio *m* foli
follaje *m* fullam, fullatge
follar *vi vlg* cardar, follar
follón *m* rebombori, xivarri, guirigall
fomentar *vt* fomentar
fonda *f* fonda
fondear *vt mar* fondejar
fondo *m* fons; (*profundidad*) fondària *f*; *art fot* fons; **a ~** a fons; **bajos ~s** baixos fons
fonético -ca *aj f* fonètic -a
fontanero -ra *mf* lampista

forajido -da *aj mf* facinerós -osa
forastero -ra *aj mf* foraster -a
forense *aj dr* forense
forestal *aj* forestal
forja *f* (*fragua*) farga, forja; (*arte de forjar*) forja
forjar *vt* forjar
forma *f* forma; (*medio, manera*) manera, forma; *pl* (*modales*) formes; **de qualquier ~** de tota manera; **estar en ~** estar en forma; **guardar las formas** salvar les formes
formación *f* formació
formal *aj* formal
formar *vtp* formar(-se)
formato *m* format
formidable *aj* formidable
formol *m* formol
fórmula *f* fórmula
formular *vt* formular
formulario *aj m* formulari -ària
fornido -da *aj* cepat -ada
forofo -fa *aj mf* fanàtic -a; *mf* fan
forraje *m agr* farratge
forrar *vt* folrar; *vp fg* (*enriquecerse*) folrar-se
forro *m* folre
fortalecer *vt* enfortir
fortaleza *f* fortalesa
fortificación *f* fortificació
fortificar *vt arq mil* fortificar; (*fortalecer*) enfortir, fortificar
fortuna *f* fortuna; **por ~** per fortuna
forzar *vt* forçar
forzudo -da *aj* forçut -uda
fosa *f* fossa; **~ común** fossa comuna; **~ nasal** fossa nasal, nariu; **~ séptica** fossa sèptica
fosforescente *aj* fosforescent
fósforo *m qm* fòsfor; (*cerilla*) llumí, misto
fósil *aj m* fòssil
foso *m* (*hoyo*) fossa *f*, clot; (*de fortaleza*) fossat
foto *f* foto
fotocopia *f* fotocòpia
fotocopiar *vt* fotocopiar
fotogénico -ca *aj* fotogènic -a
fotografía *f* fotografia
fotografiar *vt* fotografiar
fotográfico -ca *aj* fotogràfic -a
fotógrafo -fa *mf* fotògraf -a
fracasado -da *aj mf* fracassat -ada
fracasar *vi* fracassar
fracaso *m* fracàs
fracción *f* fracció
fractura *f* fractura
fragata *f mar* fragata
frágil *aj* fràgil
fragmento *m* fragment
fragor *m* fragor *m/f*, brogit
fragua *f* farga, forja
fraguar *vt* forjar; *vi* (*el cemento*) endurir-se *vp*
fraile *m* frare
frambuesa *f* gerd *m*
francachela *f fm* tiberi *m*
francés -esa *aj mf* francès -esa
franco -ca *aj* (*libre, exempto*) franc -a; (*sincero*) franc -a; *m* (*unidad monetaria*) franc
francotirador -ra *mf* franctirador -a
franela *f txt* franel·la
franja *f* franja
franqueo *m* franqueig
franqueza *f* franquesa
frasco *m* flascó
frase *f* frase; **~ hecha** frase feta

fraternidad *f* germanor
fraterno -na *aj* fratern -a
frecuencia *f* freqüència; **con ~** sovint, amb freqüència
frecuente *aj* freqüent
fregadero *m* aigüera *f*, pica *f*
fregado *m* (*del suelo, de platos*) fregada *f*, rentada *f*; *fg* embolic
fregar *vt* fregar
fregona *f* (*criada*) minyona; (*bayeta*) pal *m* de fregar, baieta de pal
freír *vt* fregir
frenar *vt* frenar
frenético -ca *aj* frenètic -a
frenillo *m ana* fre
freno *m* fre
frente *f ana* front *m*; *m* (*meteorología*) front; *mil* front; **al ~** al capdavant; **¡al ~!** *mil* endavant!; **de ~** de cara, de front; **en ~** davant; **hacer ~ a** fer cara a, afrontar
fresa *f bot* maduixera; (*fruta*) maduixa
frescales *aj mf iv* (*desvergonzado*) barrut -uda; (*tranquilo*) panxacontent -a
fresco -ca *aj* fresc -a; *fg* (*descarado*) fresc -a; *m art* (*pintura*) fresc; (*tiempo fresco*) fresca *f*; **ser más ~ que una lechuga** ésser un fresc, tenir galtes
frescura *f* frescor; *fg* (*descaro*) barra
fresón *m* maduixot
frialdad *f* fredor
fricción *f* fricció
friega *f* frega
frígido -da *aj* frígid -a
frigorífico -ca *aj* frigorífic -a; *m* frigorífic, nevera *f*
frío -a *aj m* fred -a; **helarse de ~** pelar-se de fred
frito -ta *aj* fregit -ida; *fg* (*exasperado, harto*) fregit -ida; (*dormido*) com un soc. *Me he quedado ~ en el sofá*, m'he quedat com un soc al sofà; *m* (*fritura*) fregit
frívolo -la *aj* frívol -a
frondoso -sa *aj* frondós -osa
frontera *f* frontera
fronterizo -za *aj* fronterer -a
frontón *m* frontó
frotar *vt* fregar; **~se las manos** fregar-se les mans
fructífero -ra *aj* fructífer -a
fructuoso -sa *aj* fructuós -osa, fruitós -osa
frugal *aj* frugal
fruición *f* fruïció
fruncir *vt* (*una tela*) frunzir; (*las cejas, el ceño*) arrufar, arrugar
fruslería *f* fotesa
frustrar *vt* frustrar
fruta *f* fruita
frutal *aj m* fruiter -a
fruto *m* fruit; **~s secos** fruita seca
fuego *m* foc; (*hogar*) foc, llar *f*; **abrir ~** fer foc; **a ~ vivo** a foc viu; **echar ~ por los ojos** treure foc pels queixals; **~s artificiales** focs artificials
fuel *m* fuel
fuelle *m* manxa *f*; **tener mucho ~** tenir molta bufera
fuente *f* font; (*surtidor*) brollador *m*, font *f*; *fg* (*origen, causa*) font; (*bandeja*) plata, plàtera; **de buena ~** de bona font

fuera *av* fora. *Me voy ~ al jardín*, me'n vaig fora al jardí. *Ha estado cinco años ~*, ha estat cinc anys fora; **~ de** fora de. *~ de la casa*, fora de casa; (*excepto*) fora de. *~ de esto, pídeme lo que quieras*, fora d'això, demana'm el que vulguis; **~ de lugar** fora de lloc; **~ de que** fora que; **~ de sí** (**~ de quicio**) fora de si
fuerte *aj* fort -a; *m mar mil* fort; *fg* fort. *Su ~ son las matemáticas*, el seu fort són les matemàtiques; *av* fort. *Hable más ~*, parli més fort; (*abundante, mucho*) fort, de valent
fuerza *f* força; **a ~ de** a força de, a còpia de; **a ~ de brazos** a força (a pes) de braços; **a la ~** per força; **~ mayor** força major; **~s armadas** forces armades
fuet *m gst* fuet
fuga *f* fugida, fuga; *tcn* (*de un gas o un líquido*) fuita; *mús* fuga
fugarse *vp* fugir *vi*, escapar-se
fugaz *aj* fugaç, fugisser -a
fugitivo -va *aj mf* fugitiu -iva
fulano -na *mf* tal, en (la) tal; *f* (*amante*) amant; (*prostituta*) meuca; **~ de tal** en tal; **~, mengano y zutano** en tal, en tal i en tal altre; **~ y mengano** en tal i en tal altre
fulgor *m* resplendor *f*
fulgurante *aj* fulgurant
fumador -ra *mf* fumador -a
fumar *vtp* (*un cigarro, etc*) fumar(-se); *vp* (*dilapidar*) polir-se; **~se la clase** fer campana
fumigar *vt* fumigar
funámbulo -la *mf* funàmbul -a
función *f* funció
funcionamiento *m* funcionament
funcionar *vi* funcionar, rutllar, anar a l'hora
funcionario -ria *mf* funcionari -ària
funda *f* funda
fundación *f* fundació
fundamental *aj* fonamental
fundamento *m* [*generalmente en pl*] *arq* fonaments *pl*; *fg* (*base*) fonament
fundar *vt* (*edificar, crear*) fundar; *vp* (*basarse*) fundar-se
fundición *f* (*lugar donde se funde*) foneria; (*acción de fundir*) fosa
fundir *vt* fondre; *vp* (*una bombilla*) fondre's
fúnebre *aj* fúnebre
funeral *m* funeral
funesto -ta *aj* funest -a
funicular *aj m* funicular
furgón *m* furgó
furgoneta *f* furgoneta
furia *f* fúria
furioso -sa *aj* furiós -osa
furor *m* furor; **hacer ~** fer furor
furtivo -va *aj* furtiu -iva
fusible *aj m ele* fusible
fusil *m* fusell
fusilar *vt* afusellar; (*plagiar*) afusellar
fusión *f* fusió
fusta *f* (*látigo*) fuet *m*
fustigar *vt* fuetejar
fútbol *m* futbol
futbolista *mf* futbolista
futuro -ra *aj* futur -a, esdevenidor -a; *m* futur, esdevenidor; **en el ~** temps a venir

G

gabardina *f* gavardina
gabinete *m* gabinet
gacela *f* gasela
gachas *fpl* farinetes
gacho -cha *aj* cot -a, baix -a. *Ir con la cabeza gacha*, anar amb el cap cot
gafa *f* (*para sujetar*) *gafa*; *pl med ulleres*
gafe *aj* malastruc -uga; *m fg* ocell de mal averany; **ser** ~ portar mala sort, ésser el pot de la pega
gaita *f mús* gaita, sac de gemecs; *fg fm* (*fastidio, tabarra*) murga, tabarra, llauna; **ir** (**venir**) **con gaitas** anar (venir) amb gaites
gaje *m* (*prenda*) penyora *f*, gatge; *pl* (*sueldo*) salari *sg*, sou *sg*; ~ **del oficio** gangues de l'ofici
gajo *m* (*de naranja, limón*) grill; (*racimo de uvas*) gotim
gala *f* gala; **hacer** ~ **de** fer gala de; **ir de** ~ anar de gala
galán *m* galant
galante *aj* galant
galanteo *m* galanteig, festeig
galápago *f zoo* tortuga [aquàtica]
galardón *m* guardó
galaxia *f* galàxia
galera *f* galera
galería *f* galeria
galgo *m* gos llebrer
galimatías *m* galimaties
gallear *vi* gallejar
gallego -ga *aj mf* gallec -ega
galleta *f gst* galeta; *fg* (*bofetada*) galeta, nata, bolet *m*
gallina *f zoo* gallina; *aj m fg dsp* (*cobarde*) gallina
gallinero *m* galliner; *fg* (*gran desorden, barullo*) galliner, merder
gallo *m zoo* gall; *mús* gall; **en menos que canta un** ~ en un tres i no res
galo -la *aj mf* gal gal·la
galopar *vi* galopar
galope *m* galop
gama *f* gamma, sèrie
gamba *f zoo* gamba
gamma *f* (*letra griega*) gamma
gamo *m zoo* daina *f*
gamuza *f zoo* isard *m*; (*piel*) camussa
gana *f* (*hambre, apetito*) gana; [*también en pl*] (*deseo*) ganes *pl*; **darle la** ~ (*a up*) donar-li la gana; **de buena** ~ de bona gana; **venir en** ~ venir de gust
ganadería *f* ramaderia; (*ganado*) bestiar *m*
ganadero -ra *aj* ramader -a
ganado *m* bestiar
ganancia *f* guany *m*
ganar *vt* guanyar; (*mejorar*) guanyar. *Con el pelo corto ganas mucho*, amb el cabell curt guanyes molt; (*salir ganando*) guanyar-hi. *Hemos ganado con el cambio*, hi hem guanyat amb el canvi; *vp* (*ganarse el favor de up*) guanyar-se; (*hacerse merecedor*) guanyar-se
ganchillo *m* ganxet
gancho *m* ganxo; (*atractivo*) gràcia, encant; **echar el** ~ (*a up*) pescar, enganxar
gandul -la *aj mf* gandul -a, dropo -a

gandulear *vi* mandrejar
gandulería *f* ganduleria
ganga *f* ganga
ganglio *m ana med* gangli
gangoso -sa *aj* de nas. *Tiene la voz gangosa*, té la veu de nas
gangrena *f* gangrena
gángster *m* gàngster
ganso *m zoo* oca *f*; (*indolente*) ganso -a, cançoner -a; **hacer el ~** bestiejar
ganzúa *f* rossinyol *m*
gañido *m* udol, grinyol
gañir *vi* udolar, grinyolar
gañote *m ana* ganyot, gargamella *f*
garabatear *vt* guixar
garabato *m* gargot
garaje *m* garatge
garantía *f* garantia
garantizar *vt* garantir
garbanzo *m* cigró; **~ negro** ovella negra
gardenia *f* gardènia
garfio *m* garfi
gargajo *m* gargall
garganta *f ana* gola; coll *m*. *Dolor de ~*, mal de coll; *geo* (*paso estrecho*) gorja
gárgara *f* gàrgara. *Hacer ~s*, fer gàrgares; **mandar a hacer ~** (*a up*) engegar a passeig, a dida
garita *f* garita
garra *f* (*mano, pata de tigre, gato, etc*) grapa, arpa; (*uñas de tigre, gato, etc*) urpa; *fg* (*mano fuerte*) grapa; **tener ~** tenir grapa
garrafa *f* garrafa
garrafal *aj* colossal
garrón *m* (*de cordero*) braó
garrotazo *m* garrotada *f*, bastonada *f*
garrote *m* garrot
garrucha *f* politja, corriola
garzo -za *aj* blavós -osa
gas *m fís qm* gas; *pl* (*en los intestinos*) gasos
gascón -ona *aj mf* gascó -ona
gaseoso -sa *aj f* gasós -osa
gasolina *f qm* benzina, gasolina
gasolinera *f* gasolinera
gastar *vt* gastar, esmerçar; (*desgastar*) gastar; **~las** tenir mal geni. *Ya sabes como las gasta*, ja saps que té mal geni
gasto *m* despesa *f*
gastronomía *f* gastronomia
gatear *vi* gatejar
gatillo *m* gallet
gato -ta *mf zoo* gat -a; *m tcn* gat; **a gatas** de quatre grapes; **dar ~ por liebre** donar (vendre) gat per llebre; **haber ~ encerrado** haver-hi gat amagat; **ser cuatro ~s** ésser cuatre gats; **ser ~ viejo** ésser un gat vell
gavilán *m zoo* esparver
gavilla *f* garba
gaviota *f zoo* gavina
gaznate *m ana* ganyot, gola *f*, gargamella *f*
ge *f* (*letra*) ge
gel *m* gel
gelatina *f* gelatina
gélido -da *aj* gèlid -a
gema *f bot min* gemma
gemelo -la *aj mf* bessó -ona; *mpl* (*parto doble*) bessonada *fsg*; (*de los puños*) botons de puny
gemido *m* gemec
Géminis *aj mf ast* Bessons
gemir *vi* gemegar
gendarme *m* gendarme

generación *f* generació; ~ **espontánea** *bio fg* generació espontània
general *aj* general; *m mil* general; **en** ~ en general; **por lo** ~ en general
generalidad *f* generalitat
generalmente *av* generalment
generar *vt* generar
genérico -ca *aj* genèric -a
género *m com lit grm* gènere; (*especie, clase, taxonomía*) gènere
generoso -sa *aj* generós -osa
génesis *f* gènesi
genio *m* geni. *Mozart fue un ~*, Mozart va ser un geni. *El ~ de la lámpara*, el geni de la llàntia; **tener mal** ~ tenir mal geni
genital *aj* genital; *m pl ana* genitals
genocidio *m* genocidi
gente *f* gent; ~ **de bien** gent de bé; ~ **menuda** canalla, gent menuda
gentil *aj* gentil; *m* [*generalmente en pl*] (*pagano*) gentil
gentío *m* gentada *f*
gentuza *f* gentussa, trepa
genuino -na *aj* genuí -ïna
geografía *f* geografia
geográfico -ca *aj* geogràfic -a
geología *f* geologia
geometría *f* geometria
geométrico -ca *aj* geomètric -a
geranio *m* gerani
gerente *mf* gerent
germánico -ca *aj* germànic -a
germen *m bio bot* germen
germinar *vi* germinar
gerundio *m* gerundi
gesta *f* gesta
gestación *f* gestació
gestante *aj f* gestant
gesticular *vi* gesticular
gestión *f* gestió
gesto *m* (*movimiento corporal*) gest; (*mueca*) ganyota *f*; *fg* (*acto*) gest. *Un ~ de generosidad*, un gest de generositat
gestor -ra *aj mf* gestor -a
giba *f* gep *m*, gepa
gigante *aj* gegant; *mf* gegant -a
gigantesco -ca *aj* gegantí -ina
gilipollas *m* imbècil, torracollons
gimnasia *f* gimnàstica
gimnasio *m* gimnàs
gimnástico -ca *aj f* gimnàstic -a
gimotear *vi* somicar, fer el ploricó
ginebra *f* ginebra
ginecología *f* ginecologia
gira *f* (*acción*) girada; (*excursión*) excursió, sortida; (*artística*) recorregut *m*
girar *vi* girar. *La luna gira alrededor de la Tierra*, la lluna gira al voltant de la Terra; (*torcer*) girar, tombar. *El camino gira a la derecha*, el camí gira a la dreta; *vt* girar, tombar. *Lentamente giró la llave*, lentament va girar la clau; *ecn* (*órdenes de pago*) girar
girasol *m* gira-sol
giro *m* (*movimiento*) gir; *grm ecn* gir
gitano -na *aj mf* gitano -a
glacial *aj* glacial
glaciar *aj* glacial; *m* glacera *f*, gelera *f*
glándula *f* glàndula
glicerina *f* glicerina
global *aj* global
globo *m* globus; *aer* globus, baló

gloria *f* glòria; **dar ~** fer (donar) glòria, fer goig
glosa *f* glossa
glosario *m* glossari
glotón -ona *aj mf* golafre, golut -uda
glúcido *m* glúcid
gobernador -ra *aj mf* governador -a
gobernar *vt* governar
gobierno *m* govern
goce *m* (*acción*) gaudi, fruïció *f*; (*placer*) plaer, delit
godo -da *aj mf hst* got goda
gol *m* gol
goleta *f mar* goleta
golf *m esp* golf
golfo -fa *mf* (*pillete*) trinxa, bergant; (*vicioso*) perdulari -ària, brètol -a; *geo* golf
golondrina *f zoo* oreneta
golosina *f* llaminadura
goloso -sa *aj mf* llaminer -a
golpe *m* cop; (*en la puerta*) truc; **a ~s** (*a porrazos*) a cops; (*con intermitencias*) a batzegades; **de ~** de cop, de sobte; **de ~ y porrazo** de cop i volta; **~ de Estado** cop d'Estat; **no dar ~** no fer brot
golpear *vt* colpejar, pegar, tustar; *vi* (*puertas, ventanas*) petar
golpetear *vi* (*puertas, ventanas*) petar
goma *f qm tcn* goma; **~ de borrar** goma (d'esborrar); **~ de mascar** xiclet *m*
gordinflón -ona *aj* rabassut -uda, grassó -ona
gordo -da *aj* (*obeso*) gras -assa; (*grueso*) gruixut -uda; *fg* gros -ossa. *Armar una gorda*, fer-ne una de grossa; *m* (*de la lotería*) grossa *f*; **caer ~** caure malament
gorgojo *m zoo* (*de la fruta, las legumbres*) corc, corcó
gorgorito *m* [*generalmente en pl*] refilet
gorgoteo *m* clapoteig
gorila *m zoo* goril·la
gorjear *vi* (*pájaros*) refilar; (*los niños*) xerrotejar
gorra *f* gorra; **de ~** de gorra
gorrino -na *mf zoo* porc -a; (*pequeño*) garrí -ina; *fm* (*sucio*) porc -a, marrà -ana
gorrión *m zoo* pardal
gorro *m* gorra *f* [sense visera], barret *m*
gota *f* gota; **~ a ~** *med* gota a gota; **ni ~ de** [*en frases negativas*] gens de, gota de. *No tengo ni ~ de pan*, no tinc gens de pa
gotear *vi* degotar, regalimar
gótico -ca *aj m* gòtic -a
gozar *vi* fruir, gaudir
gozo *m* goig, joia *f*; *pl lit* (*cantos, hojas*) goigs; **dar ~** fer goig
gozoso -sa *aj* joiós -osa
grabación *f* enregistrament *m*, gravació
grabar *vt art* gravar; *mús* (*en un disco, cinta*) enregistrar, gravar
gracia *f* (*lo que divierte o gusta*) gràcia; (*atractivo, donaire*) gràcia; *f pl* (*expresión de agradecimiento*) gràcies, mercès; **~ a** gràcies a; **~ a Dios** gràcies a Déu; **hacer ~** fer gràcia; **no tener ni pizca de ~** no tenir cap gràcia
gracioso -sa *aj* graciós -osa

grada *f* grada
graderío *m* graderia *f*, grada *f*
grado *m* grau; **de buen (mal)** ~ de bon (mal) grat
graduar *vtp* graduar(-se)
grafía *f* grafia
gráfico -ca *aj* gràfic -a; *mf* gràfic *m*
grafito *m* grafit
grajilla *f zoo* gralla
grama *f bot* gram *m*
gramátic -ca *aj f* gramàtic -a
gramo *m* gram
gran *aj* gran; **en ~ número** en gran nombre
grana *f bot* (*semilla*) grana; *aj m* (*color*) grana
granado -da *aj* granat -ada; *m bot* magraner; *f* (*fruta*) magrana; *mil* granada
grande *aj* gran; (*voluminoso*) gros -ossa; **a ~s rasgos** a grans trets
grandeza *f* grandesa
grandioso -sa *aj* grandiós -osa
granel *av* **a ~** (*sin envase*) a granel; (*en abundancia*) a dojo
granero *m* graner
granito *m* granit
granizada *f* (*de granizo grande*) pedregada; (*de granizo pequeño*) calamarsada
granizar *vi* pedregar
granizo *m* (*grano grueso*) pedra; (*grano pequeño*) calamarsa
granja *f* granja
granjearse *vp* guanyar-se, captar-se
granjero -ra *mf* granger -a
grano *m bot med* gra; **ir al ~** anar al gra
granuja *m* (*persona hábil*) murri, pillet; (*canalla*) bandarra, bergant, trinxeraire
grapa *f tcn* grapa
grapar *vt tcn* engrapar
grasa *f* greix *m*
grasiento -ta *aj* greixós -osa
graso -sa *aj* gras -assa, greixós -osa; *f* greix *m*
gratificación *f* gratificació
gratinar *vt* gratinar
gratis *av* gratis, de franc
gratitud *f* gratitud
grato -ta *aj* grat -a; **me es ~ comunicarle...** em plau comunicar-vos...
gratuito -ta *aj* gratuït -a
grava *f arq* grava
gravar *vt* (*con un impuesto*) gravar
grave *aj* greu; *grm* (*palabra*) pla -ana; (*acento*) greu; *aj m mús* greu
gravedad *f* gravetat
gremio *m* gremi
greña *f* grenya
gres *m* gres
gresca *f* (*riña*) brega, gresca; (*jolgorio*) gresca, gatzara
griego -ga *aj mf* grec grega; *m* (*lengua*) grec
grieta *f* (*en una pared, en el suelo, etc*) ecletxa, esquerda; (*en la piel, los labios*) clivella
grifo *m* aixeta *f*
grillo *m* grill
gripe *f* grip *f/m*
gris *aj m* gris -a; *mpl* (*cualidad de gris*) grisor *fsg*
gritar *vi* cridar
griterío *m* cridòria *f*

grito *m* crit; **a ~ pelado** a crits; **pegarle cuatro ~s** (*a up*) engegar quatre crits a up
gritón -ona *aj* cridaner -a
grosella *f* grosella
grosero -ra *aj* (*palabras, gestos*) groller -a, grosser -a; *aj mf* (*basto*) groller -a, grosser -a
grosor *m* gruix, través
grotesco -ca *aj m* grotesc -a
grúa *f* grua
grueso -sa *aj* gruixut -uda; (*obeso*) gras -assa; *m* (*grosor*) gruix, gruixària *f*; (*parte principal de un todo*) gros
grulla *f zoo* grua
grumete *m mar* grumet
grumo *m* grumoll
gruñido *m* (*de un animal, up*) grunyit; (*del cerdo*) gruny
gruñir *vi* (*dar gruñidos*) grunyir; (*refunfuñar*) rondinar, remugar
gruñón -ona *aj mf* rondinaire
grupa *f* gropa
grupo *m* grup
gruta *f* gruta, balma
guadaña *f* dalla
guadañar *vt* dallar
guantazo *m* nata *f*, plantofada *f*, bufetada *f*
guante *m* guant; **echar el ~** (*a up*) enxampar up
guapo -pa *aj* guapo -a, bonic -a, maco -a
guarda *mf* (*guardia*) guarda; *f* (*de un libro*) guarda
guardabarrera *mf* guardabarrera
guardabarros *m* parafang
guardabosque *mf* guardabosc
guardacostas *mf* guardacostes
guardaespaldas *mf* escorta, guardaespatlles
guardameta *mf esp* porter -a
guardar *vt* (*proteger, preservar*) guardar; (*poner en un sitio*) desar. *Guarda los vestidos en el armario*, desa els vestits a l'armari; *vp* (*evitar*) guardar-se; **~ cama** fer llit; **~ las distancias** guardar (mantenir) les distàncies; **~ las formas** salvar les formes
guardarropa *m* guarda-roba
guardarropía *f* guarda-roba *m*
guardería *f* guarderia
guardia *mf* guàrdia; *f med mil* guàrdia; **de ~** de guàrdia; **ponerse en ~** posar-se en guàrdia
guardián -na *mf* guardià -ana
guarida *f* cau *m*
guarnecer *vt* guarnir
guarnición *f* (*adorno*) guarniment *m*; *mil* (*tropa*) guarnició; *gst* guarnició
guarrada *f* porqueria
guarrería *f* = **guarrada**
guarro -rra *aj mf* (*sucio*) porc -a, bacó -ona; *fg* (*deshonesto*) porc -a
guasa *f* conya
guasearse *vp* fotre's, fúmer-se
guasón -ona *aj mf* bromista
guepardo *zoo m* guepard
guerra *f* guerra
guerrero -ra *aj mf* guerrer -a; *f* (*chaqueta*) guerrera
guerrilla *f* guerrilla
guerrillero -ra *aj mf* guerriller -a
guía *mf* guia
guiar *vt* guiar
guijarro *m* còdol

guinda *f bot mar* guinda
guindilla *f* bitxo *m*
guiñapo *m* (*harapo*) parrac; (*persona floja*) figa *f*, nyicris *mf*
guiñar *vt* (*los ojos*) aclucar; ~ **el ojo** fer (picar) l'ullet
guión *m cin tea grm* guió
guipar *vt* (*descubrir*) clissar, guipar; *vi* (*ver*) guipar-hi
guirigay *m* guirigall
guirnalda *f* garlanda
guisante *m bot* (*planta*) pesolera; (*legumbre*) pèsol
guisar *vt* guisar, cuinar
guisado -da *aj gst* guisat -ada, cuinat -ada; *m* guisat
guiso *m* = **guisado**
guitarra *f* guitarra
gula *f* (*pecado capital*) gola
gusanera *f* fal·lera, dèria
gusano *m zoo* cuc
gustar *vi* agradar. *Me gusta mucho ir al cine*, m'agrada molt anar al cinema; **como guste** com us plagui; **¿gustan?** sou servits?
gusto *m* gust, tast; (*sentido estético*) gusto; (*placer, satisfacción*) gusto; **a** ~ de gust; **con** ~ de (bon) grat; **dar** ~ fer (donar) bo; **dar** ~ (*a up*) fer content up; **mucho (tanto)** ~ molt (tant) de gust
gustoso -sa *aj* (*sabroso*) gustós -osa; (*con agrado*) gustós -osa

H

haba *f* fava; **ser ~s contadas** ésser faves comptades
haber *vi* [*auxiliar*] haver. *Se las ha comido todas*, se les ha menjades totes; [*impersonal*] (*existir, ser, darse*) haver-hi. *Hay gente que no sabe leer*, hi ha gent que no sap llegir; *m sg/pl* haver; ~ **de** [*obligación*] haver de. *Mañana he de levantarme temprano*, demà m'haig de llevar d'hora; ~ **que** [*seguido de infinitivo*] caldre. *Hay que tomárselo con calma*, cal prendre-s'ho amb clama; **habérselas con** tenir-se-les amb; **los hay que** n'hi ha que; **no hay de qué** (*fórmula de cortesía*) de res; **tener en su** ~ tenir al seu favor
habichuela *f* mongeta seca
hábil *aj* hàbil
habilidad *f* habilitat
habilidoso -sa *aj* traçut -uda, manyós -osa
habilitar *vt* habilitar
habitación *f* habitació, cambra
habitáculo *m* habitacle
habitante *mf* habitant
habitar *vti* habitar
hábitat *m bio* hàbitat
hábito *m* (*costumbre*) hàbit, habitud *f*; *rlg* hàbit
habitual *aj* habitual
habituar *vtp* avesar
habla *f* parla; (*dialecto*) parlar *m*; (*registro*) parlar *m*
hablador -ra *aj mf* xerraire
habladuría *f* enraonia
hablar *vi* parlar; (*conversar*) parlar, enraonar; (*en público*) parlar; (*tratar*) parlar, tractar. *El autor no habla de esta cuestión*, l'autor no parla d'aquesta qüestió; (*tratar*)

dir. *Los alumnos me hablan de tu*, els alumnes em diuen de tu; *vt* parlar. *Habla francés y alemán*, parla francès i alemany; *vp* parlar-se; ~ **bien de alguien** parlar bé d'algú; ~ **claro** cantar clar; ~ **mal** malparlar; ~ **por boca de** parlar per boca de; ~ **por hablar** (~ **por no callar**) parlar per parlar; ~ **por los codos** (~ **como un descosido**) parlar (xerrar) pels descosits; **ni** ~ ni parlar-ne, ni pensar-hi; **no hay más que** ~ que no se'n parli més
haca *f* haca
hacendoso -a *aj* feiner -a
hacer *vt* (*producir, realizar*) fer. ~ *un puente*, fer un pont; (*suponer*) fer. *Te hacía jubilado*, et feia jubilat; (*años*) fer. *En abril hizo treinta años*, a l'abril va fer trenta anys; (*representar*) fer. *El actor hizo un buen papel*, l'actor va fer un bon paper; (*causar un efecto*) fer. *Verte le hará feliz*, veure't el farà feliç; (*convertir*) fer. *La selva le hizo un hombre*, la selva el va fer un home; *vi* (*tiempo transcurrido*) fer. *Ya hace un mes*, ja fa un mes; *vp* (*volverse*) fer-se; (*acostumbrarse*) fer-se. *~se a las nuevas costumbres*, fer-se als nous costums; [*seguido de infinitivo*] fer-se. *~se querer*, fer-se estimar; **dar por echo** donar per fet; **eso está hecho** això és cosa feta; ~ **como que** fer veure que; ~ **de** (*ejercer*) fer de; ~ **el** fer el. ~ *el tonto*, fer el ximple
hacha *f* (*instrumento cortante*) destral; (*antorcha*) torxa; (*vela grande*) atxa; **ser un** ~ ésser un as
hache *f* (*letra*) hac
hachís *m* (*marihuana*) haixix
hacia *prp* (*dirección del movimiento*) cap, cap a; (*tiempo*) cap a, vers. *Vino ~ las nueve*, va venir cap a les nou; (*dirección del sentimiento*) envers, vers. *Siempre muestra indiferencia ~ su hermana*, sempre mostra indiferència envers la seva germana; ~ **abajo** cap avall; ~ **allá** cap allà; ~ **arriba** cap amunt; ~ **atrás** endarrere; ~ **mediados de** vers la meitat de
hacienda *f* hisenda
hada *f* fada
hado *m* fat, destí
halago *m* afalac, afalagament
halagar *vt* afalagar
halcón *m zoo* falcó
hálito *m* (*aliento*) alè; *lit* hàlit
hallar *vt* trobar; *vp* (*en un sitio, en un estado*) trobar-se
hallazgo *m* troballa *f*
halo *m* halo
hamaca *f* hamaca
hambre *f* fam, gana
hambriento -ta *aj* afamat -ada
hamburguesa *f* hamburguesa
hámster *m* hàmster
hangar *m* hangar
haragán -ana *aj mf* gandul -a
haraganería *f* ganduleria
harapiento -ta *aj* esparracat -ada, espellifat -ada
harapo *m* parrac
harina *f* farina; **eso es** ~ **de otro costal** això són figues d'un altre paner

hartar *vtp* (*atiborrar*) atipar(-se), afartar(-se); *fg* (*fastidiar, cargar*) afartar(-se), atipar(-se)
hartazgo *m* tip, fartanera *f*
harto -ta *aj* (*de comer*) tip -a, fart -a; *fg* (*cansado*) tip -a, fart -a
hartón *m* fart, tip. *Darse un ~ de reír*, fer-se un fart de riure
hasta *prp* fins; *av* (*incluso*) fins i tot, àdhuc; **¡~ la vista!** a reveure!; **~ tal punto que** fins al (a un) punt que
hastío *m* (*asco*) fàstic; (*tedio*) tedi, avorriment
hatajo *m* colla *f*, banda *f*, trepa *f*
hato *m* (*ropa*) farcell; (*rebaño*) ramat
haya *f bot* faig *m*
hayal *m* fageda *f*
haz *m* (*de leña*) feix; (*de espigas*) garba *f*, garbella *f*; (*de otras cosas*) feix; (*lado opuesto al envés*) anvers, dret
hazaña *f* feta, gesta
hazmerreír *m* riota *f*. *Es el ~ de todos*, és la riota de tothom
hebilla *f* sivella
hebra *f* (*trozo de hilo*) fil *m*; (*de la verdura, la carne, etc*) bri *m*, filament *m*
hebreo -a *aj mf* hebreu -a; *m* (*lengua*) hebreu
heces *fpl* excrements *m*
hechicería *f* bruixeria
hechicero -ra *aj* embruixador -a; (*atractivo*) captivador -a, fascinador -a; *mf* bruixot *m*, bruixa *f*
hechizar *vt* embruixar
hechizo *m* (*embrujo*) encanteri; *fg* (*encanto*) encís, encant
hecho *m* fet; **de ~** de fet; **el ~ de que** el fet que
hechura *f* (*acción de hacer*) factura; (*forma*) forma, factura
heder *vi* pudir, fer pudor
hediondo -da *aj* pudent
hedor *m* pudor *f*, fortor *f*, ferum *f*
hegemonía *f* hegemonia
helado -da *aj* gelat -ada; *f* gelada, glaçada
helar *vti* gelar, glaçar; **~se de frío** pelar-se (glaçar-se) de fred
helecho *m* falguera *f*
hélice *f* hèlix
helicóptero *m* helicòpter
hematoma *m* hematoma
hembra *f* femella; *tcn* (*tuerca*) femella
hemisferio *m* hemisferi
hemorragia *f* hemorràgia
hender *vt* esberlar
hendidura *f* esquerda, clivella
heno *m bot* fenc; *agr* farratge
herbáceo -a *aj* herbaci -àcia
herbívoro -ra *aj m* herbívor -a
herbolario -ria *mf* herbolari -ària
heredar *vt ab* heretar
heredero -ra *aj mf* hereu -eva
hereditario -ria *aj* hereditari -ària
herejía *f* heretgia
herencia *f* herència
herido -da *aj* ferit -ida; *f* ferida, nafra; **hurgar en la herida** burxar la ferida; **tocar en la herida** tocar el voraviu
herir *vt* ferir
hermanastro -tra *mf* germanastre -a
hermandad *f* germandat
hermano -na *mf* germà -ana

hermético -ca *aj* hermètic -a
hermoso -sa *aj* formós -osa, bonic -a; (*persona*) bonic -a, maco -a; (*tiempo*) esplèndid -a. *Hace un día ~*, fa un dia esplèndid
hermosura *f* bellesa
hernia *f* hèrnia
héroe *m* heroi
heroína *f* heroïna; (*droga*) heroïna
herradura *f* ferradura
herraje *m* ferramenta *f*
herramienta *f* eina
herrar *vt* ferrar
herrería *f* ferreria
herrero -ra *mf* ferrer -a
herrumbre *f* rovell *m*
hervidero *m* *fg* (*multitud*) formiguer; (*de pasiones*) focus, fogar
hervir *vti* bullir
hervor *m* bull; *fg* (*fogosidad*) fogositat *f*
heterogéneo -a *aj* heterogeni -ènia
heterosexual *aj mf* heterosexual
híbrido -da *aj m* híbrid -a
hidráulico -ca *aj f* hidràulic -a
hidrógeno *m* hidrogen
hiedra *f bot* heura
hiel *f* fel *m*
hielo *m* glaç, gel; **quedarse de ~** quedarse glaçat; **romper el ~** trencar el gel
hiena *f zoo* hiena
hierba *f* herba
hierbabuena *f bot* menta
hierro *m* ferro; **~ colado (fundido)** ferro colat
hígado *m* fetge
higiene *f* higiene
higo *m* figa *f*; **~ chumbo** figa de moro; **~ seco** figa seca
higuera *f* figuera
hijo -ja *mf* fill -a; **~ política** nora, jove; **~ político** gendre; **~ de puta** *vlg* fill de puta
hilacha *f* filagarsa
hilacho *m* = **hilacha**
hiladillo *m* veta *f*
hilar *vt txt* filar; **~ delgado (muy fino)** filar (mirar) prim
hilera *f* filera, fila, renglera
hilo *m txt ele* fil; *fg* (*chorro muy delgado*) fil
himno *m* himne
hincar *vt* clavar; **~se de rodillas** posar-se de genolls
hincha *f* (*antipatía*) tírria; *mf* (*de un club deportivo*) aficionat -ada, seguidor -a
hinchar *vt* inflar; *vp med* (*una parte del cuerpo*) inflar-se; *fg* (*envanecerse*) estarrufar-se; (*hartarse*) afartar-se; (*de comer*) atipar-se
hindú *aj mf* hindú
hinojo *m bot* fonoll; *ana* genoll; **de ~s** de genolls
hipnotizar *vt* hipnotitzar
hipo *m* singlot
hipócrita *aj mf* hipòcrita
hipódromo *m* hipòdrom
hipopótamo *m* hipopòtam
hipoteca *f* hipoteca
hipótesis *f* hipòtesi
hirviente *aj* bullent
hispánico -ca *aj* hispànic -a
hispanoamericano -na *aj* hispanoamericà -ana
histeria *f* histèria

historia *f* història; *pl fg* (*ficciones, pretextos*) històries, romanços *m*
historial *m* (*profesional*) historial; (*médico*) història *f* clínica
historiador -ra *mf* historiador -a
histórico -ca *aj* històric -a
hito -ta *aj* fix -a, fit -a; *m* (*mojón*) fita *f*; (*acontecimiento*) tombant. *La Revolución de Octubre es un ~ en la historia*, la Revolució d'Octubre és un tombant en la història; **de ~ en ~** de fit a fit
hocico *m zoo* musell, morro; *dsp* (*de persona*) morros *pl*
hockey *m esp* hoquei
hogar *m* (*de chimenea*) foc, llar *f*; (*casa*) llar *f*
hogareño -ña *aj* casolà -ana
hoguera *f* foguera, foc *m*
hoja *f bot* fulla; (*de papel*) full *m*; (*de puerta, ventana*) fulla, batent; (*de una herramienta cortante*) fulla; **volver la ~** girar (passar) el full
hojalata *f* llauna
hojaldre *m* pasta *f* fullada (de full)
hojarasca *f* fullam *m*, fullaraca
holandés -esa *aj mf* holandès -esa
holgado -da *aj* balder -a, folgat -ada. *Quedar ~ un vestido*, anar balder un vestit; *fg* (*con medios económicos*) benestant
holgar *vi* (*no ser necesario*) sobrar. *Huelgan los comentarios*, sobren els comentaris; **huelga decir que** no cal dir que
holgazán -ana *aj mf* gandul -a
holgazanear *vi* gandulejar, mandrejar, vagarejar
holgazanería *f* ganduleria
hollín *m* sutge
hombre *m* home; *inj* home!; **como un solo ~** com un sol home; **el ~ del saco** l'home del sac; **~ de bien** (**~ de pro**) home de bé; **~ de paja** home de palla; **~ rana** home granota; **portarse como un ~** portar-se com un home
hombría *f* homenia; **~ de bien** (*condición*) bonhomia, honradesa
hombro *m ana* espatlla *f*; (*parte externa del hombro*) *ana* muscle; **a ~s** *ana* a coll, a les espatlles
homenaje *m* homenatge
homicida *aj mf* homicida
homogéneo -a *aj* homogeni -ènia
homólogo -ga *aj mf* homòleg -òloga
homónimo -ma *aj mf* homònim -a
homosexual *aj mf* homosexual
honda *f* fona
hondo -da *aj* fondo -a, pregon -a
hondonada *f* fondalada
hondura *f* fondària
honesto -ta *aj* honest -a
hongo *m bot med* fong; (*seta*) bolet
honor *m* honor; (*de una mujer*) honor, honra *f*; *pl* honors **en ~ a la verdad** en honor a la veritat; **en ~ de** en honor de; **hacer el ~ de** fer l'honor de; **hacer ~ a** fer honor a; **hacer los ~es** fer els honors; **tener el ~ de** tenir l'honor de
honorario -ria *aj* honorari -ària; *m pl* (*retribuciones*) honoraris

honra *f* honra, honor *m*; **~s fúnebres** honors fúnebres
honrado -da *aj* honrat -ada
hora *f* hora; **¡a buenas ~!** a bona hora!; **a estas ~s**, a hores d'ara; **dar** (**pedir**) **hora** (*en el médico*) donar (demanar) hora; **~ libre** hora lliure; **~s extraordinarias** hores extraordinàries; **pedir ~** demanar hora; **una ~ larga** una hora de rellotge
horario -ria *aj m* horari -ària
horca *f agr* forca; *dr* (*instrumento de suplicio*) forca
horchata *f* orxata
horizontal *aj f* horitzontal
horizonte *m* horitzó
hormiga *f* formiga
hormigón *m* formigó
hormigueo *m* formigueig
hormiguero *m* formiguer
horno *m* forn; (*panadería*) forn de pa, fleca *f*; **no estar el ~ para bollos** no estar per orgues
horóscopo *m* horòscop
horquilla *f* (*para el pelo*) agulla de ganxo; (*de una bicicleta*) forquilla
horrendo -da *aj* horrible
horrible *aj* horrible
horripilar *vtp* esborronar(-se)
horror *m* esglai
horror *m* horror, esglai; *pl av* (*con locura*) amb bogeria. *Le gusta el flamenco horrores*, li agrada el flamenc amb bogeria
horrorizar *vt* horroritzar, esglaiar
hortaliza *f* hortalissa
hortelano -na *mf* hortolà -ana
hortensia *f* hortènsia
hosco -ca *aj* esquerp -a, malcarat -ada
hospital *m* hospital
hospitalidad *f* hospitalitat
hostal *m* hostal
hostelería *f* hostaleria, hoteleria
hostelero -ra *mf* hostaler -a
hostería *f* hostal *m*, alberg *m*
hostia *f rlg* hòstia; *fg vlg* (*golpe, bofetada*) hòstia
hostigar *vt* (*azotar*) fustigar; *fg* (*incitar*) punxar, esperonar; (*acosar, molestar*) fer la guitza
hostil *aj* hostil
hotel *m* hotel
hoy *av* avui; (*en la actualidad*) avui. *~ las mujeres fuman más que antes*, avui les dones fumen més que abans; **~** (**en**) **día** avui (en) dia; **~ por ~** ara com ara
hoya *f* (*cavidad*) clot *m*; (*sepultura*) fossa; (*llanura entre montañas*) fondalada
hoyo *m* (*cavidad*) clot, sot; (*de la cara*) clot; **irse al ~** anar al sot
hoz *f agr* falç; (*desfiladero*) gorja, congost *m*
hucha *f* guardiola
hueco *aj* buit buida; *m* buit; **el ~ de la escalera** l'ull de l'escala; **hacer un ~** fer lloc; **ponerse ~** estarrufar-se
huelga *f* vaga; **~ de hambre** vaga de fam
huella *f* empremta. *~s digitales*, empremtes digitals; (*del pie*) petjada, petja; (*indicio*) traça, rastre *m*, senyal *m*
huérfano -na *aj mf* orfe òrfena
huero -ra *aj* buit buida
huerta *f* horta
huerto *m* hort

hueso *m ana* os; *bot* (*de aceituna, melocotón*) pinyol; *fg* (*muy duro, difícil*) os; **tener los ~s molidos** no tenir cap os sencer
huésped -da *mf* hoste -essa
huevo *m* ou; [*generalmente en pl*] *vlg* (*testículos*) ous, pebrots; **~ al plato** ou al plat; **~ duro** (**cocido**) ou dur; **~ frito** ou ferrat; **~ pasado por agua** ou passat per aigua; **~ revuelto** ou remenat
huida *f* fugida
huidizo -za *aj* fugisser -a
huir *vi* fugir; (*evitar*) fugir, defugir *vt*. *~ de la tentación*, fugir de la temptació; **~ a la desbandada** fugir a la desbandada
humanidad *f* humanitat; *pl* (*conjunto de estudios*) humanidades
humano -na *aj* humà -ana; *m pl* (*seres humanos*) humans
humear *vi* fumejar
humedad *f* humitat
humedecer *vt* humitejar
húmedo -da *aj* humit -ida
humilde *aj* humil
humillar *vtp* humiliar(-se)
humo *m* fum; *pl fg* (*presunción*) fums
humor *m* humor. *No està de buen ~*, no està de bon humor. *No estoy de ~ para salir*, no estic d'humor per a sortir
hundimiento *m* enfonsament; (*de tierra*) esllavissada *f*; (*de una casa*) ensorrament; *fg* (*de la moral, de un imperio*) enfonsament
hundir *vt* enfonsar, ensorrar; (*el terreno*) enfonsar, esfondrar; *fg* (*arruinar*) enfonsar, ensorrar; *vp* (*un edificio*) enfonsar-se, esfondrar-se; *fg* (*un imperio, la moral*) enfonsar-se, ensorrar-se
húngaro -ra *aj mf* hongarès -esa; *m* (*lengua*) hongarès
huracán *m* huracà
huraño -ña *aj* esquerp -a, malcarat -ada, sorrut -uda
hurgar *vt* (*remover*) furgar, burxar. *¡No te hurgues la nariz!*, no et burxis el nas!; (*revolver*) furgar, remoure, remenar; (*fisgar*) furgar
hurón *m* fura *f*
hurtar *vt* furtar
hurto *m* furt
husmeador -ra *aj mf* tafaner -a, xafarder -a
husmear *vt* ensumar, flairar; *fg* tafanejar, xafardejar; (*presentir*) ensumar, olorar
huso *m txt* fus; **~ horario** fus horari

I

i *f* (*letra*) i; **~ griega** i grega
ibérico -ca *aj* ibèric -a
ibero -ra *aj* iber -a
iceberg *m* iceberg
icono *m* icona *f*
ictericia *f* icterícia
ida *f* anada; **de ~ y vuelta** d'anada i tornada
idea *f* idea; **cambiar de ~** canviar d'idea; **~ fija** idea fixa; **no tener ni la más remota ~** no tenir ni la més petita idea
ideal *aj m* ideal
idealizar *vt* idealitzar

idear *vt* idear
idéntico -ca *aj* idèntic -a
identidad *f* identitat
identificar *vtp* identificar(-se)
ideología *f* ideologia
idilio *m* idil·li
idioma *m* idioma
idiosincrasia *f* idiosincràsia
idiota *aj mf* idiota
ídolo *m* ídol
idóneo -a *aj* idoni -ònia
iglesia *f* església
ignominia *f* ignomínia
ignorante *aj mf* ignorant
ignorar *vt* ignorar
igual *aj* igual. *Dos vestidos ~s*, dos vestits iguals; (*liso, uniforme*) igual. *Un terreno ~*, un terreny igual; (*indiferente*) igual. *Todo le es ~*, tot li és igual; *m* igual. *Eres mi ~*, ets el meu igual; *av* igual. *Nunca pensamos ~*, mai no pensem igual; **al ~ que** al igual de; **¡da ~! (es ~)**, tant és!, tant se val!; **me da ~** tant se me'n dóna!; **o lo que es ~** altrament dit
igualar *vt* igualar
igualdad *f* igualtat
igualmente *av* igualment
ilegal *aj* il·legal
ilegítimo -ma *aj* il·legítim -a
ileso -sa *aj* il·lès -esa
ilimitado -da *aj* il·limitat -ada
ilógico -ca *aj* il·lògic -a
iluminación *f* il·luminació
iluminar *vt* il·luminar
ilusión *f* (*visión*) il·lusió; *fg* il·lusió; **hacerse ilusiones** fer-se il·lusions
ilusionista *mf* il·lusionista
ilustrador -ra *mf* il·lustrador -a
ilustrar *vt* il·lustrar; *vp* (*instruirse*) il·lustrar-se
ilustre *aj* il·lustre
imagen *f* imatge; **a su ~ y semejanza** a imatge i semblança seva
imaginación *f* imaginació
imaginar *vt* imaginar; *vtp* (*suponer*) imaginar(-se)
imaginario -ria *aj* imaginari -ària; *f mil* imaginària; **lo ~** l'imaginari
imán *m* imant
imitación *f* imitació; **a ~ de** a imitació de; **de ~** d'imitació
imitar *vt* imitar; *fm* (*en tono de burla*) escarnir
impaciencia *f* impaciència
impacientarse *vp* frisar *vi*
impaciente *aj* impacient
impacto *m* impacte
impar *aj* senar
impecable *aj* impecable
impedido -da *aj mf* impedit -ida
impedir *vt* impedir
imperar *vi* imperar
imperativo -va *aj m* imperatiu -iva
imperdible *m* imperdible *f*
imperfecto -ta *aj m* imperfecte -a
imperial *aj* imperial
imperio *m* imperi
impermeable *aj m* impermeable
impertinente *aj mf* impertinent
ímpetu *m* ímpetu
implantar *vt* implantar
implicar *vt* (*enredar*) embolicar, complicar; (*suponer, comportar*) implicar, comportar
implorar *vt* implorar

imponer *vt* imponer. ~ *las manos, una opinión*, imposar les mans, una opinió; *vi* imposar. *Aquellas montañas imponen*, aquelles muntanyes imposen; *vp* (*prevalecer*) imposar-se
importancia *f* importància
importante *aj* important
importar *vt ecn* (*mercancías*) importar; *vi* (*ser de importancia*) importar; **me importa un rábano (un comino)** m'importa un rave; **no importa** no hi fa res
importe *m* import
importunar *vt* amoïnar
imposición *f* imposició
imposible *aj m* impossible
impostor -ra *mf* impostor -a
impregnar *vt* impregnar
imprenta *f* impremta
imprescindible *aj* imprescindible
impresión *f grf* impressió; (*opinión, concepto*) impressió; **causar buena (mala)** ~ fer bona (mala) impressió; **tengo (me da) la** ~ **de que** em fa l'efecte (la impressió) que
impresionante *aj* impressionant
impresionar *vt* impressionar
impresionismo *m art* impressionisme
impreso *aj m* imprès -esa
imprevisto -ta *aj m* imprevist -a
imprimir *vt* imprimir
improvisar *vt* improvisar
imprudente *aj mf* imprudent
impuesto *m* impost
impulsar *vt* impulsar
impulso *m* impuls; (*empujón*) empenta *f*, embranzida *f*. *Tomar* ~, agafar embranzida
impureza *f* impuresa
inacabable *aj* inacabable
inagotable *aj* inesgotable
inalámbrico -ca *aj tcn* sense fils. *Teléfono* ~, telèfon sense fils
inaugurar *vt* inaugurar
inca *aj mf* inca
incandescente *aj* incandescent
incansable *aj* incansable
incapacitado -da *aj mf* incapacitat -ada
incapaz *aj* incapaç
incendiar *vt* incendiar
incendio *m* incendi
incidente *aj m* incident
incienso *m* encens
incierto -ta *aj* incert -a
incinerar *vt* incinerar
incipiente *aj* incipient
incisivo -va *aj* incisiu -iva; *m ana* incisiva *f*
incitar *vt* incitar
inclinación *f* inclinació; (*propensión*) inclinació, tirada
inclinar *vtp* inclinar(-se); *vp fg* (*tender*) inclinar-se, decantar-se
incluir *vt* incloure
inclusive *av* inclusivament. *Hasta el 17 de agosto inclusive*, fins al 17 d'agost inclusivament
incluso *prp* fins i tot, àdhuc. *Todos rieron*, ~ *los más serios*, tots van riure, fins i tot els més seriosos
incògnito -ta *aj* incògnit -a; *f mat* incògnita; **de** ~ d'incògnit
incoherente *aj* incoherent
incompleto -ta *aj* incomplet -a
inconveniente *aj m* inconvenient
incordiar *vt* empipar

incorporar *vt* (*agregar*) incorporar; *vp* (*la parte superior del cuerpo*) incorporar-se
incrédulo -la *aj mf* incrèdul -a
increíble *aj* increïble
incrementar *vt* incrementar
incremento *m* increment
incubar *vti* covar, incubar
incumbencia *f* incumbència. *No es de tu ~*, no és de la teva incumbència
incursión *f* incursió
indagar *vt* indagar
indecente *aj* indecent
indeciso -sa *aj mf* (*dubitativo*) indecís -isa, cagadubtes
indefenso -sa *aj* indefens -a
indefinido -da *aj* indefinit -ida
indemnización *f* indemnització
independencia *f* independència
independiente *aj* independent
indeterminado -da *aj* indeterminat -ada
indicación *f* indicació
indicador -ra *aj m* indicador -a
indicar *vt* (*señalar*) indicar, assenyalar; (*denotar*) indicar; (*aconsejar*) indicar, advertir
indicativo -va *aj m* indicatiu -iva
índice *m ana* (*dedo*) índex; (*de un libro*) índex; (*nombre relativo*) índex
indicio *m* indici
indiferencia *f* indiferència
indiferente *aj* indiferent
indígena *aj mf* indígena
indigestarse *vp* (*un alimento*) indigestar-se, reprendre *vi*
indignar *vt* indignar, revoltar; *vp* indignar-se. *Se indigna con* (*contra*) *las autoridades*, s'indigna contra les autoritats
indigno -na *aj* indigne -a
indio -dia *aj mf* (*de América*) indi índia; (*de la India*) indi índia; **hacer el ~** fer el beneit (el babau)
indirecto -ta *aj f* indirecte -a
indiscreto -ta *aj* indiscret -a
indispensable *aj* indispensable
individual *aj* individual
individuo -dua *aj mf* individu -ídua
indultar *vt* indultar
indumentaria *f* indumentària
industria *f* indústria
industrial *aj mf* industrial
inepto -ta *aj* inepte -a
inerte *aj* inert -a
inesperado -da *aj* inesperat -ada
inexistente *aj* inexistent
infamia *f* infàmia
infancia *f* infància, infantesa
infante -ta *mf* (*hermano del príncipe*) infant -a; *m mil* infant, soldat de peu
infantería *f mil* infanteria
infantil *aj* infantil
infección *f* infecció
infectar *vt* infectar
infecundo -da *aj* infecund -a; (*un árbol*) bord -a
inferior *aj mf* inferior
inferioritat *f* inferioritat
infiel *aj* infidel
infierno *m* infern; **mandar al ~** engegar (enviar) a passeig
ínfimo -ma *aj* ínfim -a
infinidad *f* infinitat
infinitivo *m* infinitiu
infinito -ta *aj m* infinit -a
inflamable *aj* inflamable
inflamar *vtp* encendre('s), inflamar(-se); *fg* abrandar(-se); *med* (*un órgano*) inflamar(-se)

inflar *vt* inflar; *vp* (*envanecerse*) inflar-se
inflexible *aj* inflexible
influencia *f* influència; *pl* (*enchufe*) padrins *m*, influències
influenciar *vi* influir
influir *vi* influir. *El clima influye en los hábitos*, el clima influeix en els hàbits
información *f* informació
informar *vt* informar
informativo -va *aj m* informatiu -iva
informe *aj* (*sin forma*) informe; *m* (*información*) informe
infortunio *m* malastrugança *f*
infracción *f* infracció
infractor -ra *aj mf* infractor -a
infusión *f* infusió
ingeniar *vt* enginyar; **ingeniárselas** enginyar-s'ho (enginyar-se-les)
ingeniero -ra *mf* enginyer -a
ingenio *m* enginy
ingenuo -nua *aj mf* ingenu -ènua
ingerir *vt* ingerir
ingle *f ana* engonal *m*
inglés -esa *aj mf* anglès -esa; *m* (*lengua*) anglès
ingrato -ta *aj mf* ingrat -a
ingrato -ta *aj* (*no grato*) ingrat -a. *Un trabajo* ~, una feina ingrata; *aj mf* (*desagradecido*) ingrat -a, desagraït -ida
ingrediente *m* ingredient
ingresar *vit* ingressar
ingreso *m* ingrés
inguinal *m* engonal
inhalar *vt* inhalar
inicial *aj f* inicial
iniciar *vt* iniciar. *Le inició en las matemáticas*, el va iniciar en les matemàtiques; (*empezar*) iniciar, començar
inicio *m* inici
injerto *m med agr* empelt
injusticia *f* injustícia
injusto -ta *aj* injust -a
inmediato -ta *aj* immediat -a
inmenso -sa *aj* immens -a
inmersión *f* immersió
inmigración *f* immigració
inmigrante *aj mf* immigrant
inmigrar *vi* immigrar
inminente *aj* imminent
inmiscuirse *vp* immiscir-se, ficar-se on no demanen
inmortal *aj* immortal
inmóvil *aj* immòbil
inmovilizar *vt* immobilitzar
inmune *aj* immune
innovación *f* innovació
innumerable *aj* innombrable
inocencia *f* innocència
inocente *aj mf* innocent
inofensivo -va *aj* inofensiu -iva
inopia *f* inòpia, pobresa; **estar en la** ~ estar als llimbs
inoxidable *aj* inoxidable
inquietar *vtp* amoïnar(-se), neguitejar(-se)
inquieto -ta *aj* inquiet -a, neguitós -osa
inquietud *f* inquietud, neguit *m*
inquilino -na *mf* inquilí -ina, llogater -a
inscribir *vt* (*matricular*) inscriure; *mat* inscriure
inscripción *f* inscripció
insecticida *aj m* insecticida
insectívoro -ra *aj m* insectívor -a

insecto *m* insecte
inseguro -ra *aj* insegur -a
insignia *f* insígnia
insignificancia *f* insignificança, menudesa
insignificante *aj* insignificant
insinuar *vt* insinuar; *vp fg* (*verse de lejos*) insinuar-se
insípido -da *aj* insípid -a
insistencia *f* insistència
insistir *vi* insistir
insolación *f* insolació
insolente *aj mf* insolent
insólito -ta *aj* insòlit -a
insomnio *m* insomni
insoportable *aj* insuportable
inspeccionar *vt* inspeccionar
inspector -ra *aj mf* inspector -a
inspiración *f* inspiració
inspirar *vt* (*aspirar aire*) inspirar; (*despertar un sentimiento*) inspirar; *vp* (*dejarse influir*) inspirar-se
instalación *f* instal·lació
instalar *vt tcn* (*agua, gas, etc*) instal·lar; *vtp* (*acomodar*) instal·lar(-se)
instancia *f* instància; **a ~s de** a instàncies de
instantáneo -a *aj f* instantani -ània
instante *m* instant; **al ~** a l'instant; **en un ~** en un instant
instar *vt* instar, cuitar
instinto *m* instint
institución *f* institució
instituto *m* institut
instrucción *f* instrucció; *pl* (*normas, órdenes*) instruccions
instrumento *m* instrument
insuficiente *aj m* insuficient
insular *aj* insular
insulso -sa *aj* (*una comida*) insuls -a, insípid -a, fat fada; *fg* insuls -a
insultar *vt* insultar
insulto *m* insult
integral *aj f* integral
integrar *vt* integrar
íntegro -gra *aj* (*completo*) íntegre -a, sencer -a; *fg* (*honrado*) íntegre -a
intelectual *aj mf* intel·lectual
inteligencia *f* intel·ligència
inteligente *aj* intel·ligent
intemperie *f* intempèrie; **a la ~** a sol i serena
intención *f* intenció; **con ~ de** amb intenció de
intensidad *f* intensitat
intensivo -va *aj* intensiu -iva
intenso -sa *aj* intens -a
intentar *vt* intentar
intento *m* intent
intercalar *vt* intercalar
intercambiar *vt* intercanviar
intercambio *m* intercanvi
interceptar *vt* interceptar
interés *m* interès
interesar *vtip* interessar(-se)
interior *aj m* interior
interlocutor -ra *aj mf* interlocutor -a
intermediario -ria *aj mf* intermediari -ària
intermedio -dia *aj m* intermedi -èdia
interminable *aj* interminable
intermitente *aj m* intermitent
internacional *aj* internacional
internar *vt* (*en un centro*) internar; *vp* (*adentrarse*) internar-se

interno -na *aj mf* intern -a
interpretar *vt* interpretar
intérprete *mf* intèrpret
interrogación *f* interrogació
interrogante *m* interrogant
interrogar *vt* interrogar
interrogatorio *m* interrogatori
interrumpir *vt* interrompre
interrupción *f* interrupció
interruptor *m ele* interruptor
intersección *f* intersecció
intervalo *m* interval, entremig. *En el* ~, en l'entremig; **a ~s** a intervals
intervenir *vti med dr* intervenir
intestinal *aj* intestinal
intestino -na *aj* (*interno*) intestí -ina; *m pl ana* intestins, budells
íntimo -ma *aj* íntim -a
intolerable *aj* intolerable
intoxicación *f* intoxicació
intrépido -da *aj* intrèpid -a
intriga *f* intriga
intríngulis *m* (*razón oculta*) entrellat; (*dificultad*) complicació *f*
introducir *vtp* introduir(-se)
intruso -sa *aj mf* intrús -usa
intuir *vt* intuir
inundación *f* inundació
inundar *vt* inundar
inútil *aj mf* inútil
invadir *vt* envair
inválido -da *aj mf* invàlid -a
invariable *aj* invariable
invasión *f* invasió
invención *f* invenció
inventar *vt* inventar
invento *m* invent
inventor -ra *aj mf* inventor -a
invernadero *m* hivernacle
invernal *aj* hivernal
inversión *f* inversió
inverso -sa *aj* invers -a
invertebrado -a *aj m* invertebrat -ada
invertir *vt* invertir, capgirar; (*dinero, tiempo*) invertir, esmerçar
investigación *f* (*policial, judicial*) investigació; (*científica*) recerca
investigar *vt* investigar
invierno *m* hivern
invisible *aj* invisible
invitar *vt* invitar, convidar
involuntario -ria *aj* involuntari -ària
invulnerable *aj* invulnerable
inyección *f* injecció
inyectar *vt* injectar
ir *vi* (*moverse en una dirección*) anar; (*ir a un lugar relacionado con uno de los dos interlocutores*) venir. *Iré a tu casa después de classe*, vindré a casa teva després de classe; (*funcionar*) anar, rutllar; (*sentar*) anar, escaure. *Esta falda no te va nada bien*, aquesta faldilla no et va gens bé; (*corresponder un lugar determinado*) anar. *Las fichas van en el cajón de arriba*, les fitxes van al calaix de dalt; (*ir vestido*) anar; (*indicando continuidad de una acción*) [*seguido de gerundio*] anar. *Los enfermos van mejorando*, els malalts van millorant; *vp* (*marcharse*) anar-se'n; (*escaparse un líquido, un gas*) anar-se'n; ~ **a** [*seguido de infinitivo*] (*indicando el futuro*) [*se traduce en futuro*]

Voy a escribir un libro, escriuré un llibre; (*estar a punto de*) anar a. *Voy a comer ahora mismo*, vaig a dinar ara mateix; **~ con** (*ser propio de*) fer per a, escaure. *Este mal genio no va contigo*, aquest mal geni no fa per a tu; (*harmonizar*) lligar, adir-se. *Esta corbata no va con esta camisa*, aquesta corbata no lliga amb aquesta camisa; **¡vaya!** (*disgusto*) vaja!; (*énfasis*) quin -a; *¡Vaya frío!*, quin fred!; **¡voy!** vinc
ira *f* ira
irascible *aj* rabiüt -üda
iris *m* iris; **arco ~** arc de Sant Martí, arc iris
irlandés -esa *aj mf* irlandès -esa
ironía *f* ironia
irradiar *vt* irradiar
irreal *aj* irreal
irregular *aj* irregular
irrespirable *aj* irrespirable
irritación *f* (*enfado*) irritació; (*de la piel*) irritació
irritar *vt* (*enfadar*) irritar; *med* (*la piel*) irritar, escaldar
irrumpir *vi* irrompre
isla *f* illa
islámico -ca *aj* islàmic -a
islandés -esa *aj mf* islandès -esa
islote *m* illot
istmo *m geo ana* istme
italiano -na *aj mf* italià -ana; *m* (*lengua*) italià
itinerario *aj m* itinerari -ària
izar *vt* hissar
izquierdo -da *aj* esquerre -a; *f* (*dirección, mano*) esquerra; (*política*) esquerra

J

jabalí *m zoo* senglar, porc senglar
jabalina *f* javelina
jabón *m* sabó; **dar ~** (*adular*) ensabonar, donar sabó a up
jabonar *vt* ensabonar
jaca *f* haca
jacinto *m* jacint
jactancia *f* (*ostentación*) ufana
jade *m* jade
jadear *vi* esbufegar, panteixar
jaguar *m* jaguar
jalea *f* gelea; **~ real** gelea reial
jaleo *m* (*mucho ruido*) sarau, xivarri, escàndol; (*jolgorio*) gresca *f*; (*alboroto*) baralla *f*, sarau, escàndol; **armarse un ~** (*up*) fer-se un embolic
jamás *av* mai; **nunca ~** mai per mai, mai de la vida; **por siempre ~** per sempre més
jamón *m* pernil; **~ en dulce** (**~ de York**) pernil dolç (de York); **¡y un ~!**, i un be negre!
japonés -esa *aj mf* japonès -esa; *m* (*lengua*) japonès
jaqueca *f* migranya
jara *f* estepa
jarabe *m* xarop
jarana *f* gresca, gatzara, xerinola; (*pelea*) sarau *m*, baralla
jardín *m* jardí; **~ de infancia** jardí d'infants, llar *f* d'infants
jardinero -ra *aj mf* jardiner -a; *f* (*para plantas*) jardinera
jarra *f* (*con cuello y boca ancha*) gerra; (*para servir el agua*) gerro *m*

jarro *m* gerro; **echar un ~ de agua fría**, tirar una galleda d'aigua freda
jaula *f* gàbia
jazmín *m* gessamí, llessamí
jefe -fa *mf* (*persona*) cap; (*de una empresa*) patró -ona; *fm* (*para llamar a up*) mestre -essa; **~ de cocina** cuiner en cap; **~ de Estado** cap d'estat
jengibre *m* gingebre
jerez *m* xerès
jergón *m* màrfega *f*
jeringa *f* xeringa
jeringuilla *f* = **jeringa**
jeroglífico -ca *aj m* jeroglífic -a
jersey *m* jersei
jesuita *aj m* jesuïta
jícara *f* xicra
jilguero *m zoo* cadernera *f*
jineta *f zoo* geneta, gat *m* mesquer
jinete *mf* genet -a
jirafa *f zoo* girafa
jirón *m* parrac; **hacer jirones** esparracar
joder *vi vlg* cardar, follar; *vt* (*molestar*) fotre, fúmer
jodido -da *aj vlg* (*enfermo, deprimido*) fotut -uda; (*roto, estropeado*) fotut -uda
jofaina *f* palangana, rentamans *m*
jolgorio *m* barrila *f*, gresca *f*, xerinola *f*
jornada *f* jornada
jornal *m* jornal
jornalero -ra *mf* jornaler -a
joroba *f* gep *m*
jorobado -da *aj mf* geperut -uda
jorobar *vt vlg* emprenyar, fer la punyeta
jota *f* (*letra*) jota; (*baile*) jota; **no entender ni ~** no entendre ni un borrall; **no ver ni ~** no veure un bou a tres passes
joven *aj mf* jove; **los jóvenes** el jovent *sg*, els joves
joya *f* (*alhaja*) joia; *fg* (*persona valiosa*) joia, perla; **ser una ~** ésser una joia
joyería *f* joieria
joyero -ra *mf* joier -a
jubilar *vtp* jubilar(-se)
júbilo *m* goig, joia *f*
jubiloso -sa *aj* joiós -osa
judía *f bot* mongetera; (*alubia*) mongeta [seca], fesol *m*; **~s verdes** mongetes tendres
judío -a *aj mf* jueu -eva
judo *m* judo
juego *m* joc; *ana* (*articulación*) joc; (*un conjunto de*) joc. *Un ~ de llaves, cartas*, un joc de claus, cartes; **hacer ~** fer joc; **~ de damas** (joc de) dames; **~ de la oca** joc de l'oca; **~ de palabras** joc de paraules; **~s malabares** jocs malabars; **poner en ~** posar en joc
juerga *f* barrila, grasca, xerinola
jueves *m* dijous
juez -za *mf* jutge -essa; **~ de banda** = **juez de línea**
~ de línea jutge de línia
jugada *f jcs des* jugada; (*mala jugada*) jugada, mala jugada, mala passada
jugador *aj mf* jugador -a
jugar *vti* jugar; (*bienes, dinero*) jugar; *vtp* (*arresgar*) jugar-se
jugarreta *f* jugada, mala jugada, mala passada

juglar *m* joglar
jugo *m* (*de fruta*) suc; (*salsa de un guiso*) suc
jugoso -sa *aj* sucós -osa
juguete *m* joguina *f*
juguetón -ona *aj* juganer -a
juicio *m dr* judici; (*razón, sensatez*) seny, enteniment; **asentar el ~** posar seny; **~ final** judici final; **no estar en su sano ~** estar tocat de l'ala; **no tener ~** no tenir seny; **perder el ~** perdre la raó
juicioso -a *aj* assenyat -ada
julio *m* juliol
junco *m* jonc
jungla *f* jungla
junio *m* juny
junípero *m* ginebre
junta *f arq* (*juntura*) junt *m*, junta; (*asamblea, reunión*) junta; **~ directiva** junta directiva
juntamente *av* juntament, plegats
juntar *vt* ajuntar; *vp* (*tratarse con up*) fer-se amb algú. *No quiero que te juntes con ellos*, no vull que et facis amb ells
junto -ta *aj* junt -a; *pl* (*en compañía*) junts -es, plegats -ades; *av* junt, juntament; **~ a** al costat de, prop de
juntura *f* juntura
jura *f* jura
jurado *m* jurat
juramento *m* jurament
jurar *vt* jurar; *vi* (*blasfemar*) renegar; **tenérsela jurada** (*con up*) tenir-la votada a up
jurídico -ca *aj* jurídic -a
justicia *f* justícia; **en ~** a dreta llei
justificar *vt* justificar
justo -ta *aj* (*equitativo*) just -a; (*exacto*) just -a; (*estrecho*) just -a; *av* just, justament; **~ es decir que** val a dir que
juvenil *aj* juvenil
juventud *f* juventut, jovent *m*
juzgado *m* jutjat
juzgar *vt* jutjar

K

kárate *m* karate
kayac *m* caiac
kilo *m* quilo
kilogramo *m* quilogram
kilómetro *m* quilòmetre
kiosco *m* quiosc
kiwi *m bot zoo* kiwi
kurdo -da *aj mf* kurd -a
kuwaití *aj mf* kuwaitià -ana

L

la *ar f* la, l' [*delante de vocal otra que* i- *o* u- *átonas*]. ~ *universidad*, la universitat. ~ *hora*, l'hora
laberinto *m* laberint
labio *m* llavi; **morderse los ~s** mossegar-se els llavis
labor *f* labor, treball *m*; (*del campo*) conreu *m*; (*de costura*) labor
laborable *aj* laborable, feiner -a
laboral *aj* laboral
laboratorio *m* laboratori
laborioso -sa *aj* (*trabajador*) laboriós -osa, feiner -a; (*difícil*) laboriós -osa, difícil

labrado -da *aj* llaurat -ada; (*trabajado*) llavorat -ada; *m* (*de piedras, madera*) talla
labrador -ra *mf* camperol -a, pagès -esa
labranza *f* conreu *m*
labrar *vt agr* llaurar, conrear
labriego -ga *mf* pagès -esa, camperol -a
laca *f* (*resina, barniz*) laca; (*para cabellos*) laca
lacra *f* (*achaque*) xacra; (*defecto*) tara, defecte *m*
lactante *aj mf* lactant
lácteo -a *aj* lacti làctia
láctico -ca *aj* làctic -a
ladear *vt* (*inclinar*) decantar; (*evitar*) esquivar, evitar
ladera *f* vessant *m*
lado *m* costat, banda, cantó; **a ambos ~s** (**a un ~ y a otro**) a l'un costat i a l'altre, a banda i banda; **dar de ~** deixar de banda; **de ~** de costat, de tort; **de un ~ a otro** d'ací d'allà; **por todos ~s** pertot arreu; **por un ~** d'una banda
ladrar *vi* lladrar, bordar
ladrido *m* lladruc
ladrillo *m* maó, totxo; **~ hueco** totxana *f*
ladrón -ona *aj mf* lladre; *m ele* lladre
lagar *m* cup
lagartija *f zoo* sargantana
lagarto *m zoo* llangardaix
lago *m* llac; (*de pequeñas dimensiones*) estany
lágrima *f* llàgrima
lagrimal *m* llagrimer, llagrimall
laguna *f* llacuna
laico -ca *aj mf* laic -a
lamentar *vt* (*sentir*) lamentar, recar; *vp* (*quejarse*) lamentar-se, plànyer-se
lamento *m* lament, plany
lamer *vt* llepar
lámina *f* làmina
lámpara *f* (*aparato*) llum *m*; (*de líquido combustible*) llàntia; (*mancha*) llàntia; **~ de pie** llum *m* de peu
lamparilla *f* llantió *m*; (*vela*) xinxeta, animeta
lamparón *m* (*mancha*) llàntia *f*
lampista *mf* lampista
lana *f* llana
lance *m* (*episodio*) cas, fet; *jcs* jugada; **de ~** d'ocasió, de segona mà; **tener pocos ~s** ésser bufar i fer ampolles
lancha *f* llanxa
langosta *f zoo* (*insecto*) llagosta; (*crustáceo*) llagosta
langostino *m zoo* llagostí
lanza *f* llança; **romper una ~ en favor de** trencar una llança per (a favor de, en defensa de)
lanzamiento *m* llançament
lanzar *vt* llançar, tirar; (*expulsar*) llançar, projectar; *vp* (*arrojarse, abalanzarse*) llançar-se
lapicero *m vlg* llapis; (*para poner el lápiz*) portallapis
lápida *f* làpida
lápiz *m* llapis; **~ de labios** pintallavis
lapo *m* escopinada *f*
largar *vt* (*soltar*) afluixar, deixar anar; (*una bofetada*) ventar; *vp* tocar el dos, guillar, fotre (fúmer) el camp

largo -ga *aj* llarg -a; (*astuto*) llarg -a, llest -a; *m* llarg. *Dos metros de* ~, dos metres de llarg; *av* (*largamente*) llarg; **a la larga** a la llarga; **a lo ~ de** al llarg de; **a lo más ~** com a màxim; **dar largas** entretenir; **ir para ~** anar per llarg; **~ y tendido** llargament; **ser más ~ que un día sin pan** ésser més llarg que un dia sense pa
larguero *m* (*de la portería*) travesser -a
larguirucho -cha *aj* llargarut -uda
largura *f* llargada, llargària
laringe *f* laringe
larva *f* larva
las *ar pr fpl* les. ~ *piernas*, les cames. *Nos ~ comeremos asadas*, ens les menjarem rostides
láser *m* làser
lástima *f* llàstima; **ser una ~** ésser llàstima
lastimar *vt* fer mal; *fg* (*ofender*) ferir; *vp* fer-se mal, prendre mal
lastre *m mar aer* llast; *fg* (*impedimento*) llast
lata *f* (*hojalata*) llauna; (*envase*) llauna; (*fastidio*) lata, llauna; **dar la ~** donar la llauna, fer la guitza
latente *aj* latent
lateral *aj* lateral
latido *m* (*del corazón*) batec; (*dolor agudo*) fiblada *f*, punxada *f*
latigazo *m* fuetada; **dar ~s a** fuetejar
látigo *m* fuet
latín *m* (*lengua latina*) llatí
latino -na *aj mf* llatí -ina
latir *vi* (*el corazón, el pulso*) bategar, batre
latitud *f geo ast* latitud
latón *m* llautó
laúd *m mar mús* llaüt
laurel *m* llorer; **dormirse en los ~es** adormir-se sobre els llorers
lava *f* lava
lavabo *m* lavabo
lavadero *m* safareig
lavado *m* (*de un coche, una persona*) rentada *f*; (*de la ropa*) bugada *f*; (*de estómago*) rentatge; **~ de cerebro** rentada *f* de cervell
lavadora *f* rentadora, màquina de rentar
lavanda *f* lavanda
lavaplatos *m iv* rentaplats, rentavaixella
lavar *vtp* rentar(-se)
lavavajillas *m iv* (*máquina*) = **lavaplatos**; *m* (*detergente*) sabó de plats
laxante *aj m* laxant
laxo -xa *aj* lax -a
lazo *m* llaç, llaçada *f*; *fg* (*vínculo*) llaç, lligam; **~ corredizo** llaç escorredor
le *pr* [*complemento indirecto*] li. *No ~ digas nada*, no li diguis res; [*complemento directo*] el, -el, l', -lo. *~ colgarán*, el penjaran. *Traédnos~*, porteu-nos-el. *Llevad~ allí*, porteu-l'hi. *¡Colgad~!*, pengeu-lo!
leal *aj* lleial
lección *f* lliçó; **dar una ~** (*a up*) donar una lliçó a up
lechal *aj* (*animal*) de llet. *Cordero ~*, anyell de llet

leche *f* llet
lechería *f* lleteria
lechero -ra *aj mf* lleter -a; *f* (*recipiente*) lletera
lecho *m* llit, jaç; (*de un mar, un llago*) llit
lechón -ona *mf* garrí -ina
lechuga *f* enciam *m*
lechuza *f zoo* òliba
lector -ra *aj mf* lector -a
lectura *f* lectura
leer *vt* llegir
legal *aj* legal
legaña *f* lleganya
legar *vt* llegar
legión *f* legió
legislación *f* legislació
legislar *vi* legislar
legislativo -va *aj* legislatiu -iva
legítimo -ma *aj* legítim -a
legua *f* llegua; ~ **marina** (**marítima**) llegua marina
legumbre *f* llegum *m*
lejano -na *aj* llunyà -ana
lejía *f* lleixiu *m*
lejos *f* (*en el espacio, en el tiempo*) lluny; **a lo** ~ al lluny; **de** ~ des de lluny; ~ **de** lluny de
lelo -la *aj* ximple, beneit -a, babau -a
lencería *f* llenceria
lengua *f ana* llengua; (*idioma*) llengua; **comerse la ~ el gato** (*a up*) empassar-se la llengua; **irse de la** ~ anar-se'n de la llengua; **malas lenguas** males llengües; **morderse la** ~ mossegar-se la llengua; **no morderse la** ~ no tenir pèls a la llengua
lenguado *m* llenguado
lenguaje *m* llenguatge
lengüeta *f* llengüeta
lente *f/m* (*óptica*) lent *f*; *m pl* (*gafas*) ulleres *f*; ~ **de contacto** lent de contacte
lentilla *f* lent de contacte
lentisco *m* llentiscle
lentitud *f* lentitud
lento -ta *aj* lent -a
leña *f* llenya; *fg* (*paliza*) llenya; **añadir** (**echar**) ~ **al fuego** afegir (tirar) llenya al foc
leñador -ra *mf* llenyataire
leño *m* soc, tió
leñoso -sa *aj* llenyós -osa
león -ona *mf zoo* lleó *m*, lleona *f*; ~ **marino** lleó marí
leopardo *m zoo* lleopard
les *pr pl* [*complemento indirecto*] els, 'ls, -los. *No ~ hace ninguna gracia*, no els fa cap gràcia. *Hábla~ de este tema*, parla'ls d'aquest tema. *Decid~ que vengan*, digueu-los que vinguin
lesión *f* lesió
lesionar *vt* lesionar
letal *aj* letal
letargo *m* letargia *f*
letra *f* (*signo*) lletra; *com mús* lletra; *pl* (*humanidades*) lletres; ~ **menuda** lletra menuda
letrado -da *aj mf* lletrat -ada
letrero *m* rètol
levadizo -za *aj* llevadís -issa
levadura *f gst bot* llevat *m*
levantamiento *m* aixecament
levantar *vt* aixecar, alçar, enlairar; (*poner de pie*) aixecar; (*la voz*) aixecar, alçar; (*promover*) aixecar; *vp* (*de la cama*) llevar-se; (*sublevarse*) alçar-se, aixecar-se;

levantársele *fm* (*el pene*) trempar *vi*
levante *m* llevant
levar *vt mar* (*el ancla*) llevar, salpar; *vi* (*zarpar*) salpar
leve *aj* (*ligero*) lleu, lleuger -a; *fg* (*no grave*) lleu
léxico -ca *aj m* lèxic -a
ley *f* llei; **al margen de la** ~ al marge de la llei; **con todas las de la** ~ com Déu mana; **de** ~ (*metal*) de llei; **en buena** ~ a dreta llei; **la** ~ **del embudo** la llei de l'embut
leyenda *f* llegenda
liana *f* liana
liar *vt* (*atar*) lligar; (*enrollar*) enrotllar; (*cigarrillos*) cargolar; (*engatusar*) entabanar; *vtp fg* (*complicar*) embolicar(-se); **~se a palos** heure-se-les
libélula *f zoo* libèl·lula
liberal *aj mf* liberal
liberar *vtp* alliberar(-se), deslliurar(-se)
libertad *f* llibertat; *pl* (*familiaridades*) llibertats; **tomarse la** ~ **de** prendre's la llibertat de
libertar *vtp* alliberar
libido *f* libido
libra *f* (*peso, moneda*) lliura; [*en mayúscula*] *ast* Balança, Libra
librar *vt* (*una batalla*) lliurar; (*liberar*) deslliurar; *vp* (*de peligros, molestias, etc*) alliberar-se, deslliurar-se, desfer-se, desempallegar-se
libre *aj* lliure
librería *f* llibreria
librero -ra *mf* llibreter -a
libreta *f* llibreta; ~ **de ahorros** llibreta d'estalvis
libro *m* llibre; ~ **de familia** llibre de família; ~ **de texto** llibre de text
licencia *f* llicència, permís *m*
licenciado -da *aj mf* llicenciat -ada
lícito -ta *aj* lícit -a
licor *m* licor
licuadora *f* liquadora
lid *f* renyina
líder *mf* líder
lidiar *vt ab* torejar
liebre *f zoo* llebre
lienzo *m* (*tela en general*) llenç, tela *f*; *art* (*cuadro*) tela *f*; *arq* (*pared, fachada*) llenç, pany de paret
liga *f* (*para las medias*) lligacama; (*asociación*) lliga; (*campeonato*) lliga
ligadura *f* (*acción de ligar*) lligament *m*, lligadura; *fg* (*vínculo*) lligam *m*, llaç *m*
ligamento *m ana* lligament
ligar *vt* (*unir*) lligar; (*una salsa*) lligar; *vi* (*tener una aventura*) lligar
ligereza *f* lleugeresa
ligero -ra *aj* lleuger -a; **a la ligera** a la lleugera
lignito *m* lignit
lija *m zoo* gat *m*; (*papel esmerilado*) paper de vidre
lila *f bot* lilà *m*, lila; *aj m* (*color*) lila
lima *f bot* llimona dolça; (*herramienta*) llima; **ser una** ~ ésser una llima
limar *vt* llimar
limbo *m* llimbs *pl*

limitar *vt* (*restringir*) limitar; *vi* (*lindar*) limitar; *vp* (*ceñirse*) limitar-se
límite *m* límit
limo *m* llim
limón *m* (*fruto*) llimona *f*
limonada *f* llimonada
limpiacristales *m iv* (*líquido*) netejavidres; *aut* eixugaparabrises
limpiaparabrisas *m iv aut* eixugaparabrises
limpiar *vt* netejar; (*polvo*) treure, netejar; (*secar*) eixugar. *Sécale las lágrimas*, eixuga-li les llàgrimes; (*la chimenea*) escurar; (*legumbres, etc*) triar; *fg* (*el dinero, en el juego*) plomar
limpieza *f* (*cualidad de limpio*) netedat; (*acción de limpiar*) neteja
limpio -pia *aj* net -a; *av* net. *Juega ~*, juga net; **estar ~** (*sin dinero*) estar escurat; **sacar en ~** (*uc*) teure'n uc en net
linaje *m* llinatge, nissaga *f*
lince *m zoo* linx; *fg* (*persona muy perspicaz*) fura *f*
lindo -da *aj* bonic -a, bufó -ona; **de lo ~** molt, de valent
línea *f* línia. *~ curva, aérea, telefònica*, línia corba, aèria, telefònica. *En la ~ de fuego*, en la línia de foc; (*de un escrito*) línia, ratlla; **en ~ recta** en línia recta; **en ~s generales** a grans trets
lineal *aj* lineal
lino *m* lli
linterna *f* llanterna
lío *m* (*de ropa, papel*) farcell; *fg* (*embrollo*) embolic, garbuix; **hacerse un ~** fer-se un embolic, embolicar-se
liquidación *f* liquidació
liquidar *vt com* (*a precio de saldo*) liquidar; (*pagar*) liquidar, saldar; (*gastar*) fondre, menjar-se *vp*; (*una cuestión pendiente*) liquidar, resoldre; *fm* (*matar*) liquidar, pelar
líquido -da *aj m* líquid -a
lira *f mús ecn* lira
lirio *m* lliri
lirón *aj mf* liró -ona
lisiado -da *aj mf* mutilat -ada, esguerrat -ada
lisiar *vt* mutilar, esguerrar
liso -a *aj* llis -a
lista *f* (*enumeración*) llista; *txt* (*raya*) llista, ratlla
listín *m* guia *f* telefònica
listo -ta *aj m* llest -a, eixerit -ida, viu viva; (*a punto*) llest -a. *Ya estoy lista*, ja estic llesta; **estar ~** (*estar perdido*) estar llest
listón *m* llistó
litera *f* llitera
literal *aj* literal
literario -ria *aj* literari -ària
literatura *f* literatura
litigio *m* litigi
litoral *aj m* litoral
litro *m* litre
liviano -na *aj* lleuger -a, lleu
lívido -da *aj* lívid -a
llaga *f* llaga, nafra, ferida
llagar *vt* nafrar, encetar
llama *f* flama; *zoo* llama
llamada *f* (*acción de llamar*) crida; (*a la puerta, timbre, de teléfono*) truc *m*, trucada
llamamiento *m* (*pregón, petición*) crida *f*
llamar *vt* (*dar nombre*) dir, anomenar. *Le llamaremos Juan*, li

direm Joan; (*convocar*) cridar, fer venir. *Llama al médico*, crida el metge; (*la atención*) cridar; *vi* (*a la puerta*) demanar, trucar. *¿Quién llama?*, qui demana?; (*por teléfono*) telefonar, trucar; *vp* dir-se, anomenar-se
llamarada *f* flamarada
llamativo -va *aj* cridaner -a, llampant
llano -na *aj* pla -ana; *fg* (*sencillo, claro*) planer -a; *grm* pla -ana; *m geo* plana *f*
llanta *f aut* llanda
llanto *m* plor
llanura *f geo* plana, pla *m*
llares *mpl* clemàstecs
llave *f* (*para la cerradura*) clau; (*de grifo, etc*) clau; *mús* clau; **bajo siete ~s** amb pany i clau; **~ de paso** clau de pas; **~ inglesa** clau anglesa
llavero *m* clauer
llegar *vi* arribar; (*en el tiempo*) llegar. *Ha llegado el momento*, ha arribat el moment; (*durar*) arribar. *Las provisiones no ~án al verano*, les provisions no arribaran a l'estiu; (*alcanzar*) arribar. *Acércamelo que no llego*, acosta-m'ho que no hi arribo; (*abarcar*) arribar. *Sus posibilidades no llegan a tanto*, les seves possibilitats no arriben a tant; **~ a** arribar a. *Todavía no hemos llegado a la mitad del curso*, encara no hem arribat a la meitat del curs; **~ tarde** fer tard; **~ y besar el santo** arribar i moldre
llenar *vt* omplir, emplenar; (*satisfecer*) omplir; *vp* (*hartarse*) afartar-se, atipar-se
lleno -na *aj* ple plena; (*de comer*) tip -a, fart -a; **de ~** de ple. *El sol le da de ~*, el sol li dóna de ple; **~ a rebosar** ple a vessar
llevar *vt* (*ir cargado*) portar. *Ya se lo ~ás mañana*, ja li ho portaràs demà; (*conducir*) portar, dur. *Este camino lleva al muelle*, aquest camí porta al moll; (*un vehículo*) portar, dur; (*encargarse*) portar. *Él lleva estos asuntos*, ell porta aquests afers; *vp* endur-se, emportar-se; (*años, tiempo*) portar-se. *Se llevan tres años*, es porten tres anys; *fg* (*recibir*) emportar-se, endur-se. *Se llevó una gran alegría*, es va emportar una gran alegria; **~ a cabo** dur a terme; **~ adelante** tirar endavant; **~ las de ganar** tenir tots els trumfos; **~se bien (mal)** portar-se bé (malament)
llorar *vt* plorar; **el que no llora no mama** qui no plora no mama
llorica *mf* ploramiques
lloriquear *vi* ploriquejar, somicar
lloro *m* plor
llorón -ona *aj* ploraner -a
lloroso -sa *aj* plorós -osa
llover *vi* ploure; **~ a cántaros** ploure a bots i barrals; **~ sobre mojado** ploure sobre mullat; **nunca llueve al gusto de todos** mai no plou a gust de tothom
llovizna *f* plugim *m*
lloviznar *vi* plovisquejar, plovinejar
lluvia *f* pluja; **~ de estrellas** pluja d'estels
lluvioso -sa *aj* plujós -osa

lo *ar* [*seguido de aj*] el, l'. ~ *bueno y ~ malo*, el bo i el dolent. ~ *importante*, l'important; el que té, allò que té. ~ *gracioso del caso*, el que té de graciós el cas; la cosa, el fet, el cas. ~ *más interesante*, la cosa més interessant; com. *Nos explicó ~ difícil que es*, ens va explicar com és de difícil; *pr* [*neutro*] ho. *Esto no se ~ cree nadie*, això no s'ho creu ningú; [*cuando sustituye a persona, animal o cosa determinados*] el, l'. *¿Es Juan o no ~ es?*, és en Joan o no l'és?; [*de 3a persona del sg*] el, l', -lo. ~ *colgarán*, el penjaran; **a ~ menos** almenys, pel cap baix; **a ~ más** al més, com a màxim; **lo que** el que. *Haz ~ que te plazca*, fes el que et plagui; **lo... que** com en (n')... de. *No sabes ~ antipática que es su hermana*, no saps com n'és, d'antipàtica, la seva germana
loa *f* lloa, lloança
loar *vt* lloar, alabar
lobo -ba *mf zoo* llop lloba; **~ de mar** (*marinero*) llop de mar; **~ marino** *zoo* llop marí
lóbrego -ga *aj* llòbrec -ega
local *aj m* local
localidad *f* localitat
localizar *vt* localitzar
loción *f* loció
loco -ca *aj mf* boig boja, foll -a; **a lo ~** a la babalà; **estar ~ por** (*uc*) estar boig per uc
locomoción *f* locomoció
locomotor -a *aj* locomotor -triu; *f frr* locomotora
locuaz *aj* loquaç
locución *f* locució
locura *f* bogeria, follia; **con ~** amb bogeria, fora mida
locutor -ra *mf* locutor -a
lodo *m* fang, llot
lógico -ca *aj f* lògic -a
lograr *vt* (*alcanzar*) aconseguir, assolir. ~ *el éxito*, aconseguir l'èxit; [*con inf*] aconseguir de, reeixir a. *Ha logrado encontrarlo*, ha aconseguit de trobar-lo
loma *f* turó *m*; tossal *m*
lombriz *f* cuc *m*; **~ de tierra** cuc de terra
lomo *m* llom; (*de un libro*) llom
lona *f* (*tela*) lona; (*de un circo*) vela
loncha *f* llenca. *Una ~ de tocino*, una llenca de cansalada
longaniza *f* llonganissa
longitud *f* llargada, llargària, longitud
lonja *f* llenca, rodanxa; (*mercado*) llotja
loor *m* lloança *f*
loro *m zoo* lloro; *fg* (*persona fea*) lloro; *fg* (*persona muy habladora*) lloro
los *ar m pl* els. ~ *amigos de Marta*, els amics de la Marta; *pr* [*de 3a persona del pl*] els, 'ls, -los. *No ~ conozco*, no els conec. *¡Cuénta~ bien!*, compta'ls bé! *¡Ayúdad~!*, ajudeu-los!
losa *f* llosa
lote *m* lot; **darse un ~** (*de comer*) atipar-se com un lladre; (*diversiones*) fer-se un tip de
lotería *f* loteria
lozanía *f* ufana
lozano -na *aj* (*up*) fresc -a com una rosa, amb cara de bon any (de

salut); (*una planta*) ufanós -osa, esponerós -osa
lubina *f* llobarro *m*
lubricante *aj m* lubrificant
lucerna *f arq* (*claraboya*) lluerna; *zoo* (*luciérnaga*) cuca de llum, lluerna
lucero *m ast* estel, estrella *f*; ~ **del alba** (*planeta Venus*) estel del matí
lucha *f* lluita
luchar *vi* lluitar
lúcido -da *aj* lúcid -a
luciérnaga *f* cuca de llum, lluerna
lucir *vt* (*alumbrar*) fer claror; (*brillar*) lluir [sense -eix]. *Los ojos del gato lucen en la oscuridad*, els ulls del gat lluen a la foscor; *vti fg* lluir [amb -eix]. *Este mueble no luce, puesto aquí*, aquest moble no llueix posat aquí. *Siempre que puede luce sus joyas*, sempre que pot llueix les seves joies; *vp fg* (*irónicamente*) lluir-se
lúdico -ca *aj* lúdic -a
luego *av* després; *cnj* per tant; **desde** ~ naturalment, sens dubte; ~ **que** així que
lugar *m* lloc, indret; **dar ~ a** donar lloc a; ~ **común** (*tópico*) lloc comú; **en ~ de** en comptes de; **fuera de** ~ fora de lloc; **sin ~ a dudas** sens dubte
lugareño -ña *aj mf* vilatà -ana; (*campesino*) pagès -esa
lúgubre *aj* lúgubre
lujo *m* luxe
lujoso -sa *aj* luxós -osa
lumbre *f* foc *m*
lumbrera *f arq* (*claraboya*) lluerna; *fg* (*persona muy inteligente*) llumenera
luminaria *f* lluminària; (*en las iglesias*) llàntia
luminoso -sa *aj* lluminós -osa
luna *f* [*en mayúsculas*] *ast* Lluna; (*estado de ánimo*) lluna; (*cristal de un espejo*) lluna; **estar de buena (mala)** ~ estar de bona (mala) lluna; **estar en la** ~ estar a la lluna; ~ **de miel** lluna de mel; ~ **llena** lluna plena; ~ **menguante** lluna minvant; ~ **nueva** lluna nova
lunar *aj* lunar; *m* (*mancha pequeña y redonda*) pic; (*en la piel*) piga *f*
lunes *m* dilluns
lunetas *fpl* vidres *m* [de les ulleres]
lupa *f* lupa
lustre *m* llustre
lustrar *vt* enllustrar
lustro *m* lustre
lustroso -sa *aj* llustrós -osa
luto *m* dol. *Hace un año que lleva ~*, fa un any que porta dol; **de** ~ de dol
luz *f* (*agente físico*) llum; (*utensilio*) llum *m*; (*iluminación*) claror. *Esta lámpara da poca ~*, aquest llum fa poca claror; **a la ~ del día** a plena llum; **a todas luces** sense cap mena de dubte; **dar a** ~ (*parir*) donar a llum; **sacar a la** ~ (*publicar*) treure (fer sortir) a llum; **tener pocas luces** ésser curt de gambals

M

macabro -bra *aj* macabre -a
macarra *m fm* (*chulo*) macarró

macarrones *mpl* macarrons
macedonia *f gst* macedònia
macerar *vt* macerar
maceta *f* test *m*, torreta
machacar *vt* (*golpear insistentemente*) picar; (*triturar*) picar, matxucar; (*en una discusión, partido, combate*) derrotar; *vi* (*insistir*) insistir
machacón -ona *aj mf* pesat -ada, corcó *m*
machete *m* matxet
macho *aj m bio* mascle; *m tcn* mascle; *zoo* mul; ~ **cabrío** *zoo* boc, cabró
macizo -za *aj m* massís -issa
macuto *f* motxilla
madeja *f txt* troca, madeixa
madera *f* fusta
madero *m* fusta *f*, tros de fusta
madrastra *f* madrastra
madraza *f* marassa
madre *f* mare; *rlg* mare; *fg* (*causa, origen*) mare; ~ **política** sogra; **la ~ del cordero** la mare dels ous
madriguera *f* cau *m*
madrina *f* padrina
madroño *f bot* (*arbusto*) arboç; (*fruto*) cirera d'arboç
madrugada *f* matinada; **de** ~ de bon matí
madrugador -ra *aj* matiner -a
madurar *vti* madurar
maduro -ra *aj* madur -a
maestría *f* mestratge *m*
maestro -tra *aj f* mestre -a. *Obra maestra*, obra mestra; *aj mf* mestre -a; (*compositor*) mestre -a; ~ **de aja** *mar* mestre d'aixa
mafia *f* màfia
magdalena *f gst* magdalena
magia *f* màgia
mágico -ca *aj* màgic -a
magisterio *m* magisteri
magistrado -da *mf* magistrat -ada
magistral *aj* magistral
magma *m* magma
magnate *m* magnat
magnético -ca *aj* magnètic -a
magnetismo *m* magnetisme
magnetofón *m* = **magnetófono**
magnetófono *m* magnetòfon
magnífico -ca *aj* magnífic -a
magnitud *f* magnitud
magno -na *aj* magne -a
magnolia *f* (*árbol*) magnòlia, magnolier *m*; (*flor*) magnòlia
magnolio *m* (*árbol*) magnòlia *f*, magnolier
mago -a *mf* mag -a, màgic -a; *aj m* (*rey de oriente*) mag
magrebí *aj mf* magribí -ina
magro -gra *aj* magre -a
magullar *vt* masegar
mahometano -na *aj mf* mahometà -ana, musulmà -ana
mahonesa *aj f gst* maionesa
maíz *m* blat de moro
majadería *f* ximpleria
majadero -ra *aj* ximple
majestad *f* majestat
majestuoso -sa *aj* majestuós -osa
majo -ja *aj* (*agradable, simpático*) maco -a, ferm -a; (*bello*) maco -a, bufó -ona
mal *aj* [*apócope de* malo *usado delante de sust masc*] mal -a. *Es un ~ hombre*, és un mal home; *av* mal. ~ *hecho*, mal fet; [*detrás del*

verbo] malament. *Haces ~ en venir*, fas malament de venir; *m* (*daño material o moral*) mal; (*enfermedad*) mal; (*de las plantas*) malura *f*; (*negación del bien*) mal; **~ de ojo** mal d'ull; **~ menor** mal menor; **~ por mal** mal per mal, preu per preu; **~ que** mal que; **menos ~ que** encara sort que, sort que
malabarismos *mpl* jocs malabars; *fg* equilibris. *Hemos de hacer ~s con el sueldo*, hem de fer equilibris amb el sou
malaria *f med* malària
malbaratar *vt* malbaratar, dilapidar
malcriado -da *aj* malcriat -ada
maldad *f* maldat, malvestat
maldecir *vt* maleir
maldito -ta *aj* (*condenado*) maleït -ïda; mal -a, trist -a. *No queda ni una maldita lata de atún*, no queda ni una trista llauna de tonyina; **¡maldita sea!** maleït siga!
malecón *m* (*dique*) dic; (*atracadero*) moll; *frr* terraplè
maleducado -da *aj* malcriat -ada
malentendido *m* malentès
malestar *m* malestar
maleta *f* maleta
maletero *m aut* maleter
maletín *m* maletí
maleza *f bot* brossa, bosquina
malgastar *vt* malgastar
malhablado -da *aj* malparlat -ada
malhechor -ra *aj* malfactor -a
malhumorado -da *aj* malhumorat -ada
malicia *f* malícia
maligno -na *aj* maligne -a
malla *f* (*tejido*) malla; (*vestido ajustado*) mallot *m*; *pl* (*pantalones*) malles
malo -la *aj mf* (*que no es bueno*) dolent -a; (*travieso*) dolent -a; (*enfermo*) malalt -a; **a (las) malas** a (les) males; **ser ~ de** fer de mal [*seguido de inf*]. *Es ~ de decir*, fa de mal dir
maloliente *aj* pudent
malpensado -da *aj* malpensat -ada
malsano -na *aj* malsà -ana
malta *f* (*de cebada*) malt *m*
maltratar *vt* maltractar
malva *f bot* malva; **criar ~s** (*estar muerto*) fer malves
malvado -da *aj* malvat -ada
malvivir *vi* malviure
mama *f ana* mamella, mama; *fm* (*madre*) mama
mamada *f* mamada
mamar *vt* mamar, xumar
mamarracho *m* mamarratxo
mamífero *m* mamífer
mampara *f* mampara
mamporro *m* patacada *f*, trompada *f*
manada *f* ramat *m*
manantial *m* font *f*, deu *f*
manar *vi* rajar, brollar
mancha *f* taca
manchar *vt* tacar; *fg* (*la reputación, etc*) tacar, esquitxar
manco -ca *aj mf* manc -a
mandamiento *m* manament
mandar *vt* (*ordenar*) manar, encomanar; (*enviar*) enviar, trametre; *fm* engegar

mandarina *f* mandarina
mandato *m* (*orden*) manament, ordre *f*; *dr* mandat; (*ejercicio del mando*) govern. *Durante su ~*, durant el seu govern
mandíbula *f ana* mandíbula, barra
mandioca *f* mandioca
mando *m* comandament; **~ a distancia** comandament a distància
manduca *f fm* manduca, teca
manecilla *f* (*de un reloj*) busca, agulla, maneta
manejar *vt* (*utilizar*) manejar; (*tener entre manos*) remenar; *fg* (*dirigir*) manejar. *Maneja como quiere a sus hermanos*, maneja com vol els seu germans
manejo *m* (*de una arma, un negocio*) maneig; (*intriga*) maneig
manera *f* manera; *pl* (*modales*) maneres; **a ~ de** a manera de, a tall de; **de mala ~** de mala manera; **de ~ que** de manera que, de tal manera que; **de todas ~s** de tota manera
manga *f* (*de un vestido*) màniga; (*manguera*) mànega; (*tromba marina*) mànega; *esp* (*parte de una competición*) màniga; **ser de ~ ancha** ésser de la màniga ampla
mango *m* mànec; *bot* (*árbol y fruto*) mango
mangonear *vt* (*manejar a up*) manipular
manguera *f* mànega
maní *m* cacauet
manía *f* (*afición exagerada*) mania, dèria, fal·lera; (*aversión*) mania
maniático -ca *aj mf* maniàtic -a
manicomio *m* manicomi
manifestación *f* manifestació
manifestar *vt* manifestar
manifiesto -ta *aj* manifest -a, evident, palès -esa; *m* manifest; **poner de ~** posar de manifest
manija *f* (*de puertas y ventanas*) agafador *m*, mànec *m*
manilla *f* = **manija**
manillar *m* manillar
maniobra *f* maniobra; *pl frr mar mil* maniobres
maniobrar *vti* maniobrar
manipular *vt* manipular
maniquí *mf* maniquí
manirroto -ta *aj mf* malgastador -a; **ser un ~** tenir la mà foradada
manita *f* (*mano pequeña*) maneta; **hacer ~s** fer manetes; **ser un ~s** tenir manetes
manivela *f* maneta, manovella
manjar *m* menja *f*
mano *f ana* mà; (*lado*) mà; (*de pintura*) mà, passada; (*en las cartas*) mà; *tcn* (*de un reloj*) busca, maneta; (*habilidad*) mà; **a ~** (*manualmente*) a mà; (*al alcance de la mano*) a mà, a l'abast de la mà; **de ~** de mà; **frotarse las ~s** fregar-se les mans; **~ de obra** mà d'obra; **~s a la obra** mans a l'obra; **¡~s arriba!** mans enlaire!; **poner la ~ en el fuego** posar la mà al foc; **ser ~ de santo** ésser posar oli en un llum; **tener ~ izquierda** tenir mà esquerra
manojo *m* manat, manoll; **ser un ~ de nervios** ésser un manat de nervis
manopla *f* manyopla

mansión *f* mansió
manso -sa *aj* mans -a, manyac -aga
manta *f* flassada, manta; *zoo* manta; **a** ~ a manta
manteca *f gst* (*de cerdo*) llard *m*
mantel *m* estovalles *fpl*
mantelería *f* joc *m* de taula, estovalles *pl* i tovallons *mpl*
mantellina *f* mantellina
mantener *vtp* mantenir(-se); ~ **las distancias** guardar les distàncies
mantenimiento *m* manteniment
mantequilla *f* mantega
mantilla *f* mantellina
manto *m* mantell
manual *aj m* manual
manuscrito -ta *aj m* manuscrit -a
manzana *f* (*fruta*) poma; *arq* (*de casas*) illa
manzanilla *f bot* (*planta e infusión*) camamilla
manzano *m bot agr* pomera *f*
maña *f* (*habilidad*) manya, traça; (*astucia*) manya
mañana *f* matí *m*; *m* (*futuro*) demà; *av* mañana; **de** ~ de matí; **muy de** ~ de bon matí; **pasado** ~ demà passat; **por la** ~ de (al) matí; **por la** ~ **temprano** de matí
mañoso -sa *aj* monyós -osa, traçut -uda
mapa *m* mapa; **desaparecer del** ~ fer-se fonedís
mapamundi *m* mapamundi
maqueta *f* maqueta
maquillaje *m* maquillatge
maquillar *vt* maquillar
máquina *f* màquina; **a toda** ~ a tota màquina; ~ **de afeitar** = **maquinilla**; ~ **de coser** màquina de cosir; ~ **de escribir** màquina d'escriure; ~ **de lavar** màquina de rentar; ~ **expendedora** màquina expenedora; ~ **tragaperras** màquina escurabutxaques
maquinalmente *av* d'esma
maquinar *vt* maquinar
maquinaria *f* maquinària
maquinilla *f* ~ **de afeitar** màquina d'afaitar
maquinista *mf frr* maquinista
mar *f/m* mar; **alta** ~ alta mar; ~ **de fondo** maror *f*; **la** ~ la mar. *Es la mar de feliz*, és la mar de feliç; ~ **gruesa** maregassa; ~ **picada** mar arrissada; **quien no se arriesga no pasa la** ~ qui no s'arrisca no pisca; **un** ~ **de** una mar de. *Un ~ de lágrimas*, una mar de llàgrimes
maraña *f* (*de lana, cabellos*) embull *m*, embolic *m*; (*confusión*) garbuix *m*, embolic *m*
maratón *f* marató
maravilla *f* meravella; **a las mil ~s** d'allò més bé; **de** ~ a meravella; **que es una** ~ que és una meravella
maravillar *vt* meravellar
maravilloso -sa *aj* meravellós -osa
marca *f* marca; **de** ~ de marca
marcador *m* marcador
marcar *vt* marcar
marcha *f* marxa; **a ~s forzadas** a marxes forçades; **poner en** ~ (*un motor*) engegar; **ponerse en** ~ sortir; **sobre la** ~ sobre la marxa

marchar *vi* (*andar*) marxar, caminar; (*irse*) marxar, anar-se'n *vp*; *fg* (*funcionar*) marxar, rutllar; *mil* (*las tropas*) marxar; **¡marchen!** *mil* endavant!
marchitar *vtp* marcir(-se), pansir(-se)
marchito -ta *aj* marcit -ida, pansit -ida
marco *m arq art ecn* marc
marea *f* marea; ~ **alta** marea alta; ~ **baja** marea baixa
marear *vt* (*causar mareo*) marejar, encaparrar; (*agobiar*) atabalar
marejada *f* (*mar agitada*) marejada; *fg* (*discordia, agitación*) maror
maremoto *m* terratrèmol submarí
mareo *m* mareig
marfil *m* vori, marfil
margarina *f* margarina
margarita *f* margarida
margen *f/m* (*de un río*) marge, vora *f*; *m grf* (*espacio en blanco*) marge; **al** ~ al marge
marginal *aj* marginal
marginar *vt* marginar
marica *m fg dsp* marieta
maricón *m* = **marica**
marido *m* marit
marihuana *f* marihuana
marina *f* marina; ~ **de guerra** marina de guerra; ~ **mercante** marina mercant
marinero -ra *aj mf* mariner -a; **a la marinera** a la marinera
marino -na *aj m* marí -ina
mariposa *f zoo esp* papallona
mariquita *f zoo* marieta; *m/f fg dsp* marieta
marisco *m* marisc
marítimo -ma *aj* marítim -a
marjal *m* aiguamoll, marjal *f*
mármol *m* marbre
marmota *f zoo* marmota; *mf* (*dormilón*) dormilec -ega *mf*
marqués -esa *mf* marquès -esa
marquesina *f* marquesina
marrano -a *mf zoo* porc -a, verro *m*, truja *f*; *aj mf fg* (*deshonesto*) porc -a; (*sucio*) marrà -ana, porc -a
marrón *aj m* (*color*) marró
marroquí *aj mf* marroquí -ina
marta *f zoo* mart *m*
martes *m* dimarts
martillo *m* martell
mártir *mf* màrtir
marzo *m* març
mas *cnj* (*pero*) mes
más *av* més. *No puedo ~*, no puc més; (*adición*) més. *Dos ~ dos*, dos més dos; (*tan*) més. *¡Qué película ~ aburrida!*, quina pel·lícula més avorrida!; **a lo** ~ al més, com a màxim; **a** ~ a més; **a ~ no poder** fora mida, d'allò més; **de lo** ~ d'allò més; **el ~ allá** el més enllà; **lo** ~ al més; **~ allá de** més enllà de; **~ de lo debido** més del compte; **~ o menos** més o menys, si fa o no fa; **por ~ que** per més que
masa *f* (*volumen*) massa; (*de pan*) massa, pasta; [*generalmente en pl*] (*de gente*) massa
masaje *m* massatge
mascar *vt* mastegar
máscara *f tea fg* màscara, carota
mascarilla *f* (*de belleza, mortuoria*) màscara; *med* màscara, careta

mascota *f* mascota
masculino -na *aj* masculí -ina
masticar *vt* mastegar
mástil *m mar* pal, arbre
masturbar *vtp* masturbar(-se)
mata *f bot* mata; ~ **de pelo** mata de cabells
matadero *m* escorxador
matanza *f* matança
matar *vt* matar; *fg* (*apagar*) matar, extingir; *vp* (*suicidarse*) matar-se; (*esforzarse mucho*) matar-se, escarrassar-se; ~ **dos pájaros de un tiro** matar dos pardals d'un tret; ~ **el gusanillo** matar (trencar) el cuc
matarife *m* escorxador
matasellos *m iv* mata-segells
mate *aj* mat. *Color* ~, color mat; *m jcs* (*en el ajedrez*) mat
matemático -ca *aj* matemàtic -a; *f* [*generalmente en pl*] matemàtica *sg*, matemàtiques
materia *f* matèria; ~ **gris** substància grisa; ~**s primas** primeres matèries
material *aj m* material
materno -na *aj* matern -a
matiz *m* matís
matojo *m* matoll
matón *m* pinxo, perdonavides
matorral *m* matoll
matrícula *f* matrícula
matricular *vt* matricular
matrimonio *m* matrimoni
matriz *f ana* matriu; (*de registro, talonari, etc*) matriu
matutino -na *aj* matutí -ina
maullar *vi* miolar
mausoleo *m* mausoleu
maxilar *aj m* maxil·lar
máximo -ma *aj* màxim -a; *m* (*límite superior*) màxim; *f* (*expresión, norma*) màxima; (*temperatura*) màxima; **como** ~ com a màxim, pel cap alt, a tot estirar
maya *aj mf* maia
mayo *m* maig
mayonesa *aj f gst* maionesa
mayor *aj* [*comparativo*] major, més gros, més gran. *Tu hijo es* ~ *que el mío*, el teu fill és més gran que el meu; (*más importante*) major. *Calle* ~, carrer major; *mús* mayor; *aj mf* (*de edad*) gran. *La hermana* ~, la germana gran; **al por** ~ com a l'engròs; ~ **de edad** major d'edat
mayoral *m* majoral
mayordomo -ma *mf* (*criado*) majordom -a
mayoría *f* majoria; **la inmensa** ~ la gran majoria; ~ **de edad** majoria d'edat
mayorista *mf* majorista
mayúsculo -la *f* majúscul -a
maza *f* maça
mazacote *m* (*comida*) emplastre, pasterada *f*
mazmorra *f* masmorra
mazo *m* (*arma*) maça *f*; *tcn* (*martillo*) maça *f*, mall; (*manojo*) manoll, manat, pom; *mús* maça
mazorca *f* panotxa
me *pr* me [*y las formas* em, m' *y* 'm]. *¡No* ~ *toques!*, no em toquis. *¿*~ *escuchas?*, m'escoltes? ~ *da miedo*, em fa por. *Pon*~ *el abrigo*, posa'm l'abric
meandro *m* meandre

mear *vi fm* pixar; ~ **fuera del tiesto** pixar fora de test
mecánico -ca *aj f tcn* mecànic -a; *mf* mecànic -a
mecanismo *m* mecanisme
mecanizar *vt* mecanitzar
mecanografiar *vt* mecanografiar
mecedora *f* balancí *m*
mecer *vt* (*a un niño, la cuna*) bressolar; (*un columpio*) gronxar
mecha *f* (*de barreno, encendedor*) metxa; (*de cirio, candil, etc*) ble *m*; (*de cabellos*) floc *m*, ble *m*; *pl* (*cabellos teñidos*) reflexos *m*
mechero *m* encenedor
mechón *m* floc, ble
medalla *f* medalla
medallón *m* medalló
media *f* (*para las piernas*) mitja; *mat* mitjana; (*hora*) dos quarts. *Ya es la ~*, ja són dos quarts; **hacer ~** fer mitja
mediación *f* mediació; **por mediación de** per mitjà de, mitjançant
mediado -da *aj* mig buit, mig ple. *El saco está mediado*, el sac és mig buit; **a ~s de** a mitjan. *A ~s del siglo XX*, a mitjan segle XX; **mediada la noche** cap a mitjanit
medianero -ra *aj* mitger -a. *Pared medianera*, paret mitgera; (*mediador*) mitjancer -a
mediano -na *aj* mitjà -ana; *f mat aut* mitjana
medianoche *f* mitjanit
mediante *prp* mitjançant, per mitjà de; **Dios ~** si Déu vol
mediar *vi* ésser a mitjan (a la meitat). *Mediava el mes de abril cuando sucedió*, era a mitjan mes d'abril quan va passar; (*transcurrir*) passar, transcórrer. *Mediaron tres semanas desde que se fue hasta que llegó*, van passar tres setmanes des que va marxar fins que va arribar; (*interceder*) mitjançar. *Le pidieron que mediara en el asunto*, li van demanar que mitjancés en l'afer
medicamento *m* medicament
medicina *f med* (*ciència*) medicina; (*medicamento*) medicina, medecina *fm*, remei *m*
medicinal *aj* medicinal, remeier -a. *Plantas ~es*, plantes remeieres
médico -ca *aj* mèdic -a; *mf med* metge -essa; **director ~** metge en cap; **~ de cabecera** metge de capçalera
medida *f* (*unidad de medida*) mesura; (*medida lineal*) mida. *Las ~s de una habitación*, les mides d'una habitació; [*generalmente en pl*] (*disposición, precaución*) medida; **a la ~** a mida; **a ~ que** a mesura que
medieval *aj* medieval
medio -dia *aj* (*mitad de*) mig mitja; (*entre dos extremos*) mitjà -ana. *El curso ~ de un río*, el curs mitjà d'un riu; (*incompleto*) mig mitja. *~ luto*, mig dol; *av* mig. *La puerta está ~ abierta*, la porta és mig oberta; *m* (*centro*) mig; (*procedimiento*) mitjà. *El fin no justifica los ~s*, el fi no justifica els mitjans; (*ambiente, círculo*) medi. *Conocer a un autor en su ~*, conèixer un autor en el seu medi; **a medias** a mitges; **a ~** [*con el*

verbo en infinitivo] a mig. *Un libro a ~ leer*, un llibre a mig llegir; **en ~** al mig, entremig; **en ~ de** al mig de; **~ ambiente** medi ambient; **~s de comunicación** mitjans de comunicació; **por ~ de** (*a través de*) pel mig de; (*mediante*) per mitjà de, mitjançant; **~ mundo** mig món
mediocre *aj* mediocre
mediocridad *f* mediocritat, grisor
mediodía *m* migdia; (*sur*) migdia, migjorn
medir *vt* (*tomar la medida*) *mat fís* mesurar; (*longitudes*) amidar, prendre les mides; (*tener una medida*) fer, mesurar. *La mesa mide dos metros*, la taula fa dos metres; (*moderar*) mesurar. *¡Mide tus palabras!*, mesura les teves paraules!
meditabundo -da *aj* meditabund -a, pensarós -osa
meditar *vt* meditar
mediterráneo -a *aj* mediterrani -ània
medrar *vi* (*las plantas, los animales*) créixer; *fg* (*fortuna, persona*) prosperar, millorar
medroso -sa *aj* poruc -uga
médula *f* medul·la
medusa *f* medusa
megafonía *f* megafonia
megáfono *m* megàfon
mejicano -na *aj mf* mexicà -ana
mejilla *f* galta
mejillón *m* musclo
mejor *aj* (*más bueno*) millor; *av* (*más bien, más bueno*) millor, més bé. *Trabajarás ~ si estás sola*, treballaràs millor si estàs sola; **a lo ~** potser, segons com; **de lo ~** cosa bona; **lo ~ del caso** el més bo del cas; **lo ~ de lo ~** el bo i millor, la flor i nata; **lo ~ posible** tan bé com es pugi; **~ dicho** més ben dit
mejora *f* millora
mejorana *f* marduix *m*
mejorar *vt* (*volverse mejor*) millorar; *vi* (*ponerse mejor*) millorar; (*prosperar*) millorar
melancolía *f* malenconia, melangia
melancólico -ca *aj* melangiós -osa
melena *f* (*cabellos largos*) cabellera; (*del león*) crinera, cabellera
melindre *m gst* melindro; **andarse con ~s** fer melindros
melindroso -sa *aj* melindrós -osa
mella *f* (*en un instrumento cortante*) osca; **hacer ~** fer efecte, impressionar
mellar *vt* escantellar
mellizo -za *aj mf* bessó -ona
melocotón *m* préssec
melocotonero *m* presseguer
melodía *f* melodia
melodrama *m* melodrama
melón *m* meló
meloso -sa *aj* melós -osa
membrana *f ana* membrana; (*cubierta ténue*) tel *m*
membrete *m* capçalera *f*
membrillo *m bot* (*árbol*) codonyer; (*fruto*) codony; **carne de ~** codonyat
memez *f* bajanada
memo -ma *aj mf* ximple, babau -a, tanoca, gamarús

memoria *f* memòria; *pl hst lit* memòries; **de ~** de memòria
memorizar *vt* memoritzar
mención *f* menció, esment *m*
mencionar *vt* esmentar, fer esment
mendigar *vt* pidolar; *vi* captar, pidolar
mendigo -ga *mf* captaire, pidolaire
mendrugo *m* rosegó
menear *vt* remenar, bellugar; *vp* bellugar-se
menester *m* ocupació *f*, feina *f*; **haber ~** haver de menester; **ser ~** caldre, ésser necessari
menesteroso -sa *aj* (*falto*) freturós -osa, mancat -ada; (*pobre*) necessitat -ada
mengano -na *mf* tal, en tal; **fulano y ~** en tal i en tal altre; **fulano, ~ y zutano** aquest, l'altre i el de més enllà
menguar *vt* minvar
menor *aj* (*más pequeño*) menor, més petit; *aj mf* (*de edad*) petit -a. *Es la hija ~*, és la filla petita; **al por ~** *com* al detall; **~ de edad** menor d'edat
menos *av* menys; *prp* (*excepto*) menys. *Están todos ~ Marta*, hi són tots menys la Marta; **al ~** (*cuando menos*) si més no, almenys; (*lo mínimo*) almenys, ben bé, pel cap baix; **al ~ (por lo ~)** (*de sobras*) ben bé; **eso es lo de ~** això rai; **ir a ~** anar (venir) a menys; **~ mal** encara bo, encara sort; **~ mal que** (encara) sort que; **ni mucho ~** ni de bon tros; **no ~ de** (*de sobras*) ben bé
menospreciar *vt* menysprear
menosprecio *m* menyspreu
mensaje *m* missatge
mensajero -ra *aj mf* missatger -a
menstruación *f* menstruació
mensual *aj* mensual
menta *f bot* (*planta*) menta; (*licor*) menta
mental *aj* mental
mentalidad *f* mentalitat
mentar *vt* esmentar
mente *f* ment
mentecato -ta *aj mf* tanoca
mentir *vi* mentir
mentira *f* mentida
mentirijillas *fpl* **de ~** de per riure, de broma
mentiroso -sa *aj mf* mentider -a
mentón *m* mentó
menú *m* menú
menudear *vti* sovintejar
menudo -da *aj* menut -uda. *Tiene los pies ~s*, té els peus menuts; *fm* quin -a. *¡~ calor!*, quina calor!; *mpl* (*entrañas*) menuts; **a ~** sovint
meñique *m ana* dit petit, menovell
mercader -ra *mf* mercader -a
mercado *m* mercat; **~ viejo** encants *pl*
mercancía *f* mercaderia
mercante *aj* mercant
merced *f* (*gracia*) mercè; **a ~ de** a la mercè de; **~ a** mercès a
mercería *f* merceria
mercurio *m* mercuri
merecer *vt* merèixer
merecido -da *aj m* merescut -uda; **tenerlo bien ~** haver-s'ho ben guanyat
merendar *vi* berenar

meridiano *aj m* meridià -ana
merienda *f* berenar *m*
mérito *m* mèrit; **hacer ~s** fer mèrits
merluza *f* lluç *m*
mermar *vt* minvar
mermelada *f* melmelada
mero -ra *aj* mer -a
mes *m* mes
mesa *f* taula; (*de una asamblea*) mesa; **~ electoral** mesa electoral; **~ redonda** taula rodona
meseta *f* altiplà *m*
mesilla *f* **~ de noche** tauleta de nit
mesón *m* fonda *f*, hostal
mestizo -za *aj mf* mestís -issa
mesura *f* (*moderación*) mesura
mesurar *vt* (*moderar*) mesurar
meta *f esp* meta; *fg* (*fin*) meta
metabolismo *m* metabolisme
metáfora *f* metàfora
metal *m* metall
metálico -ca *aj m* metàl·lic
metamorfosis *f* metamorfosi
meteorito *m* meteorit
meteoro *m* meteor
meteorología *f* meteorologia
meteorológico -ca *aj* meteorològic -a
meter *vt* (*introducir*) ficar, encabir; (*a up en un sitio*) ficar. *Quieren ~la en un colegio de monjas*, volen ficar-la en un col·legi de monges; (*esconder*) entaforar; (*meter en la cabeza*) ficar al cap. *No hay quien le meta que tiene que pagar*, no hi ha qui li fiqui al cap que ha de pagar; (*una pieza, una costura*) entrar, estrènyer; (*un puñetazo*) clavar; (*causar*) fer. *No le metas miedo*, no li facis por; *vp* (*en algun sitio*) ficar-se, entaforar-se; (*intervenir inoportunamente*) ficar-s'hi; **~se a** (*una profesión*) fer-se; **~se con** ficar-se amb
meticuloso -sa *aj* meticulós -osa, primmirat -ada
metódico -ca *aj* metòdic -a
método *m* mètode
metralla *f* metralla
metralleta *f* metralleta
métrico -ca *aj f* mètric -a
metro *m* metre; (*verso*) metre; *frr* (*metropolitano*) metro
metrópoli *f* metròpoli
mexicano -na *aj mf* mexicà -ana
mezcla *f* barreja, mescla
mezclar *vt* barrejar, mesclar
mezquino -a *aj mf* (*tacaño*) mesquí -ina, escarransit -ida; (*miserable*) mesquí -ina, esquifit -ida
mezquita *f* mesquita
mi *m mús* mi
mi *aj* [*apócope de* mío, *precediendo a un sustantivo, pl:* mis] el meu, la meva
mí *pr* mi [*acompaña a ciertas preposiciones*] mi. *Hablaban de ~*, parlaven de mi
mica *f* mica
mico *m zoo* mico [de cua llarga]; **volverse ~** tornar-se boig
microbio *m* microbi
microbús *m* microbús
micrófono *m* micròfon
microscópico -ca *aj* microscòpic -a
microscopio *m* microscopi

miedo *m* por *f*, basarda *f*; **de ~** (*extraordinario*) que fa por; (*muy bien*) d'allò més bé. *Lo pasamos de ~*, ho vam passar d'allò més bé; **por ~ a** per por de
miedoso -sa *aj* poruc -uga
miel *f* mel
miembro *m ana* membre; (*de una comunidad*) membre
mientras *av cnj* mentre; (*entretanto*) mentrestant; **~ que** (*oposició*) mentre que. *Tú eres muy obediente, mientras que tu hermano no obedece casi nunca*, tu ets molt obedient, mentre que el teu germà no creu gairebé mai; **~ tanto** entretant, mentrestant
miércoles *m* dimecres
mierda *f fm* merda
miga *f* (*migaja*) mica, engruna; (*de pan*) molla, engruna; **hacer buenas ~s** entendre's, fer-se molt; **hacer ~s** deixar baldat; **ni ~** ni una mica
migaja *f* engruna, mica, bocí *m*; (*de pan*) engruna; *pl* (*sobres*) miques
migración *f* migració
migraña *f* migranya
migrar *vi* migrar
migratorio -ria *aj* migratori -òria
mijo *m* mill
mil *aj m* mil; (*muchos*) mil. *Te lo he dicho ~ veces*, t'ho he dit mil vegades; **hacer las ~ y una** fer-ne de tots colors
milagro *m* miracle; **por ~** per miracle
milenio *m* mil·lenni
milésimo -ma *aj m* mil·lèsim -a
milhojas *m* milfulles
milhombres *m* milhomes
milímetro *m* mil·límetre
militar *aj m* militar
milla *f* milla; **~ marina** (**náutica**) milla marina (nàutica)
millar *m* miler; **a ~es** a milers
millón *m* milió
mimar *vt* (*acariciar*) amanyagar; (*a los niños*) aviciar, malacostumar
mimbre *m* vímet
mimetismo *m* mimetisme
mímico -ca *aj f* mímic -a
mimo *m* (*teatro, actor*) mim; (*caricia*) moxaina *f*, manyaga *f*, festa *f*
mimoso -sa *aj* melindrós -osa; *f bot* mimosa
mina *f* (*explosiu*) mina
mineral *aj m* mineral
minería *f* mineria
minero -ra *aj* miner -a; *mf* minaire, miner -a
miniatura *f* miniatura
mínimo -ma *aj m* mínim -a; **como ~** (*por lo menos*) com a mínim, almenys; **el más ~** el més petit; **lo ~** (*lo menos*) el menys. *Lo ~ que puedes hacer es pedirle perdón*, el menys que pots fer és demanar-li perdó; (*como mínimo*) almenys, pel cap baix. *Lo ~ ha llamado tres veces*, almenys ha trucat tres vegades; **ni en lo más ~** gens ni mica
minino -na *mf* (*gato*) moix -a
ministerio *m* ministeri
ministro -tra *mf* ministre -a
minoría *f* minoria
minucioso -sa *aj* minuciós -osa
minúsculo -la *aj f* minúscul -a

minusválido -da *aj mf* minusvàlid -a
minutero *m* minutera *f*
minuto *m* minut
mío -a *aj pr* meu meva; **esta es la mía** aquesta és la meva ocasió; **lo** ~ les meves coses. *Siempre se mete en lo mío*, sempre es fica en les meves coses; el meu fort. *Lo mío es el tenis*, el meu fort és el tennis
miope *aj mf* miop
miopía *f* miopia
mira *f* mira; [*generalmente en pl*] (*intención, objetivo*) mira, mires *pl*; **con ~s a** amb vista a, pensant en
mirada *f* mirada, esguard *m*; (*ojeada*) cop *m* d'ull
mirador *m* mirador
miramiento *m* mirament
mirar *vt* mirar, guaitar; (*considerar*) mirar, considerar. *Mirad las dificultades*, mireu les dificultats; *vi* (*estar situado de cara a*) mirar; (*procurar*) mirar. *Mira de no llegar tarde*, mira de no arribar tard; **de mírame y no me toques** de mira'm i no em toquis; **¡mira!** ves!; **¡mira por dónde!** ves per on!; **¡mira quién habla!** qui parla! (ves qui parla!); **mirándolo bien** ben mirat; ~ **por** mirar per. *Sólo mira por él*, només mira per ell
mirlo *f* merla
mirón -ona *aj mf* tafaner -a
misa *f* missa; **decir** ~ dir missa ~ **del gallo** missa del gall; **oír** ~ oir missa
miserable *aj* miserable; (*escaso*) miserable, esquifit -ida; *aj mf* (*infame*) miserable
miseria *f* misèria; *pl* (*penas*) misèries
misericordia *f* misericòrdia
mísero -ra *aj mf* miserable
misil *m* míssil
misión *f* missió
misionero -ra *aj mf* missioner -a
mismo -a *aj* [*usado delante del sustantivo*] mateix -a. *Tenemos los ~s gustos*, tenim els mateixos gustos; [*uso enfático; puede posponerse al sustantivo*] mateix -a. *El autobús para en su misma calle*, l'autobús para al seu carrer mateix; [*para evitar la repetición de un sustantivo ya citado*] el seu, en. *Es un trabajo excepcional, quién es el autor del ~?*, és un treball excepcional, qui n'és l'autor?; [*con la prp* a *o* en] hi. *Salieron del almacén pero luego volvieron al ~*, van sortir del magatzem però després hi van tornar; *mf inv* (*como por ejemplo*) mateix -a. *Puede ir cualquiera: tú ~*, hi pot anar qualsevol: tu mateix; **da (es) lo** ~ tant és, tant se val, no hi fa res; **en el** ~ (**mismísimo**) just al... de. *En el ~ centro de la diana*, just al centre de la diana; **en sí** ~ en si mateix; **eso** ~ això mateix; **lo** ~ el mateix
misterio *m* misteri
misterioso -sa *aj* misteriós -osa
mistral *m* mestral
mitad *f* meitat; **en** ~ **de** al mig mitja, a la meitat de. *En mitad de la función*, a mitja funció
mito *m* mite
mitología *f* mitologia

mixto -ta *aj* mixt -a; *m* (*sándwich*) biquini
mobiliario -ria *aj m* mobiliari -ària
mochila *f* motxilla
mochuelo *m zoo* mussol; *fg* mort. *Siempre me cargan con el ~*, sempre em carreguen el mort
moco *m* moc; **no es ~ de pavo** no és cosa de per riure
mocoso *m* marrec
moda *f* **a la ~** a la moda; **de ~** de moda
modales *mpl* formes *f*, maneres *f*
modelar *vt* modelar
modelo *m* (*patrón*) model; *mf* (*maniquí*) model
moderar *vt* moderar
moderno -na *aj* modern -a
modesto -ta *aj* modest -a
módico -ca *aj* mòdic -a
modificación *f* modificació
modificar *vt* modificar
modista *mf* modista
modisto *m* modista
modo *m* mode, manera *f*; *dr grm mús* mode; *pl* (*modales*) maneres *f*, formes *f*; **a ~ de** a manera de, a tall de; **de cualquier ~** de tota manera; **de ~ que** de manera que, de tal manera que; **de ningún ~** de cap manera; **de otro ~** altrament; **en cierto ~** d'alguna manera
modorra *f* nyonya, ensopiment *m*
módulo *m arq aer mat* mòdul
mofa *f* mofa, befa
mogollón *m* (*gran cantidad*) pilot, munt; (*alboroto*) merder, batibull; **de ~** (*sin pagar*) de gorra; (*de valde*) de franc
mohín *m* ganyota *f*
mohíno -na *aj* moix -a
moho *m bot* floridura *f*, florit; *qm* (*del hierro*) rovell; (*del cobre*) verdet
mojado -da *aj* moll -a
mojar *vt* mullar, sucar
mojigato -ta *aj* (*beato*) beat -a; (*hipócrita*) maula, hipòcrita, fals -a
mojón *m* (*en un camino*) fita *f*; (*montón*) munt; (*excremento*) cagarro
molar *aj ana* molar; *m* molar *f*
moldear *vt tcn* emmotllar; (*modelar*) modelar
moldura *f art arq* motllura
mole *f* (*cosa voluminosa*) mola
moler *vt* moldre; *fg* (*agotar*) moldre els ossos; **estar molido** estar baldat
molestar *vt* (*fastidiar*) molestar, empipar; *vtp* (*ofender*) molestar(-se)
molestia *f* molèstia
molesto -ta *aj* molest -a, empipador -a
molinero -ra *mf* moliner -a
molinete *m jcs* molinet de vent
molinillo *m* (*para moler*) molinet; *jcs* molinet de vent
molino *m* molí
mollera *f* (*parte superior del cráneo*) closca; (*inteligencia*) closca, cervell *m*; **ser duro de ~** ésser dur de closca
momentáneo -a *aj* momentani -ània
momento *m* moment; **al ~** en un moment, en un tres i no res; **de ~** ara com ara, per ara; **en un ~** en

un moment; **por el** ~ de moment, per ara, ara com ara
mona *f zoo* mona; *fg* (*persona que imita*) mona; *fm* (*borrachera*) mona; *gst* (*pastel*) mona
monaguillo -lla *mf* escolà -ana
monarca *mf* monarca
monarquía *f* monarquia
monasterio *m* monestir
monda *f agr* poda; (*de frutas, tubérculos, etc*) pela
mondadientes *m* escuradents
mondadura *f* (*de frutas, tubérculos*) pela
mondar *vt* podar; (*frutas, tubérculos, etc*) pelar; *vp* (*de risa*) cargolar-se
mondo -a *aj* ~ **y lirondo** net i pelat
moneda *f* moneda; ~ **divisionaria (fraccionaria)** moneda divisionària (fraccionària)
monedero *m* portamonedes
monetario -ria *aj* monetari -ària
moniato *m bot* moniato
monigote *m* (*muñeco ridículo*) ninot; (*dibujo mal hecho*) gargot; (*persona manejable*) titella, ninot
monitor -ra *mf* monitor -a; *m tcn mar* monitor
monja *f* monja
monje *m* monjo
mono -na *aj* (*bonito, gracioso*) bufó -ona; *m zoo* mona *f*, mico; (*persona que imita*) mona *f*; (*traje de faena*) granota *f*; (*monigote*) gargot
monolito *m* monòlit
monólogo *m* monòleg
monopolio *m* monopoli
monótono -na *aj* monòton -a
monsergas *fpl* cançons, històries, romanços *m*; **no estar para** ~ no estar per orgues
monstruo *m* monstre
monstruoso -sa *aj* monstruós -osa
montacargas *m* muntacàrregues
monta *f* **de poca** ~ *fm dsp* (*mediocre*) d'estar per casa, de pa sucat amb oli
montaje *m* muntatge
montante *m* muntant
montaña *f* muntanya
montañero -ra *aj mf* muntanyenc -a
montañés -sa *aj mf* muntanyès -esa, muntanyenc -a
montañoso -sa *aj* muntanyós -osa
montar *vti* (*subir*) muntar, pujar; (*a caballo*) muntar, cavalcar; *vt* (*armar, instalar*) muntar; (*la clara, la nata*) muntar
monte *m* muntanya *f*; [*en algunos topónimos*] mont. ~ *Carmelo*, mont Carmel; (*campo*) camp; ~ **de piedad** mont de pietat
montículo *m* monticle, pujol
montón *m* munt, pila *f*, pilot; *fg* (*gran cantidad*) pila *f*, colla *f*, feix; **a montones** a munts, a cabassos, d'allò més; **un** ~ un munt
montura *f* (*cabalgadura*) muntura; (*arreos*) arreus *m pl*; (*de gafas, joyas*) muntura
monumento *m* monument
moqueta *f* moqueta
mora *f* (*fruto de la zarza*) móra
morada *f* (*casa*) domicili *m*, casa, estatge *m*; (*habitación*) estança

morado -da *aj m* morat -ada; **pasarlas moradas** passar-ne de tots colors; **ponerse ~** fer-se un fart (un tip)
moradura *f med* morat *m*, blau *m*
moral *aj f* (*ética*) moral; *f fg* (*ánimo*) moral
moraleja *f* (*de una fábula*) moralitat, moral
moralidad *f* moralitat
moratón *m med* morat, blau
morcilla *f* (*embutido*) botifarró *m*, botifarra de sang; **¡que te den ~!** botifarra!
mordaz *aj* mordaç
mordedura *f* mossegada
morder *vt* mossegar; **estar que muerde** (*up*) estar que bufa up, treure foc pels queixals up
mordisco *m* (*mordedura*) mossegada *f*, queixalada *f*; mossegada *f*, mos. *Sólo he tomado un ~ de pastel*, només he pres un mos de pastís
moreno -na *aj* morè -ena, moreno -a; **ponerse ~** bronzejar-se; *f zoo geo* morena
morera *f* morera
morfología *f* morfologia
morfológico -ca *aj* morfològic -a
moribundo -da *aj mf* moribund -a
morir *vip* morir(-se)
moro -ra *aj* moro -a; **haber ~s en la costa** haver-hi roba estesa
morral *m* sarró
morriña *f* enyorança
morro *m zoo* musell, morro; *fg aut aer* morro; *dsp* (*de persona*) morros *pl*
mortal *aj mf* mortal
mortalidad *f* mortalitat
mortecino -na *aj* somort -a
mortero *m* (*almirez*) morter; *arq mil* morter
moruno -na *aj* moresc -a
mosaico *m art arq* mosaic
mosca *f zoo* mosca; (*pequeña barba*) mosca; (*en un texto impreso*) mosca; **~ muerta** gata maula; **por si las ~s** si de cas, per si de cas; **¿qué ~ le ha picado?** quina mosca l'ha picat?
moscardón *m zoo* borinot; *fg* (*persona molesta*) borinot
mosén *m* mossèn
mosquearse *vp* (*enfadarse*) emprenyar-se, picar-se
mosquitera *f* mosquitera
mosquitero *m* = **mosquitera**
mosquito *m zoo* mosquit
mostaza *f* mostassa
mosto *m* most
mostrador *m* taulell
mostrar *vt* mostrar
mota *f* (*mancha*) taca, pic *m*; (*partícula*) brossa, volva
mote *m* malnom, motiu
motín *m* motí
motivar *vt* motivar
motivo *m* motiu; **con ~ de** amb motiu de; **por ~ de** per motius de
moto *f* (*motocicleta*) moto
motocicleta *f* motocicleta
motociclismo *m* motociclisme
motor -ra *aj m* motor -a, motor -triu
motorista *mf* motorista
motriz *aj* = **motora**
movedizo -za *aj* movedís -issa, bellugadís -issa

mover *vt* moure, bellugar, fer anar; (*remover*) remenar; *vp* bellugar *vip*; *fg* (*espavilar*) espavilar-se
móvil *aj* mòbil; *m* (*razón*) mòbil; *art fis* mòbil
movilidad *f* mobilitat
movilizar *vt* mobilitzar
movimiento *m* moviment
mozalbete *m* vailet
mozo -a *aj* jove; *mf* (*chico*) xicot -a, mosso -a; *m* (*ayudante*) mosso
muchacho -cha *mf* noi -a, xicot -a; *f* (*criada*) minyona
muchedumbre *f* gentada, multitud
mucho -cha *aj* molt -a [*sovint seguit de* de], força *iv*. *Ha bebido ~ vino*, ha begut molt de vi; [*en frases negativas, interrogativas o condicionales*] gaire. *No tiene ~s amigos*, no té gaires amics; *pr pl* (*mucha gente*) molts moltes. *Son ~s los que acuden*, són molts els que hi van; *av* (*en grado considerable*) molt; [*en frases negativas, interrogativas o condicionales*] gaire. *¿Te falta ~, todavía?*, et falta gaire, encara?; **como ~** (*a lo más*) com a màxim, pel cap alt; **ni ~ menos** ni de bon tros; **por ~ que** per més que
muda *f* (*de los animales, de ropa*) muda
mudanza *f* (*de domicilio*) muda, mudança
mudar *vti* (*cambiar*) mudar; (*la piel, las plumas, la voz, etc*) mudar; *vp* (*de ropa*) canviar-se; (*de domicilio*) mudar-se
mudo -da *aj mf* mut muda
mueble *aj m* moble
mueca *f* ganyota, carota; (*con la lengua*) llengota
muela *f ana* queixal *m*; *tcn* (*para afilar*) mola; (*del molino*) mola; **~ del juicio** queixal del seny
muelle *m* (*de un puerto*) moll; *tcn* (*de un mecanismo*) molla *f*; **~ en espiral** molla d'espiral
muermo *m* (*tostón*) llauna *f*; (*persona*) estaquirot
muerte *f* mort; **dar ~** donar mort; **de mala ~** de mala mort; **de ~** de mort; **~ súbita** (**repentina**) mort sobtada
muerto -ta *aj mf* mort -a; [*en construcción pasiva*] mort -a. *Muchos hombres han sido ~s por esta causa*, molts homes han estat morts per aquesta causa; *fg* (*exhausto*) mort -a; **más ~ que vivo** més mort que viu; **echarle el ~** (*a up*) carregar el mort a up; **estar ~ de** estar mort de
muesca *f* osca, mossa
muestra *f* mostra; **dar ~s de** fer mostra de
mugido *m* mugit, bramul
mugir *vi* mugir, bramular
mugriento -a *aj* greixós -osa, llardós -osa
mujer *f* dona; (*esposa*) dona, muller
muladar *m agr* (*estercolero*) femer; *fg* (*lugar muy sucio*) merder, femer
mulato -ta *aj* mulat -a
muleta *f* (*para andar*) crossa; (*toros*) muleta
muletilla *f* (*palabra que alarga la frase*) falca

mullido -da *aj* tou tova; *m* (*para rellenar*) tou
mulo -a *mf zoo* mul -a
multa *f* multa
múltiple *aj m* múltiple
multiplicación *f* multiplicació
multiplicar *vt* multiplicar
múltiplo -pla *aj m* múltiple
multitud *f* multitud
mundial *aj* mundial
mundo *m* món; **echar** (**traer**) **al** ~, portar (posar) al món; **irse al otro** ~ anar-se'n a l'altre món; **medio** ~ mig món; **no ser nada del otro** ~ no ésser res de l'altre món; **todo el** ~ tothom
munición *f* munició
municipal *aj mf* municipal
municipio *m* municipi
muñeca *f ana* canell *m*; (*juguete*) nina
muñeco *m* (*juguete*) ninot; *fg* (*persona manejable*) titella, ninot
muñón *m ana* monyó
mural *aj m* mural
muralla *f* muralla
murciélago *m* ratapinyada *f*, ratpenat
murga *f* murga
murmullo *m* murmuri, remor *f*
murmurar *vti* murmurar, remorejar; (*difamar*) murmurar
muro *m arq* (*pared*) mur; (*muralla*) mur, muralla *f*
muscular *aj* muscular
músculo *m* múscul
museo *m* museu
musgo *m* molsa *f*
música *f* música; **irse con la** ~ **a otra parte** tocar el dos
musical *aj* musical
músico -ca *aj m* músic -a
musitar *vti* mussitar, xiuxiuejar
muslo *m* cuixa *f*
mustiar *vt* marcir, pansir
mustio -tia *aj* (*planta*) mústic mústiga; (*trist*) moix -a
musulmán -ana *aj mf* musulmà -ana
mutación *f* mutació
mutilado -da *aj mf* mutilat -ada
mutilar *vt* mutilar
mutuo -a *aj f* mutu mútua
muy *aj* molt -a. ~ *alto*, molt alt; [*negativo, interrogativo, condicional*] gaire. *No es* ~ *rico*, no és gaire ric

N

nabo *m* nap
nácar *m* nacre
nacer *vi* néixer; (*los astros, el día*) néixer; (*una fuente, un río*) néixer, brollar
nacido -da *aj* nascut -uda; **bien** ~ bona persona; **mal** ~ malparit; **recién** ~ nounat, nadó *m*
naciente *aj* naixent
nacimiento *m* naixement, naixença *f*; (*belén*) pessebre; **de** ~ de naixement
nación *f* nació
nacional *aj* nacional
nacionalidad *f* nacionalitat
nada *pr* res, no res; [*en frases negativas*] res. *No me dijo* ~, no em va dir res; [*delante de aj*] res de. *No me dijo* ~ *nuevo*, no em va dir res de nou; *av* [*en frases negativas delante de aj o después*

de v] gens, gota, gens ni mica. *No es ~ despierto*, no és gens eixerit. *No se lo pensó ~*, no s'hi va pensar gens ni mica; **de ~** (*fórmula de cortesía*) de res, no s'ho val; **~ de** [*en frases negativas*] gens de, gens ni gota (ni mica), **~ más** (*sólo*) només; (*apenas*) tan bon punt; **no ser ~ del otro ~** no ésser res de l'altre món; *f* no-res *m*; **por ~ del mundo** per res del món
nadador -ra *aj mf* nedador
nadar *vi* nedar; **~ entre dos aguas** nedar entre dues aigües; **~ y guardar la ropa** nedar i guardar la roba
nadería *f* fotesa
nadie *pr* ningú; **ser un don ~** ésser un ningú
nailon *m* niló
naipe *m jcs* naip, carta *f*
nalga *f ana* natja
nana *f* cançó de bressol
naranja *f bot* (*fruto*) taronja; *aj m* (*color*) taronja, carbassa
naranjada *f* taronjada
naranjo *aj* taronger
narciso *aj m* narcís, narcisista
nariz *f ana* nas *m*; (*orificio nasal*) nariu *m*; *fg* (*olfato*) nas *m*; (*sagacidad*) nas *m*; *pl* nas *msg*; **darse en las narices** anar a petar de morros; **hasta las narices** fins al capdamunt; **meter las narices en todo** ficar el nas pertot arreu; **~ respingona** nas arromangat (arremangat); **no ver más allá de sus narices** no veure-hi més enllà del nas; **romper las narices** inflar els morros
narración *f* narració
narrador -ra *aj mf* narrador -a
narrar *vt* narrar
nasal *aj* nasal. *Tabique ~*, envà nasal
nata *f* nata
natación *f* natació
natalicio *m* natalici
natalidad *f* natalitat
natillas *fpl gst* crema *sg*
nativo -va *aj* (*natural, innato*) natiu -iva, nadiu -a; *aj mf* nadiu -a, natiu -iva. *Los ~s del Ecuador*, els nadius de l'Equador
nato -ta *aj* nat nada
natural *aj* natural; (*oriundo*) natural; *m* (*índole, temperamento*) natural
naturaleza *f* (*mundo natural*) natura, naturalesa; (*complexión, carácter*) naturalesa; **~ muerta** *art* natura morta; **por ~** de mena
naturalidad *f* naturalitat
naturalmente *av* naturalment
naufragar *vi* naufragar
naufragio *m* naufragi
náufrago -ga *aj mf* nàufrag -a
náusea *f* nàusea
nauseabundo -da *aj* nauseabund -a, fastigós -osa
náutico -ca *aj f* nàutic -a
navaja *f* navalla; *zoo* navalla
naval *aj* naval
nave *f mar arq* nau
navegable *aj* navegable
navegación *f* navegació
navegante *aj mf* navegant
navegar *vi* navegar
Navidad *f* Nadal *m*
navideño -ña *aj* nadalenc -a
navío *m* navili

nebuloso -sa *aj* nebulós -osa, boirós -osa; *f ast* nebulosa
necedad *f* ximpleria
necesario -ria *aj* necessari -ària; **ser** ~ caldre, ésser necessari
neceser *m* necesser
necesidad *f* necessitat; *pl* necessitats. *Hacer sus* ~, fer les seves necessitats
necesitado -da *aj mf* necessitat
necesitar *vt* necessitar
necio -a *aj mf* neci nècia
necrológico -ca *aj f* necrològic -a
necrópolis *f* necròpoli
néctar *m* nèctar
nefasto -ta *aj* nefast -a
negación *f* negació
negar *vt* negar; (*denegar*) negar; *vp* (*no consentir*) negar-se
negativo -va *aj* (*que niega*) negatiu -iva; (*malo, perjudicial*) negatiu -iva; *f* negativa; *m fot* negatiu
negligencia *f* negligència
negligente *aj mf* negligent
negociante *mf* negociant
negociar *vti* negociar
negocio *m* negoci; (*asunto*) afer, assumpte
negrero -ra *aj mf* negrer -a
negro -gra *aj mf* (*color*) negre -a; (*de raza negra*) negre -a; **pasarlas negras** passar-ne (veure'n) de tots colors; **tener la negra** estar de pega
negrura *f* negror
negruzco -ca *aj* negrós -osa
nene -na *mf* nen -a
nenúfar *m* nenúfar
nervio *m ana* nervi; *fg* (*empuje*) nervi
nervioso -sa *aj* (*de los nervios*) nerviós -osa; (*ansioso*) nerviós -osa, neguitós -osa
neto -ta *aj* (*claro, definido*) net -a; *ecn* net -a
neumático -ca *aj fís* pneumàtic -a; *m aut* pneumàtic
neutral *aj* neutral
neutro -tra *aj* neutre -a
nevada *f* nevada
nevar *vi* nevar
nevera *f* nevera
nexo *m* nexe
ni *cnj* ni. ~ *bueno* ~ *malo*, ni bo ni dolent; **ni que** (*aunque*) ni que. *No te lo dirá* ~ *que le mates*, no t'ho dirà ni que el matis
nicho *m* nínxol
nido *m* niu, jòc; *fg* (*cueva*) niu
niebla *f* boira, broma
nieto -ta *mf* nét -a
nieve *f* neu
nilón *m* niló
ninfa *f* nimfa
ningún -na *aj pr* [*apócope de* ninguno *delante de m*] cap. *No tiene* ~ *primo*, no té cap cosí; **de** ~ **modo** de cap manera; **en** ~ **sitio** enlloc
ninguno -na *aj* cap. *No hay ninguna manzana en el cesto*, no hi ha cap poma al cistell; (*nada de*) gens de. *No tiene fuerza ningua*, no té gens de força; *pr* cap. *De las pastillas, no tomó ninguna*, de les pastilles, no en va prendre cap; (*nadie*) ningú. ~ *lo ha hecho*, ningú no ho ha fet
niñez *f* infantesa, infància

niña *f ana* nina, nineta; **ser la ~ de los ojos** (*de up*) ésser la nina (la nineta) dels ulls
niño -ña *aj* petit -a, nen -a; *mf* nen -a, minyó -ona, infant *m*; *mpl* canalla *fsg*, mainada *fsg*
níscalo *m* rovelló
níspero *m* (*árbol*) nespler, nerprer; (*fruto*) nespra *f*
nitidez *f* nitidesa
nítido -da *aj* nítid -a
nitro *m* salnitre, nitre
nitrógeno *m* nitrogen
nivel *m* nivell
nivelar *vt* anivellar
no *av* no; [*delante de substantivo*] no-. *Pacto de ~ agresión*, pacte de no-agressió; *m* no. *Me respondió con un ~*, em va respondre amb un no; *inj* [*petición de asentimiento*] oi?, no?, eh?; **~... casi** gairebé no, amb prou feines. *~ habla casi*, gairebé no parla; **~... sino...** no... sinó... *~ es él sino su hermano*, no és ell sinó el seu germà; **si ~** si no
noble *aj mf* noble
nobleza *f* noblesa
noche *f* (*sin luz de día*) nit; (*primeras horas después del atardecer*) vespre *m*, capvespre; **de la ~ a la mañana** de la nit al dia; **~ y día** nit i dia; **por la ~** de nit, de nits
nochebuena *f* nit de Nadal
nochevieja *f* nit de Cap d'Any
noción *f* noció
nocivo -va *aj* nociu -iva
noctámbulo -la *aj mf* noctàmbul -a
nocturno -na *aj* nocturn -a
nodriza *f* dida
nogal *m* noguera *f*
nómada *aj mf* nòmada
nombrar *vt* (*designar*) nomenar; (*decir el nombre*) anomenar
nombre *m* nom; *grm* nom; *fg* (*fama*) nom, anomenada *f*; **en ~ de** en nom de; **~ de pila** nom de fonts (de pila)
nómina *f* nòmina
nominal *aj* nominal
non *aj* [*generalmente en pl*] *mat* senar. *Pares o ~es*, parells o senars
nono -na *aj mf* [*ordinal*] novè -ena
nordeste *m* nord-est
noreste *m* = **nordeste**
noria *f agr* sènia, sínia; (*en una feria*) sínia, roda
norma *f* norma
normal *aj f* normal
normalmente *av* normalment
normativo -va *aj f* normatiu -iva
noroeste *m* nord-oest
norte *m* nord; *fg* (*guía, meta*) nord; *aj iv* nord. *La costa ~*, la costa nord
norteamericano -na *aj mf* nord-americà -ana
noruego -ga *aj mf* noruec -ega
nos *pr* ens, 'ns. *Nunca ~ escucha*, mai no ens escolta
nosotros -tras *pr* nosaltres
nostalgia *f* nostàlgia
nota *f* nota; *mús* nota; *pl* (*apuntes*) notes
notable *aj* notable, remarcable; *m* (*calificación académica*) notable
notar *vt* notar, remarcar
notario -ria *mf* notari -ària

noticia *f* notícia; *pl* (*de radio, de televisión*) notícies
novato -ta *aj fm* novell -a; *aj mf* (*aprendiz*) principiant, aprenent; *m fm* passerell *m. Este esquiador todavía es un ~,* aquest esquiador encara és un passerell
novedad *f* novetat
novel *aj* novell -a
novela *f* novel·la
novelista *mf* novel·lista
noveno -na *aj* novè -ena
noventa *aj m* noranta
noviembre *m* novembre
novio -via *mf* (*prometido*) xicot -a, promès -esa; (*a punto de casarse*) nuvi núvia; **tener ~ (novia)** festejar
nube *f* núvol *m*; **estar en las ~s** ésser als núvols; **poner por las ~s** posar pels núvols
nublado -da *aj* núvol, rúfol -a
nublarse *vp* ennuvolar-se
nuboso -sa *aj* núvol
nuca *f ana* nuca, clatell *m*
nuclear *aj* nuclear
núcleo *m* nucli
nudillo *m ana* artell, nus
nudismo *m* nudisme
nudo *m* nus; *mar* nus; (*de la madera*) grop; **hacerse un ~ en la garganta** fer-se un nus a la gola; **~ corredizo** nus (llaç) escorredor
nuera *f* nora, jove
nuestro -tra *aj pr* nostre -a
nuevamente *av* novament
nueve *aj mf* nou; **las ~** (*hora*) les nou
nuevo -va *aj* nou nova; **de ~** (*otra vez*) de nou, novament; (*desde el principio*) de cap i de nou
nuez *f bot* nou; **~ de Adán** *ana* nou del coll; **~ moscada** *gst* nou moscada
nulidad *f* nul·litat; *fg* (*inepto*) nul·litat, mort *m*
nulo -la *aj* nul nul·la
numeración *f* numeració
numeral *aj m* numeral
numerar *vt* numerar
numerario -ria *aj* numerari -ària
numérico -ca *aj* numèric -a
número *m* (*cantidad*) nombre. *Un ~ inesperado de alumnos,* un nombre inesperat d'alumnes; (*cifra*) xifra. *En ~s romanos,* en xifres romanes; (*en una serie*) número. *La casa ~ diez,* la casa número deu; (*espectáculo*) número; *grm mat* nombre; **en gran ~** un gran nombre; **~ primo** nombre primer; **un buen ~** un bon nombre
numeroso -sa *aj* nombrós -osa
nunca *av* mai; [*en frases interrogativas i condicionales*] (*alguna vez*) mai. *¿Has visto ~ un caimán?,* has vist mai un caiman; **más que ~** més que mai; **~ jamás** mai de la vida; **~ más** mai més; **¡~ se sabe!** no se sap mai!
nupcial *aj* nupcial
nupcias *f pl* noces, núpcies
nutria *f zoo* llúdria
nutrición *f* nutrició
nutrir *vt* nodrir
nutritivo -va *aj* nutritiu -iva

Ñ

ñandú *m zoo* nyandú
ñoñería *f* bledería; *pl* melindros *m*
ñoñez = **ñoñería**
ñoño -ña *aj mf* (*tonto*) bleda, fleuma, aturat -ada; (*delicado*) melindrós -osa, delicat -ada
ñu *m zoo* nyu

O

o *f* (*letra*) o; *cnj* o. *Sonia ~ Mariona*, la Sònia o la Mariona
ó *cnj* o. *8 ó 9*, 8 o 9
oasis *m* oasi
obcecar *vt* obcecar
obedecer *vt* obeir, creure; *vi* (*ser consecuencia*) obeir
obelisco *m* obelisc
obertura *f* obertura
obeso -sa *aj mf* obès -esa
obispado *m* bisbat
obispo *m* bisbe
objeción *f* objecció; **~ de conciencia** objecció de consciència
objetivo -va *aj* objectiu -iva; *m* (*finalidad*) objectiu; *fot mil* objectiu
objeto *m* (*cosa*) objecte; (*materia de estudio*) objecte; (*finalidad*) finalitat *f*, objecte; **al ~ de** per tal de; **con ~ de** a fi de, a l'efecte de
oblicuo -cua *aj* oblic -iqua
obligación *f* obligació
obligar *vt* obligar
obligatorio -ria *aj* obligatori -òria
oboe *m* oboè
óbolo *m* òbol
obra *f* obra; *pl arq* obres; **por ~ y gracia de** per obra de; **~ maestra** obra mestra
obrador *m* obrador
obrar *vt* (*hacer*) fer. *~ milagros*, fer miracles; (*construir*) obrar; *vi* obrar; trobar-se, arribar. *El documento obra en nuestras manos*, el document es troba a les nostres mans
obrero -ra *aj mf* obrer -a
obsceno -na *aj* obscè -ena
obsequio *m* obsequi
observación *f* observació
observador -ra *aj mf* observador -a
observar *vt* observar; (*cumplir*) observar
observatorio *m* observatori
obsesión *f* obsessió
obstáculo *m* obstacle
obstante *aj* **no ~** això no obstant, tanmateix
obstar *vi* obstar
obstinarse *vp* obstinar-se
obstruir *vt* obstruir
obtención *f* obtenció
obtener *vt* obtenir
obtuso -sa *aj mat* obtús -usa; *fg* (*faltado de agudeza*) obtús -usa, espès -essa
obvio -via *aj* obvi òbvia
oca *f zoo* oca
ocasión *f* ocasió; **con ~ de** en ocasió de; **de ~** d'ocasió; **en ocasiones** de vegades
ocasionar *vt* ocasionar
ocaso *m* ocàs
occidental *aj* occidental

occidente *m* occident
occipital *aj m* occipital
occitano -na *aj m* occità -ana
océano *m* oceà
ochenta *aj m* vuitanta
ocho *aj m* vuit
ocio *m* oci, lleure
ocioso -sa *aj* ociós -osa, desvagat -ada; (*inútil*) ociós -osa. *Una pregunta ociosa*, una pregunta ociosa
ocre *aj m min* ocre; (*color*) ocre
octaedro *m* octàedre
octágono *m* octàgon
octavilla *f* full volant *m*
octavo -va *aj mf* vuitè -ena; *f mús* octava
octógono *m* octàgon
octubre *m* octubre
ocular *aj m* ocular
oculista *mf* oculista
oculto -ta *aj* ocult -a
ocupación *f* ocupació
ocupado -da *aj* ocupat -ada, enfeinat -ada
ocupar *vt* ocupar; *vp* (*cuidarse de*) ocupar-se
ocurrencia *f* (*casualidad*) ocurrència; (*idea*) pensada; *fg* (*salida*) acudit *m*, sortida
ocurrir *vi* ocórrer, passar; *vp* (*venir a la cabeza*) acudir-se, passar pel cap. *Esta solución no se me havía ocurrido*, aquesta solució no se m'havia acudit
odiar *vt* odiar
odio *m* odi
odre *m* (*de vino*) bot
oeste *m* oest
ofender *vtp* ofendre('s)
ofensa *f* ofensa
ofensivo -va *aj f* ofensiu -iva
oferta *f* oferta
oficial *aj mf* oficial
oficina *f* oficina
oficinista *mf* oficinista
oficio *m* ofici; *rlg* ofici; *dr* (*comunicación oficial*) ofici; **no tener ~ ni beneficio** no tenir ofici ni benefici
ofrecer *vt* oferir; (*presentar*) oferir. *El proyecto ofrece muchas posibilidades*, el projecte ofereix moltes possibilitats; (*brindar*) oferir. *Esto le ofreció la oportunidad de conocerlo*, això li va oferir l'oportunitat de conèixer-lo; *vp* (*brindarse*) oferir-se. *Se ofreció para acompañarlo*, es va oferir per a acompanyar-lo
ofrenda *f rlg* ofrena
ogro *m* ogre
oídas *aj pl* **de ~** (*conocer*) de nom
oído *m* (*órgano*) orella *f*; (*sentido*) oïda *f*; (*buen oído*) orella *f*, oïda. *Tener buen ~*, tenir bona orella. *Tener buen ~ para la música*, tenir bona oïda per a la música; **al ~** a cau d'orella; **duro de ~** dur d'orella (d'oïda); **entrar por un ~ y salir por el otro** entrar per una orella i sortir per l'altra; **hacer ~s sordos** fer el desentès
oír *vi* sentir-hi. *No oigo nada*, no hi sento gens; *vt* sentir, oir; (*atender, escuchar*) escoltar; (*misa*) oir; **como lo oyes** tal com ho sents; **como quien oye llover** com qui sent ploure
ojal *m* trau
ojalá *inj* tant de bo!

ojeada *f* ullada, cop *m* d'ull; **echar una ~** fer un cop d'ull
ojear *vt* fer un cop d'ull, fer una ullada, llambregar
ojeras *f pl* ulleres
ojeriza *f* tírria, mania
ojete *m fm* (*ano*) ull (forat) del cul
ojo *m ana* ull; (*de la escalera*) ull; (*perspicacia*) ull. *Tener ~ para elegir el personal*, tenir ull per a escollir el personal; **a ojo** a ull; **con los ~ cerrados** a ulls clucs; **costar un ~ de la cara** costar un ull de la cara; **en un abrir y cerrar de ~s** en un tancar i obrir d'ulls; **guiñar el ~** fer (picar) l'ullet; **¡~!** *inj* compte!, alerta!; **poner los ~s en blanco** girar els ulls en blanc
ola *f mar* ona, onada; *fg* (*movimiento de cosas, gente*) onada; **~ de calor**, **de frío** onada de calor, de fred
oleada *f* (*movimiento de cosas, gente*) onada
oleaje *m mar* onatge
óleo *m art rlg* oli; **pintura al ~** pintura a l'oli
oler *vt* olorar, ensumar, flairar; *fg* (*sospechar*) olorar, ensumar; *vi* (*bien*) fer olor de. *Este perfume huele a rosas*, aquest perfum fa olor de roses; (*mal*) fer pudor de. *Este cuarto huele a cerrado*, aquesta habitació fa olor de resclosit; **~ a chamusquina** (*uc*) fer mala espina; **~ bien** fer bona olor; **~ mal** fer pudor, pudir; *vp fg* (*sospechar*) olorar *vt*, ensumar *vt*. *Me huelo que no lo vamos a pasar muy bien*, oloro que no ho passarem gaire bé
olfatear *vi* ensumar
olfato *m* olfacte
olimpiada *f* olimpíada
oliva *f* oliva
olivo *m* olivera *f*
olla *f* olla; (*guisado*) carn d'olla; **~ a presión** olla de pressió; **~ exprés** olla de pressió; **ser una ~ de grillos** ésser una olla de grills (de cols)
olmo *m* om
olor *m* olor *f*, flaire *f*; **mal ~** pudor *f*; **~ a** (*buen olor*) olor de; (*mal olor*) pudor de; **~ a cerrado** olor de resclosit
oloroso -sa *aj* olorós -osa
olvidar *vtp* oblidar(-se)
olvido *m* oblit, descuit
ombligo *m* melic, llombrígol
omitir *vt* ometre
ómnibus *m aut* òmnibus
omnívoro -ra *aj* omnívor -a
omoplato *m ana* omòplat
once *aj m* onze
onda *f fís* ona; (*en el agua*) ona; (*en el pelo*) onda; (*curva*) onda
ondear *vi* (*hacer olas*) onejar; (*hacer ondas*) ondejar. *La bandera ondeaba al viento*, la bandera onejava al vent
ondulación *f* ondulació
ondular *vi* ondular
onza *f* unça; **~ de chocolate** presa de xocolata
opaco -ca *aj* opac -a
opción *f* opció
ópera *f* òpera
operación *f med mat mil* operació
operador -ra *aj* operador -a

operar *vt* (*obrar*) operar; *med* operar
opinar *vti* opinar
opinión *f* opinió; **la ~ pública** l'opinió pública
opio *m* opi
opíparo -ra *aj* opípar -a
oponer *vt* oposar
oportunidad *f* oportunitat
oportuno -na *aj* oportú -una
oposición *f* oposició
opresión *f* opressió
oprimir *vt* oprimir
optar *vi* optar
óptico -ca *aj f* òptic -a
optimista *aj mf* optimista
óptimo -ma *aj* òptim -a
oquedad *f* buit *m*
oración *f* oració; *grm* frase, oració
oral *aj* oral
orangután *m zoo* orangutan
orar *vi* pregar
oratorio -ria *aj* oratori -òria; *m mús rlg* oratori; *f* oratòria
órbita *f ast ana* òrbita
orden *m* ordre; *f* (*mandato*) ordre; *rlg* orde *m*; **del ~ de** de prop de, al voltant de; **~ del día** (*de una reunión*) ordre del dia; **~ militar** orde militar; **~ público** ordre públic
ordenación *f* ordenació
ordenador *m* ordinador
ordenamiento *m* ordenació *f*
ordenar *vt* (*arreglar*) ordenar, endreçar; (*mandar*) ordenar; *rlg* ordenar. ~ *de sacerdote*, ordenar de sacerdot
ordeñar *vt* munyir
ordinal *aj m* ordinal
ordinario -ria *aj* (*corriente*) ordinari -ària; (*grosero*) ordinari -ària; **de ~** d'ordinari
orégano *m* orenga *f*
oreja *f* orella
oreo *m* oreig
orfebre *mf* orfebre
orfeón *m* orfeó
orgánico -ca *aj* orgànic -a
organismo *m* organisme
organización *f* organització
organizador -ra *aj mf* organitzador -a
organizar *vt* organitzar
órgano *m ana* òrgan; *mús* orgue
orgullo *m* orgull
orgulloso -sa *aj* orgullós -osa
orientación *f* orientació
oriental *aj mf* oriental
orientar *vt* orientar
oriente *m* orient; **Cercano** (**Próximo**) ~ Pròxim Orient; **Extremo** ~ Orient Llunyà; ~ **Medio** Orient Mitjà
orificio *m ana tcn* orifici, forat; **~ nasal** nariu, orifici nasal
origen *m* origen; **dar ~** donar origen
original *aj* original; *m art lit grf* original
originar *vt* originar
orilla *f* (*de un río*) riba, vora; (*de una superficie*) vora
orín *m qm* rovell; *pl* (*orina*) orins
orina *f* orina
orinal *m* orinal, gibrelleta *f*
orinar *vtip* orinar
oriundo -da *aj* oriünd -a
ornamental *aj* ornamental
ornamento *m* ornament

oro *m* (*metal*) or; **hacerse de ~** fer-se d'or; **no es ~ todo lo que reluce** no és or tot el que lluu; **prometer el ~ y el moro** prometre la lluna; **vale su peso en ~** val més or que no pesa
orondo -da *aj* satisfet -a, cofoi -a
orquesta *f* orquestra
orquídea *f* orquídia
ortiga *f* ortiga
ortografía *f* ortografia
oruga *f* eruga
orzuelo *m* mussol
os *pr pl* us [i les formes -vos, -us]. *~ doy dinero*, us dono diners. *Podéis perder~ fácilmente*, podeu perdre-us fàcilment
osadía *f* gosadia
osado -da *aj* agosarat -ada
osamenta *f* ossada, esquelet *m*
osar *vi* gosar
oscilar *vi* oscil·lar
oscurecer *vt* enfosquir; *vi* (*anochecer*) enfosquir, fosquejar
oscuridad *f* fosca, foscor, obscuritat
oscuro -ra *aj* fosc -a, obscur -a; **a oscuras** a les fosques
óseo -a *aj* ossi òssia
oso -sa *mf zoo* ós óssa; **~ hormiguero** ós formiguer; **~ lavador** ós rentador; **~ pardo** ós bru
ostentar *vt* ostentar
ostra *f zoo* ostra; **aburrirse como una ~** morir-se d'avorriment, ensopir-se com un lluç; **¡~s!** ostra!, ostres!
otero *m* turó
otoño *m* tardor *f*
otorgar *vt* atorgar
otro -tra *aj* un -a altre -a. *Vuelve ~ día*, torna un altre dia; [*con artículo determinado*] altre -a. *El ~ día*, l'altre dia; [*en algunas frases adverbiales*] altre -a. *En ~ tiempo*, en altre temps. *Otra vez*, altra vegada; *pl* uns unes altres. *Le convienen ~s aires*, li convenen uns altres aires; (*muy indeterminado*) (d')altres. *Existen ~s libros, hi ha* (*d'*)*altres llibres*; (*demás*) altres, la resta de. *Las otras personas*, les altres persones; *pr* un -a altre -a. *Le tomaron por ~*, el van prendre per un altre; *pl* [*partitivo*] uns unes altres, d'altres. *Estos no me gustan, enséñame ~s*, aquests no m'agraden, ensenya-me'n uns altres; **entre ~s** entre d'altres; **los ~s** els altres
ovación *f* ovació
oval *aj* oval
ovalado -da *aj* ovalat -ada
ovario *m* ovari
oveja *f* ovella; **~ negra** ovella negra
ovillo *m* cabdell
ovino -na *aj* oví -ina
óvulo *m* òvul
oxidar *vt qm* oxidar; (*aherrumbrar*) rovellar, oxidar
oxígeno *m* oxigen
oyente *aj mf* oient
ozono *m* ozó

P

pabellón *m* (*edificio*) pavelló; (*bandera*) pavelló
pabilo *m* ble

pacer *vi* pasturar, péixer
paciencia *f* paciència
paciente *aj mf* pacient
pacífico -ca *aj* pacífic -a
pactar *vi* pactar
pacto *m* pacte
padecer *vt* (*un mal, un dolor*) patir; (*una enfermedad*) tenir, estar afectat de; *vi* (*pasarlo mal*) patir; (*una enfermedad, un mal*) patir
padrastro *m* padrastre; *med* (*de las uñas*) repeló, padrastre
padre *m* pare; (*religioso*) pare; **de ~ y muy señor mío** de cal Déu, de l'alçada d'un campanar; **~ político** sogre
padrino *m* padrí
paella *f gst* paella
paga *f* (*acción de pagar*) pagament *m*, paga; (*sueldo*) paga, sou *m*
pagano -na *aj mf* pagà -ana
pagar *vt* pagar; *fg* (*expiar*) pagar; *vp* (*jactarse*) pagar-se, fer paga de; **~ el pato** *fg* pagar els plats trencats, carregar-se-la; **~ en la misma moneda** *fg* pagar amb la mateixa moneda; **~ los platos rotos** *fg* pagar els plats trencats
página *f* pàgina
pago *m* pagament
pagoda *f* pagoda
país *m* país
paisaje *m* paisatge
paisano -na *aj mf* paisà -ana; *m* (*no militar*) paisà -ana
paja *f* palla; (*para sorber*) palla; *fg* (*hojarasca*) palla. *La mitad del libro es ~*, la mitad del llibre és palla
pajar *m agr* pallissa *f*, paller
pajarita *f* corbata de llacet
pájaro *m* ocell *m*, pardal *m*; *fg* (*astuto*) bona peça *f*; **matar dos ~s de un tiro** matar dos pardals d'un tret; **~ carpintero** picot; **~ de mal agüero** ocell de mal averany; **tener la cabeza llena de ~s** tenir el cap ple de pardals
paje *m* patge
pala *f* pala; (*de ping-pong, de remo*) pala
palabra *f* (*habla*) paraula. *Tener la ~*, tenir la paraula; (*vocablo*) paraula, mot *m*; (*promesa*) paraula; **dar su ~ de honor** donar paraula d'honor; **de ~** (*oralmente*) de paraula; **decir la última ~** dir l'última paraula; **~ por ~** (*literalmente*) mot per mot; **tener ~** tenir paraula
palabrota *f* paraulota
palacio *m* palau
paladar *m* paladar
paladear *vt* paladejar; (*un líquido*) glopejar
palanca *f* alçaprem *m*, palanca
palangana *f* palangana
palco *m* llotja *f*
palenque *m* (*de un torneo*) camp clos
palestino -na *aj mf* palestí -ina
paleta *f* (*de pintor, de albañil*) paleta; (*de ventilador, de hélice*) paleta
paletilla *f ana* omòplat *m*; *gst* espatlla
paliar *vt* pal·liar
pálido -da *aj* pàl·lid
palillo *m* escuradents; **estar hecho un ~** ésser sec com un clau

palique *m* xerrameca *f*
paliza *f* pallissa, estomacada; **dar una** ~ apallissar, estomacar, estovar
palma *f bot* palmera; (*hoja de palmera*) palma; (*de la mano*) palmell *m*; **batir (dar) ~s** picar de mans; **llevarse la** ~ endur-se la palma; ~ **datilera** palmera de dàtils (datilera)
palmera *f bot* palmera; (*pastelillo*) ulleres *pl*
palmo *m* pam
palo *m* pal; (*golpe*) bastonada *f*; *mar* (*mástil*) pal; *jcs* (*de la baraja*) coll; *pl fg* (*paliza*) llenya *fsg*; **a** ~ **seco** a seques; ~ **dulce** regalèssia *f*; ~ **santo** (*fruto*) caqui
paloma *f* colom *m*; ~ **mensajera** colom missatger
palpar *vt* palpar
palpitar *vi* bategar, palpitar
pámpano *m* pàmpol
pan *m* pa; **al** ~ ~ **y al vino vino** clar i català; **a** ~ **y agua** a pa i aigua; ~ **de molde** pa de motlle (anglès); ~ **de Viena** pa de Viena; **ser el** ~ **nuestro de cada día** ésser el nostre pa de cada dia; **ser** ~ **comido** ésser bufar i fer ampolles
pana *f txt* pana; *tcn* (*avería*) pana
panadería *f* forn *m* de pa, fleca
panadero -ra *mf* forner -a
pancarta *f* pancarta
páncreas *m* pàncrees
panda *f* = **pandilla**; *m zoo* panda
pandilla *f* colla, trepa, quadrilla
panecillo *m* panet; (*alargado*) llonguet
panel *m* plafó
panera *f* panera
pánfilo -la *aj mf* pàmfil -a, bleda, fleuma
panfleto *m* pamflet
pánico *m* pànic
panocha *f* panotxa
panorama *m* panorama
pantalla *f* (*de lámpara*) pantalla, pàmpol; *cin tv* pantalla
pantanal *m* aiguamoll
pantano *m* pantà
pantanoso -sa *aj* pantanós -osa
panteón *m* panteó
pantera *f* pantera
pantorrilla *aj* panxell *m*, tou *m* de la cama
panza *f ana* panxa; (*de una vasija, etc*) panxa
panzada *f* tip *m*
panzudo -da *aj* panxut -uda
pañal *m* bolquer
paño *m* (*tejido*) drap; (*para la limpieza*) drap; (*de pared*) pany; **conocer el** ~ saber el pa que s'hi dóna; **en ~s menores** mig despullat -ada
pañuelo *m* mocador
papa *m* (*padre*) = **papá**; *rlg* papa
papá *m fm* papa
papada *f* papada
papanatas *mf* tanoca, sòmines, enze
papel *m* paper; *tea* paper; ~ **carbón** paper carbó; ~ **de aluminio** paper d'alumini; ~ **de embalaje** (~ **de envolver**) paper d'embalatge; ~ **de lija** paper de vidre; ~ **esmerilado** paper de vidre; ~ **higiénico** paper higiènic; ~ **secante** paper assecant

papeleo *m dsp* paperassa *f*
papelería *f* papereria
papeleta *f* (*de una rifa*) bitllet *m*; (*de voto*) papereta; (*cédula*) papereta; *fg* (*asunto difícil*) os *m*
papilla *f* (*para los niños*) farinetes *pl*; (*sopas*) pastetes *pl*; **hacer ~** (*destrozar uc*) fer pols; (*cansar*) deixar baldat
papiro *m* papir
papo *m* pap
paquete *m* paquet
par *aj* (*semejante*) parell -a; (*número*) parell -a; *m* (*dos unidades*) parell; **abrir de ~ en ~** obrir de bat a bat; **a la ~** (*conjuntamente*) alhora; (*a la vez*) a la vegada; **a ~es** de dos en dos; **ir a la ~** anar a l'una; **~es y nones** parells i senars; **sin ~** sens igual
para *prp* [*delante de palabra que no sea inf*] (*destinación, objeto, finalidad*) per a. *Comida ~ toda la semana*, menjar per a tota la setmana. *Es ~ tí*, és per a tu; [*delante de inf*] (*cuando expresa finalidad, motivo de una acción voluntaria*) per, per tal de. *Trabaja ~ ganarse la vida*, treballa per guanyar-se la vida; [*delante de inf*] (*cuando la acción no se ha realizado aún*) per. *Una habitación ~ pintar*, una habitació per pintar; [*delante de inf*] (*cuando indica destino u objeto y el verbo no es de acción voluntaria*) per a. *Lo necesito ~ trabajar mejor*, ho necessito per a treballar millor; (*hacia*) cap a, vers; (*según correspondería*) per. *Es muy alto ~ la edad que tiene*, és molt alt per la edat que té; (*falta de tiempo*) per. *Faltan ocho días ~ Navidad*, falten vuit dies per Nadal; **~ con** vers, envers; **~ que** perquè, per tal que; **¿~ qué?** per a què?
parábola *f* paràbola
parabrisas *m iv* parabrisa
paracaídas *m iv* paracaigudes
parachoques *m iv* para-xocs
parada *f* parada, aturada; *aut mil* parada
paradero *m* parador
parado -da *aj* (*tímido*) parat -ada, aturat -ada; (*sorprendido*) parat -ada; *aj mf* aturat -ada, desocupat -ada
paradoja *f* paradoxa
parador *m* parador
paraguas *m* paraigua
paraíso *m* paradís
paraje *m* paratge, indret
paralelo -la *aj* paral·lel -a; *m ast geo* paral·lel
parálisis *f* paràlisi
paralítico -ca *aj mf* paralític -a
paralizar *vt* paralitzar
páramo *m* erm, ermot
paraplejía *f* paraplegia
parar *vt* (*detener*) parar, aturar, deturar; *vip* (*detenerse*) parar, aturar-se *vp*. *El tren no para en esta estación*, el tren no s'atura en aquesta estació; (*cesar*) parar. *Hoy no para de llover*, avui no para de ploure; **ir a ~ a** anar a parar a; **no ~** no parar; **venir a ~** anar a parar
pararrayos *m iv* parallamps
parásito -ta *aj m* paràsit -a
parasol *m* para-sol

parcela *f* parcel·la
parche *m* pedaç
parchís *m* parxís
parcial *aj* parcial
parco -ca *aj* parc -a, sobri sòbria
pardillo *m zoo* passerell
pardo -da *aj* (*marrón oscuro*) marró; (*castaño*) bru bruna, castany -a
parecer *m* (*opinión*) parer
parecer *vi* semblar, parèixer; (*opinar*) semblar, trobar. *Me parece bien*, em sembla (ho trobo) bé; *vp* (*tener un parecido*) assemblar-se. *Se parece mucho a su cuñada*, s'assembla molt a la seva cunyada
parecido -da *aj* (*semejante*) semblant; *m* (*semejanza*) semblança *f*, retirada *f*
pared *f* paret; ~ **maestra** paret mestra
parejo -ja *aj* (*semejante*) parell -a, parió -ona; *f* parella
paréntesis *m* parèntesi
pariente -ta *mf* parent -a
parir *vi* parir
parking *m* pàrquing
parlamentario -ria *aj mf* parlamentari -ària
parlamento *m* parlament
parlanchín -ina *aj mf* xerraire
parlar *vti* xerrar
paro *m* atur
parodia *f* paròdia
parpadear *vi* parpellejar
párpado *m* parpella *f*
parque *m* parc; ~ **zoológico** parc zoològic
parra *f* parra
párrafo *m* paràgraf
parricidio *m* parricidi
parrilla *f* graella
párroco *m* rector
parroquia *f* parròquia
parsimonia *f* parsimònia
parte *m* comunicat. ~ *de guerra*, comunicat de guerra; informació. ~ *meteorológico*, informació meteorològica; informe. ~ *médico* informe mèdic; *f* (*porción*) part; (*lado*) parte, banda; **a esta ~** ençà. *De un tiempo a esta ~*, d'un temps ençà; **a una y otra ~** a banda i banda; **de ~ de** de part de; **en ninguna ~** enlloc; **en ~** (*parcialmente*) en part; **en todas ~s** a tot arreu; **por mi ~** per la meva banda; **por otra ~** d'altra banda
partición *f* partició
participación *f* participació
participar *vt* (*dar noticia*) participar; *vi* (*tomar parte*) participar
participio *m* participi
partícula *f* partícula
particular *aj* (*privado*) particular; (*especial, peculiar*) particular; **en ~** en particular
particularidad *f* particularitat
partidario -ria *aj mf* partidari -ària
partido -da *aj* partit -ida; *m esp pol* partit; (*resolución*) partido; *f jcs* partida; (*cantidad*) partida; (*acción de partir*) partença, partida; (*registro*) partida. *Partida de nacimiento*, partida de naixement; (*cuadrilla*) partida, escamot *m*; **sacar ~** treure partit; **tomar ~ por** prendre partit per; **un buen ~** un bon partit

partir *vt* (*dividir*) partir; (*repartir*) partir, repartir; (*romper*) trencar, esberlar, badar, petar; *mat* (*dividir*) partir, dividir; *vi* (*irse*) partir; *vp* (*de risa*) partir-se; **a ~ de** a partir de
partitura *f* partitura
parto *f* part
parvulario *m* parvulari
pasa *f* pansa
pasacalle *m* cercavila *f*
pasadizo *m* passadís
pasado -da *aj m* passat -ada; *f* passada; **de pasada** de passada; **~ mañana** demà passat
pasador *m* (*pestillo*) balda *f*, piu; (*para el cabello*) passador
pasaje *m* passatge
pasajero -ra *aj mf* passatger -a
pasaporte *m* passaport
pasar *vt* (*cruzar*) passar; (*aprobar*) passar; (*una enfermedad*) passar; (*alargar*) passar, atansar. *Pásame la sal*, passa'm la sal; (*las hojas de un libro*) girar; (*un tiempo*) passar. *Hemos pasado las vacaciones en Ecuador*, hem passat les vacances a l'Equador; *vi* (*por un sitio*) passar; (*de un sitio a otro*) passar; (*ocurrir*) passar, esdevenir; *vp* passar *vi*. *Siéntate aquí hasta que se te pase el mareo*, seu aquí fins que et passi el mareig; (*el arroz*) covar-se; (*pudrirse*) passar-se. *Esta fruta se ha pasado*, aquesta fruita s'ha passat; **~se de** ésser massa. *Marta se pasa de generosa*, la Marta és massa generosa; **~se por** (*un sitio*) passar per; **pase lo que pase** peti qui peti
pasarela *f* passarel·la
pasatiempo *m* passatemps
pascua *f rlg* pasqua; **hacer la ~** *fg* fer la guitza; **más contento que unas ~s** *fg* més alegre que unes pasqües
pase *m* passi
pasear *vti* passejar, voltar
paseo *m* passeig; **dar un ~** fer un volt
pasillo *m* passadís, corredor
pasión *f* passió, deler *m*
pasivo -va *aj* passiu -iva
pasmado -da *aj* (*atontado*) encantat -ada, parat -ada
pasmar *vtp* esbalair(-se), espaterrar(-se), deixar (quedar-se) parat -ada
pasmarote *m* (*bobo*) estaquirot
paso *m* pas, passa *f*; (*distancia*) passa. *Diez ~s al frente*, deu passes endavant; (*acció*) pas. *El ~ del día*, el pas del dia; (*sitio*) pas. *Un ~ difícil*, un pas difícil; (*huella*) pas, petjada *f*; **a dos ~s** a la vora, a quatre passes; **dar ~s** (*hacer gestiones*) fer passos; **dar un ~ atrás** fer un pas endarrere; **dar un ~ en falso** fer un pas fals; **de ~** de pas, de passada; **~ a paso** xino-xano; **~ de peatones** pas de vianants
pasta *f* pasta; *fm* (*diners*) pasta; **afojar la ~** afluixar la bossa; **~ de té** pasta seca (de te); **ser de buena ~** ésser de bona pasta
pastar *vi* pasturar
pastel *m gst* pastís; *art* pastel; (*cosa mal hecha*) pasterada *f*, pastitxo
pastelería *f* pastisseria
pastelero -ra *aj mf* pastisser -a

pastilla *f* pastilla; ~ **de chocolate** presa de xocolata
pasto *m* (*hierba*) pastura *f*; (*sitio*) pastura *f*, pasturatge; **ser ~ de** ésser pastura de. *Todo el edificio fue ~ de las llamas*, tot l'edifici va ser pastura de les flames
pastor -a *mf* (*que cuida el ganado*) pastor -a; *m* (*sacerdote*) pastor
pastoral *aj* pastoral; *f mús rlg* pastoral
pastoso -sa *aj* pastós -osa
pata *f* pota; **a la ~ coja** a peu coix; **a ~** (*caminando*) a peu; **meter la ~** ficar els peus a la galleda; **~ de gallo** pota de gall; **~s arriba** de cap per avall; **tener mala ~** estar de pega
patada *m* cop de peu, puntada *f* de peu; **a ~s** (*en gran cantidad*) d'allò més; **tratar a ~s** tractar a puntades de peu; **en dos ~s** amb una esgarrapada (dues, quatre esgarrapades)
patalear *vi* picar de peus
pataleta *f* rebequeria
patata *f* (*planta*) patatera; (*fruto*) patata
paté *m* paté
patear *vt* (*recorrer*) córrer, rodar, voltar. *He pateado toda Barcelona*, he corregut tot Barcelona; *vi* picar de peus
patente *aj* patent, palès -esa; **hacer ~** fer palès; *f* (*licencia*) patent
paterno -na *aj* patern -a
patético -ca *aj* patètic -a
paticorto -ta *aj* camacurt -a
patilla *f* (*pelo en las sienes*) patilla; (*de unas gafas*) branca
patín *m esp mar* patí
patinaje *m* patinatge
patinar *vi* patinar
patinete *m* patinet
patio *m* pati, eixida *f*; ~ **de luces** celobert
patitieso -sa *aj* garratibat -ada
pato -a *mf zoo* ànec ànega; **pagar el ~** pagar els plats trencats
patochada *f* disbarat *m*
patraña *f* (*mentira*) bola
patriarca *m* patriarca
patrimonio *m* patrimoni
patrón -ona *mf rlg* patró -ona; (*de una casa*) patró -ona; *m mar* patrón; (*modelo*) patrón
patrono -na *mf* (*de una empresa, pensión*) patró -ona; (*santo*) patró -ona
patrulla *f* patrulla
pausa *f* (*interrupción*) pausa; (*lentitud*) pausa, lentitud. *Hablar con ~*, parlar amb pausa
pausadamente *av* pausadament, amb pausa
pauta *f* pauta
pavimentar *vt* pavimentar
pavimento *m* paviment
pavisoso -sa *aj mf* figaflor, fava, bleda *f* assoleiada
pavo -va *aj mf* fava, fleuma, figaflor, bleda assoleiada *f*; *m zoo* gall dindi, indiot; *f* polla díndia; ~ **real** paó; **pelar la pava** *fm* festejar
pavonearse *vi* gallejar
pavor *m* esglai, terror, basarda *f*
payaso -sa *aj mf* pallasso -a
paz *f* pau
pe *f* (*letra*) pe; **de ~ a pa** fil per randa

peaje *m* peatge
peana *f* peanya
peatón -ona *mf* vianant
peca *f* piga
pecado *m* pecat
pecar *vi* pecar
pecera *f* peixera
pechina *f arq zoo* petxina
pecho *m ana* pit; (*de mujer*) pit, mamella *f*; **dar el** ~ donar el pit; **de** ~ (*un niño*) de pit; **tomarse muy a** ~ (*uc*) prendre's uc molt a la valenta
pechuga *f* (*de pollo*) pit *m*
pectoral *aj m* pectoral
peculiar *aj* peculiar
pecuniario -ria *aj* pecuniari -ària
pedal *m* pedal
pedante *aj mf* pedant
pedazo *m* tros, bocí; **caerse a ~s** caure a trossos; **hacer ~s** fer miques; **ser un ~ de alcornoque** ésser un tros d'ase (de suro); **ser un ~ de pan** ésser un tros de pa, ésser bo com el pa
pedestal *m* pedestal
pediatra *mf* pediatre -a
pedicura *f* pedicura
pedido *m* comanda *f*
pedir *vt* demanar; **a ~ de boca** a cor què vols, cor què desitges; ~ **prestado** manllevar, demanar en préstec
pedo *m* pet
pedregal *m* pedregar
pedregoso -sa *aj* pedregós -osa
pedrisco *m* pedregada *f*
pedriza *f* pedregar *m*
pega *f* (*dificultad*) obstacle *m*, entrebanc *m*, trava, dificultat
pegadizo -za *aj* (*una música*) enganxós -osa
pegajoso -sa *aj* enganxós -osa
pegamento *m* goma *f*
pegar *vt* (*unir con cola*) enganxar; (*golpear*) pegar *vi*, tustar, esbatussar; (*un golpe, una bofetada*) pegar, ventar; (*un grito*) fer; (*un tiro*) engegar; (*fuego*) calar; (*un bote, una sacudida*) pegar; *med fm* (*contagiar*) encomanar, contagiar; *vi* (*concordar*) lligar, adir-se *vp*; (*el sol*) picar, cremar; *vp* (*fijarse*) enganxar-se. *La camisa se me pega a la espalda*, la camisa se m'enganxa a l'esquena; (*un vehículo*) arrambar-se; (*un guiso*) agafar-se, enganxar-se. *El arroz se ha pegado*, l'arròs s'ha agafat; (*vida*) portar; **pegársela** (*ser infiel*) *fg fm* fer el salt; (*engañar*) ensarronar
pegatina *f* adhesiu *m*
pego *m* **dar el** ~ ensarronar
peinado *m* pentinat
peinar *vtp* pentinar(-se)
peine *m* pinta *f*
peineta *f* (*para sujetar y adornar*) pinta
peladilla *f* (*de almendra*) confit *m*
pelagatos *m* pelacanyes
pelaje *m* pelatge
pelanas *m* pelacanyes
pelar *vt* (*el pelo*) pelar; (*quitar la piel, la corteza*) pelar; (*un pájaro*) plomar; *fg* (*en el juego*) plomar; *vp* (*caerse la piel*) pelar-se
peldaño *m* graó, esglaó
pelea *f* baralla, batussa, brega; **buscar** ~ buscar brega

pelele *m* (*juguete*) ninot; *fg* (*persona manipulable*) ninot, titella
peletería *f* pelleteria
peliagudo -da *aj* espinós -osa, difícil, enrevessat -ada
película *f* (*capa muy fina*) pel·lícula, tel *m*; *cin fot* pel·lícula
peligro *m* perill
peligroso -sa *aj* perillós -osa
pellejo *m* (*piel*) pell *f*; (*de vino*) bot, odre; **jugarse el** ~ jugar-se la pell; **salvar el** ~ salvar la pell
pellizcar *vt* pessigar
pellizco *m* pessic, pessigada *f*; (*pequeña porción*) pessic
pelma *mf dsp* corcó *m*, paparra *f*
pelmazo -za *mf* = **pelma**
pelo *m ana* pèl; (*cabellos*) cabells *pl*. *Cortarse el* ~, tallar-se els cabells; (*un cabello*) pèl; (*cantidad pequeñísima*) pèl, bri. *No hace ni un* ~ *de aire*, no fa ni un pèl d'aire; **con ~s y señales** amb pèls i senyals, amb tots els ets i uts; **no tener ~s en la lengua** no tenir pèls a la llengua; **poner los ~s de punta** fer posar els cabells de punta; **tirarse de los ~s** estirar-se els cabells; **tomar el** ~ (*a up*) aixecar la camisa a up
pelota *f* pilota; **en ~s** (*desnudo*) conill -a, en pèl
pelotera *f* batussa
pelotón *m* (*de gente*) munió; (*de cabellos*) floc; (*de cosas*) pila *f*, munt; *mil* escamot; *esp* (*de la vuelta ciclista*) el gran grup
peluca *f* perruca
peluche *m* peluix
peludo -da *aj* pelut -uda
peluquería *f* perruqueria
peluquero -ra *mf* perruquer -a
pelvis *f* pelvis
pena *f* (*castigo*) pena; (*sufrimiento*) pena; *pl* (*fatigas*) penes, fatics *m*; **a duras ~s** amb prou feines; **dar** ~ fer pena; ~ **capital** (~ **de muerte**) pena capital (de mort); **ser una** ~ ésser llàstima; **valer la** ~ pagar la pena
penacho *m* plomall
pendiente *aj* penjat -ada, penjant; *fg* (*por resolver*) pendent; *f* (*cuesta*) pendent *m*, pendís *m*; *m* (*adorno*) arracada *f*
péndulo *m* pèndol
pene *m* penis
penetración *f* penetració
penetrar *vt* penetrar
península *f* península
peninsular *aj* peninsular
penitencia *f* penitència
penoso -sa *aj* penós -osa
pensado -da *aj* pensat -ada; **bien** ~ ben mirat. *Bien ~, no vale la pena*, ben mirat, no paga la pena; **mal** ~ (*persona*) malpensat -ada
pensamiento *m* (*facultad*) pensament, pensa *f*; (*ideología*) pensament; *bot* pensament
pensar *vt* pensar. *Piensa bien la respuesta*, pensa bé la resposta; (*creer, opinar*) pensar-se *vp*, creure. *Yo pienso que está loco*, em penso que està boig; (*tener la intención*) pensar. *Pensamos venir a las diez*, pensem venir a les deu; ~ **en** [*seguido de infinitivo*] pensar a. *No pensé en decirte que vinieras con nosotros*, no vaig pensar a dir-

te que vinguessis; pensar en; *Nunca piensas en mí*, mai no penses en mi; **pensárselo** pensar-s'hi, pensar-s'hi bé
pensativo -va *aj* pensatiu -iva
pensión *f dr* pensió; (*casa de huéspedes*) pensió, dispesa
pentágono *m* pentàgon
pentagrama *m* pentagrama
penúltimo -ma *aj mf* penúltim -a
penumbra *f* penombra
peña *f geo* penya; (*de amigos*) penya
peñasco *m* penyal
peñón *m* penyal
peón *m* (*de albañil*) peó, manobre; (*damas, ajedrez*) peó; (*juguete*) baldufa *f*
peonza *f* baldufa
peor *aj av* pitjor
pepino *m* cogombre
pepita *f bot* llavor; (*de uva*) pinyol *m*
pequeño -ña *aj* petit -a, menut -uda, xic -a; *mf* (*niño*) petit -a
pera *f* pera
peral *m* perera *f*
percance *m* contratemps
percatarse *vp* adonar-se, parar esment
percebe *m* peu de cabra, percebe; *fg* sapastre, curt de gambals
percepción *f* percepció
percha *f* (*para colgar la ropa*) penjador *m*, penja-robes *m*; (*fijo en la pared*) perxa, penjador *m*; (*pértiga*) perxa
perchero *m* penjador
percibir *vt* percebre
percusión *f* percussió
perder *vt* perdre; (*no llegar a tiempo*) perdre; **echar a ~** fer malbé; **no ~ el tiempo** anar per feina
perdición *f* perdició
pérdida *f* pèrdua
perdigón *m* (*polluelo de perdiz*) perdigó; (*munición*) perdigó; *fm* (*partícula de saliva*) capellà. *¡No eches perdigones al hablar!*, no tiris perdigons quan parlis
perdiz *f zoo* perdiu
perdón *m* perdó
perdonar *vt* perdonar
perdurar *vi* perdurar
peregrinar *vi* peregrinar
peregrino -na *aj mf* peregrí -ina
perejil *m* julivert
perenne *aj* perenne
perentorio -ria *aj* peremptori -òria
pereza *f* peresa, mandra
perezoso -sa *aj mf* mandrós -osa
perfeccionar *vt* perfeccionar
perfecto -ta *aj* perfecte -a; *grm* perfet -a
perfil *m* perfil
perforación *f* perforació
perforar *vt* perforar
perfumar *vt* perfumar
perfume *m* perfum
perfumería *f* perfumeria
pergamino *m* pergamí
periferia *f* perifèria
perilla *f* (*barba*) pera; **de ~** com anell al dit, de primera
perímetro *m mat med* perímetre
periódico -ca *aj* periòdic -a; *m* (*publicación*) diari, periòdic
periodista *mf* periodista

periodo *m* període; (*menstruación*) període, regla *f*
peripecia *f* peripècia
periscopio *m* periscopi
perito -ta *aj mf* perit -a
perjudicar *vt* perjudicar
perjudicial *aj* perjudicial
perjuicio *m* perjudici
perla *f* perla; **de ~s** de primera; **ser una ~** ésser una perla
permanecer *vi* restar, romandre
permanente *aj f* permanent
permeable *aj* permeable
permiso *m* permís
permitir *vt* permetre; **~se el lujo de** permetre's el luxe de
pernicioso -sa *aj* perniciós -osa
pernicorto -ta *aj* camacurt -a
pernoctar *vi* pernoctar
pero *cnj* però. *Iría ~ no puedo*, vindria però no puc; (*expletivo*) però. *¿~ qué haces aquí parado?*, però què fas aquí aturat? *m* (*objección, dificultad*) però. *Siempre encuentra todos los ~s*, sempre troba tots els peròs; *no hay ~ que valga*, no hi valen peròs
peroné *m* peroné
perpendicular *aj f* perpendicular
perpetrar *vt* perpetrar
perpetuidad *f* perpetuïtat
perpetuo -tua *aj* perpetu -ètua
perplejo -ja *aj* perplex -a
perro -rra *mf zoo* gos gossa; **estar como el ~ y el gato** estar com el gat i el gos; **muerto el ~ se acabó la rabia**, morta la cuca, mort el verí; **~ faldero** gos de falda; **~ lebrel** gos llebrer; **~ pastor** gos pastor, pastor
persecución *f* persecució
perseguir *vt* perseguir, empaitar
persiana *f* persiana
persistir *vi* persistir
persona *f* persona; **en ~** en persona
personaje *m* personatge
personal *aj m* personal
personalidad *f* personalitat
perspicaz *aj* perspicaç
persuadir *vtp* persuadir(-se)
persuasión *f* persuasió
pertenecer *vi* pertànyer; (*corresponder*) pertànyer, pertocar
pertenencia *f* pertinença
pértiga *f* (*vara larga*) perxa; *esp* perxa. *Salto de ~*, salt de perxa
pertinaz *aj* pertinaç
pertinente *aj* pertinent
pertrechar *vt* proveir, fornir
perturbar *vt* pertorbar
perverso -sa *aj* pervers -a
pesa *f* pes *m*; *pl esp* pesos *m*
pesadez *f* pesadesa; (*peso*) pesantor; *med* (*del estómago*) pesadesa; **¡qué ~!** quina murga!, quina llauna!
pesadilla *f* malson *m*
pesado -da *aj* (*que pesa*) pesat -ada, feixuc -uga; (*que tiene peso*) pesant. *Peso ~*, pes pesant; (*insistente, molesto*) pesat -ada, feixuc -uga
pesadumbre *f* (*sentimiento*) pesar *m*
pesar *m* (*aflicción*) pesar, pena *f*, dol; (*arrepentimiento*) recança *f*, pesar; **a ~ de** malgrat, a pesar de; **a ~ de que** encara que; **a ~ de todo** amb tot
pesar *vt* pesar; *vi* (*tener peso*) pesar; (*saber mal*) pesar, recar. *Le*

pesa no haberlo hecho, li pesa no haver-ho fet; **pese a que** malgrat que; **pese a quien pese** peti qui peti
pesca *f* pesca; **y toda la ~** (*lo demás*) i tota la resta; (*los demás*) i tota la patuleia
pescadería *f* peixateria
pescadilla *f* llucet *m*; **ser la ~ que se muerde la cola** ésser el peix que es mossega la cua
pescado *m gst* peix
pescador -ra *aj* pescador -a
pescar *vt* pescar; (*entender*) pescar, entendre; (*coger*) arreplegar, agafar. *He pescado un resfriado*, he arreplegat un refredat; (*a uno desprevenido*) pescar, sorprendre
pescozón *m* clatellada *f*
pescuezo *m ana* clatell; **retorcer el ~** (*a up*) trencar la cara a up
pesebre *m* (*de animales*) menjadora *f*; (*belén*) pessebre
peseta *f* pesseta
pesimista *aj mf* pessimista
pésimo -ma *aj* pèssim -a
peso *m* pes; (*balanza*) balança; **a ~** a pes; **de ~** de pes
pesquero -ra *aj m* pesquer -a
pesquis *m fm* (*inteligencia*) cap, cervell, senderi
pestaña *f* pestanya
peste *f* (*epidemia*) pesta; (*mal olor*) pudor, pesta, fortor; **decir ~s** (*de up*), deixar up com un drap brut; **huir** (*de up*) **como de la peste** fugir d'up com d'un empestat
pestilencia *f* fortor
pestilente *aj* pudent
pestillo *m* (*cerrojo*) balda *f*, baldó; (*de la cerradura*) pestell
pétalo *m* pètal
petardo *m* petard
petición *f* petició
petróleo *m* petroli
petunia *f* petúnia
peúco *m* peüc
peyorativo -va *aj* pejoratiu -iva
pez *f* pega; *m zoo* peix; **estar como un ~ en el agua** estar com un peix a l'aigua; **estar ~** estar peix; **~ espada** peix espasa; **~ gordo** peix gros; **~ martillo** peix martell
pezón *m* mugró
pezuña *f* unglot *m*, peülla
pi *f* (*letra griega*) pi; *mat* pi. *El número ~*, el nombre pi
piano *m* piano; **~ de cola** piano de cua
piar *vi* piular
pica *f* pica
picada *f* picada
picadillo *m* picada *f*
picado -da *aj* picat -ada. *Carne picada*, carn picada; *m aer gst mús* picat. *Caer en ~*, caure en picat
picadura *f* picada
picante *aj* picant
picar *vt* (*un insecto*) picar; (*las aves*) picar; (*dar golpes*) picar; (*cortar a trozos*) picar, trinxar; *fg* (*estimular vivamente*) picar; *vi* (*producir comezón*) picar; (*sabor*) picar; (*los peces*) picar; *vp* (*un diente*) corcar-se; (*pudrirse*) picar-se; (*ofenderse*) picar-se, tenir la cua de palla
picardía *f* picardia
pícaro -ra *aj mf* murri múrria, entremaliat -ada

picaza *f* garsa
picazón *f* picor
pico *m* (*de un pájaro*) bec; (*de un objeto*) bec; (*herramienta*) pic; (*de una montaña*) pic, pica *f*; (*de una cantidad*) escaig. *Mil pesetas y ~*, mil pessetes i escaig; (*suma considerable*) picossada *f*. *Cobró un ~ por ese trabajo*, va cobrar una picossada per aquella feina; **cerrar el** ~ no dir ni piu; **irse del** ~ anar-se'n de la boca
picor *m* picor *f*
picotazo *m* picada *f*
picotear *vi* picotejar
pie *m ana* peu; (*de un verso*) peu; **al ~ de la letra** al peu de la lletra; **a** ~ (*andando*) a peu; **a ~s juntillas** a ulls clucs; **dar** ~ donar peu; **de** ~ dret, dempeus, a peu dret; **de ~s a cabeza** de cap a peus; **en** ~ dret, dempeus; **ir con ~s de plomo** anar amb peus de plom; ~ **de atleta** peu d'atleta
piedad *f* pietat
piedra *f* pedra, roc *m*; (*granizo*) pedra; **dejar de** ~ deixar de pedra (glaçat -ada); ~ **de chispa** pedra foguera; ~ **filosofal** pedra filosofal; ~ **pómez** pedra tosca; ~ **preciosa** pedra preciosa
piel *f ana* pell; (*de las frutas*) pell, pellofa; **dejarse la** ~ deixar-hi la pell
pienso *m* pinso
pierna *f* cama
pieza *f* peça; *mús tea* peça; **dejar de una** ~ deixar de pedra; **ser una buena** ~ ésser una bona peça
pigmento *m* pigment
pigmeo -a *aj mf* pigmeu -a; *fg* tap de bassa *m*, baldufa *f*
pijama *m* pijama
pila *f* (*montón*) pila, munt *m*, niu *m*; (*fregadero*) pica; *ele* pila; ~ **bautismal** pica baptismal
pilar *m* pilar
píldora *f* píndola
pillaje *m* pillatge
pillar *vt* (*atrapar*) agafar, enxampar, enganxar; (*contraer*) agafar, arreplegar; (*atropellar*) atropellar; (*sorprender*) agafar, atrapar; *vp* (*los dedos*) agafar-se els dits
pillo -lla *aj mf* murri múrria
pilotar *vt* pilotar
piloto *m mar aer aut* pilot; *aj* pilot. *Escuela ~*, escola pilot
pimentón *m* pebre vermell
pimienta *f* pebre *m*
pimiento *m* pebrot
pimpollo *m* brot
pinar *m* pineda *f*
pincel *m* pinzell
pincelada *f* pinzellada
pinchar *vt* punxar; (*clavar inyecciones*) punxar; *fg* (*incitar, irritar*) punxar, burxar; **ni pincha ni corta** (*up*) no hi pinta res
pinchazo *m* punxada *f*; (*de neumático*) rebentada *f*
pincho *m* punxa *f*; (*para asar*) broqueta *f*
ping-pong *m esp* (*tenis de mesa*) ping-pong
pingajo *m* parrac
pingüino *m* pingüí
pinitos *mpl fg* tentines *f*; **hacer** ~ (*los primeros pasos*) fer els primers passos

pino *m* pi; **en el quinto ~** a la quinta forca
pinta *f* (*mancha*) pinta, clapa; (*aspecto exterior*) pinta, fila; *m* (*golfo*) trinxeraire, pinta
pintada *f* pintada
pintalabios *m iv* pintallavis
pintar *vt* pintar; **aquí no pinta nada** (*up*) no hi pinta res
pintor -ra *mf* pintor -a; **~ de brocha gorda** pintor de parets
pintoresco -ca *aj* pintoresc -a
pintura *f* pintura; **no poder ver** (*a up*) **ni en pintura** no poder veure up ni en pintura; **~ al fresco, al temple** pintura al fresc, al tremp
pinza *f* pinça
pinzón *m zoo* pinsà
piña *f* (*del pino*) pinya; **~ americana** pinya d'Amèrica (tropical)
piñón *m* pinyó
piojo *m* poll
pipa *f* pipa
pipí *m* pipí
piragua *f* piragua
piraña *f zoo* piranya
pirata *aj mf* pirata
pirenaico -ca *aj* pirinenc -a
pirueta *f* pirueta, cabriola
piruleta *f* piruleta
pis *m* = **pipí**
pisada *f* petjada, trepitjada
pisar *vt* trepitjar
piscina *f* piscina
Piscis *m ast* Peixos
piso *m* pis
pisotear *vt* trepitjar
pisoteo *m* trepig
pisotón *m* trepitjada *f*
pista *f* (*huella*) pista; (*de baile, deporte*) pista; **~ de aterrizaje** pista d'aterratge; **~ de despegue** pista d'envol
pisto *m gst* (*fritada*) samfaina *f*; *fg* (*revoltijo*) poti-poti
pistola *f* pistola
pistolero -ra *mf* pistoler -a
pistonudo -da *aj* collonut -uda
pitanza *f* teca, manduca
pitar *vti* xiular
pitido *m* xiulet
pito *m* (*instrument*) xiulet; (*de voz*) piulet; *vlg* (*miembro viril*) carall, pixa *f*; **entre ~s y flautas** entre naps i cols; **¡me importa tres ~s!** m'importa un rave!
pitorrearse *vp* fotre's, rifar-se
pitorro *m* broc
pizarra *f min* llicorella, pissarra; (*para escribir*) pissarra
pizca *f* engruna, pèl *m*, mica; (*de sal*) mica, espurna; (*de un líquido*) gota, mica; **ni ~** gens ni mica, ni gota. *No se parece ni ~ a su madre*, no s'assembla gens ni mica a la seva mare; **ni ~ de** ni una engruna (mica) de; **no entender ni ~** no entendre-hi un borrall
placa *f* placa; **~ de matrícula** placa de matrícula
placentero -ra *aj* plaent
placer *m* plaer
placer *vi* plaure
plácido -da *aj* plàcid -a
plaga *f* plaga
plagado -da *aj* farcit -ida. *La playa estava plagada de cangrejos*, la platja estava farcida de crancs
plagio *m* plagi
plan *m* pla

plancha *f* (*de metal*) planxa; (*de madera*) fullola; (*utensilio*) planxa; *fg* (*metedura de pata*) planxa. *Tirarse una ~*, fer una planxa
planchar *vt* planxar
planchazo *m* planxada *f*, cop de planxa; *fg* (*metedura de pata*) planxa *f*
planear *vt* planejar; *vi* (*un pájaro, un avión*) planar
planeta *m* planeta
planificar *vt* planificar
planisferio *m* planisferi
plano -na *aj* pla -ana; *m* (*nivel*) pla; (*mapa*) pla, plànol; *f grf* plana; **a toda plana** a tota plana; **plana mayor** plana major
planta *f ana arq bot* planta; **~ trepadora** planta enfiladissa
plantación *f* plantació
plantado -da *aj* plantat -ada, palplantat -ada. *¿Qué haces ahí ~?*, què hi fas aquí plantat?; **dejar ~** deixar plantat, plantar
plantar *vt* (*una semilla*) plantar; *fg* (*dejar, abandonar*) plantar; *vp* (*quedarse quieto*) plantar-se; (*acudir*) plantar-se. *Se plantó en el hospital en diez minutos*, es va plantar a l'hospital en deu minuts
planteamiento *m* plantejament
plantear *vt* plantejar
plantel *m* planter
planteo *m* plantejament
plantilla *f* plantilla
plantón *m agr* planço; **dar ~** plantar, fer el salt
plañidera *f* ploranera
plasma *m* plasma
plasmar *vtp* plasmar(-se)
plástico -ca *aj* plàstic -a; *m* (*industrial*) plàstic; *f art* plàstica
plastilina *f* plastilina
plata *f* argent *m*, plata
plataforma *f* plataforma
plátano *m* plàtan
platea *f* platea
plateado -da *aj* platejat -ada, argentat -ada
platear *vt* platejar
platillo *m* (*plato pequeño*) platet; (*de balanza*) platet, balanço; *pl mús* platerets; **~ volante** plat volador
platino *m* platí
plato *m* plat. *~ hondo* (*sopero*), *llano*, plat fondo (soper), pla; (*de bicicleta*) plat; **pagar los ~s rotos** pagar els plats trencats; **tirarse los ~s a la cabeza** tirarse els plats pel cap
plausible *aj* plausible
playa *f* platja
plaza *f* plaça
plazo *m* termini, terme; *com* termini; **a largo, a corto, ~** a llarg, a curt, termini; **comprar, vender a ~s** comprar, vendre a terminis
pleamar *f mar* plenamar
plebeyo -ya *aj mf* plebeu -ea
plebiscito *m* plebiscit
plegar *vt* (*hacer una doblez*) plegar; *vp* (*someterse*) doblegar-se
pleito *m* plet
plenitud *f* plenitud
pleno -na *aj* (*completo*) ple plena; **en ~** en ple; *m* (*reunión plenaria*) ple
pliego *m* plec
pliegue *m* plec, doblec

plomo *m* (*metal*) plom; *ele* (*fusible*) plom; *fg* (*up*) paparra *f*, plom; *fg* (*uc*) llauna *f*, plom; **a ~** a plom
pluma *f ana tcn* ploma; (*instrumento de escritura*) ploma
plumaje *m* plomatge
plumero *m* plomall; **vérsele el ~** (*a up*) veure's el llautó a up
plural *m* plural
plusmarca *f* rècord *m*
pluviómetro *m* pluviòmetre
población *f* població
poblado *m* poblat
poblador -ra *aj* poblador -a
poblar *vt* poblar
pobre *aj mf* pobre -a
pobreza *f* pobresa
pocilga *f* cort
poco -ca *aj* poc -a; *m* (*pequeña cantidad*) mica *f*, poc, xic; *av* poc. *Habla ~*, parla poc; **al ~ de** al cap de poc; **dentro de ~** d'aquí a poc temps; **~ a ~** a poc a poc; **~ más o menos** si fa no fa (o no fa); **por ~** de poc, per un pèl; **por ~ que** per poc que
podar *vt agr* podar, esporgar
poder *m* poder
poder *vt* poder; (*existir la posibilidad*) poder. *Aún puede estallar una guerra*, encara pot esclatar una guerra; *fm* guanyar. *Tú eres más alto, pero yo te puedo*, tu ets més alt, però jo et guanyo; *vi* [*impers*] poder ésser. *Puede que venga mañana*, pot ésser que vingui demà; **a más no ~** fora mida; **a ~ ser** si és possible; **no ~ con** no poder suportar (sofrir). *No puedo con la hipocresía*, no puc sofrir la hipocresia; no poder fer res contra. *No pueden con los gamberros*, no poden fer res contra els gamberros; **no ~ más** no poder més; **~ con** dominar, superar. *Él sólo pudo con todos*, ell sol els va dominar a tots
poderío *m* poder
poderoso -sa *aj mf* poderós -osa
poema *m* poema
poesía *f* poesia
poeta -tisa *mf* poeta -essa
poético -ca *aj f* poètic -a
polaco -ca *aj mf* polonès -esa; (*lengua*) polonès
polaina *f* polaina
polar *aj* polar
polea *f* politja, corriola
polémico -ca *aj f* polèmic -a
polen *m* pol·len
policía *f* policia; *mf* (*agente*) policia
poliedro *m* polièdre
polígono *m* polígon
polilla *f* arna
político -a *aj mf* polític -a; *f* política
póliza *f* pòlissa
polizón *mf* polissó -ona
polla *f zoo* polla; *vlg* (*pene*) cigala, carall *m*
pollino -na *mf* pollí -ina
pollito *m* pollet
pollo *m zoo gst* pollastre; *fm* (*joven*) ganàpia, galifardeu
polluelo *m* pollet
polo *m ele ast geo* pol; *esp* polo
polución *f* pol·lució
polvareda *f* polseguera
polvo *m* pols *f*; (*materia pulverizada*) pols *f*. *Leche en ~*, llet

en pols; (*porción pequeña*) polsim. *Échale un ~ de canela*, tira-hi un polsim de canyella; *vlg* (*acto sexual*) clau. *Echar un ~*, fotre un clau; *pl* (*cosmético*) pólvores *f*; **hacer ~** (*up*) deixar baldat
pólvora *f* pólvora
polvoriento -ta *aj* polsós -osa
pomada *f* pomada
pomelo *m* aranja *f*, pomelo
pomo *m* pom
pompa *f* (*burbuja*) bombolla; (*ostentación*) pompa; **~s fúnebres** pompes fúnebres
pómulo *m* pòmul
ponencia *f* ponència
ponente *mf* ponent
poner *vt* (*colocar*) posar, *fm* ficar; (*dar*) posar. *Tendríamos que ~ dinero*, hauríem de posar diners; (*disponer*) parar. *~ la mesa*, parar la taula; (*la mano*) parar; (*presuponer la edad*) fer. *¿Cuántos años me pones?*, quants anys em fas?; (*en la televisión, etc*) fer; (*los pájaros*) pondre; (*un nombre, un mote*) posar; *vp* (*los astros*) pondre's; (*cambiar de estado*) posar-se; (*un vestido*) posar-se; **~se a** posar-se a, començar a; **~se en ello** posar-s'hi
poni *m* poni
poniente *m* ponent
ponzoña *f* metzina, verí *m*
ponzoñoso -sa *aj* verinós -osa
popa *f mar* popa
pope *m rlg* (*sacerdote ortodoxo*) popa
popular *aj* popular
por *prp* per [*amb l'article* el *es contreu en* pel]; [*introduce agente de pasiva*] per; (*a través de*) per. *Entró ~ la ventana*, va entrar per la finestra; [*indicando tiempo*] per, a. *Llámame ~ la noche*, truca'm a la nit; [*pendiente de una acción*]; por. *Todavía está ~ hacer*, encara està per fer; (*cada*) per. *Gana tanto ~ hora*, guanya tant per hora; **eso es ~ lo que** per això; **¿~ qué?** per què?; **~ si acaso** per si de cas
porcelana *f* porcellana
porcentaje *m* percentatge
porcino -na *aj* porcí -ina
porción *f* porció
pordiosero -ra *mf* captaire
pormenor *m* detall
pormenorizar *vt* detallar
poro *m* porus
porque *cnj* [*causal*] perquè. *No ha salido ~ llovía*, no ha sortit perquè plovia
porqué *m* (*razón*) perquè. *No te sabría decir el ~*, no et sabria dir el perquè
porquería *f* porqueria
porra *f* porra; **¡~s!** bufa!, ostres!
porrada *f* fotimer *m*, feix *m*
porrazo *m* patacada *f*, trompada *f*
porrón *m* porró
portada *f* portada
portaequipajes *m iv* portaequipatge
portal *m* portal
portamonedas *m iv* portamonedes
portarse *vp* portar-se; **~ bien** fer bondat
portátil *aj* portàtil
portazo *m* cop de porta

porte *m* (*transportar*) port; (*apariencia*) port; *pl* (*cantidad pagada*) ports
portear *vt* traginar
portería *f* porteria
portero -ra *mf* porter -a; ~ **automático** porter automàtic
pórtico *m* pòrtic
portilla *f* portella
portugués -esa *aj mf* portuguès -esa; *m* (*lengua*) portuguès
porvenir *m* avenir, esdevenidor
posada *f* hostal *m*
posadero -ra *mf* hostaler -a
posar *vi* (*hacer de modelo*) posar; *vp* (*un pájaro*) posar *vi*
poseedor -ra *aj mf* posseïdor -a
poseer *vt* posseir
posesión *f* possessió; *pl* (*bienes*) possessions
posesivo -va *aj* possessiu -iva
posibilidad *f* possibilitat
posible *aj m* possible; **hacer lo** ~ fer el possible; **lo antes** ~ com més aviat millor
posición *f* posició
positivo -va *aj* positiu -iva
posponer *vt* posposar
posta *f* **a** ~ = **aposta**
postal *aj f* postal
poste *m ele esp* pal
póster *m* pòster
postergar *vt* postergar
posterior *aj* posterior
postigo *m* finestró
postilla *f* crosta
postizo -za *aj m* postís -issa
postre *m gst* postres *f pl*; **a la** ~ al capdavall, fet i fet
postrero -ra *aj* darrer -a
postrimerías *f pl* darreria *sg*, acaballes; **en las** ~ **de** a la darreria de
póstumo -ma *aj* pòstum -a
postura *f* postura, posat; *fg* (*actitud*) posició
potable *aj* potable
potasa *f* potassa
pote *m* pot
potencia *f fís mat pol* potència
potente *aj* potent
potro -tra *mf* poltre -a
poyo *m* pedrís
poza *f* (*charca*) bassal *m*; (*en un río*) gorg *m*
pozo *m arq geo min* pou; ~ **negro** pou negre; **ser un** ~ **de ciencia** ésser un pou de ciència
practicar *vt* practicar
práctico -a *aj f* pràctic -a
pradera *f* prada
prado *m* prat, prada *f*
preámbulo *m* preàmbul
precario -ria *aj* precari -ària
precaución *f* precaució
precaver *vt* prevenir
precedente *aj m* precedent
preceder *vt* precedir
precepto *m* precepte; **de** ~ de precepte
precio *m* preu; **a cualquier** ~ costi el que costi
precioso -sa *aj* preciós -osa
precipicio *m* precipici
precipitación *f* precipitació
precipitar *vtp* precipitar(-se)
precisamente *av* precisament
precisar *vt* (*determinar con precisión*) precisar; *vi* (*necesitar*) precisar, caldre
precisión *f* precisió

preciso -sa *aj* (*exacto*) precís -isa; **ser ~** caldre, ésser necessari
precoz *aj* precoç
predecir *vt* predir
predicado *m* predicat
predicador *mf* predicador -a
predicar *vt* predicar
predicción *f* predicció
predominar *vi* predominar
preferencia *f* preferència
preferir *vt* preferir, estimar-se *vp* més
prefijo *m* prefix
pregón *m* pregó
pregunta *f* pregunta
preguntar *vtp* preguntar(-se), demanar(-se)
prehistoria *f* prehistòria
prehistórico -ca *aj* prehistòric -a
premiar *vt* premiar
premio *m* premi
prenda *f* penyora; (*de vestir*) peça; **dar en ~** empenyorar
prender *vt* (*detener a up*) agafar, capturar; (*sujetar*) enganxar, clavar; (*fuego*) calar, botar; (*una luz*) encendre,
prensa *f grf tcn* premsa
prensar *vt tcn* premsar
preocupación *f* preocupació
preocupar *vtp* preocupar(-se), amoïnar(-se), capficar(-se)
preparación *f* preparació
preparar *vtp* preparar(-se)
preposición *f* preposició
presa *f* (*de caza*) presa; (*embalse*) presa, embassament *m*; (*en el curso de un río*) resclosa; **ser ~ de** (*las llamas*) ser pastura de
presagiar *vt* presagiar
presagio *m* presagi
prescindir *vi* prescindir
presencia *f* presència
presenciar *vt* presenciar
presentación *f* presentació
presentar *vt* (*mostrar*) presentar; (*ofrecer*) presentar; (*a up*) presentar; *vp* presentar-se; *dr* presentar-se, comparèixer
presente *aj m* present
presentimiento *m* pressentiment
presentir *vt* pressentir
presidente -ta *mf* president -a
presidir *vt* presidir
presión *f* pressió
preso -sa *aj mf* pres -a, presoner -a
préstamo *m* préstec
prestar *vt* (*dejar*) prestar; (*atención, declaración, etc*) prestar; *vp* (*acceder*) prestar-se
prestigio *m* prestigi
presto -ta *aj* prest -a; *av* aviat, prest, de seguida; *mús* presto *it*
presumido -da *aj* presumit -ida
presumir *vt* (*presuponer*) presumir; *vi* (*hacer gala de*) presumir
presuntuoso -sa *aj* presumptuós -osa
presupuesto *m* pressupost
pretender *vt* pretendre
pretendiente *mf* (*a un trono*) pretendent -a; *m* (*a una mujer*) pretendent
pretensión *f* pretensió
pretérito -ta *aj m* pretèrit -a
pretexto *m* pretext
pretil *m* ampit
prevención *f* prevenció
prevenir *vt* prevenir; **más vale ~ que curar** val més prevenir que curar

prever *vt* preveure
previo -via *aj* previ prèvia
prima *f com* prima
primario -ria *aj* primari -ària
primavera *f* primavera
primaveral *aj* primaveral
primer *aj* [*apócope de* primero *delante de msg*] primer
primeramente *av* primerament, de primer
primero -ra *aj mf* primer -a; *El ~ de la clase*, el primer de la classe; *f* (*en los trenes*) primera; *av* (*primeramente*) de primer; (*antes*) primer; **a ~s de** al començament de; **de primera** de primera
primitivo -va *aj* primitiu -iva
primo -ma *mf* cosí -ina; **~ hermano** (**~ carnal**) cosí germà; **~ segundo** cosí prim (segon)
primor *m* (*al hacer una cosa*) finor *f*, delicadesa *f*; (*cosa hecha*) meravella *f*, delícia *f*; **que es un ~** que és una meravella
primordial *aj* primordial
princesa *f* princesa
principado *m* principat
principal *aj* principal
príncipe *m* príncep
principio *m* (*inicio*) principi, primeria *f*; (*teoría, idea*) principi; (*regla de conducta*) principi; **al ~** al principi; **a ~s de** al començament de; **en ~** en principi
pringoso -sa *aj* llefiscós -osa
prior -ra *m* prior -a
prisa *f* pressa; **de ~** de pressa
prisión *f* presó
prisionero -ra *aj mf* presoner -a
prisma *m* prisma
privado -da *aj* privat -ada, particular; (*desprovisto*) mancat -ada, privat -ada
privar *vt* privar; *vp* privar-se, estar-se de
privilegio *m* privilegi
pro *m* pro. *Los ~s y los contras*, els pros i els contres; *prp* pro. *Campaña ~ damnificados*, campanya pro damnificats; **de pro** de bé; **en ~ de** en pro de
proa *f* proa
probable *aj* probable
probablemente *av* probablement
probar *vt* (*experimentar*) provar; (*un vestido*) emprovar; (*una comida*) tastar; *vi* (*sentar bien*) provar
probatura *f* provatura
probeta *f* proveta
problema *m* problema
procedencia *f* procedència
proceder *vi* (*derivarse*) procedir; (*portarse*) procedir; (*ejecutar*) procedir; (*convenir*) convenir, ésser procedent; **si procede** si s'escau
procedimiento *m* procediment
procesión *f* processó; **la ~ va por dentro** la processó va per dins
proceso *m* procés
proclamar *vt* proclamar
procurar *vt* (*intentar*) procurar; (*facilitar*) procurar, proporcionar
prodigio *m* prodigi
prodigioso -sa *aj* prodigiós -osa
pródigo -ga *aj* pròdig -a
producción *f* producció
producir *vt* produir
productivo -va *aj* productiu -iva
producto *m* producte

productor -ra *aj mf* productor -a
proeza *f* proesa, feta
profano -na *aj mf* profà -ana
profesión *f* professió
profesor -ra *mf* professor -a
profeta *m* profeta
prófugo -ga *aj mf* pròfug -a
profundidad *f* profunditat, pregonesa; (*distancia*) profunditat, fondària. *Tiene una ~ de cuarenta metros*, té una fondària de quaranta metres
profundizar *vt* (*hacer profundo*) aprofundir, profunditzar; *vi* (*estudiar*) aprofundir *vt*. *Has de ~ en este aspecto de tu trabajo*, has d'aprofundir aquest aspecte del teu treball
profundo -da *aj* profund -a, pregon -a
programa *m* programa
progresar *vi* progressar
progreso *m* progrés, avenç
prohibición *f* prohibició
prohibir *vt* prohibir
prohombre *m* prohom
prójimo *m* proïsme
proletario -ria *aj mf* proletari -ària
proliferación *f* proliferació
proliferar *vi* proliferar
prólogo *m* pròleg
prolongar *vt* (*hacer más largo*) prolongar; (*añadiendo una pieza*) perllongar
promedio *m* mitjana *f*
promesa *f* promesa, prometença
prometer *vt* prometre; *vp* (*desposarse*) prometre's; **~ el oro y el moro** prometre la lluna
prometido -da *mf* (*novio*) promès -esa
promoción *f* promoció
promotor -ra *mf* promotor -a
promover *vt* promoure
pronombre *m* pronom
pronóstico *m* pronòstic
pronto -ta *aj* (*dispuesto*) prompte -a, disposat -ada; (*rápido*) ràpid -a. *Una pronta recuperación*, una ràpida recuperació; *m* rampell. *Le dió el ~ de irse*, li va venir el rampell d'anar-se'n; *av* (*dentro de poco*) aviat; (*temprano*) d'hora; **de ~** tot d'una, de cop i volta, de cop sobte; **por de ~** de moment; **tan ~ como** així que, tan bon punt
pronunciación *f* pronunciació
pronunciar *vtp* pronunciar(-se); *vp* (*declararse*) pronunciar-se
propagación *f* propagació
propaganda *f* propaganda
propagar *vt* propagar
propenso -sa *aj* propens -a
propiedad *f* propietat; **de ~** de propietat
propietario -ria *mf* propietari -ària
propina *f* propina
propio -pia *aj* (*de uno mismo*) propi pròpia. *Lo he visto com mis ~s ojos*, ho he vist amb els meus propis ulls; (*característico*) propi pròpia. *Llegar tarde es ~ de él*, arribar tard és propi d'ell; (*adecuado*) apropiat -ada, adient. *Este vestido no es ~ para ir a la fiesta*, aquest vestit no és apropiat per a anar a la festa; [*uso enfático*] mateix -a. *Me lo ha dicho el ~ candidato*, m'ho ha dit

el candidat mateix; **lo** ~ el mateix. *Ha perdido el mechero y hará lo* ~ *con las cerillas*, ha perdut l'encenedor i farà el mateix amb els mistos
proponer *vt* proposar; *vp* (*decidir*) proposar-se
proporción *f* proporció; *pl* (*dimensiones*) proporcions
proporcional *aj* proporcional
proporcionar *vt* proporcionar
proposición *f* proposició
propósito *m* propòsit; **a** ~ **de** a propòsit de
propuesta *f* proposta
prórroga *f* pròrroga
prosa *f* prosa
proseguir *vt* prosseguir
prospecto *m* prospecte
prosperar *vi* prosperar; (*resultar*) reeixir, tenir èxit
prosperidad *f* prosperitat
próspero -ra *aj* pròsper -a
prostíbulo *m* prostíbul
protagonista *aj mf* protagonista
protección *f* protecció
protector -ra *aj mf* protector -a
proteger *vt* protegir
proteína *f* proteïna
protestar *vi* protestar. *Protestamos contra las injusticias*, protestem contra les injustícies; (*refunfuñar*) protestar, rondinar; *vt dr* (*una letra, etc*) protestar
protestón -ona *aj mf* rondinaire
protocolo *m* protocol
provecho *m* profit; **en** ~ **de** en bé de; **hacer** ~ (*la comida*) fer profit; **sacar** ~ treure profit
provechoso -sa *aj* profitós -osa
proveer *vt* (*abastecer*) proveir, fornir; (*disponer*) proveir *vi*
provenir *vi* provenir
proverbio *m* proverbi
provincia *f* província
provisión *f* [*a menudo en pl*] provisió
provisional *aj* provisional
provocar *vt* provocar
próximamente *av* aviat
proximidad *f* proximitat; *pl* (*alrededores*) voltants *m*, volts *m*
próximo -ma *aj* (*cercano*) pròxim -a, proper -a; (*indicando sucesión*) pròxim -a, proper -a, propvinent, vinent, entrant, que ve. *La próxima semana*, la setmana entrant. *El jueves* ~, dijous vinent. *El mes* ~, el mes que ve; **estar** ~ **a** ésser a la vora de
proyección *f* projecció
proyectar *vt* (*lanzar hacia adelante*) projectar; (*hacer proyectos*) projectar; (*una película*) projectar
proyectil *m* projectil
proyecto *m* projecte
prudencia *f* prudència
prudente *aj* prudent
prueba *f* prova; **a** ~ **de** a prova de; **dar** ~ **de** donar proves de
psicología *f* psicologia
psicólogo -ga *mf* psicòleg -òloga
púa *f* pua
pubis *m* pubis
publicación *f* publicació
publicar *vt* publicar
publicidad *f* publicitat
público -ca *aj m* públic -a
puchero *m* (*vasija*) olla *f*, tupí; *gst* carn *f* d'olla

pudor *m* pudor
pudoroso -sa *aj* pudorós -osa
pudrir *vtp* podrir(-se)
pueblerino -na *aj mf* pagès -esa, pagerol -ola
pueblo *m* poble
puente *m* pont; ~ **aéreo** pont aeri; ~ **de mando** pont de comandament
puerco -a *aj mf fg* (*sucio*) porc -a; *m f zoo* porc truja; ~ **espín** porc espí; ~ **montés** porc senglar
puerro *m* porro
puerta *f* porta; *esp* porteria; **a ~ cerrada** a porta tancada; **dar con la ~ en las narices** clavar (tancar) la porta pels morros (pels nassos)
puerto *m* port
pues *cnj* (*ya que*) perquè, ja que. *Nos quedamos ~ llovía*, ens vam quedar perquè plovia; (*conclusión*) doncs. *¿No quieres ayudarnos? Pues no lo haremos*, no ens vols ajudar? Doncs no ho farem; **así ~** així doncs; **¿y ~?** i doncs?
puesto -ta *aj* (*bien vestido*) mudat -ada; *m* (*ocupación, función*) càrrec; (*lugar de trabajo, cargo*) plaça *f*, lloc; (*en un mercado*) parada *f*; *mil* post; (*para ponerse al acecho*) posta; *f* (*acción de poner*) posada. *La puesta en marcha de un proyecto*, la posada en marxa d'un projecte; (*de un astro*) posta; (*de huevos*) posta; ~ **que** *cnj* com que, atès que
pulcro -cra *aj* pulcre -a, polit -ida
pulga *f* puça; **buscar las ~s** buscar les pessigolles; **tener malas ~s** (*mal genio*) ésser malcarat; (*maligno*) tenir mala bava
pulgar *m* (*dedo*) polze
pulgón *m* pugó
pulido -a *aj* polit -ida; *m* (*acción*) poliment
pulimentar *vt* polir, brunyir
pulir *vt* (*alisar*) polir; (*los errores*) polir; *fm* (*robar*) pispar; *vp* (*dilapidar*) polir-se
pulmón *m* pulmó
pulmonar *aj* pulmonar
pulmonía *f* pulmonia
pulpa *f* polpa
pulpejo *m* palpís, tou. *El ~ de la mano*, el tou de la mà
púlpito *m* trona *f*
pulpo *m* pop
pulsar *vt* (*un boton*) prémer, polsar, pitjar; (*tocar*) polsar
pulsera *f* polsera
pulso *m* pols; **a ~** a pols
pundonor *m* punt d'honor
punta *f* punta; (*pequeña cantidad*) punta. *Le falta una ~ de sal*, li falta una punta de sal; [*usado adjetivamente*] punta. *Hora ~*, hora punta; **ir de ~ en blanco** anar de vint-i-un botó (de gala); **sacar ~** (*a un lápiz*) fer punta
puntada *f* puntada
puntal *m* puntal
puntapié *m* puntada *f* de peu, cop de peu; **tratar a ~s** tractar a puntades de peu
puntear *vt* puntejar
puntería *f* punteria
puntiagudo -da *aj* punxegut -uda
puntilla *f txt* puntes *pl*

punto *m* punt; (*costura*) punt; (*en los exámenes, juegos*) punt; *fg* (*pequeña cantidad*) punt, punta *f*; (*signo ortográfico*) punt; **a ~** a punt; **a ~ de** a punt de; **al ~** a l'instant, a l'acte; **en ~** en punt; **en su ~** al punt; **~ débil** flaca *f*; **~ por ~** fil per randa; **~ y aparte** punt i a cap (a part)
puntuación *f* puntuació
puntual *aj* puntual
puntualidad *f* puntualitat
puntuar *vt* puntuar
punzada *f* punxada
punzar *vt* punxar
punzón *m* punxó
puñado *m* grapat; **a ~s** a grapats
puñal *m* punyal
puñeta *inj fm* punyeta; **hacer la ~** fer la punyeta, fer la guitza; **irse a hacer ~s** anar a fer punyetes
puñetazo *m* cop de puny, pinya *f*
puño *m* puny; (*de una arma, etc*) puny; **de su ~ y letra** de pròpia mà
pupa *f* pansa
pupila *f* pupil·la, nineta
pupitre *m* pupitre
puré *m* puré
purgante *aj m* purgant
purificar *vt* purificar
puro -ra *aj* pur -a; *m* cigar
pus *m* pus
puta *f* puta, meuca
putada *f* putada
puzzle *m* puzle

Q

que *pr* que. *El libro ~ estoy leyendo*, el llibre que llegeixo; [*indicando persona, precedido de prp*] qui, el qual. *Las personas a las ~ se refiere*, les persones a les quals es refereix; [*indicando cosas precedido de prp*] què, el qual, la qual, (els quals, les quals). *El piso del ~ me han hablado*, el pis de què m'han parlat; [*sujeto*] qui. *Los ~ lleguen tarde*, els qui arribin tard; [*complemento circunstancial*] que, en què. *El año (en) ~ se casó mi hermano*, l'any que es va casar el meu germà; *cnj* que. *No quiero ~ vayas*, no vull que hi vagis; [*expresando un deseo o una orden*] que. *¡~ se vayan!*, que se'n vagin!; [*en proposiciones causales*] (*para que*) que. *Abre ~ entre el aire*, obre, que entri l'aire; **el ~** el fet que. *El ~ vengas tarde no cambia la situación*, el fet que vinguis tard no canvia la situació; **lo ~** el (allò) que. *Haz lo ~ te plazca*, fes el que vulguis
qué *aj* [*interrogativo y exclamativo*] quin -a. *¿~ día vendrás?*, quin dia vindràs?; *prn* [*interrogativo*] què. *¿~ dices?* què dius?; **¿para ~?** (*para qué cosa*) per a què?; **¿por ~?** per què?; *av* que; *¡~ bonito!*, que bonic!; **¿~ es de...?** (*una persona*) què se n'ha fet de...?; **~ le vamos a hacer** què hi farem!; **~ más da** tant és! (tant se val!)

quebradizo -za *aj* trencadís -issa
quebrantar *vt* trencar, rompre; (*la salud*) malmetre; (*no cumplir*) infringir
quebrar *vt* (*un cristal, etc*) trencar; (*un negocio*) fer fallida
quedar *vi* (*tener todavía*) quedar; (*faltar*) quedar, faltar. *Quedan dos kilómetros para llegar*, queden dos quilòmetres per arribar; (*estar situado*) quedar. *La fuente queda a la derecha*, la font queda a la dreta; (*citarse con up*) quedar; (*sentar*) quedar. *Esta falda te queda muy bien*, aquesta faldilla et queda molt bé; (*producir una impresión*) quedar. *Si no llegamos a la hora ~emos muy mal*, si no arribem a l'hora quedarem molt malament; *vp* (*estar en un sitio*) quedar-se, romandre; (*en un estado determinado*) restar, romandre; (*morir*) quedar-s'hi; **~se con** quedar-se. *Se quedó con su collar*, es va quedar el seu collaret
quehacer *m* quefer
queja *f* queixa
quejarse *vp* queixar-se, plànyer-se
quejido *m* gemec, plany
quejoso -sa *aj* queixós -osa
quema *f* crema
quemadura *f* cremada
quemar *vti* (*estar muy caliente*) cremar; *vp* (*hacerse una quemadura*) cremar-se
quemarropa *av* **a ~** (*respuesta, tiro*) a boca de canó
querencia *f* tirada
querer *vt* voler; (*amar*) estimar; *fg* (*pedir*) voler. *Esta planta quiere agua*, aquesta planta demana aigua; **sin ~** sense voler; **quieras o no** siusplau per força, vulgues no vulgues
querer *m* amor, estimació *f*
querido -da *aj* (*fórmula de cortesía*) estimat -ada, benvolgut -uda; *aj mf* estimat -ada, amant
queso *m* formatge; **dársela con ~** (*a up*) aixecar la camisa a up
quicio *m* (*de una puerta*) polleguera *f*; **fuera de ~** fora de si; **sacar de ~** treure de polleguera
quien *pr rel* qui. *~ mucho abarca poco aprieta*, qui tot ho vol tot ho perd; el qui, la qui, els qui, les qui. *No te rías de quienes lloran*, no riguis dels qui ploren
quién *pr* [*interrogativo*] qui; **~ sabe** qui sap
quieto -ta *aj* quiet -a
quietud *f* quietud
quijada *f* barra, queix *m*
quilate *m* quirat
quilla *f* quilla
quilo *m* quilo
quilogramo *m* quilogram
quilómetro *m* quilòmetre
quimera *f* quimera
químico -ca *aj f* químic -a
quincalla *f* quincalla
quince *aj m* quinze
quiniela *f* (*apuesta deportiva*) travessa
quinientos -tas *aj m* cinc-cents -centes; **a las quinientas** a quarts de quinze
quinta *f* (*casa*) vil·la; *mil* quinta
quintal *m* quintar
quinto -ta *aj mf* cinquè -ena; *m mil* (*recluta*) quinto, recluta

quiosco *m* quiosc
quiquiriquí *m* quiquiriquic
quirófano *m* sala *f* d'operacions
quisquilloso -a *aj* primmirat -ada
quiste *m* quist
quitamanchas *aj m iv* llevataques
quitar *vt* (*hacer desaparecer*) treure, llevar; (*la mesa*) desparar [la taula]; (*arrebatar*) prendre, arrabassar; *fg* treure. *Este defecto no le quita valor*, aquest defecte no li treu valor; *vp* treure's; **~se de encima** (*uc o up molesta*) espolsar-se; **~se el sombrero** (*de admiración*) treure's el barret
quitasol *m* para-sol
quizá *av* potser
quizás *av* = **quizá**

R

rábano *m* rave
rabia *f* ràbia; (*aversión*) mania, tírria; **dar** ~ fer ràbia, fer malícia
rabiar *vi* (*de dolor*) cargolar-se *vp*; (*enfadarse*) enrabiar-se *vp*, estar rabiós. *No le hagas ~*, no el facis enrabiar; **a** ~ d'allò més; **estar que rabia** (*up*) treure foc pels queixals; ~ **por** frisar per
rabioso -sa *aj* rabiós -osa
rabo *m* cua *f*; **con el ~ entre las piernas** amb la cua entre cames
racha *f* (*de viento*) ratxa; *fg* (*sucesión no interrumpida*) tongada, ratxa
racimo *m* raïm, escarràs, penjoll
ración *f* ració
racional *aj* racional
racismo *m* racisme
radar *m* radar
radiación *f* radiació
radiactividad *f* radioactivitat
radiador *m* radiador
radial *aj* radial
radiante *aj* radiant
radical *aj mf* radical
radicar *vi* radicar, arrelar; (*consistir*) raure, estar, consistir. *En esto radica su suerte*, en això rau la seva sort
radio *m ana mat* radi; *fg* radi. *~ de acción*, radi d'acció; (*de una rueda*) radi, raig; *f* ràdio
raer *vt* raure
raíl *m* rail
raíz *f bot* arrel, rel; *mat* arrel; **a ~ de** arran de; **de ~** (*cortar*) arran; (*arrancar*) de soca-rel
raja *f* (*de melón, salchichón, etc*) tall *m*, tallada; (*rebanada*) llesca; (*en una pared, en el suelo, etc*) esquerda, clivella
rajar *vt* tallar; (*hender*) esquerdar, esberlar; *vp* (*una fruta*) esberlar-se; (*acobardarse*) fer-se enrere, arronsar-se
rajatabla *av* **a ~** al peu de la lletra
ralea *f* mena, raça
rallar *vt* ratllar
rama *f* branca
ramaje *m* brancatge
ramal *m* ramal
rambla *f* (*torrente*) rambla, riera; (*paseo*) rambla
ramilla *f* branquilló *m*
ramillete *m* pom, ram
ramo *m* branca *f*, ram. *Un ~ de olivo*, una branca d'olivera;

(*ramillete*) pom, ram; *fg* (*de una actividad*) ram
ramonear *vt agr* (*las puntas de las ramas*) esporgar; *vi* (*los animales*) brostejar
rampa *f* rampa
ramulla *f* rama
rana *f* granota
rancio -cia *aj* ranci rància
rango *m* rang
ranura *f* ranura
rapar *vt* rapar
rapaz *aj m zoo* rapinyaire, rapaç; *m* (*muchacho*) noi, xicot, galifardeu
rape *m zoo* rap; **al ~** (*cortar*) arran, al zero, al ras
rapidez *f* rapidesa
rápido -da *aj m* ràpid -a
rapiña *f* (*hurto*) rapinya; **ave de ~** ocell rapinyaire (de rapinya)
rapiñar *vt* rampinyar
raposa *f* guineu, rabosa
raptar *vt* raptar
rapto *m* rapte
raqueta *f* raqueta
raquítico -ca *aj med* raquític -ítica; *fg* esquifit -ida
raramente *av* rarament
raro -ra *aj* (*poco frecuente*) rar -a; *fg* (*extraño*) rar -a, estrany -a
ras *m* **a ~ de** arran de, ran de
rascacielos *m iv* gratacel
rascar *vtp* gratar(-se), rascar(-se)
rasgar *vt* esquinçar, estripar
rasgo *m* (*trazo*) traç; (*característica*) tret; *pl* (*del rostro*) trets; **a grandes ~s** a grans trets
rasguñar *vt* esgarrapar, esgarrinxar
rasguño *m* esgarrapada *f*, esgarrinxada *f*, rascada *f*
raso -sa *aj m* ras -a
raspa *f zoo* espina; *bot* (*de una espiga*) aresta
rasposo -sa *aj* raspós -osa
rastra *f* **a ~s** (*arrastrando*) a rossec; *fg* de mala gana; **ir a ~s** arrossegar-se
rastrero -ra *aj* vil, mesquí -ina, baix -a
rastrillo *m* rascle, rastell
rastro *m agr* rascle, rastell; (*huella*) rastre
rastrojo *m* rostoll
rasurar *vt* rasurar
rata *f zoo* rata; *aj mf fg* (*tacaño*) rata; **~ de alcantarilla** rata comuna (de claveguera); **~ de sacristía** rata de sagristia
ratificar *vt* ratificar
rato *m* estona *f*; **a ~s** a estones
ratón *m zoo* ratolí; **~ de biblioteca** rata de biblioteca
ratonera *f* ratera
ratonero *m zoo* aligot
raudal *m* **a ~es** *fg* (*abundantemente*) a doll, a dolls
raudo -da *aj* rabent
raya *f* (*trazo*) ratlla; (*lista*) ratlla; (*del peinado*) clenxa, ratlla; *zoo* rajada; **pasarse de la ~** passar de la ratlla; **poner a ~** posar a ratlla
rayar *vt* (*hacer rayas*) ratllar; *vi* (*marcar un trazo*) guixar; **al ~ el alba** a trenc d'alba
rayo *m* (*meteoro*) llamp; (*de sol, de luz*) raig; (*de una rueda*) radi, raig; **~s X** raigs X
raza *f* raça
razón *f* (*inteligencia*) raó; (*motivo*) raó; **a ~ de** a raó de; **dar la ~** (*a*

up) donar la raó; **perder la ~** perdre el seny
razonable *aj* raonable
razonamiento *m* raonament
razonar *vti* raonar
re *m mús* re
reacción *f* reacció
reaccionar *vi* reaccionar
reactor *m* reactor
real *aj* (*efectivo*) real; (*del rey*) reial; *m* (*moneda*) ral; **dar la ~ gana** donar la gana; **no tener un ~** no tenir ni un ral
realce *m* realç, relleu
realidad *f* realitat
realización *f* realització
realizar *vt* realitzar, acomplir
realmente *av* realment
realzar *vt* realçar
reanimar *vt* reanimar, revifar
reanudar *vt* reprendre
reaparecer *vi* reaparèixer
reavivar *vt* revifar
rebaja *f* rebaixa
rebajar *vt* rebaixar
rebanada *f* llesca, tallada
rebañar *vt* escurar
rebaño *m* ramat
rebeco *m zoo* isard
rebelarse *vp* rebel·lar-se
rebelde *aj mf* rebel
rebelión *f* revolta
reblandecer *vt* estovar
rebosante *aj* curull -a; *fg* (*pletórico*) desbordant, pletòric -a
rebosar *vi* (*un recipiente*) vessar, sobreeixir; *vti fg* (*un sentimiento*) desbordar
rebotar *vt* rebotre
rebozar *vt* arrebossar
rebuznar *vi* (*el burro*) bramar
rebuzno *m* (*de burro*) bram
recabar *vt* recaptar
recadero -ra *mf* ordinari -ària
recado *m* encàrrec
recaer *vi* recaure
recalcar *vt* recalcar
recambio *m* recanvi; **de ~** de recanvi
recapacitar *vt* reflexionar
recargo *m* recàrrec
recaudar *vt* recaptar
recepción *f* recepció
recepcionista *mf* recepcionista
receptor *aj mf med* receptor -a; *m* (*de radio*) receptor
receta *f gst med* recepta
recetar *vt* receptar
rechazar *vt* rebutjar
rechazo *m* rebuig, refús
rechinamiento *m* grinyol
rechinar *vi* grinyolar
rechoncho -cha *aj* rabassut -uda, rodnaxó -ona
rechupete *m* **de ~** *fm* (*muy bien*) de primera, de conya *vlg*
recibidor *m* rebedor
recibimiento *m* recepció *f*; (*acogida*) rebuda *f*, acolliment
recibir *vt* rebre
recibo *m* rebut
recién *aj* nou-, de poc, de nou; **~ casado -da** noucasat -ada; **~ llegado -da** nouvingut -uda; **~ nacido -da** nounat -ada, nadó *m*
reciente *aj* recent
recinto *m* recinte
recio -cia *aj* (*vigoroso*) vigorós -osa, robust -a, ferm -a; (*grueso*) gruixut -uda, massís -issa; (*lucha*) fort -a, violent -a; (*persona*) rude

-a, aspre -a; *av* fort. *Llover ~*, ploure fort
recipiente *m* recipient
recíproco -ca *aj f* recíproc -a
recital *m* recital
recitar *vt* recitar
reclamar *vti* reclamar
reclamo *m* reclam
recluso -sa *aj mf* reclús -usa
recluta *mf* recluta
recobrar *vt* recobrar
recochineo *m fm* conya *f*
recoger *vt* (*juntar*) recollir, collir, plegar; (*algo que se ha caído*) collir; (*la cosecha*) collir; (*a up*) passar a buscar. *Te ~é a las diez*, passaré a buscar-te a les deu; *vp* recollir-se
recomendación *f* recomanació
recomendar *vt* recomanar
recomenzar *vt* recomençar
recompensa *f* recompensa
recompensar *vt* recompensar
reconciliar *vt* reconciliar
reconcomerse *vp* frisar *vi*
reconfortar *vt* reconfortar
reconocer *vt* reconèixer
reconstruir *vt* reconstruir
recopilación *f* recopilació
recopilar *vt* recopilar
récord *m* rècord
recordar *vt* recordar
recorrer *vt* recórrer, voltar; ~ **mundo** veure món
recorrido *m* recorregut
recortar *vt* retallar
recorte *m* retall
recostar *vt* (*apoyar*) reclinar; *vp* (*apoyarse*) recolzar-se; (*acostarse*) estirar-se
recreativo -va *aj* recreatiu -iva
recreo *m* (*pausa en el colegio*) esbarjo; (*entretenimiento*) esbarjo, esplai
rectangular *aj* rectangular
rectángulo *m* rectangle
rectificar *vt* rectificar
recto -ta *aj mf* recte -a, dret -a; *m ana* recte
rector -ra *aj mf* rector -a; (*de colegio, universidad*) rector -a
rectoría *f* rectoria
recubrir *vt* recobrir
recuerdo *m* record; *pl* (*saludo*) records
recular *vi* recular
recuperación *f* recuperació
recuperar *vt* recuperar; *vp* (*recuperar las fuerzas, la salud*) refer-se, revifar-se
recurrir *vi* (*a up, a uc*) recórrer; *dr* recórrer
recurso *m* recurs
red *f* xarxa
redacción *f* redacció
redactar *vt* redactar
redención *f* redempció
redil *m* clos, cleda *f*
redimir *vt* redimir
redondear *vt* arrodonir
redondo -da *aj* rodó -ona; **en ~** en rodó
reducción *f* reducció
reducir *vt* reduir
reemplazo *m mil* lleva *f*, quinta *f*
reemprender *vt* reprendre
reencontrar *vt* retrobar
referencia *f* referència
referéndum *m* referèndum
referente *aj* referent; **~ a** referent a

referir *vtp* referir(-se); **por lo que se refiere a** pel que fa a
refinar *vt* (*azúcar, petróleo*) refinar
refinería *f* refineria
reflector -ra *aj m* reflector -a
reflejar *vt* reflectir, emmirallar; *fg* (*mostrar*) reflectir
reflejo -ja *aj m* reflex -a
reflexión *f* reflexió
reflexionar *vt* reflexionar
reforma *f* reforma
reforzar *vt* reforçar
refrán *m* refrany
refrescar *vti* refrescar
refresco *m* refresc
refriega *f* baralla, topada
refrigerar *vt* refrigerar
refrigerio *m* refrigeri, piscolabis
refugiar *vtp* refugiar(-se)
refugio *m* refugi
refunfuñar *vi* rondinar, remugar
refunfuñón -ona *aj mf* rondinaire
regadera *f* regadora; **estar como una** ~ estar com un llum
regadío *m* regadiu
regalar *vt* regalar
regaliz *m* (*raíz*) regalèssia *f*; (*barrita, pastilla*) pega dolça
regalo *m* regal
regañadientes *av* **a** ~ de mal grat, de mala gana
regañar *vt* renyar, escridassar
regar *vt* regar
regata *f* regata
regatear *vt* (*precios*) regatejar; *vi esp* regatejar, driblar
regazo *m* falda *f*
regente *aj* regent
régimen *m* règim
regimiento *m* regiment
región *f* regió, contrada
regional *aj* regional
regir *vt* (*gobernar*) regir; *vi* (*estar vigente*) regir
registrar *vt* (*bolsillos, cajones*) escorcollar; (*cachear*) escorcollar; (*una patente, etc*) registrar; *mús* (*en un disco, cinta*) registrar
regla *f* (*reglamento, norma*) regla; (*para trazar líneas*) regle *m*; (*menstruación*) regla; *mat* regla
reglamentario -ria *aj* reglamentari -ària
reglamento *m* reglament
regocijo *m* alegria *f*, goig
regordete -ta *aj* rodanxó -ona, boterut -uda
regresar *vi* tornar, retornar
regreso *m* retorn, tornada *f*
regüeldo *m* rot
reguera *f* regueró *m*, reguerot *m*
reguero *m* (*señal*) reguera *f*, regalim; *agr* (*reguera*) regueró
regulador *aj m* regulador -a
regular *aj* regular
regularidad *f* regularitat
regularmente *av* regularment
regusto *m* regust
rehacer *vt* refer; *vp* (*recuperar las fuerzas, la salud*) refer-se
rehén *m* ostatge
rehogar *vt gst* ofegar
rehuir *vt* defugir
rehusar *vt* refusar
reinar *vi* regnar
reino *m* regne, reialme
reír *vti* riure; *vp* (*burlarse*) riure's; **quien ríe el último ríe mejor** riu bé qui riu darrer; **~se a carcajadas** petar-se de riure

reja *f* reixa; *agr* (*del arado*) rella
rejilla *f* (*de sillas, mecedoras*) reixeta; (*de una ventana*) gelosia; (*mirilla*) espiera
relación *f* relació; (*amistad, trato*) relació, coneixença; (*lista*) relació; *pl* (*amorosas*) relacions; **con ~ a** (*con referencia a*) amb relació a; **en ~ con** (*en conexión con*) en relació amb
relacionar *vtp* relacionar(-se)
relajar *vt* relaxar
relamerse *vp* (*con una comida*) llepar-se'n els dits
relámpago *m* llampec
relampaguear *vi* llampegar
relativamente *av* relativament
relativo -va *aj mf* relatiu -iva; **en lo ~ a** pel que fa a, amb relació a
relato *m* relat
releer *vt* rellegir
relegar *vt* relegar
relevante *aj* rellevant
relevar *vt* rellevar
relevo *m* relleu
relieve *m* relleu
religión *f* religió
religioso -sa *aj mf* religiós -osa
relinchar *vi* renillar
relincho *m* renill
reliquia *f* relíquia
rellano *m* (*descansillo*) replà; (*de un muro, un acantilado*) lleixa *f*
rellenar *vt* farcir; (*un impreso, un escrito*) omplir
relleno -na *aj* (*redondo*) ple plena; (*comida*) farcit -ida; *m* (*de una comida*) farciment
reloj *m* rellotge; **~ de arena** rellotge d'arena (de sorra); **~ de pulsera** rellotge de polsera; **~ de sol** rellotge de sol
relojería *f* rellotgeria
relojero -ra *aj mf* rellotger -a
reluciente *aj* relluent, lluent
relucir *vi* relluir, lluir; *fg* (*destacarse*) brillar, excel·lir; **sacar a ~** (*citar*) portar a col·lació; (*sin oportunidad*) retreure
relumbrar *vi* relluir
remachar *vt* reblar
remangar *vt* arromangar
remar *vi* remar
remarcar *vt* remarcar
rematar *vt* (*acabar*) rematar; (*matar*) rematar; (*un acto, un discurso*) cloure
remate *m* rematada *f*; **de ~** rematat -ada. *Loco de ~*, boig rematat
remedar *vt* imitar; (*en tono de burla*) escarnir
remedio *m* remei; **no haber más ~ que** no haver-hi altre remei que; **no tener (haber) ~** no tenir (haver-hi) remei
remendar *vt* (*reparar*) adobar; (*apedazar*) apedaçar
remendón *m* (*zapatero*) ataconador, ràpid
remesa *f* remesa, tramesa
remiendo *m* pedaç
remilgado -da *aj mf* melindrós -osa; (*con la comida*) llepafils
remitente *mf* remitent
remitir *vt* remetre; *vi* (*perder intensidad*) remetre; *vp* (*atenerse*) remetre's
remo *m* rem
remojar *vt* remullar

remojo *m* remull
remolacha *f* remolatxa
remolcar *vt* remolcar
remolino *m* remolí; (*en el mar*) xuclador
remolón -ona *aj* cançoner -a, romancer -a; **hacerse el ~** fer el ronso
remolque *m* remolc; **ir a ~ de** anar a remolc de
remontar *vt* remuntar; *vp* (*en el tiempo*) remuntar-se
remordimiento *m* remordiment
remoto -ta *aj* remot -a
remover *vt* (*volver a mover*) remoure; (*revolver*) regirar; (*agitar*) remenar
renacer *vi* renéixer
renacuajo *m zoo* capgròs; *fm* (*persona pequeña*) tap de bassa
rencor *m* rancor *m/f*, rancúnia *f*
rendija *f* (*entre dos cosas no bien cerradas*) escletxa. *Lo vi por una ~ de la puerta*, ho vaig veure per una escletxa de la porta; (*grieta*) clivella
rendimiento *m* (*de un negocio*) rendiment
rendir *vt* (*librar, someter*) retre, lliurar; (*lo que es debido*) retre; *vi* (*producir*) rendir; *vp* rendir-se
renegar *vi* (*abjurar*) renegar. *Renegó de la fe*, va renegar de la fe; (*blasfemar*) renegar
renglón *m* (*de un escrito*) ratlla *f*, línia *f*; **a ~ seguido** a continuació
reno *m* ren
renombre *m* anomenada *f*
renovar *vt* renovar
renta *f* renda
rentable *aj* rendible
renuevo *m* brot
renunciar *vti* renunciar
reñir *vi* (*romper las relaciones*) renyir; (*disputarse*) barallar-se *vp*; *vt* (*regañar*) renyar; (*abroncar*) esbroncar, escridassar
reo *aj mf* reu rea
reparación *f* reparació
reparar *vt* (*arreglar*) reparar; *vi* (*pensar*) reparar. *No reparaba en gastos*, no reparava en les despeses; (*percatarse*) adonar-se *vp*, reparar
reparo *m* objecció *f*; **no tener ~s** no tenir manies, no tenir pèls a la llengua
repartir *vt* repartir
repasar *vt* (*examinar de nuevo*) repassar, resseguir; (*la ropa*) repassar
repaso *m* repàs
repelente *aj m* repel·lent
repeler *vi* repel·lir; (*causar repugnancia*) repugnar
repelús *m* esgarrifança *f*
repeluzno *m* = **repelús**
repente *m* **de ~** tot d'un plegat, tot d'una, de cop i volta
repertorio *m* repertori
repetición *f* repetició
repetir *vt* repetir
repicar *vti* repicar
repique *m* repic
repisa *f* lleixa
replegar *vtp* (*las tropas*) replegar(-se)
replicar *vt* replicar
repliegue *m* (*de la ropa o del terreno*) replec; (*de las tropas*) replegament

repoblación *f* repoblació
repoblar *vt* repoblar
repollo *m bot agr* col *f* de cabdell, cabdellada
reponer *vt* reposar; *vp* (*recuperar las fuerzas, la salud*) refer-se
reportaje *m* reportatge
reposar *vi* reposar
reposición *f* reposició
reposo *m* repòs
repostar *vi* (*gasolina*) fer gasolina, fer benzina; *vt* fer provisió de, proveir-se *vp* de
repostería *f* rebosteria
reprender *vt* renyar, reprendre
represalia *f* represàlia
representación *f* representació
representante *aj mf* representant
representar *vt* representar
represión *f* repressió
reprimenda *f* reprimenda
reprimir *vt* reprimir
reprochar *vt* retreure
reproche *m* retret
reproducción *f* reproducció
reproducir *vt* reproduir
reproductor -ra *aj mf* reproductor -a
reptar *vi* reptar
reptil *m* rèptil
república *f* república
repuesto -ta *aj* (*restablecido*) refet -a, recuperat -ada; *m* (*pieza*) recanvi, peça *f* de recanvi; **de ~** de recanvi
repugnancia *f* repugnància
repugnar *vi* repugnar
repulsa *f* repulsa
repulsión *f* repulsió
reputación *f* reputació
requerir *vt* (*pedir*) requerir, demanar; *fg* (*necesitar*) requerir
requesón *m* mató
requisito *m* requisit
resabio *m* regust
resaca *f mar* ressaca; (*de una borrachera*) ressaca
resaltar *vi* ressaltar
resbalar *vi* relliscar; *fg* (*en una falta moral*) relliscar; *vp* (*de las manos*) esmunyir-se, lliscar *vi*
resbalón *m* reslliscada *f*, patinada *f*
rescatar *vt* rescatar
rescate *m* rescat
rescoldo *m* caliu
reseco -ca *aj* ressec -a
resentimiento *m* rancor *m/f*
reserva *f* (*plaza*) reserva; (*discreción, secreto*); *hst* (*de indígenas*) reserva; *pl* reserves. *Lo acepto pero con ~s*, ho accepto però amb reserves
reservado -da *aj* reservat -ada
reservar *vt* reservar
resfriado *m* refredat
resfriarse *vp* refredar-se, constipar-se
resguardar *vt* resguardar, arrecerar
resguardo *m* recer, redós
residencia *f* residència
residencial *aj* residencial
residir *vi* residir; (*por un tiempo*) residir, sojornar; (*consistir*) estar en, consistir
residual *aj* residual
residuo *m* residu
resina *f* resina
resistencia *f* resistència; *ele tcn* resistència

resistente *aj mf* resistent
resistir *vi* (*oponer resistencia*) resistir; *vt* (*aguantar*) resistir
resollar *vi* esbufegar, panteixar
resolución *f* resolució; **con ~** amb resolució
resolver *vt* resoldre
resonancia *f* (*eco*) ressò *m*, ressonància; *fg* (*repercusión*) ressò *m*
resonar *vi* ressonar
resoplar *vi* esbufegar
resorte *m* ressort
respaldar *vt* fer costat, donar suport
respaldo *m* (*de un asiento*) respatller; *fg* (*apoyo*) suport
respectar *vi* respectar, concernir; **por lo que respecta a** pel que fa a
respectivamente *av* respectivament
respectivo -va *aj* respectiu -iva
respecto *m* respecte; **al ~** sobre això; **con ~ a** quant a, pel que fa a
respetar *vt* respectar
respeto *m* respecte
respiración *f* respiració
respirar *vti* respirar
respiratorio -ria *aj* respiratori -òria
respiro *m* respir
resplandecer *vi* resplendir
resplandeciente *aj* resplendent
resplandor *m* resplendor *f*
responder *vti* (*contestar*) respondre; *vi* (*hacer lo que era de esperar*) respondre; (*reaccionar*) respondre; **~ de** (*hacerse responsable de*) respondre de
responsabilidad *f* responsabilitat
responsable *aj mf* responsable
respuesta *f* resposta
resquebrajadura *f* esquerda, clivella
resquemor *m* remordiment
resquicio *m* escletxa *f*
resta *f mat* resta
restablecer *vtp* restablir(-se)
restante *aj m* restant
restañar *vt* (*la sangre, una hemorragia*) estroncar
restar *vt mat* restar; (*quitar*) treure. *El padre restó importancia al incidente*, el pare va treure importància a l'incident; *vi* faltar, mancar. *Restan unos días para terminar*, manquen uns quants dies per a acabar
restaurante *m* restaurant
restaurar *vt* restaurar
restituir *vt* restituir
resto *m* resta *f*, restant. *¿Dónde está el ~ de la familia?*, on és la resta de la família?; *mat* resta *f*; *pl* (*desperdicios*) restes *f*; **el ~** la resta; **~s mortales** restes mortals
restregar *vt* fregar, refregar
restringir *vt* restringir
resucitar *vti* ressuscitar
resultado *m* resultat
resultar *vi* (*ocurrir como consecuencia*) resultar. *De todo ello resulta que no es cierto*, de tot això resulta que no és cert; (*suceder*) resultar. *Y ahora resulta que no sabe nada*, i ara resulta que no en sap res; (*terminar siendo*) resultar ésser. *Todo resultó un engaño*, tot va resultar ésser un engany; (*costar*) costar. *El viaje me*

resultó por dos mil pesetas, el viatge em va costar dues mil pessetes
resumen *m* resum; **en** ~ en resum
resumir *vt* resumir
resurrección *f* resurrecció
retablo *m* retaule
retaco *m* (*persona pequeña*) tap de bassa
retaguardia *f mil* rereguarda
retahíla *f* reguitzell *m*
retal *m* retall
retama *f bot* ginesta
retar *vt* reptar, desafiar
retardar *vti* (*retrasar, aplazar*) retardar; (*hacer más lento*) alentir, retardar
retazo *m* retall
retener *vt* retenir
retina *f* retina
retiro *m* retir; ~ **espiritual** recés espiritual
retirar *vt* (*apartar*) retirar; (*hacia sí mismo*) enretirar, retirar; *vp* (*irse*) retirar-se; (*un ejército*) retirar-se; (*jubilarse*) retirar-se
reto *m* repte
retoño *m bot* rebrot; *fg* (*hijo*) plançó
retorcer *vt* retorçar, recargolar; *vp* (*de risa*) recargolar-se, cargolar-se
retornar *vt* (*devolver*) retornar; *vi* (*volver*) retornar
retorno *m* retorn
retozón -ona *aj* enjogassat -ada
retraer *vt* retreure
retraído -da *aj* retret -a
retrasar *vti* (*frenar, hacer más lento*) retardar, endarrerir; (*aplazar*) retardar; *vip* (*el reloj*) endarrerir-se *vp*, retardar-se *vp*; *vp* (*rezagarse*) endarrerir-se
retraso *m* retard, endarreriment; ~ **mental** retard mental
retratar *vt* retratar
retrato *m* retrat
retrete *m* lavabo
retribuir *vt* retribuir
retroceder *vi* retrocedir
retrovisor *m* retrovisor
retumbar *vi* retrunyir
reuma *m* reuma
reunión *f* reunió
reunir *vtp* reunir(-se)
revelar *vt* revelar
reventar *vt* rebentar, esbotzar; *fg* (*fastidiar*) rebentar; *vp fg* (*de cansancio*) rebentar-se
reverencia *f* reverència
reverso *m* revers
revés *m* (*cara no principal*) revers; (*bofetada*) nata *f*; **al** ~ al revés
revestir *vt* revestir
revisar *vt* revisar
revisor -ra *aj mf* revisor -a
revista *f* revista
revivir *vi* reviure, reviscolar
revocar *vt dr* (*anular*) revocar; *arq* (*con yeso*) enguixar; (*con mortero*) arrebossar
revolcar *vt* rebolcar
revolcón *m* rebolcada *f*
revoltijo *m* poti-poti; *gst* (*de huevos*) remenat
revoltoso -sa *aj mf* entremaliat -ada, dolent -a
revolución *f* revolució
revolver *vt* (*remover*) remenar; (*volver a girar*) regirar, remoure; (*poner en desorden*) regirar
revólver *m* revòlver

revuelo *m* enrenou
revuelta *f* revolta
rey reina *mf* rei reina; **~es Magos** Reis, Reis Mags, Reis d'Orient
reyerta *f* baralla, batussa
rezagarse *vp* endarrerir-se
rezar *vt* resar; *vi* pregar, resar; (*decir*) dir. *Según reza el refrán*, tal com diu el refrany
rezongar *vi* rondinar, remugar
rezumar *vt* traspuar, regalimar
riachuelo *m* rierol
riada *f* riuada
ribera *f* riba, ribera
ribete *m* rivet
rico -ca *aj mf* ric -a
ridiculizar *vt* ridiculitzar
ridículo -la *aj m* ridícul -a
riego *m* reg
riel *m* rail
rienda *f* regna; **ir a ~ suelta** anar a tota brida; **tomar las ~s** prendre les regnes
riesgo *m* risc; **a todo ~** a tot risc
rifa *f* rifa
rifar *vt* rifar
rifle *m* rifle
rígido -da *aj* rígid -a, encarcarat -ada
rigor *m* rigor
rigurosidad *f* rigor *m*
rima *f* rima
rimar *vi* rimar
rincón *m* racó
rinoceronte *m zoo* rinoceront
riña *f* baralla, batussa, brega
riñón *m* ronyó; **costar un ~** costar un ronyó (un ull de la cara)
río *m* riu
ripio *m* (*de un verso*) reble, falca *f*
riqueza *f* riquesa
risa *f* riure *m*, rialla; (*burla*) riota. *Es la ~ de todos*, és la riota de tothom; **dar ~** fer riure; **de ~** de riure
risco *m* cingle
risotada *f* riallada
risueño -ña *aj* rialler -a
ritmo *m* ritme
rito *m* ritu
rival *aj mf* rival
rizar *vtp* arrissar(-se)
rizo *m* rínxol
róbalo *m* llobarro
robar *vt* robar
roble *m* roure; **ser más fuerte que un ~** ésser fort com un roure
robo *m* robatori
robot *m* robot
robusto -ta *aj* robust -a, cepat -ada
roca *f* roca
roce *m* fregament, frec, fregadís; (*discusión*) fricció *f*; (*relación*) tracte
rociar *vt* ruixar
rocío *m* rosada *f*
rocoso -sa *aj* rocós -osa
rodada *f* rodera
rodaja *f* rodanxa
rodaje *m* rodatge
rodal *m* clap
rodar *vi* rodar; *vt* (*recorrer*) rodar. *Ha rodado medio mundo*, ha rodat mig món; *cin* rodar; **echarlo todo a ~** engegar-ho tot a rodar
rodear *vt* rodejar, envoltar, encerclar; *vp fg* envoltar-se
rodeo *m* volta *f*, marrada *f*; *pl fg* (*circunloquios*) embuts; **dejarse de ~s** anar al gra; **sin ~s** sense embuts

rodera *f* rodera
rodilla *f* genoll *m*; **de ~s** de genolls
rodillera *f* genollera
rodillo *m* corró
roedor *aj m* rosegador -a
roer *vt* rosegar
rogar *vt* pregar
rojizo -za *aj* rogenc -a, vermellós -osa
rojo -ja *aj m* vermell -a, roig roja; (*pelo*) roig roja; **al ~ (vivo)** roent; **ponerse ~** posar-se vermell; **~ como un tomate** vermell com un tomàquet
rollizo -za *aj* gassó -ona
romance *aj* romànic -a. *Las lenguas ~s*, les llengües romàniques; *m lit* romanç; *pl* (*monsergas*) romanços
románico -ca *aj m* romànic -a
romano -na *aj mf* romà -ana
rombo *m* rombe
romero *m bot* romaní
romo -ma *aj* rom -a
rompecabezas *m iv* trencaclosques
rompeolas *m* escullera *f*
romper *vt* trencar, rompre; (*papel, tela*) estripar, esquinçar; *fg* (*interrumpir*) trencar; *vi* (*las olas*) rompre; **~ a** rompre a, esclafir a. *Rompió a llorar*, va rompre a plorar; *vp* (*fracturarse*) trencar-se
ron *m* rom
roncar *vi* roncar
ronco -ca *aj* ronc -a
ronda *f* ronda
rondar *vt* rondar
ronquido *m* ronc
roña *f* (*sarna*) ronya; (*suciedad*) ronya; *mf* (*tacaño*) garrepa, rata
roñica *aj mf* garrepa, rata, ronyós -osa
roñoso -sa *aj* (*sucio*) ronyós -osa; *aj mf* garrepa, ronyós -osa
ropa *f* roba; **haber ~ tendida** haver-hi roba estesa; **nadar y guardar la ~** nedar i guardar la roba; **~ blanca** roba blanca; **~ interior** roba interior
roque *m jcs* (*del ajedrez*) torre *f*, roc
rosa *f bot* rosa; *aj mf* (*color*) rosa
rosado -da *aj* rosat -ada
rosal *m* roser
rosario *m* rosari; **acabar como el ~ de la aurora** acabar com el rosari de l'aurora
rosca *f tcn* (*tornillo*) rosca; *gst* rosca; **pasarse de la ~** fer-ne un gra massa
roscón *m* tortell
rostro *m* rostre
rotación *f* rotació
roto -ta *aj* trencat -ada; (*papel, tela*) esquinçat -ada, estripat -ada; (*zapatos*) foradat -ada
rótula *f* ròtula
rotulador *m* retolador
rótulo *m* rètol
rotundo -da *aj* rotund -a
rotura *f* ruptura, trencament *m*; (*de un hueso*) fractura
rozadura *f* (*señal*) rascada; (*en la ropa*) gastat -ada. *Esta camisa tiene ~s en el cuello*, aquesta camisa té el coll gastat; *med* rascada, pelada
rozamiento *m* fregament, frec
rozar *vi* (*tocar superficialmente*) fregar. *El avión ha pasado casi*

rozando el tejado, l'avió ha passat gairebé fregant la teulada; (*ajar*) gastar, desgastar. *Cuello y puños rozados*, coll i punys desgastats; (*causando un arañazo*) rascar; (*la piel*) encetar, escaldar; (*un cordel, una cuerda*) segar; *fg* vorejar, acostar-se *vp*. ~ *un peligro*, vorejar un perill. ~ *el ridículo*, acostar-se al ridícul

rubéola *f med* rubèola, rosa

rubí *m* robí

rubio -bia *aj mf* ros rossa

rubor *m* rubor

ruborizarse *vp* ruboritzar-se, enrojolar-se

rudimentario -ria *aj* rudimentari -ària

rudo -da *aj* rude

rueda *f* roda; **ir sobre ~s** anar com una seda

ruedo *f* (*toros*) arena

ruego *m* prec

rugido *m* rugit

rugir *vi* rugir

rugoso -sa *aj* rugós -osa

ruido *m* soroll, fressa *f*, brogit

ruidoso -sa *aj* sorollós -osa

ruin *aj* roí -ïna

ruina *f* ruïna; *pl hst art* ruïnes

ruinoso -sa *aj* ruïnós -osa

ruiseñor *m zoo* rossinyol

ruleta *f* ruleta

rumano -na *aj mf* romanès -esa; (*lengua*) romanès

rumbo *m mar aer* rumb

rumiante *m* remugant

rumiar *vt* (*un animal*) rumiar, remugar; (*cavilar*) rumiar, barrinar

rumor *m* remor *f*, fressa *f*; *fg* rumor. *Corren ~es de guerra*, corren rumors de guerra

rumorearse *vp* córrer el rumor

runrún *m* remor *f*

ruptura *f* ruptura

rural *aj* rural

ruso -sa *aj mf* rus russa; (*lengua*) rus

rústico -ca *aj* rústic -a; *aj m* pagerol -a, pagès -esa; (*tosco*) rústec -ega

ruta *f* ruta

rutina *f* rutina

rutinario -ria *aj* rutinari -ària

S

sábado *m* dissabte

sabana *f* sabana

sábana *f* llençol *m*

sabañón *m* penelló

sabelotodo *aj* saberut -uda

saber *vt* (*tener un conocimiento, habilidad, etc*) saber; (*enterarse*) saber. *Supe la desgracia*, vaig saber la desgràcia; *vi* fer (tenir) un gust; (*tener conocimientos de*) saber de; (*sentirlo*) saber greu, recar; *vp* saber-se. *Todo acaba por ~se*, tot acaba per saber-se; saber *vt*. *Se lo sabe todo*, ho sap tot; **a ~** a saber, és a saber; **~ a** tenir (fer) gust de; **~ a poco** tenir gust de poc; **~ bien** (*una comida*) ésser bo; **~ de** [*en frases negativas y interrogativas*] saber res de. *No sé de Claudia desde el verano*, no sé res de la Clàudia des de l'estiu; **~ la tira** (**~ un rato**) saber-ne un

niu; ~ **mal** (*uc*) fer malícia; (*un alimento*) tenir mal gust; **sabérselas todas** saber el pa que s'hi dóna; **¡si lo sabré yo!** i tant que ho sé!
saber *m* saber
sabiduría *f* saviesa
sabihondo -da *aj* saberut -uda
sabio -bia *aj mf* savi sàvia
sable *m* sabre
sabor *m* sabor, gust
saborear *vt* assaborir
sabotaje *m* sabotatge
sabroso -sa *aj* gustós -osa, saborós -osa
sabueso *m* gos coniller
sacacorchos *m iv* tirabuixó *sg*, llevataps
sacapuntas *m* maquineta *f* de fer punta
sacar *vt* treure; (*quitar*) treure, llevar; (*obtener*) treure. *Le sacó el dinero con halagos*, li va treure els diners amb afalacs; (*sacar provecho*) treure. *¿Qué sacas con esto?*, què en treus, d'això?; (*una parte del cuerpo*) treure; (*aventajar*) sobrepassar. *Le saca tres dedos a su novio*, sobrepassa el seu xicot en tres dits; (*una fotografía*) fer, tirar; (*en una votación*) obtenir, aconseguir. *El partido ha sacado trenta diputados*, el partit ha obtingut trenta diputats; (*hacer aparecer*) fer sortir. ~ *los colores a la cara*, fer sortir els colors a la cara; *vt ab esp* (*la pelota*) sacar; ~ **adelante** (*los hijos*) pujar; (*la familia*) fer tirar endavant; (*un asunto*) tirar endavant
sacerdote -tisa *mf rlg* sacerdot -essa, capellà
saciar *vt* saciar
saco *m* sac; **a** ~ a sac; ~ **de dormir** sac de dormir
sacramento *m* sagrament
sacrificar *vtp* sacrificar(-se)
sacudida *f* sotrac *m*, batzegada
sacudir *vt* sacsejar; (*una alfombra*) espolsar, picar; (*a up*) apallissar; *vp fg* (*uc o up molesta*) espolsar-se, treure's de sobre
sádico -ca *aj mf* sàdic -a
saeta *f* sageta, fletxa; *tcn* (*de un reloj*) agulla, busca
safari *m* safari
sagaz *aj* sagaç
sagrado -da *aj* sagrat -ada
sal *f* sal; *fg* (*salero*) sal; *pl* (*de baño*) sals
sala *f* sala; ~ **de baile** sala de ball; ~ **de fiestas** sala de festes; ~ **de máquinas** *mar* sala de màquines
salado -da *aj* salat -ada; *fg* (*saleroso*) salat -ada, eixerit -ida
salamandra *f* salamandra
salamanquesa *f* dragó *m*
salario *m* salari
salchicha *f* salsitxa
salchichón *m* llonganissa *f*
saldo *m* saldo
salero *m* (*para la sal*) saler; *fg* (*gracia*) sal
saleroso -sa *aj* salat -ada
salida *f* (*acción de salir*) sortida; (*lugar para salir*) sortida, eixida; (*solución*) sortida; (*ocurrencia*) acudit *m*, sortida; *pl* (*posibilidades*) sortides; ~ **de tono** estirabot *m*; ~ **nula** sortida nul·la

saliente *aj* sortint, ixent
salina *f* salina
salir *vi* sortir; (*marcharse*) sortir; (*aparecer publicado*) sortir, aparèixer. *Ha salido en los periódicos*, ha sortit als diaris; (*tener una ocurrencia*) sortir; *vp* sortir *vi*. *El coche se salió de la carretera*, el cotxe va sortir de la carretera; (*rebosar*) vessar, sobreeixir. *Un cántaro que se sale*, un càntir que vessa; ~ **a** sortir com. *El niño ha salido a su padre*, el nen ha sortit com el seu pare; ~ **adelante** sortir-se'n; ~ **bien** reeixir; **~se con la suya** sortir-se amb la seva
salitre *m* salnitre
saliva *f* saliva
salmón *m* salmó
salmonete *m* moll, roger
salón *m* (*sala de estar*) sala *f*; (*habitación grande*) saló; (*exposición*) saló. *El ~ del automóvil*, el saló de l'automòbil; ~ **de actos** sala d'actes; ~ **de baile** sala de ball
salpicadero *m aut* davantal
salpicadura *f* esquitx *m*, esquitxada
salpicar *vt* esquitxar
salsa *f* salsa
saltador -ra *aj mf* saltador -a
saltamontes *m* llagosta *f*
saltar *vi* saltar. *Al llegar a la orilla, saltaron a tierra*, en arribar a la riba, van saltar a terra; (*brincar*) saltar, botar; (*estallar*) saltar; (*de la cama*) saltar; (*enfadarse*) enfadar-se *vp*, esclatar; (*tener una ocurrencia*) sortir; *vt* (un obstáculo) *saltar*; *vp* saltar *vi*. *Se me ha saltado un botón*, m'ha saltat un botó; (*pasar por alto*) saltar-se; **estar a la que salta** estar a la que salta; **~se a la torera** (*uc*) no fer cas d'uc, fer cas omís d'uc; **y ahora saltas tú con eso** i ara tu surts amb això
saltear *vi gst* saltar
saltito *m* saltiró; **dar ~s** saltironar
salto *m* salt, bot; *esp* salt; **a ~ de mata** de qualsevol manera; ~ **de agua** salt d'aigua
salud *f* salut; **¡a tu ~!** a la teva salut!; **curarse en ~** curar-se en salut
saludable *aj* saludable
saludar *vt* saludar; **le saluda atentamente** (*en una carta*) us saluda atentament
saludo *m* salutació *f*, salut; **reciba un cordial ~** (*en una carta*) us saluda atentament
salutación *f* salutació
salvación *f* salvació
salvado *m agr bot* segó
salvaje *aj mf* salvatge
salvamanteles *m iv* estalvis *pl*
salvamento *m* salvament
salvar *vt* salvar; **¡sálvese quien pueda!** campi qui pugui!
salvavidas *m iv* salvavides
salvia *f* sàlvia
salvo -va *aj* estalvi -àlvia. *Sano y ~*, sa i estalvi; *prp* (*excepto*) salvat, llevat de. *Todos fueron ~ tu madre*, tots hi van anar llevat de la teva mare; *f* salva; **a ~** fora de perill
salvedad *f* (*excepción*) excepció, distinció; (*condición*) condició, advertiment *m*

san *aj* [*apócope de* **santo**] sant. ~ *José*, sant Josep
sanar *vti* guarir
sanción *f* sanció
sandalia *f* sandàlia
sandía *f* síndria
sándwich *m* sandvitx
sangrar *vti* sagnar
sangre *f* sang; ~ **azul** sang blava; **a ~ fría** a sang freda
sanguíneo -a *aj* sanguini -ínia
sanidad *f* sanitat
sanitario -ria *aj m* sanitari -ària
sano -na *aj* sa sana
santateresa *f zoo* pregadéu *m*
santiamén *m* **en un** ~ *fg fm* en un tres i no res, amb una esgarrapada
santiguarse *vp* senyar-se
santo -ta *aj mf* sant -a. ~ *Tomás*, sant Tomàs; *m* (*onomástica*) sant; **¿a ~ de qué?** per quins set sous?; **írsele el ~ al cielo** fugir del cap; **llegar y besar el** ~ arribar i moldre
saña *f* (*ensañamiento*) acarnissament; (*furia*) fúria
sapo *m* gripau
saque *m* servei
sarampión *m* xarampió
sarao *m* sarau
sarcasmo *m* sarcasme
sarcófago *m* sarcòfag
sardina *f* sardina; ~ **de cuba** (~ **en salazón**) arengada
sardo -da *aj mf* sard -a; *m* (*lengua*) sard
sargento *mf* sergent -a
sarmiento *m* sarment *f/m*
sarraceno -na *aj mf* sarraí -ïna
sarta *f* enfilall *m*
sartén *f* paella; **tener la ~ por el mango** tenir la paella pel mànec
sastre *m* sastre
sastrería *f* sastreria
satélite *m* satèl·lit
sátira *f* sàtira
satisfacción *f* satisfacció
satisfacer *vt* satisfer
satisfecho -cha *aj* satisfet -a; (*vanidoso*) cofoi -a
saturar *vt* saturar
sauce *m* salze; ~ **llorón** desmai
saúco *m* saüc
sauna *f* sauna
savia *f* saba
saxofón *m mús* saxòfon
sazón *f* (*madurez*) saó; (*sabor*) gust *m*, sabor *m*; **a la** ~ aleshores, llavors; **en** ~ madur -a
se *pr* es, s', se, -se, 's. ~ *peina a cada momento*, es pentina a cada moment. ~ *ha levantado tarde*, s'ha llevat tard. *Va a lavar~ las manos*, se'n va a rentar les mans; [*impersonal*] es, hom. *En la reunión ~ ha comentado...*, a la reunió s'ha comentat...; [*dativo*] li. *Ya ~ lo diré*, ja li ho diré
sebo *m* sèu
secador *m* eixugacabells, assecador
secano *m* secà; **de** ~ de secà
secante *aj* secant
secar *vtp* assecar(-se); eixugar(-se); (*un río, una fuente*) assecar(-se), estroncar(-se); *vt* (*enjugar*) eixugar. ~ *los platos con un paño*, eixugar els plats amb un drap
sección *f* secció

seco -ca *aj* sec -a; (*sin humedad exterior*) eixut -a; (*muy delgado*) sec -a; (*sonido, golpe*) sec -a; *fg* (*arisco*) eixut -a; **a secas** a seques (a les seques); **en ~** (*súbitamente*) en sec
secretario -ria *mf* secretari -ària; **~ de estado** secretari d'estat
secreto -ta *aj m* secret -a; **en ~** en secret
secta *f* secta
sector *m* sector
secuela *f* seqüela
secuencia *f* seqüència
secuestrar *vt* segrestar
secundario -ria *aj* secundari -ària
sed *f* set
seda *f* seda; **ir como una ~** anar com una seda
sedante *aj m* sedant
sede *f* seu; **Santa ~** Santa Seu
sedentario -ria *aj* sedentari -ària
sedimento *m* sediment
seducir *vt* seduir
segador -ra *aj mf* segador -a
segar *vt* segar
segmento *m* segment
segregar *vt* segregar
seguidamente *av* seguidament
seguido *aj* seguit -ida; *av* (*en dirección recta*) de dret, tot dret; (*seguidamente*) seguidament, a continuació; **en seguida** (*inmediatamente*) de seguida, tot seguit
seguir *vt* (*ir detrás de*) seguir; (*cursar*) seguir; (*proseguir*) continuar, prosseguir; *vi* (*continuar*) seguir; *vp* seguir-se
según *pr* (*de acuerdo con*) segons, conforme a. *~ tu opinión, ¿qué debemos hacer?*, segons tu, què hem de fer?; (*dependiendo*) segons. *Se lo diré a ~ quién*, ho diré a segons qui; (*a medida que*) a mesura que; [*delante de verbo*] segons que. *~ parece*, segons que sembla; *av* depèn. *Aceptaré o no, ~*, acceptaré o no, depèn; **~ como** tal com. *Te lo enviaré ~ como lo acordamos*, t'ho enviaré tal com ho vam acordar
segundero *m* (*manecilla*) secundària *f*
segundo -da *aj* segon -a; **en ~ lugar** en segon lloc; *m* (*unidad de tiempo*) segon
seguramente *av* segurament
seguridad *f* seguretat; **con ~** del cert
seguro -ra *aj* segur -a; *m* assegurança *f*; **a buen ~** de segur
seis *aj m* sis
seísmo *m* sisme
selección *f* selecció
seleccionar *vt* seleccionar
selecto -ta *aj* selecte -a
sellar *vt* segellar; (*concluir*) posar terme
sello *m* segell
selva *f* selva
semáforo *m* semàfor
semana *f* setmana; **fin de ~** cap de setmana; **entre ~** entre setmana
semanal *aj* setmanal
semanario *m* setmanari
semblante *m* semblant
sembrado *m* sembrat
sembradura *f* sembra

sembrar *vt* sembrar
semejante *aj* semblant, tal. *Yo nunca he dicho ~ cosa*, jo mai no he dit tal cosa
semejanza *f* semblança; (*entre personas*) semblança, retirada
semejar *vi* semblar
semen *m* semen
sementera *f* (*acción y tiempo*) sembra; (*tierra*) sembrat *m*
semestre *m* semestre
semilla *f* llavor
semillero *m* planter
seminario *m* seminari
sémola *f* sèmola
senado *m* senat
sencillo -lla *aj* senzill -a
senda *f* sender *m*, senda, viarany *m*
sendero *m* senda *f*, corriol, viarany
sendos -das *aj pl* sengles. *Dos caballeros montados en ~ caballos*, dos cavallers muntats en sengles cavalls
seno *m ana* (*cavidad*) si; (*mama*) pit; (*parte anterior del pecho*) si, sina, pitrera; *fg* (*parte interna de uc*) si; *mat* sinus; ~ **materno** si, úter, matriu
sensación *f* sensació; **dar la ~** fer la sensació
sensato -ta *aj* sensat -a, assenyat -ada, entenimentat -ada
sensibilidad *f* sensibilitat
sensible *aj* sensible
sentada *f* seguda; **de una ~** d'una tirada
sentar *vt* (*a up*) asseure; (*establecer*) establir. *~ las bases de un concurso*, establecer las bases de un concurso; *vp* asseure's; **dar por sentado** donar per fet; **~ bien** (**mal**) (*comida*) assentar-se bé (malament); (*para la salud, el ánimo*) provar (no provar); (*vestido, color*) escaure (no escaure), anar bé (malament), afavorir (no afavorir); (*causar buen, mal, efecto*) agradar (no agradar), saber greu [en frases negatives]; **~ la cabeza** posar seny; **~se a la mesa** entaular-se
sentencia *f* sentència
sentenciar *vt* sentenciar
sentido -da *aj* sentit -ida; *m* (*facultad sensorial*) sentit; (*dirección*) sentit; (*significació*) sentit; **mi más ~ pésame** el meu sincer condol; **no tener ~** no tenir sentit; **~ común** sentit comú
sentimiento *m* sentiment
sentir *vt* (*experimentar*) sentir; (*oír*) sentir. *~ silbar el viento*, sentir xiular el vent; (*lamentar*) sentir, saber greu. *Siento la muerte de tu madre*, sento la mort de la teva mare. *Lo siento*, em sap greu; *vp* sentir-se. *~se agobiado*, sentir-se aclaparat; (*resentirse*) sentir-se. *Se sintió mucho de ese fracaso*, se'n va sentir molt, d'aquell fracàs
seña *f* (*ademán*) senyal *m*; (*detalles de up*) senya; *pl* (*domicilio*) adreça *sg*; **por más ~s** per més senyes (detalls); **~s personales** dades personals
señal *f* senyal *m*; **~es de tráfico** senyals de circulació; **no dar ~es de vida** no donar senyals de vida; **paga y ~** paga i senyal

señalado -da *aj* (*marcado*) senyalat -ada; (*indicado, destacado*) assenyalat -ada. *El día ~*, el dia assenyalat
señalar *vt* (*poner una señal*) senyalar. *~ los errores con lápiz rojo*, senyalar les errades amb llapis vermell; (*indicar, mostrar*) assenyalar. *El termómetro señala buen tiempo*, el termòmetre assenyala bon temps; (*notar*) assenyalar, remarcar
señor -ra *aj f* señor -a. *Un vestido muy ~*, un vestit molt senyor; *mf* (*hombre, mujer*) senyor -a; (*dueño, dueña*) senyor -a; (*don, doña*) senyor -a; **dárselas de ~** presumir de senyor; **el ~** (*Dios*) el Senyor; **Nuestra Señora** la Mare de Déu
señorial *aj* senyorial
señuelo *m* enze; *fg* esquer
seo *f* (*catedral*) seu
separación *f* separació; **~ matrimonial** (**~ conyugal**) separació conjugal (de cossos)
separar *vt* separar; (*cosas mezcladas*) destriar; *vp* (*los esposos*) separar-se
sepia *f* sípia
septiembre *m* setembre
séptimo -ma *aj m* setè -ena
sepulcro *m* sepulcre
sepultar *vt* sepultar
sepulturero -ra *mf* enterramorts
sequedad *f* sequedat
sequía *f* sequera, secada
séquito *m* seguici
ser *m* (*individuo*) ésser, ser. *El ~ humano*, l'ésser humà; (*existencia*) ésser, ser
ser *vi* (*existir*) ésser, ser. *Dios es*, Déu és; [*verbo copulativo*] ésser, ser; (*suceder*) ésser. *Los exámenes serán el día tres*, els exàmens seran el dia tres; (*costar*) anar. *¿A cuánto son las patatas?*, a quant van les patates?; **a no ~ que** si no és que; **de no ~** si no fos; **sea como sea** (**sea como quiera**) sigui com vulgui; **~ para** haver-n'hi per a. *Es para no decirle nunca nada más*, n'hi ha per a no dir-li mai més res
serenidad *f* serenitat
sereno -na *aj* serè -ena; *m* (*vigilante*) sereno; (*humedad nocturna*) serena *f*
serie *f* sèrie
serio -ria *aj* seriós -osa; **en ~** de debò, seriosament
sermón *m* sermó
serpiente *f* serp; **~ de cascabel** serp de cascavell; **~ de coral** serp corall
serrano -na *aj* serrà -ana
serrar *vt* serrar
serrucho *m* xerrac
servicio *m* servei; *pl* (*aseo*) lavabo *sg*; **entrar en ~** entrar en servei; **estar de ~** estar de servei; **~ militar** servei militar
servidumbre *f* servei *m*
servilleta *f* tovalló *m*
servir *vt* servir; *esp* (*la pelota*) servir; *vi* (*ser útil*) servir, fer servei; *vp* servir-se. *Sírvete más carne*, serveix-te més carn; (*emplear*) servir-se. *Se sirvió de unas tijeras para matarle*, es va servir d'unes tisores per a matar-lo; **no ~ de** (**para**) **nada** no

servir de (per a) res; **para ~le** per a servir-vos
sésamo *m* sèsam
sesenta *aj m* seixanta
sesión *f* sessió
seso *m ana gst* cervell; *fg* (*juicio*) seny, enteniment; (*inteligencia*) cervell; **beberse el ~** beure's l'enteniment
seta *f* bolet *m*
setenta *aj m* setanta
seto *m* tanca *f*
seudónimo *aj m* pseudònim -a
severo -ra *aj* sever -a
sexo *m* sexe
sexto -ta *aj mf* sisè -ena
sexual *aj* sexual
sheriff *mf* xèrif -a
si *m mús* (*nota*) si
si *cnj* si. *~ te das prisa, aún lo encontrarás*, si t'afanyes, encara el trobaràs
sí *av* sí; *m* (*consentimiento*) sí; *pr* si, ell. *Él siempre habla de ~ mismo*, ell sempre parla de si mateix; **de por ~** per si mateix
siderurgia *f* siderúrgia
sidra *f* sidra
siembra *f* sembra
siempre *av* sempre, tothora; **~ que** (**~ y cuando**) [*con el verbo en subjuntivo*] sempre que
sien *f ana* templa, pols *m*
sierra *f tcn* serra; *geo* serra, serralada
siervo -va *mf* (*esclavo*) serf serva; servidor -a, servent -a
siesta *f* migdiada
siete *aj m* set
sietemesino -na *aj mf* setmesó -ona
sifón *m* sifó
sigla *f* sigla
siglo *m* segle
signatura *f* signatura
significado *m* significat
significar *vt* significar; (*ser importante*) comptar, ésser important; *vp* (*distinguirse*) significar-se
signo *m* (*representación*) signe; (*señal gráfico*) signe; (*indicio*) senyal; *ast* (*del Zodiaco*) signe
siguiente *aj* següent
silbar *vti* xiular. *Lo ~on ruidosamente*, el van xiular sorollosament
silbato *m* xiulet
silbido *m* xiulet
silencio *m* silenci; **en ~** en silenci
silencioso -sa *aj* silenciós -osa
silla *f* cadira; (*de montar*) sella; **~ alta** trona; **~ de ruedas** cadira de rodes; **~ eléctrica** cadira elèctrica
sillar *m* carreu
sillería *f* (*asientos*) cadiratge *m*, cadiram *m*; (*del coro*) cadirat *m*; *arq* carreuat *m*
sillín *m* selló
sillón *f* butaca *f*, cadira *f* de braços
silo *m* sitja *f*
silueta *f* silueta
silvestre *aj* silvestre
símbolo *m* símbol
simetría *f* simetria
simétrico -ca *aj* simètric -a
similar *aj* similar
simio *m* simi
simpatía *f* simpatia
simpático -ca *aj* simpàtic -a, trempat -ada

simple *aj* simple; *aj mf* (*bobo*) ximple, beneit -a
simplemente *av* simplement
simpleza *f* ximpleria
simplificar *vt* simplificar
simposio *m* simposi
simular *vt* simular
simultáneo -a *aj* simultani -ània
sin *prp* sense, sens; *¿Quieres el café con o ~ azúcar?*, vols el cafè amb sucre o sense? *Sin duda*, sens dubte
sinagoga *f* sinagoga
sincero -ra *aj* sincer -a
sindicato *m* sindicat
síndrome *m* síndrome *f*
sinfín *m* infinitat *f*
sinfonía *f* simfonia
singular *aj m* singular
siniestro -tra *aj m* sinistre -a
sino *m* fat, destí
sino *cnj* sinó. *No lo ha hecho él, ~ su hermano*, no ho ha fet ell, sinó el seu germà
sinónimo -ma *aj m* sinònim -a
sintagma *m* sintagma
síntesis *f* síntesi
sintético -ca *aj* sintètic -a
sintetizar *vt* sintetitzar
síntoma *m* símptoma
sintonía *f ele mús* sintonia
sinuoso -sa *aj* sinuós -osa
sinvergüenza *mf* pocavergonya
siquiera *av* almenys, si més no; **ni ~** ni tan sols
sirena *f mit tcn* sirena
sirimiri *m* xim-xim
siroco *m* xaloc
sirviente -ta *mf* servent -a; *f* (*criada*) minyona
sisa *f* cisa
sismo *m* sisme
sistema *m* sistema
sitio *m* (*lugar determinado*) lloc, indret; (*espacio*) lloc. *Este mueble ocupa mucho ~*, aquest moble ocupa molt de lloc; *mil* (*cerco*) setge; **en ningún ~** enlloc; **hacer ~** fer lloc
situación *f* situació
situar *vtp* situar(-se)
sobaco *m* aixella *f*
sobar *vt* (*manosear*) toquejar, toquetejar, rebregar; (*tocar*) toquetejar, grapejar, graponejar
soberano -na *aj mf* sobirà -ana
soberbio -bia *aj* superb -a
sobornar *vt* subornar
soborno *m* suborn
sobra *f* [*generalmente en pl*] sobres, deixalles; **de ~ (de ~s)** de sobra; **estar de ~** sobrar-hi
sobrante *aj* sobrant, sobrer -a
sobrar *vi* sobrar
sobre *m* (*de una carta*) sobre
sobre *prp* damunt, sobre; (*encima de*) dalt, dalt de; (*acerca de*) sobre; **~ todo** sobretot
sobrellevar *vt* suportar, aguantar
sobrepasar *vt* sobrepassar
sobresaliente *aj* sobresortint; *m* (*calificación escolar*) excel·lent
sobresalir *vi* (*exceder*) sobresortir; (*distinguirse*) excel·lir
sobresaltar *vt* sobresaltar
sobresalto *m* ensurt
sobrevivir *vi* sobreviure
sobrino -na *mf* nebot -oda
sobriedad *f* sobrietat
sobrio -bria *aj* sobri sòbria
socarrón -ona *aj* sorneguer -a
social *aj* social

sociedad *f* societat
socio -cia *mf* soci sòcia
socorrer *vt* socórrer
socorro *m* socors; *inj* socors!
soda *f* soda
soez *aj* groller -a
sofá *m* sofà; ~ **cama** sofà llit
sofocar *vt* (*un incendio*) sufocar; *vtp* (*ahogar*) sufocar(-se); (*avergonzar*) sufocar(-se); *vp* (*tener sofocos*) sufocar-se, tenir fogots; (*irritarse*) sufocar-se
sofoco *m* (*sofocación*) sufocació; (*sensación de calor*) fogots *pl*; (*sonrojo*) rubor; **dar un** ~ suforcar-se
sofreír *vt gst* sofregir
sofrito *m gst* sofregit
soga *f* soga
sol *m ast* sol; *mús* (*nota*) sol; **dar el** ~ tocar el sol; **de** ~ **a** ~ de sol a sol; **el** ~ **naciente** el sol ixent
solamente *av* solament, sols, només
solapa *f* solapa
solapado -a *aj* (*ladino*) sorneguer -a, murri múrria
solar *aj m* solar
solariego -ga *aj* pairal
solaz *m* solaç
soldado *m mil* soldat
soldar *vt tcn* soldar; *vp* (*un hueso roto*) soldar-se
soledad *f* solitud
solemne *aj* solemne
soler *vi* soler, acostumar
solera *f* tradició
solfeo *m* solfeig
solidaridad *f* solidaritat
solidario -ria *aj* solidari -ària
sólido -da *aj m* sòlid -a
solitario -ria *aj m* solitari -ària; *f zoo* tènia, cuc *m* solitari
sollozar *vi* sanglotar
sollozo *m* sanglot
solo -la *m* sol -a; **a solas** tot -a sol -a; *m* (*café*) cafè; *mús* solo
sólo *av* solament, sols, només; **con** ~ [*con infinitivo*] pel sol fet de; **no ~... sino...** no solament... sinó...; **tan** ~ tan sols
solomillo *m* filet, rellom
soltar *vt* deixar anar, desenganxar. ~ *un vagón*, deixar anar un vagó; (*dejar de retener*) deixar anar; (*un animal*) deixar anar, desfermar; (*aflojando*) afluixar. ~ *una cuerda, un cabo*, afluixar una corda, un cap; *fg* (*endilgar*) deixar anar. ~ *una tontería*, deixar anar un disbarat; (*un golpe*) clavar, donar, etzibar; (*dinero*) afluixar; *fm* engegar, clavar. *Me ha soltado un sermón*, m'ha engegat un sermó
soltero -ra *aj mf* solter -a, fadrí -ina
solución *f* solució
solucionar *vt* solucionar
solventar *vt* resoldre
somanta *f* pallissa
sombra *f* ombra; **dar** ~ fer ombra; **~s chinescas** ombres xineses
sombrear *vt art* ombrejar
sombrero *m* barret, capell; **quitarse el** ~ treure's el barret; ~ **de copa** barret de copa; ~ **hongo** barret fort
sombrilla *f* ombrel·la, para-sol *m*
sombrío -a *aj* ombrívol -a, ombriu -iva, obac -aga

someter *vt* sotmetre
son *m* (*musical*) so; *fg* (*modo*) manera. *Lo haremos a este ~*, ho farem d'aquesta manera; **¿a ~ de qué?** per quins set sous?; **en ~ de** en to de
sonar *vi* (*un instrumento*) sonar; *fm* (*haver visto, oído, etc*) sonar; *vtp* (*las narices*) mocar(-se); **como suena** tal com sona; **~ a** fer cara de. *Suena a estafa*, fa cara de ser una estafa
sonata *f mús* sonata
sonda *f mar med* sonda
sonido *m* so
sonoro -ra *aj* sonor -a
sonreír *vi* somriure
sonriente *aj* somrient
sonrisa *f* somriure *m*
sonrojarse *vp* enrojolar-se, enrogir-se
soñar *vti* somiar; **ni ~lo** ni somiar-hi
sopa *f* sopa
sopapo *m* bufa *f*, mastegot
sopero -ra *aj m* soper -a
sopesar *vt* sospesar
sopetón *m* **de ~** de cop, de cop i volta
soplar *vi* bufar; *vt* bufar; (*con un fuelle*) ventar, manxar; *fm* (*delatar*) xerrar; *fm* (*birlar*) pispar, fotre; **¡sopla!** bufa!
soplido *m* bufada *f*
soplo *m* bufada *f*; *med* buf; **dar el ~** xerrar, delatar
soplón -ona *mf* delator -a, espieta
soportal *m* (*de una casa*) porxo; *pl* (*de una calle*) porxos, porxada *fsg*, voltes *f*
soportar *vt* suportar
soporte *m* suport
sorber *vt* xarrupar, xuclar
sorbete *m* sorbet
sorbo *m* glop
sordera *f* sordesa
sordo -da *aj mf* sord -a; **más ~ que una tapia** sord com una tàpia
sordomudo -da *aj mf* sordmut -uda
sorprendente *aj* sorprenent
sorprender *vt* sorprendre, sobtar; (*pillar por sorpresa*) sorprendre, atrapar
sorpresa *f* sorpresa
sortear *vt* rifar
sorteo *m* sorteig, rifa *f*
sortija *f* anell *m*
sosegado -da *aj* assossegat -ada, reposat -ada
soslayar *vt* esquivar, defugir
soso -sa *aj* (*sin sal*) fat -ada, insípid -a; (*sin gracia*) ensopit -ida
sospecha *f* sospita
sospechar *vt* sospitar
sostén *m* (*acción de sostener*) sosteniment; *fg* (*apoyo*) suport, puntal; (*prenda interior*) sostenidors *pl*
sostener *vt* (*aguantar*) sostenir, aguantar; *fg* (*defender*) sostenir, defensar. *~ una doctrina*, sostenir una doctrina; (*afirmar*) mantenir. *Sostenía que la tierra era redonda*, mantenia que la terra era rodona; *vp* sostenir-se, tenir-se. *Se sostenía con muletas*, se sostenia amb crosses; (*sustentarse*) mantenir-se

sostenido -da *aj* sostingut -uda; *m mús* diesi, sostingut
sota *f jcs* (*carta*) sota
sótano *m* soterrani
soterrar *vt* soterrar
soto *m* (*de un río*) arbreda *f*; (*matorral*) bosquina *f*
soviético -ca *aj mf* soviètic -a
su *aj pr* [*apócope de* **suyo**, *precediendo a un sustantivo; pl:* sus] (*de él, de ella*) el seu, la seva, els seus, les seves. ~ *hermano*, el seu germà; (*de ellos, de ellas*) llur, llurs *pl* (el seu, la seva, els seus, les seves). *Mis primos y* ~ *casa*, els meus cosins i llur casa. *Mis tíos y sus hijos*, els meus oncles i llurs fills; (*de usted, de ustedes*) el vostre, la vostra, els vostres, les vostres (el seu, la seva, els seus, les seves). ~*s deseos*, els vostres desigs
suave *aj* suau
suavidad *f* suavitat
suavizar *vt* suavitzar
subasta *f* subhasta
súbdito -ta *aj mf* súbdit -a
subdividir *vt* subdividir
subida *f* pujada
subir *vt* pujar; (*un objeto*) pujar; (*un precio, el sueldo*) apujar; (*la luz, el sonido*) apujar; *vi* pujar. *Subió al ático*, va pujar a l'àtic; (*en un vehículo*) pujar, muntar; (*de categoría social*) pujar; *vp* pujar *vi*, enfilar-se. *Se ha subido al árbol*, s'ha enfilat a l'arbre
súbito -ta *aj* sobtat -ada; (*impetuoso*) sobtós -osa; *av* de sobte, sobtadament; **de** ~ tot d'una, de cop i volta
subjuntivo -va *aj m* subjuntiu -iva
sublevación *f* aixecament *m*
sublevar *vt* revoltar; *vp* (*rebelarse*) aixecar-se, revoltar-se
sublime *aj m* sublim
submarino -na *aj m* submarí -ina
subnormal *aj mf* subnormal
subrayar *vt* subratllar
subsanar *vt* (*un defecto*) contrarestar, compensar; (*una falta*) reparar, esmenar; (*una dificultad*) superar
subscribir *vt* = **suscribir**
subsidio *m* subsidi
subsistencia *f* subsistència
subsistir *vi* subsistir
substancia *f* = **sustancia**
substantivo -va *aj m* = **sustantivo**
substituir *vt* = **sustituir**
substituto -ta *aj mf* = **sustituto**
subsuelo *m* subsòl
subterráneo -a *aj* subterrani -ània
subtítulo *m* subtítol
suburbio *m* suburbi
sucedáneo -a *aj m* succedani -ània
suceder *vt* seguir. *El verano sucede a la primavera*, l'estiu segueix la primavera; (*en un cargo, como heredero, etc*) succeir; *vi* (*ocurrir*) succeir, esdevenir, passar
sucesión *f* successió
sucesivo -va *aj* successiu -iva; **en lo** ~ d'ara endavant, en endavant
suceso *m* esdeveniment, succés
sucesor -ra *aj mf* successor -a
suciedad *f* brutícia
sucio -cia *aj* brut -a

suculento -ta *aj* suculent -a
sucumbir *vi* sucumbir
sucursal *f* sucursal
sudafricano -na *aj mf* sud-africà -ana
sudamericano -na *aj mf* sud-americà -ana
sudar *vi* suar; *vt* (*esforzarse*) suar, gruar. ~ *el cargo*, suar el càrrec; ~ **la gota gorda** suar la cansalada
sudeste *m* sud-est
sudoeste *m* sud-oest
sudor *m* suor *f*
sueco -ca *aj mf* suec -a
suegro -gra *mf* sogre -a
suela *f* sola; **medias ~s** mitja sola; **no llegarle a la ~ de los zapatos** no arribar-li a la sola de la sabata
sueldo *m* sou
suelo *m* sòl; (*pavimento*) terra; **echar al ~** (*un edificio*) tirar a terra; (*planes, proyectos*) engegar a rodar; **tirar por los ~s** *fg* arrossegar pel fang
suelto -ta *aj* (*libre*) solt -a; (*un vestido*) folgat -ada, balder -a; *m* (*dinero suelto*) canvi, xavalla *f*; ~ **de vientre** fluix de ventre
sueño *m* (*acto de dormir*) son, dormida *f*. *Tener un ~ pesado*, tenir un son pesat; (*ganas de dormir*) son *f*; (*acción y efecto de soñar*) somni; *fg* (*ilusión*) somni; **dar ~** fer venir son; **echar un ~** fer un son, trencar el son; **perder el ~** perdre el son
suero *m* (*de la leche*) xerigot; *med* sèrum
suerte *f* sort; **de tal ~ que** de tal manera que; **la ~ está echada** la sort ja ha estat tirada; **por ~** per sort; **probar ~** temptar la sort; **traer (dar) buena (mala) ~** portar bona (mala) sort
suéter *m* suèter
suficiente *aj* (*bastante*) suficient, prou *iv*; *fg* (*engreído*) suficient; *m* (*calificación escolar*) suficient
suficientemente *av* prou, suficientment
sufijo *m* sufix
sufragio *m* sufragi
sufrido -da *aj* sofert -a
sufrimiento *m* sofriment
sufrir *vt* (*aguantar, soportar*) sofrir. *No puede ~ que le regañen*, no pot sofrir que el renyin; (*padecer*) sofrir, patir. *Los males que hemos sufrido*, els mals que hem sofert; (*experimentar*) sofrir. ~ *una derrota, un desengaño*, sofrir una derrota, un desengany; *vi* patir, sofrir. *Sufre del hígado*, pateix del fetge; **no poder ~** (*a up*) no poder sofrir up
sugerencia *f* suggeriment *m*
sugerir *vt* suggerir
suicida *aj mf* suïcida
suicidio *m* suïcidi
suizo -za *aj mf* suís -ïssa; *gst* (*bollo*) brioix
sujetador *m* (*prenda femenina*) sostenidors *pl*
sujetar *vt* (*fijar*) subjectar, fermar; (*sostener*) subjectar, aguantar; (*someter*) subjectar; *vp* (*a unas normas*) subjectar-se
sujeto -a *aj* subjecte -a, sotmès -esa; *m* (*tema*) subjecte; (*persona*) subjecte; *gram fil* subjecte; **ser**

un ~ de cuidado ésser un peix que es porta l'oli
sultán *m* soldà
suma *f* (*resultado*) suma; (*acción*) addició, suma; **en ~** en suma; **redondear una ~** arrodonir una ~; **~ teològica** summa teològica
sumar *vt* sumar
sumario -ria *aj m* sumari -ària
sumergir *vt* submergir
suministrar *vt* subministrar
sumir *vt* sumir
sumo -ma *aj* summe -a; **a lo ~** pel cap alt, a tot estirar
suntuoso -sa *aj* sumptuós -osa
supeditar *vt* supeditar
superar *vt* (*sobrepasar*) superar; *vtp* (*vencer dificultades, etc*) superar(-se)
superficial *aj* superficial
superficie *f* superfície
superfluo -a *aj* superflu -èrflua
superior *aj mf* superior
superlativo -va *aj m* superlatiu -iva
supermercado *m* supermercat
superponer *vt* superposar
superviviente *aj mf* supervivent
supino -na *aj* supí -ina
suplantar *vt* suplantar
suplementario -ria *aj* suplementari -ària
suplemento *m* suplement
suplente *aj mf* suplent
supletorio -ria *aj* supletori -òria. *Teléfono ~*, telèfon supletori
suplicar *vt* suplicar
suplir *vt* suplir
suponer *vt* (*creer, admitir*) suposar; (*implicar*) suposar, implicar, comportar; **suponiendo que** posat que
supositorio *m* supositori
supremacía *f* supremacia
supresión *f* supressió
suprimir *vt* suprimir
supuesto -ta *aj* suposat -ada; (*pretendido*) pretès -esa. *El ~ asesino*, el pretès assassí; *m* (*hipótesis*) supòsit; **dar por ~** (*uc*) donar uc per feta; **en el ~ de que** suposat que, posat que; **por ~** per descomptat, naturalment
sur *m* sud; (*viento*) migjorn
surafricano -a *aj mf* sud-africà -ana
suramericano -a *aj mf* sud-americà -ana
surcar *vt* solcar
surco *m* solc
sureste *m* = **sudeste**
surgir *vi* sorgir
suroeste *m* = **sudoeste**
surtido -da *aj* assortit -ida; **galletas surtidas** galetes variades; *m* assortiment. *~ de entremeses*, assortiment d'entremesos
surtidor *m* sortidor, brollador; (*de gasolina*) assortidor
surtir *vt* (*proveer*) assortir; (*producir*) fer, tenir, produir
suscribir *vt* (*firmar*) subscriure; *vp* (*hacerse socio*) subscriure's
suspender *vt* suspendre
suspense *m cin lit* suspens
suspensión *f* suspensió
suspenso *m* suspens; **en ~** en suspens
suspicaz *aj* suspicaç

suspirar *vi* sospirar; ~ **por** frisar per
suspiro *m* sospir
sustancia *f* substància; **en** ~ en substància; **sin** ~ sense suc ni bruc; ~ **gris** substància grisa
sustantivo -va *aj m* substantiu -iva
sustentar *vt* sustentar
sustento *m* (*sustentación*) suport, sustentacle; (*alimento*) manteniment, aliment; **ganarse el** ~ guanyar-se el pa
sustituir *vt* substituir
sustituto -ta *aj mf* substitut -a
susto *m* ensurt, espant, esglai
sustracción *f* (*robo*) sostracció; *mat* subtracció
sustraer *vt* (*robar*) sostreure; *vp* (*librarse*) sostreure's. *~se a una obligación*, sostreure's a una obligació
susurrar *vti* xiuxiuejar; (*el viento*) remorejar, murmurar
susurro *m* xiu-xiu, xiuxiueig, remor *f*
sutil *aj* subtil
sutileza *f* subtilesa
suyo -ya *aj pr* (*de él, de ella*) seu seva. *Un hermano ~*, un germà seu; (*de usted*) vostre -a, seu seva; (*de ellos, de ellas*) llur, seu seva; **hacer una de las suyas** fer-ne una de les seves; **ir a la suya** anar a la seva; **lo** ~ el seu fort; **salirse con la suya** sortir-se amb la seva; **ser** ~ ficar-s'ho (tenir-ho) a la butxaca; **siempre** ~ (*en una carta*) atentament vostre

T

tabaco *m* tabac; ~ **de mascar** tabac de mastegar
tabarra *f* tabarra
taberna *f* taverna
tabique *m* envà; ~ **nasal** envà (septe) nasal
tabla *f* (*de madera*) post; (*de anuncios*) taula; *mat* taula; **a raja** ~ al peu de la lletra; **hacer** ~ **rasa** fer taula rasa; ~ **de planchar** post de planxar
tablero *m* (*plancha de madera*) tauler; (*de anuncios*) taula *f*, tauler, plafó; *jcs* escaquer, tauler
tableta *f med* pastilla; ~ **de chocolate** rajola de xocolata
tablón *m* tauló; (*de anuncios*) taula *f*, tauler
taburete *m* tamboret
tacaño -ña *aj mf* gasiu -iva, garrepa
tacha *f* tatxa
tachar *vt* (*borrar*) ratllar, guixar; *fg* (*tildar*) titllar
taciturno -na *aj* taciturn -a
taco *m* (*trocito de queso, etc*) dau; (*palabra soez*) paraulota *f*, renec; *fg* (*lío*) garbuix, embolic
tacón *m ana* taló; (*del calzado*) tacó
tacto *m* tacte
tahona *f* forn *m* de pa, fleca
tajada *f* (*de melón, de longaniza*) tall *m*, tallada; (*de tocino*) penca; **sacar** ~ treure profit
tajo *m* (*filo*) tall; (*corte*) tall; (*de carnicero*) piló

tal *aj* (*cosa indeterminada*) tal. *Llegaremos ~ día*, arribarem tal dia; (*semejante*) tal. *Yo nunca he dicho ~ cosa*, jo no he dit mai tal cosa; **con ~ que** amb la condició que, sempre que; **que si ~, que si cual** que si naps, que si cols; **~ como** tal com; (*por ejemplo*) com és ara

taladrar *vt* (*horadar*) trepar; *fg* (*los oídos*) eixordar

talante *m* tarannà; **estar de buen (mal) ~** estar de bona (mala) lluna

talar *vt* talar

talco *m* talc

talento *m* talent

talla *f art* talla; (*en joyería*) talla; (*estatura*) talla, estatura; (*en costura*) talla, mida; *fg* (*altura moral*) talla

tallar *vt* (*maderas, piedras finas*) tallar; (*medir*) tallar

talle *m* cintura *f*

taller *m* taller

tallo *m* tija *f*

talmente *av fm* talment

talón *m ana ecn* taló; (*del calzado*) taló

talonario *m ecn* talonari

tamaño -ña *aj* (*tan grande, grueso*) tan gran, tan gros -ossa. *No cometerá tamaña estupidez*, no farà una animalada tan grossa; *m* (*dimensión*) grandària *f*, mida *f*

tambalearse *vp* trontollar *vi*, balancejar-se

tambaleo *m* trontoll

también *av* també

tambor *m* tambor, timbal

tampoco *av* tampoc

tampón *m* tampó

tan *av* [*apócope de* **tanto**, *antepuesto a un aj, un av o una loc av*] tan. *No te esperaba ~ pronto*, no t'esperava tan aviat; **~... como...** tan... com.... *No es tan sencillo como crees*, no és tan senzill com et penses; **no ~... como para...** no tan... que... *Su enfermedad no es ~ grave como para suspender el viaje*, la seva malaltia no és tan greu que hagi de suspendre el viatge; **~... que...** tan... que... *Está ~ triste que da pena verle*, està tan trist que fa pena veure'l; **tan sólo** només, solament, tan sols

tanda *f* (*turno*) tanda; (*serie*) tanda, tongada

tangente *aj f* tangent; **salirse por la ~** anar-se'n per la tangent, fugir d'estudi

tangible *aj* tangible

tanque *m mil tcn* tanc

tanteador *m esp* marcador

tantear *vt* temptejar

tanteo *m* cop d'ull; *esp jcs* puntuació; (*prueba*) tempteig

tanto *av* tant; **al ~** (*enterado*) al corrent; (*al acecho*) a l'aguait; **entre ~** mentrestant, entretant; **ni ~ ni tan calvo (ni ~ ni tan poco)** entre poc i massa; **otro ~** altre tant; **por lo ~** per tant

tanto -ta *aj* (*tal cantidad, tal grado*) tant -a, tant de; *pr* (*tal cantidad, tal grado*) tant *m*; (*cantidad*) tant; *Son ~s, que costaría mucho contarlos*, són tants que costaria molt comptar-los; **llegar a las tantas** arribar

a quarts de quinze; **~... como...** (*comparación*) tant (de)... com... *Hoy no hace ~ viento como ayer*, avui no fa tant de vent com ahir; **¡~ da!** tant li fa! tant se val!; **¡~ me da!** tant se me'n dóna!; ~ **por ciento** tant per cent
tañer *vt* tocar
tañido *m* toc
tapa *f* tapa; *gst* tapa
tapar *vt* tapar
tapete *m* cobretaula, tapet
tapia *f* tàpia; **más sordo que una ~** sord com una tàpia
tapicería *f* tapisseria
tapiz *m* tapís
tapón *m* tap; *fg* (*retaco*) tap de bassa, baldufa *f*
tapujos *mpl* circumloquis, embuts; **sin ~** tot ras (ras i curt)
taquigrafía *f* taquigrafia
taquilla *f* taquilla
tara *f* (*peso*) tara; (*defecto*) tara
tarambana *mf* baliga-balaga, poca-solta, eixelebrat -ada
tarántula *f* taràntula
tarasca *f* patum, tarasca, drac *m*
tardanza *aj* tardança, trigança
tardar *vi* (*venir tard*) tardar, trigar; (*emplear un tiempo*) tardar, estar
tarde *f* tarda; **buenas ~s** bona tarda
tarde *av* tard; **llegar ~** fer tard; **~ o temprano** tard o d'hora
tardío -a *aj* tardà -ana
tardo -da *aj* (*lento*) lent -a; *fg* (*falto de agudeza*) obtús -usa, lent -a
tardón -ona *aj mf* tardaner -a
tarea *f* tasca, feina, treball *m*
tarifa *f* tarifa
tarima *f* tarima
tarjeta *f* targeta
tarrina *f* terrina
tarro *m* pot
tarso *m* tars
tarta *f* pastís *m*
tartaja *aj mf* quec -a, tartamut -uda
tartajear *vi* embarbollar, enfarfollar-se *vp*
tartamudo -da *aj mf* tartamut -uda, quec -a
tartana *f* tartana
tarugo *m* talós -ossa *mf*, obtús -usa *mf*, totxo -a *mf*
tasa *f* taxa
tasca *f* taverna
tatuar *vt* tatuar
taxi *m* taxi
taxista *mf* taxista
taza *f* tassa; (*del retrete*) tassa
tazón *m* bol
te *f* (*letra*) te
te *pr* et, t', -te, 't. *~ dejo la mochila*, et deixo la motxilla. *~ lo diré mañana*, t'ho diré demà. *~ la daré mañana*, te la donaré demà. *Péina~ bien*, pentina't bé
té *m* (*infusión*) te
tea *f* teia
teatral *aj* teatral
teatro *m* teatre
tebeo *m* còmic
techado *m* sostre
techo *m* sostre
tecla *f* tecla
teclado *m* teclat
técnico -ca *aj f* tècnic -a
tecnología *f* tecnologia
tedio *m* tedi

teja *f* teula; **a toca ~** trinco-trinco
tejado *m* teulada *f*
tejedor -ra *mf* teixidor -a
tejemaneje *m* (*actividad*) tragí; (*chanchullo*) tripijoc, martingala *f*
tejer *vt* teixir
tejido *m* teixit
tejón *m zoo* teixó
tela *f* tela; **~ de araña** *zoo* teranyina; **~ metálica** tela metàl·lica, filat *m*; **poner en ~ de juicio** posar en qüestió
telar *m* teler
telaraña *f* teranyina
teleférico -ca *aj* telefèric -a; *m* telefèric, telecabina *f*, aeri
telefonazo *m* telefonada *f*, trucada *f*
telefonear *vi* telefonar
telefónico -ca *aj* telefònic -a
telefonista *mf* telefonista
teléfono *m* telèfon
telégrafo *m* telègraf
telegrama *m* telegrama
telescopio *m* telescopi
telesilla *f* telecadira, telesella
televisión *f* televisió
televisor *m* televisor
telilla *f* (*en la leche*) tel *m*
telón *m* teló
tema *m* tema
temblar *vi* tremolar
tembleque *m* tremolor *m/f*
temblor *m* tremolor *m/f*; **~ de tierra** terratrèmol
tembloroso -sa *aj* tremolós -osa
temer *vt* témer, tenir por de; (*sospechar*) témer; *vi* témer. *Temo por su salud*, temo per la seva salut; *vp* témer *tr*. *Mucho me temo que lo sepa*, temo molt que ho sàpiga
temerario -ria *aj* temerari -ària
temible *aj* temible
temor *m* por *f*, temor, basarda *f*; **por ~ a** per por de
temperamento *m* temperament
temperatura *f* temperatura
tempestuoso -sa *aj* tempestuós -osa
templado -da *aj* (*tibio*) tebi tèbia, temperat -ada; (*clima, país*) temperat -ada; (*metal*) trempat -ada; (*instrument*) trempat -ada
templar *vt* (*moderar*) temperar; (*metales, el cristal*) trempar; *mús* (*afinar*) trempar
temple *m* (*del metal, el cristal*) tremp; *fg* (*firmeza*) tremp; **pintura al ~** pintura al tremp
templo *m arq rlg* temple; **como un ~** (*una verdad*) com una casa
temporada *f* temporada; **de ~** de la temporada
temporal *aj* temporal; *m* (*tempestad*) temporal
temprano -na *aj* primerenc -a. *Fruta temprana*, fruita primerenca; *av* aviat, d'hora
tenaz *aj* tenaç
tenaza *f* (*de crustáceo*) pinça; *pl* (*herramientas*) tenalles, estenalles; (*para el fuego*) molls *m*
tendedero *m* estenedor
tendencia *f* tendència
tender *vt* (*extender*) estendre. *~ el mantel sobre la mesa*, estendre les estovalles damunt la taula; (*la ropa*) estendre; (*alargar*) allargar. *Le tendió las tijeras que pedía*, li va allargar les tisores que demanava;

vi tendir. *Tiende a mejorar*, tendeix a millorar; *vp* ajeure's, estirar-se
tenderete *m* (*de venta*) parada *f*; (*cosas extendidas*) estesa *f*
tendero -ra *mf* botiguer -a
tendido -da *aj* estès -esa; *m ele* xarxa *f*. *El ~ eléctrico*, la xarxa elèctrica
tendón *m* tendó
tenebroso -sa *aj* tenebrós -osa, llòbrec -ega
tenedor *m* forquilla *f*
tener *vt* tenir; (*sujetar*) tenir. *~ un niño en brazos*, tenir un nen als braços; *vp* (*sostenerse*) tenir-se, aguantar-se [dret]; **no poder ~** no poder tenir-se; **no ~las todas consigo** no tenir-les totes; **no ~ nada que ver** no tenir-hi res a veure; **~ en menos (poco)** menystenir; **~ por** (*ser considerado*) tenir per; donar per. *Lo tiene por cierto*, ho dóna per cert; **~ que** [*perífrasis de obligación*] haver de; **tenérselas con** (*up*) heure-se-les amb up
tenia *f* tènia
teniente *m* tinent; **~ coronel** tinent coronel; **~ de alcalde** tinent d'alcalde
tenis *m* tennis; **~ de mesa** tennis de taula
tenor *m* (*de un escrito*) tenor; *mús* tenor; **a este ~** d'aquesta manera; **a ~ de** d'acord amb, segons
tensar *vt* tesar, tibar
tensión *f* tensió
tenso -sa *aj* tens -a, tes -a
tentación *f* temptació
tentáculo *m* tentacle
tentar *vt* temptar
tentempié *m* piscolabis, refrigeri
tentetieso *m jcs* saltamartí
tenue *aj* tènue; (*voz, sonido*) tènue, prim -a
teñir *vt* tenyir
teoría *f* teoria
terapia *f* teràpia
tercero -ra *aj* tercer -a; *f aut mús* tercera; **~ mayor** tercera major; **a la ~ va la vencida** al tercer cop no falla
terceto *m* tercet
terciar *vt* (*dividir*) tercejar; *vi* (*intervenir*) tercerejar; *vp* (*una posibilidad*) escaure's, venir bé; **si se tercia** si s'escau, si ve a tomb, si molt convé
terciario -ria *aj* terciari -ària
tercio *m* terç
terciopelo *m* vellut
terco -ca *aj* tossut -uda
tergiversar *vt* tergiversar
termal *aj* termal
termas *f pl* termes
térmico -ca *aj* tèrmic -a
terminal *aj* terminal; *m* (*en informática*) terminal; *f* (*estación*) terminal
terminante *aj* terminant
terminar *vt* acabar, enllestir; *vi* (*acabar*) acabar, finir. *La vida terminó para él*, la vida va acabar per a ell; (*haber acabado*) estar. *Ya he terminado*, ja estic; (*reñir*) trencar. *Han terminado, ya no se ven más*, han trencat, ja no es veuen més; *vp* acabar-se; **~ con** acabar *vt*. *Han terminado con todas las aceitunas*, han acabat totes les olives

término *m* (*mojón*) terme; (*fin*) terme, acabament; (*terminal*) estació *f* terminal, terminal *f*; (*plazo*) termini, terme; *dr* (*circunscripción*) terme; (*grado de distancia*) terme. *Aparecen unos árboles en primer ~*, hi ha uns arbres en primer terme; *grm mat* terme; *pl* (*palabras*) termes; (*condiciones*) termes; **en ~s generales** en termes generals; **llevar a** ~ dur (portar) a terme; **poner (dar)** ~ posar terme; ~ **medio** terme mitjà; ~ **municipal** terme municipal
termita *f zoo* tèrmit *m*
termómetro *m* termòmetre
ternero -ra *mf zoo* vedell -a; *f* (*carne*) vedella
ternilla *f* tendrum *m*
ternura *f* tendresa
terrado *m* terrat
terraplén *m* terraplè
terráqueo -a *aj* terraqüi -àqüia
terrateniente *mf* terratinent
terraza *f* terrassa; (*azotea*) terrat *m*; (*de café, restaurant*) terrassa; (*de terreno*) terrassa, feixa
terremoto *m* terratrèmol
terreno *m* terreny
terrestre *aj* terrestre
terrible *aj* terrible
terrífico -ca *aj* terrorífic -a
terrina *f* terrina
territorial *aj* territorial
territorio *m* territori
terrizo *m* gibrell
terrón *m* terròs
terror *m* terror
terrorífico -ca *aj* terrorífic -a
terroso -sa *aj* terrós -osa
terruño *aj* (*país natal*) terrer; *agr* (*terreno*) tros, terròs
tertulia *f* tertúlia
tesis *f* tesi
tesoro *m* tresor; ~ **público** tresor públic
test *m* test, prova
testamento *m* testament
testarazo *m* cop de cap
testarudo -da *aj* cabut -uda
testículo *m* testicle
testigo *mf* testimoni
testimonio *m* testimoni, testimoniatge
teta *f* (*de los mamíferos*) mama, mamella; (*de mujer*) pit, mamella, meta; **de** ~ (*niño*) de pit
tetera *f* tetera
tetina *f* tetina
tétrico -ca *aj* tètric -a
textil *aj m* tèxtil
texto *m* text
ti *pr* tu. *A ~*, a tu; **por ~ mismo** per tu mateix
tía *f* tia; *fm* (*cualquier mujer*) tia; **no hay tu** ~ *fg* no hi ha més cera que la que crema; **¡tu ~!** *fg dsp* creu-t'ho!
tibio -bia *aj* tebi tèbia
tiburón *m* tauró
tic *m* tic
ticket *m* tiquet
tiempo *m* (*duración*) temps; (*atmosférico*) temps, oratge; (*época*) temps; *grm* temps; **al mismo** ~ alhora; **a** ~ a temps; **con el** ~ amb el temps; **con** ~ amb temps; **en su** ~ (*oportunamente*) al seu temps; ~ **libre** lleure, temps lliure

tienda *f* botiga, tenda; (*de campaña*) tenda; ~ **de comestibles** botiga de queviures
tierno -na *aj* tendre -a
tierra *f* [*en mayúscula*] (*planeta*) Terra; (*país, región*) terra; (*suelo, pavimento*) terra *m*; **bajo** ~ sota terra; ~ **firme** terra ferma
tieso -sa *aj* (*rígido*) encarcarat -ada; (*erguido*) dret -a; (*afectado*) tibat -ada, estirat -ada; *fm* garratibat -ada
tiesto *m* test, torreta *f*
tigre *m* tigre
tijera *f* tisores *pl*, estisores *pl*
tila *f* til·la
tilo *m* tell, til·ler
timar *vt* (*robar*) estafar; (*engañar*) ensarronar, engalipar
timbre *m* (*de la puerta*) timbre; (*de la voz, de un instrumento*) timbre; (*de correos*) timbre, segell
timidez *f* timidesa
tímido -da *aj* tímid -a
timo *m* estafa *f*
timón *m* timó
timonel *mf* timoner -a
tímpano *m ana arq* timpà
tina *f* (*recipiente para fregar*) tina, cossi *m*; (*tinaja*) doll *m*, gerra
tinaja *f* doll *m*, gerra
tinglado *m* (*cobertizo*) cobert; (*tablado*) tarima *f*; (*lío*) embull
tiniebla *f* tenebra
tino *m* encert; **perder el** ~ perdre el seny; **sin** ~ sense mesura
tinta *f* tinta; **de buena** ~ de bona font
tinte *m* tint
tintero *m* tinter
tintinear *vi* dringar
tinto -a *aj* negre -a. *Vino* ~, vi negre
tintorería *f* tintoreria
tintura *f* tintura
tío *m* oncle; *fm* (*individuo*) paio; ~ **abuelo** besoncle; ~ **segundo** oncle segon (valencià)
tiovivo *m* cavallets *pl*
típico -ca *aj* típic -a
tipo *m* (*modelo*) tipus; (*clase*) mena *f*; *fm* (*individuo*) paio, tipus
tiquismiquis *aj mf* primmirat -ada; (*con la comida*) llepafils
tira *f* tira; **saber la** ~ saber-ne un niu
tirabuzón *m* tirabuixó
tirada *f grf* tiratge; (*número de ejemplares*) tirada; *jcs* (*de dados, etc*) tirada; *fm* (*trecho*) tirada; **de una** ~ d'una tirada
tirador -ra *mf* tirador -a; *m* (*de una puerta*) pom, agafador; (*tirachinas*) tirador
tiranía *f* tirania
tirano -na *mf* tirà -ana
tirante *aj* (*tenso*) tibant; *pl* (*del pantalón*) elàstics
tirar *vt* (*arrojar*) llançar, tirar, egegar; (*deshacerse*) llençar; (*derrocar*) tirar a terra; (*un líquido*) vessar. *Ha tirado toda la leche*, ha vessat tota la llet; (*derrochar*) llençar, malgastar. *Esto es ~ el dinero*, això és llençar els diners; *vi* (*funcionar*) tirar. *Esta chimenea no tira*, aquesta xemeneia no tira; (*tomar una dirección*) tirar. ~ *a la derecha*, tirar a la dreta; (*gustar*) tirar. *No le tira la televisión*, no li tira la televisió; (*tender*) tirar. *Este tira para médico*, aquest tira per a

metge; (*estar demasiado tirante*) tibar. *Esta camisa me tira por todas partes*, aquesta camisa em tiba per totes bandes; (*subsistir mejor o peor*) tirar; *esp* tirar, llançar, xutar; *vp* llançar-se; **ir tirando** anar fent; **tira y afloja** estira i arronsa; ~ **de** (*hacia sí, arrastrando*) tirar, estirar. ~ *del arado*, tirar de l'arada. ~ *de los cabellos, de las barbas*, estirar els cabells, la barba

tirita *f* tireta

tiritar *vi* tremolar

tiro *m* (*disparo*) tir, tret; (*campo de tiro*) tir; (*de animales*) tir; *esp* (*con armas*) tir; (*con la pelota*) llançament; (*en fútbol*) xut; **a** ~ a l'abast; **ir de ~s largos** anar mudat -ada, anar de vint-i-un botó

tirón *m* (*sacudida*) estrebada *f*; (*trecho*) tirada *f*; **de un** ~ d'una tirada

tirotear *vt* tirotejar

tirria *f* tírria

tisana *f* tisana

titán *m* tità

titánico -ca *aj* titànic -a

títere *m* titella, putxinel·li; *fg* (*persona manejable*) titella

titubear *vi* titubejar

titular *aj m* titular

titular *vt* titular

título *m* títol; **a** ~ **de** a títol de

tiza *f* guix *m*

tiznar *vt* emmascarar, ensutjar

tizne *m* sutge

toalla *f* tovallola

tobillo *m* turmell

tobogán *m* tobogan

tocador *m* tocador

tocar *vt* tocar; (*alcanzar*) tocar *vi*. *Con la cabeza tocábamos el techo*, amb el cap tocàvem al sostre; (*hurgar*) tocar, remenar. *No me toques los papeles*, no em toquis els papers; *mús* tocar; *vi* (*llegar el turno*) tocar. *A usted le toca antes*, a vostè li toca abans; **tocando a** (*cerca de*) tocant a; ~ **fondo** (*estar deprimido*) tocar el fons; ~ **madera** tocar ferro

tocho *m* totxo

tocinería *f* cansaladeria

tocino *m* cansalada *f*

tocón *m* (*de un árbol*) soca *f*

todavía *av* (*temporal*) encara. ~ *no ha llegado*, encara no ha arribat; (*a pesar de*) encara. *Tan pobres como son y ~ nos invitan a comer*, tan pobres com són y encara ens conviden a dinar; (*encima*) damunt, a més. *He trabajado más que nadie y ~ me riñe*, he treballat més que ningú i damunt em renya

todo -da *aj* tot -a; *av* [*concuerda con el aj*] (*completamente*) tot -a. *Estaba toda avergonzada*, estava tota avergonyida; *pr* tot -a. *No lo he visto ~*, no ho he vist tot; *pl* tothom. *~s dicen que me parezco a su cuñada*, tothom diu que m'assemblo a la seva cunyada; *m* tot. *El ~ es igual a la suma de las partes*, el tot és igual a la suma de les parts; **ante** ~ abans que res, abans de tot; **con ~ y con eso** amb tot, amb tot i això; **del** ~ del tot, ben. *Lo han liado del ~*, l'han ben embolicat; ben bé, del tot. *No són iguales del ~*, no són ben bé iguals; **después de ~** al capdavall; **~ lo contrario** ben al contrari; **~ lo más** pel cap alt, a tot estirar; **~ lo... que...** tan... com... *Ven ~ lo rápido que puedas*, vine tan ràpid com puguis; **ser el ~** ésser el tot

toldo *m* (*para dar sombra*) vela *f*, tendal; (*de un circo*) vela *f*; (*en la playa*) para-sol

tolerar *vt* tolerar

tolondrón -ona *aj mf* tabalot, esbojarrat -ada

toma *f* (*acción de tomar*) presa. *~ de contacto*, presa de contacte; (*conquista*) presa; (*de un medicamento*) presa, dosi; *ele* (*enchufe*) presa [de corrent]; **~ de posesión** presa de possessió; **~ de tierra** *ele* presa de terra; *aer* aterratge

tomar *vt* prendre, agafar; (*reaccionar*) prendre. *~ a bien, a mal, uc*, prendre bé, malament, uc; (*conquistar*) prendre; (*un alimento, un medicamento*) prendre; **lo tomas o lo dejas** ho agafes o ho deixes; **¡toma!** bufa!; **~la** (*con up*) tenir-la votada a up; **~ por** (*confondre*) prendre per; **~ prestado** manllevar

tomate *m bot agr* tomaquera *f*; (*fruto*) tomàquet

tomatera *f bot agr* tomaquera

tómbola *f* tómbola

tomillo *m* timó, farigola *f*

tomo *m* tom, volum

tonada *f* tonada

tonadilla *f* tonada

tonalidad *f* tonalitat

tonelada *f* tona

tónico -a *aj* tònic -a; *m med* tònic; *f mús* tònica

tono *m* to; **a ~ con** d'acord amb

tontería *f* bajanada, ximpleria

tonto -ta *aj mf* babau -a, ximple, beneit -a; **a tontas y a locas** a la babalà, a tort i a dret; **~ de capirote** capsigrany

topar *vt* (*chocar*) topar; *fg* (*tropezar*) topar. *~ con grandes dificultades*, topar amb grans dificultats

tope *m* topall; *fg* (*máximo*) límit, màxim -a

tópico -ca *aj med* tòpic -a; *m* (*lugar común*) tòpic

topo *m zoo* talp; (*mancha*) clapa

topografía *f* topografia

toque *m* toc; **dar un ~ de atención** fer un toc d'atenció; **~ de queda** toc de queda

tórax *m* tòrax

torbellino *m* remolí

torcer *vt* (*retórcer*) tòrcer, torçar. *~ un hilo*, tòrcer un fil; (*doblar*) tòrcer, torçar. *~ un alambre*, tòrcer un filferro; (*desviar*) tòrcer, torçar; *vi* (*girar*) tòrcer, torçar, girar, tombar; (*en una esquina, cruce*) girar, tombar; (*canviar de direcció*) trencar; *vp* tòrcer-se, torçar-se

torcido -da *aj* tort -a

tordo *m zoo* tord

torear *vti* torejar

torero -ra *aj mf* torero -a; **saltarse** (*uc*) **a la torera** no fer cas d'uc

tormento *m* turment

torneo *m* torneig

tornillo *m* cargol; **apretarle los ~s** (*a up*) collar, fer passar per l'adreçador; **faltarle** (*a up*) **un ~** faltar-li un bull a up

torno *m* torn; **en ~** a l'entorn, entorn de
toro *m zoo* bou, brau, toro; **coger (agarrar) el ~ por los cuernos**, agafar el toro per les banyes
toronja *f* aranja
torpe *aj* (*inhábil*) graponer -a, maldestre -a; talòs -ossa; (*en comprender*) espès -essa, talós -ossa; obtús -usa
torre *f arq* torre; *jcs* (*del ajedrez*) torre
torrencial *aj* torrencial
torrente *m* riera *f*, torrent; *fg* (*abundancia*) torrent. *Un ~ de palabras*, un torrent de paraules
tórrido -da *aj* tòrrid -a
torso *m* tors
torta *f gst* coca; *fm* (*bofetada*) nata, bufa
tortazo *m* (*bofetada*) bufa *f*, mastegot; (*accidente, choque*) pinya *f*, patacada *f*, trompada *f*; **pergarse un ~** caure de morros per terra
tortícolis *mf med* torticoli *m*
tortilla *f* truita
tórtola *f zoo* tórtora
tortuga *f zoo* tortuga
tortuoso -sa *aj* tortuós -osa
torturar *vt* torturar
tos *f* tos
tosco -ca *aj* (*uc*) tosc -a, bast -a; *fg* (*falto de finura*) tosc -a, barroer -a
toser *vi* tossir, estossegar
tostada *f* torrada
tostar *vt* torrar
tostón *m* llauna *f*, tabarra *f*
total *aj m* total
totalidad *f* totalitat
tóxico -ca *aj m* tòxic -a
toxina *f* toxina
tozudo -da *aj* tossut -uda
traba *f* trava
trabajador -ra *aj mf* treballador -a
trabajar *vi* treballar; *vt* (*la cerámica, la tierra*) treballar; **~ de** treballar de. *Trabaja de albañil*, treballa de paleta; **~ por cuenta ajena** treballar per compte d'altri; **~ por su cuenta** treballar pel seu compte
trabajo *m* treball; (*tarea*) feina *f*, treball; (*para ganarse la vida*) feina *f*; (*obra*) treball; *pl fg* (*penalidades*) treballs; **costar ~** costar molt; **dar ~** donar feina; **~s forzados** treballs forçats
trabucarse *vp* trabucar-se, embarbollar-se
trabuco *m* trabuc
traca *f* traca
tracción *f* tracció
tractor *m* tractor
tradición *f* tradició
tradicional *aj* tradicional
traducción *f* traducció
traducir *vt* traduir
traer *vt* (*hacia el lugar del sujeto*) portar, dur; *vp* (*llevar a cabo*) portar *vt*, tenir *vt*, dur *vt*. *¿Qué te traes entre manos?*, què portes (tens) entre mans?; **traérselas** (*up*) ésser d'allò que no hi ha; (*uc*) ésser d'allò més difícil
traficante *mf* traficant
traficar *vi* traficar
tráfico *m* (*negocios*) tràfic; (*circulación*) trànsit; (*trata*) tràfic

tragaluz *m* claraboia *f*, lluerna *f*
tragar *vt* (*ingerir*) empassar-se *vp*; (*engullir*) engolir; **no poder ~** (*a up*) no poder pair up; **~ el anzuelo** caure-hi de quatre potes; *vp* empassar-se; *vlg* (*comer*) fotre's; *fg* (*creer*) empassar-se
tragedia *f* tragèdia
trágico -ca *aj* tràgic -a
trago *m* glop, trago; **de un ~** d'un glop; **mal ~** mal trago
tragón -ona *aj mf* golafre
traición *f* traïció; **a ~** a traïció
traicionar *vt* trair
traidor -ra *aj mf* traïdor -a
traje *m* vestit; **~ de baño** vestit de bany; **~ de chaqueta** vestit jaqueta; **~ de etiqueta** vestit d'etiqueta; **~ de noche** vestit de nit
trajín *m* tragí, tràfec, trasbals
trajinar *vt* traginar
tralla *f* tralla
trama *f txt* trama, tramat *m*; *fg* (*intriga*) trama
tramar *vt* tramar; *fg* (*urdir*) tramar
trámite *m* tràmit
tramo *m* tram
tramoya *f* tramoia
trampa *f* (*para cazar*) parany *m*, trampa; *fg* (*encerrona*) trampa, parany *m*; (*en el juego*) trampa
trampolín *m* trampolí
tranca *f* garrot *m*; **a ~s y barrancas** a empentes i rodolons
trancazo *m* (*golpe*) garrotada *f*; *fm med* grip *f/m*
trance *m* (*momento crítico*) trànsit, tràngol; (*del médium*) trànsit
tranquilo -la *aj* tranquil -il·la
transcurrir *vi* transcórrer
transcurso *m* transcurs
transeúnte *aj mf* transeünt
transferencia *f* transferència
transferir *vt* transferir
transformación *f* transformació
transformar *vt* transformar
transfusión *f* transfusió
transición *f* transició
transistor *m* transistor
transitar *vi* transitar
tránsito *m* (*paso*) trànsit; (*de mercancías*) tràfic; (*de viajeros*) trànsit; (*muerte*) tránsito; **de ~** de trànsit, de pas
transmisión *f* transmissió
transmitir *vt* transmetre
transparencia *f* transparència
transparente *aj* transparent
transpiración *f* transpiració
transpirar *vi* transpirar
transportar *vt* transportar
transporte *m* transport
transversal *aj* transversal
tranvía *m* tramvia
trapacero -ra *mf* trapella
trapecio *m* trapezi
trapecista *mf* trapezista
trapero -ra *mf* drapaire
trapicheo *m* martingala *f*; tripijoc
trapo *m* drap; *mar* velam; **dejar como un ~** (*a up*) deixar up com un drap brut; **sacar los ~ a relucir** treure els drapets al sol
tras *prp* darrere, rere. *Pasad uno ~ otro*, passeu un darrere l'altre; (*después de*) després de. *~ las elecciones*, després de les eleccions; (*en pos de*) darrere
trasero -ra *aj* posterior, del darrere; *m fm* (*parte posterior*) cul, paner

trasiego *m* tràfec, trasbals
trasladar *vt* traslladar
traslado *m* trasllat
traslucirse *vp* traslluir-se
traspasar *vt* traspassar
traspaso *m* traspàs
trasquilar *vt* esquilar
trastada *f* mala passada, mala jugada
trastazo *m* patacada *f*, trompada *f*
trastear *vi* feinejar
trasto *m* andròmina *f*, rampoina *f*; *pl* mals endreços. *Cuarto de los ~s*, habitació dels mals endreços
trastorno *m* (*molestia, perturbación*) trastorn, trasbals; *med* trastorn
trata *f* tràfic *m*
tratado *m* tractat
tratamiento *m* tractament
tratar *vt* tractar; *vi* (*de cierta materia*) tractar; (*intentar*) tractar, intentar. *Trata de hacerlo bien*, tracta de fer-ho bé; (*hablar*) tractar; (*comerciar*) tractar. *~ en granos*, tractar en grans; *vp* tractar-se; **tratar de** (*a up*) tractar up de. *Le tratan de mentiroso*, el tracten de mentider
trato *m* tracte; (*acuerdo*) tracte, tractat; (*relación*) tracte, coneixença *f*
trauma *m* trauma
través *m* **a ~ de** a través de; **de ~** de través
travesaño *m* travesser
travesía *f* (*viaje*) travessia, travessa; (*carretera*) travessera; (*calle*) travessia
travestí *aj mf* transvestit -ida
travesura *f* malesa
travieso -sa *aj* (*puesto de través*) travesser -a; *aj mf* entremaliat -ada; *f frr* travessa
trayecto *m* trajecte
trayectoria *f* trajectòria
traza *f* (*aspecto*) pinta, cara; (*indicio*) traça; (*maña*) traça
trazar *vt* traçar
trazo *m* traç
trébol *m* trèvol
trece *aj m* tretze
trecho *m* tros, tirada *f*
tregua *f* treva
treinta *aj m* trenta
treintena *f* trentena
tren *m* tren
trenza *f* trena
trepador -a *aj* (*planta*) enfiladís -issa
trepar *vi* grimpar, enfilar-se *vp*; (*una planta*) enfilar-se *vp*
trepidar *vi* trepidar
tres *aj m* tres; **de ~ al cuarto** de mala mort; **ni a la de ~** de cap manera
tresillo *m* (*naipes*) tresillo; *mús* treset; (*mueble*) tresillo
triangular *aj* triangular
triángulo *m mat mús* triangle
tribu *f* tribu
tribulación *f* tribulació
tribuna *f* tribuna
tribunal *m* tribunal
tributo *m* tribut
triciclo *m* tricicle
trifulca *f* brega
trigésimo -ma *aj m* trentè -ena
trigo *m* blat
trilladora *f* màquina de batre
trillar *vt agr* batre, trillar

trimestre *m* trimestre
trinar *vi* refilar; **estar que trina** (*up*) treure foc pels queixals up
trincar *vt* (*apresar*) enxampar; (*beber alchohol*) mamar
trinchar *vt* trinxar
trinchera *f* trinxera
trineo *m* trineu
trinquete *m* trinquet
tripas *fpl* tripes, budells *m*; **hacer de ~ corazón** fer el cor fort; **revolver las ~** regirar l'estómac
triple *aj m* triple
trípode *m* trípode
tríptico *m* tríptic
tripudo -da *aj* panxut -uda
tripulación *f* tripulació
tripular *vt* tripular
tris *m* **por un ~** *fg fm* de poc, per un pèl
triste *aj* trist -a
tristeza *f* tristesa
triturar *vt* triturar
triunfar *vi* triomfar
triunfo *m* triomf
trivial *aj* trivial
trocar *vt* baratar, canviar
trocear *vt* trossejar, esbocinar
trofeo *m* trofeu
trola *f* (*mentira*) bola
trolero -ra *aj mf* mentider -a
tromba *f* tromba; **~ de agua** aiguat, ruixat
trompa *f* trompa
trompazo *m* trompada *f*, pinya *f*
trompeta *f* trompeta
trompicón *m* ensopegada *f*; **a trompicones** (*con dificultades*) a empentes i rodolons; (*con discontinuidad*) a batzegades
tronado -da *aj* (*deteriorado*) tronat -ada; (*loco*) tocat -ada de l'ala
tronar *vi* tronar
troncharse *vp* (*de risa*) petar-se, recargolar-se, partir-se
tronco *m* (*de árbol*) tronc, soca *f*; (*para quemar*) soc, tió; *ana* tronc; (*estirpe*) tronc, soca *f*; *vlg* paio; **dormir como un ~** dormir com un soc
trono *m* tron
tropa *f* tropa
tropezar *vi* ensopegar, entrebancar-se; *vp* (*con up*) ensopegar *vi*
tropical *aj* tropical
trópico *m* tròpic -a
trotamundos *m* rodamón
trotar *vi* trotar
trote *m* trot; **al ~** al trot
trovador *m lit* trobador -a
trozo *m* tros, bocí
trucha *f zoo* truita
truco *m* truc
truculento -ta *aj* truculent -a
trueno *m* tro
trufa *f bot* tòfona, trufa; *gst* trufa
truhán -ana *mf* truà -ana, bergant -a
truncar *vt* truncar
tu *aj* [*apócope de* **tuyo** *precediendo a un sustantivo; pl:* tus] el teu, la teva [*pl:* els teus, les teves]
tú *pr* tu. *Soy mejor que ~*, sóc millor que tu; **de ~ a ~** de tu a tu
tubería *f* canonada
tubo *m* (*de una tubería*) tub, canó; (*de pastillas*) tub; **~ de escape**

tub d'escapament; **pasar por el** ~ passar per l'adreçador
tuerca *f* femella, rosca
tuerto -ta *aj mf* borni bòrnia
tuétano *m* moll
tufillo *m* tuf
tufo *m* tuf, baf, ferum *f*
tulipán *m* tulipa *f*
tullido -da *aj* tolit -ida
tumbado -a *aj* estès -esa, ajagut -uda
tumbar *vt* tombar; *vp* ajeure's, estirar-se
tumbo *m* sotrac, sotragada *f*; (*voltereta*) tombarella *f*, tomb; **dando ~s** rodolant
tumulto *m* tumult
tunante -a *mf* bergant -a
tunda *f* pallissa
túnel *m* túnel
túnica *f* túnica
tupido -a *aj* atapeït -ïda, espès -essa
turbante *m* turbant
turbar *vt* torbar
turbina *f* turbina
turbio -bia *aj* tèrbol -a
turbulento -ta *aj* turbulent -a
turco -ca *aj mf* turc -a; *m* (*lengua*) turc; *f fm* (*borrachera*) mona
turismo *m* turisme
turista *mf* turista
turístico -ca *aj* turístic -a
turno *m* torn
tutear *vt* tutejar
tutela *f* tutela
tutor -ra *mf* tutor -a
tuyo -ya *aj pr* teu teva; **lo ~** el teu fort

U

u *f* (*letra*) u; *cnj* o. *Un día ~ otro*, un dia o altre
ufanía *f* ufana
ufano -na *aj* ufanós -osa, cofoi -a
ujier *m* uixer
úlcera *f* úlcera
ultimar *vt* enllestir
último -ma *aj* darrer -a, últim -a; **a ~s de** al final de; **estar en las últimas** (*morirse*) ésser a les acaballes
ultraje *m* ultratge
ultramar *m* ultramar
ultratumba *f* ultratomba
ultravioleta *aj m* ultraviolat -ada
ulular *vi* udolar
umbilical *aj* umbilical
umbral *m* llindar
umbrío -a *aj* ombrívol -a, ombriu -iva, obac -aga; *f* obac *m*, obaga
un una *ar* un -a; *aj* [*numeral*] un -a. *Sólo tiene ~ un hijo*, no té sinó un fill; [*indefinido*] algun -a. *~ día iré a verte*, algun dia et vindré a veure; *pl* [*indefinido*] uns -es quant -es, alguns -es. *~s días después*, uns dies després
unánime *aj* unànime
unción *f* unció; **~ de los enfermos** unció dels malalts
undécimo -ma *aj mf* onzè -ena
undulación *f* ondulació
ungüento *m* ungüent
únicamente *av* únicament
único -ca *aj* únic -a
unicornio *m* unicorn
unidad *f* unitat
unificar *vt* unificar

uniforme *aj m* uniforme
unión *f* unió
unir *vt* unir
universal *aj* universal
universidad *f* universitat
universo *aj* univers -a
uno *aj m* [*numeral*] un -a; *aj mf* (*primero*) u. *La página* ~, la pàgina u; *pl* (*un par*) uns -unes. *Cómprame ~s calcetines*, compra'm uns mitjons; *pr* un -a. *Es ~ de muy simpático*, és un de molt simpàtic; *f* (*hora*) una; **de ~ en ~** d'un a un (un per un); **el ~ al otro** l'un a l'altre; **~ a (por) ~** d'un a un (un per un); **una de dos** una de dues; **~s** uns quants; **~s y otros** els uns i els altres
untar *vt* untar; (*sobornar*) untar; *vp* (*mancharse*) untar-se
uña *f ana* ungla; (*pezuña*) unglot *m* **ser ~ y carne** ésser carn i ungla
uranio *m* urani
urbanismo *m* urbanisme
urbanización *f* urbanització
urbanizar *vt* urbanitzar
urbano -na *aj mf* urbà -ana
uréter *m* urèter
uretra *f* uretra
urgencia *f* urgència
urgente *aj* urgent
urgir *vi* urgir
urinario -ria *aj m* urinari -ària
urna *f* urna
urogallo *m* gall fer (salvatge)
urraca *f* garsa
urticaria *f* urticària
usado -sa *aj* usat -ada
usanza *f* usança; **a ~** segons el costum. *A la antigua ~*, a la manera antiga
usar *vt* usar, fer servir, emprar; **~ de** fer ús de
uso *m* ús; **~ de razón** ús de raó
usted *pr* vós, vostè; *pl* vosaltres, vostès; **¡que ~ lo pase bien!** passi-ho bé!
usual *aj* usual
usuario -ria *mf* usuari -ària
usurpar *vt* usurpar
utensilio *m* utensili, estri
útero *m* úter
útil *aj* útil; *m* [*generalmente en pl*] *tcn* eina *f*, estri
utilidad *f* utilitat
utilización *f* utilització
utilizar *vt* utilitzar
utillaje *m* utillatge
utopía *f* utopia
uva *f* raïm *m*. *Granos de ~*, grans de raïm; **de ~s a peras** molt de tant en tant; **estar de mala ~** estar de mala llet (lluna); **~ pasa** pansa
uve *f* (*letra*) ve baixa. *¿Con be o con ~?*, amb be alta o ve baixa?; **~ doble** ve doble
úvula *f ana* úvula

V

vaca *f* vaca; **~ sagrada** *fg dsp* patum; **~s flacas** vaques magres; **~s gordas** vaques grasses
vacante *aj f* vacant
vaciar *vt* buidar
vacilar *vi* vacil·lar
vacío -a *aj m* buit buida
vacuna *f* vacuna
vacunar *vt* vacunar
vacuno -na *aj* boví -ina; *m* (*ganado vacuno*) vacum

vadear *m* (*un río*) passar a gual
vado *m* gual; ~ **permanente** gual permanent
vagabundo -da *aj mf* vagabund -a
vagancia *f* vagància
vagar *vi* vagar, vagarejar
vagina *f* vagina
vago -ga *aj* (*impreciso*) vague vaga; *aj mf* gandul -a; *m ana* vague, nervi vague
vagón *m* vagó
vagoneta *f* vagoneta
vaguear *vi* vagarejar
vaharada *f* bafarada
vaho *m* baf
vaina *f* (*de espada*) beina; *bot* (*de guisantes, judías*) beina, tavella
vainilla *f* vainilla
vaivén *m* vaivé
vajilla *f* vaixella
vale *m* (*papel canjeable*) val; *dr* (*pagaré*) val
valentía *f* valentia, coratge *m*
valer *vi* valer. *Este chico vale mucho*, aquest noi val molt; (*servir*) fer el fet. *No es muy alto, pero ya vale*, no és gaire alt, però ja fa el fet; (*ser válido*) valer. *Eso no vale*, això no val; *vp* valerse; (*servirse*) valer-se; (*poderse valer*) valer-se; **más vale así** val més així; **no vale** no s'hi val a. *No vale decir mentiras*, no s'hi val a dir mentides; *vt* valer. *El premio vale el esfuerzo*, el premi val l'esforç; **no ~ un comino** no valer un rave; (*costar*) valer; ~ **la pena** valer (pagar) la pena
valeroso -sa *aj* valerós -osa
valía *f* vàlua
válido -da *aj* vàlid -a
valiente *aj* valent -a
valioso -sa *aj* valuós -osa
valla *f* tanca; ~ **publicitaria** tanca publicitària, plafó publicitari
vallado *m* tanca *f*, tancat
valle *m* vall *f*
valor *m* (*valía*) valor; (*valentía*) valor, coratge
valorar *vt* valorar
vals *m* vals
válvula *f* vàlvula
vampiro *m* vampir
vanagloria *f* vanaglòria, ufana
vanguardia *f* avantguarda
vanidad *f* vanitat
vanidoso -sa *aj* vanitós -osa
vano -na *aj* va vana; **en ~** en va, debades
vapor *m fís mar* vapor
vaporoso -sa *aj* vaporós -osa
vapulear *vt* estomacar, apallissar; (*zarandear*) sacsejar; (*criticar*) vituperar
vaquero -ra *mf* vaquer -a
vara *f* vara
variable *aj f* variable
variación *f* variació
variar *vti* variar
variedad *f* varietat
varilla *f* (*vara pequeña*) vareta; (*de vano, paraguas*) barnilla
vario -ria *aj* (*diverso*) vari vària, divers -a, diferent. *De colores ~s*, de colors varis; (*variado*) variat -ada. *Producciones muy varias*, produccions molt variades; (*mudable*) vari vària. *Humor ~*, humor vari; *aj* (*algunos*) uns -es quants -es, alguns -es. *Tengo ~s*

problemas, tinc uns quants problemes
varita *f* vareta
varón *m* (*adulto*) baró
varonil *aj* viril
vasallo -lla *mf* vassall -a
vasco -ca *aj mf* basc -a; *m* (*lengua*) basc
vasija *f* vas *m*
vaso *m* (*para beber*) got; (*vasija*) vas; *ana* vas
vástago *m bot* brot; *fg* (*hijo*) planço
vasto -ta *aj* vast -a
váter *m* vàter
vaticinar *vt* vaticinar
vecindad *f* (*cualidad de veino*) veïnatge *m*; (*vecindario*) veïnat *m*
vecino -na *aj mf* veí -ïna
veda *f* veda
vedado *m* vedat
vega *f* horta
vegetación *f* vegetació; *pl ana* carnots *m*
vegetal *aj m* vegetal
vegetariano -na *aj mf* vegetarià -ana
vehemencia *f* vehemència
vehículo *m* vehicle
veinte *aj m* vint
veinteavo -va *aj m* vintè -ena
veintena *f* vintena
veintiuno *aj m* (*cardina*) vint-i-u -una; (*ordinal*) vint-i-un -una
vejez *f* vellesa
vejiga *f* bufeta, veixiga; (*en la piel*) butllofa
vela *f* (*bujía*) espelma; (*de un muerto, un enfermo*) vetlla; (*vigilia*) vetlla; *esp mar* vela; *fm* (*moco que cuelga*) candela; **¿quién te ha dado ~ en este entierro?** qui et mana de ficar-t'hi?
velada *f* vetllada
velamen *m* velam
velar *aj f* velar
velar *vi* vetllar; *vt* (*un enfermo, un muerto*) vetllar; (*cubrir con un velo*) velar. *La calina velaba el sol*, la calitja velava el sol; *vtp fot* velar; **~ por** vetllar per
velatorio *m* (*de un muerto*) vetlla *f*
velero -ra *aj m* veler -a
veleta *f* penell *m*
vello *m* borrissol, pèl moixí
velludo -da *aj* pelut -uda
velo *m ana txt* vel
velocidad *f* velocitat
velódromo *m* velòdrom
veloz *aj* veloç
vena *f ana* vena; (*franja en una madera, etc*) veta; *fg* (*manía*) dèria, ceba. *Le ha dado la ~ de hacer bailes de salón*, li ha agafat la dèria de fer balls de saló; *fg* (*madera*) vena. *Tiene ~ de músico*, té vena de músic
venado *m* cérvol
venal *aj* venal
vencer *vt* (*derrotar*) vèncer; *vi* (*un plazo, una deuda, etc*) vèncer
vencimiento *m* venciment
venda *f* bena
vendar *vt* embenar
vendaval *m* vendaval
vendedor -ra *mf* venedor -a
vender *vt* vendre; *vp fg* (*dejarse sobornar*) vendre's; **~ a plazos** vendre a terminis; **~ al contado** vendre al comptat

vendimia *f* verema
vendimiar *vt* veremar
veneno *m* verí, metzina *f*
venenoso -sa *aj* verinós -osa
venerar *vt* venerar
venganza *f* venjança
vengar *vt* venjar
vengar *vtp* venjar(-se)
venidero -ra *aj* venidor -ora, esdevenidor -a
venir *vi* venir; (*proceder*) venir; (*suceder*) venir. *Después del verano viene el otoño*, després de l'estiu ve la tardor; (*estar*) ésser, aparèixer. *La noticia viene en primera plana*, la notícia és a la primera plana; (*sobrevenir*) venir, agafar. ~ *sueño, una idea*, venir son, una idea; (*quedar*) venir. *Los zapatos le vienen pequeños*, les sabates li vénen petites; **¿a qué viene...?** a què treu cap...?; **que viene** que ve, vinent, entrant. *La semana que viene*, la setmana entrant; **¡venga!** vinga!; ~ **ancha** (*uc a up*) venir (anar) ample uc a up; ~ **bien** venir bé; ~ **con** sortir amb. ~ *con exigencias*, sortir amb exigències
venta *f* venda
ventaja *f* avantatge
ventajoso -sa *aj* avantatjós -osa
ventana *f* finestra
ventanal *m* finestral
ventanilla *f* (*en los trenes, coches*) finestreta; (*de una taquilla*) finestreta
ventear *vi* ventejar
ventilador *m* ventilador
ventilar *vt* ventilar
ventisca *f* rufada
ventolera *f* ventada; *fg* (*manía*) rampell *m*
ventosidad *f* ventositat, vent *m*
ventura *f* ventura; **a la** ~ a la ventura, **por** ~ (*acaso*) por ventura
ver *vi* veure-hi. *Tienen ojos y no ven*, tenen ulls i no hi veuen; *vt* veure; (*percibir, comprender*) veure. *Ya veo lo que pretendes*, ja veig el que pretens; (*considerar*) veure. *Lo veo muy difícil*, ho veig molt difícil; *vp* veure's; **a** ~ (**veamos**) a veure, vejam; **eso está por** ~ això caldrà veure-ho; **¡hay que ~!** (*protesta*) quina barra!; (*admiración*) Déu n'hi do!; **no poder** ~ (*a up*) no poder veure up; **no tener nada que** ~ no tenir-hi res a veure; **véase** vegeu. *Véase página 20*, vegeu pàgina 20; **vérselas con uno** veure's amb algú; **vérselas y deseárselas** veure's negre; **y si te he visto no me acuerdo** (*up*) fa veure que no em coneix; (*uc*) i ja l'has vist prou
vera *f* vora, voral *m*, vorada; costat. *A mi* ~, al meu costat
veraneante *mf* estiuejant
veranear *vi* estiuejar
verano *m* estiu
veras *fpl* **de ~s** de debò, de veres
veraz *aj* veraç
verbal *aj* verbal
verbena *f bot* berbena; (*fiesta popular*) revetlla
verbo *m* verb
verdad *f* veritat; **a decir** ~ (**la** ~ **sea dicha**) si hem d'ésser francs; **cantar las ~es** cantar les

veritats; **de** ~ de veritat, de debò; **en** ~ en veritat; **¿~?** [*pidiendo confirmación*] oi?
verdadero -ra *aj* vertader -a, veritable
verde *aj m* (*color*) verd; *aj* (*no maduro, no seco*) verd -a; *fg* (*obsceno*) verd; **poner** ~ (*a up*) deixar up com un drap brut
verdear *vi* verdejar
verdor *m* verdor *f*
verdoso -sa *aj* verdós -osa
verdugo *m* botxí
verdura *f* (*color*) verdor; (*hortalizas*) verdura
vereda *f* sendera, sender *m*, viarany *m*
vergonzoso -sa *aj* vergonyós -osa
vergüenza *f* vergonya; *pl* (*genitales*) vergonyes; **dar** ~ fer vergonya
verídico -ca *aj* verídic -a
verificar *vt* verificar
verja *f* reixat *m*, reixa
vermú *m* vermut
vernáculo -la *aj* vernacle -a
vero -ra *aj* ver -a
verosímil *aj* versemblant
verruga *f* berruga
versar *vi* (*dar vueltas*) girar, voltar; (*tratar*) versar
versátil *aj* versàtil
versículo *m* versicle
versión *f* versió
verso *m* vers
vértebra *f* vèrtebra
vertebrado -da *aj m* vertebrat -ada
vertebral *aj* vertebral
vertedero *m* abocador
verter *vt* abocar, vessar; (*derramar*) vessar; *vi* (*desaguar*) desembocar, desguassar
vertical *aj f* vertical
vértice *m mat ana* vèrtex
vertiente *f arq geo* vessant *m*; *fg* (*aspecto*) vessant *m*
vértigo *m* vertigen
vesícula *f* bufeta, vesícula
vespertino -na *aj* vespertí -ina
vestíbulo *m* vestíbul
vestido -da *aj m* vestit -ida
vestir *vti* vestir
vestuario *m* (*conjunto de vestidos*) vestuari; (*de un gimnasio*) vestidor; (*guardarropa*) vestuari
veta *f* veta
veterano -na *aj mf* veterà -ana
veterinario -ria *aj mf* veterinari -ària
veto *m* vet, veto
vez *f* vegada, cop *m*; (*tanda*) torn *m*; **a la** ~ alhora, a la vegada; **a su** ~ al seu torn; **a veces** a (de, algunes) vegades; **cada** ~ cada vegada; **de una** ~ d'una vegada; **de** ~ **en cuando** de tant en tant; **en** ~ **de** en comptes de, en lloc de; **había una** ~ una vegada era; **la mayoría de las veces** la major part de les vegades; **tal** ~ tal vegada; **una que otra** ~ de tant en tant; **una** ~ **al año** una vegada a l'any
vía *f aut dr frr* via; *fg* (*medio*) via. *La* ~ *de la salvación*, la via de la salvació; **en ~s de** en via de, en procés de; ~ **Láctea** Via Làctia; ~ **pública** via pública; ~ **muerta** via morta

viajante *aj mf* viatger -a; *mf com* (*representante comercial*) viatjant -a
viajar *vi* viatjar
viaje *m* viatge
viajero -ra *aj mf* viatger -a
vial *aj* viari -ària; *m med* vial
vianda *f* vianda
viandante *mf* vianant
víbora *f* escurçó *m*
vibración *f* vibració
vibrar *vi* vibrar
vicaría *f* (*cargo*) vicaria; (*casa parroquia*) rectoria; **pasar por la ~** casar-se [per l'Església]
vicario -ria *aj* vicari -ària; *m rlg* rector
viceversa *av* viceversa
vicio *m* vici; **de ~** per vici. *Quejarse de ~*, queixar-se per vici
víctima *f* víctima
victoria *f* victòria
victorioso -sa *aj mf* victoriós -osa
vid *f* vinya, cep *m*
vida *f* vida; **amargarle la ~** (*a up*) amargar la vida a up; **complicarse la ~** complicar-se la vida (l'existència); **de por ~** per a tota la vida; **en mi ~** en ma vida; **ganarse la ~** guanyar-se la vida; **hacerle la ~ imposible** (*a up*) no deixar viure up; **¿qué es de tu ~?** com et va la vida?; **quitarse la ~** llevar-se la vida; **~ arrastrada** vida de gos
vídeo *m* vídeo
vidriera *f* vitrall *m*
vidrio *m* vidre
viejo -ja *aj mf* vell -a
viento *m* vent; *mús* vent; **beber los ~s por** (*uc, up*) perdre el cap per; **echar con ~ fresco** engegar a dida; **ir ~ en popa** anar vent en popa
vientre *m* ventre; **bajo ~** baix ventre; **ir de ~** anar (fer) de ventre
viernes *m* divendres
viga *f* biga
vigente *aj* vigent
vigésimo -ma *aj* vintè -ena
vigía *m* (*marinero*) guaita; (*en tierra*) sentinella, guaita; (*atalaia*) talaia
vigilancia *f* vigilància
vigilante *aj mf* vigilant
vigilar *vti* vigilar
vigilia *f* (*vela*) vigília, vetlla; (*víspera*) vigília; **comer de ~** fer magre
vigor *m* vigor; **en ~** en vigor
vigoroso -sa *aj* vigorós -osa
vikingo -ga *aj mf* víking
vil *aj* vil
villa *f* (*población*) vila; (*casa*) vil·la
villancico *m* nadala *f*
villano -na *aj mf* vilà -ana; *fg* (*granuja*) brivall
vinagre *m* vinagre
vinagreras *f pl* setrilleres
vínculo *f* lligam *m*
vinícola *aj* vinícola
vino *m* vi; **~ blanco** vi blanc; **~ clarete** vi rosat; **~ joven** vi novell; **~ tinto** vi negre
viña *f* vinya
viñedo *m* vinya *f*
viola *f bot mús* viola
violar *vt* violar
violencia *f* violència
violento -ta *aj* violent -a

violeta *f bot* viola; *aj m* (*color*) violeta
violín *m* violí
violonchelo *m* violoncel
virar *vt* virar
virgen *aj f* verge; [*en mayúsculas*] Mare de Déu
Virgo *m ast* Verge
viril *aj* viril
virrey -reina *mf* virrei -reina
virtual *aj* virtual
virtud *f* virtut; **en ~ de** en (per) virtut de
virus *m* virus
viruta *f* encenall *m*
visado *m* visat
visaje *m* ganyota *f*, mueca *f*
víscera *f* víscera
viscoso -sa *aj* viscós -osa, llefiscós -osa
visera *f* visera
visibilidad *f* visibilitat
visible *aj* visible
visillo *m* cortineta *f*, estor
visión *f* visió
visita *f* visita; **ir de ~** anar a fer visites
visitador -ra *aj mf* visitador -a; **~ médico** visitador mèdic
visitante *aj mf* visitant
visitar *vt* visitar
vislumbrar *vt* albirar, entreveure
víspera *f* vigília; *pl* (*oficio religioso*) vespres; **en ~s de** en vigíles de
viso *m* reflex; (*prenda de mujer*) combinació *f*; *fg* (*apariencia*) aspecte, aire
vista *f* vista; **a la ~** a la vista; **con ~s a** (*pensando en*) amb vista a; **comerse con la ~** menjar-se amb els ulls; **en ~ de** en vista de, davant (de); **en ~ de que** vist que, considerant que; **hacer la ~ gorda** fer els ulls grossos; **nublarse la ~** entelar-se els ulls; **quitar uc de la ~** treure uc del davant; **volver la ~ atrás** mirar enrere
vistazo *m* cop d'ull, ullada *f*
visto -ta *aj* vist -a; (*usado*) vist -a, suat -ada. *Está muy ~*, està molt vist; (*considerado*) vist -a, mirat -ada; **está ~ que** és clar que; **por lo ~** es veu que, pel que sembla; **ser algo nunca ~** ésser uc mai vista
vistoso -sa *aj* vistós -osa
visual *aj* visual
vital *aj* vital
vitalidad *f* vitalitat
vitamina *f* vitamina
vitral *m* vitrall
vitrina *f* vitrina
viudo -da *aj mf* vidu vídua, viudo -a
vivac *m* bivac
vivaracho -cha *aj* eixerit -ida
vivaz *aj* vivaç
vivencia *f* vivència
víveres *mpl* queviures
vivero *m* (*para plantas*) viver, planter; (*para peces*) viver
viveza *f* vivor
vivienda *f* habitatge *m*
viviente *aj m* vivent
vivir *vi* viure; (*habitar*) viure; **~ en las nubes** no tocar de peus a terra
vivo -va *aj* (*que vive*) viu viva; (*que permanece*) viu viva. *Es una costumbre que sigue viva*, és un

costum que segueix viu; (*genio*) fort -a; (*color*) viu viva; (*listo, astuto*) llest -a, astut -a; *m* viu. *Los ~s y los muertos*, els vius y els morts; (*de una costura*) voraviu; (*canto, arista*) viu; *mf* (*frescales*) fresc -a; **en** ~ (*concierto*) en directe; **tocar en lo** ~ tocar el viu
vizconde *m* vescomte
vocablo *m* vocable
vocabulario *m* vocabulari
vocación *f* vocació
vocal *aj f* vocal
vocear *vi* vociferar, cridar, baladrejar; *vt* anunciar, cridar
vocerío *m* cridòria *f*
vociferar *vi* vociferar, baladrejar
vocinglero -ra *aj* baladrer -a
volada *f* volada
voladizo -za *aj* voladís -issa; *m* volada *f*, sortint
volador -ra *aj* volador -a
volante *aj* volant, volador -a; *m* (*hoja para comunicar uc*) volant; (*adorno*) volant, farbalà; *aut* volant
volar *vti* volar
volcán *m* volcà
volcánico -ca *aj* volcànic -a
volcar *vt* bolcar, tombar; (*para vaciar*) abocar; *vi* (*un vehículo*) bolcar
voleibol *m* voleibol
voltear *vt* fer voltar; (*las campanas*) ventar; *vi* (*caer rodando*) rodolar
voltereta *f* tombarella
voltio *m* volt
volumen *m* volum; (*tomo*) volum; (*de la voz, de un sonido*) volum
voluntad *f* voluntat; **a** ~ a voluntat; **buena, mala** ~ bona, mala voluntat; **hacer su santa** ~ fer la seva voluntat; **última** ~ darrera voluntat
voluntario -ria *aj mf* voluntari -ària
volver *vt* (*mover sobre sí mismo*) girar, tombar; (*las hojas de un libro*) girar; (*dar la vuelta*) tombar, capgirar; (*restituir*) tornar, retornar; (*convertir*) fer tornar; *vi* (*regresar*) tornar; (*ir de nuevo*) tornar; *vp* girar-se, tombar-se; (*convertirse*) tornar-se, esdevenir *vi*; ~ **a** [*con infinitivo*] tornar a; ~ **atrás** fer marxa enrere; ~ **en sí** (*revenir*) tornar en si; ~ **la espalda** (*a up*) girar (donar) l'esquena; ~ **la mirada** girar els ulls (la vista); (*regresar*) tornar-se'n; **~se atrás** tornar-se'n a; **~se contra** (*up*) girar-se contra up; **~se de espaldas a** (*la realidad*) girar-se d'esquena a
vomitar *vt* vomitar
vomitivo -va *aj m* vomitiu -iva
vómito *m* vòmit
vorágine *f* (*en el mar*) xuclador *m*
voraz *aj* voraç
vosotros -tras *pr* vosaltres
votación *f* votació
votar *vi* votar
voto *m* vot; ~ **de confianza** vot de confiança; ~ **solemne** vot solemne
voz *f* veu; *dr grm mús* veu; **alzar la** ~ parlar més fort; **a voces** a crits; **a** ~ **en grito** a plens pulmons; **de viva** ~ de viva veu; **echar una** ~ fer un crit; **en** ~

alta en veu alta; **en ~ baja** en veu baixa; **pedir a voces** demanar. *Esta camisa pide a voces un lavado*, aquesta camisa demana una retanda; **tener ~ y voto** tenir veu i vot; **~ de pito** veu d'espinguet; **~ ronca** veu enrogallada
vozarrón *m* veuarra *f*
vuelco *m* (*tumbo*) capgirell, tombarella; (*de un coche*) bolcada *f*, bolc; *fg* (*cambio*) tomb; **dar un ~** (*un coche*) fer una volta de campana; **le dió un ~ el corazón** el cor li va fer un salt
vuelo *m* vol; (*de una falda*) vuelo; *arq* volada *f*; **al ~** al vol; **alzar el ~** aixecar el vol; **de un ~** en un (d'un) vol; **de altos ~s** d'alta volada; **de mucho ~** de gran volada; **no oirse el ~ de una mosca** no sentir-se ni piu
vuelta *f* volta; (*giro*) volta; (*regreso*) retorn *m*, tornada; (*dinero devuelto*) canvi *m*; (*dorso*) dors *m*, revers *m*; (*paseo corto*) tomb *m*; (*a una llave*) volt *m*; (*ronda*) volta; (*rodeo*) volta; (*vez*) volta, vegada; (*cambio*) tomb *m*; **a la ~** (*de regreso*) a la tornada; **a la ~ de la esquina** passada la cantonada; (*muy cerca*) a tocar, a quatre passes; **a ~ de correo** a correu seguit, pel primer correu; **dar una ~** fer un tomb; **dar la ~ de campana** fer una volta de campana; **dar ~s a** (*meditar*) donar voltes a; **dar ~s** (*girar*) voltar; **dar ~s** (*en la cama*) regirar-se *vp*; **estar de ~** tornar a ésser aquí; **no hay que darle ~s** no cal donar-hi més voltes; **~ ciclista** volta ciclista
vuestro -tra *aj* vostre -a, el la vostre -a [quan precedeix el nom]. *~s hijos*, els vostres fills; *pr* vostre -a. *Nuestro piso es como el ~*, el nostre pis és com el vostre; **la vuestra** la vostra ocasió. *Esta es la vuestra*, aquesta és la vostra ocasió
vulgar *aj* vulgar
vulgo *m* (*común de los hombres*) vulgar; *dsp* populatxo
vulnerar *vt* vulnerar
vulva *f* vulva

W

water *m* vàter
waterpolo *m* waterpolo
whisky *m* whisky
wolframio *m* tungstè, wolfram

X

xenofilia *f* xenofília
xenofobia *f* xenofòbia
xenón *m* xenó
xerografía *f* xerografia
xeroftalmía *f* xeroftalmia
xilófono *m* xilòfon

Y

y *cnj* i. *Carlos ~ Diana*, en Carles i la Diana
ya *av* ja; *Ya lo sé*, ja ho sé. *¡Ya voy!*, vinc de seguida!; *cnj* ja; **ya no...**

sino no sols... sinó. *Esto me disgusta ya no por mí sino por ti mismo*, això em disgusta no sols per mi sinó per tu mateix; ~ **que** (*puesto que*) ja que
yacer *vi* jeure; **aquí yace** aquí reposa; ~ **con** jeure amb
yacija *f* jaç *m*
yacimiento *m geo min* jaciment, mina *f*
yate *m* iot
yedra *f* = **hiedra**
yegua *f* euga, egua
yema *f bot* gemma; (*de huevo*) rovell *m*
yerba *f* = **hierba**
yermo -ma *aj* erm -a; *m* erm, ermàs
yerno *m* gendre
yerro *m* errada *f*, error
yerto -ta *aj* ert -a, rígid -a
yeso *m min arq med* guix
yo *pr pers* jo. ~ *mismo*, jo mateix; **el** ~ *fil* el jo
yodo *m* iode
yogur *m* iogurt
yudo *m* judo
yugo *m agr* jou; (*de campana*) jou; *fg* (*dominio despótico*) jou
yugular *aj f* jugular
yunque *m* enclusa *f*
yuxtaposición *f* juxtaposició

Z

zafarse *vp* escapolir-se
zafio -fia *aj mf* groller -a, barroer -a
zafiro *m* safir
zaga *f* (*parte posterior*) saga; *esp* (*fútbol*) defensa, línia defensiva; **a la** ~ a la saga
zaguero -ra *aj* darrer -a; *m esp* defensa
zaherir *vt* (*reprender*) renyar, reprendre; (*escarnecer*) escarnir, ferir, humiliar
zalamería *f* magarrufa, moixaina
zalamero -ra *aj* afalagador -a, amanyagador -a
zamparse *vp fm* cruspir-se, fotre's
zanahoria *f* pastanaga
zanca *f* (*pierna de ave*) pota; (*zanco*) xanca
zancada *f* gambada; **en dos ~s** amb quatre gambades
zanco *m* xanca *f*
zancudo -da *aj* camallarg -a; *m zoo* camallarg
zapatería *f* sabateria
zapatero -ra *mf* sabater -a; *m* (*mueble*) sabater; ~ **remendón** ataconador
zapatilla *f* sabatilla
zapato *m* sabata *f*
zar -ina *mf* tsar -ina
zarandear *vt* sacsejar
zarco -ca *aj* blau cel
zarpa *f* arpa
zarpar *vi* salpar
zarza *f* esbarzer *m*
zarzal *m* bardissa *f*
zarzamora *f* móra
zascandil *mf* baliga-balaga, poca-solta
zedilla *f* ce trencada
zenit *m* zenit
zeta *f* (*letra*) zeta
zigzag *m* ziga-zaga *f*
zócalo *m* sòcol
zodiaco *m* zodíac
zona *f* zona; ~ **verde** zona verda
zoo *m* zoo

zoológico -ca *aj m* zoològic -a
zopenco *m* tanoca, beneit -a
zoquete *m* (*obtuso*) totxo, tros d'ase
zorro -rra *mf zoo* guineu *f*, guillot guilla *f*; *aj m* (*astuto*) murri múrria; *f dsp* (*prostituta*) meuca, bagassa; **hecho unos ~s** baldat, mig mort
zorzal *m zoo* tord
zozobra *f* (*acción de zozobrar*) sotsobre; *fg* angoixa, ànsia
zozobrar *vt mar* sotsobrar; *fg* passar ànsia
zueco *m* esclop, soc
zumbar *vi* brunzir; **~le los oídos** xiular-li les orelles
zumbido *m* brunzit
zumo *m* suc
zurcir *vt* sargir
zurdo -da *aj* esquerrà -ana
zurra *f* surra
zurrar *vt* apallissar, estomacar, estovar; (*pieles*) adobar
zurriagazo *m* fuetada *f*
zurriago *m* fuet, xurriaques *fpl*
zurrón *m* sarró
zutano -na *mf* en (la) tal. *Fulano, mengano y ~*, en tal, en tal y en tal altre

Nombres de persona y de lugar

Abel *m hst rlg* Abel
Abisinia *f geo* Abissínia
Abrahán *m rlg* Abraham
Acuario *m ast* Aquari
Adán *m rlg* Adam
Adela *f* Adela
Adolfo *m* Adolf
Adriano -na *mf* Adrià -ana
Adriático *m geo* mar Adriàtic -a *f/m*
Afganistán *m geo* [l'] Afganistan
África *f geo* [l'] Àfrica
Afrodita *f mit* Afrodita
Ágata *f* = **Águeda**
Águeda *f* Àgata
Agustín -ina *mf* Agustí -ina
Alá *m rlg* Al·là
Alaska *f geo* Alaska
Albania *f geo* Albània
Alberto -ta *mf* Albert -a
Alejandría *f geo* Alexandria
Alejandro -dra *mf* Alexandre -a
Alejo *m* Aleix
Alemania *f geo* Alemanya
Alfonso *m* Alfons
Alicante *geo* Alacant
Alicia *f* Alícia
Alpes [*los*] *mpl geo* [els] Alps
Alsacia *f geo* Alsàcia
Álvaro *m* Àlvar
Amadeo *m* Amadeu
Amazonas [*el*] *m geo* (*río*) [l'] Amazones
Amberes *geo* Anvers
Ambrosio *m* Ambròs
Amelia *f* Amèlia
América *f geo* Amèrica; ~ **Central** Amèrica Central; ~ **del Norte** Amèrica del Nord, Nord-amèrica; ~ **del Sur** Amèrica del Sud, Sud-amèrica; ~ **Latina** Amèrica Llatina
Ana *f hst rlg* Anna
Anatolia *f geo hst* Anatòlia
Andalucía *f geo* Andalusia
Andes [*los*] *mpl geo* [els] Andes
Andorra *f geo* Andorra
Andrés -drea *mf hst rlg* Andreu -ea, Andreua *f*
Ángel -la *mf* Àngel -a
Ángeles *f* Àngels
Angelina *f* Angelina
Angola *f geo* Angola
Anselmo *m* Anselm
Antártico [*el*] *m geo* (*océano*) l'Antàrtic
Antártida *f geo* Antàrtida
Antillas [*las*] *fpl geo* les Antilles
Antonio -nia *mf* Antoni -ònia
Apeninos [*los*] *mpl* [els] Apenins
Apolo *m mit* Apol·lo
Aquiles *m mit* Aquil·les
Aquisgrán *geo* Aquisgrà
Aquitania *f geo hst* Aquitània
Arabia *f geo* [l'] Aràbia; ~ **Saudita** [l'] Arabia Saudita

Arábigo *aj* **golfo** ~ *geo* = **golfo Pérsico**
Aragón *m geo* Aragó
Arcadia *f geo hst* [l'] Arcàdia
Argel *geo* Alger
Argelia *f geo* Algèria
Argentina *f geo* [l'] Argentina
Ariadna *f mit* = **Ariana**
Ariana *f mit* Ariadna
Aries *m ast* Àries
Aristóteles *m hst fls* Aristòtil
Armenia *f geo* Armènia
Arnaldo *m* Arnau
Arquímedes *m hst mat* Arquimedes
Ártico [*el*] *m geo* (*océano*) [l'] Àrtic; (*tierras*) [l'] Àrtida *f*
Arturo *m* Artur; *mit lit* = **Artús**
Artús *m mit lit* Artús
Asia *f geo* [l'] Àsia
Asiria *f geo hst* Assíria
Asturias *geo* Astúries
Atenas *geo* Atenes
Ática [*el*] *f geo hst* [l'] Àtica
Atlántico [*el*] *m geo* (*océano*) [l'] Atlàntic
Atlas [*el*] *m geo* **montes** ~ serralada *fsg* de l'Atles
Augusto -ta *mf hst* August -a
Aurelio -lia *mf* Aureli -èlia
Australia *f geo* Austràlia
Austria *f geo* Àustria
Auvernia *f geo* Alvèrnia
Azerbaiján *m geo* [l'] Azerbaidjan
Azores [*las*] *fpl geo* (*islas*) [les] Açores

Babilonia *f geo hst* Babilònia
Baco *m mit* Bacus
Bahamas [*las*] *fpl geo* (*islas*) [les] Bahames
Bahrayn *m geo* Bahrain
Balcanes [*los*] *mpl geo* [els] Balcans
Baleares [*las*] *fpl geo* (*islas*) [les] Balears
Bali *m geo* (*isla*) Bali
Baltasar *m hst rlg* Baltasar
Báltico *m geo* mar Bàltic -a *f/m*
Bangla Desh *geo* Bangla Desh
Bárbara *f* Bàrbara
Barcelona *geo* Barcelona
Bartolomé *m* Bartomeu
Basilio *m* Basili
Baudilio *m* Boi
Baviera *f geo* Baviera
Beatriz *f* Beatriu
Beirut *geo* Beirut
Bélgica *f geo* Bèlgica
Belgrado *geo* Belgrad
Belice *m geo* Belize
Beltrán *m* Bertran
Bengala *f geo* ~ **Occidental** Bengala Occidental; **golfo de** ~ golf de Bengala
Benín *m geo* Benín
Benito -ta *mf* Benet -a
Benjamín *m hst rlg* Benjamí
Bérgamo *geo* Bèrgam
Berlín *geo* Berlín
Berna *geo* Berna
Bernabé *m hst rlg* Bernabé
Bernardo -da *mf* Bernat -arda
Berta *f* Berta
Bhután *m geo* [el] Bhutan
Biafra *f geo hst* Biafra
Bielorrusia *f geo* Bielorússia, Rússia Blanca
Bilbao *geo* Bilbao
Birmania *f geo* Birmània
Bizancio *m geo hst* Bizanci
Blancanieves *f* ~ **y los siete**

enanitos *lit* [la] Blancaneu i els set nans
Blas *m* Blai
Bohemia *f geo* Bohèmia
Bolivia *f geo* Bolívia
Bolonia *geo* Bolonya
Bombay *geo* Bombai
Borgia [*los*] *mpl hst* (*familia*) [els] Borja
Borgoña *f geo* Borgonya
Borja [*los*] *mpl hst* (*familia*) = **Borgia**
Bósforo [*el*] *m geo* [el] Bòsfor
Bosnia *f* ~**-Herzegovina** *geo* Bòsnia i Hercegovina
Botswana *f geo* Botswana
Brabante *m geo* [el] Brabant
Brandeburgo *m geo* (*ciudad, estado*) Brandenburg
Brasil [*el*] *m geo* [el] Brasil
Brema *geo* = **Bremen**
Bremen *geo* Bremen
Bretaña *f geo* [la] Bretanya; **Gran** ~ [la] Gran Bretanya
Bruno *m* Bru
Bruselas *geo* Brussel·les
Bucarest *geo* Bucarest
Buda *m rlg* Buda
Budapest *geo* Budapest
Bulgaria *f geo* Bulgària
Burdeos *geo* Bordeus

Cabo *m* **Ciudad de El** ~ *geo* Ciutat del Cap; **provincia del** ~ *geo* el Cap
Cabrera *f geo* (*isla*) Cabrera
Cachemira *f geo* [el] Caixmir *m*
Cádiz *geo* Cadis
Caín *m hst rlg* Caín
Cairo [*El*] *m geo* el Caire
Calabria *f geo* Calàbria
California *f geo* Califòrnia
Camboya *f geo* Cambodja
Camerún *m geo* [el] Camerun
Canadá *m geo* [el] Canadà
Canarias [*las*] *f geo* (*islas*) [les] Canàries
Cáncer *m ast* Càncer, [el] Cranc
Cantón *geo* Canton
Capricornio *m ast* Capricorn
Carelia *f geo* [la] Carèlia
Caribe [*el*] *m geo* (*mar de las Antillas*) mar Carib *m/f*
Carlomagno *m hst* Carlemany
Carlos *m* Carles
Carmen *f* Carme; [*la*] **Virgen del** ~ *rlg* [la] mare de Déu del Carme
Cárpatos [*los*] *mpl geo* [els] Carpats
Caspio [*el*] *m geo* mar Caspi *m*, mar Càspia *f*
Castellón *geo* ~ **de la Plana** Castelló de la Plana
Castilla *f geo* Castella; ~ **la Nueva** *hst* Castella la Nova; ~ **la Vieja** *hst* Castella la Vella; ~ **y La Mancha** Castella-la Manxa; ~ **y León** Castella i Lleó
Cataluña *f geo* Catalunya
Cáucaso [*el*] *m geo* [el] Caucas
Cayena *geo* Caiena
Ceilán *m geo* Ceilan, Sri Lanka
Cenicienta [*la*] *f lit* [la] Ventafocs
Centroafricana *aj* **República** ~ *geo* República Centreafricana
Centroamérica *f geo* = **América Central**
Cerdeña *f geo* Sardenya
César *m* **Cayo Julio** ~ *hst* Gai Juli Cèsar
Chad [*el*] *m geo* [el] Txad
Checa *aj* **República** ~ *geo* República Txeca

Checoslovaquia *f geo hst* Txecoslovàquia
Chile *m geo* Xile
China [*la*] *f geo* [la] Xina. *República Popular (de) China*, República Popular de la ~
Chipre *m geo* Xipre
Cicerón *m* **Marco Tulio** ~ *hst lit* Marc Tul·li Ciceró
Cleopatra *f hst* Cleòpatra
Cochinchina [*la*] *f geo* [la] Cotxinxina
Coimbra *geo* Coïmbra
Colombia *f geo* Colòmbia
Colón *m* **Cristóbal** ~ *hst* Cristòfor Colom
Colonia *geo* Colònia
Confucio *m fls rlg* Confuci
Congo [*el*] *m geo* [el] Congo
Constantinopla *geo hst* Constantinoble
Copenhague *geo* Copenhaguen
Copérnico *m* **Nicolás** ~ *hst ast* Nicolau Copèrnic
Corán [*el*] *m rlg* [l'] Alcorà
Córcega *f geo* (*isla*) Còrsega
Córdoba *geo* Còrdova; (*de Argentina*) Córdoba
Corea *geo* Corea; ~ **del Norte** Corea del Nord; ~ **del Sur** Corea del Sud
Corinto *geo hst* Corint
Cornualles *geo* Cornualla
Costa *f* ~ **de Marfil** *geo* [la] Costa d'Ivori; ~ **Rica** *geo* Costa Rica
Cracovia *geo* Cracòvia
Creta *f geo hst* Creta
Cristo *m rlg* [el] Crist
Cristóbal *m* Cristòfor, Cristòfol
Croacia *f geo* Croàcia
Cuba *f geo* Cuba
Curdistán [*el*] *m geo* = **Kurdistán**
Curro -rra *mf fm* = **Paco**

Dahomey *m geo hst* [el] Dahomei
Dalmacia *f geo* [la] Dalmàcia
Damasco *geo* Damasc
Daniel -la *mf hst rlg* Daniel -a
Dante *m hst lit* [el] Dant
Danubio [*el*] *m geo* (*río*) [el] Danubi
David *m hst* David
Diego *m* Dídac
Dinamarca *f geo* Dinamarca
Dioniso *m mit* (*Baco*) Dionís
Djakarta *geo* = **Yakarta**
Djibouti *m geo* Djibouti
Domingo *m* Domènec; **Santo** ~ *geo* Santo Domingo
Dominicana *aj* **República** ~ República Dominicana
Dresde *geo* Dresden
Dublín *geo* Dublín

Ebro [*el*] *m geo* (*río*) [l'] Ebre
Ecuador [*el*] *m geo* [l'] Equador
Edimburgo *geo* Edimburg
Edipo *m mit* Edip
Eduardo *m* Eduard
EE.UU *mpl geo* (*Estados Unidos*) [els] EUA
Egeo *m geo* mar Egeu -ea *f/m*
Egipto *m geo* [l'] Egipte
Elche *geo* Elx
Elena *f* = **Helena**
Elías *m hst rlg* Elies
Elisa *f* Elisa
Elisenda *f* Elisenda
Eliseo *m hst rlg* Eliseu
Eloy *m* Eloi
Elvira *f* Elvira

Emilio -lia *mf* Emili -ília
Emiratos [*los*] *mpl* **Unión de ~ Árabes** *geo* Unió dels ~ Àrabs
Eneas *m mit* Enees
Eneida [*la*] *f lit* [l'] Eneida
Enrique *m* Enric
Epicuro *m hst fls* Epicur
Erasmo *m hst* Erasme
Eritrea *f geo* Eritrea
Ernesto *m* Ernest
Escandinavia *f geo* Escandinàvia
Escipión *m hst* Escipió
Escocia *f geo* Escòcia
Escorpio *m ast* Escorpió, [l'] Escorpí
Esculapio *m mit med* Esculapi
Eslovaquia *f geo* Eslovàquia
Eslovenia *f geo* Eslovènia
España *f geo* Espanya
Esparta *geo hst* Esparta
Estados Unidos [*los*] *mpl geo* [els] Estats Units
Estambul *geo* Istanbul
Estanislao *m* Estanislau
Esteban *m* Esteve
Estefanía *f* Estefania
Ester *f hst rlg* Ester
Esther *f hst rlg* = **Ester**
Estocolmo *geo* Estocolm
Estonia *f geo* Estònia
Estrasburgo *geo* Estrasburg
Etiopía *f geo* Etiòpia
Euclides *m hst mat* Euclides
Eudaldo *m* Eudald
Éufrates [*el*] *m geo* (*río*) [l'] Eufrates
Eugenio -nia *mf* Eugeni -ènia
Eulalia *f* Eulàlia
Eurasia *f geo* Euràsia
Eurípides *m hst lit* Eurípides
Europa *f geo* Europa
Eusebio -bia *mf* Eusebi -èbia
Eustaquio *m hst med* Eustaqui
Eva *f hst rlg* Eva
Extremadura *f geo* Extremadura

Federico -ca *mf* Frederic -a
Felipe *m* Felip
Félix *m* Feliu, Fèlix
Fenicia *f geo hst* Fenícia
Fernán *m* = **Fernando**
Fernando -da *mf* Ferran -anda
Feroe [*las*] *f geo* (*islas*) [les] Fèroe
Filadelfia *geo* Filadèlfia
Filipinas [*las*] *f geo* (*islas*) [les] Filipines
Finlandia *f geo* Finlàndia
Flandes *m geo* Flandes
Florencia *geo* Florència
Florencio -cia *mf* Florenci -ència
Formentera *f geo* (*isla*) Formentera
Formosa *f geo* (*isla*) = **Taiwan**
Francia *f geo* França
Francisco -ca *mf* Francesc -a
Franconia *f geo* Francònia
Frisia *f geo* Frísia
Friul [*el*] *m geo* [el] Friül
Friuli [*el*] *m geo* = **Friul**

Gabón *m geo* [el] Gabon
Gabriel -la *mf hst rlg* Gabriel -a
Gales *m* **País de ~** *geo* [el] País de Gal·les
Galia [*la*] *f hst* [la] Gàl·lia
Galicia *f geo* Galícia
Galilea *f geo hst rlg* Galilea
Galileo *m hst ast* Galileu
Galitzia *f geo hst* Galítsia
Gambia *f geo* Gàmbia
Ganges [*el*] *m geo* (*río*) [el] Ganges

Gascuña *f geo* [la] Gascunya
Gaspar *m hst rlg* Gaspar
Géminis *m ast* Gèmini, [els] Bessons *pl*
Génova *geo* Gènova
Genoveva *f* Genoveva
Georgia *f geo* (*de Asia y de América*) Geòrgia
Georgina *f* Jordina
Germania *f geo hst* Germània
Gerona *geo* Girona
Ghana *f geo* Ghana
Gibraltar *m geo* Gibraltar. *El estrecho de* ~, l'estret de Gibraltar. *El peñón de* ~, el penyal de Gibraltar
Ginebra *geo* Ginebra
Ginés *m* Genís
Golfo *m* **el** ~ *geo* = **golfo Pérsico**
Gonzalo *m* Gonçal
Granada *geo* Granada
Grecia *f geo hst* Grècia
Grisones [*los*] *mpl geo* [els] Grisons
Groenlandia *f geo* Grenlàndia
Guatemala *f geo* Guatemala
Guayana [*la*] *f geo* [la] Guaiana
Guayanas [*las*] *fpl geo* = **Guayana**
Guillermo -ma *mf* Guillem -a
Guinea *f geo* [la] Guinea; **golfo de** ~ golf de Guinea; ~**-Bissau** [la] Guinea Bissau; ~ **Ecuatorial** [la] Guinea Equatorial; **Nueva** ~ (*isla*) Nova Guinea
Gustavo *m* Gustau
Guyana *f geo* [la] Guyana

Habana [*La*] *f geo* l'Havana
Haití *m geo* Haití
Hamburgo *m geo* (*ciudad, estado*) Hamburg
Hannover *m geo hst* (*ciudad, estado*) Hannover
Hawai [*las*] *fpl geo* (*islas*) [les] Hawaii
Haya [*La*] *f geo* l'Haia, la Haia
Héctor *m mit* Hèctor
Helena *f mit* Helena, Elena
Helsinki *geo* Hèlsinki
Hércules *m mit* Hèrcules
Hermes *m mit* Hermes
Hernán *m* = **Fernando**
Hernando *m* = **Fernando**
Herodes *m hst* Herodes
Hilario *m* Hilari
Himalaya [*el*] *m geo* [l'] Himàlaia
Hindostán [*el*] *m geo* [l'] Hindustan, [l'] Indostan
Hispania *f geo hst* Hispània
Hispanoamérica *f geo* Hispanoamèrica
Holanda *f geo* Holanda
Homero *m hst lit* Homer
Honduras *f geo* Hondures
Horacio *m hst lit* Horaci
Huesca *geo* Osca
Hungría *f geo* Hongria

Iberia *f geom hst* Ibèria
Iberoamérica *f geo* Iberoamèrica
Ibiza *f geo* (*isla*) Eivissa
Ignacio -cia *mf* Ignasi -àsia
Ildefonso *m* Ildefons
Ilíada [*la*] *f hst lit* (*poema*) [la] Ilíada
India [*la*] *f geo* [l'] Índia
Índico [*el*] *m geo* (*oceà*) [l'] Índic
Indochina *f geo* (*península*) [la] Indoxina
Indonesia *f geo* Indonèsia

Indostán [*el*] *m geo* = **Hindostán**
Inés *f* Agnès
Inglaterra *f geo* Anglaterra
Irak [*el*] *m geo* = **Iraq**
Irán [*el*] *m geo* [l'] Iran
Iraq [*el*] *m geo* [l'] Iraq
Irene *f* Irene
Irlanda *f geo* Irlanda; ~ **del Norte** Irlanda del Nord
Isaac *m hst rlg* Isaac
Isabel *f* Elisabet, Isabel
Isaías *m hst rlg* Isaïes
Isidro *m* Isidre
Islandia *f geo* Islàndia
Ismael *m hst rlg* Ismael
Israel *m geo hst rlg* Israel
Italia *f geo* Itàlia

Jacinto -ta *mf* Jacint -a
Jacob *m hst rlg* Jacob
Jaime [*san*] *m* = **Santiago**
Jakarta *geo* = **Yakarta**
Jamaica *f geo* Jamaica
Japón [*el*] *m geo* [el] Japó
Játiva *geo* Xàtiva
Jauja *f mit* Xauxa
Java *f geo* (*isla*) Java
Javier *m* Xavier
Jeremías *m hst rlg* Jeremies
Jerónimo *m* Jeroni
Jerusalén *geo rlg* Jerusalem
Jesucristo *m rlg* Jesucrist
Jesús *m rlg* Jesús. *L'infant* (*el nen*) *Jesús*, el niño Jesús
Joaquín -ina *mf hst rlg* Joaquim -a
Johannesburgo *geo* Johannesburg
Jónico *m geo* mar Jònic -a *f/m*
Jordán [*el*] *m geo* (*río*) [el] Jordà
Jordania *f geo* Jordània
Jorge *m* Jordi
José -efa *mf* Josep -a
Josefina *f* Josefina, Josepa
Juan -a *mf hst rlg* Joan -a; **~a de Arco** *hst* Joana d'Arc
Judas *m hst rlg* Judes
Judea *f geo hst rlg* [la] Judea
Judit *f hst rlg* Judit
Julián -ana *mf* Julià -ana
Julio -lia *mf* Juli Júlia
Júpiter *m mit ast* Júpiter
Jutlandia *f geo* Jutlàndia

Kashmir *m geo* = **Cachemira**
Kazajstán [*el*] *m geo* [el] Kazakhstan
Kenia *f geo* Kenya
Kiev *geo* Kíev
Kirguizia *f geo* = **Kirguizistán**
Kirguizistán [*el*] *m geo* [el] Kirguizistan
Kurdistán [*el*] *m geo* [el] Kurdistan
Kuwayt *m geo* (*ciudad, estado*) Kuwait

Lacio [*el*] *m geo hst* [el] Laci
Languedoc [*el*] *m geo* [el] Llenguadoc
Laos *m geo* Laos
Laponia *f geo* Lapònia
Latinoamérica *f geo* = **América Latina**
Laura *f* Laura
Lausana *geo* Lausana
Lázaro *m hst rlg* Llàtzer
Lemosín [*el*] *m geo* [el] Llemosí
Leningrado *geo hst* Leningrad
León *m geo* (*ciudad, regió*) Lleó; *ast* Leo, [el] Lleó

Leonor *f* Elionor
Lérida *geo* Lleida
Lesotho *m geo* Lesotho
Letonia *f geo* Letònia
Líbano [*el*] *m geo* [el] Líban
Liberia *f geo* Libèria
Libia *f geo* Líbia
Libra *f ast* Libra, [la] Balança
Liechtenstein *m geo* Liechtenstein
Lieja *geo* Lieja
Liguria *f geo* [la] Ligúria
Lila *geo* = **Lille**
Lille *geo* Lilla
Limoges *geo* Llemotges
Lisboa *geo* Lisboa
Lituania *f geo* Lituània
Loira [*el*] *m geo* (*río*) [el] Loira
Lombardía *f geo* [la] Llombardia
Londres *geo* Londres
Lope *m* = **Lupo**
Lorena *f geo* Lorena
Lorenzo *m* Llorenç
Lovaina *geo* Lovaina
Lucas *m hst rlg* Lluc
Lucía *f* Llúcia
Luciano -na *mf* Llucià -ana
Lucifer *m rlg* Llucifer
Luis -sa *mf* Lluís -ïsa
Luna [*la*] *f ast* [la] Lluna
Lupo *m* Llop
Lourdes *geo* Lorda; **Virgen de ~** *rlg* Mare de Déu de Lorda, de Lurda
Lusacia *f geo* Lusàcia
Lusitania *f geo hst* Lusitània
Lutero *m* **Martín ~** *hst rlg* Martí Luter
Luxemburgo *m geo* (*ciudad, estado*) Luxemburg
Lyon *geo* Lió
Macedonia *f geo hst* Macedònia
Madagascar *m geo* Madagascar
Madrid *geo* Madrid
Magdalena *f hst rlg* Magdalena
Magreb *m geo* Magrib, Magreb
Maguncia *geo* Magúncia
Mahoma *m hst rlg* Mahoma
Mahón *geo* Maó
Malaca *f geo* (*ciudad, estado*) Malacca. *Estrecho de ~*, estret de Malacca. *Península de ~*, península de Malacca, península Malaia
Málaga *geo* Màlaga
Malaka *f geo* = **Malaca**
Malaquías *m hst rlg* Malaquies
Malawi *m geo* Malawi
Malaysia *f geo* Malàisia
Mali *m geo* = **Malí**
Malí *m geo* [el] Mali
Mallorca *f geo* (*isla*) Mallorca
Malta *f geo* (*isla*) Malta
Mancha *f* **canal de la ~** *geo* la Mànega
Mancha [*La*] *f geo* la Manxa
Manchuria *f geo* [la] Manxúria
Manolo -la *mf fm* = **Manuel**
Manuel -la *mf hst rlg* Manuel -a, Emmanuel *m*
Maquiavelo *m hst* Maquiavel
Marcelino -na *mf* Marcel·lí -ina
Marcelo -la *mf* Marcel -el·la
Marcos *m hst rlg* Marc
Margarita *f* Margarida
María *f hst rlg* Maria
Mariana *f* Marianna
Mariano -na *mf* Marià -ana, Marian *m*
Mario *m* Màrius
Marrakech *geo* Marràqueix
Marruecos *m geo* [el] Marroc
Marsella *geo* Marsella

Marta *f hst rlg* Marta
Marte *m mit ast* Mart
Martín -ina *mf* Martí -ina
Mateo *m hst rlg* Mateu
Matías *m hst rlg* Maties, Macià
Matilde *f* Matilde
Mauricio -cia *mf* Maurici -ícia
Mauritania *f geo* Mauritània
Maximiliano *m* Maximilià
Máximo *m* Màxim
Meca [*La*] *f geo* la Meca
Mecklemburgo *m geo* Mecklenburg
Mediterráneo *m geo* mar Mediterrani -ània *f/m*
Méjico *m geo* = **México**
Melaka *f geo* = **Malaca**
Melanesia [*la*] *f geo* [la] Melanèsia
Melchor *m hst rlg* Melcior
Menorca *f geo* Menorca
Merced [*la*] *f rlg* (*orde*) la Mercè
Mercedes *f* Mercè
Mercurio *m mit ast* Mercuri
Merlín *m mit lit* Merlí
Mesías [*el*] *m rlg* el Messies
Mesopotamia *f geo hst* Mesopotàmia
México *m geo* (*estado*) Mèxic; (*ciudad*) Ciutat de Mèxic
Micronesia [*la*] *f geo* [la] Micronèsia
Miguel *m hst rlg* Miquel
Milán *geo* Milà
Minerva *f mit* Minerva
Mireya *f* Mireia
Misisipí [*el*] *m geo* (*río, estado*) [el] Mississipí
Mogreb *m geo* = **Magreb**
Moisés *m hst rlg* Moisès
Moldavia *f geo* Moldàvia
Mónaco *m geo* Mònaco
Mongolia *f geo* Mongòlia
Mónica *f* Mònica
Montenegro *m geo* Montenegro
Moravia *f geo* Moràvia
Morfeo *m mit* Morfeu
Moscú *geo* Moscou
Mozambique *m geo* Moçambic
Muerto *m* **mar** ~ *geo* mar Mort -a *f/m*
Munich *geo* Munic
Murcia *geo* Múrcia

Namibia *f geo* Namíbia
Napoleón *m hst* Napoleó
Nápoles *geo* Nàpols
Narciso -sa *mf mit rlg* Narcís -isa
Natalia *f* Natàlia
Natividad *f* Nativitat
Nauru *m geo* Nauru
Navarra *f geo* Navarra
Navidad *f rlg* Nadal *m*; *pl* (*festes*) Nadal *msg*
Nazaret *geo hst rlg* Natzaret
Negro *m* **mar** ~ *geo* mar Negre -a *f/m*
Nepal *m geo* [el] Nepal
Neptuno *m mit rlg* Neptú
Nerón *m hst* Neró
Néstor *m mit* Nèstor
Nicaragua *f geo* Nicaragua
Nicolás -asa *mf* Nicolau -aua
Nicosia *f geo* Nicòsia
Níger [*el*] *m geo* (*río, estado*) [el] Níger
Nigeria *f geo* Nigèria
Nilo [*el*] *m geo* (*río*) [el] Nil
Niza *geo* Niça
Normandía *f geo* Normandia
Norteamérica *f geo* = **América del Norte**

Noruega *f geo* Noruega
Nueva Delhi *geo* Nova Delhi
Nueva York *geo* Nova York

Oceanía *f geo* Oceania
Octavio -a *mf hst* Octavi -àvia
Odisea [*la*] *f hst lit* [l'] Odissea
Olga *f* Olga
Olimpia *f geo hst* Olímpia
Olimpo [*el*] *m geo mit* [l'] Olimp
Omán *m geo* Oman
Oporto *geo* Porto
Orfeo *m mit* Orfeu
Óscar *m* Òscar
Ovidio *m hst lit* Ovidi

Pablo *m* Pau
Pacífico [*el*] *m geo* (*oceà*) [el] Pacífic
Paco -ca *mf fm* Cesc -a, Quico -a
Padua *geo* Pàdua
Países Bajos [*los*] *mpl geo* [els] Països Baixos
Pakistán [*el*] *m geo* [el] Pakistan
Palatinado [*el*] *m geo hst* [el] Palatinat
Palermo *geo* Palerm
Palestina *f geo* Palestina
Palma *geo* ~ **de Mallorca** Palma de Mallorca, [la] Ciutat de Mallorca
Panamá *m geo* (*ciudad, estado*) Panamà
Papúa *f* ~ **y Nueva Guinea** *geo* Papua Nova Guinea
Paraguay [*el*] *m geo* [el] Paraguai
París *geo* París
Parma *geo* Parma
Partenón [*el*] *m hst arq* el Partenó
Pascua [*la*] *f rlg* [la] Pasqua
Pascual *m* Pasqual
Patagonia [*la*] *f geo* [la] Patagònia
Patricio -cia *mf* Patrici -ícia
Paula *f* Paula
Paulina *f* Paulina
Paz *f* Pau. *María* ~, Maria Pau
Pedro *m hst rlg* Pere
Pekín *geo* Pequín
Pelayo *m hst* Pelagi, Pelai
Peloponeso [*el*] *m geo* [el] Peloponès
Penélope *f mit* Penèlope
Pennsylvania *f geo* Pennsilvània
Pentecostés [*el*] *m rlg* [la] Pentecosta *f*
Pepe -pa *mf fm* Pep -a
Pequín *geo* = **Pekín**
Perpiñán *geo* Perpinyà
Persia *f geo hst* Pèrsia
Pérsico *aj* **golfo** ~ *geo* golf Pèrsic
Perú [*el*] *m geo* [el] Perú
Petersburgo *m* **San** ~ *geo* Sant Petersburg
Petra *f* Petra
Petrarca *m hst lit* [el] Petrarca
Pía *f* Pia
Piamonte [*el*] *m geo* [el] Piemont
Picardía [*la*] *f geo* Picardia
Pío *m* Pius
Pireo [*El*] *m geo* el Pireu
Pirineo [*el*] *m geo* = **Pirineos**
Pirineos [*los*] *mpl geo* [els] Pirineus, [el] Pirineu *sg*
Pisa *geo* Pisa
Pitágoras *m hst fls mat* Pitàgores
Pitiusas [*las*] *fpl geo* (*islas*) [les] Pitiüses
Platón *m hst fls* Plató
Plutón *m mit ast* Plutó
Polinesia [*la*] *f geo* [la] Polinèsia
Polonia *f geo* Polònia

Pomerania *f geo* Pomerània
Portugal *m geo* Portugal
Poseidón *m mit* Posidó
Praga *geo* Praga
Pretoria *geo* Pretòria
Provenza *f geo* Provença
Prusia *f geo hst* Prússia
Puerto Rico *m geo* Puerto Rico

Quebec *m geo* (*ciudad*) Quebec; (*provincia*) [el] Quebec
Quijote [*el*] *m hst lit* el Quixot

Rafael -la *mf hst rlg art* Rafael -a, Rafel -a
Raimundo *m* Raimon
Ramiro *m* Ramir
Ramón -ona *mf* Ramon -a
Raquel *f hst rlg* Raquel
Raúl *m* Raül
Reino *m* ~ **Unido** *geo* Regne Unit. *El ~ Unido de Gran Bretaña e Irlanda del Norte*, el Regne Unit de la Gran Bretanya i Irlanda del Nord
Renania *f geo hst* [la] Renània; ~ **del Norte-Westfalia** [el] Rin *m* del Nord-Westfàlia; ~- **Palatinado** Renània-Palatinat
Rhodesia *f geo hst* Rhodèsia
Ricardo *m* Ricard
Rin [*el*] *m geo* (*río*) [el] Rin
Río *geo* ~ **de Janeiro** Rio de Janeiro; [*el*] *m* ~ **de la Plata** [el] Riu de la Plata
Roberto *m* Robert
Rochela [*La*] *f* la Rochelle
Rodas *geo* (*isla, ciudad*) Rodes
Roderico *m hst* Roderic
Rodolfo *m* Rodolf
Rodrigo *m hst* Roderic
Rogelio *m* Roger
Rogerio *m* = **Rogelio**
Rojo *m* **mar** ~ *geo* mar Roig *m*, mar Roja *f*
Roma *f geo hst* (*ciudad, imperio*) Roma
Román *m* Romà
Rosa *f* Rosa
Rosario *f* Roser
Rosellón [*el*] *m geo* [el] Rosselló
Ruán *geo* Rouen
Ruanda *f geo* Rwanda
Rumanía *f geo* Romania
Rusia *f geo* Rússia; ~ **Blanca** = **Bielorrusia**
Rutenia *f geo hst* Rutènia
Rwanda *f geo* = **Ruanda**

Saboya *f geo hst* [la] Savoia
Sagitario *m ast* Sagitari
Sagunto *geo hst* Sagunt, Morvedre
Sahara [*el*] *m geo* (*desierto*) [el] Sàhara; ~ **Occidental** [el] Sàhara Occidental
Sáhara [*el*] *m geo* = **Sahara**
Sajonia *f geo* [la] Saxònia; **Baja** ~ [la] Baixa Saxònia; **~-Anhalt** Saxònia-Anhalt
Salomón *m hst* Salomó; [*las*] *fpl geo* (*islas*) [les] Salomó
Salvador *m rlg* Salvador; [*El*] *geo* el Salvador
Samoa [*las*] *fpl geo* (*islas*) [les] Samoa; (*estado*) [la] Samoa *sg* Occidental; [*las*] ~ **Norteamericanas** [la] Samoa *sg* Nord-americana
San Marino *m geo* San Marino
Santiago *m* Jaume, Santiago; *geo* (*de Chile, de Cuba*) Santiago; ~ **de**

Compostela Santiago de Compostel·la, Sant Jaume de Galícia
Satán *m rlg* = **Satanás**
Satanás *m rlg* Satanàs
Saturno *m mit ast* Saturn
Sebastián *m* Sebastià; **San** ~ *geo* Sant Sebastià
Senegal [*el*] *m geo* [el] Senegal
Serafín *m* Serafí
Serbia *f geo* Sèrbia
Sergio *m* Sergi
Sevilla *geo* Sevilla
Shangai *geo* Xangai
Siam *m geo hst* Siam
Siberia *f geo* [la] Sibèria
Sicilia *f geo* Sicília
Silesia *f geo* Silèsia
Silvia *f* Sílvia
Simón -ona *mf hst rlg* Simó -ona
Singapur *m geo* (*ciudad, estado*) Singapur
Siria *f geo* Síria
Sócrates *m hst fls* Sòcrates
Sofía *f* Sofia; *geo* Sofia, Sòfia
Sol [*el*] *m ast* [el] Sol
Somalia *f geo* Somàlia
Soviética *aj* **Unión** ~ *geo hst* Unió Soviètica
Suabia *f geo hst* Suàbia
Sudáfrica *f geo* Sud-àfrica
Sudamérica *f geo* = **América del Sur**
Sudán [*el*] *m geo* [el] Sudan
Sudetes [*los*] *mpl geo* (*macizo*) [els] Sudets
Suecia *f geo* Suècia
Suiza *f geo* Suïssa
Suramérica *f geo* = **América del Sur**
Surinam *m geo* Surinam
Susana *f hst rlg* Susanna
Sydney *geo* Sydney, Sidney

Tadzhikia *f geo* = **Tadzhikistán**
Tadzhikistán [*el*] *m geo* [el] Tadjikistan
Tahití *m geo* (*isla*) Tahití
Tailandia *f geo* Tailàndia
Taiwan *m geo* (*isla*) Taiwan, Formosa *f*
Támesis [*el*] *m geo* (*río*) [el] Tàmesi
Tanzania *f geo* Tanzània
Tarragona *geo* Tarragona
Tauro *m ast* Taure
Teherán *geo* Teheran
Tejas *m geo* = **Texas**
Teresa *f* Teresa
Terranova *f geo* (*isla*) Terranova
Teruel *geo* Terol
Texas *m geo* Texas
Tíbet [*el*] *m geo* [el] Tibet
Tierra [*la*] *f ast* [la] Terra; ~ **del Fuego** *geo* [la] Terra del foc
Tigris [*el*] *m* (*río*) [el] Tigris
Togo *m geo* [el] Togo
Tokio *geo* = **Tokyo**
Tokyo *geo* Tòquio, Tokyo
Tolomeo *m hst mat ast* Ptolemeu
Tolosa *geo* (*del País Vasco*) Tolosa; (*del Languedoc*) = **Toulouse**
Tomás *m hst rlg* Tomàs
Tortosa *f geo* Tortosa
Toscana *f geo* [la] Toscana
Toulouse *geo* Tolosa de Llenguadoc
Tracia *f geo* [la] Tràcia
Transilvania *f geo* Transsilvània
Trinidad *f* **la Santísima** ~ *rlg* la Santíssima Trinitat; ~ **y Tobago** *geo* Trinitat i Tobago

Trípoli *geo* Trípoli
Troya *f geo hst* Troia
Túnez *geo* (*ciudad*) Tunis; (*estado*) = **Tunicia**
Tunicia *f geo* Tunísia
Turín *geo* Torí
Turingia *f geo* [la] Turíngia
Turkestán [*el*] *m geo* [el] Turquestan
Turkmenistán [*el*] *m geo* [el] Turkmenistan
Turquestán [*el*] *m geo* = **Turkestán**
Turquía *f geo* Turquia

Ucrania *f geo* Ucraïna
Uganda *f geo* Uganda
Ulises *m mit* Ulisses
Urales [*los*] *mpl geo* [els] Urals
Urano *m mit ast* Urà
Uruguay [*l'*] *m geo* [el] Uruguai
Uzbekistán [*el*] *m geo* [l'] Uzbekistan

Valencia *geo* València
Valenciano *aj* **País** ~ *geo* País Valencià
Valonia *f geo* Valònia
Varsovia *f geo* Varsòvia
Vasco *aj* **País** ~ *geo* País Basc
Vaticano *m* **Ciudad del** ~ *geo rlg* Ciutat del Vaticà
Venecia *geo* Venècia
Venezuela *f geo* Veneçuela
Verona *geo* Verona
Vicente *m* Vicenç, Vicent
Víctor *m* Víctor
Victoria *f mit geo* Victòria
Viena *geo* Viena
Vietnam *m geo* [el] Vietnam
Virgen [*la*] *f rlg* (*María*) [la] Verge, [la] Mare de Déu; *ast* Virgo, [la] Verge
Volga [*el*] *m geo* (*río*) [el] Volga
Volta [*el*] *m geo* (*río*) [el] Volta; [*l'*] **Alt** ~ *hst* [el] Alto Volta

Westfalia *f geo* Westfàlia

Yakarta *geo* Jakarta, Djakarta
Yemen [*el*] *m geo* [el] Iemen
Yibuti *m geo* = **Djibouti**
Yugoslavia *geo* Iugoslàvia

Zaire *m geo* [el] Zaire
Zambeze [*el*] *m* (*río*) [el] Zambezi
Zambia *f geo* Zàmbia
Zanzíbar *m geo* (*isla, ciudad*) Zanzíbar
Zaragoza *geo* Saragossa
Zelanda *f geo* Zelanda; **Nueva** ~ Nova Zelanda
Zeus *m mit* Zeus
Zimbabwe *m geo* Zimbabwe
Zurich *geo* Zuric